Honorer la vérité,
réconcilier pour l'avenir

Sommaire du rapport final de la Commission
de vérité et réconciliation du Canada

Honorer la vérité, réconcilier pour l'avenir

Sommaire du rapport final de la Commission de vérité et réconciliation du Canada

Publié pour la
Commission de vérité et réconciliation du Canada

par

McGill-Queen's University Press
Montreal & Kingston • London • Chicago

Le présent rapport relève du domaine public.

Toute personne peut, sans frais ni demande de permission, reproduire le rapport intégralement ou partiellement.

2015

Commission de vérité et réconciliation du Canada

Site Web : www.trc.ca

Imprimé au Canada sur papier non acide

Un index de ce volume du rapport final est disponible en ligne. Visitez le http://nctr.ca/trc_reports.ph

Catalogage avant publication de Bibliothèque et Archives Canada

Commission de vérité et réconciliation du Canada, auteur, organisme de publication
    Honorer la vérité, réconcilier pour l'avenir : sommaire du rapport final de la Commission de vérité et réconciliation du Canada.

Publié aussi en anglais sous le titre : Honouring the truth, reconciling for the future, summary of the final report of the Truth and Reconciliation Commission of Canada.

Comprend des références bibliographiques.

Publié en formats imprimé(s) et électronique(s).

ISBN 978-0-7735-4670-7 (couverture souple)
SBN 978-0-7735-9845-4 (ePDF)
ISBN 978-0-7735-9846-1 (ePUB)

    1. Internats pour autochtones—Canada. 2. Autochtones—Canada—Histoire. 3. Autochtones—Canada—Conditions sociales. 4. Autochtones—Canada—Relations avec l'État. 5. Commission de vérité et réconciliation du Canada. 6. Commissions vérité et réconciliation—Canada. I. Titre. II. Titre: Sommaire du rapport final de la Commission de vérité et réconciliation du Canada.

E96.5.T7814 2015   971.004'97   C2015-905932-1
                                                                                        C2015-905933-X

Table des matières

Préface	vii
Introduction	1
Activités de la Commission	27
L'histoire	41
Les séquelles	137
Le défi de la réconciliation	193
Appels à l'action	347
Bibliographie	447
Notes	482

Préface

Pendant la majeure partie de son existence, le système des pensionnats du Canada destiné aux enfants autochtones était un système d'éducation en apparence seulement. Les pensionnats avaient pour but de séparer les enfants autochtones de leur famille afin de limiter et d'affaiblir les liens familiaux et culturels et d'endoctriner les enfants pour qu'ils adhèrent à une nouvelle culture, à savoir la culture dominante sur le plan juridique de la société canadienne euro-chrétienne dirigée par le tout premier premier ministre du Canada, sir John A. Macdonald. Ces écoles ont exercé leurs activités pendant plus de 100 ans, de sorte que plusieurs générations successives d'enfants des mêmes collectivités et familles ont eu à les fréquenter. L'histoire du Canada est demeurée silencieuse à ce sujet jusqu'à ce que les survivants du système trouvent la force, le courage et l'appui nécessaires pour raconter leurs histoires dans des milliers de procès qui ont ultimement mené à la création du plus grand recours collectif de l'histoire du pays.

La Commission de vérité et réconciliation du Canada a été une commission unique en son genre au pays. Créée et mise sur pied dans la foulée de la Convention de règlement relative aux pensionnats indiens, qui a permis de régler les recours collectifs, la Commission a sillonné le Canada pendant six ans pour entendre le récit des Autochtones qui ont été enlevés à leur famille alors qu'ils étaient des enfants, par la force si cela était nécessaire, et placés dans des pensionnats pendant une bonne partie de leur enfance.

Le présent volume est un résumé de la discussion et des conclusions contenues dans le Rapport final de la Commission qui s'échelonne sur plusieurs volumes. Le Rapport final fait état des travaux de la Commission, de la manière dont elle a exercé ses activités, ainsi que de ce qu'elle a entendu, lu et conclu au sujet des écoles et de ses séquelles, à partir des preuves qui lui ont été présentées. Le sommaire doit être lu de concert avec le Rapport final.

La Commission a entendu plus de 6 000 témoins dont la plupart étaient des survivants des pensionnats qu'ils avaient fréquentés enfants. Il peut parfois être difficile d'accepter que ce qu'ils ont raconté ait pu se produire dans un pays tel que le

Canada qui se targue d'être un bastion de la démocratie, de la paix et de la gentillesse partout dans le monde. Des enfants ont subi des sévices, physiques et sexuels, et sont décédés dans ces écoles dans des proportions qui n'auraient jamais été tolérées dans aucun autre système scolaire du pays ou de la planète.

La Commission n'avait toutefois pas pour mandat de distribuer des blâmes ou de cerner des gestes fautifs. L'accent a plutôt été placé sur la recherche de la vérité afin de jeter les bases de l'importante question de la réconciliation. Maintenant que nous savons ce qui s'est passé dans les pensionnats et connaissons leurs séquelles, qu'allons-nous faire?

Connaître la vérité a été difficile, mais se réconcilier le sera encore davantage. Pour ce faire, il faut rejeter les fondements paternalistes et racistes du système des pensionnats qui sont à la base de la relation. La réconciliation nécessite l'élaboration d'une nouvelle vision fondée sur le respect mutuel. Il faut également comprendre que les conséquences les plus dommageables des pensionnats ont été la perte de fierté et de dignité des peuples autochtones et le manque de respect que les non-Autochtones ont appris dès l'enfance à avoir à l'égard de leurs voisins autochtones. La réconciliation n'est pas un problème autochtone, c'est un problème canadien. Tous les aspects de la société canadienne pourraient devoir être réexaminés. Le présent sommaire se veut un point de référence initial en vue de cette importante discussion. La réconciliation nécessitera du temps.

Introduction

Pendant plus d'un siècle, les objectifs centraux de la politique indienne du Canada étaient les suivants : éliminer les gouvernements autochtones, ignorer les droits des Autochtones, mettre fin aux traités conclus et, au moyen d'un processus d'assimilation, faire en sorte que les peuples autochtones cessent d'exister en tant qu'entités légales, sociales, culturelles, religieuses et raciales au Canada. L'établissement et le fonctionnement des pensionnats ont été un élément central de cette politique, que l'on pourrait qualifier de « génocide culturel ».

Un *génocide physique* est l'extermination massive des membres d'un groupe ciblé et un *génocide biologique* est la destruction de la capacité de reproduction du groupe. Un *génocide culturel* est la destruction des structures et des pratiques qui permettent au groupe de continuer à vivre en tant que groupe. Les États qui s'engagent dans un génocide culturel visent à détruire les institutions politiques et sociales du groupe ciblé. Des terres sont expropriées et des populations sont transférées de force et leurs déplacements sont limités. Des langues sont interdites. Des chefs spirituels sont persécutés, des pratiques spirituelles sont interdites et des objets ayant une valeur spirituelle sont confisqués et détruits. Et pour la question qui nous occupe, des familles à qui on a empêché de transmettre leurs valeurs culturelles et leur identité d'une génération à la suivante.

Dans ses rapports avec les peuples autochtones, le Canada a fait tout cela.

Le Canada a imposé son autorité sur les terres autochtones. À certains endroits, le Canada a négocié des traités avec les Premières Nations; ailleurs, on a simplement saisi ou occupé les terres. La négociation des traités, bien qu'en apparence honorable et légale, a souvent été caractérisée par la fraude et la coercition; le Canada a toujours tardé, et tarde encore, à mettre en œuvre les dispositions et les objectifs de ces traités[1].

À l'occasion, le Canada a forcé les Premières Nations à déménager leurs réserves situées sur des terres ayant un bon potentiel agricole ou riches en ressources naturelles vers des réserves éloignées et marginales du point de vue économique[2].

Alert Bay, Colombie-Britannique, école, 1885. Le gouvernement fédéral a estimé que plus de 150 000 élèves ont fréquenté les pensionnats du Canada. Bibliothèque et Archives Canada, George Dawson, PA-037934.

Sans aucune autorisation légale et sans aucun fondement juridique, le Canada a appliqué dans les années 1880 un « système de permis » qui visait à confiner les peuples des Premières Nations dans leurs réserves[3].

Le Canada a remplacé les gouvernements autochtones par des conseils de bande sans réels pouvoirs dont les décisions pouvaient être cassées et les dirigeants, destitués[4]. Ce faisant, il a privé de leurs pouvoirs les femmes autochtones, qui exerçaient une influence notable dans de nombreuses Premières Nations, notamment les Mohawks, les Carriers et les Tlingit[5].

Le Canada a privé du droit de participer pleinement à la vie politique, économique et sociale les peuples autochtones qui refusaient d'abandonner leur identité autochtone[6].

Le Canada a déclaré illégales les pratiques spirituelles autochtones, a emprisonné les chefs spirituels autochtones et a confisqué des objets sacrés[7].

Enfin, le Canada a séparé les enfants de leurs parents en les envoyant dans des pensionnats. Cela n'a pas été fait dans le but de leur offrir une éducation, mais essentiellement pour briser le lien avec leur culture et leur identité. Pour justifier la politique des pensionnats du gouvernement, le premier ministre du Canada, sir John A. Macdonald, déclarait à la Chambre des communes en 1883 :

> Lorsque l'école est sur la réserve, l'enfant vit avec ses parents, qui sont sauvages;
> il est entouré de sauvages, et bien qu'il puisse apprendre à lire et écrire, ses

habitudes, son éducation domestique, et ses façons de penser, restent celles des sauvages. En un mot, c'est un sauvage capable de lire et d'écrire. On a fortement insisté auprès de moi, comme chef du département de l'Intérieur, pour soustraire autant que possible les enfants sauvages à l'influence de leurs parents. Or, le seul moyen d'y réussir serait de placer ces enfants dans des écoles industrielles centrales, où ils adopteraient les habitudes et les façons de penser des blancs[8].

Ces mesures faisaient partie d'une politique cohérente visant à éliminer les peuples autochtones comme peuples distincts et à les assimiler contre leur gré à la société canadienne. Le sous-ministre des Affaires indiennes, Duncan Campbell Scott, expose les grandes lignes des objectifs de cette politique en 1920, alors qu'il déclare à un comité parlementaire que « notre objectif est de continuer jusqu'à ce qu'il n'y ait plus un seul Indien au Canada qui n'ait pas été intégré à la société »[9]. Ces objectifs ont été réitérés en 1969 dans la politique indienne du gouvernement du Canada (plus souvent appelée le « Livre blanc »), qui voulait mettre fin au statut d'Indien et résilier les traités que le gouvernement fédéral avait négociés avec les Premières Nations[10].

Le gouvernement canadien a poursuivi cette politique de génocide culturel parce qu'il souhaitait se départir des obligations légales et financières qui lui incombaient envers les peuples autochtones et reprendre le contrôle de leurs terres et de leurs ressources. Si chaque Autochtone avait été « intégré à la société », il n'y aurait plus de réserves, plus de traités et plus de droits autochtones.

Les pensionnats sont rapidement devenus un élément central de la politique indienne du gouvernement fédéral. Lorsque le Canada est devenu un pays en 1867, les Églises canadiennes étaient déjà prêtes à assurer le fonctionnement d'un petit nombre de pensionnats pour les Autochtones. Alors que la colonisation se déplaçait vers l'ouest dans les années 1870, les missionnaires catholiques et protestants établissaient des missions et des petits pensionnats dans les Prairies, dans le Nord et en Colombie-Britannique. La plupart de ces pensionnats recevaient de petites subventions par élève du gouvernement fédéral. En 1883, le gouvernement fédéral a établi trois grands pensionnats pour les enfants des Premières Nations dans l'ouest du Canada. Au cours des années qui ont suivi, le système a connu une croissance considérable. Selon le rapport annuel du ministère des Affaires indiennes de 1930, il y avait 80 pensionnats en activité partout au pays[11]. La Convention de règlement relative aux pensionnats indiens a versé une indemnisation aux élèves qui ont fréquenté les 139 pensionnats et résidences[12]. Le gouvernement fédéral a estimé qu'au moins 150 000 élèves des Premières Nations, Métis et Inuits sont passés dans le système[13].

Les Églises catholique, anglicane, unie, méthodiste et presbytérienne ont été les principaux groupes confessionnels ayant participé à l'administration du système des pensionnats. Le partenariat entre le gouvernement et les Églises est demeuré en place jusqu'en 1969 et bien que la plupart des écoles avaient fermé leurs portes dans

L'école de Mission, en Colombie-Britannique, a ouvert ses portes au début des années 1860 et a poursuivi ses activités jusqu'en 1984. Archives de la collectivité de Mission.

les années 1980, les derniers pensionnats financés par le gouvernement fédéral sont demeurés en activité jusqu'à la fin des années 1990.

Pour les enfants, la vie dans ces écoles était solitaire et étrangère. Les bâtiments étaient mal situés, mal construits et mal entretenus. Les employés étaient peu nombreux, mal formés et mal encadrés. De nombreuses écoles étaient mal chauffées et mal aérées, et l'alimentation était maigre et de piètre qualité. La discipline était sévère et la vie quotidienne était extrêmement réglementée. Les langues et les cultures autochtones étaient dénigrées et réprimées. Les objectifs pédagogiques des écoles étaient limités et confus, et reflétaient habituellement un manque de respect pour les capacités intellectuelles des peuples autochtones. Pour les élèves, l'éducation et la formation technique ont trop souvent laissé place aux corvées nécessaires à rendre les écoles auto-suffisantes. La négligence à l'égard des enfants était institutionnalisée, et le manque de supervision a créé des situations où les élèves étaient en proie à de la violence sexuelle et physique.

En mettant sur pied le système des pensionnats, le gouvernement canadien a essentiellement déclaré que les Autochtones étaient des parents inaptes. Les parents autochtones avaient été qualifiés d'indifférents à l'égard de l'avenir de leurs enfants — un jugement contredit par le fait que les parents empêchaient souvent leurs enfants de fréquenter ces écoles parce qu'ils les considéraient, à juste titre, comme étant des institutions dangereuses et sévères qui cherchaient à élever leurs enfants de façons

Les pensionnats avaient pour but de séparer les enfants de leur famille, de leur culture et de leur identité. Conseil des archives de la Saskatchewan, R-A2690.

différentes des leurs. Une fois dans les pensionnats, les frères et sœurs étaient séparés, et le gouvernement et les Églises ont même imposé des mariages arrangés pour les élèves après leur scolarité.

Le système des pensionnats était fondé sur l'hypothèse voulant que la civilisation européenne et les religions chrétiennes étaient supérieures à la culture autochtone, qui était considérée comme sauvage et brutale. Les représentants du gouvernement insistaient également pour que les enfants soient dissuadés — et souvent empêchés — de parler leur propre langue. Les missionnaires qui dirigeaient les écoles ont joué un rôle de premier plan dans les campagnes menées par les Églises pour bannir les pratiques spirituelles autochtones comme le potlatch et la danse du Soleil (appelée plus correctement « danse de la Soif »), et mettre fin aux mariages traditionnels autochtones. Bien que dans la plupart de leurs prises de position officielles, les représentants du gouvernement et de l'Église considéraient que les peuples autochtones pouvaient être civilisés, il est clair que de nombreuses personnes croyaient que la culture autochtone était par nature inférieure.

Cette hostilité envers les pratiques culturelles et spirituelles autochtones s'est poursuivie largement au XXe siècle. En 1942, John House, le directeur de l'école anglicane à Gleichen, en Alberta, a participé à la campagne visant à destituer deux chefs Pieds-Noirs, notamment en raison de leur soutien aux cérémonies traditionnelles de danse[14]. En 1947, le représentant de l'Église catholique, J. O. Plourde, déclarait à un comité parlementaire que puisque le Canada est une nation chrétienne qui s'engage à ce que « tous ses citoyens [soient] sous la bannière de l'une ou l'autre des Églises chrétiennes », il ne voyait aucune raison pour laquelle les pensionnats devraient « encourager des croyances aborigènes »[15]. Le représentant de l'Église Unie, George Dorey, déclarait au même comité qu'il s'interrogeait sur le fait que les « croyances religieuses indigènes » puissent vraiment exister[16].

Dans les années 1950 et 1960, la mission première des pensionnats était la transformation culturelle des enfants autochtones. En 1953, J. E. Andrews, le directeur de l'école presbytérienne de Kenora, en Ontario, écrivait que « nous devons être réalistes et reconnaître le fait que le seul espoir pour les Indiens canadiens est une éventuelle assimilation à la race blanche »[17]. En 1957, le directeur de l'école de la réserve Gordon, en Saskatchewan, Albert Southard, écrivait qu'il croyait que l'objectif des pensionnats était de « changer la philosophie de l'enfant indien. Autrement dit, puisqu'ils doivent travailler et vivre avec les "Blancs", ils doivent donc commencer à penser comme des "Blancs" ». Southard affirmait que l'école de Gordon n'aurait jamais pu avoir un conseil étudiant puisque « dans la mesure où l'Indien comprend la politique du Ministère, il est contre cette politique »[18]. Dans un article sur les pensionnats publié en 1958, André Renaud, un membre de la communauté des oblats, pensait, tout comme John A. Macdonald, que lorsque les élèves des externats « retournent chez eux à la fin de la journée et pour le week-end, ils sont exposés de nouveau à leur culture autochtone, quoique diluée, culture à laquelle l'école tente de les éloigner ». D'autre part, un pensionnat a la capacité « d'encadrer les élèves presque vingt-quatre heures sur vingt-quatre, avec une culture canadienne non indienne grâce à la radio, à la télévision, au système de diffusion publique, aux films, aux livres, aux journaux, aux activités de groupe, etc. »[19].

Malgré les mesures coercitives adoptées par le gouvernement, celles-ci n'ont pas réussi à atteindre les objectifs de la politique. Même si les cultures des peuples autochtones ont subi de graves préjudices, elles continuent d'exister. Les Autochtones ont refusé de renoncer à leur identité. Ce sont les anciens élèves, les survivants des pensionnats du Canada, qui ont placé la question des pensionnats à l'ordre du jour. Leurs efforts ont mené à la négociation de la Convention de règlement relative aux pensionnats indiens qui a rendu obligatoire la mise sur pied de la Commission de vérité et réconciliation du Canada (CVR).

Les survivants ont agi avec courage et détermination. Nous ne saurions faire moins. Il est temps de s'engager envers un processus de réconciliation. En établissant

Cercle de partage des survivants à l'événement national du Manitoba de la Commission de vérité et réconciliation, en juin 2010.

une relation nouvelle et respectueuse, nous rétablissons ce qui doit être rétabli, nous réparons ce qui doit être réparé et nous remettons ce qui doit être remis.

La réconciliation à la croisée des chemins

Pour certaines personnes, la *réconciliation* est le rétablissement d'un état conciliatoire. Néanmoins, il s'agit d'un état qui, pour de nombreux Autochtones, n'a jamais existé entre Autochtones et non-Autochtones. Pour d'autres, la réconciliation, dans le contexte des pensionnats indiens, s'apparente à une situation de violence familiale. Il s'agit de réparer les erreurs du passé d'une manière qui vient à bout des conflits et établit une relation saine et respectueuse entre les peuples, et pour l'avenir. C'est dans ce contexte que la Commission de vérité et réconciliation du Canada a abordé la question de la réconciliation.

Pour la Commission, la réconciliation consiste à établir et à maintenir une relation de respect réciproque entre les peuples autochtones et non autochtones dans ce pays. Pour y arriver, il faut prendre conscience du passé, reconnaître les torts qui ont été causés, expier les causes et agir pour changer les comportements.

Nous n'y sommes pas encore. La relation entre les peuples autochtones et les peuples non autochtones n'est pas une relation de respect réciproque. Mais nous croyons qu'il est possible d'y arriver, et nous croyons qu'il est possible de maintenir une telle relation. Notre ambition est de démontrer que nous pouvons le faire.

En 1996, le Rapport de la Commission royale sur les peuples autochtones recommandait vivement aux Canadiens d'amorcer un processus national de réconciliation qui aurait placé le pays sur une voie nouvelle et audacieuse, modifiant radicalement les fondements mêmes des relations du Canada avec les peuples autochtones. Bien des choses qui ont été dites par la Commission royale ont été ignorées par le gouvernement; la majorité de ses recommandations n'a jamais été mise en œuvre. Mais le rapport et ses conclusions ont ouvert les yeux des Canadiens et modifié les conversations au sujet de la réalité des peuples autochtones dans ce pays.

En 2015, alors que la Commission de vérité et réconciliation du Canada met fin à ses travaux, le pays a une rare deuxième chance de saisir une occasion manquée de réconciliation. Nous vivons dans un environnement mondialisé du XXIe siècle. C'est la place du Canada en tant que démocratie prospère, juste et inclusive au sein de cet environnement mondialisé qui est en jeu. À la première audience nationale de la CVR à Winnipeg, au Manitoba, en 2010, Alma Mann Scott, une survivante des pensionnats, déclarait :

> La guérison suit son cours — la réconciliation... J'estime qu'il y a de l'espoir pour nous, non seulement en tant que Canadiens, mais pour le monde entier, parce que je sais que je ne suis pas la seule. Je sais que les Anishinaabe partout au Canada, les Premières Nations, ne sont pas les seuls. Mes frères et sœurs en Nouvelle-Zélande, en Australie, en Irlande — il y a plusieurs endroits dans le monde où ce genre de choses est arrivé... je ne crois pas que cela va se produire d'ici un an, mais nous pouvons commencer à changer les lois et les systèmes d'éducation... afin que nous puissions aller de l'avant[20].

Le processus de réconciliation doit soutenir les Autochtones pendant la longue guérison qui leur permettra de panser les blessures directement associées à l'héritage de colonisation destructeur qui a complètement ravagé leurs vies. Ce processus de réconciliation doit cependant permettre d'en faire beaucoup plus puisqu'il doit inspirer tant les Autochtones que les non-Autochtones de partout au pays à transformer la société canadienne afin que nos enfants et nos petits-enfants puissent vivre ensemble dans la paix, la dignité et la prospérité sur ces terres que nous partageons.

Ce besoin urgent et profond de réconciliation touche l'ensemble du pays. Cependant, pour pouvoir y répondre au cours des prochaines années, il faudra absolument favoriser le dialogue public et prendre des mesures qui vont au-delà du processus de réconciliation actuellement mis en œuvre pour les élèves des pensionnats. Bien que certains progrès aient été faits à cet égard, il reste encore d'importants obstacles à la réconciliation. Ainsi, les relations entre le gouvernement fédéral et les Autochtones se sont détériorées. Plutôt que d'aller vers l'avant et de favoriser la réconciliation, les deux parties sont désormais divisées par différents conflits portant notamment sur l'éducation des Autochtones, la protection de l'enfance et la justice[21]. Qu'il s'agisse de réclamer une enquête nationale sur la violence faite aux femmes et filles autochtones ou d'aborder les répercussions économiques de la mise en valeur des terres et des ressources dans le cadre des traités, des droits et du titre ancestral des Autochtones, les questions autochtones font de plus en plus souvent les manchettes[22]. Bien que les tribunaux continuent d'entendre les causes portant sur les droits ancestraux des Autochtones, de nouveaux litiges ont été soumis par les survivants inscrits aux pensionnats autochtones à propos de questions non visées par la Convention de règlement relative aux pensionnats indiens, tout comme par les victimes de la « Rafle des années soixante », une politique de protection de l'enfance qui retirait les enfants autochtones de leurs familles afin qu'ils soient adoptés par des familles non autochtones[23]. La promesse de réconciliation qui semblait sur le point de se réaliser en 2008 lorsque le premier ministre a présenté ses excuses aux survivants au nom de tous les Canadiens s'est cependant évanouie.

Un trop grand nombre de Canadiens ne savent pas grand-chose, voire rien du tout, sur les racines historiques profondes de ces conflits. Le manque de connaissances historiques a d'importantes répercussions pour les Premières Nations, les Métis et les Inuits, ainsi que pour l'ensemble du Canada. Ainsi, dans les cercles gouvernementaux, cela donne lieu à de mauvaises décisions en matière de politiques publiques. Dans le domaine public, ce manque de connaissances a également pour effet de renforcer les attitudes racistes et d'alimenter la méfiance du public à l'égard des membres des Premières Nations[24]. Un trop grand nombre de Canadiens ne connaissent toujours pas le contexte historique entourant les importantes contributions des Autochtones au Canada ou ne comprennent pas qu'en vertu des traités historiques et modernes négociés par notre gouvernement, nous sommes tous visés par les traités. L'histoire joue également un rôle important dans la réconciliation et pour pouvoir préparer l'avenir, les Canadiens doivent examiner le passé et en tirer des leçons.

En tant que commissaires, nous savions dès le début que bien que la réconciliation ne pourrait pas s'effectuer pendant les travaux de la CVR, le pays pourrait cependant prendre des mesures positives et concrètes pour la suite et devrait le faire. Bien que la Commission ait été un catalyseur qui a permis d'approfondir notre conscientisation en tant que nation à la signification de la réconciliation et à la possibilité qu'elle se produise, de nombreux cœurs, têtes et mains seront requis à tous les niveaux de la société pour que l'on puisse continuer sur notre lancée au cours des prochaines années. Il faudra également un engagement politique soutenu à tous les niveaux du gouvernement, ainsi que des ressources matérielles concertées pour pouvoir atteindre cet objectif.

Les milliers de survivants qui ont accepté de partager publiquement les expériences qu'ils ont vécues dans les pensionnats lors des différents événements que la CVR a tenus aux quatre coins du pays ont jeté les bases d'un dialogue plus que nécessaire

Des représentants autochtones et non autochtones du Mouvement jeunesse des 4R présentent le tambour des 4R réalisé par l'artiste Nisga'a Mike Dangeli à titre de symbole de la réconciliation à l'événement national de l'Alberta de la Commission de vérité et réconciliation, en mars 2014.

à propos de ce dont ces survivants ont besoin pour guérir leurs blessures, ainsi que celles de leurs familles, de leurs communautés et du pays tout entier. Les Canadiens ont beaucoup à apprendre des voix, des expériences et de la sagesse des survivants, des aînés et des gardiens du savoir traditionnel, et beaucoup plus encore à propos de la réconciliation. Les peuples autochtones doivent pouvoir contribuer grandement à la réconciliation. Leurs systèmes de transmission des connaissances, leurs traditions orales, leurs lois et leurs liens profonds avec la terre ont tous revêtu une très grande importance dans le processus de réconciliation et sont essentiels à sa continuité.

Lors d'un forum portant sur les gardiens du savoir traditionnel commandité par la CVR, Mary Deleary, une aînée anishinaabe, a parlé de la responsabilité de réconciliation que doivent assumer tant les Autochtones que les non-Autochtones. Elle a notamment insisté sur le fait que le travail de réconciliation devait se poursuivre de manière à honorer les ancêtres, à respecter la terre et à rééquilibrer les relations. Voici ce qu'elle a dit à cet égard :

> J'ai l'espoir et la conviction que lorsque vous entendez nos voix à cette table, j'entends et je sais que les responsabilités qui ont été celles de nos ancêtres... et qui sont encore les nôtres... malgré toutes les luttes, même malgré toutes les perturbations... nous pouvons encore entendre la voix de la terre. Nous pouvons

Forum des gardiens du savoir traditionnel de la Commission de vérité et réconciliation, juin 2014. Université du Manitoba, Adam Dolman.

entendre cette voix qui nous demande de nous occuper de nos enfants et de les aimer. Nous pouvons entendre cette voix qui nous parle de nos lois. Nous pouvons entendre cette voix à propos de nos récits, de notre gouvernance, de nos festins [et] de cette médecine que nous mettons en pratique... Nous avons du travail à faire. Ce travail que nous faisons [déjà] en tant que personnes [autochtones]. Nos cousins qui ont traversé les océans pour venir jusqu'à nous [les non-Autochtones], vous aussi avez encore du travail à faire de votre côté... Cette terre se forme grâce à la poussière qui provient des ossements de nos ancêtres. Et pour se réconcilier avec cette terre et avec tout ce qui s'y est produit, il reste encore beaucoup de travail à faire... pour espérer atteindre l'équilibre[25].

Lors de l'événement régional de Victoria en 2012, Archie Little, l'un des survivants, a déclaré ce qui suit :

[Pour] moi, la réconciliation vise à corriger une injustice. Comment s'y prendre, telle est la question. Toutes les personnes qui se trouvent dans cette salle, un grand nombre de non-Autochtones, un grand nombre d'Autochtones qui ne sont pas allés dans les pensionnats; nous devons travailler ensemble... Ma mère accordait énormément d'importance à nos traditions culturelles. Ce n'est plus le cas maintenant. Ça nous a été enlevé... Et je pense que c'est le temps que vous, les non-Autochtones... alliez voir vos politiciens et leur disiez qu'ils doivent prendre la responsabilité à propos de ce qui est arrivé. Nous devons travailler ensemble[26].

Le révérend Stan McKay de l'Église Unie, qui est également un survivant, croit que la réconciliation ne pourra débuter que quand tout le monde acceptera sa part de responsabilité, ce qui permettra un processus de guérison favorisant le respect. Il a déclaré ce qui suit :

> [Il doit y avoir] un changement de perspective dans la façon dont les Autochtones s'engageraient de concert avec la société canadienne dans le traitement de la question de la réconciliation.... [Nous ne pouvons] perpétue[r] le concept inspiré par l'idée paternaliste que seuls les Autochtones ont besoin de guérison. [....] Les auteurs d'actes de violence sont affligés par des traumatismes et ils sont à bien des égards marqués par l'histoire, mais de façon différente des victimes. [...] Comment un dialogue en vue de la réconciliation peut-il être tenu si tous les intervenants n'adoptent pas une attitude d'humilité et de respect? [...] Nous avons tous des histoires à raconter et, pour évoluer vers une plus grande tolérance et une meilleure compréhension, nous devons écouter les histoires des autres[27].

Ces cinq dernières années, la Commission de vérité et réconciliation du Canada a exhorté les Canadiens à ne pas attendre la publication de son rapport final pour contribuer au processus de réconciliation. Cela nous encourage lorsque nous voyons que partout au pays, bon nombre de personnes ont répondu à notre appel.

Les jeunes Canadiens relèvent le défi de la réconciliation. Tant les jeunes Autochtones et non-Autochtones qui ont assisté aux événements nationaux de la CVR ont transmis un message percutant dans lequel ils démontraient à quel point la réconciliation était importante pour eux. Lors de l'événement national de l'Alberta qui s'est tenu à Edmonton en mars 2014, un jeune Autochtone a parlé au nom du « 4Rs Youth Movement », une initiative de jeunes composée de jeunes Autochtones et non-Autochtones. Jessica Bolduc y a alors dit :

> Nous avons revu nos pensées et nos croyances à propos du colonialisme et avons pris l'engagement de défaire nos propres bagages et d'établir de nouvelles relations les uns avec les autres en saisissant l'élan actuel pour faire évoluer notre pays à la veille du 150e anniversaire de la Confédération du Canada qui aura lieu en 2017.

> À ce moment-ci, nous nous demandons, « que signifie cet anniversaire pour nous, en tant que jeunes Autochtones et non-Autochtones et comment pouvons-nous arriver à cette date avec quelque chose que tous, nous pourrons célébrer? »... Nous espérons qu'un jour, nous vivrons ensemble comme des nations reconnues dans un pays dont nous pourrons tous être fiers[28].

En 2013, lors de l'événement national de la Colombie-Britannique qui s'est tenu à Vancouver et où plus de 5 000 élèves des écoles primaires et secondaires ont assisté à la journée de sensibilisation, plusieurs jeunes non autochtones ont parlé de ce qu'ils avaient appris. Matthew Meneses a dit : « Je n'oublierai jamais ce jour. C'était la première fois que j'entendais parler des pensionnats. Si je devais voir un Autochtone, je lui demanderais s'il peut parler sa langue, parce que je pense que le fait de pouvoir parler sa langue est vraiment rafraîchissant. » Antonio Jordao a dit, quant à lui, « Ça me rend triste pour ces enfants. Ils les ont enlevés de chez eux. C'était de la torture, ce n'est pas juste. Ils les ont enlevés de leurs maisons. Je ne suis pas d'accord. Ce n'est vraiment pas correct. C'est l'une des pires choses que le Canada ait faites. » Cassidy Morris a ajouté : « C'est une bonne chose qu'on puisse finalement apprendre ce qui s'est passé. » Jacqulyn Byers a dit, quant à elle, « J'espère que des événements comme ceci permettront aux personnes de tourner la page sur ce qui s'est passé et que vraiment beaucoup de gens reconnaîtront maintenant qu'un crime a été commis et qu'il faut maintenant réparer les pots cassés[29]. »

Lors du même événement national, Patsy George, témoin honoraire de la CVR, a rendu hommage à la force des femmes autochtones et à leur contribution au processus de réconciliation en dépit de l'oppression et de la violence qu'elles ont vécues. Voici ce qu'elle a dit à cet égard :

> Pour moi, les femmes ont toujours représenté un rayon d'espoir. Il faut soutenir et reconnaître le rôle des mères et des grands-mères, tant dans la vie de nos enfants que dans la survie de nos communautés. La rage justifiée que nous ressentons et partageons tous aujourd'hui doit permettre de créer des instruments qui, à leur tour, transformeront nos cœurs et nos âmes pour faire table rase et préparer le terrain pour que le respect, l'amour, l'honnêteté, l'humilité, la sagesse et la vérité puissent prendre la place. Nous le devons à tous ceux qui ont souffert, ainsi qu'aux enfants d'aujourd'hui et de demain. Que cette journée et les journées qui suivront nous apportent paix et justice[30].

Des Canadiens autochtones et non autochtones de toutes les couches de la société nous ont parlé de l'importance de tendre la main aux autres et de trouver de nouveaux moyens pour préparer un avenir meilleur. Que nous soyons un membre des Premières Nations, un Inuit, un Métis, un descendant des colons européens, un membre d'un groupe minoritaire qui a subi de la discrimination historique au Canada ou un néo-Canadien, nous héritons tous des avantages et des obligations inhérents à la vie au Canada. Nous sommes tous visés par les traités et avons donc tous la responsabilité d'agir pour favoriser la réconciliation.

Sans vérité, justice et guérison, il ne peut y avoir de véritable réconciliation. La réconciliation ne vise pas uniquement à « fermer un triste chapitre du passé du Canada », mais également à ouvrir de nouvelles voies de guérison basées sur la vérité et la justice. Nous sommes conscients que le fait de connaître la vérité sur ce qui s'est passé dans les pensionnats ne mènera pas, en soi, à la réconciliation. L'importance de dire la vérité en elle-même ne doit cependant pas être sous-estimée, puisqu'elle permet de restaurer la dignité humaine des victimes de violence et de demander des comptes aux gouvernements et aux citoyens. Sans vérité, aucune justice ne peut être rendue, la guérison ne peut commencer et il ne peut y avoir de véritable réconciliation entre les Canadiens autochtones et non autochtones. Dans son commentaire lors du forum portant sur les gardiens du savoir traditionnel en juin 2014, l'aîné Dave Courchene a posé une question de première importance, soit : « Lorsque vous parlez de vérité, de quelle vérité parlez-vous[31]? »

La Commission a répondu à la question de l'aîné Courchene en disant que *vérité* s'entendait non seulement de ce qui a été révélé par les documents des pensionnats, mais également de la vérité qui découle des expériences vécues par les élèves, comme les survivants et d'autres personnes l'ont racontée dans leurs déclarations à la présente Commission. Ensemble, ces témoignages publics constituent un nouveau dossier de récits oraux, un dossier fondé sur les traditions juridiques autochtones et le témoignage[32]. Lorsque les gens se rassemblaient lors des événements nationaux et des audiences communautaires de la CVR, ils pouvaient vivre différentes expériences associées au processus de divulgation des faits et d'esprit de réconciliation.

Dans le cadre de ses audiences, la Commission a intronisé un cercle de plus en plus grand de témoins honoraires de la CVR. Ils avaient le rôle de témoin officiel lors des témoignages des survivants et de leurs familles, des anciens membres du personnel des écoles et de leurs descendants, des représentants de l'État et des Églises et de toute autre personne dont la vie a été chamboulée par les pensionnats. Au-delà du travail associé à la CVR, le témoin honoraire s'engageait également à participer aux efforts continus de réconciliation entre les Autochtones et les non-Autochtones. Nous encourageons également toute personne qui a assisté aux événements nationaux ou aux audiences communautaires de la CVR à se voir également comme des témoins, avec l'obligation de trouver des façons de faire de la réconciliation une réalité dans leurs vies, leurs communautés, leurs écoles et leurs lieux de travail.

Comme l'aîné Jim Dumont l'a expliqué lors du forum sur les gardiens du savoir traditionnel, qui a eu lieu en juin 2014, « dans la culture ojibway, dire la vérité, c'est parler avec son cœur »[33]. Lors de l'audience communautaire tenue en 2012 dans la Première Nation de Key, en Saskatchewan, Wilfred Whitehawk, un survivant des pensionnats indiens, nous a dit qu'il était heureux d'avoir divulgué les agressions dont il avait été victime.

> Je ne le regrette pas, parce que ça m'a appris quelque chose. Ça m'a appris à dire la vérité, à propos de moi, d'être honnête au sujet de qui je suis... Je suis très fier de qui je suis aujourd'hui. Ça m'a pris beaucoup de temps, mais j'y suis arrivé. Et ce que j'ai, mes valeurs et mon système de croyances, ça m'appartient, et personne ne pourra m'imposer les siens. Et, aujourd'hui, personne ne pourra

profiter de moi, que ce soit un homme ou une femme, le gouvernement ou la GRC, parce qu'aujourd'hui, j'ai mon mot à dire. Je peux parler en mon nom, et personne ne peut m'enlever ça[34].

Survivante et fille de survivants, Vitaline Elsie Jenner, a dit : « Je suis très heureuse de pouvoir partager mon histoire... Je veux que les Canadiens entendent et écoutent la vérité... Je veux aussi que mes petits-enfants tirent des leçons de mon expérience, et qu'ils sachent que cela est vraiment arrivé[35]. »

Un autre descendant de survivants, Daniel Elliot, a dit à la Commission :

> Je pense que tous les Canadiens ont besoin d'arrêter de se fermer les yeux. Ils doivent s'ouvrir les yeux. Ouais, c'est gênant, eh oui, c'est une partie affreuse de notre histoire. On ne veut pas l'entendre. Ce que je veux de la Commission, c'est qu'elle réécrive les livres d'histoire pour que les autres générations comprennent et ne vivent pas ce que nous vivons aujourd'hui, c'est-à-dire de faire comme si ce n'était jamais arrivé[36].

Le président du Ralliement national des Métis, Clément Chartier, a parlé à la Commission de l'importance de la vérité, de la justice et de la réconciliation. À l'événement national en Saskatchewan, il a dit :

> La vérité est importante. Je vais donc essayer d'aborder les questions qui touchent à la vérité et quelques-unes qui touchent à la réconciliation. La vérité, c'est que la nation métisse, qui est représentée par le Ralliement national des Métis, n'est pas une partie à la Convention de règlement relative aux pensionnats indiens. Et la vérité c'est que la nation métisse ou les Métis, en tant que peuple, sont exclus tout au long de cette période de réconciliation, non seulement dans la Convention de règlement relative aux pensionnats indiens, mais aussi dans les excuses présentées par le Canada.
>
> Nous sommes, cependant, le fruit de la même politique d'assimilation, celle que le gouvernement fédéral a imposée aux enfants indiens visés par un traité. Il devrait donc y avoir une solution... Les pensionnats métis sont exclus. On veut s'assurer que tout le monde est au courant de ça. Et j'espère que vous allez nous aider à défendre certains points et à obtenir, vous savez, que les gouvernements ou quiconque responsables, acceptent la responsabilité pour qu'on puisse aller de l'avant dans la voie de la réconciliation, parce que la réconciliation devrait toucher tous les peuples autochtones et non seulement certains peuples autochtones[37].

À l'événement national de la Colombie-Britannique, l'ancien lieutenant-gouverneur de la Colombie-Britannique, l'honorable Steven Point, a déclaré :

> Et plusieurs d'entre vous ont dit aujourd'hui, plusieurs témoins qui ont comparu ont dit : « Je ne peux pas pardonner. Je ne suis pas prêt à pardonner. » Et je me suis demandé pourquoi. La réconciliation a pour but de savoir la vérité, ça, c'est

sûr. C'est aussi le fait de reconnaître cette vérité. Reconnaître que ce que vous avez dit est vrai. Accepter la responsabilité de la douleur qui été causée, et aider ces enfants à retrouver la place qu'ils occuperaient si on ne les avait pas retirés de leurs foyers.

Quels sont les obstacles à la réconciliation? La pauvreté qui persiste dans nos collectivités et le défaut du gouvernement de reconnaître que : « Oui, ces terres nous appartiennent. » Arrêter la destruction de nos territoires et, pour l'amour de Dieu, mettre fin aux décès de tant de femmes autochtones sur les autoroutes du pays. Je vais continuer à parler de la réconciliation, mais, ce qui est tout aussi important, je vais favoriser la guérison de notre peuple, pour que nos enfants ne soient pas obligés de vivre cette douleur, cette destruction et, enfin, pour que l'on prenne la place qui nous revient au sein de « notre Canada »[38].

Lorsque d'anciens membres du personnel des pensionnats ont assisté aux événements publics de la Commission de vérité et de réconciliation (CVR), certains ont trouvé qu'il était plus important d'entendre les témoignages des survivants, même si leurs propres perspectives et leurs propres souvenirs des pensionnats pouvaient être différents des leurs. Lors de l'audience communautaire tenue à Thunder Bay, en Ontario, Merle Nisley, qui a travaillé au pensionnat de Poplar Hill dans les années 1970, a dit :

> Je pense que ce serait utile, pour les personnes concernées par les pensionnats, d'entendre les histoires personnelles. Et, aussi, je pense qu'il serait utile, quand cela est approprié [pour] les anciens élèves qui sont sur le chemin de la guérison, d'entendre certaines de nos histoires ou certains de nos points de vue. Mais, je sais que c'est une chose très difficile à faire... Évidemment, ce n'est pas le temps d'essayer de demander à tous les anciens élèves de s'asseoir et d'écouter les justifications des anciens membres du personnel. Cela ferait ressurgir trop d'émotions... et il n'y pas assez de confiance... on ne peut pas faire des choses comme ça, quand il y a peu de confiance. Donc, je pense que c'est très important que les anciens membres du personnel entendent les histoires, qu'ils soient assez courageux juste pour les entendre. Là où des torts ont été causés, où des agressions ont eu lieu, où des punitions ont été excessives, et où des agressions sexuelles se sont produites, nous devons en quelque sorte écouter cela avec courage et en parler, et nous excuser. Je ne sais pas comment cela va se passer[39].

Les réflexions de Nisley soulignent l'une des difficultés qu'éprouve la CVR à créer un espace favorisant un dialogue respectueux entre les anciens élèves et le personnel des pensionnats. Alors que, dans la plupart des cas, cela a été possible, dans d'autres cas, les survivants et les membres de leur famille ont trouvé très difficile le fait d'écouter parler les anciens membres du personnel, en particulier s'ils avaient l'impression que l'orateur défendait les pensionnats.

À l'événement régional de la CVR tenu à Victoria, le frère Tom Cavanaugh, supérieur des Oblats de Marie Immaculée dans le district de la Colombie-Britannique et du Yukon, a parlé de l'époque où il était superviseur au pensionnat Christie.

> Pendant mes six années de travail au pensionnat Christie, le personnel, des Autochtones et des non-Autochtones, travaillait ensemble et essayait autant que possible d'offrir un environnement aimant et sûr pour les enfants qui fréquentaient l'école Christie. Est-ce que tout était parfait? Non, ce n'était pas parfait, mais, encore une fois, il ne semblait pas y avoir, à cette époque, une autre solution viable pour fournir une bonne éducation à autant d'enfants qui vivaient dans des collectivités relativement petites et isolées.

Les survivants et les membres de leur famille qui étaient présents dans la salle ont dit : « La vérité, dites la vérité. » Le frère Cavanaugh a répondu : « Si vous me donnez une chance, je vous dirai la vérité. » Après l'intervention du président de la CVR, le juge Murray Sinclair, pour demander au public de permettre au frère Cavanaugh de terminer sa déclaration, ce dernier a pu poursuivre sans être interrompu. Visiblement ébranlé, le frère Cavanaugh a ensuite admis que les enfants avaient également été victimes d'agression dans les écoles, mais que lui condamnait ces actions. Il a aussi exprimé sa peine et ses regrets pour ces abus de confiance.

> Je peux dire honnêtement que nos hommes souffrent également à cause du scandale lié aux agressions et à cause de la cassure que cela a créée entre les Premières Nations et les représentants de l'Église. Plusieurs de nos hommes qui travaillent encore avec les Premières Nations ont assisté à diverses séances sur la vérité et la réconciliation ainsi qu'à des séances « Returning to Spirit », en espérant assurer la guérison de toutes les personnes touchées. Les oblats souhaitent la guérison à toutes les personnes qui ont été victimes d'agression et à toutes celles touchées par l'abus de confiance. Nous espérons qu'ensemble nous pourrons continuer à bâtir une société meilleure[40].

Plus tard, ce même jour, Ina Seitcher, qui a fréquenté le pensionnat Christie, a fait état d'une situation très différente de celle dépeinte par le frère Cavanaugh.

> Je suis allée au pensionnat indien Christie. Ce matin, j'ai entendu un prêtre parler du pensionnat Christie. Je veux lui parler de mon expérience à ce pensionnat. J'ai fréquenté le pensionnat Christie pendant dix mois. Dix mois qui ont eu des conséquences sur ma vie depuis cinquante ans. Je commence seulement maintenant mon cheminement vers la guérison... J'ai besoin de le faire, j'ai besoin d'en parler. J'ai besoin de parler pour ma mère et pour mon père qui ont fréquenté le pensionnat, pour mes tantes, mes oncles, tout ça est loin maintenant... Toute la douleur de notre peuple, la peine, la colère... Ce que le prêtre a dit à propos du milieu aimant au pensionnat Christie, ce n'était pas vrai. Ce prêtre était probablement dans son bureau et ne savait pas ce qui se passait dans les dortoirs ou dans la salle à manger. Il y a des choses qui se sont

passées au pensionnat Christie, et comme je l'ai dit, je viens juste de commencer mon cheminement vers la guérison. Il y a des choses que je ne veux même pas aborder. Je ne veux même pas parler de ces choses, parce que je ne sais pas ce que cela pourrait me faire[41].

Ces deux vérités, apparemment inconciliables, sont un rappel brutal qu'il n'y a pas de raccourcis faciles sur le chemin de la réconciliation. Le fait qu'il y a eu peu d'échanges directs entre les survivants et les anciens membres du personnel du pensionnat lors des événements de la CVR indique bien que, pour plusieurs d'entre eux, l'heure de la réconciliation n'était pas encore venue. En effet, pour certains, cela risque de ne jamais se produire. À l'événement national du Manitoba en 2010, la survivante Evelyn Brockwood a expliqué la raison pour laquelle il est important de laisser suffisamment de temps pour la guérison dans le cadre de ce processus de vérité et de réconciliation. Elle a dit :

> Au début, lorsque les gens ont commencé à parler, je crois que c'était en 1990, au sujet des pensionnats, ils racontaient leurs histoires, et je pensais que les mots qu'ils utilisaient étaient vérité, guérison et réconciliation. Pourtant, il semble que nous passons directement de la vérité à la réconciliation. La réconciliation avec nos frères et nos sœurs blancs. Mes frères et sœurs, nous avons beaucoup de travail à faire entre les deux. Nous devrions vraiment mettre en évidence le mot guérison. Nous devons ralentir, nous allons trop vite, trop vite... Nous avons beaucoup de larmes à verser avant même de pouvoir parler de réconciliation[42].

Pour connaître la vérité et raconter toute l'histoire des pensionnats dans ce pays, la CVR avait besoin d'écouter ce que les survivants et leurs familles, les anciens membres du personnel, les représentants du gouvernement et des Églises, ainsi que toutes les personnes touchées par les pensionnats avaient à dire. À l'avenir, l'histoire nationale du Canada doit reposer sur la vérité à propos de ce qui s'est passé dans les pensionnats. Dans cent ans, les enfants de nos enfants ainsi que leurs enfants doivent connaître et se souvenir de cette histoire, car ils hériteront de la responsabilité de veiller à ce que cela ne se reproduise pas.

Qu'est-ce que la réconciliation?

Au cours des travaux de la Commission, il est apparu clairement que le concept de la réconciliation signifiait différentes choses pour différentes personnes, collectivités, institutions et organisations. Le mandat de la CVR décrit la réconciliation comme étant un « processus individuel et collectif de longue haleine [qui] nécessite l'engagement de tous les intéressés — Anciens pensionnaires des Premières nations, Inuits et Métis et leurs familles, collectivités, organismes religieux, anciens employés des écoles,

Événement national du Nord de la Commission de vérité et réconciliation, Inuvik, Territoires du Nord-Ouest, juin 2011.

gouvernement et la population canadienne. La réconciliation peut se produire entre n'importe lesquels des groupes ci-dessus[43]. »

La Commission définit la *réconciliation* comme un processus continu visant à établir et à maintenir des relations respectueuses. Un élément essentiel de ce processus consiste à réparer le lien de confiance en présentant des excuses, en accordant des réparations individuelles et collectives, et en concrétisant des actions qui témoignent de véritables changements sociétaux. Pour établir des relations respectueuses, il faut également revitaliser le droit et les traditions juridiques autochtones. Il est important que tous les Canadiens comprennent comment les méthodes traditionnelles des Premières Nations, des Inuits et des Métis en matière de résolution des conflits, de réparation des torts et de rétablissement des liens peuvent éclairer le processus de réconciliation.

Les gardiens du savoir traditionnel et les aînés gèrent depuis longtemps les conflits et les méfaits en tenant des cérémonies spirituelles, en utilisant des pratiques d'établissement de la paix et en racontant des récits oraux qui révèlent la façon dont leurs ancêtres rétablissaient l'harmonie dans les familles et les collectivités. Ces traditions et ces pratiques constituent le fondement du droit autochtone. Elles sont source de sagesse et contiennent des conseils pratiques pour passer à l'étape de la réconciliation dans ce pays[44].

À mesure que les collectivités des Premières Nations, des Inuits et des Métis revitaliseront leur spiritualité, leurs cultures, leurs langues, leurs lois, ainsi que leurs systèmes de gouvernance, et qu'elles y accéderont, et à mesure que les Canadiens non autochtones comprendront de plus en plus l'histoire des peuples autochtones au Canada, tout en reconnaissant et en respectant les approches autochtones adoptées pour établir et maintenir des relations respectueuses, les Canadiens pourront travailler ensemble à l'édification d'un nouveau pacte de réconciliation.

Malgré les ravages du colonialisme, chaque nation autochtone d'un bout à l'autre du pays, chacune ayant sa propre culture et sa propre langue, a conservé bien vivantes ses traditions juridiques et ses pratiques de rétablissement de la paix dans ses collectivités. Alors que les aînés et les gardiens du savoir traditionnel partout au pays nous ont dit qu'il n'y avait pas de mot précis dans leurs langues pour désigner la « réconciliation », il existe plusieurs mots, histoires, chansons et objets sacrés, tels que des ceintures wampum, des calumets de paix, des plumes d'aigle, des rameaux de cèdre, des tambours et des costumes traditionnels, que l'on utilise pour établir des relations, réparer des conflits et rétablir l'harmonie et la paix. Les cérémonies et les protocoles liés au droit autochtone sont encore en pratique aujourd'hui dans de nombreuses collectivités autochtones.

Lors du forum de la CVR sur les gardiens du savoir traditionnel tenu en juin 2014, Barney Williams, un aîné et un membre du Comité des survivants de la CVR nous a dit que :

> D'un océan à l'autre, nous entendons des paroles qui font allusion à la réconciliation... mais qu'est-ce que la réconciliation? Que signifient les mots guérison ou pardon? Et comment faire un parallèle avec tous ces mots que le Créateur a donnés à toutes les nations? Quand j'entends les voix des ancêtres, de vos ancêtres, et que je réfléchis, j'entends mon ancêtre faire allusion à la même chose, mais dans un dialecte différent... Selon moi, la réconciliation vient d'une époque où personne ne parlait anglais, l'époque de ma grand-mère qui est née dans les années 1800... Je me sens vraiment privilégié d'avoir été choisi par ma grand-mère pour être un gardien du savoir... Mais que devons-nous faire maintenant? ... Nous devons revenir aux cérémonies et procéder à des cérémonies pour aller de l'avant. Nous devons comprendre les lois de nos peuples[45].

À ce forum, l'aîné Stephen Augustine a expliqué le rôle que jouent le silence et la négociation dans le droit micmac. Il a dit que le silence était un concept et qu'on pouvait l'utiliser comme punition pour une mauvaise action ou pour enseigner une leçon. Le silence doit être utilisé selon les bonnes procédures. Et on y met fin à un moment précis. L'aîné Stephen Augustine a déclaré qu'il y avait, à la fois, un endroit propice pour parler de réconciliation et un besoin de réfléchir en silence. La réconciliation ne peut se faire sans l'écoute, la contemplation, la méditation et une profonde réflexion interne. Devant les méfaits qui se sont produits dans les pensionnats, le silence est une solution appropriée pour de nombreux peuples autochtones. Nous devons accorder une plus grande place à un silence respectueux dans le cheminement vers la réconciliation, en particulier pour les survivants qui considèrent le silence comme une clé vers la guérison. Il y a aussi place à la discussion et à la négociation pour ceux qui sont prêts à briser le silence. Le dialogue et les compromis constituent des éléments importants du droit micmac. L'aîné Stephen Augustine a indiqué que d'autres dimensions de l'expérience humaine — notre relation avec la terre et avec tous les êtres vivants — sont aussi des éléments pertinents pour ce qui est du cheminement vers la réconciliation. Cette observation profonde fait partie intégrante du droit autochtone et pourrait être appliquée de manière plus générale[46].

L'aîné Reg Crowshoe a dit à la Commission que les visions du monde, les récits oraux, les traditions et les pratiques des peuples autochtones ont beaucoup à nous apprendre sur la façon d'établir des relations respectueuses entre les personnes et avec la terre et toute chose vivante. En partageant nos histoires et en cultivant la réconciliation dans notre vie quotidienne, nous apprendrons à bien vivre ensemble.

> Quand on parle du concept de réconciliation, je pense à quelques-unes des histoires que j'ai entendues dans notre culture, et les histoires sont importantes... Ces histoires sont très importantes en tant que théories, mais elles le sont aussi pour les cultures orales. Alors, quand on parle d'histoires, on parle de définir notre environnement et de la manière dont on perçoit les pouvoirs qui viennent de la terre et comment cette terre, quand on parle de notre rapport à la terre, comment on perçoit le pardon, et la réconciliation est très importante du point de vue historique.

> Dans notre culture, on a des histoires au sujet de nos super-héros, de nos rapports les uns avec les autres, des histoires qui expliquent comment les animaux et les plantes nous accordent le pouvoir et le privilège d'utiliser les plantes pour guérir, mais on a aussi des histoires sur nos pratiques. Comment mettre en pratique la réconciliation? Comment nous exercer à nous rassembler pour parler de réconciliation du point de vue de notre culture orale? Et ces pratiques sont très importantes[47].

Comme l'aîné Crowshoe l'a explicité, la réconciliation nécessite la prise de parole, mais nos conversations doivent transcender les approches conventionnelles du Canada. La réconciliation entre les Canadiens autochtones et non autochtones, du point de vue des Autochtones, exige aussi une réconciliation avec le monde naturel. Si les humains règlent les problèmes entre eux, mais continuent de détruire le monde naturel, la réconciliation sera inachevée. C'est un point de vue que nous, en tant que commissaires, entendons à maintes reprises : la réconciliation n'aura pas lieu à moins que nous ne soyons également réconciliés avec la planète. Les lois micmaques et les autres lois autochtones insistent sur le fait que les humains doivent parcourir les étapes de la vie en conversant et en négociant avec toutes les créatures. La réciprocité et le respect mutuel aident à assurer notre survie. Ce sont ces formes de guérison et de survie qui sont nécessaires pour aller au-delà de l'expérience des pensionnats.

Au cours de ses travaux, la Commission a créé un espace pour explorer les significations et les concepts de la réconciliation. Dans des cercles de partage publics qui ont eu lieu à l'occasion d'événements nationaux et d'audiences communautaires, nous avons été témoins de moments forts de partage de vérité et d'actes de réconciliation empreints d'humilité. De nombreux survivants n'avaient jamais pu dire à leurs propres familles toute la vérité sur ce qui leur était arrivé dans les pensionnats. Aux audiences de Regina, en Saskatchewan, l'aîné Kirby Littletent a déclaré : « Je n'ai jamais rien dit, j'ai seulement dit à mes enfants et à mes petits-enfants que j'étais allé au pensionnat, c'est tout. Je n'ai jamais parlé de ce que j'avais vécu[48]. »

De nombreuses personnes ont pris la parole pour rendre hommage à des proches qui sont décédés. Simone, une survivante inuite de Chesterfield Inlet, au Nunavut, a déclaré :

> Je suis ici pour mes parents. — « Est-ce que je vous ai manqué quand je suis partie? Avez-vous pleuré pour moi? » — Je suis ici aussi pour mon frère, qui a été une victime, et pour ma nièce qui, à cinq ans, a subi une blessure à la tête et n'est jamais revenue à la maison, et ses parents n'ont jamais pu faire leur deuil. Jusqu'à maintenant, ils n'ont pas trouvé la pierre tombale à Winnipeg. Je suis ici pour eux d'abord, et c'est pour ça que je fais une déclaration publique[49].

D'autres ont parlé de l'importance de se réconcilier avec des membres de leur famille et ont tenu à souligner que ce processus ne faisait que commencer. Patrick Etherington, un survivant du pensionnat de St. Anne à Fort Albany, en Ontario, a parcouru à pied, avec son fils et d'autres marcheurs, la distance entre Cochrane, en Ontario, et le lieu de l'événement national à Winnipeg. Il a dit que cette marche l'avait aidé à renouer avec son fils et qu'il voulait « juste être ici parce que j'ai l'impression qu'on a beaucoup de chemin à faire avant l'aboutissement du processus qu'on a entrepris »[50].

Nous avons vu les enfants et les petits-enfants de survivants, en quête de leur propre identité et de leur place dans le monde, qui ont éprouvé de la compassion et un respect renouvelé envers leurs proches qui avaient fréquenté des pensionnats, après avoir entendu leurs récits et commencé à entrevoir ce qu'ils avaient vécu. À l'occasion de l'événement national dans le Nord à Inuvik, dans les Territoires du Nord-Ouest, Maxine Lacorne a déclaré :

> En tant que jeune, en tant que jeune femme, je parle avec des gens de mon âge parce que j'ai une bonne compréhension de la situation. Je parle à des gens qui sont des survivants des pensionnats parce que j'aime écouter leurs histoires, vous savez, et cela m'aide à mieux comprendre mes parents... C'est un honneur d'être ici, d'être assise ici parmi vous, les survivants. C'est super! Vous autres, vous êtes forts, vous avez survécu à tout. Et on va continuer d'être ici. Ils ont

essayé de nous emmener de force. Ils ont essayé de nous priver de notre langue. Vous autres, vous êtes encore ici, on est encore ici. Je suis encore ici[51].

Nous avons entendu parler d'enfants dont les menus actes quotidiens de résistance à la maltraitance, à la négligence et à l'intimidation agressives dans les pensionnats ont été tout simplement héroïques. À l'occasion de l'événement national de la CVR en Colombie-Britannique, l'aîné Barney Williams a déclaré que « beaucoup d'entre nous, malgré la douleur et la souffrance, ont réussi à garder la tête haute... nous avons été des enfants courageux »[52]. Nous avons assisté à la renaissance de liens d'amitié remontant à l'enfance entre des personnes qui s'étaient réunies et retrouvées aux événements parrainés par la CVR. Ensemble, ces gens se sont remémoré les horreurs qu'ils avaient vécues tout en évoquant avec fierté leurs réalisations, oubliées depuis longtemps, dans diverses activités sportives, musicales et artistiques des pensionnats. Nous avons entendu parler de survivants résilients et courageux qui, en dépit des traumatismes vécus dans leur enfance, sont devenus des personnalités influentes dans leurs collectivités et dans toutes les facettes de la vie au Canada, notamment la politique, l'administration publique, le droit, l'éducation, la médecine, le monde des affaires et les arts.

Nous avons entendu parler de représentants du gouvernement fédéral qui avaient administré les pensionnats. Dans un cercle de partage à l'événement national du Manitoba, l'honorable Chuck Strahl (alors ministre des Affaires indiennes et du Nord canadien) a déclaré :

> Les gouvernements aiment rédiger... des politiques, ils aiment rédiger des lois, et ils aiment codifier les choses, et ainsi de suite. Les Autochtones, eux, veulent parler de restauration, de réconciliation, de pardon, de guérison... de vérité. Toutes ces choses relèvent du domaine du cœur et des relations, et non des politiques gouvernementales. Dans ce domaine, les gouvernements sont incompétents[53].

Des représentants de l'Église ont parlé de leurs luttes pour rétablir le lien avec les peuples autochtones. À Inuvik, l'archevêque anglican Fred Hiltz a déclaré ceci :

> En tant qu'Église, nous renouvelons notre engagement à travailler avec l'Assemblée des Premières Nations pour aborder les enjeux de longue date de la justice autochtone. En tant qu'Église, nous demandons à toute personne qui remplit des fonctions de portée nationale au sein de l'Église de suivre une formation sur la lutte contre le racisme... Il y a beaucoup à accomplir dans notre Église pour assurer l'élimination du racisme[54].

Des enseignants nous ont parlé de la sensibilisation croissante au rôle inadéquat que les établissements d'enseignement postsecondaire ont joué dans la formation du personnel enseignant des écoles. Ils ont plaidé en faveur de la transformation des méthodes et des programmes d'enseignement pour qu'ils intègrent davantage le savoir et l'histoire autochtones. Des artistes ont exprimé leurs idées et leurs sentiments au sujet de la vérité et de la réconciliation par des chansons, des peintures, des numéros de danse, des films et d'autres moyens d'expression. De grandes entreprises ont versé des fonds pour que des survivants et, dans certains cas, certains de leurs employés et de leurs cadres puissent assister à des événements.

Cette expérience a été profondément marquante pour les Canadiens non autochtones qui sont venus écouter les témoignages des survivants. Une femme a dit simplement : « En écoutant votre histoire, j'ai compris que ma propre histoire peut changer. En écoutant votre histoire, je sais que je peux changer[55]. »

La réconciliation du point de vue relationnel

Dans son Rapport intérimaire de 2012, la CVR a recommandé que les gouvernements fédéral, provinciaux et territoriaux et toutes les parties à la Convention de règlement entreprennent de se rencontrer et d'étudier la Déclaration des Nations Unies sur les droits des peuples autochtones, à titre de cadre de travail pour la réconciliation au Canada. Nous continuons d'avoir la conviction que la Déclaration des Nations Unies contient les principes et les normes nécessaires au rayonnement de la réconciliation dans le Canada du XXIe siècle.

Un cadre de réconciliation s'entend d'un cadre dans lequel les appareils politiques et judiciaires du Canada, les établissements d'enseignement et les institutions religieuses, les milieux d'affaires et la société civile fonctionnent selon des mécanismes qui sont conformes aux principes énoncés dans la Déclaration des Nations Unies sur les droits des peuples autochtones, que le Canada appuie. Les Canadiens ne doivent pas se borner à *parler* de la réconciliation. Ensemble, nous devons apprendre comment *mettre en pratique* la réconciliation dans notre vie de tous les jours — avec nous-mêmes et nos familles, dans nos collectivités, nos administrations publiques, nos lieux de culte, nos écoles et nos lieux de travail. Pour agir d'une manière constructive, les Canadiens doivent maintenir leur engagement à poursuivre le processus visant à établir et entretenir des relations fondées sur le respect.

Pour de nombreux survivants et leurs familles, cet engagement consiste avant tout à se guérir eux-mêmes et à guérir leurs collectivités et leurs nations de manière à régénérer les individus et les cultures, les langues, la spiritualité, les lois et les régimes de gouvernance autochtones. Pour les gouvernements, l'établissement de relations fondées sur le respect suppose le démantèlement d'une culture politique et bureaucratique séculaire dans laquelle, trop souvent, les orientations stratégiques et les programmes reposent encore sur des notions d'assimilation qui se sont révélées vaines. Pour les Églises, la démonstration d'un engagement à long terme passe par l'expiation des actes commis dans les pensionnats, le respect de la spiritualité autochtone et l'appui des luttes des peuples autochtones en faveur de la justice et de l'équité. Les écoles doivent enseigner l'histoire de manière à encourager le respect mutuel, l'empathie et la participation. Tous les enfants et les jeunes du Canada méritent de connaître une version honnête de l'histoire de leur pays, y compris ce qui s'est passé dans les pensionnats, et d'être en mesure d'apprécier la richesse de l'histoire et du savoir des nations autochtones qui continuent d'apporter une contribution notable au Canada, comme l'illustrent son nom et son identité collective en tant que pays. Aux Canadiens de tous les horizons, la réconciliation offre un nouveau moyen de vivre ensemble.

Activités de la Commission

La Commission de vérité et réconciliation du Canada a été établie en 2008 aux termes de la Convention de règlement relative aux pensionnats indiens. La Commission avait le mandat :
- de révéler aux Canadiens la vérité complexe sur l'histoire et les séquelles durables des pensionnats dirigés par des Églises d'une manière qui décrit en détail les torts individuels et collectifs faits aux Autochtones, et qui rend hommage à la résilience et au courage des anciens pensionnaires, de leurs familles et de leurs communautés;
- d'orienter et d'inspirer un processus de témoignage et de guérison, qui devrait aboutir à la réconciliation au sein des familles autochtones et entre les Autochtones et les communautés non autochtones, les Églises, les gouvernements et les Canadiens en général. Le processus contribuera à renouveler les relations qui reposeront sur l'inclusion, la compréhension mutuelle et le respect.

Plus précisément, la Commission devait organiser sept événements nationaux; recueillir des documents et des énoncés sur les pensionnats et leurs séquelles; financer les événements communautaires de vérité et de réconciliation; recommander au gouvernement fédéral des initiatives de commémoration aux fins de financement; mettre en place un centre de recherche qui recevra en permanence les dossiers et documents de la Commission, que les parties devaient fournir à celle-ci, de manière à établir un héritage vivant des travaux de la Commission; et publier un rapport contenant des recommandations.

Trois commissaires ont été nommés en 2008 : l'honorable juge Harry Laforme à titre de président, ainsi que Jane Brewin-Morley et Claudette Dumont-Smith. Tous trois ont quitté leurs fonctions peu de temps après leur nomination, et de nouveaux commissaires ont été nommés. Les parties à la Convention de règlement ont nommé en 2009 les commissaires actuels, soit l'honorable juge Murray Sinclair en tant que président, le chef Wilton Littlechild et Marie Wilson.

Le Comité des survivants des pensionnats indiens (CSPI) a fourni des conseils et du soutien à la Commission. Ses membres comprenaient : John Banksland,

Le Comité des survivants des pensionnats indiens. De gauche à droite (à partir de la rangée arrière) : John Morrisseau, Terri Brown, Eugene Arcand, Doris Young, Lottie May Johnson, John Banksland. Assis : Rebekah Uqi Williams, Barney Williams, Gordon Williams, commissaire chef Wilton Littlechild, Madeleine Basile.

Inuvialuit des Territoires du Nord-Ouest (T.N.-O.); John Morriseau, Métis de Grand Rapids, au Manitoba; Eugene Arcand, Cri de la Première Nation de Muskeg Lake, en Saskatchewan; Madeleine Basile, membre de la Nation des Atikamewk de Wemotaci, au Québec; Lottie May Johnson, Mi'kmaq d'Eskasoni, en Nouvelle-Écosse; Rebekah Uqi Williams, Inuk du Nunavut; Doris Young, Crie de Le Pas, au Manitoba; Barney Williams Jr. (Taa-eee-sim-chilth), Nuu-chah-nulth et membre des Premières nations Tla-o-qui-aht de Meares Island, en Colombie-Britannique; Gordon Williams, de la Première Nation de Peguis, au Manitoba, vivant maintenant en Ontario; et Kukdookaa Terri Brown, de la Première Nation Tahltan en Colombie-Britannique. Raymond Arcand, ancien chef de la Première Nation d'Alexander, près d'Edmonton (Alberta), a aussi fait partie du CSPI jusqu'à son décès, en novembre 2009.

La Commission a reçu tout au long de son mandat un soutien continu des parties à la Convention de règlement. Des réunions régulières auxquelles étaient convoquées toutes les parties ont été organisées pour discuter des possibilités et des difficultés liées à la réalisation des buts de la Commission. Cette dernière a collaboré avec les parties sur des sujets comme la collecte de documents, les communications, l'éducation du public et le soutien aux déplacements des survivants dans le but d'accomplir le travail de la Commission. Des représentants des parties ont en outre participé à des groupes de travail à l'échelle locale et nationale pour appuyer la Commission dans la planification et la mise en œuvre de ses événements nationaux et régionaux.

La Commission a établi son siège à Winnipeg, au Manitoba, conservé un petit bureau à Ottawa et ouvert des succursales à Vancouver, en Colombie-Britannique, à Hobbema, en Alberta et à Yellowknife, aux Territoires du Nord-Ouest.

Afin de reconnaître l'unicité des cultures des Inuits et des expériences et des répercussions des pensionnats sur ces dernières, la Commission a également créé une Sous-commission des Inuit. Sept officiers de liaison régionaux ont été embauchés selon les conseils du CSPI et affectés aux régions suivantes : Québec et Atlantique; Ontario; Manitoba; Saskatchewan; Alberta; Colombie-Britannique; et Yukon et T. N.-O.

Des réunions d'un océan à l'autre

Au cours de ses six années d'existence, la Commission a organisé des événements dans l'ensemble du pays. Les plus importants et visibles de ceux-ci ont été les événements nationaux de Winnipeg, Inuvik, Halifax, Saskatoon, Montréal, Vancouver et Edmonton entre juin 2010 et mars 2014. La Commission estime qu'il y a eu jusqu'à 155 000 visites aux sept événements nationaux; plus de 9 000 survivants des pensionnats indiens s'y étaient inscrits (et bien d'autres y ont participé sans s'y être inscrits)[1]. Afin de suppléer ses activités de collecte de témoignages et de susciter l'intérêt et la participation du public à ces événements, la CVR a également mis sur pied des événements régionaux à Victoria et à Whitehorse. Elle a aussi organisé 238 jours d'audiences locales dans 77 collectivités du pays.

La Commission a aussi organisé des séances de discussion ouverte sur la réconciliation à l'événement régional de Victoria, en avril 2012, ainsi qu'aux événements nationaux suivants. Elles visaient à inviter un plus grand nombre de visiteurs à participer à la conversation avec la CVR sur la guérison et la réconciliation. Des membres du grand public ont été invités à venir à ces séances pour expliquer ce qu'ils font déjà à l'appui de la réconciliation et donner des idées sur ce qui doit encore être fait.

Collecte de témoignages

Avant l'établissement de la Commission, les propos de ceux et celles qui ont été directement touchés par l'expérience des pensionnats indiens, en particulier les anciens élèves, ont été absents des dossiers historiques. La Commission s'est engagée à offrir à chaque ancien pensionnaire l'occasion de parler de son expérience. Elle

L'audience communautaire de Kuujjuaq au Nunavik, en mars 2011. Source : Piita Irniq.

a reçu plus de 6 750 témoignages de survivants des pensionnats, de membres de leur famille et d'autres personnes qui souhaitaient partager leurs connaissances du système de pensionnats indiens et de son héritage.

Des témoignages ont été recueillis aux séances de partage et aux cercles de partage lors des événements nationaux et régionaux et d'activités communautaires, ainsi qu'aux audiences de la Commission. D'autres ont été recueillis dans le cadre de conversations privées avec des responsables de la collecte de témoignages. La Commission a aussi recueilli des témoignages dans des établissements correctionnels de Kenora, en Ontario, Yellowknife dans les Territoires du Nord-Ouest, compte tenu du taux élevé d'incarcération chez les Autochtones et du fait que l'expérience des pensionnats indiens a contribué aux problèmes personnels ayant pu conduire à une incarcération. Chaque fois que la Commission recueillait des témoignages, des fournisseurs de services auxiliaires de santé et de soutien culturel ou des thérapeutes professionnels étaient présents pour apporter soutien et conseils, au besoin.

Dans le but de saisir tous les aspects de l'expérience des pensionnats indiens, la Commission a déployé des efforts pour obtenir le témoignage d'anciens employés des pensionnats. Avec l'aide des Églises parties à la Convention de règlement, la Commission a effectué 96 entrevues avec d'anciens membres du personnel ou leurs enfants. De plus, la Commission a reçu les témoignages d'anciens membres du personnel et des membres de leur famille lors des événements nationaux et régionaux et des audiences communautaires. Les témoignages recueillis constitueront en partie une collection permanente de documents concernant les pensionnats indiens.

Aux termes de la Convention de règlement, le gouvernement fédéral et les Églises ont été tenus de remettre à la Commission les documents pertinents en leur possession. Pour cette tâche, la Commission a dû surmonter d'importants obstacles et demander une instruction du tribunal pour régler des différends avec les parties à propos de la remise des documents en question. Après le début du processus de collecte de documents, il est devenu de plus en plus évident que le gouvernement du Canada ne produirait pas de nombreux documents qui semblaient être pertinents pour les travaux de la Commission[2].

Le gouvernement fédéral a d'abord refusé de produire tous les documents pertinents entreposés dans ses archives nationales, Bibliothèque et Archives Canada. Cette institution a adopté la position selon laquelle elle n'avait pas à organiser et produire jusqu'à cinq millions de documents en sa possession concernant directement les pensionnats indiens. Bibliothèque et Archives Canada soutenait que la Convention de règlement ne faisait que permettre à la Commission d'avoir accès à ses archives. Après un long processus, incluant la rédaction d'arguments écrits, des preuves par affidavit et une médiation sur ordonnance judiciaire entre le Canada et la Commission, une audience a eu lieu devant l'honorable juge Stephen Goudge de la Cour d'appel de l'Ontario (en qualité de juge de la Cour supérieure de l'Ontario) les 20 et 21 décembre 2012. Par jugement rendu le 30 janvier 2013, le juge Goudge a donné raison à la position de la Commission, selon laquelle la Convention de règlement prévoyait que tous les documents pertinents en possession du gouvernement du Canada, peu importe où ils étaient entreposés, devaient être remis à la Commission[3]. À la suite du jugement, le gouvernement du Canada a commencé à remettre les documents de Bibliothèque et Archives du Canada à la Commission.

Moins d'un an plus tard, la Commission a une fois de plus été obligée d'avoir recours aux tribunaux pour obtenir des directives juridiques concernant les obligations du Canada en matière de production de documents. Le problème touchait des dossiers en possession du gouvernement du Canada relatifs à l'enquête menée par la Police provinciale de l'Ontario (PPO) sur des mauvais traitements au pensionnat de Fort Albany, en Ontario (aussi appelé pensionnat St. Anne). La Commission a tenté d'obtenir les documents en question auprès de la PPO et du gouvernement fédéral. Bien que la PPO n'ait pas répondu aux demandes de la Commission, elle a ensuite adopté la position selon laquelle elle avait besoin d'une autorisation judiciaire pour remettre les documents à la Commission, sans s'opposer à la divulgation. Cependant, le gouvernement du Canada s'est opposé à la production des documents à la Commission et aux avocats des survivants des pensionnats indiens. Le gouvernement a déclaré qu'il ne pouvait pas produire ces documents, puisqu'il les avait obtenus de la PPO aux termes d'un engagement selon lequel il ne les divulguerait pas à une tierce partie[4]. Le gouvernement du Canada a ajouté qu'il n'était pas obligé de chercher des documents auprès de tierces parties aux fins de divulgation à la Commission et que le fait de remettre les dossiers du pensionnat St. Anne reviendrait à lui imposer cette obligation[5].

Le 18 octobre 2013, la Commission a déposé une demande de directives pour déterminer si le gouvernement du Canada était tenu de divulguer les dossiers sur l'enquête de la PPO sur le pensionnat St. Anne. Après la présentation d'arguments à l'honorable juge Paul Perell de la Cour supérieure de justice de l'Ontario les 17 et 18 décembre 2013, le tribunal a ordonné au Canada de fournir les documents à la Commission[6]. Le tribunal, reconnaissant que le gouvernement du Canada ne disposait que d'une partie des documents sur l'enquête de la PPO, est allé plus loin et ordonné à la PPO de remettre à la Commission l'ensemble des documents sur l'enquête en sa possession[7].

Moins d'un an après la décision du juge Perell, la Commission a dû surmonter un autre problème lié à la collecte de documents qui a nécessité les directives du tribunal. Les documents en questions étaient des dossiers du Processus d'évaluation indépendant (PEI). Le PEI est l'une des composantes de la Convention de règlement. Il s'agit d'un processus juridictionnel pour la compensation financière des survivants ayant subi de graves mauvais traitements dans les pensionnats indiens. Par conséquent, l'organisme qui administre le PEI, le Secrétariat d'adjudication des pensionnats indiens (SAPI), possède un grand nombre de documents pertinents pour les séquelles des pensionnats indiens.

La Convention de règlement relative aux pensionnats indiens prévoit que les survivants qui s'engagent dans le PEI peuvent consentir à ce que leur témoignage soit consigné dans l'archive créée par le Centre national pour la vérité et réconciliation aux fins de recherche. Le but semble avoir été d'éviter aux survivants d'avoir à témoigner devant un adjudicateur du PEI, puis de se répéter devant la CVR. De la mi-2010 au début de 2012, la Commission a participé à des négociations avec le SAPI afin d'archiver et de conserver ces documents. Les discussions mettaient l'accent sur l'élaboration d'un formulaire de consentement à l'intention des demandeurs du PEI, à signer au cours du processus. Le formulaire de consentement devrait leur expliquer la façon dont leurs renseignements seraient transmis à la Commission et leur permettrait de consentir par écrit à la divulgation de leur témoignage. La Commission a appris que le personnel et les adjudicateurs du PEI avaient à de nombreuses reprises omis d'informer les survivants de leur droit de faire transmettre leur témoignage à l'archive de la CVR et avaient plutôt exigé que toutes les parties à une audience du PEI, y compris les survivants, soient soumises à un engagement de confidentialité stricte. En juin 2014, l'adjudicateur en chef du PEI a annoncé publiquement qu'il était pour la destruction immédiate de tous les documents liés au règlement des demandes des survivants des pensionnats indiens.

La Commission a déclaré que l'exigence de confidentialité stricte imposée par le SAPI allait à l'encontre des modalités de la Convention de règlement. De surcroît, la Commission a affirmé que la destruction de certains documents du PEI constituerait une perte importante pour les générations futures de Canadiens. Le SAPI et la Commission ne sont pas parvenus à s'entendre sur un mécanisme qui permettrait à cette dernière d'avoir accès aux documents. La question a donc été présentée au juge Perell pour obtenir des directives.

À l'audience qui se déroulait du 14 au 16 juillet 2014, la Commission a affirmé qu'un programme de notification pourrait être ordonné par le tribunal, ce qui permettrait d'informer les demandeurs du PEI qu'ils peuvent communiquer, s'ils le souhaitent, leur témoignage du PEI à la Commission. Celle-ci, reconnaissant le droit légitime au respect de la vie privée des survivants, a limité les catégories de documents qu'elle voulait préserver. Elle a avancé qu'elle ne souhaitait archiver que les demandes du PEI, les transcriptions et les enregistrements audio des audiences du PEI, de même que les décisions des adjudicateurs.

Le 6 août 2014, le juge Perell a rendu sa décision selon laquelle les documents du PEI seraient conservés pendant quinze ans. Au cours de cette période, un programme de notification des survivants serait administré par la Commission ou le Centre national pour la vérité et réconciliation[8]. Les paramètres exacts du programme seraient établis par le tribunal à une audience subséquente. Surtout, le juge Perell a décidé que toutes les copies des documents du PEI, peu importe qui les possède, doivent être détruites à la fin de la période de conservation si les demandeurs n'ont pas consenti à ce que les documents soient archivés.

Le juge Perell a indiqué à la Commission qu'elle devait déposer une nouvelle demande de directives et se représenter devant le tribunal afin que soient établis les paramètres du programme de notification visant à informer les survivants qu'ils peuvent autoriser la Commission à archiver leur demande du PEI, les transcriptions et les enregistrements audio de leurs audiences et les décisions rendues. La Commission (ainsi que le Centre national pour la vérité et réconciliation) a été chargée d'entamer de nouvelles procédures afin de déterminer la façon de faire en sorte que les demandeurs peuvent prendre une décision éclairée sur le sort de leurs dossiers.

La décision du juge Perell fait l'objet d'un appel[9]. La Commission croit fermement que toute mesure prise pour s'assurer que les survivants donnent leur consentement éclairé doit être solide et adaptée sur le plan culturel et tenir compte des difficultés de contacter les survivants, puisque certains ne peuvent pas lire, ne maîtrisent pas l'anglais ou le français ou vivent en région éloignée. La Commission est d'avis qu'il ne suffit pas d'envoyer un avis par courrier à la dernière adresse connue des survivants.

Concert mettant en vedette des artistes autochtones locaux, événement national de l'Atlantique, Halifax, 2011.

Une approche multidimensionnelle et personnelle interpellant directement les survivants est nécessaire.

La Commission est convaincue que les histoires des survivants doivent être conservées. Une telle perte appauvrirait la mémoire nationale du Canada en ce qui a trait à cette grave injustice historique, pourrait accroître le risque que les générations futures ne sachent pas quels abus ont eu lieu dans les pensionnats et pourrait renforcer l'argument de ceux qui affirmeraient que ces événements ne se sont jamais produits. La Commission a la ferme intention de prévenir la destruction des documents du PEI sans le consentement éclairé des survivants.

Les événements nationaux

Les événements nationaux de quatre jours ont été un jalon important des six ans du mandat de la Commission. En plus de constituer une tribune pour les survivants et leur famille, ils ont sensibilisé le public à l'histoire et aux séquelles des pensionnats. Ils ont également accéléré le parcours collectif vers la guérison et la réconciliation à l'échelle nationale. Ce parcours devra se poursuivre longtemps après la cérémonie de clôture de la Commission.

Son Excellence, la très honorable Michaëlle Jean, lors de l'événement national de la CVR à Winnipeg en juin 2010.

Les pratiques et les connaissances traditionnelles ont guidé les travaux de la Commission. Les événements nationaux ont eu pour thème les sept enseignements sacrés des Anishinaabe, soit le respect, le courage, l'amour, la vérité, l'humilité, l'honnêteté et la sagesse. Le respect des cérémonies et des traditions a joué un rôle important dans les événements nationaux. Des feux sacrés ont été allumés au début de chaque événement national, tandis que les procédures de la journée commençaient par une cérémonie. On a respecté autant que possible les traditions, les coutumes et les protocoles culturels des peuples autochtones du territoire où était invitée la Commission. Des cérémonies semblables ont eu lieu aux événements régionaux et durant les activités communautaires.

L'éducation était un élément important du mandat de la Commission. Bien que des élèves aient participé à chacun des événements nationaux, à compter du troisième, à Halifax, les écoles locales ont été invitées à envoyer des élèves prendre part à une journée éducative. De telles journées ont aussi fait partie des événements régionaux de l'île de Vancouver et du Yukon; en outre, un événement indépendant a été organisé à Toronto à l'intention des élèves de la région avoisinante. Au total, plus de 15 000 élèves ont participé en assistant à des présentations et à des manifestations culturelles, en observant des discussions de groupe et en y prenant part, ainsi qu'en visitant les expositions des aires d'apprentissage.

La Commission a organisé des activités pour aider les enseignants à préparer leurs élèves en vue des journées éducatives des événements nationaux et à envisager des activités de suivi en classe. La Commission a aussi collaboré avec des universités, des enseignants et des gardiens du savoir traditionnel pour organiser des conférences universitaires et des discussions de groupe durant les événements nationaux sur des sujets liés à l'héritage du colonialisme et des pensionnats, la guérison et la réconciliation.

Les manifestations culturelles ont joué un rôle important à chacun des événements. Grâce à des concerts et à des spectacles d'artistes, des milliers de personnes ont pu découvrir la richesse de la culture, de la langue et de l'expression artistique des Autochtones, des formes d'expression culturelle que les pensionnats ont tenté d'enrayer.

La Commission a été en mesure de partager son travail avec l'ensemble des Canadiens, ainsi qu'avec le reste du monde, grâce à des diffusions en continu en direct des événements nationaux et à la publication de messages sur son site Web et différents médias sociaux. La webdiffusion des événements nationaux a été vue plus de 93 350 fois à partir d'au moins 62 pays.

Témoignages et gestes de réconciliation

Les activités de sensibilisation du public de la Commission visaient notamment à encourager les Canadiens de différents milieux à en apprendre davantage sur les séquelles des pensionnats indiens et à participer au travail de réconciliation en assistant aux événements de la Commission.

Le fait d'accueillir des invités respectés représentant l'ensemble des témoins lors d'un événement ou d'une activité confère de l'importance et de la légitimité à l'événement et concorde avec les traditions de nombreuses cultures autochtones. À cette fin, la Commission a nommé des témoins honoraires pour ses principaux événements. Son Excellence la très honorable Michaëlle Jean, qui était la gouverneure générale du Canada au début du mandat de la Commission, a accepté d'être le premier témoin honoraire de la Commission. À ce titre, elle a tout d'abord animé un événement spécial, Témoignage de l'avenir, à Rideau Hall, à Ottawa, le 15 octobre 2009. Les autres témoins honoraires comprennent notamment l'actuel gouverneur général, Son Excellence le très honorable David Johnston; deux anciens premiers ministres, le très honorable Joe Clark et le très honorable Paul Martin; deux anciens dirigeants autochtones à l'échelle nationale, le chef Phil Fontaine de l'Assemblée des Premières Nations et l'ancienne ambassadrice Mary Simon, ancienne présidente d'Inuit Tapiriit Kanatami; et bien d'autres personnes distinguées.

De plus, la Commission a invité les Canadiens à faire des gestes de réconciliation aux événements nationaux et régionaux. Elle a reçu plus de 180 manifestations de réconciliation de la part de personnes, d'organismes et des parties à la Convention de règlement qui souhaitaient déclarer publiquement leur engagement envers le processus de guérison et de réconciliation et la façon dont ils y contribuent. Des documents et des objets liés à chaque expression de réconciliation ont été cérémonieusement placés dans la superbe boîte en bois cintré créée par Luke Marston, artiste salish du littoral. Cette boîte fera partie de l'héritage permanent de la CVR et se retrouvera au Centre national pour la vérité et réconciliation.

Éducation et sensibilisation

Tout au long de son mandat, la Commission s'est efforcée de renseigner le public sur les séquelles des pensionnats indiens et de l'encourager à participer à ses événements et activités. Elle a pris part à près de 900 événements différents, y compris plusieurs événements spéciaux qu'elle a organisés avec différents partenaires dans le but de collaborer avec les organismes de survivants, des groupes autochtones, les jeunes, les femmes, les collectivités religieuses, les organismes philanthropiques et les nouveaux Canadiens. La Commission a aussi accepté des invitations à communiquer à l'échelle internationale de l'information sur ses travaux par l'intermédiaire des Nations Unies, du Centre international pour la justice transitionnelle et de plusieurs facultés de droit[10].

Dans la dernière année de son mandat, la Commission a organisé deux événements afin de recueillir des renseignements additionnels pour son rapport. Elle a organisé un Forum des gardiens du savoir traditionnel pour déterminer de quelle façon le savoir traditionnel autochtone peut contribuer à la réconciliation. Avec l'aide du Fonds Égale Canada pour les droits de la personne, la Commission a organisé un forum avec des membres de la collectivité bispirituelle afin de discuter des conséquences des pensionnats sur cette collectivité, et de ce qui doit être fait pour favoriser la guérison et la réconciliation.

Financement des événements communautaires et commémoratifs

La Convention de règlement relative aux pensionnats indiens a alloué 20 millions de dollars aux initiatives de commémoration. Ces initiatives doivent honorer les anciens élèves des pensionnats indiens, leurs familles et leurs collectivités, perpétuer le souvenir de leur expérience, leur rendre hommage et sensibiliser les gens. La Commission a publié deux appels de propositions pour les projets de commémoration.

Des dizaines de milliers de personnes participent à la marche de réconciliation qui s'est déroulée au centre-ville de Vancouver en septembre 2013.

Le maximum d'octroi de fonds pour un projet proposé par un seul groupe était de 50 000 $. Jusqu'à dix collectivités pouvaient collaborer, ce qui représentait un octroi maximal de 500 000 $; un projet de commémoration à l'échelle nationale était admissible à un maximum de 2 millions de dollars. La Commission a recommandé 152 projets à Affaires autochtones et Développement du Nord Canada aux fins de financement; 143 projets ont été approuvés[11].

Il est important de noter que le travail de la Commission a inspiré d'autres groupes à utiliser leurs propres ressources pour entreprendre des projets commémoratifs. À titre d'exemple, le gouvernement du Canada a décidé de perpétuer le souvenir des pensionnats indiens grâce à l'installation permanente d'un vitrail dans l'édifice du Centre de la Colline du Parlement. Le vitrail retenu a été conçu par Christi Belcourt, une artiste autochtone, et s'intitule *Giniigaaniimenaaning*, ou *Regard vers l'avenir*.

La Commission a publié un autre appel de propositions pour les événements communautaires et a alloué un financement maximal de 15 000 $ à chaque événement approuvé. La CVR a soutenu 75 événements communautaires favorisant la guérison et la réconciliation grâce à l'élaboration de narrations communautaires sur les séquelles des pensionnats sur les anciens élèves, leur famille et leur collectivité.

Rapport intérimaire

En février 2012, la Commission a publié, conformément à son mandat, un rapport intérimaire décrivant ses conclusions et ses recommandations, ainsi qu'un document intitulé *Ils sont venus pour les enfants* résumant l'histoire des pensionnats. Étant donné que les recommandations du rapport intérimaire portaient sur les lacunes dans les programmes scolaires, la Commission a décidé en priorité de rencontrer les ministres de l'Éducation des provinces et des territoires pour préconiser l'élaboration d'un programme sur les séquelles des pensionnats ainsi que l'adoption obligatoire de ce programme d'études dans l'ensemble des administrations.

Centre national pour la vérité et réconciliation

La Commission avait pour mandat de créer un centre national de recherche qui entreposerait l'ensemble des documents produits et reçus dans le cadre de ses travaux. Le centre doit être accessible aux survivants, à leur famille et aux collectivités, mais aussi au grand public. En mars 2011, la Commission a organisé un forum pour consulter des experts nationaux et internationaux à propos de l'établissement d'un tel centre, ce qui a éclairé l'appel de propositions subséquent de la Commission relativement à l'hébergement de ce centre.

La Commission a examiné plusieurs propositions concernant l'hébergement du centre de recherche. Puis, en juin 2013, elle a annoncé qu'elle avait décidé que l'Université du Manitoba hébergerait en permanence le Centre national pour la vérité et réconciliation (CNVR). Celui-ci est régi par un acte fiduciaire et une entente administrative signés par la Commission et l'Université. Le Cercle de gouvernance et le Cercle des survivants jouent d'importants rôles et garantissent que les promesses envers les survivants sont respectées.

Le CNVR collabore directement avec un nombre croissant d'universités, de collèges et d'autres organismes dans l'ensemble du pays, y compris : l'Université de la Colombie-Britannique, l'Université de Winnipeg, l'Université de Saint-Boniface, l'Université Carleton, l'Université de Regina, l'Université Lakehead, le Collège universitaire du Nord, l'Université Algoma, le Red River College, les Archives du Manitoba, le Musée canadien pour les droits de la personne, l'Association nationale des centres d'amitié, la Fondation autochtone de l'espoir et le Centre du patrimoine. L'objectif est de créer le réseau le plus vaste possible au Canada.

Le CNVR, qui ouvre officiellement ses portes à l'été 2015, entreposera de façon permanente l'ensemble des témoignages, des documents et des autres renseignements recueillis par la Commission. Il recevra également d'autres collections autochtones.

Il préconisera le dialogue respectueux, et y prendra part, sur de nombreux enjeux favorisant la réconciliation ou y nuisant. Il doit s'assurer :
- que les survivants et leur famille ont accès à leur propre histoire;
- que les enseignants peuvent transmettre l'histoire des pensionnats indiens aux nouvelles générations d'élèves;
- que les chercheurs peuvent explorer de façon plus approfondie l'expérience et les séquelles des pensionnats;
- que le public peut accéder aux registres historiques et à d'autres documents à l'appui de la réconciliation et de la guérison;
- que l'histoire et les séquelles des pensionnats indiens ne sont jamais oubliées.

La recherche pour comprendre la vérité sur les pensionnats indiens a mené la Commission de vérité et réconciliation dans tous les coins du Canada. La Commission a écouté des milliers de survivants raconter leur expérience et décrire comment elle a façonné leur vie. La Commission s'est penchée sur la signification de ces pensionnats, pour les peuples autochtones en particulier, mais aussi pour le Canada dans son ensemble. Ces efforts ont permis à la Commission de définir les voies présentées dans le présent rapport susceptibles de mener à une réconciliation.

L'histoire

Un groupe d'élèves et de parents de la réserve de Saddle Lake, en route vers le pensionnat méthodiste de Red Deer, Alberta. Woodruff, Bibliothèque et Archives Canada, PA-040715.

Un matin, quelqu'un frappe à la porte. Il peut s'agir de l'agent des Indiens local, du prêtre de la paroisse ou encore d'un agent de la Gendarmerie. L'autobus qui amène les enfants au pensionnat part ce matin. C'est le jour que les parents craignent depuis longtemps. Même si les enfants ont été prévenus, les événements de ce matin constituent un choc. Les agents sont arrivés, et les enfants doivent partir.

Pendant plus d'un siècle, c'est ainsi que commence la vie de pensionnaire de dizaine de milliers d'enfants autochtones, qui ont été arrachés à leurs parents qui, la plupart du temps, ne laissaient partir leurs enfants que sous la menace de poursuites. Les enfants seront ensuite envoyés dans un endroit étrange et effrayant dans lequel leurs parents et leur culture seront soumis à une véritable entreprise de dénigrement.

Pour Frederick Ernest Koe, tout a commencé lorsque le pasteur anglican et des membres de la Gendarmerie lui ont annoncé qu'il devait quitter le matin même la maison de ses parents à Aklavik, dans les Territoires du Nord-Ouest. « Je n'ai pas eu le temps de dire au revoir à mon père ou à mon frère Allan, ni de flatter mes chiens[1]. »

Le jour du départ de Marlene Kayseas pour le pensionnat de Lestock, en Saskatchewan, ses parents l'ont conduite dans la ville de Wadena. « Il y avait un gros camion. Il y avait une porte à l'arrière, et le camion était plein d'enfants. Le camion n'avait pas de fenêtres[2]. » Larry Beardy a effectué en train le trajet de Churchill, au Manitoba, jusqu'au pensionnat anglican de Dauphin, au Manitoba — un trajet de 1 200 kilomètres. Dès qu'ils ont compris qu'ils avaient quitté leurs parents, les plus jeunes enfants commençaient à pleurer. Chaque fois que le train arrêtait, d'autres enfants montaient et commençaient à pleurer. « J'appellerais ce train le train des larmes[3]. » Florence Horassi a été amenée au pensionnat de Fort Providence, dans les Territoires du Nord-Ouest, dans un petit avion. En route vers le pensionnat, l'avion a fait des escales dans quelques petites communautés pour ramasser des élèves. « Lorsque l'avion a décollé, il y avait cinq ou six enfants plus âgés; ils ne pleuraient pas, mais ils avaient la larme à l'œil. Tous les autres pleuraient. Imaginez un avion rempli d'enfants qui pleurent. Je voulais pleurer moi aussi, parce que mon frère pleurait, mais j'ai retenu mes larmes en le serrant contre moi[4]. »

L'arrivée au pensionnat était souvent encore plus traumatisante que le départ de la maison ou le voyage. Les parents de Lily Bruce pleuraient lorsqu'ils l'ont laissée avec son frère au pensionnat d'Alert Bay, en Colombie-Britannique[5]. À Fort Chipewyan, dans le nord de l'Alberta, Vitaline Elsie Jenner s'est débattue pour rester avec sa mère. « Je criais, et dans ma langue maternelle, je disais "Mama, Mama, *kâya nakasin*", ce qui voulait dire "Maman, maman, ne me laisse pas". Je parlais seulement le cri. La sœur nous a alors emmenés[6]. »

Nellie Ningewance a grandi à Hudson, en Ontario, et est allée au pensionnat de Sioux Lookout, en Ontario, pendant les années 1950 et 1960. « À notre arrivée, on devait signaler notre arrivée, et ensuite ils nous coupaient les cheveux[7]. » Bernice Jacks a été terrifiée lorsque ses cheveux ont été coupés à son arrivée au pensionnat dans les Territoires du Nord-Ouest. « Je voyais mes cheveux tomber, et je ne pouvais rien faire. Et j'avais peur que ma mère... Je ne pensais pas à moi, mais à ma mère. Je me disais "Maman va être vraiment fâchée. Et June va être fâchée. Et ce sera ma faute"[8]. »

Marthe Basile-Coocoo se rappelle avoir eu des frissons lorsqu'elle a vu pour la première fois le pensionnat de Pointe Bleue, au Québec.

> [C]'était quelque chose comme une journée grise, c'est une journée où y'a pas de soleil. C'était, c'était l'impression que j'avais, que j'avais juste 6 ans, puis par la suite, ben la, les religieuses nous ont séparés, mes frères, mon frère, puis mes oncles, puis là je comprenais plus. Puis ça, ça a été une période là, de souffrance, des soirées en pleurs, on s'entassait ensemble dans un coin, c'est à dire qu'on se rassemblait, puis là on pleurait. Nos soirées étaient comme ça[9].

Pauline St-Onge a été traumatisée par la simple vue du pensionnat de Sept-Îles, au Québec. Elle s'est débattue lorsque son père a tenté de l'amener au pensionnat. « [C]'est là dans ma tête d'enfant j'ai dit : "Tu me ferais... tu me fais rentrer là, mais j'apprends rien, rien, rien[10]." »

Campbell Papequash a été amené contre son gré au pensionnat en 1946. « Après mon arrivée, ils ont pris mes vêtements, et ils m'ont épouillé. Je ne savais pas ce qu'ils faisaient, mais j'ai appris plus tard qu'ils m'épouillaient, le "sale sauvage, bon à rien et pouilleux"[11]. »

Roy Denny était perplexe et effrayé par les vêtements que les prêtres et les religieuses portaient au pensionnat de Shubenacadie, en Nouvelle-Écosse. « Nous avons été accueillis par un homme vêtu en noir et portant une longue soutane. J'ai appris plus tard que c'était le prêtre. Et les sœurs, qui portaient des habits très noirs avec un collet très blanc et ce qui ressemblait à une cuirasse blanche[12]. » Calvin Myerion se souvient d'avoir été intimidé par la taille du pensionnat de Brandon, au Manitoba. « Le seul bâtiment que je connaissais à

« Le seul bâtiment que je connaissais à cette époque de ma vie était la maison de plain-pied que nous possédions. Et lorsque je suis arrivé au pensionnat, j'ai vu cet immense bâtiment, je n'avais jamais rien vu d'aussi grand de toute ma vie. » – Calvin Myerion, école de Brandon, au Manitoba. Comité des missions intérieures de l'Église Unie du Canada, 86.158 P/22N.

ce moment était la maison à un étage de ma famille. Quand je suis arrivé au pensionnat, j'ai vu ce bâtiment monstrueux, et je n'avais jamais vu d'immeuble comme ça, aussi haut et aussi grand[13]. » Archie Hyacinthe a comparé cette expérience à celle d'être capturé. « C'est à ce moment que le traumatisme a commencé pour moi, lorsque j'ai été séparé de ma sœur, de mes parents et de notre maison. Nous n'étions plus libres. C'était comme si, vous savez, on m'avait amené dans un pays étranger, même si c'était notre, notre pays, comme je l'ai compris plus tard[14]. » Lorsqu'elle est arrivée au pensionnat d'Amos, au Québec, pour la première fois, Margo Wylde ne parlait pas français. « Je me suis dit : "Comment est-ce que je vais m'exprimer? Comment est-ce que je vais faire comprendre aux autres ce que je veux dire?" Et je voulais trouver mes sœurs pour leur demander de venir me chercher. Vous savez, c'est triste à dire, mais j'avais l'impression d'être captive[15]. »

À leur arrivée au pensionnat, les élèves devaient souvent enlever leurs vêtements pour revêtir des vêtements fournis par l'établissement. Ils perdaient donc parfois des vêtements faits à la main qui avaient une valeur et une signification particulières pour eux. Murray Crowe a déclaré que les vêtements qu'il avait apportés de la maison avaient été brûlés au pensionnat qu'il fréquentait dans le nord-ouest de l'Ontario[16]. Lorsque la mère de Wilbur Abrahams l'a envoyé au pensionnat d'Alert Bay en Colombie-Britannique, elle lui a fait porter des vêtements neufs. Lorsqu'il est arrivé au pensionnat, on lui a demandé de remettre ses vêtements en échange de l'uniforme de l'école. « Je n'ai jamais revu mes vêtements neufs. Il valait mieux ne pas poser de questions[17]. » Martin Nicholas, de Nelson House, au Manitoba, a fréquenté le pensionnat de Pine Creek, au Manitoba, dans

Garçons dans leurs uniformes scolaires à l'école de Sioux Lookout, en Ontario, dans les années 1930. Archives du Synode général, Église anglicane du Canada, P75-103-S7-127.

les années 1950. « Ma mère m'avait fait porter des vêtements autochtones. Elle m'avait fait une veste en daim, avec des franges... Et ma mère était très habile, et j'étais très fier de mes vêtements. Et lorsque je suis arrivé au pensionnat, je me souviens de cette première journée, ils nous ont enlevé nos vêtements[18]. » Le jour de son arrivée au pensionnat presbytérien de Kenora, en Ontario, Lorna Morgan portait « de jolis mocassins ornés de motifs perlés que ma grand-mère m'avait fabriqués pour que je les porte à l'école, et j'en étais très fière. » Elle affirme que les mocassins lui ont été enlevés et jetés à la poubelle[19].

Gilles Petiquay, qui a fréquenté le pensionnat de Pointe Bleue, a été choqué de voir qu'un numéro était attribué à chaque élève. « [J]e me souviens, là, le premier numéro que j'ai eu au pensionnat, ça a été 95. Je l'ai eu un an de temps ce numéro-là, 95. Le deuxième numéro ça a été le numéro 4. Je l'ai eu encore plus longtemps. Le troisième numéro ça a été 56. Celui-là aussi je l'ai gardé longtemps. On marchait avec des numéros[20]. »

Les frères aînés étaient séparés de leurs petits frères, les sœurs aînées étaient séparées de leurs petites sœurs, et les frères étaient séparés de leurs sœurs. Wilbur Abrahams gravissait les marches du pensionnat d'Alert Bay derrière ses sœurs; il les suivait pour entrer dans l'aile des filles du pensionnat lorsqu'il a senti qu'un membre du personnel lui saisissait l'oreille pour lui dire d'aller dans l'autre sens. « J'ai toujours cru que mon courage m'a quitté à ce moment-là[21]. »

Lorsque Peter Ross a commencé à aller au pensionnat de l'Immaculée Conception à Aklavik, dans les Territoires du Nord-Ouest, il n'avait jamais été séparé de ses sœurs. Il a déclaré que pendant tout le temps qu'il a passé au pensionnat, il n'a pu leur parler qu'à Noël et les jours de fête catholiques[22]. Daniel Nanooch se rappelle qu'il ne parlait à sa sœur que quatre fois par année au pensionnat de Wabasca, en Alberta. « Il y avait une clôture dans la cour. Personne n'avait le droit de s'approcher de la clôture. Les garçons jouaient d'un côté, les filles de l'autre. Personne ne pouvait se rendre à la clôture et parler aux filles à travers la clôture. Ce n'était pas possible[23]. »

C'est seulement pour être avec sa sœur aînée que Bernice Jacks a voulu aller au pensionnat. Mais lorsqu'elle est arrivée, elle a découvert qu'elles n'allaient pas dormir dans le même dortoir. Lorsqu'elle se rendait au dortoir des filles plus âgées et qu'elle se glissait dans le lit de sa sœur, celle-ci la repoussait et lui disait de repartir : « Ma sœur ne m'avait jamais parlé comme ça avant[24]. » La sœur aînée de Helen Kakekayash a tenté de la réconforter lorsqu'elle est arrivée au pensionnat de McIntosh, en Ontario. Elle se souvient qu'elle « tentait de me parler, et elle recevait une fessée[25]. » Bernard Catcheway a déclaré que même si lui et sa sœur allaient tous les deux au pensionnat de Pine Creek, ils ne pouvaient pas communiquer. « Je ne pouvais pas lui parler, je ne pouvais pas lui envoyer la main. Si on le faisait, une religieuse nous frappait la tête[26]. » À son deuxième jour au pensionnat de Kamloops, en Colombie-Britannique, Julianna Alexander est allée parler à son frère. « Je me suis fait battre, on me disait "reviens ici, tu ne peux pas aller là, tu ne peux pas lui parler, tu sais". J'ai répondu : "Oui, mais c'est mon frère"[27]. »

La ségrégation absolue des sexes dans les écoles signifiait que les frères et les sœurs étaient rapidement séparés les uns des autres. Archives du Synode général, Église anglicane du Canada, P7538-635.

Sortis de leur foyer, privés de leurs effets personnels et séparés de leurs frères et sœurs, les pensionnaires vivaient dans un monde dominé par la peur, la solitude et le manque d'affection.

William Herney, qui a fréquenté le pensionnat de Shubenacadie, en Nouvelle-Écosse, se souvient que ses premiers jours au pensionnat ont été terrifiants et déconcertants. « Pendant ces quelques jours, il fallait apprendre, sinon on recevait un coup à la tête. Enfin, on apprenait tout. On apprenait à obéir. Une des règles qu'il ne fallait jamais enfreindre, c'était qu'il fallait obéir, et nous avions peur, très peur[28]. » Raymond Cutknife se souvient que lorsqu'il allait au pensionnat d'Hobbema, en Alberta, il « vivait dans la peur[29]. » Au sujet des années qu'il a passées dans deux pensionnats différents du Manitoba, Timothy Henderson a dit : « Chaque jour, on avait toujours peur, on espérait que ce ne serait pas à notre tour d'être la cible, la victime. Vous savez, on ne voulait subir aucune forme d'humiliation[30]. » Shirley Waskewitch a déclaré qu'à l'école maternelle au pensionnat catholique d'Onion Lake, en Saskatchewan, « j'ai appris la peur, comment avoir si peur à six ans. La peur m'a été inculquée[31]. »

Au pensionnat de Fort Alexander, au Manitoba, Patrick Bruyere pleurait pour s'endormir. « Il y a quelques nuits, vous savez, je me souviens, vous savez, pendant lesquelles je me suis endormi en pleurant, j'imagine parce que je voulais voir ma mère et mon père[32]. » Ernest Barkman, qui est allé au pensionnat de Pine Creek, se souvient : « J'étais souvent seul et je pleurais beaucoup; mon frère était avec moi et a dit que je pleurais beaucoup[33]. » Paul Dixon, qui a fréquenté des pensionnats au Québec et en Ontario, a déclaré que le soir, les enfants essayaient de pleurer en silence. « Si un enfant était pris à pleurer, eh bien tout le monde était dans le trouble[34]. » Betsy Annahatak a grandi à Kangirsuk, dans le nord du Québec, dans la localité qui s'appelait alors Payne Bay. Lorsque ses parents n'étaient pas en mer, elle vivait dans une petite résidence dans la communauté. « Quand quelqu'un commençait à pleurer, toutes les petites filles commençaient à pleurer; chacune d'entre nous. On n'avait pas toutes le même âge. Et on pleurait comme de petits chiots ou chiens, pendant toute la nuit, jusqu'à ce qu'on finisse par s'endormir; en s'ennuyant énormément de nos familles[35]. »

Les élèves s'endurcissaient. Rick Gilbert se souvient du pensionnat de Williams Lake, en Colombie-Britannique, comme d'un endroit sans amour. « Quand on se blessait, qu'on se faisait battre ou quelque chose comme ça, et qu'on se mettait à pleurer, personne ne vous consolait. On s'assoyait simplement dans le coin pour pleurer et pleurer encore, avant de finir par se lever et de continuer à faire ce qu'on devait faire[36]. » Nick Sibbeston, qui a été placé dans le pensionnat de Fort Providence dans les Territoires du Nord-Ouest quand il avait cinq ans, se souvient que les pensionnaires cachaient leurs émotions. « Au pensionnat, on apprenait rapidement qu'il ne fallait pas pleurer. Si on pleurait, on se moquait de nous, on nous ridiculisait et on pouvait même être puni[37]. » Une ancienne élève a déclaré que pendant qu'elle allait au pensionnat de Sturgeon Landing, en Saskatchewan, elle n'a jamais vu, selon ses souvenirs, un membre du personnel sourire à un enfant[38]. Jack Anawak a été pensionnaire à Chesterfield Inlet, dans ce qui est aujourd'hui le Nunavut, dans les années 1950, et il se souvient « qu'il n'y avait aucune démonstration d'amour, aucun sentiment, seulement de la supervision »[39]. Lydia Ross, qui a fréquenté le pensionnat de Cross Lake, au Manitoba, a déclaré : « Si on pleurait, si on se faisait mal et qu'on pleurait, il n'y avait personne, personne pour nous réconforter, personne pour nous prendre dans ses bras[40]. » Stephen Kakfwi, qui a fréquenté Grollier Hall à Inuvik et le Collège Grandin, à Fort Smith, dans les Territoires du Nord-Ouest, a déclaré que ce manque de compassion se répercutait sur la façon dont les élèves se traitaient entre eux. « Pas de câlin, rien, aucun réconfort. D'après moi, tout ce qui s'est passé dans les pensionnats a contribué à forger notre personnalité; on ne recevait jamais de câlins, alors il ne fallait pas compter sur nous pour en donner[41]. » Victoria McIntosh a déclaré que la vie au pensionnat de Fort Alexander, au Manitoba, lui a appris à ne faire confiance à personne. « On apprenait à ne plus pleurer. On s'endurcissait. Eh oui, on apprenait à ne plus rien montrer[42]. »

Ces témoignages proviennent de déclarations faites par d'anciens élèves devant la Commission de vérité et réconciliation du Canada. Ces événements se sont produits au Canada et sont de mémoire d'homme. Comme les générations précédentes de pensionnaires, ces enfants ont été envoyés dans des pensionnats qui, la plupart du temps, étaient mal construits, mal entretenus, surpeuplés et insalubres en plus de présenter d'importants risques d'incendie. De nombreux enfants étaient mal nourris et recevaient une éducation de piètre qualité et travaillaient trop fort. Pendant beaucoup trop longtemps, le nombre de décès chez les enfants a été tragiquement élevé. La discipline était très rigoureuse et n'était soumise à aucun règlement; les mauvais traitements étaient répandus et n'étaient pas signalés. Il s'agissait, dans le meilleur des cas, de négligence d'enfants institutionnalisée.

Les gens qui ont construit, financé et exploité les écoles ont justifié de différentes façons cette intrusion destructrice dans la vie des familles autochtones. Avec ces écoles, ils souhaitaient que les enfants deviennent des agriculteurs et des épouses d'agriculteurs. Ils voulaient que les enfants abandonnent leur identité autochtone et deviennent chrétiens. Ils craignaient que, si ces enfants n'étaient pas éduqués, ils représentent une menace pour l'ordre social du pays. Les politiciens canadiens souhaitaient trouver une façon peu coûteuse de se désister de leurs engagements à long terme envers les peuples Autochtones. Les Églises chrétiennes souhaitaient que le gouvernement soutienne leurs efforts missionnaires. Les pensionnats s'inscrivaient dans les efforts de colonisation et de conversion des Autochtones et devaient civiliser et sauver ces enfants. Ce sont les raisonnements qui ont servi à justifier des gestes qui ont rendu autant d'enfants si malheureux.

Le contexte impérial

> Tout le système des pensionnats s'inscrivait dans une vaste entreprise de colonisation. Il y avait un objectif derrière les pensionnats; les pensionnats ont été créés dans le but de changer les gens, de les rendre comme les autres et de les exclure.
>
> Et aujourd'hui, vous savez, nous devons apprendre à décoloniser.
>
> —Shirley Flowers, déclaration devant la Commission de vérité et réconciliation du Canada[43]

La Commission de vérité et réconciliation du Canada a le mandat de produire un rapport sur « [l']historique, [l']objet, [le] fonctionnement et [la] supervision du système des pensionnats » du Canada. Ces pensionnats faisaient partie d'un processus mondial qui amènera les États européens et les Églises chrétiennes à former des alliances complexes et puissantes. Pour bien comprendre l'histoire des pensionnats, il faut étudier le contexte qui entoure cette relation entre l'essor des empires mondiaux d'origine européenne et les Églises chrétiennes. À compter du XVIe siècle, des États européens s'approprient les terres de peuples autochtones partout dans le monde. On assiste alors à des migrations massives. Des millions de colons européens s'installent dans presque toutes les régions du monde. Des millions d'Africains sont déplacés en raison du commerce des esclaves mené par les Européens et soutenu par les Africains des régions côtières. Des commerçants indiens et chinois s'établissent sur les rives de la mer Rouge et de l'océan Indien, accompagnés de serviteurs à forfait qui vivent dans des conditions proches de l'esclavage[44]. Les activités des explorateurs, des agriculteurs, des prospecteurs, des compagnies commerciales

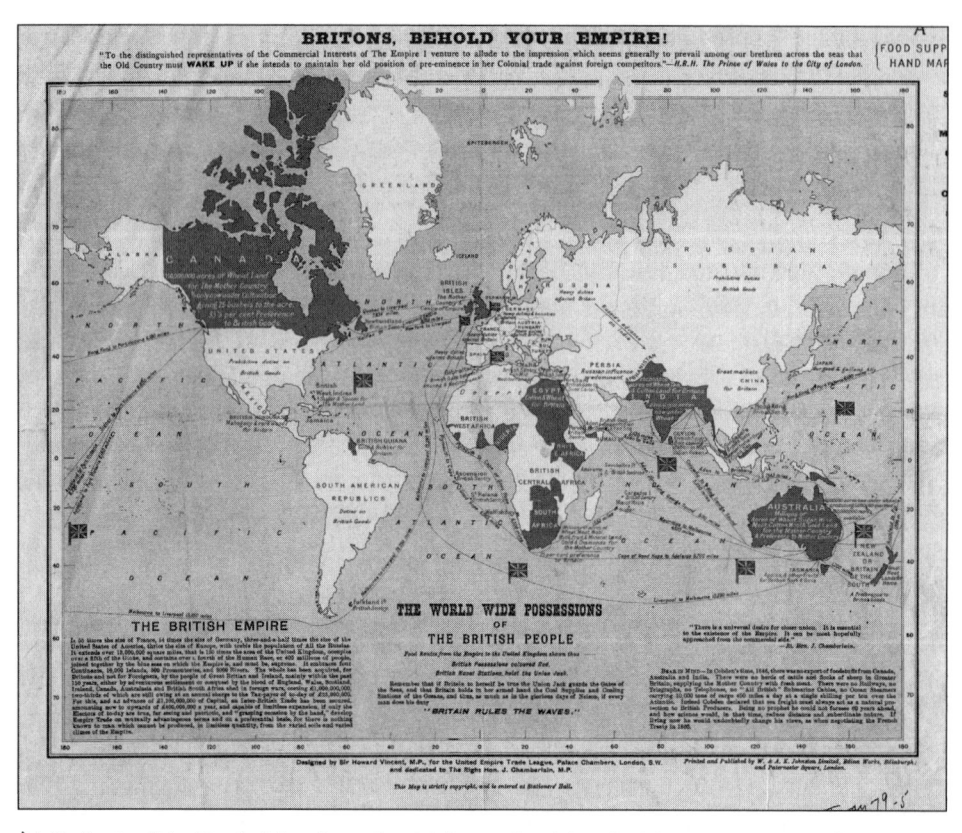

À la fin du XIXe siècle, l'Empire britannique s'étendait à toutes les régions du globe. Cette carte servait à convaincre les Britanniques des avantages de l'empire. Sur cette carte, le Canada était essentiellement valorisé pour ses terres agricoles et considéré comme un marché captif pour les biens britanniques. Bibliothèque et Archives Canada, NMC8207, e011076405-v8.

ou des missionnaires sont souvent le point de départ de guerres expansionnistes, de la négociation de traités qui ne sont pas respectés, de tentatives d'assimilation culturelle et de l'exploitation et de la marginalisation des populations autochtones des terres colonisées[45]. Au fil des ans, les enfants autochtones d'endroits aussi éloignés les uns des autres que l'Afrique de l'Est, l'Australie et la Sibérie seront séparés de leurs parents et envoyés dans des pensionnats[46].

L'essor des empires européens commence lorsque les voyages des explorateurs maritimes du XVe siècle révèlent des sources potentielles de nouvelles richesses pour les monarchies européennes. La conquête espagnole des Aztèques et des Incas permettent à l'Espagne, puis à toute l'Europe, d'accéder aux ressources de l'Amérique du Nord et de l'Amérique du Sud. En plus d'enrichir les vieux pays, ces découvertes lancent une vague soutenue de migrations, d'échanges commerciaux, de conquête et de colonisation[47] qui marque le début de la création d'une économie mondiale dominée par l'Europe. Cette ère d'expansion impériale est menée au départ par l'Espagne et le Portugal, puis par la Hollande et la France; à la fin, la plus grande puissance impérialiste sera la Grande-Bretagne[48].

Les empires s'établissent par la force militaire et se livrent de longues guerres violentes, maintiennent une présence militaire à leurs frontières et mènent d'innombrables campagnes militaires pour briser les soulèvements nationalistes[49]. Les colonies sont établies pour être exploitées économiquement. L'empire se traduit pour la mère patrie par des avantages directs comme les impôts, les métaux précieux ou les matières premières pour les industries. Souvent, les colonies doivent s'approvisionner exclusivement auprès de la mère patrie, ce qui fait d'elles un marché captif[50].

La seule présence des Autochtones dans les nouvelles colonies empêche les colons d'avoir accès aux terres[51]. Pour s'approprier les terres des peuples autochtones, les colons négocient des traités, livrent des guerres d'extermination, éliminent des pratiques ancestrales de propriété foncière, déplacent des familles et imposent un ordre politique et spirituel qui s'accompagne de nouvelles valeurs et de nouvelles pratiques culturelles[52]. Les promesses contenues dans les traités ne sont dans bien des cas jamais tenues. Le général américain William Tecumseh Sherman déclare : « Nous avons signé plus de mille traités avec les différentes tribus indiennes et n'en avons respecté aucun. » En commentant la déclaration de Sherman en 1886, C. C. Painter, qui se montre critique à l'endroit de la politique indienne des États-Unis, observe que les États-Unis

> [...] n'ont jamais eu l'intention de les respecter. Ces traités n'ont pas été conclus pour être respectés, mais pour atteindre un objectif immédiat, surmonter une difficulté actuelle le plus facilement possible, pour obtenir un bien en payant le moins cher possible; ces traités étaient faits pour être reniés dès que notre objectif était atteint et que nous avions acquis suffisamment de force pour mettre en vigueur un nouvel accord plus profitable pour nous[53].

Les résultats sont habituellement désastreux pour les peuples autochtones, tandis que l'empire profite principalement aux colons et à leurs descendants. Bon nombre des colonies qu'ils fondent feront partie des sociétés les plus prospères de la fin du XIXe siècle et du début du XXe siècle[54]. Beaucoup de colonies acquièrent leur indépendance politique. Dans le cas du Canada et des États-Unis d'Amérique, ces nouvelles nations finiront par occuper presque toute l'Amérique du Nord. En s'agrandissant, elles englobent des peuples autochtones et leurs terres dans l'empire. Le colonialisme est un processus incessant qui façonne à la fois la structure et la qualité des relations entre les colons et les Autochtones.

À leur zénith, les empires européens occupent la plus grande partie de la surface de la Terre et contrôlent les mers[55]. De nombreux arguments sont utilisés pour justifier des interventions aussi extravagantes dans les terres et les vies des autres peuples. Il s'agit principalement d'arguments élaborés sur deux concepts de base : 1) le dieu des chrétiens a donné aux nations chrétiennes le droit de coloniser les terres qu'elles « découvrent » à condition qu'elles convertissent les populations autochtones; et 2) les Européens permettent aux « païens » de bénéficier des bienfaits de la civilisation (un concept étroitement lié à celui du christianisme). En résumé, on soutient que les peuples sont colonisés pour leur propre bien, ici-bas et dans l'au-delà.

Au XVe siècle, l'Église catholique romaine suit la tradition de l'Empire romain, qui prétendait agir au nom d'un ordre universel du monde[56]. L'adoption du christianisme dans l'Empire romain (qui se définissait comme « civilisé ») confirme l'opinion selon laquelle pour être civilisé, il faut être chrétien. La papauté catholique joue déjà un rôle en dirigeant et en rendant légitime le colonialisme avant les voyages en Amérique de Christophe Colomb dans les années 1490, principalement en accordant aux royaumes catholiques le droit de coloniser les terres qu'ils « découvrent »[57]. En 1493, le pape Alexandre VI émet la première de quatre ordonnances, appelées « bulles papales » (terme qui provient du mot latin qui désigne le sceau qui était apposé au document) qui accordent la plus grande partie de l'Amérique du Nord et du Sud à l'Espagne, le royaume qui avait financé le voyage de Colomb l'année précédente. Ces ordonnances contribuent à façonner les arguments politiques et juridiques qui formeront ce que l'on appelle la « doctrine de la découverte », qui sert à justifier la colonisation des Amériques au XVIe siècle. En échange, l'Espagne devait christianiser les peuples autochtones des Amériques[58].

D'autres souverains européens ne reconnaissent pas le droit du pape de céder ainsi la souveraineté de plus de la moitié de la planète[59]. Ils ne rejettent pas pour autant la doctrine de la découverte — ils la modifient simplement. Les Anglais soutiennent que la revendication de « terres découvertes » est valide si le « découvreur » est en mesure de prendre possession de ces terres[60]. Harman Verelst, qui soutient au XVIIIe siècle la colonisation de ce qui est aujourd'hui la côte sud des États-Unis, écrit que « ce droit découlant de la première découverte est le premier des droits fondamentaux de toutes les nations européennes sur la revendication de terres en Amérique »[61]. Cette doctrine de la découverte est liée à une deuxième idée selon laquelle les terres revendiquées sont *terra nullius*, c'est-à-dire qu'elles n'appartiennent à personne et qu'il est donc possible de les revendiquer. C'est sur le fondement de ce concept que le gouvernement britannique réclame la propriété de tout le continent australien. (En Australie, la doctrine de la *terra nullius* demeurera en vigueur jusqu'à ce qu'un tribunal l'invalide en 1992[62].) Selon cette doctrine, les impérialistes peuvent soutenir que la présence de peuples autochtones n'a aucun effet sur l'argument de la *terra nullius* puisque les Autochtones occupent simplement le territoire sans le posséder. Selon eux, il n'y a pas de véritable propriété sans une agriculture de type européen[63].

Ces arguments reposent sur la croyance que les colons apportent la civilisation aux peuples sauvages qui ne peuvent pas se civiliser eux-mêmes. Cette « mission civilisatrice » est fondée sur un sentiment de supériorité ethnique et culturelle. Les auteurs et politiciens européens classent souvent les groupes ethniques dans une hiérarchie en fonction de leurs capacités mentales et physiques. Selon eux, en raison de leurs « dons particuliers », il est inévitable que les Européens conquièrent les peuples inférieurs. Dans cette hiérarchie, sous les Européens se trouvent, de haut en bas, les Asiatiques, les Africains, puis les peuples autochtones des Amériques et de l'Australie. Certaines personnes soutiennent que les Européens ont atteint l'apogée de la civilisation au terme d'un processus long et difficile. Selon cette philosophie, l'évolution des autres peuples du monde a été freinée par des facteurs comme le climat, la géographie et la migration. Par le processus de civilisation, les Européens peuvent toutefois aider les peuples du monde à s'élever à leur niveau. Au XIXe siècle, cette philosophie sera remplacée par un racisme qui se drapera d'un discours scientifique et qui reposera sur le principe selon lequel les peuples du monde n'ont pas tous les mêmes capacités. Certains soutiendront que, pour des raisons génétiques, les peuples moins développés ont une capacité d'amélioration limitée. Dans certains cas, on croira

Une école de la Société missionnaire de l'Église, à Freetown, en Sierra Leone. Au XIXe siècle, des sociétés missionnaires basées en Europe ont mis sur pied des pensionnats partout dans le monde dans un effort visant à répandre l'Évangile chrétien et civiliser les « sauvages ». Mary Evans Picture Library, 10 825 826.

que le contact avec des races supérieures n'a qu'une seule issue possible : l'extinction des peuples inférieurs[64].

Ces idées façonnent les politiques mondiales qui portent sur les peuples autochtones. En 1883, le Britannique lord Rosebery, futur premier ministre de l'Angleterre, déclare en Australie : « C'est sur la race britannique, qu'elle soit en Grande-Bretagne, aux États-Unis ou dans les colonies, ou partout ailleurs, que repose les plus grands espoirs de ceux qui tentent de pénétrer un avenir sombre ou qui tentent d'élever et d'améliorer les masses patientes de l'humanité[65]. » Les pensionnats s'inscrivent dans la suite de ces idées. L'année de ce discours de Rosebery, le gouvernement canadien ouvre sa première école industrielle pour Autochtones à Battleford, dans les Prairies canadiennes[66].

Les Églises chrétiennes, en plus de fournir la justification morale de la colonisation des terres des autres peuples, envoient des missionnaires dans les nations colonisées et leur confient la tâche de convertir les « païens ». À compter du XVe siècle, les peuples autochtones de partout dans le monde sont visés par une stratégie de conquête spirituelle et culturelle qui tire ses origines en Europe. Bien qu'ils travaillent souvent dans l'isolement et dans des conditions difficiles, les missionnaires représentent des organisations mondiales qui bénéficient du soutien de personnes influentes dans certaines des puissances mondiales et qui acquièrent une expérience considérable dans la transformation de différentes cultures[67]. Les pensionnats occupent une place de choix dans le travail des missionnaires, non seulement au Canada, mais partout dans le monde.

Les missionnaires chrétiens jouent un rôle complexe, mais central dans le projet colonialiste européen. Leur présence permet de justifier l'expansion des empires puisqu'ils apportent de façon visible la parole de Dieu aux païens. Lorsque leurs efforts restent vains, les missionnaires peuvent conclure que ceux qui ont refusé d'accepter le message chrétien ne peuvent pas s'attendre à recevoir la protection de l'Église ou de la loi, ce qui ouvre la voie à leur destruction[68]. Bien que les missionnaires tentent souvent d'atténuer l'impact de l'impérialisme, ils sont également engagés à changer en profondeur la culture et la psychologie des peuples colonisés. Par exemple, ils peuvent, d'un côté, convaincre les commerçants d'accorder des prix justes et amener les agents du gouvernement à offrir de l'aide en période difficile, mais ils s'emploient d'un autre côté à miner les relations des colonisés avec leur terre, leur langue, leur religion, ainsi que leurs relations familiales, leurs pratiques d'éducation, leur morale et leurs coutumes sociales[69].

Le zèle des missionnaires est aussi alimenté par la division souvent violente de la chrétienté en deux Églises, l'Église catholique et l'Église protestante. Catholiques et protestants investissent massivement dans la création d'organisations missionnaires qui ont une vocation missionnaire à l'étranger. Les ordres catholiques les plus connus sont les franciscains, les jésuites et les oblats. À l'origine, les oblats œuvrent surtout auprès des pauvres et des classes ouvrières de France, mais à compter des années 1830, ils se lancent dans une entreprise missionnaire à l'étranger. Ils s'établissent alors dans l'est du Canada, dans les États américains du nord-ouest, sur l'île de Ceylan, dans le Texas et en Afrique[70]. Les oblats administrent la majorité des pensionnats catholiques romains du Canada. Ils n'auraient pas pu faire ce travail sans le soutien d'un certain nombre de religieuses, en particulier les Sœurs de la Charité (les Sœurs Grises), les Sœurs de la Providence, les Sœurs de Sainte-Anne et les Missionnaires Oblates du Sacré-Cœur et de Marie Immaculée.

La Société missionnaire de l'Église d'Angleterre devient également une entreprise mondiale. Au milieu du XIXe siècle, cette société anglicane mène des missions partout dans le monde dans des endroits comme l'Inde, la Nouvelle-Zélande, l'Afrique de l'Ouest et de l'Est, la Chine et le Moyen-Orient. La société possède le Highbury College à Londres, d'où proviennent des missionnaires qui ont plusieurs années d'expérience en mathématiques, en grammaire, en histoire, en géographie, en religion, en éducation et dans l'administration d'écoles[71]. En 1901, le revenu annuel de la Société missionnaire de l'Église est de 300 000 livres. La société utilise cet argent pour soutenir 510 missionnaires hommes, 326 femmes non mariées et 365 pasteurs ordonnés partout dans le monde[72].

Les catholiques et les anglicans ne sont pas les seules sociétés missionnaires établies en Europe actives au Canada. Les presbytériens et les méthodistes, qui sont au départ soutenus par le Royaume-Uni, entreprennent une œuvre missionnaire auprès des Autochtones au début du XIXe siècle. Sur la côte du Labrador, des membres des Frères moraves, un ordre originaire de ce qui correspond actuellement à la République tchèque, entreprennent une œuvre missionnaire dès le début du XVIIIe siècle[73]. Les œuvres missionnaires protestantes dépendent du travail sous-payé ou bénévole des épouses des missionnaires et de femmes célibataires recrutées par les sociétés missionnaires.

Les missionnaires considèrent la culture autochtone comme un obstacle au salut spirituel et à la pérennité des peuples autochtones. Ils sont déterminés à remplacer les activités économiques traditionnelles par une agriculture fondée sur le modèle paysan européen. Ils croient que la transformation culturelle nécessite que l'on mette en place un contrôle social et que l'on laisse derrière à la fois les communautés traditionnelles et les établissements européens. Compte tenu de ces croyances, il n'est donc pas surprenant que les missionnaires privilégient un mode d'éducation qui sépare les enfants des influences de leur famille et de leur culture, imposent un nouveau système de valeurs et de croyances, fournissent une éducation élémentaire de base et créent des institutions dont le quotidien reproduit la nouvelle discipline du travail européenne. En résumé, ils cherchent à imposer le monde étranger et en évolution des pensionnats.

La colonisation a été entreprise pour répondre aux besoins perçus des puissances impériales. La justification du colonialisme — la nécessité de christianiser et de civiliser les peuples autochtones du monde — reposait peut-être sur des croyances fermes et sincères, mais cette justification ne permettait pas que l'on intervienne dans la vie des autres peuples, que ce soit sur le plan juridique, moral et même logique. La papauté n'avait pas le droit de distribuer des terres qui appartenaient à des peuples autochtones. La doctrine de la découverte ne peut servir de fondement à une revendication légitime visant des terres qui ont été colonisées, ne serait-ce que parce que les terres dites « découvertes » étaient déjà bien connues par les peuples autochtones qui les habitaient depuis des milliers d'années. Les guerres de conquête qui ont été menées pour priver les peuples autochtones de leurs terres partout dans le monde n'étaient pas des guerres moralement justes; les peuples autochtones n'étaient pas, comme les colonialistes l'ont souvent soutenu, des sous-humains qui vivaient en violation d'un système universel de valeurs. Aucun impératif moral ne justifiait que l'on tente d'imposer le christianisme aux peuples autochtones du monde. Ils n'avaient pas besoin d'être civilisés; en fait, aucune société n'est supérieure aux autres. Les peuples autochtones avaient des systèmes complets qui répondaient à leurs besoins. Ces systèmes étaient dynamiques; ils évoluaient dans le temps et pouvaient évoluer continuellement[74]. Dans son ensemble, le processus colonial se fondait sur la simple présomption selon laquelle on pouvait prendre un ensemble de croyances et de valeurs européennes et proclamer qu'il s'agissait de valeurs universelles qui pouvaient être imposées à tous les peuples. Cette universalisation des valeurs européennes — qui est au cœur du projet colonial — qui a été mise en œuvre en Amérique du Nord a été la principale justification de l'imposition d'un système de pensionnats aux peuples autochtones du Canada.

Les pensionnats au Canada avant la Confédération

Au Canada, les pensionnats sont étroitement liés à la colonisation et aux croisades missionnaires. Le premier pensionnat pour Autochtones sur le territoire que l'on appelle aujourd'hui le Canada ouvre ses portes au début du XVIIe siècle près du poste de traite français, à l'emplacement actuel de la ville de Québec. Dans cette école catholique romaine, les missionnaires veulent éduquer et christianiser les jeunes hommes autochtones[75]. L'école est un échec : les parents sont réticents à l'idée d'y envoyer leurs enfants, et les élèves fuient rapidement et retournent à la maison[76]. Les efforts déployés en ce sens plus tard en Nouvelle-France n'ont pas plus de succès[77]. Après la conquête britannique de la Nouvelle-France en 1763, l'idée des pensionnats est délaissée jusqu'au début du XIXe siècle. Durant la première décennie de ce siècle, la Compagnie de la Nouvelle-Angleterre, une société missionnaire anglaise, crée un projet de pensionnat à Sussex, au Nouveau-Brunswick. L'objectif est d'enseigner aux jeunes enfants micmacs et malécites le

Kahkewaquonaby (Plumes sacrées), également connu sous le nom de Peter Jones, en 1832. Il était un chef ojibwé qui a travaillé avec les représentants de l'Église méthodiste pour mettre sur pied le pensionnat Mount Elgin à Muncey, en Ontario. Toronto Public Library, X2-25.

fonctionnement du troc et de les convertir au protestantisme[78]. Dans les années 1820, John West, un missionnaire anglican venu d'Angleterre, ouvre un pensionnat pour les élèves autochtones à Red River[79]. Bien que ses efforts demeurent vains, en 1834, l'Institut Mohawk, une école missionnaire de la rivière Grand sur le territoire actuel de l'Ontario, commence à accueillir des pensionnaires[80]. Cette école reste en fonction jusqu'en 1970[81].

En 1847, Egerton Ryerson, le surintendant des écoles du Haut-Canada, recommande l'ouverture de pensionnats où l'on enseigne aux élèves autochtones « la langue anglaise, l'arithmétique, les connaissances de base de la géométrie, les formes d'usage, la géographie, les rudiments de l'histoire générale, l'histoire de la nature et la chimie agricole, l'écriture, le dessin et le chant, la tenue des comptes (particulièrement en lien avec la comptabilité des fermiers), la religion et la morale »[82]. Cette éducation, il la considère comme : « une éducation anglaise simple, adaptée au fermier et au mécanicien. L'objectif est ici le même que celui de toute bonne école publique. » Les élèves devraient « apprendre l'agriculture, la culture potagère et les techniques industrielles liées à la fabrication et à la réparation des machines agricoles les plus utiles[83] ».

À la suite de la publication du rapport de Ryerson, les missionnaires méthodistes ouvrent plusieurs pensionnats dans le sud de l'Ontario au cours des années 1850[84]. L'un d'entre eux, l'école Mount Elgin de Munceytown (aujourd'hui Muncey), reste ouvert jusqu'en 1946[85]. Au début des années 1860 est inauguré le premier établissement d'une série de pensionnats catholiques romains sur le territoire actuel de la Colombie-Britannique[86]. En 1867, une école de Fort Providence, dans les Territoires du Nord-Ouest d'aujourd'hui, commence à accueillir des élèves[87].

La colonisation du Nord-Ouest

Après la fondation de l'État canadien, en 1867, le gouvernement fédéral commence à accorder à de nombreux pensionnats gérés par l'Église de petites subventions pour chaque élève inscrit. L'implication du gouvernement fédéral dans les pensionnats ne commence pas officiellement avant les années 1880, alors que la Compagnie de la Baie d'Hudson

La signature du Traité 1, août 1871. Pour s'approprier les terres des peuples autochtones, les colons ont négocié des traités, mené des guerres d'extinction, éliminé des pratiques traditionnelles de propriété foncière, perturbé des familles et imposé un nouvel ordre politique et spirituel assorti de nouvelles valeurs et de nouvelles pratiques culturelles. Archives du Manitoba, N11975.

cède le contrôle de la plupart des provinces actuelles comme l'Alberta, la Saskatchewan, le Manitoba, le Nord-du-Québec, le nord de l'Ontario, les Territoires du Nord-Ouest et le Nunavut au gouvernement du Canada. L'année suivante, la Colombie-Britannique entre dans la Confédération sur la promesse qu'un chemin de fer transcontinental soit construit.

Les politiciens canadiens souhaitent confier le peuplement des territoires nouvellement acquis à des colons provenant d'Europe et de l'Ontario. On s'attend à ce que ces colons achètent des produits qui proviennent du centre du Canada et qu'ils expédient leurs récoltes par train aux ports de l'Est et de l'Ouest avant qu'elles soient acheminées vers les marchés internationaux. Cette méthode de colonisation de ce que l'on est venu à appeler le « Nord-Ouest » signifiait la colonisation de plus de 40 000 Autochtones qui y habitaient[88].

Le décret de 1870 sur la Terre de Rupert, en vertu duquel le contrôle de la majeure partie du Nord-Ouest devait être cédé au gouvernement canadien, stipule [qu']« il sera procédé, selon les principes d'équité qui ont toujours guidé la couronne britannique dans ses rapports avec les autochtones, à l'examen et au règlement des demandes d'indemnisation présentées par les tribus indiennes au sujet des terres nécessaires à la colonisation »[89]. Ces principes ont été établis dans la Proclamation royale de 1763, qui établissait des restrictions concernant les conditions de cession des terres appartenant aux Autochtones. « Mais s'il arrivait qu'aucun des dits sauvages voulut disposer des dites terres, » la Proclamation exigeait que les terres en question soient vendues exclusivement à la Couronne « dans une assemblée des dits sauvages qui sera convoquée à ce dessein »[90]. Essentiellement, la Proclamation royale prévoyait que toute cession éventuelle de terres « autochtones » devait prendre la forme d'un traité entre les souverains[91]. Cette clause représente l'une des plus claires et des toutes premières représentations de ce qui est reconnu comme un élément de longue date de la politique indienne du Canada[92].

Afin de permettre la colonisation du Nord-Ouest, le gouvernement fédéral entame, en 1871, la négociation du premier d'une série de « traités numérotés », ainsi désignés plus tard, avec les Premières Nations de l'Ouest et du Nord du Canada. La seule solution de rechange à la négociation de traités aurait été d'ignorer les obligations légales du décret et d'essayer de soumettre les Autochtones par la force, une solution qui se serait avérée très coûteuse. En 1870, alors que le budget total du gouvernement du Canada était de 19 millions de dollars, les États-Unis dépensaient plus chaque année, soit 20 millions de dollars, dans le seul but de financer les guerres contre les Autochtones sur leur territoire. Malgré toute cette pression, le gouvernement privilégie une approche précautionneuse et progressive pour la signature de ses traités[93].

Par l'intermédiaire de traités, les Autochtones demandent à obtenir des fournitures agricoles ainsi que de l'aide pendant les périodes d'épidémie ou de famine qui pourraient être provoquées pendant les transitions sociales et économiques et à apprendre des techniques d'agriculture[94]. Pour eux, le processus de signature de traités permet d'établir une relation réciproque à long terme[95]. L'objectif est d'acquérir les compétences qui leur permettraient de prendre leur avenir en main et de conserver leur culture et leur identité en tant qu'Autochtones. Comme Ahtahkakoop (Star Blanket) l'a dit : « Nous, Indiens, pouvons certainement faire nôtres les coutumes qui ont fait la force de l'homme blanc[96]. » Les dispositions varient de traité en traité, mais elles prévoient habituellement du financement pour de l'équipement de chasse et de pêche, de l'aide agricole, des paiements annuels pour les membres d'une bande (les rentes) et le contrôle d'une partie des terres de la réserve, selon la taille de la bande[97]. Les Premières Nations n'ont jamais demandé de pensionnats dans leurs traités, et le gouvernement n'a pas non plus suggéré l'établissement de telles écoles. Les dispositions concernant l'éducation varient également selon le traité, mais elles prévoient le paiement des coûts associés à la construction des écoles, situées dans les réserves ou aux salaires des professeurs. Le gouvernement fédéral tarde à respecter ses obligations prévues aux traités. Par exemple, bon nombre de collectivités des Premières Nations vivent dans des réserves beaucoup plus petites que celles auxquelles elles ont droit, alors que d'autres n'en obtiennent aucune[98]. À ce jour, certaines obligations ne sont pas respectées. Dans plusieurs cas, la promesse d'ouvrir des écoles dans les réserves n'est pas honorée. Par conséquent, les parents qui souhaitent envoyer leurs enfants à l'école sont contraints de confier leur éducation aux pensionnats[99].

La politique d'assimilation

Du point de vue du gouvernement canadien, les éléments les plus importants des traités demeurent les dispositions écrites en vertu desquelles les Premières Nations acceptent « de céder, d'abandonner, de remettre et de rendre » leurs terres à la Couronne[100]. Cependant, lors des négociations des traités, les représentants du gouvernement fédéral donnent l'impression que le gouvernement considère les traités comme des consentements de relation permanente avec les Premières Nations. En 1876, le commissaire aux traités Alexander Morris déclare aux Cris : « Je suis convaincu et j'espère que ce que nous allons décider ne sera pas établi seulement pour aujourd'hui ou demain; ce à quoi je vais m'engager, à votre satisfaction, je le crois et l'espère, durera tant que le soleil brillera et que cette rivière là-bas coulera[101]. » Dans les faits, la politique du gouvernement fédéral est très différente de ce qu'avait décrit Morris. Le but de cette politique, qui est clairement établi dans la législation au moment de la négociation des traités, est d'assimiler le peuple autochtone à la société canadienne. À la fin de ce processus, il est prévu que le peuple autochtone aura cessé d'exister comme peuple distinct ayant son propre gouvernement, sa propre culture et sa propre identité.

La *Loi sur les Indiens* (*Acte des sauvages*), d'abord adoptée en 1876 comme loi préconfédérale, définit la personne qui est un « Indien/sauvage » et celle qui ne l'est pas en vertu de la loi canadienne[102]. La loi définit également un processus par lequel une personne peut perdre son statut d'Indien. Les femmes, par exemple, peuvent perdre leur statut en mariant un homme qui n'a pas le statut d'Indien. Les hommes peuvent perdre leur statut de différentes façons, y compris par l'obtention d'un diplôme universitaire. Ceux et celles qui renoncent à leur statut se voient octroyer une portion des terres de la réserve de la bande[103].

Les peuples des Premières Nations étaient réticents à l'idée de renoncer à leur identité de cette façon. Jusqu'en 1920, mises à part les femmes ayant perdu leur statut involontairement en mariant une personne non autochtone, seulement 250 « Indiens » ont renoncé volontairement à leur statut[104]. En 1920, le gouvernement fédéral modifie la *Loi sur les Indiens* pour exercer le pouvoir de dépouiller les personnes de leur statut contre leur volonté. En expliquant le but derrière cette modification à un comité parlementaire, le sous-ministre des Affaires indiennes, Duncan Campbell Scott, déclare : « Notre objectif est de poursuivre le travail jusqu'à ce qu'il n'y ait plus un seul Indien au Canada qui n'ait pas été absorbé par la société et jusqu'à ce qu'il n'y ait plus de question indienne ni de département des Affaires indiennes[105]. » L'autre élément fondamental de la loi à laquelle Scott fait référence confère au gouvernement le pouvoir d'obliger les parents à envoyer leurs enfants dans des pensionnats indiens. Ces pensionnats offrent plus qu'un simple programme éducatif : ils font partie intégrante d'une politique délibérée de génocide culturel.

Cette cérémonie de la danse du Soleil était une des pratiques spirituelles autochtones interdites par le gouvernement fédéral au XIXe siècle. Trueman, Bibliothèque et Archives Canada, C-0104106.

D'autres preuves de cette agression de l'identité autochtone se trouvent dans les modifications apportées à la *Loi sur les Indiens* qui interdisent une variété de pratiques autochtones culturelles et spirituelles. Parmi celles-ci, deux des plus importantes sont le potlatch, une coutume pratiquée par les peuples autochtones de la côte ouest, et la danse de la Pluie des Prairies (souvent appelée la « danse du Soleil »[106]). Les directeurs des pensionnats sont au premier rang de la campagne visant à interdire ces cérémonies, et ils poussent également le gouvernement à appliquer les interdictions une fois qu'elles sont adoptées[107].

Le droit autochtone à l'autonomie gouvernementale est également miné. La *Loi sur les Indiens* confère au gouvernement fédéral le pouvoir d'exercer un droit de veto sur les décisions prises par les conseils de bande et de destituer les chefs et les conseillers. La *Loi* impose des restrictions sur le droit des fermiers des Premières Nations de vendre leurs produits agricoles et de contracter des emprunts. Au fil des ans, le gouvernement exerce également un plus grand pouvoir sur la façon de disposer des terres de réserve : dans certains cas, des réserves entières sont relocalisées contre la volonté des résidents. La *Loi sur les Indiens* est une loi coloniale qui confère à un groupe de personnes le droit de gouverner et contrôler un autre groupe, le tout au nom de la protection.

L'initiative de l'école industrielle

Conformément à son objectif d'assimiler les peuples autochtones et, par la même occasion, d'éliminer les relations avec le gouvernement des Premières Nations, le gouvernement fédéral accroît considérablement, dans les années 1880, l'influence des pensionnats sur l'éducation. En décembre 1878, J. S. Dennis, le sous-ministre du ministère de l'Intérieur, prépare un mémorandum pour le premier ministre sir John A. Macdonald concernant la politique indienne du pays. Dennis conseille à Macdonald de fixer comme objectif à long terme de « se ménager des relations avec les Métis et avec les sauvages » de manière à leur enseigner les principes de l'agriculture et de l'élevage du bétail ainsi que des techniques industrielles afin qu'ils deviennent autosuffisants. Cela ouvrirait la voie « en les préparant au gouvernement par tribu, et à leur absorption dans le reste de la population ». Dennis soutient que les pensionnats sont la clé pour atteindre ces objectifs. Il croit qu'en peu de temps, les écoles pourraient devenir des « institutions subvenant à leurs besoins »[108].

L'année suivante, Nicholas Davin, un candidat conservateur défait, mène une brève étude sur les pensionnats pour Amérindiens fondés par le gouvernement des États-Unis. Il recommande au Canada de mettre sur pied un certain nombre de ces écoles dans les Prairies. Davin reconnaît que l'éducation offerte dans ces écoles aurait comme but premier la destruction de la spiritualité autochtone. Puisque la religion est la pierre angulaire de toute civilisation, il considère comme inexcusable d'éliminer la foi autochtone « sans leur en présenter une meilleure ». Pour cette raison, il recommande que le gouvernement finance les écoles, mais que le clergé en assume la direction[109].

La décision de continuer de confier la gestion quotidienne des écoles au clergé a de graves conséquences. Le gouvernement s'efforce continuellement, mais en vain, d'affirmer son autorité sur le clergé et sa volonté d'accroître le nombre d'écoles sous sa tutelle. À plus d'une reprise, chaque confession religieuse impliquée dans la direction d'écoles fonde des pensionnats sans soutien ni approbation du gouvernement, puis fait ensuite pression pour obtenir du financement par élève. Lorsque les clergés concluent, en toute légitimité, que le financement par élève qu'ils reçoivent n'est pas suffisant, ils recherchent d'autres types de financement scolaire. S'appuyant sur leur réseau de missions dans le Nord-Ouest, les catholiques imposent rapidement leur influence et dirigent environ deux fois plus d'écoles que les confessions religieuses protestantes. Parmi les clergés protestants, les anglicans prédominent. Ils fondent et dirigent plus de pensionnats que les méthodistes ou les presbytériens. L'église Unie, créée par l'union de congrégations méthodistes et presbytériennes, prend le pouvoir de la majorité des écoles méthodistes et presbytériennes vers le milieu des années 1920. Les congrégations presbytériennes qui ne participent pas à l'union fondent l'Église presbytérienne au Canada et assument la responsabilité de deux pensionnats. Outre ces confessions religieuses nationales, une mission baptiste locale dirige une résidence pour les élèves autochtones à Whitehorse, dans les années 1940 et 1950, et un saint ministère mennonite dirige trois écoles dans le nord-ouest de l'Ontario, dans les années 1970 et 1980. Chaque clergé clame à son tour que le gouvernement fait preuve de discrimination à son endroit. La compétition pour les convertis signifie que les clergés cherchent à s'établir aux mêmes endroits que leurs rivaux, ce qui entraîne des divisions au sein des collectivités et une duplication onéreuse des services.

L'école de Qu'Appelle à Lebret, dans ce qui est aujourd'hui la Saskatchewan, a ouvert ses portes en 1884. O.B. Buell, Bibliothèque et Archives Canada, PA-182246.

Le modèle de ces pensionnats pour enfants autochtones au Canada et aux États-Unis ne s'inspire pas des pensionnats privés dans lesquels les élites économiques de Grande-Bretagne et du Canada envoient leurs enfants. Le modèle provient plutôt des maisons de correction et des écoles industrielles construites pour les enfants de familles pauvres dans les villes d'Europe et d'Amérique du Nord. Le parlement britannique adopte la *Reformatory Schools Act* en 1854 et l'*Industrial Schools Act* en 1857[110]. En 1882, plus de 17 000 enfants sont inscrits dans des écoles industrielles en Grande-Bretagne[111]. En vertu de la *Loi sur la protection et la réadaptation des enfants négligés* de 1880, un juge a le pouvoir d'envoyer un enfant de moins de 14 ans dans une école industrielle, où il peut être contraint de rester jusqu'à ses 18 ans[112]. Ces écoles sont parfois des endroits dangereux et violents. À l'école industrielle pour garçons de Halifax, les délinquants primaires sont ligotés et les récidivistes mis en cellule et nourris à l'eau et au pain. Ensuite, ils peuvent être envoyés en prison[113]. Le gouvernement canadien s'est également inspiré des États-Unis, où le premier d'une longue série de pensionnats pour Amérindiens gérés par le gouvernement a ouvert ses portes, en 1879, dans une ancienne caserne de l'armée à Carlisle, en Pennsylvanie[114].

En s'appuyant sur le rapport de Davin et ce qui se fait aux États-Unis, le gouvernement fédéral décide d'ouvrir trois écoles industrielles. La première est fondée à Battleford, en 1883, sur le territoire actuel de la Saskatchewan. Cet établissement est géré par un saint ministère anglican. L'année suivante, deux écoles industrielles supplémentaires sont fondées : une à Qu'Appelle et l'autre à High River, aujourd'hui dans les provinces de la Saskatchewan et de l'Alberta, respectivement. Ces deux écoles sont gérées par des directeurs nommés par l'Ordre catholique romain des oblats. Le gouvernement fédéral, en plus de construire ces écoles, assume les coûts nécessaires à leur fonctionnement. Recruter des élèves dans ces écoles est difficile. Selon le Rapport annuel du ministère des Affaires indiennes de 1884, seulement 27 élèves fréquentent les trois écoles[115].

Contrairement aux écoles dirigées par le clergé, qui offrent une éducation limitée axée sur l'enseignement de la religion, les écoles industrielles ont pour objectif de préparer les peuples des Premières Nations à intégrer la société canadienne en leur enseignant les métiers de base, principalement l'agriculture. En général, les écoles industrielles sont plus grandes que les pensionnats et situées dans les villes et, bien que dirigées par les Églises, leur construction nécessite l'approbation du gouvernement fédéral. Les pensionnats sont des établissements plus petits, situés dans des réserves ou à proximité, où l'on dispense une éducation plus limitée. Les différences entre les écoles industrielles et les pensionnats ont disparu avec le temps. Au début des années 1920, le gouvernement fédéral cesse de faire une quelconque distinction entre ces écoles et les appelle simplement des « pensionnats ».

Pour justifier les investissements dans les écoles industrielles devant le parlement en 1883, Hector Langevin, le ministre des Travaux publics, soutient ce qui suit :

> [...] si nous voulons instruire ces enfants, nous devons les séparer de leurs parents, car en les laissant dans la famille, ils pourront sans doute apprendre à lire et à écrire, mais ils resteront sauvages; tandis qu'en les séparant ils acquerront les habitudes et les goûts — les meilleurs j'espère — des gens civilisées[116].

Le gouvernement fédéral s'implique dans le développement des pensionnats au moment où il colonise les terres autochtones dans l'Ouest du Canada. Reconnaissant que les traités obligent le gouvernement à aider les peuples autochtones dans les périodes de détresse économique, l'on craint qu'il soit appelé à les aider davantage si la présence des colons entraîne une marginalisation ou la disparition de leurs activités économiques traditionnelles. Dans ce contexte, le gouvernement fédéral choisit d'investir dans l'éducation au sein des pensionnats pour de nombreuses raisons. D'abord, cela permettra aux Autochtones d'acquérir des habiletés qui leur permettront de participer à l'économie de marché. Ensuite, cela contribuera à leur assimilation politique. Le gouvernement espère que les élèves qui reçoivent leur éducation dans un pensionnat abandonneront leur statut et ne retourneront pas dans la communauté de leur réserve ni dans leur famille. Enfin, les écoles sont considérées comme des moteurs de changements culturels et spirituels : les « sauvages » deviendront des « hommes blancs » chrétiens. Ces écoles soulèvent également une question de sécurité nationale. Le fonctionnaire aux Affaires indiennes Andsell Macrae souligne qu'« il y a peu de chance qu'une ou des tribus causent des problèmes importants au gouvernement si leurs enfants sont complètement sous le contrôle du gouvernement[117]. » Duncan Campbell Scott résume en ces mots les objectifs que le ministère des Affaires indiennes se donne pour les écoles en 1909 : « Ceci comprend, non seulement une éducation scolastique, mais la connaissance de moyens de tirer sa subsistance de la terre, ou comme membre d'une communauté industrielle ou mercantile, et la substitution d'idéols chrétiens de conduite et de morale aux conceptions primitives des deux[118]. » L'accomplissement d'objectifs aussi invasifs et ambitieux nécessite un financement important, qui n'était jamais disponible.

Financement : Le concept de l'autonomie des écoles

Lorsqu'il annonce la construction de trois premières écoles industrielles, le commissaire des Indiens, Edgar Dewdney, déclare que malgré leurs coûts de démarrage élevés, rien ne laisse présager que ces écoles ne seraient pas autonomes financièrement après quelques années, puisque les élèves y acquerraient des compétences dans les domaines de l'agriculture, de l'élevage ainsi que dans divers métiers spécialisés[119]. En appui à la proposition de l'Église anglicane pour la création de deux écoles industrielles au Manitoba, le sous-ministre des Affaires indiennes, Lawrence Vankoughnet, écrit au premier ministre Macdonald qu'il serait « judicieux d'octroyer un montant d'argent annuel à toute école créée par une congrégation religieuse pour la formation industrielle des enfants indiens ». Il ajoute qu'un tel système a déjà fait ses preuves en Ontario, si bien que les « coûts pour le gouvernement se révèlent moindres que ceux nécessaires à l'entretien d'une école, en plus de faire appel à la bonté et à l'appui des congrégations religieuses pour l'éducation et la formation industrielle des enfants indiens »[120].

En fait, le gouvernement s'attend à ce que le travail forcé des élèves et la faible rémunération des missionnaires lui permettent d'administrer le réseau de pensionnats sans frais, ou presque. Cependant, même si les missionnaires et les élèves sont effectivement une source de main-d'œuvre bon marché, la qualité de l'enseignement n'arrive jamais à la hauteur des attentes du gouvernement. Qui plus est, en dépit du labeur des élèves, les écoles ne parviennent pas à atteindre l'autonomie financière. En conséquence, le gouvernement procède à une baisse des salaires peu après la fondation des écoles industrielles[121]. Au tout début, c'est le gouvernement fédéral qui absorbe tous les coûts de fonctionnement des écoles industrielles, mais en 1891, il remplace cette politique par une subvention par personne, en vertu de laquelle les écoles touchent un montant fixe par élève[122]. En plus de pousser les Églises à se faire concurrence pour attirer les élèves, cette mesure amène les directions des établissements à accepter des élèves trop jeunes ou trop malades pour aller à l'école[123].

Les autorités gouvernementales s'abstiennent d'intervenir lorsqu'elles constatent, trop tard, que le réseau des pensionnats élaboré par les fonctionnaires entraîne des coûts beaucoup plus élevés que ce que les politiciens acceptent de financer. C'est ainsi qu'au début du XXe siècle, le sous-financement chronique des établissements cause une crise sanitaire dans les écoles, ainsi qu'une crise financière au sein des sociétés missionnaires. De concert avec le haut clergé protestant, le ministère des Affaires indiennes cherche alors à réduire considérablement le nombre de pensionnats, afin de les remplacer par des externats. Le gouvernement doit toutefois renoncer à ce projet, faute du soutien de l'ensemble des organismes religieux intervenant dans l'administration des pensionnats[124]. En 1911, le gouvernement fédéral consent à une hausse substantielle de la subvention par élève des pensionnats, et il impose des normes d'hygiène élémentaire aux écoles à l'avenant. Si cette mesure donne lieu à des améliorations rapides, l'inflation érode cependant la valeur de la hausse, au point que la subvention est réduite à plusieurs reprises durant la Grande Dépression, puis à l'aube de la Seconde Guerre mondiale[125].

Le financement des pensionnats demeure toujours plus bas que celui des établissements du même ordre qui accueillent des élèves de la population en général au Canada et aux États-Unis. À preuve, en 1937, le ministère des Affaires indiennes verse une somme annuelle moyenne de 180 $ par élève. Cette somme représente moins du tiers de la subvention par élève octroyée à l'époque à la Manitoba School for the Deaf (642,40 $) et à la Manitoba School for Boys (550,00 $). La même année, le pensionnat indien de Chilocco, en Oklahoma, aux États-Unis reçoit une subvention annuelle par élève de 350 $. Selon la Child Welfare League of America, les coûts par élève varient entre 313 $ et 541 $ dans les établissements bien gérés aux États-Unis[126]. Au Canada, il faut pourtant attendre les années 1950 pour que les autorités canadiennes augmentent le financement du réseau des pensionnats et des écoles, afin que ces établissements puissent embaucher des enseignants compétents et améliorer le régime alimentaire des élèves[127]. Toutefois, même ces améliorations ne suffisent pas à mettre fin à l'iniquité du financement des pensionnats. À titre d'exemple, en 1966, les pensionnats de la Saskatchewan investissent annuellement entre 694 $ et 1 193 $ par élève[128]. Par comparaison, à la même époque, les établissements de protection de l'enfance du Canada versent une somme annuelle variant entre 3 300 $ et 9 855 $ par enfant. Aux États-Unis, le coût annuel versé aux pensionnats se chiffre entre 4 500 $ et 14 059 $[129].

Fréquentation scolaire obligatoire

Ce n'est qu'en 1894 que le gouvernement fédéral adopte des règlements sur la fréquentation des pensionnats. En vertu des règlements adoptés cette année-là, la fréquentation des pensionnats demeure volontaire. Cependant, si un agent des Indiens ou un juge de paix estime qu'un « enfant indien âgé de 6 à 16 ans n'est pas pris en charge et éduqué de façon convenable, et que les parents, les gardiens, ou toute autre personne ayant le soin ou la garde de cet enfant, ne peuvent ou ne veulent veiller à son éducation », il a le pouvoir d'ordonner le placement de cet enfant « dans un pensionnat ou une école industrielle pouvant accueillir l'enfant ».

Lorsqu'un enfant placé dans une école en vertu de ce règlement s'en évade ou n'y retourne pas à l'heure dite, les autorités scolaires peuvent obtenir un mandat auprès d'un agent des Indiens ou d'un juge de paix autorisant la direction de l'école, un policier, un agent de surveillance, un employé de l'école ou un fonctionnaire des Affaires indiennes à « chercher et ramener l'enfant dans l'établissement où il a été placé ». Par ailleurs, toute personne munie d'un tel mandat détient le pouvoir d'entrer — par la force au besoin — dans la maison, le bâtiment ou l'endroit inscrit dans le mandat et d'emmener l'enfant. Même sans mandat, les policiers et les employés des Affaires indiennes ont le droit d'arrêter un élève tentant de s'évader d'un pensionnat et de l'y ramener[130].

Dans les faits, en vertu d'une politique ministérielle, aucun enfant ne peut quitter un établissement sans l'autorisation du Ministère — peu importe que ses parents l'y aient inscrit volontairement ou non. Cette politique, qui ne repose sur aucun fondement législatif, prend appui sur le formulaire que les parents sont contraints de signer au moment de l'inscription de leur enfant (dans certains cas, on y trouve plutôt la signature d'un employé de l'école)[131]. De fait, en 1892, le Ministère oblige tous les parents à signer un formulaire lors de l'inscription de leur enfant à un pensionnat. En y apposant leur signature, les parents

Famille autochtone à l'école d'Elkhorn, au Manitoba. Le ministère des Affaires indiennes était d'avis que dès que les parents inscrivaient leurs enfants dans un pensionnat, seul le gouvernement pouvait déterminer à quel moment ces derniers pouvaient en sortir. Archives du Synode général, Église anglicane du Canada, P75-103-S8-56.

consentent à ce que « le directeur ou l'enseignant en chef de l'établissement soit pour lors le tuteur » de l'enfant. Cette même année, le ministère de la Justice fournit pourtant un avis juridique au ministère des Affaires indiennes, stipulant que « le fait qu'un parent signe le formulaire ne suffit pas à justifier l'arrestation, contre la volonté des parents, d'un enfant absent de l'école industrielle dans laquelle il a été inscrit en vertu des règlements ». Sur une même note, le ministère de la Justice soutient qu'en l'absence d'un cadre législatif, aucun formulaire ne peut doter les autorités scolaires du pouvoir d'arrestation[132]. Sans égard à cet avertissement, le ministère des Affaires indiennes continue néanmoins d'appliquer des politiques sur la fréquentation scolaire, sans aucune autorisation légale, pendant une bonne partie du XXe siècle[133]. Et il ne s'agit pas du seul cas où le gouvernement a recours à des mesures illégitimes. À titre d'exemple, dans les années 1920, il est prévu que les élèves quittent le pensionnat à l'âge de 16 ans. Malgré ce règlement, le commissaire des Indiens, William Graham, refuse de donner congé aux élèves avant l'âge de 18 ans. Selon ses estimations, il aurait rejeté en moyenne 100 demandes de renvoi par année pour ce motif[134].

En 1920, le gouvernement modifie la *Loi sur les Indiens* dans le but de permettre aux autorités de contraindre tous les enfants des Premières Nations à fréquenter un pensionnat. Le pensionnat ne devient toutefois pas un passage obligé pour tous les enfants des Premières Nations. En fait, pendant la plupart des années, on compte un plus

L'école catholique à Fort George, au Québec, a ouvert ses portes en 1931. Archives Deschâtelets.

grand nombre d'enfants des Premières Nations inscrits à l'externat qu'au pensionnat. Cette tendance s'inverse toutefois dans les années 1940. Plus précisément, pour l'année scolaire 1944-1945, 8 865 élèves sont inscrits dans un pensionnat, et 7 573 élèves dans un externat administré par le Ministère. Pour cette même année, on recense 28 429 enfants autochtones d'âge scolaire, ce qui signifie que 31,1 % de ces enfants se trouvent dans un pensionnat[135].

Réglementation

Le peu de règlements qui encadrent le réseau des pensionnats n'est pas appliqué avec rigueur. En fait, le gouvernement canadien n'a jamais élaboré quoi que ce soit qui s'approche, de près ou de loin, à une loi sur l'éducation ou à une réglementation semblable à celle qui régit les écoles publiques de ressort provincial. Dans les faits, la réglementation du réseau des pensionnats repose essentiellement sur la *Loi sur les Indiens*, un instrument législatif polyvalent servant à définir et à encadrer la vie des Premières Nations au Canada. Jusqu'en 1884, cette loi ne contient aucune disposition sur l'éducation. Ce n'est qu'en 1894 que des règlements touchant les pensionnats s'ajoutent à la *Loi*, et ceux-ci portent essentiellement sur la fréquentation scolaire et sur l'école buissonnière.

Les intervenants du réseau savent que la réglementation est inadéquate. En 1897, par exemple, un responsable de l'éducation aux Affaires indiennes, Martin Benson, écrit que « contrairement aux gouvernements des provinces, le Ministère n'a adopté ni édicté de réglementation pour encadrer son réseau d'écoles[136] ». La situation ne s'améliore pas au fil du temps. À preuve, l'article sur l'éducation de la *Loi sur les Indiens* de 1951 et la réglementation sur les pensionnats adoptée en 1953 ne comptent que quatre pages[137]. À titre de comparaison, la *Public Schools Act* du Manitoba de 1954 en compte 91[138]. En

Graphique 1.
Inscriptions aux pensionnats de 1869-1970 à 1965-1966

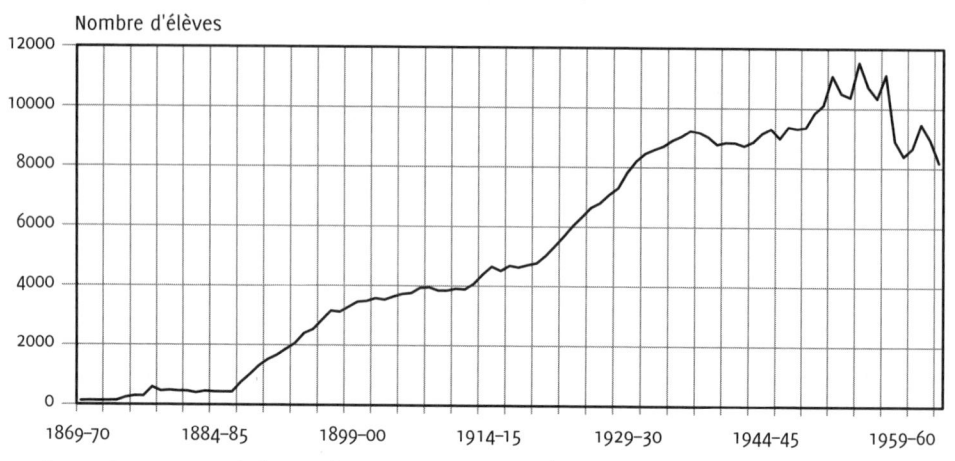

Source : Rapports annuels du ministère des Affaires indiennes. À noter que le Ministère cesse de faire état du taux d'inscription dans les pensionnats à compter de l'année scolaire 1965-1966.

Graphique 2.
Nombre de pensionnats et de résidences, de 1867 à 1998

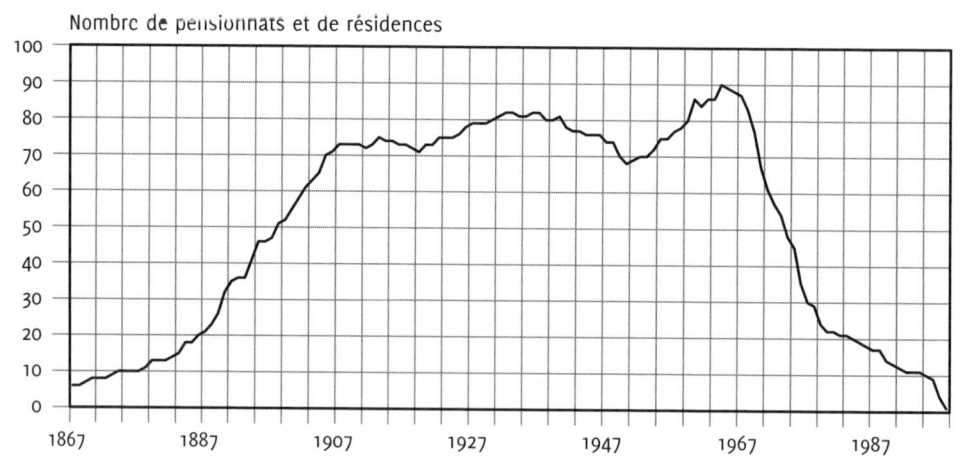

Source : Affaires indiennes et du Nord Canada – Convention de règlement relative aux pensionnats indiens, 2011. [Graphique scolaire des pensionnats indiens – AINC, 2011]

complément de cette loi, le gouvernement du Manitoba adopte également 19 règlements en matière d'éducation[139].

Force est de constater qu'un grand nombre d'intervenants, qui occupent une fonction importante au sein du réseau, connaissent assez peu la réglementation en vigueur. En 1922, par exemple, un agent des Indiens de Hagersville, en Ontario, demande à l'administration centrale du Ministère si des changements ont été apportés aux règlements sur l'éducation depuis leur adoption en 1908. Sa question révèle qu'il ignore totalement l'existence des modifications majeures apportées en 1920 aux dispositions sur l'éducation de la *Loi sur les Indiens* pour remplacer les anciens règlements[140]. Lorsqu'il accède à son poste en 1926, J. K. Irwin, le nouveau directeur de l'école de Gordon, en Saskatchewan, ne trouve aucun « règlement officiel sur les responsabilités et les pouvoirs des directeurs des pensionnats indiens ». Il écrit donc au ministère des Affaires indiennes pour obtenir un exemplaire de ces règlements, car il veut connaître « exactement les tâches à accomplir et les pouvoirs qui lui sont conférés »[141]. Le secrétaire du Ministère, J. D. McLean lui répond qu'il n'existe « aucun règlement sous forme écrite concernant les responsabilités et les pouvoirs des directeurs des pensionnats indiens »[142].

La réglementation du réseau est à ce point déficiente qu'en 1968, soit 101 ans après la création des pensionnats, J. A. MacDonald, sous-ministre aux Affaires indiennes, fait l'annonce suivante : « Pour la toute première fois, nous avons établi des critères précis et détaillés qui serviront désormais à évaluer l'admissibilité des enfants indiens à fréquenter ces établissements »[143].

Croissance et déclin

À partir de 1880, le nombre d'inscriptions aux pensionnats augmente d'année en année. Selon les rapports annuels du gouvernement fédéral, un sommet est atteint pour l'année scolaire 1956-1957[144] avec 11 539 inscriptions (voir les tendances dans le graphique 1). La majorité des pensionnats se situent dans les régions du Nord et de l'Ouest du pays. En Ontario, toutes les écoles se trouvent au nord et au nord-ouest de la province, à l'exception du pensionnat de Mount Elgin et de l'Institut Mohawk. Dans les Provinces maritimes, la seule école ouvre ses portes en 1930[145]. Les missionnaires catholiques et anglicans ouvrent les deux premières écoles au Québec dans les années 1930[146]. Il n'en reste pas moins que le gouvernement fédéral ne commence à financer ces écoles que vers la fin de cette décennie[147].

Le nombre d'écoles commence à diminuer dans les années 1940. Entre 1940 et 1950, par exemple, dix établissements scolaires sont détruits par des incendies[148]. Comme l'illustre le graphique 2, cette baisse s'inverse au milieu des années 1950, soit à l'époque où le ministère des Affaires du Nord et des Ressources nationales procède à un élargissement considérable du réseau des pensionnats dans les Territoires du Nord-Ouest et dans le Nord-du-Québec. Avant cela, les pensionnats du Nord se concentraient dans le Yukon et dans la vallée du Mackenzie, dans les Territoires du Nord-Ouest. Le gouvernement fait construire de vastes résidences dans des localités comme Inuvik, Yellowknife, Whitehorse, Churchill, et plus tard, Iqaluit (anciennement Frobisher Bay). Il entreprend toutefois ce

Fleming Hall, la résidence dirigée par l'Église anglicane ouverte par le gouvernement fédéral à Fort McPherson, dans les Territoires du Nord-Ouest, dans le cadre de l'expansion des pensionnats dans le nord du Canada à la fin des années 1950 et au début des années 1960. Archives du Synode général, Église anglicane du Canada, P8454-66.

chantier sans tenir compte des rapports qui déconseillent l'établissement de pensionnats dans le Nord, sur le motif que les enfants n'y acquerraient pas les compétences requises pour vivre dans les régions septentrionales, alors qu'ils pourraient en faire l'apprentissage dans leur communauté d'origine[149]. Parallèlement à ces grandes résidences, les autorités en construisent aussi de plus petites, généralement appelées « foyers », dans les villages plus éloignés de l'est de l'Arctique et de l'ouest des Territoires du Nord-Ouest.

Politique sur les élèves métis et inuits

Parmi les premiers partisans des pensionnats au Canada, nombreux sont ceux qui préconisent l'admission tant des enfants autochtones ayant le statut d'Indien en vertu de la *Loi sur les Indiens* (c'est-à-dire ceux qui répondent à la définition d'Indien aux termes de la *Loi*) que des enfants autochtones qui, pour une raison ou une autre, ne possèdent pas ce statut. À l'époque, le gouvernement fédéral définit ces personnes comme des « Indiens non inscrits » ou des « Métis »[150].

Enfants métis à la résidence de Dawson City, au Yukon. Archives du Synode général, Église anglicane du Canada, P75-103-S8-264.

Les premiers pensionnats administrés par des ordres religieux ne font aucune distinction entre les enfants ayant le statut d'Indien, d'Indien non inscrit ou de Métis[151]. Qui plus est, le gouvernement fédéral change constamment de position sur cette question. Il considère néanmoins que les Métis sont des « éléments dangereux » à civiliser et à assimiler par l'entremise des pensionnats[152]. Dans cette optique, le gouvernement adopte donc des politiques permettant l'admission des enfants métis dans les pensionnats à divers moments[153]. Cependant, le gouvernement fédéral estime que l'éducation et l'assimilation des Métis sont des compétences de ressort provincial et territorial. Le gouvernement fédéral craint que s'il commence à financer l'éducation de certains enfants sous responsabilité provinciale et territoriale, il soit contraint de prendre tous les autres en charge[154]. Le gouvernement adopte finalement cette position et demande aux agents des Indiens de retirer les Métis des pensionnats[155].

En dépit de la responsabilité constitutionnelle qui leur est dévolue, les gouvernements provinciaux et territoriaux sont peu disposés à offrir des services aux Métis : ils omettent de créer des écoles dans les milieux métis et d'aider les enfants métis à fréquenter les écoles du réseau public[156]. En conséquence, de nombreux parents métis, qui souhaitent que leurs enfants aillent à l'école, n'ont d'autre choix que de se tourner vers les pensionnats. Dans certains cas, il s'agit d'écoles financées par le fédéral, et dans d'autres, d'écoles ou de résidences administrées par des ordres religieux qui ne reçoivent aucune subvention fédérale[157].

Après la Seconde Guerre mondiale, les gouvernements provinciaux commencent peu à peu à élargir les services d'éducation à l'intention des élèves métis. C'est ainsi que ces derniers se mettent à fréquenter des résidences et des pensionnats administrés ou financés

Les enfants inuits étaient recrutés pour une école à Shingle Point, au Yukon, dans les années 1920. Archives du Synode général, Église anglicane du Canada, P9901-589.

par les gouvernements provinciaux. Ce volet de l'histoire des Métis nous rappelle que les séquelles des pensionnats se sont répercutées au-delà du réseau officiel géré par le ministère des Affaires indiennes[158].

Avant les années 1950, la majorité des élèves qui fréquentent les pensionnats dans les Territoires du Nord-Ouest sont des enfants métis ou issus des Premières Nations. En 1949, seulement 111 élèves inuits fréquentent l'école à temps plein dans le Nord[159]. Lorsque l'administration des Affaires du Nord met sur pied le réseau de résidences dans les Territoires du Nord-Ouest au milieu des années 1950, elle ne limite pas l'admission uniquement aux élèves issus des Premières Nations. C'est donc à partir de cette époque qu'un plus grand nombre d'enfants inuits commencent à fréquenter les pensionnats. La scolarisation entraîne des conséquences complexes sur la population inuite. Certains enfants, qui fréquentent une école située à des milliers de kilomètres de chez eux, ne voient pas leurs parents pendant des années. Dans d'autres cas, les parents, qui vivaient auparavant au rythme des saisons de chasse, de pêche et de cueillette, s'établissent petit à petit dans les localités où se trouvent les résidences pour éviter d'être séparés de leurs enfants.

Étant donné que les Autochtones forment la majorité de la population dans deux des trois territoires, les pensionnats sont plus lourds de conséquences dans les régions nordiques que dans le reste du pays. Du reste, puisque l'histoire des pensionnats et des écoles est encore récente, un grand nombre de survivants sont toujours en vie aujourd'hui, de même que de nombreux parents de survivants. C'est ce qui explique pourquoi les séquelles et les conséquences intergénérationnelles, positives et négatives, des pensionnats sont plus prononcées dans le Nord.

La politique d'intégration

En 1945, le réseau des pensionnats des Affaires indiennes, qui souffre d'un sous-financement depuis 15 ans, est au bord de l'effondrement[160]. Non seulement le système d'éducation du Ministère manque d'argent et de ressources, mais il n'existe aucune infrastructure d'enseignement pour 42 % des enfants issus des Premières Nations en âge d'aller à l'école[161]. Lorsqu'il conclut qu'il serait trop coûteux de fournir une place en pensionnat à ces enfants, le ministère des Affaires indiennes s'attelle à la recherche de solutions de rechange. L'une des options envisagées est d'augmenter le nombre d'externats sous la gouverne du Ministère. C'est ainsi qu'entre 1945-1946 et 1954-1955, le nombre d'élèves issus des Premières Nations inscrits dans ces externats passe de 9 532 à 17 947[162]. En 1949, le Comité spécial mixte du Sénat et de la Chambre des communes chargé d'examiner la *Loi sur les Indiens* recommande que « lorsque la chose est possible, les élèves indiens reçoivent leur instruction en contact avec d'autres enfants »[163]. En 1951, la *Loi sur les Indiens* est modifiée pour permettre au gouvernement fédéral de conclure des ententes avec les gouvernements provinciaux et les conseils scolaires, de sorte que les élèves issus des Premières Nations puissent fréquenter les écoles publiques[164]. En 1960, un plus grand nombre d'élèves fréquentent des écoles dites « non indiennes » (9 479) que des pensionnats (9 471)[165]. Le passage des élèves issus des Premières Nations dans les écoles du réseau public s'inscrit dans ce que les autorités appellent « l'intégration ». À cette époque, cette politique vise à ce que les pensionnats indiens soient réservés aux premières années du primaire. Les autorités s'attendent ainsi à ce qu'au moins la moitié des élèves inscrits dans un pensionnat indien intègrent une école « non indienne » au cours de leur scolarité[166].

Néanmoins, certaines organisations religieuses s'opposent à cette politique d'intégration. Plus précisément, les représentants de l'Église catholique font valoir trois raisons de privilégier les pensionnats : 1) le corps enseignant du réseau public n'est pas outillé pour gérer des élèves autochtones; 2) les élèves qui fréquentent les écoles publiques font parfois preuve d'une attitude raciste envers les élèves autochtones; 3) les élèves autochtones éprouvent beaucoup de honte en raison de leur pauvreté, surtout à cause des vêtements qu'ils portent et de la nourriture qu'ils mangent[167]. À noter qu'un certain nombre d'élèves et de parents évoquent exactement les mêmes raisons[168].

La protection de l'enfance

À compter des années 1940, les pensionnats font de plus en plus office d'orphelinats et d'établissements de protection de l'enfance. En 1960, le gouvernement fédéral estime que 50 % des enfants vivant dans un pensionnat s'y trouvent afin que leur protection soit assurée. Cette période, caractérisée par une augmentation spectaculaire du nombre d'enfants autochtones qui sont pris en charge par les services de protection de l'enfance, est maintenant connue sous le nom de « rafle des années 1960 » — les autorités transfèrent alors les enfants d'un établissement, le pensionnat, à un autre, l'agence de protection de l'enfance[169]. Les pensionnats ne disposent ni du financement ni du personnel nécessaires pour remplir des fonctions de protection de l'enfance. Les autorités ne réussissent pas à répondre aux besoins personnels et affectifs des élèves au cours de leur enfance et de leur adolescence. Si ce problème touche l'ensemble des élèves, la situation s'envenime d'autant plus lorsque le nombre de placements s'accroît dans les pensionnats pour des motifs de protection de l'enfance[170]. Certains enfants sont donc contraints de vivre au pensionnat à l'année, car les autorités jugent leur foyer inadéquat. Quoi qu'il en soit, force est de constater que les pensionnats ne leur offrent pas pour autant la sécurité et l'affection dont ils ont besoin. Pourtant, ces élèves passent toute leur enfance dans ce genre d'établissement.

La fermeture des pensionnats, qui s'amorce véritablement en 1970, se double d'une hausse importante du nombre d'enfants pris en charge par les agences de protection de l'enfance[171]. À la fin des années 1970, le transfert des enfants provenant des pensionnats est pratiquement total dans le sud du pays, et les conséquences de la rafle des années 1960 se répercutent dans l'ensemble du pays. En 1977, par exemple, les Autochtones représentent 44 % des enfants placés sous protection en Alberta, 51 % en Saskatchewan, et 60 % au Manitoba[172]. Dans les établissements qui demeurent en activité, le taux d'élèves placés sous la protection de l'enfance demeure élevé[173].

Le début de la fin, 1969

En 1968, le gouvernement fédéral engage une réforme radicale du réseau des pensionnats : il répartit les établissements en résidences et en externats, puis il nomme un directeur ou un administrateur à la tête de chacun[174]. Au mois de juin de l'année suivante, le gouvernement fédéral s'empare de la direction de tous les établissements du sud du pays[175]. Il n'empêche que les ordres religieux conservent le pouvoir de nommer les administrateurs des résidences, ce qui explique leur présence dans un grand nombre d'établissements scolaires pendant quelques années encore. Toujours est-il qu'ils ne sont plus directement responsables des établissements[176]. En 1969, le gouvernement fédéral commence à transférer les compétences touchant les résidences et les externats du Yukon et des Territoires du Nord-Ouest aux gouvernements territoriaux. Par ailleurs, à la fin de l'année 1971, pratiquement tous les foyers de la région est de l'Arctique et du Nunavik (Nouveau Québec) ont fermé leur porte. (Il existe également quatre foyers dans les régions ouest et centrale de l'Arctique. Le dernier foyer, situé à Cambridge Bay, demeure en activité jusqu'à la fin des années 1990[177].)

Lorsqu'il prend les rênes des pensionnats du sud du pays en 1969, le gouvernement fédéral entame la fermeture du réseau, ce qui allait s'avérer un processus de longue haleine. D'après le rapport annuel de 1968-1969 du ministère des Affaires indiennes, le Ministère assume la responsabilité de quelque 60 établissements cette même année. Deux ans plus tard, ce nombre chute à 45[178]. La prise en charge des pensionnats par les autorités gouvernementales coïncide avec la publication du Livre blanc sur la politique indienne du gouvernement fédéral. Ce document recommande de transférer en bloc la responsabilité des Premières Nations aux gouvernements des provinces[179]. On y recommande en outre l'abrogation de la *Loi sur les Indiens*, la dissolution du ministère des Affaires indiennes, de même que la révocation éventuelle des traités[180]. Alors formée depuis peu, la Fraternité des Indiens du Canada (FIC) accuse les auteurs du Livre blanc de planifier « la destruction d'une nation par la force des lois et d'un génocide culturel[181] ». En réponse, la FIC présente un exposé de position intitulé « Indian Control of Indian Education[182] ». Devant la résistance des Premières Nations, Jean Chrétien, alors ministre des Affaires indiennes, annonce en 1971 que son gouvernement renonce aux orientations politiques exposées dans le Livre blanc[183].

À cette époque, les Premières Nations ont déjà pris le relais dans un pensionnat. En effet, à l'été 1970, les parents des élèves occupent le pensionnat de Blue Quills, en Alberta, pour exiger que l'administration de l'établissement soit cédée aux autorités scolaires des Premières Nations. Les parents passent à l'action pour riposter contre les rapports annonçant que l'établissement allait être transformé en une résidence, et leurs enfants, envoyés dans une école publique de la région. Il faut préciser que le conflit à Blue Quills découle à la fois du mécontentement de longue date des membres de la communauté envers les administrateurs du pensionnat et de l'opposition des Premières Nations à la politique d'intégration[184]. Selon les estimations, plus de 1 000 personnes auraient pris part à l'occupation des locaux, et rarement moins de 200 personnes auraient manifesté chaque jour au pensionnat pendant toute la durée de la grève[185]. Quelque 17 jours après le commencement de l'occupation, le ministre Jean Chrétien annonce le transfert de l'administration du pensionnat au conseil d'éducation autochtone de Blue Quills[186]. Au cours des années suivantes, les autorités des Premières Nations prennent les rênes des pensionnats de Qu'Appelle, de Prince Albert, de Duck Lake, de Lestock et de Grayson, en Saskatchewan. Le pensionnat Christie à Tofino, en Colombie-Britannique, passe lui aussi brièvement sous la direction d'administrateurs autochtones[187].

Qu'à cela ne tienne, le gouvernement fédéral demeure résolu à fermer les établissements. À cause du sous-financement endémique des pensionnats au fil du temps, un grand nombre d'établissements se trouvent d'ailleurs en piètre état. En fin de compte, les sept derniers pensionnats au sud du pays ferment leurs portes entre 1995 et 1998[188].

À partir des années 1970, les gouvernements territoriaux, dont les cabinets ministériels qui se trouvaient dans les anciens pensionnats, commencent eux aussi à augmenter le nombre d'externats, dans le cadre d'une campagne visant à fermer les pensionnats dans le Nord. Dans la foulée, les dernières grandes résidences du Yukon ferment en 1985[189]. En 1986, il ne reste plus que trois grandes résidences dans les Territoires du Nord-Ouest[190]. Grollier Hall, le dernier grand établissement dans le Nord, ferme en 1997[191]. Depuis ses débuts dans les années 1830, lorsque l'Institut Mohawk accueille ses premiers pensionnaires, le système aura été en activité pendant 160 ans. La fermeture des établissements ne sonne toutefois pas le glas de l'histoire des pensionnats au Canada. En effet, c'est à la fin des années 1990 que d'anciens pensionnaires commencent à révéler à la population canadienne tout le mal que les pensionnats ont causé aux peuples et aux communautés autochtones.

La salle de classe à l'école de Moose Factory, en Ontario. Archives du Synode général, Église anglicane du Canada, P7538-970.

L'expérience des pensionnats

Éducation : « Le travail des enfants consistait essentiellement à mémoriser la matière. »

En tant qu'établissements d'enseignement, les pensionnats ont été un échec et ont été régulièrement jugés comme tels. En 1923, R. B. Heron, ancien directeur de l'école industrielle de Regina, présente un document devant une assemblée du presbytère de l'Église presbytérienne de Regina dans lequel il critique vertement le système des pensionnats. Il affirme que les parents, généralement désireux de voir leurs enfants éduqués, se plaignaient que ceux-ci « ne passent pas l'essentiel de leur temps à étudier, mais plutôt à effectuer des travaux qui génèrent des revenus pour l'établissement, et ne sont pas assez éduqués à leur retour dans les réserves pour exercer un travail somme toute courant — étant à peine capables d'écrire une lettre lisible »[192]. De fait, le taux de réussite des pensionnats ne s'améliorait pas. Chaque année entre 1940-1941 et 1959-1960, 41,3 % des élèves inscrits en première année ne passaient pas en deuxième année[193], et à peine la moitié de ceux qui passaient en deuxième année atteignaient la sixième année[194].

Membres des Croisés, une société religieuse pour les jeunes à l'école de Fort Frances, en Ontario. Archives de la Société historique de Saint-Boniface, Fonds des Sœurs Grises au Manitoba, 03/31/1.

Nombreux étaient les directeurs et les enseignants qui n'attendaient pas grand-chose de leurs élèves. R. Baudin, directeur du pensionnat de Wikwemikong, en Ontario, écrit en 1883 : « Ce que nous pouvons raisonnablement attendre de la généralité des enfants n'est certainement pas d'en faire des gens très instruits. Quelque bons et moraux qu'ils soient, ils manquent de hautes capacités intellectuelles. » Selon lui, il ne fallait pas attendre d'eux qu'ils « soient égaux sous tous les rapports à leurs frères blancs »[195]. Un inspecteur scolaire du gouvernement de la Saskatchewan, dans un rapport rédigé en 1928 au sujet de l'école anglicane d'Onion Lake, fait part de sa conviction selon laquelle « les concepts arithmétiques abstraits prennent du temps à être compris par un enfant indien »[196]. D'aucuns croyaient qu'il était risqué de donner trop d'éducation aux élèves. Le directeur du pensionnat Mount Elgin, S. R. McVitty, écrit en 1928 que « le travail en classe représente certes un volet important de notre formation, mais il est loin d'être le plus important », ajoutant que « dans le cas des Indiens, "il est risqué de trop les éduquer" »[197].

Ainsi, le travail en classe se résumait à répéter sans cesse la même matière. Un rapport de 1915 sur l'école catholique romaine dans la réserve des Gens-du-Sang en Alberta révèle que « le travail des enfants consistait essentiellement à mémoriser la matière et ne semblait développer aucune capacité de déduction, un peu à la façon d'un perroquet, et sans aucune expression »[198]. Un rapport d'inspecteur de 1932 sur le pensionnat de Grayson, en Saskatchewan, laisse entendre que la situation n'avait guère évolué. « L'enseignement dont j'ai été témoin aujourd'hui se résumait à demander aux enfants de mémoriser et de répéter une panoplie de faits "sans aucune signification" pour eux[199]. »

Les salles de classe étaient souvent extrêmement surpeuplées. Au pensionnat de Qu'Appelle en 1911, la sœur McGurk enseignait à 75 filles dans sa salle de classe de premier cycle, une situation « quasi invivable », de l'avis de l'inspecteur des écoles catholiques romaines dans un rapport à l'intention du gouvernement à Ottawa[200]. En 1915, deux enseignants étaient responsables de 120 élèves à l'Institut Coqualeetza à Chilliwack, en Colombie-Britannique[201]. En 1928, on comptait 60 élèves dans la classe de premier cycle du pensionnat d'Alberni, en Colombie-Britannique[202].

La Direction générale des écoles du ministère des Affaires indiennes soutenait que les directeurs et le personnel des écoles étaient « nommés par les autorités de l'Église, sous réserve de l'approbation de leurs qualifications par le Ministère »[203]. En réalité, les Églises embauchaient le personnel, qui était automatiquement approuvé par le gouvernement[204]. Les Églises accordaient une plus grande priorité à la piété des candidats qu'à leur compétence en enseignement[205]. Ces postes étant très peu rémunérés, un grand nombre d'enseignants n'avait aucune compétence pour enseigner[206]. En 1908, F. H. Paget, inspecteur pour les Affaires indiennes, rapporte que les « changements fréquents de personnel au pensionnat de Battleford ont des répercussions négatives sur l'établissement ». Le problème ne résidait pas tant dans la direction des établissements que dans le fait que « des emplois mieux rémunérés étaient offerts dans le district et que les salaires n'étaient pas aussi élevés que celui versé dans d'autres écoles publiques »[207]. Lorsqu'un agent des Indiens de la Colombie-Britannique a recommandé que les écoles soient tenues de n'embaucher que du personnel qualifié, son supérieur, le surintendant des Indiens de la Colombie-Britannique, A. W. Vowell, lui a répondu qu'une telle exigence obligerait les Églises à demander des « subventions plus élevées ». Or, de la manière dont Vowell comprenait la situation, les Affaires indiennes « ne souhaitent pas pour l'heure recevoir des demandes de subventions plus élevées pour les pensionnats indiens et les écoles industrielles »[208]. En 1955, 55 (23 %) des 241 enseignants travaillant dans les pensionnats et directement employés par les Affaires indiennes n'étaient pas titulaires d'un certificat en enseignement[209]. En 1969, les Affaires indiennes indiquaient qu'elles rémunéraient toujours leurs enseignants à un salaire inférieur à celui offert dans les écoles provinciales. « Par voie de conséquence, il y a approximativement le même nombre d'enseignants non qualifiés — quelque 140 — dans les écoles fédérales [pensionnats et autres] aujourd'hui qu'il y a 10 ans[210]. »

Pour certains directeurs, l'enseignement religieux était l'enseignement le plus précieux offert par les écoles. En 1903, le directeur T. Ferrier, de Brandon, au Manitoba, écrit que « que, s'il est important d'instruire l'enfant sauvage, il importe encore plus de former son caractère ». De l'avis de Ferrier, il fallait accorder une importance aussi grande à l'enseignement religieux pour « combattre les tendances mauvaises du caractère indien »[211]. Louise Moine se rappelle que l'instruction et l'observance religieuses faisaient constamment partie de la vie au pensionnat de Qu'Appelle au début du XXe siècle : « Dès le moment où on sortait du lit au son de la cloche, on s'agenouillait pour prier. Après s'être lavés et habillés, on se dirigeait vers la chapelle pour assister à la messe basse, qui débutait tous les matins à 7 h[212]. » Selon le manuel de l'employé de l'école presbytérienne à Kenora dans les années 1940, l'on s'attendait à ce que la majorité des élèves « retournent dans leur réserve indienne natale à leur départ de l'école ». Comme il s'agissait là des seules perspectives d'avenir envisagées, les membres du personnel se faisaient dire que « la meilleure préparation que nous pouvons leur donner est de leur enseigner un mode de vie chrétien »[213].

Il n'est donc pas surprenant que la majorité de ceux qui réussissaient leurs études poursuive une carrière au sein de l'Église. Peter Kelly, diplômé de l'Institut Coqualeetza, a été ordonné prêtre au sein de l'Église méthodiste. Edward Ahenakew, diplômé du Collège Emmanuel, est devenu un prêtre anglican. D'autres ont travaillé pour le gouvernement ou sont devenus enseignants. Daniel Kennedy, diplômé du pensionnat de Qu'Appelle, a poursuivi sa carrière à titre d'interprète et d'adjoint général pour l'agence indienne d'Assiniboine. Joseph Dion, diplômé du pensionnat d'Onion Lake, a exercé la profession d'enseignant pendant de nombreuses années en Saskatchewan. Contre vents et marées, d'autres ont poursuivi une carrière dans le domaine des affaires ou à titre de professionnels. À la fin de ses études à l'Institut Mohawk, Beverly Johnson s'est inscrit au Collège Hellmuth à London, en Ontario, où il s'est distingué dans les sports et le théâtre. Il a ensuite travaillé pour la New York Life Insurance Company en Pennsylvanie. N. E. Lickers, diplômé de l'Institut Mohawk, a été admis au barreau en 1938 et a été décrit par le *Branford Expositor* comme le « premier avocat indien de l'Ontario »[214].

Ces exemples de réussite sont d'autant plus dignes de mention que peu d'encouragements étaient offerts aux élèves qui souhaitaient pousser plus loin leur éducation. Oliver Martin, qui a été élevé dans la réserve des Six-Nations en Ontario et allait devenir juge en Ontario, se rappelle s'être fait dire ce qui suit par le sous-ministre des Affaires indiennes, Duncan Campbell Scott : « C'est inutile d'envoyer les Indiens à l'école puisque vous retournez quand même à la réserve »[215].

Pour nombre d'étudiants, la vie en classe ne ressemblait en rien à ce qu'ils avaient connu et leur causait un véritable choc. David Charleson, au sujet de l'embrigadement au pensionnat Christie, en Colombie-Britannique, se rappelle qu'il avait trouvé cela si déconcertant qu'il « ne voulait jamais apprendre. Je me suis renfermé dans ma coquille. J'ai dû faire ma maternelle deux fois à la suite de ce qui m'était arrivé. Je ne voulais pas apprendre[216]. » Au pensionnat de Birtle au Manitoba, Isabelle Whitford se rappelle qu'elle avait eu de la difficulté à s'adapter à la nouvelle langue et à la discipline en classe. « Chaque fois que je ne donnais pas la bonne réponse, vous savez, elle me tirait les oreilles et me secouait la tête[217]. » Betsy Olson décrit le travail en classe au pensionnat de Prince Albert, en Saskatchewan, comme un supplice : « J'avais toujours une note de 30 ou 40 en orthographe; j'étais dans les plus faibles. Il m'arrivait, lorsqu'on faisait de l'orthographe, de paralyser complètement, de ne pas être capable de bouger. Je ne faisais que gribouiller parce que je n'arrivais pas à bouger la main[218]. » Leona Agawa ne s'est jamais sentie à l'aise dans la salle de classe du pensionnat de Spanish, en Ontario, se sentant la plupart du temps effrayée ou intimidée. « J'entendais mon nom, mais je ne pouvais jamais répondre. Je me levais, mais je n'arrivais pas à donner la réponse à ce qui était demandé, et ils me disaient de me rasseoir. Je recevais une bonne gifle après, après mon départ, parce que je n'avais pas été une bonne élève[219]. »

À partir des années 1920, les Affaires indiennes ont exigé des pensionnats qu'ils appliquent un programme pédagogique provincial[220]. Le Ministère avait également demandé aux gouvernements provinciaux d'envoyer leurs inspecteurs scolaires inspecter ses pensionnats[221]. Le bien-fondé de cette pratique a été remis en question pendant les

Le Collège Grandin à Fort Smith, dans les Territoires du Nord-Ouest, s'était forgé une réputation positive « d'école du leadership » pour le Nord. Archives Deschâtelets.

audiences tenues par le Comité spécial mixte du Sénat et de la Chambre des communes dans le cadre de son enquête sur la *Loi des Indiens* dans les années 1940. Andrew Moore, un inspecteur d'école secondaire pour la province du Manitoba, a affirmé aux membres du Comité que les Affaires indiennes assumaient l'entière responsabilité de tous les aspects de l'éducation des membres des Premières Nations, ce qui englobait le programme pédagogique[222], précisant que les ministères de l'Éducation provinciaux, y compris celui pour lequel il travaillait, n'est « pas organisé pour ce travail et il n'est pas non plus intéressé aux écoles indiennes »[223].

En 1963, D. W. Hepburn, ancien directeur de l'école fédérale à Inuvik, publie un article au titre incendiaire, « Northern Education: Facade for Failure » (L'éducation dans le Nord, ou l'art de dissimuler un échec), dans lequel il soutient que l'éducation offerte dans les nouvelles écoles fédérales est « totalement inadéquate. Les raisons de cet échec sont claires : les objectifs du Ministère sont profondément confus, le programme pédagogique est inadapté, et plusieurs pratiques actuelles du système sont non seulement mal conçues, mais carrément dangereuses[224]. » Bien que 60 % des élèves de l'école d'Inuvik étaient inscrits aux trois premières années du primaire, peu d'enseignants possédaient une quelconque expérience en enseignement primaire et « virtuellement aucun d'entre eux n'a reçu et ne recevra une formation spéciale en éducation des Indiens de la part du Ministère »[225]. À leur sortie de l'école, les élèves « non seulement ne possèdent pas les compétences requises pour exercer la plupart des emplois salariés permanents, mais également les compétences nécessaires pour l'économie traditionnelle »[226].

La décision de laisser aux ministères de l'Éducation provinciaux la responsabilité des programmes pédagogiques signifiait que les élèves autochtones étaient soumis à une éducation qui dénigrait leur histoire, faisait fi de la situation qui était la leur à l'époque et ne les reconnaissait pas — eux et leurs familles — comme des citoyens à part entière. C'est l'une des raisons qui expliquent la montée de l'hostilité des Autochtones envers la politique d'intégration des Affaires indiennes. Un examen du traitement réservé aux Autochtones dans les manuels approuvés par les gouvernements provinciaux met au jour un problème grave et profondément enraciné. En réponse à une recommandation de 1956 en faveur de manuels qui seraient pertinents pour les élèves autochtones, un représentant des Affaires indiennes, R. F. Davey, rétorque : « La préparation des manuels scolaires est une question des plus pointues. » Il est d'avis qu'« il y a d'autres besoins qui peuvent être satisfaits plus facilement auxquels il faut accorder la priorité »[227]. Dans les années qui ont suivi, les évaluations des manuels scolaires dans les écoles publiques ont révélé qu'ils perpétuaient des stéréotypes racistes à l'égard des Autochtones[228]. Une étude réalisée en 1968 dévoilait que dans certains manuels, le mot « *squaw* » était utilisé pour désigner les femmes autochtones et l'expression « peaux rouges » était utilisée pour désigner le peuple autochtone en général[229].

De l'avis des élèves, le programme pédagogique dénigrait leur patrimoine. Selon Mary Courchene : « Leur unique mandat était de christianiser et de civiliser, et c'était écrit noir sur blanc. Ils nous le rappelaient jour après jour après jour[230]. » Lorna Cochrane n'a jamais pu oublier une illustration qu'elle avait vue dans un manuel d'études sociales. « On voyait deux jésuites étendus dans la neige, assassinés par ces deux "sauvages". Ils avaient sur leur visage ce que l'on appelle une expression "à glacer le sang". C'est le souvenir que j'ai de cette illustration[231]. » Lorsque le programme pédagogique n'était pas raciste, il était déconcertant et aliénant. Nombreux étaient les élèves qui ne pouvaient s'identifier au contenu des manuels scolaires. Par exemple, Lillian Elias se souvient que « lorsque je regardais Dick et Jane, je croyais qu'ils étaient au paradis à cause des grandes étendues d'herbe verte. C'est tout ce que je savais de Dick et Jane[232]. »

Certains élèves ont mentionné que l'éducation limitée qu'ils avaient reçue dans les pensionnats s'était révélée dans toute son ampleur à leur entrée dans le système scolaire public[233]. Plusieurs ont affirmé que personne ne s'attendait à ce qu'ils réussissent. Walter Jones n'a jamais oublié la réponse qu'un autre élève au pensionnat d'Alberni, en Colombie-Britannique, a reçue lorsqu'il a demandé s'il pourrait être admis en douzième année. « Le superviseur lui a dit : "Tu n'as pas besoin de te rendre aussi loin. Les gens de votre peuple n'étudieront jamais pour devenir des travailleurs professionnels, peu importe que ce soit avocat, médecin ou électricien, rien qui nécessite d'aller à l'école"[234]. »

Certaines écoles dans le Nord s'étaient malgré tout taillé de bonnes réputations au chapitre de la réussite scolaire, au nombre desquelles le Collège Grandin, à Fort Smith, initialement mis sur pied pour recruter des jeunes destinés au ministère catholique. La nomination subséquente d'un nouveau directeur, Jean Pochat, a toutefois entraîné une nouvelle orientation au sein de l'établissement vers une formation en leadership à l'intention des jeunes hommes et jeunes femmes[235]. Cette institution allait par la suite être reconnue comme une « usine de leaders », d'où sortiraient plusieurs des chefs gouvernementaux à venir pour le Nord[236]. Des élèves inscrits au Churchill Vocational Centre parlent de l'enseignement qu'ils ont reçu de la part d'enseignants ouverts d'esprit qui trouvaient important de les exposer aux changements sociaux et politiques ayant cours dans le monde entier dans les années 1960[237]. John Amagoalik écrit qu'au Churchill Vocational Centre, « on avait d'excellents enseignants. Nous parlons encore d'eux aujourd'hui [...] Ils nous traitaient comme des gens ordinaires, ce qui ne nous était jamais arrivé. C'était, dans un sens, libérateur d'être avec de nouveaux enseignants qui nous traitaient sur un pied d'égalité[238]. » David Simailak explique en quoi le temps qu'il a passé dans un pensionnat lui a ouvert la porte à une gamme de nouvelles perspectives d'avenir et garde de bons souvenirs de cette époque, notamment qu'il excellait lors des concours de mathématique et d'orthographe et qu'il a voyagé jusqu'à Montréal pour visiter l'Exposition universelle de 1967[239].

Certains se souviennent avec gratitude d'enseignants qui les ont marqués. Lorsque Roddy Soosay vivait au pensionnat, il était inscrit à une école publique locale. Il attribue son désir de réussir au directeur de l'école publique secondaire de Ponoka, en Alberta[240]. Pour Martha Loon, inscrite à l'école de Poplar Hill, en Ontario, dans les années 1980, ce sont les membres du personnel avec qui elle s'était liée d'amitié et qui l'ont aidée, elle, ainsi que ses frères et sœurs, dont elle se souvient, et en particulier une, à qui elle pouvait raconter tous ses problèmes. « Je pouvais tout lui dire. Parfois, on partait se promener toutes les deux, et je pouvais lui dire n'importe quoi, sans qu'elle n'en dise rien aux autres membres du personnel. D'une certaine façon, vous savez, cela m'a permis d'exprimer mes frustrations et d'extérioriser les choses que je n'aimais pas[241]. »

D'autres élèves étaient capables de se concentrer sur leurs études. Frederick Ernest Koe, inscrit au pensionnat de Stringer Hall, à Inuvik, affirme qu'il consacrait toutes ses énergies à son travail scolaire. « On développait une forme de mécanisme de protection, une carapace. On évitait de dénoncer les autres, on se comportait convenablement, on suivait les règles, et tout se passait bien[242]. » Madeleine Dion Stout, malgré sa réussite scolaire au pensionnat de Blue Quills, n'attribue pas ses bons résultats à l'école. « Ce n'est pas le pensionnat qui a fait de moi une bonne élève. Ce sont mes valeurs fondamentales et les bons modèles que j'avais eus avant d'aller au pensionnat — je pense à mon grand-père, à mes parents et à tous les aînés qui vivaient dans la réserve où j'ai grandi — qui ont fait de moi une bonne élève[243]. »

Le travail : « Pas de paresse ici »

L'éducation des élèves était également mise à mal par la charge de travail qu'ils devaient accomplir pour l'établissement. Les responsables des Affaires indiennes ayant prévu que les pensionnats seraient autosuffisants, on attendait des élèves qu'ils cultivent et préparent la quasi-totalité de la nourriture qu'ils consommaient, fabriquent et réparent la plupart de leurs vêtements, et entretiennent les bâtiments. Cela étant, la majorité des pensionnats fonctionnaient selon ce qu'on appelait le « système de demi-journée », un système qui institutionnalisait en réalité le travail des enfants et dans le cadre duquel ceux-ci étaient en classe pendant la moitié de la journée et passaient l'autre moitié à ce qui était supposé être de la formation professionnelle. Il arrivait souvent, comme nombre d'élèves, d'enseignants et d'inspecteurs l'ont fait remarquer, que le temps consacré à la formation professionnelle était plutôt passé à exécuter des corvées hautement répétitives qui offraient peu au chapitre de la formation, mais qui permettaient d'assurer le bon fonctionnement de l'établissement.

Le système de demi-journée n'était pas un système officiellement mis en place par le gouvernement. Certains établissements n'y avaient pas recours, tandis que ceux qui

Atelier de menuiserie à l'école de Battleford, 1894. Saskatchewan Archives Board, R-B7.

l'utilisaient le faisaient à leur façon. En 1922, lorsqu'un responsable de l'éducation des Affaires indiennes, Russell Ferrier, recommande que le pensionnat de Chapleau, en Ontario, mette en œuvre le système de demi-journée, il doit s'en remettre aux souvenirs qu'il avait de ses visites dans d'autres pensionnats pour décrire comment le système fonctionnait. En effet, les Affaires indiennes n'avaient aucune description écrite officielle de ce système[244]. Cela démontre l'arbitraire avec lequel les pensionnats étaient administrés.

Si le système de demi-journée devait théoriquement n'être appliqué qu'aux élèves plus âgés, dans la réalité, tous les élèves travaillaient. Outre la demi-journée que les élèves passaient en formation professionnelle, il arrivait fréquemment qu'ils doivent exécuter des corvées quotidiennes avant et après les heures de classe. Conséquemment, les élèves passaient souvent plus de la moitié de la journée à travailler pour l'école. À High River, en Alberta, dans les années 1880, les élèves qui n'apprenaient pas un métier devaient accomplir deux heures de corvées par jour pendant l'hiver et quatre heures de corvées par jour pendant l'été. Selon le directeur E. Claude : « Aux plus jeunes d'entr'eux écheoit le sarclage du jardin et l'ouvrage de la maison du côté de leur école ; et je dois dire que durant cet été pas un d'eux n'a pas fait honneur à notre mot de passe : "pas de paresse ici", attendu que toute la besogne a exclusivement été faite par nos élèves[245] ».

Dès l'ouverture des pensionnats, tant les parents que les inspecteurs ont soulevé des inquiétudes concernant la quantité de travail qui était exigée de la part des élèves. En 1884, l'inspecteur T. P. Wadsworth soutient que les garçons au pensionnat de Battleford aiment dans l'ensemble accomplir leurs corvées, ajoutant cependant qu'il est « contre l'habitude de forcer ces petites garçons à charroyer de l'eau de la rivière, chaque jour et tout le jour, en hiver, ainsi qu'on l'a fait l'année dernière »[246]. En 1886, le directeur du pensionnat de

Mount Elgin, Ontario, buanderie. Les essoreuses à vêtements, comme celle figurant sur cette photo, ont causé de nombreuses blessures dans les pensionnats. Archives de l'Église Unie du Canada, 90.162P1173.

Qu'Appelle, Joseph Hugonnard, écrit : « Pendant l'été nous avons plus de travail manuel et de récréation. Les parents ne peuvent comprendre que les élèves sont ici pour apprendre à travailler aussi bien qu'à lire et à écrire ; nous ne pouvons donc actuellement consacrer trop de temps au travail[247]. » L'inspecteur Wadsworth revient sur la question de la trop lourde charge de travail des enfants en 1893, soulignant que la plupart des travaux agricoles au pensionnat de Middlechurch, au Manitoba, sont trop difficiles pour des garçons. Quant aux filles, on leur confiait les corvées de buanderie à un « très jeune âge » elles aussi[248]. Gilbert Wuttunee, inscrit au pensionnat de Battleford pendant la première décennie du XXe siècle, se souvient : « On n'effectuait pas de travaux agricoles ou d'autres types de corvée avant d'être, à l'époque, en troisième année, que vous ayez alors 9 ans ou 15 ans ». Lorsqu'il a atteint l'âge de 9 ans, il « n'a plus jamais eu une journée complète de classe jusqu'à son départ ». À ce moment-là, le pensionnat avait considérablement réduit le nombre de métiers enseignés : « On pouvait uniquement apprendre le métier de forgeron, de menuisier et d'agriculteur[249]. » Selon Lillian Elias, chaque automne, une barge arrivait à Aklavik chargée de bois pour la chaudière de l'école. Les élèves formaient alors une longue chaîne de la barge jusqu'à la salle de la chaudière et, avec l'aide du personnel de l'école, déchargeaient la barge[250].

Le travail, en plus de ne pas être supervisé convenablement, était souvent dangereux. Il a été rapporté que des élèves s'étaient coincé une main dans l'équipement motorisé utilisé dans les buanderies, les cuisines, les ateliers et les champs des pensionnats[251]. Les directeurs avaient tendance à rejeter la faute de ces blessures sur les élèves — qui étaient négligents selon eux — et à ne pas les déclarer au gouvernement. Dans de nombreux cas, les blessures ont été déclarées seulement après que les parents des élèves déposent une plainte ou que le gouvernement reçoit une facture pour le traitement de l'élève à l'hôpital[252].

En décembre 1935, Florence McLeod s'est écrasé plusieurs doigts de la main droite dans une essoreuse (pour vêtements) au pensionnat de Qu'Appelle, qui ont dû être amputés. Le directeur, G. Leonard, a rappelé que « cette essoreuse est utilisée à cette école depuis de nombreuses années et les filles savent comment elle fonctionne ». Le secrétaire des Affaires indiennes, A. F. MacKenzie, a conclu que « toutes les précautions nécessaires avaient été prises et que, bien que l'accident de Florence McLeod soit regrettable, la direction de l'école n'est pas à blâmer »[253]. Pourtant, l'incapacité de l'école à protéger ses élèves est manifeste au vu du fait que le père de Florence McLeod, Henry, s'était blessé dans un accident similaire lorsqu'il était élève au même pensionnat[254]. En 1941, un garçon de 12 ans a perdu tous les doigts d'une main dans un accident survenu dans l'étable du pensionnat de Brandon, au Manitoba[255]. Huit ans plus tard, Rodney Beardy, 15 ans, décédait dans un accident de tracteur au même pensionnat[256]. Un élève du pensionnat d'Edmonton a perdu un pied en 1944 après un accident survenu alors qu'il travaillait avec une machine servant à préparer le fourrage[257]. Deux garçons du pensionnat de Birtle, au Manitoba, ont été blessés dans un accident de camion en 1942. D'après la correspondance des Affaires indiennes, il semble que l'accident impliquait un camion transportant 70 garçons de l'école jusqu'aux champs afin qu'ils y effectuent des travaux agricoles. Le représentant des Affaires indiennes, R. A. Hoey, a critiqué le directeur pour avoir autorisé une telle pratique, faisant remarquer « qu'il est presque inconcevable que le directeur autorise le transport de 70 élèves dans un seul camion »[258].

Malgré la soi-disant élimination du système de demi-journée au début des années 1950, les élèves ont continué d'être surchargés de travail[259]. Sam Ross, après s'être enfui du pensionnat de Birtle en 1959, a affirmé au représentant des Affaires indiennes, J. R. Bell, qu'il voulait continuer l'école, mais qu'il était forcé de travailler « trop fort » là-bas. Selon ses dires, entre septembre et Noël de l'année précédente, il avait travaillé à l'étable tous les jours « entre 6 h et 7 h et entre 8 h et 9 h, puis à la récréation, et ensuite de 16 h à 18 h, en plus de devoir remplir la chaudière de charbon à 22 h avant d'aller me coucher ». Toujours selon Ross, « il aimait l'école, mais il n'aimait pas travailler comme un forcené ». Bell a ensuite recommandé que la quantité de travail accompli par les élèves au pensionnat de Birtle fasse l'objet d'une enquête[260].

Langue et culture : « La langue indienne est rarement entendue dans l'établissement. »

L'approche hostile adoptée par le gouvernement à l'égard des langues autochtones a été maintes fois réaffirmée au fil de ses nombreuses directives politiques. En 1883, le commissaire des Indiens, Edgar Dewdney, demande expressément au directeur du pensionnat de Battleford, Thomas Clarke, d'accorder une grande attention « à transmettre des connaissances sur l'art de lire, d'écrire et de parler la langue anglaise au lieu du cri »[261]. En 1889, le sous-ministre des Affaires indiennes, Lawrence Vankoughnet, informe l'évêque Paul Durieu que dans le nouveau pensionnat de Cranbrook, en Colombie-Britannique, les conversations pendant les repas doivent « se dérouler exclusivement en anglais ». Le

Élèves inuits au pensionnat Sir Joseph Bernier, Chesterfield Inlet, 1956. Diocèse de Churchill Hudson Bay.

directeur devait également déterminer une période précise pendant laquelle les langues autochtones pouvaient être parlées[262]. En 1890, le commissaire des Indiens, Hayter Reed, présente la recommandation suivante : « Au mieux, la langue maternelle ne doit servir que comme instrument d'enseignement et doit être abandonnée dès que possible. » L'anglais devait être la langue d'enseignement principale, « même lorsque le français est enseigné »[263]. Le Programme d'études des écoles indiennes de 1893 recommandait ce qui suit : « Il faut faire tous les efforts possibles pour engager les élèves à parler anglais, et pour leur apprendre à le comprendre ; sans cela, tout le travail de l'instituteur n'aboutira probablement à rien[264]. »

Les directeurs faisaient régulièrement rapport de leur succès relatif à la répression des langues autochtones. En 1887, le directeur E. Claude est fier de dire que ses 30 élèves du pensionnat de High River « comprennent l'anglais assez bien et bien peu d'entr'eux ne peuvent pas s'exprimer dans cette langue, qu'ils parlent en récréation. Je n'ai besoin de presque pas de moyens coërciufs pour les obliger à en venir là[265]. » En 1898, le directeur du pensionnat de Kamloops rapporte que « l'anglais est la seule langue dont se servent les élèves en tout temps »[266]. Toujours en 1898, le directeur du pensionnat de Mission, en Colombie-Britannique, écrit : « l'anglais est le langage commun aux élèves de l'école. On entend rarement les sauvages parler leur idiome dans l'institution, à l'exception cependant des nouveaux arrivés[267]. » Le rapport de 1898 du directeur de l'école anglicane d'Onion Lake indique que l'école est l'une des quelques exceptions où l'on apprend aux enfants à « lire et à écrire le cri et l'anglais »[268]. Les inspecteurs considéraient comme un signe d'échec le fait que les élèves continuent de communiquer dans leur langue maternelle. Le directeur du pensionnat de Red Deer a été montré du doigt en 1903 par un inspecteur qui estimait qu'« un sérieux obstacle au travail de classe et en même temps une preuve d'indiscipline, est l'usage de la langue crise, qui était parlée presque exclusivement »[269].

Cette politique de suppression des langues autochtones s'est poursuivie bien après le début du XXe siècle. À l'issue de sa tournée du Canada en 1935, le supérieur général des oblats Théodore Labouré se dit inquiet de la sévérité avec laquelle on interdit aux Autochtones de parler leurs propres langues. Selon lui : « L'interdiction faite aux enfants de parler indien, même en récréation, était tellement stricte dans certaines de nos écoles, que tout manquement était sévèrement puni; au point que les enfants étaient portés à considérer cela comme une faute sérieuse[270]. »

Des élèves gardent de vifs souvenirs d'avoir été punis pour « avoir parlé indien ». Mary Angus, inscrite au pensionnat de Battleford à la fin du XIXe siècle, se rappelle que les élèves surpris à parler leur langue maternelle étaient punis en se faisant couper les cheveux très courts : « Tous les cheveux étaient coupés, comme un homme. C'est ce qu'ils faisaient pour nous empêcher de parler. On avait peur de cela, de nous faire couper les cheveux[271]. » Au pensionnat de Fraser Lake en Colombie-Britannique, Mary John affirme qu'elle ne pouvait parler sa langue maternelle qu'en chuchotant[272]. Melvina McNabb avait sept ans lorsqu'elle est arrivée au pensionnat de File Hills et « ne parlait pas un mot d'anglais. Je parlais le cri et je subissais de mauvais traitements pour cela; j'étais battue et forcée d'essayer de parler anglais[273]. » Raymond Hill, qui était élève à l'Institut Mohawk à Brantford dans les premières années du XXe siècle, affirme : « J'ai perdu ma langue. Ils nous menaçaient de coups de courroie si on parlait notre langue. En moins d'un an, je l'avais complètement perdue. Ils ont dit qu'ils croyaient qu'on parlait dans leur dos[274]. »

Malgré cela, les élèves continuaient de parler leur langue en secret. Mary Englund se rappelle que même si les langues autochtones étaient interdites au pensionnat de Mission au début du XXe siècle, les enfants les parlaient tout de même entre eux[275]. Clyde Peters, quant à lui, affirme avoir arrêté de parler sa langue maternelle à l'école Mount Elgin après avoir appris que les élèves étaient punis s'ils étaient surpris à le faire. « Je n'ai jamais été frappé pour cela, mais j'avais reçu suffisamment d'avertissements pour que j'évite de le faire. » Mais malgré cela, lui et ses amis se parlaient dans leur langue maternelle lorsqu'ils croyaient que personne d'autre ne pouvait les entendre. « Le soir, lorsqu'on montait dans les dortoirs, j'avais un ami de Sarnia avec qui je pouvais parler[276]. »

Bon nombre d'élèves, à leur arrivée au pensionnat, parlaient couramment leur langue maternelle, mais comprenaient peu ou pas le français ou l'anglais, une tendance qui s'est poursuivie bien après le début de la période de l'après-guerre. Pour ces enfants, les premiers mois au pensionnat étaient déstabilisants et effrayants. Arthur McKay est arrivé au pensionnat de Sandy Bay, au Manitoba, au début des années 1940 sans aucune connaissance de l'anglais. « Ils m'ont dit de ne pas parler ma langue et tout, donc je faisais semblant de dormir à mon pupitre pour éviter qu'ils me posent des questions[277]. » Peter Nakogee se rappelle avoir été puni pour avoir écrit en syllabes cris dans son cahier de notes au pensionnat de Fort Albany, en Ontario[278].

Meeka Alivaktuk est arrivée au pensionnat de Pangnirtung, dans ce qui est aujourd'hui le Nunavut, sans aucune connaissance de l'anglais. N'ayant pas obéi à une directive parce qu'elle ne l'avait pas comprise, elle a été frappée sur les mains. « C'est ainsi que mon éducation a commencé[279]. » Lors de son premier jour de classe au pensionnat de Pangnirtung, l'enseignant a entendu Sam Kautainuk parler à un ami en inuktitut. « Il a pris une règle, m'a attrapé la tête comme cela, puis il m'a frappé sur la bouche avec la règle quatre fois[280]. »

Au pensionnat de Qu'Appelle au milieu des années 1960, Greg Ranville affirme avoir été puni parce qu'il avait enfreint des directives données dans une langue qu'il ne comprenait pas. « Les sœurs se fâchaient après nous lorsqu'elles nous parlaient en français ou en anglais, mais on ne comprenait pas ce qu'elles disaient. Elles nous tiraient par l'oreille[281]. » Au pensionnat de Shubenacadie, une employée, surprenant William Herney en train de parler le micmac avec son frère, l'a attaché et lui a lavé la bouche avec du savon[282]. Alphonsine McNeely a subi la même punition à l'école catholique romaine d'Aklavik dans les années 1940[283]. Pierrette Benjamin affirme qu'elle a été forcée de manger du savon au pensionnat de La Tuque. « La directrice, elle me l'a mis dans la bouche et a dit "Mange-le, mange-le"[284]. »

La politique linguistique a désuni les familles. Lorsque John Kistabish a quitté le pensionnat d'Amos, au Québec, il ne savait plus parler algonquin, et ses parents ne parlaient pas français, la langue qui lui avait été enseignée à l'école. Cela a fait en sorte qu'il lui a été pratiquement impossible de leur parler des abus qu'il avait subis à l'école. « J'ai essayé de parler avec mes parents, puis non ça marchait pas. [....]On était ben pareil parce que je savais ben que c'était mes parents, quand je suis sorti du pensionnat. Mais communication était pas là[285]. »

La culture a été aussi pourfendue que la langue. Dans ses mémoires, le chef de la bande Stoney, John Snow, relate qu'au pensionnat de Morley, en Alberta, « on ne retrouvait absolument rien de nous ou de notre culture dans l'éducation que l'on recevait. Au contraire, la culture de la bande Stoney était condamnée explicitement et implicitement. » Il se rappelle que l'éducation qu'il recevait leur enseignait que les seules bonnes personnes sur la terre étaient les non-Indiens et, surtout, les chrétiens blancs[286]. Andrew Bull Calf se souvient que les élèves du pensionnat de Cardston, en Alberta, étaient non seulement punis lorsqu'ils parlaient leurs propres langues, mais qu'on les dissuadait notamment de participer à des activités culturelles traditionnelles[287]. Evelyn Kelman se rappelle que le directeur du pensionnat de Brocket, en Alberta, avertissait les élèves que s'ils assistaient à une danse du Soleil pendant l'été, ils seraient fouettés à leur retour à l'école[288]. Marilyn Buffalo se rappelle que le personnel du pensionnat d'Hobbema, en Alberta, lui disait que la danse du Soleil était un « culte du diable »[289]. Une année en particulier, Sarah McLeod est retournée au pensionnat de Kamloops avec un mât totémique miniature qu'un membre de sa famille lui avait donné pour son anniversaire. Lorsqu'elle l'a fièrement montré à l'une des religieuses, il lui a été enlevé et a été jeté, et on lui a dit que ce n'était rien de plus qu'un objet du diable[290].

Certains responsables des pensionnats ne limitaient pas leur hostilité envers la culture autochtone à la salle de classe. En 1942, John House, directeur du pensionnat de Gleichen, en Alberta, participe à une campagne visant la destitution de deux chefs de la bande des Pieds-Noirs, en partie parce qu'ils appuyaient les cérémonies de danse traditionnelles[291]. En 1943, F. E. Anfield, directeur du pensionnat d'Alert Bay, en Colombie-Britannique, écrit une lettre pour encourager d'anciens élèves à ne pas prendre part aux potlatchs locaux, laissant entendre que ce genre de cérémonies reposait sur des superstitions dépassées et entraînait l'appauvrissement et la négligence familiale[292].

Même lorsque le programme pédagogique ne dénigrait pas ouvertement la culture autochtone, il méprisait l'identité autochtone. Thaddee Andre, qui fréquentait le pensionnat de Sept-Îles, au Québec, dans les années 1950, se rappelle à quel point il souhaitait, pendant ces années, « devenir comme un blanc, pis entre temps, on essaye par tous les moyens de t'enlever ce que tu es, en tant qu'Innu. Quand t'es jeune, tu t'en aperçois pas de ce que tu perds en tant que personne[293]. »

Ce n'est que dans les années 1960 que les attitudes ont commencé à changer au sujet de la place que devaient avoir la langue et la culture autochtones dans les pensionnats[294]. Alex Alikashuak se rappelle qu'au pensionnat de Churchill, pendant les années 1960, il n'y avait aucune restriction quant à l'utilisation des langues autochtones et affirme : « On parlait anglais seulement dans la salle de classe, ou lorsqu'on parlait à un membre du personnel ou à une personne de la ville qui n'était pas inuite. Le reste du temps, on, tout le monde parlait notre langue[295]. » Le Conseil canadien du bien-être, dans son rapport de 1967 sur neuf pensionnats de la Saskatchewan, fait état « d'une attention particulière accordée aux liens entre le contenu des cours et la culture indienne » qualifiée « d'imaginative » et d'indicatrice des progrès réalisés « pour faire de l'expérience éducative une expérience significative pour l'enfant indien »[296]. En 1968, par exemple, l'école catholique romaine de Cardston incorporait les Pieds-Noirs dans le programme pédagogique[297]. Dans certains pensionnats, on faisait appel à des enseignants autochtones pour enseigner la danse et le chant[298]. Cela dit, il y avait encore en 1969-1970 seulement sept pensionnats des Affaires indiennes qui offraient des cours dans les langues autochtones ou utilisaient les langues autochtones comme langue d'enseignement[299].

En dépit des encouragements offerts dans certains pensionnats et des efforts des élèves pour préserver leur langue, l'impact global a été une perte de la langue. Au sujet de ses expériences au pensionnat baptiste à Whitehorse et au pensionnat anglican à Carcross, Rose Dorothy Charlie affirme : « Ils m'ont pris ma langue. Ils me l'ont enlevée de la bouche. Je ne l'ai plus jamais reparlée par la suite[300]. » Dans certains cas, l'expérience du pensionnat a incité les parents à décider de ne pas enseigner une langue autochtone à leurs enfants. Les deux parents de Joline Huskey avaient fréquenté un pensionnat dans les Territoires du Nord-Ouest, une expérience qui les a incités à élever leur fille dans la langue anglaise[301]. Lorsque Bruce Dumont a été envoyé au pensionnat d'Onion Lake, en Saskatchewan, sa mère l'a averti d'éviter de parler le cri[302].

Mariages arrangés et empêchés

Par l'entremise des pensionnats, les autorités des Affaires indiennes et de l'Église cherchaient à étendre leur mainmise sur les aspects les plus intimes de la vie des enfants autochtones. De l'avis des autorités des Affaires indiennes, elles avaient le droit, puisqu'elles payaient pour éduquer les élèves, de décider qui ils épouseraient. Les autorités gouvernementales craignaient que les élèves qui épousent une personne n'ayant pas reçu une éducation dans un pensionnat retournent à leurs modes de vie traditionnels « non civilisés »[303]. Le contrôle gouvernemental sur les mariages faisait partie intégrante de la politique soutenue d'assimilation forcée. En 1890, le commissaire des Indiens, Hayter Reed, reproche au directeur du pensionnat de Qu'Appelle, Joseph Hugonnard, d'autoriser des filles de son pensionnat à épouser des garçons qui n'étaient pas allés à l'école sans au préalable demander l'autorisation des Affaires indiennes. Le commissaire Reed soutient que « l'assertion selon laquelle seuls les parents ont le droit de se prononcer sur de telles décisions ne peut en aucun cas être tenue pour vraie »[304].

Non seulement le gouvernement encourageait-il les mariages entre élèves, il a en outre commencé à intégrer le mariage au processus de départ des élèves. Dans son rapport annuel de 1896, le sous-ministre Hayter Reed écrit : « Quand les élèves sont assez âgés et lorsqu'on les considère en situation de se pourvoir à eux-mêmes, on cherche à leur faire contracter mariage, à leur sortie de l'école ou aussitôt que possible[305]. » En d'autres mots, on attendait des directeurs qu'ils arrangent des mariages pour les élèves en fin de programme.

Il arrivait régulièrement que les directeurs rapportent et célèbrent des mariages entre élèves, voire les arrangent[306]. Le révérend P. Claessen, directeur du pensionnat de l'île Kuper, rapporte en 1909 avoir réussi à « unir une de nos filles qui devaient quitter le pensionnat avec l'un de nos meilleurs garçons, lui aussi sur le point de quitter le pensionnat »[307]. Le directeur du pensionnat de Kamloops, A. M. Carion, déclare : « Il me fait plaisir de signaler ici de nouveau, que depuis mon dernier rapport, deux autres couples d'anciens élèves se sont unis par les liens du mariage. Les anciens élèves qui se marient entre eux sont bien plus aptes à conserver les habitudes de la vie civilisée qu'ils ont acquises à l'école[308]. »

Des efforts étaient également déployés pour empêcher les mariages entre conjoints jugés incompatibles. En 1895, l'agent des Indiens Magnus Begg déclare à des membres de la réserve des Pieds-Noirs qu'« aucun jeune homme ne peut épouser une fille ayant fréquenté une école industrielle ou une école communale sans avoir préparé une maison avec deux chambres et sans posséder des vaches et l'écurie nécessaire, et ainsi de suite »[309]. Cette année-là, les directeurs et les agents des Indiens reçoivent la directive de demander l'autorisation du Ministère avant de permettre aux élèves de se marier[310].

Les directeurs ont continué d'arranger des mariages jusque dans les années 1930. En 1936, le directeur de l'école catholique romaine d'Onion Lake dresse une liste d'élèves venant d'avoir seize ans qui ne devaient pas selon lui quitter le pensionnat, faisant remarquer qu'il insistait pour que les élèves restent au pensionnat parce qu'il « tente toujours de les marier à leur départ de l'école ». Il voulait qu'une élève de 18 ans reste au pensionnat jusqu'à la fin du battage automnal pour qu'elle puisse ensuite épouser un ancien élève et qu'une autre élève, elle aussi âgée de 18 ans, demeure au pensionnat jusqu'à ce qu'« elle se marie dans l'année »[311]. En 1922, le président du Comité de Winnipeg sur le travail des Indiens de l'Église presbytérienne exhorte le gouvernement de rendre « illégal le mariage d'un élève ou d'un ancien élève du pensionnat sans obtenir l'autorisation de l'agent des Indiens ». Les presbytériens proposaient que les enfants issus de ces mariages non autorisés se voient refuser les allocations prévues dans le Traité jusqu'à ce qu'ils atteignent l'âge de 21 ans et interdire toute éducation[312]. Bien que cette mesure n'ait pas été adoptée, elle témoigne du peu d'égard qu'avait l'Église pour l'autonomie du peuple autochtone.

Ahousaht, Colombie-Britannique, élèves à la cafétéria de l'école. Archives de la Colombie-Britannique, PN-15589.

Nourriture : « Toujours affamés »

Dans ses mémoires sur ses années de pensionnat à l'école Mount Elgin, dans le sud de l'Ontario, au début du XXe siècle, Enos Montour écrit que les garçons « étaient toujours affamés. Chaque conversation commençait et se terminait par la nourriture[313]. » D'après Eleanor Brass, les repas au pensionnat de File Hills, en Saskatchewan, consistaient essentiellement « en de la soupe très liquide sans aucune saveur; jamais nous ne mangions de viande ». Un hiver en particulier, elle a eu l'impression de manger du poisson tous les jours[314]. Par beau temps, les garçons attrapaient des spermophiles et des écureuils et les faisaient griller sur des feux de camp pour compléter leur maigre alimentation. Parfois, ils partageaient ces petits plaisirs avec les filles de l'école[315]. Mary John, qui a fréquenté le pensionnat de Fraser Lake, en Colombie-Britannique, se rappelle que les repas étaient monotones et sans saveur : une alimentation continuellement composée de gruau en alternance avec de l'orge et des haricots bouillis, et du pain recouvert de lard. Il pouvait s'écouler des semaines sans qu'on leur serve du poisson ou de la viande; le sucre et la confiture étaient réservés pour les occasions spéciales[316]. Un ancien élève du pensionnat de Hay River, dans les Territoires du Nord-Ouest, se rappelle que pendant les années ayant suivi la Première Guerre mondiale : « Je n'ai pas vu de confiture entre le moment où je suis débarqué du bateau et le moment où j'ai rembarqué sur le bateau pour revenir chez moi[317]. » Un autre élève du même pensionnat se souvient d'une alimentation constamment composée de poisson : « Ils le faisaient bouillir très longtemps, jusqu'à ce que la viande se

Élèves travaillant dans la cuisine à l'école de Cross Lake, au Manitoba, au début des années 1920. Archives de la Société historique de Saint-Boniface, Fonds de l'Archidiocèse de Keewatin-Le Pas, N1826.

détache d'elle-même, les os et les écailles flottant dans le bouillon, puis ils mettaient de la farine. C'est ce qu'ils nous servaient. Je n'utilise même pas de farine pour mes chiens parce qu'elle n'a pratiquement rien de bon[318]. »

Les rapports des inspecteurs du gouvernement confirment ces souvenirs relatés par des élèves. Un rapport de 1895 sur l'inspection du pensionnat de Middlechurch énonce la conclusion suivante : « Le menu est simple mais suffisant. » On y dit que le menu est à peine suffisant pour les élèves plus âgés, qui ont aujourd'hui, entre 15 et 18 ans, qui ont un appétit plus grand que celui qu'ils auront plus tard[319]. En 1918, l'agent des Indiens, John Smith, après avoir inspecté le pensionnat de Kamloops, « soupçonne que les aliments nutritifs servis aux enfants, pour peu qu'il y en ait, sont insuffisants pour assurer convenablement la vitalité d'enfants vigoureux en pleine croissance »[320]. Un médecin local confirme cette conclusion, écrivant que « depuis quelques mois, la nourriture est insuffisante pour satisfaire les besoins des enfants »[321]. Au sujet de certaines évaluations positives, Martin Benson, haut représentant des Affaires indiennes, met en doute leur exactitude. « Dans presque tous les cas, lorsque les repas sont mentionnés par les inspecteurs, ceux-ci affirment qu'ils sont bien préparés. Je doute beaucoup que les inspecteurs aient jamais mangé un repas réglementaire complet offert par un pensionnat, composé de pain et de soupe liquide, ou de bœuf et de patates bouillis. » De l'avis de Benson, « le menu est des plus monotones et ne laisse aucune place à des saveurs particulières ou à une variété dans les aliments »[322].

Lorsque le gouvernement a sabré le financement des pensionnats pendant la Grande Dépression des années 1930, ce sont les élèves qui en ont payé le prix — à bien des égards. À la fin des années 1930, on a découvert que la cuisinière de l'école presbytérienne de Kenora vendait du pain aux élèves à un coût de 10 cents la miche. Lorsqu'on lui a demandé si les enfants avaient suffisamment à manger aux repas, elle a répondu : « Oui, mais ils étaient constamment affamés. » L'agent des Indiens a ordonné que cette pratique cesse[323]. Le fait que les élèves affamés en soient réduits à devoir acheter du pain pour compléter leurs repas en 1939 est révélateur de l'échec du gouvernement à fournir aux pensionnats les ressources nécessaires pour nourrir les élèves convenablement.

Dans de nombreux pensionnats, il y avait une pénurie constante de lait, en partie en raison de la petite taille des troupeaux de vaches laitières et de leur mauvais état de santé[324]. Encore en 1937, la maladie qui sévissait dans le troupeau de vaches au pensionnat de Kamloops faisait diminuer la production de lait de moitié. À la grande frustration du directeur, Ottawa refusait de financer la construction d'une étable supplémentaire, qui aurait permis d'accroître la production de lait et d'isoler les vaches malades[325]. Même lorsque les vaches laitières produisaient une quantité satisfaisante de lait, les élèves n'étaient pas toujours ceux qui en bénéficiaient le plus. Souvent, le lait était divisé, et c'était le lait écrémé qui était servi aux enfants[326]. Le gras du lait était transformé en beurre et en crème, qui étaient fréquemment vendus et représentaient une source de revenus pour les pensionnats. En 1925, l'inspecteur W. Murison fait remarquer que les vaches au pensionnat d'Elkhorn, au Manitoba, produisaient suffisamment de lait pour subvenir aux besoins du pensionnat, mais que les élèves n'étaient pas ceux qui « en bénéficiaient pleinement, puisque j'ai découvert que le pensionnat produisait approximativement 30 livres de beurre par semaine et que le lait servi aux enfants était en grande partie du lait écrémé, qui n'a pas beaucoup de valeur nutritive »[327].

En 1942, le gouvernement fédéral publie les Règles alimentaires officielles du Canada, précurseures du Guide alimentaire canadien[328]. Les inspecteurs ont rapidement constaté que l'alimentation des élèves dans les pensionnats était loin de respecter les Règles alimentaires. Le Dr L. B. Pett, à la tête de la Division de l'hygiène alimentaire du gouvernement fédéral, conclut en 1947, sur la foi des inspections réalisées par son personnel, qu'« aucun pensionnat n'a de félicitations à recevoir concernant l'alimentation des élèves »[329]. Ce n'est que vers la fin des années 1950 que le gouvernement fédéral a adopté une politique prévoyant le versement d'une allocation alimentaire aux pensionnats qui était calculée afin d'offrir un régime alimentaire considéré « pleinement adéquat sur le plan nutritif »[330]. Même avec ce financement accru toutefois, les pensionnats peinaient toujours à offrir des repas convenables aux élèves. Un rapport d'un diététicien de 1966 sur le pensionnat de Yukon Hall, à Whitehorse, fait état que, bien que les exigences du Guide alimentaire canadien soient respectées, « l'appétit des élèves de ce groupe d'âge fait en sorte que le personnel a de la difficulté à tous les nourrir avec une allocation quotidienne de 0,66 $ par élève »[331]. En 1969, un responsable du pensionnat de Coudert Hall, à Whitehorse, écrit : « L'allocation de 0,80 $ versée par élève pour la nourriture est insuffisante. Dans le Nord, les prix sont très élevés. » En guise de solution à ce problème, les pensionnats devaient parfois acheter « moins de viande et servir des produits de maccaroni [sic] »[332]. Une inspection du pensionnat de Dauphin, au Manitoba, réalisée en novembre 1970 permet de constater que le « menu ne semble pas respecter la recommandation de deux portions de fruits par jour »[333].

Dans leurs communautés d'origine, nombreux étaient les élèves qui avaient été élevés avec la nourriture que leurs parents chassaient, pêchaient ou cultivaient. Ces repas étaient très différents des mets européens servis dans les pensionnats. Ce changement dans leur alimentation ajoutait au sentiment de désorientation des élèves. Pour Daisy Diamond, la nourriture au pensionnat était inconnue et indigeste. « Lorsque j'étais au pensionnat de Shingwauk, la nourriture n'avait pas très bon goût, parce que nous n'avions pas notre nourriture traditionnelle là-bas, notre viande d'orignal, notre bannique et nos petits fruits[334]. » Dora Fraser, qui fréquentait un pensionnat à l'est de l'Arctique, trouvait difficile de s'adapter à la nourriture servie aux gîtes. « On mangeait de la nourriture en conserve, des haricots, des pois, des haricots rouges. La nourriture était terrible[335]. » Même lorsque des mets traditionnels étaient préparés, les cuisiniers du pensionnat les cuisinaient d'une façon qui n'était ni familière ni appétissante pour les élèves. Ellen Okimaw, du pensionnat de Fort Albany, en Ontario, garde de vifs souvenirs des mets de poisson mal cuisinés servis dans les pensionnats. Le cuisinier du pensionnat se contentait de « mettre le poisson dans l'eau et de le faire bouillir comme ça, tout simplement, sans le vider avant »[336].

Bernard Catcheway se rappelle que dans les années 1960, au pensionnat de Pine Creek, au Manitoba, « on devait manger tout ce qui était dans notre assiette, même si on n'aimait pas cela. J'ai souvent vu d'autres élèves vomir, puis être forcés de manger leur vomi, leur propre vomi[337]. » Bernard Sutherland se souvient que les élèves au pensionnat de Fort Albany étaient forcés de manger la nourriture qu'ils avaient vomie. « J'ai vu de mes yeux les enfants manger leur vomi. Lorsqu'ils étaient malades. Ils vomissaient pendant qu'ils mangeaient leur vomi[338]. » C'est ce genre de mauvais traitements qui a mené, en 1999, au verdict de culpabilité d'Anna Wesley, une ancienne employée du pensionnat de Fort Albany, relativement à trois chefs d'accusation pour avoir administré une substance nocive[339].

Certains pensionnats acceptaient les mets traditionnels. Simon Awashish se souvient qu'il avait le droit de trapper pour manger lorsqu'il était au pensionnat d'Amos, au Québec.

> Lorsqu'on rapportait des lièvres, on nous demandait si... il y avait des membres de notre nation qui venaient travailler dans la cuisine, et on leur demandait de faire cuire les lièvres pour nous à la manière traditionnelle des Atikamegs, afin que nous gardions une sorte de lien avec les mets traditionnels que nous avions avant, avant d'être séparés de notre communauté[340].

Les élèves qui ont relaté avoir souffert de la faim ont également parlé de leurs efforts secrets pour manger davantage. Woodie Elias se rappelle qu'il était toujours affamé lorsqu'il était au pensionnat anglican d'Aklavik. « Parfois, on faisait une tournée dans la cave, et ne venez pas me dire que c'était du vol; c'était notre nourriture[341]. » Lorsque Dorothy Nolie aidait à la cuisine du pensionnat d'Alert Bay, elle et ses camarades mangeaient du pain pendant qu'ils le coupaient. « Les enfants venaient me voir pour avoir du pain, et je leur en donnais en cachette[342]. » Au pensionnat de Moose Factory, en Ontario, Nellie Trapper se rappelle que les élèves « avaient l'habitude de voler de la nourriture, du beurre d'arachides, tout ce qui était en train de cuire dans une marmite. Il y avait de gros pots dans la cuisine. Je me rappelle avoir pris des figues dans l'un de ces pots[343]. »

Les plaintes concernant la nourriture peu variée, mal préparée et monotone prennent tout leur sens lorsque l'on sait que dans plusieurs pensionnats, les élèves savaient que les membres du personnel mangeaient beaucoup mieux qu'eux. Au pensionnat où elle se trouvait en Saskatchewan, Inez Dieter affirme que « les membres du personnel mangeaient comme des rois, comme des rois et des reines ». À l'instar de nombreux élèves, elle mentionne qu'elle saisissait toute occasion de travailler dans la salle à manger du personnel pour manger les restes. « Je volais des restes et les mangeais, et je me sentais vraiment bien[344]. » Gladys Prince se rappelle qu'au pensionnat de Sandy Bay au Manitoba, les « prêtres mangeaient les pommes, et nous, les pelures. C'est ce qu'ils nous donnaient à manger. On ne mangeait jamais de pain. Ils étaient avares de leur nourriture, de leur pain[345]. » Lorsque Frances Tait a dû aller travailler dans la salle à manger du personnel, elle a cru qu'elle était « morte et montée au ciel parce que même leurs restes étaient meilleurs que ce que l'on nous servait »[346]. Hazel Bitternose, qui a fréquenté les pensionnats de Lestock et de Qu'Appelle, affirme qu'elle aimait travailler dans la salle à manger des prêtres. « Ils avaient de la bonne nourriture, et j'avais l'habitude de piger ici et là furtivement et c'est comme ça que j'arrivais à bien manger. C'est la raison pour laquelle j'aimais travailler là[347]. »

Le gouvernement fédéral avait décidé en toute connaissance de cause de ne pas verser suffisamment de fonds aux pensionnats pour faire en sorte que les cuisines et les salles à manger soient convenablement équipées, que les cuisiniers reçoivent la formation requise et, plus important encore, que la nourriture achetée soit en quantité et de qualité suffisantes pour des enfants en pleine croissance. C'est une décision qui a rendu des milliers d'enfants autochtones vulnérables à la maladie.

Santé : « Pour les malades, les conditions dans cette école sont carrément criminelles. »

Nous ne connaîtrons sans doute jamais le nombre d'élèves qui ont trouvé la mort dans les pensionnats, notamment parce que les dossiers sont souvent incomplets et qu'un grand nombre de dossiers ont été détruits. En 1935, le gouvernement fédéral adopte une politique fédérale selon laquelle les relevés scolaires peuvent être détruits après une période de 5 ans, et les rapports d'accident après une période de 10 ans. Cette politique entraîne la destruction de près de 15 tonnes de vieux papiers. Entre 1936 et 1944, le ministère des Affaires indiennes détruit quelque 200 000 dossiers[348]. Les dossiers médicaux, quant à eux, sont détruits sur une base régulière. En 1957, par exemple, les Services de santé des Indiens et du Nord reçoivent la directive de détruire toute la « correspondance concernant l'organisation des traitements dentaires et médicaux de routine à l'intention des Indiens et des Esquimaux, comme le transport, les services d'escorte, l'admission à l'hôpital, les traitements recommandés et les demandes de traitement, entre autres » après une période

Graphique 3.
Taux de mortalité dans les pensionnats pour 1 000 élèves – registres combinés des élèves connus et inconnus – de 1869 à 1965

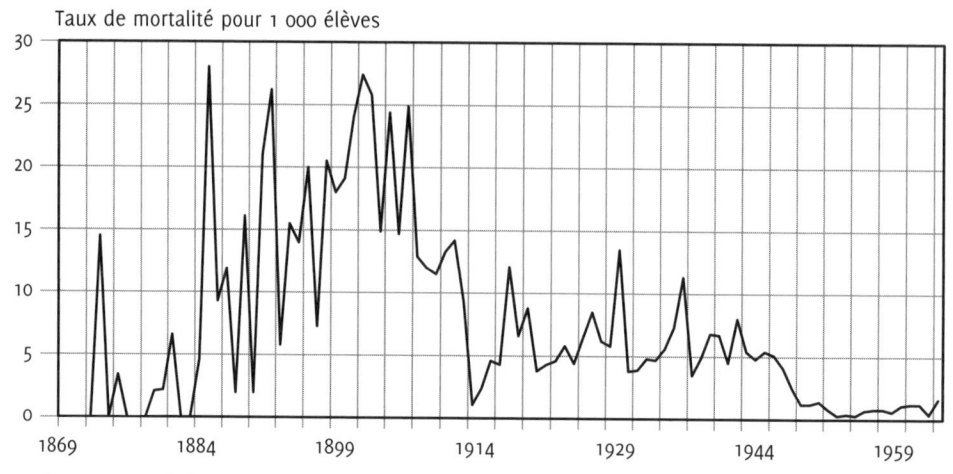

Source : Rosenthal, « Statistical Analysis of Deaths », p. 11.

de conservation de deux ans. Les rapports rédigés par les médecins, les dentistes et les infirmières sont eux aussi conservés pendant deux ans[349].

Pour ce qui est des documents conservés, il arrive souvent qu'ils ne contiennent pas les données requises. Par exemple, il n'est pas rare que les directeurs indiquent le nombre d'élèves décédés au cours de l'année écoulée dans leurs rapports annuels, sans toutefois préciser le nom de ces élèves[350]. En fait, ce n'est qu'en 1935 que le ministère des Affaires indiennes adopte une politique officielle sur la procédure à suivre par les autorités scolaires pour le signalement des décès et les enquêtes connexes[351].

Or, rien ne garantit que les autorités signalent effectivement tous les décès au ministère des Affaires indiennes. À preuve, la Commission de vérité et réconciliation du Canada a trouvé des actes de décès d'élèves dans des registres paroissiaux qui ne figurent pas dans les dossiers du Ministère[352]. Selon toute vraisemblance, certains administrateurs scolaires ne respectent pas leur devoir de signaler le décès des élèves aux fonctionnaires provinciaux responsables des statistiques de l'état civil. C'est ce qui explique pourquoi les dossiers sont incomplets[353].

Dans le cadre de ses travaux, la Commission de vérité et réconciliation du Canada a créé un registre national des élèves décédés dans les pensionnats. La création de ce registre, une première dans l'histoire canadienne, vise à documenter avec exactitude le nombre d'élèves décédés dans les pensionnats. Le registre se compose de trois sous-registres :

1) le registre des décès confirmés d'élèves dont le nom est connu (le « registre des élèves connus »);

2) le registre des décès confirmés d'élèves dont le nom est inconnu (le « registre des élèves inconnus »);

3) le registre des décès nécessitant des compléments d'enquête (afin de déterminer si les décès doivent être classés dans le registre des élèves connus ou le registre des élèves inconnus).

En janvier 2015, une analyse statistique du registre des élèves connus a révélé 2 040 décès pour la période comprise entre 1867 et 2000. La même analyse, cette fois du registre des élèves connus combiné au registre des élèves inconnus, fait état de 3 201 décès signalés. Le plus grand nombre de ces décès (1 328 décès provenant du registre des élèves connus et 2 434 des registres combinés des élèves connus et inconnus) sont survenus avant 1940. Le graphique 3 illustre le taux de mortalité global pour 1 000 élèves inscrits dans les pensionnats au cours de cette période (les données proviennent de la combinaison des registres des élèves connus et inconnus).

D'après le graphique, la crise sanitaire dans les pensionnats aurait atteint son paroxysme à la fin du XIXe et au début du XXe siècle. Il montre en outre que le taux de mortalité est demeuré élevé jusque dans les années 1950.

Le taux de mortalité des enfants autochtones vivant dans un pensionnat est disproportionnellement élevé par rapport aux taux enregistrés dans l'ensemble de la population canadienne. Le graphique 4 présente une comparaison entre le taux de mortalité pour 1 000 enfants canadiens issus de la population en général âgés de 5 à 14 ans et le taux de mortalité pour 1 000 enfants inscrits dans les registres combinés des élèves connus et inconnus. (En raison du manque de données historiques de Statistique Canada, nous présentons les taux de mortalité selon des moyennes quinquennales.) Comme l'illustre le graphique, jusqu'aux années 1950, les enfants autochtones vivant dans les pensionnats périssent à un rythme beaucoup plus rapide que les enfants d'âge scolaire dans la population en général. En fait, ce n'est que dans les années 1950 que le taux de mortalité dans les pensionnats diminue à un niveau comparable à celui des enfants d'âge scolaire issus de la population en général. Entre 1941 et 1945, le taux de mortalité dans les pensionnats (calculé d'après les registres combinés des élèves connus et inconnus) est toujours 4,90 fois plus élevé que dans la population en général. Dans les années 1960, même s'il n'atteint plus ses sommets historiques, le taux de mortalité des élèves de pensionnats demeure néanmoins deux fois plus élevé que celui des enfants d'âge scolaire dans l'ensemble de la population.

Dans près de 50 % des cas (registres des élèves connus et inconnus), la cause du décès n'est pas précisée. Dans les cas où la cause du décès est indiquée, force est de constater que, jusqu'aux années 1950, les pensionnats étaient aux prises avec des vagues successives de tuberculose. La tuberculose est la cause d'un peu moins de la moitié des décès signalés (46,2 % dans le registre des élèves connus, et 47 % dans les registres combinés des élèves connus et inconnus). Le nombre de décès imputables à la tuberculose demeure élevé jusque dans les années 1950 : sa baisse coïncide avec l'arrivée de médicaments efficaces. Les autres principales causes de décès sont la grippe (9,2 % dans le registre des élèves connus, et 9,1 % dans les registres combinés des élèves connus et inconnus), la pneumonie (6,9 % dans le registre des élèves connus, et 9,1 % dans les registres combinés des élèves connus et inconnus), et les autres maladies pulmonaires (3,4 % dans le registre des élèves connus, et 5,5 % dans les registres combinés des élèves connus et inconnus). Le graphique 5 illustre

Graphique 4.
Comparaison des taux de mortalité pour 1 000 enfants vivant dans les pensionnats (registres combinés des élèves connus et inconnus) par rapport aux enfants d'âge scolaire dans l'ensemble de la population – moyennes quinquennales pour la période compriseentre 1921 et 1965

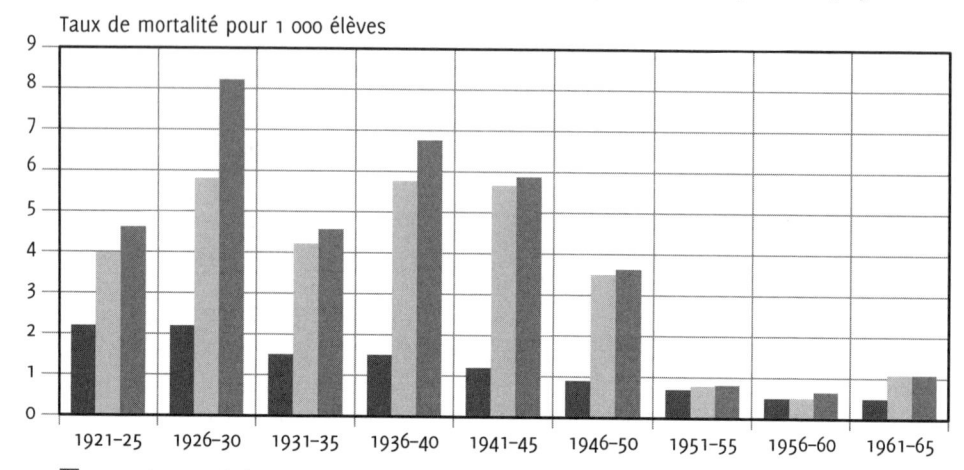

Taux de mortalité pour 1 000 élèves

- ■ Taux de mortalité, ensemble de la population, groupe d'âge : de 5 à 14 ans
- ■ Taux de mortalité, pensionnats, élèves connus
- ■ Taux de mortalité, pensionnats, élèves connus et inconnus

Sources : Fraser, Statistique de l'état civil et santé, tableau B35 50, http://www.statcan.gc.ca/pub/11-516-x/sectionb/4147437-fra.htm; Rosenthal, « Statistical Analysis of Deaths », p. 13.

le taux de mortalité liée à la tuberculose (les données proviennent des registres combinés des élèves connus et inconnus).

L'épidémie de tuberculose dans les pensionnats s'inscrit dans la grande crise sanitaire qui frappe les peuples autochtones à cette époque. Cette crise trouve son origine dans les politiques de colonisation, lesquelles visent à exproprier les Autochtones de leurs terres, ce qui perturbe à la fois leur économie et leur approvisionnement alimentaire. La crise fait surtout des ravages dans la région des Prairies. Un grand nombre de politiques fédérales mettent en péril la santé des Autochtones. En période de disette, par exemple, les autorités retirent les rations aux Autochtones pour les forcer à abandonner les terres sur lesquelles ils souhaitaient établir leur réserve. Lors de la négociation des traités, le gouvernement s'engage pourtant à fournir une assistance aux Premières Nations pour les aider à faire la transition de la chasse à l'agriculture. Néanmoins, cette aide promise, qui tarde à venir, s'avère inadéquate. La *Loi sur les Indiens* est si contraignante, que les agriculteurs autochtones ont peine à vendre leurs produits et à emprunter de l'argent pour investir dans les technologies. Qui plus est, les terres sur lesquelles se trouvent les réserves sont souvent impropres à l'agriculture. Dans les réserves, les logements sont misérables et surpeuplés, les installations sanitaires sont inadéquates, et les habitants n'ont qu'un accès restreint à l'eau potable. Il va sans dire que toutes ces conditions sont propices à l'éclosion de la

Graphique 5.
Taux de mortalité liée à la tuberculose pour 1 000 élèves dans les pensionnats – registres combinés des élèves connus et inconnus – de 1869 à 1965

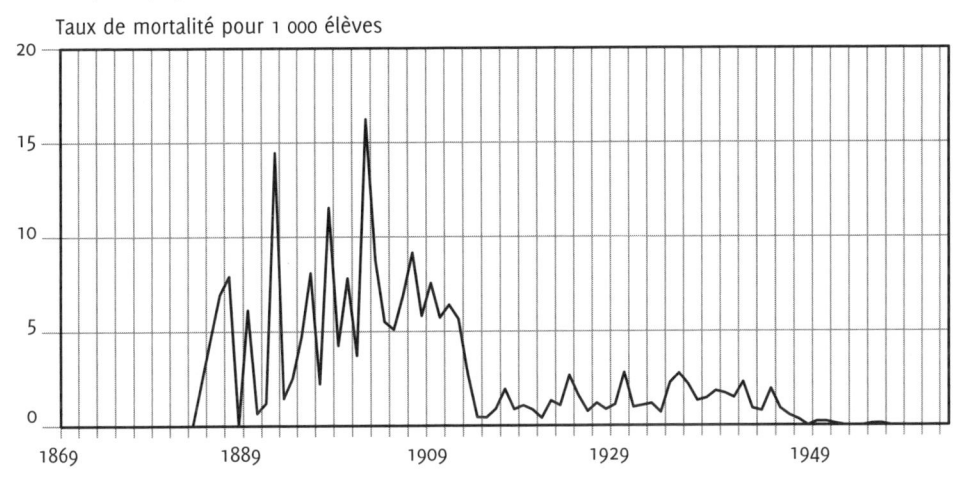

Source : Rosenthal, « Statistical Analysis of Deaths », p. 97-99.

tuberculose. Les Autochtones qui ne succombent pas à la maladie se trouvent si affaiblis, qu'ils sont souvent emportés par la rougeole, la variole ou d'autres maladies infectieuses[354].

Pour les enfants autochtones, la majorité des pensionnats n'offrent pas un environnement plus sain que les réserves. En 1897, par exemple, Martin Benson, fonctionnaire au ministère des Affaires indiennes, rapporte que les écoles industrielles du Manitoba et des Territoires du Nord-Ouest sont « construites à la hâte à l'aide de matériaux de mauvaise qualité, mal aménagées, et privées des infrastructures de base pour l'éclairage, le chauffage et la ventilation ». Du reste, le drainage est mauvais, et l'approvisionnement en eau et en carburant n'est pas suffisant[355]. Les pensionnats construits par les religieux sont tout aussi mal lotis. En 1904, David Laird, commissaire des Indiens, reprend à son compte les observations de Martin Benson lorsqu'il écrit que les sites désignés pour les pensionnats dans les Prairies semblent « avoir été choisi[s] sans égard pour l'approvisionnement d'eau et le drainage. Je ne veux mentionner aucune école en particulier, mais j'ai insisté à plusieurs endroits sur le besoin d'une meilleure protection contre l'incendie[356]. »

De l'eau potable, des installations sanitaires de qualité et une ventilation adéquate sont essentielles pour maintenir les enfants en bonne santé. Pourtant, les autorités ne s'efforcent pas réellement d'améliorer les mauvaises conditions signalées au début du XXe siècle. Ainsi, en 1940, R. A. Hoey, qui occupe le poste de surintendant du bien-être et de la formation au ministère des Affaires indiennes depuis 1936, rédige une évaluation détaillée sur l'état des pensionnats. Il constate qu'un grand nombre d'établissements se trouvent « dans un état délabré » et « dangereusement exposés aux incendies ». Il impute la responsabilité des « conditions de nos établissements en général » aux « mauvais travaux de construction ». Il ajoute que les établissements ne répondent pas aux « normes minimales pour la construction

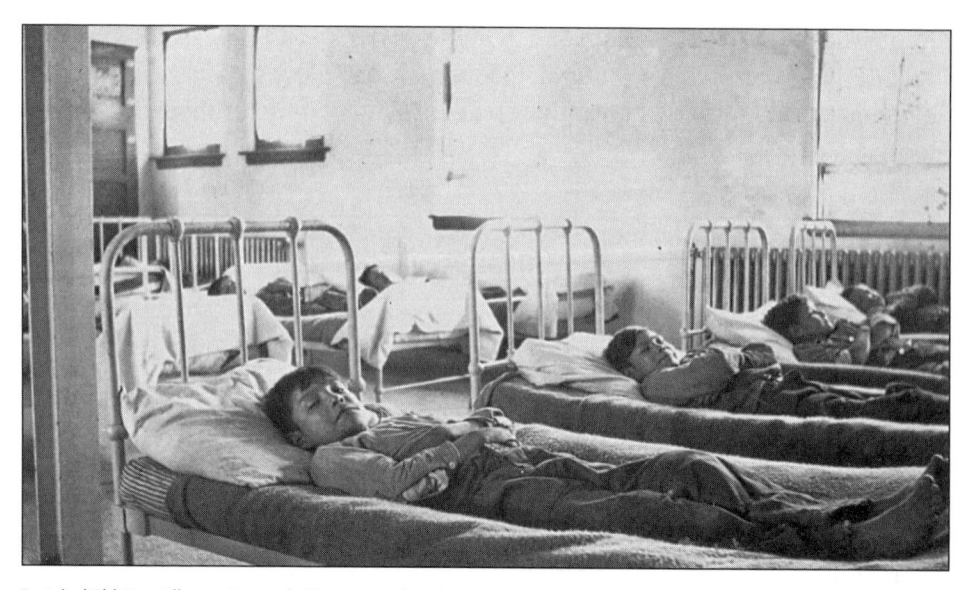

Dortoir d'Old Sun, Alberta. Des maladies comme la tuberculose pouvaient se propager rapidement dans les dortoirs surpeuplés. Archives du Synode général, Église anglicane du Canada, P75-103-S7-167.

de bâtiments publics, et plus particulièrement d'établissements d'enseignement pour les enfants »[357]. En 1940, le gouvernement axe ses nouvelles politiques sur l'augmentation du nombre d'externats pour les enfants issus des Premières Nations. Cela a pour conséquence qu'un grand nombre des pensionnats existants continuent de se dégrader. En 1967, l'association nationale des directeurs et des administrateurs de pensionnats indiens — qui regroupe les directeurs des pensionnats catholiques et protestants — présente un mémoire dans lequel elle dresse la conclusion suivante : « Au cours des années pendant lesquelles les paroisses ont participé à l'administration des pensionnats, nous avons constaté une détérioration continue des services essentiels. D'année en année, les plaintes et les demandes d'amélioration sont restées lettre morte[358]. »

Lorsque le sous-ministre responsable des Affaires indiennes, E. A. Côté, rencontre les représentants des paroisses et des pensionnats pour discuter du mémoire, il leur explique que le Ministère s'occupera uniquement des réparations urgentes dans les pensionnats dont il a prévu la fermeture[359].

En raison de leur mauvaise construction et de leur entretien déficient, les pensionnats sont dangereusement exposés aux incendies. L'équipement d'extinction est défectueux, ce qui accentue le risque d'incendie, et les sorties de secours sont dangereuses. C'est d'ailleurs l'absence de sorties de secours sécuritaires qui fait grimper le nombre de victimes lors des incendies aux pensionnats de Beauval et de Cross Lake[360]. D'après les recherches menées dans le cadre de la Commission de vérité et réconciliation, au moins 53 pensionnats ont été détruits par des incendies. On recense également 170 autres incendies. Au moins une quarantaine d'élèves périssent dans les incendies des pensionnats[361]. En raison de la discipline sévère et de l'ambiance carcérale qui règnent dans les pensionnats, un grand nombre d'élèves cherchent à s'évader. Pour les en empêcher, de nombreuses directions

L'école catholique de Sturgeon Landing, en Saskatchewan, a été détruite par un incendie en septembre 1952. Il n'y a eu aucune perte de vie. Archives de la Société historique de Saint-Boniface, Fonds de l'Archidiocèse de Keewatin-Le Pas, N3637.

scolaires font sciemment fi des directives du gouvernement concernant les exercices d'évacuation et les sorties de secours. Et ces problèmes ne surviennent pas uniquement à la fin du XIXe et au début du XXe siècle. Ces pratiques dangereuses et illégales, qui se sont prolongées pendant une bonne partie du XXe siècle, sont aussi répandues qu'enracinées, et les directions scolaires font la sourde oreille aux recommandations sur les améliorations à apporter. C'est ainsi que, pour des raisons d'économie, les autorités canadiennes mettent en danger la vie des élèves et des employés pendant près de 130 ans.

Ces établissements sont non seulement des pièges à incendie, mais également des incubateurs de maladies. En effet, plutôt que d'endiguer la vague de tuberculose qui frappe l'ensemble de la population autochtone, les pensionnats propagent l'épidémie à cause de leurs piètres conditions. Dans son rapport annuel de 1906, le Dr Peter Bryce, médecin en chef au ministère des Affaires indiennes, note que « chez les sauvages du Canada, le taux de mortalité est deux fois plus considérable et même trois fois, en certaines provinces, que chez le reste de la population ». La tuberculose est la principale cause de décès. Le Dr Bryce explique que la propagation de la maladie commence dans les réserves, où les nourrissons et les enfants contractent la maladie, puis ils infectent les autres enfants lorsqu'ils sont envoyés dans les pensionnats. Les pensionnaires atteints de la maladie « sont renvoyés dans leurs familles, au sein desquelles ils vont à leur tour répandre l'infection »[362]. L'année suivante, le Dr Bryce publie un rapport accablant sur les conditions ayant cours dans les pensionnats de la région des Prairies. En effet, à une époque où les professionnels de la santé estiment que l'air frais est essentiel au traitement de la tuberculose, le médecin en chef constate qu'à deux ou trois exceptions près, la ventilation dans les pensionnats est « extrêmement inadéquate »[363].

Il constate en outre que le personnel des pensionnats et même certains médecins

[...] tendent à remettre en question ou à minimiser les risques d'infection que représentent les enfants atteints de la scrofule ou de la consomption [*scrofule* et *consomption* sont d'anciennes appellations des formes de la tuberculose], à tel point que les autorités doivent donner aux pensionnats des directives formelles sur la façon de traiter les malades pour mettre fin aux risques persistants d'infection[364].

Le Dr Bryce demande aux directeurs des pensionnats de remplir un questionnaire sur l'état de santé de leurs anciens élèves. D'après les réponses envoyées par quinze pensionnats, « sur un total de 1 537 élèves déclarés, près de 25 % sont décédés. Un pensionnat ayant remis un bilan rigoureux rapporte que 69 % des anciens élèves sont décédés. Dans la quasi-totalité des cas, la cause du décès est invariablement la tuberculose. » Dans son rapport, le Dr Bryce accorde une importance particulière au cas de 31 élèves ayant reçu leur congé du pensionnat de File Hills : 9 se trouvent en bonne santé, et 22 sont décédés[365].

L'épidémie est si grave que certains intervenants du gouvernement fédéral et des Églises protestantes sont convaincus que la seule solution est de fermer les pensionnats pour les remplacer par des externats. Cependant, le ministre des Affaires indiennes, Frank Oliver, refuse de mettre ce plan en œuvre sans l'appui de l'ensemble des ordres religieux. Finalement, le plan se bute au refus de l'Église catholique. Au cours de la même période, le Dr Bryce recommande au gouvernement fédéral de prendre en charge l'ensemble des pensionnats pour les transformer en préventoriums sous sa direction. Son plan essuie un refus, car le gouvernement estime que l'entreprise serait trop coûteuse et prêterait le flanc aux critiques du clergé[366].

Au lieu de fermer les pensionnats ou de les transformer en préventoriums pour lutter contre l'épidémie, le ministère des Affaires indiennes conclut un régime contractuel en 1910 avec les organisations religieuses. En plus de prévoir une augmentation de la subvention octroyée aux établissements, cette entente fixe des normes en matière d'alimentation et de ventilation. Par surcroît, l'entente interdit l'admission des élèves jusqu'à ce qu'un « médecin, dans la mesure du possible, confirme que l'enfant est en bonne santé »[367].

Comme nous l'avons mentionné précédemment, ce régime contractuel génère certes des améliorations rapides, mais l'inflation a tôt fait de gruger la hausse des subventions. La situation va de mal en pis lors de la Grande Dépression des années 1930, car le gouvernement impose des coupes successives dans les subventions. En raison du sous-financement qui s'ensuit, les élèves sont mal nourris, pauvrement vêtus et piètrement logés. Dans de telles circonstances, ces enfants deviennent particulièrement vulnérables à la tuberculose. Par ailleurs, puisque le gouvernement tarde à mettre en place des politiques interdisant l'admission des enfants tuberculeux, et qu'il n'arrive pas à les appliquer efficacement une fois qu'elles sont en vigueur, les enfants en bonne santé contractent la maladie. Jusque dans les années 1950, les examens médicaux préalables à l'admission sont superficiels, inefficaces, voire inexistants, dans certains pensionnats[368]. À long terme, l'entente de 1910 s'avère donc inefficace pour lutter contre la tuberculose.

Nombre de pensionnats ne disposent pas de l'équipement nécessaire pour prendre soin des enfants malades. En 1893, T. P. Wadsworth, inspecteur au ministère des Affaires indiennes, signale qu'au pensionnat de Qu'Appelle « le manque d'une infirmerie se fait encore vivement sentir »[369]. Les infirmeries sont généralement rudimentaires. À titre d'exemple, lorsqu'il visite le pensionnat de Battleford en 1891, le commissaire des

Indiens, Hayter Reed, constate que la salle des malades est tellement mal en point, que la direction a dû transférer les enfants malades dans la salle réservée au personnel. D'après les observations du commissaire Reed, « le bruit et les odeurs nauséabondes proviennent des cabinets de toilette qui se trouvent en dessous »[370]. Les projets de construction d'un petit hôpital au pensionnat de Red Deer, en 1901, n'aboutissent jamais[371]. Les intervenants signalent également la défaillance des installations d'isolement des malades au pensionnat de Regina (1901), au pensionnat anglican d'Onion Lake, en Saskatchewan (1921), au pensionnat de Mission, en Colombie-Britannique (1924), et au pensionnat de Muncey, en Ontario (1935)[372]. Lors d'une éclosion de diphtérie en 1909 au pensionnat de Duck Lake, en Saskatchewan, la direction de l'établissement transfère les neuf élèves malades dans un « grand bâtiment isolé »[373].

Le Dr Peter Bryce, le médecin-chef du ministère des Affaires indiennes, a recommandé en 1909 que les pensionnats du Canada soient transformés en sanatoriums et placés sous son administration. Bibliothèque et Archives Canada, Topley Studio, a042966.

Même si le régime contractuel de 1910 oblige tous les établissements à aménager une infirmerie afin de prévenir la propagation des maladies infectieuses, un grand nombre de pensionnats poursuivent leurs activités sans disposer d'installations de soins adéquates. En 1918, l'épidémie mondiale de grippe fauche la vie de quatre enfants au pensionnat de Red Deer, en Alberta. L'épidémie persiste, à tel point que le directeur J. F. Woodsworth se plaint au ministère des Affaires indiennes : « Pour les malades, les conditions dans cette école sont carrément criminelles. Nous ne disposons d'aucune salle d'isolement ni d'aucun équipement médical[374]. » Dans le même esprit, les directeurs des pensionnats catholiques lancent une pétition en 1924 pour exhorter le gouvernement fédéral à aménager des salles à l'intention des malades sous la supervision d'infirmières qualifiées dans tous les établissements d'enseignement. Paradoxalement, ils s'opposent au même moment à ce que le personnel infirmier du gouvernement inspecte les conditions sanitaires dans les pensionnats, puisque ce dernier recommande des changements qui, aux yeux du clergé, visent à « transformer les établissements d'enseignement en hôpitaux ou en préventoriums »[375]. Du reste, les intervenants du milieu signalent à de nombreuses reprises que les administrations scolaires n'ont pas les moyens d'embaucher du personnel infirmier[376]. Jusqu'à la fin des années 1950, les représentants du ministère des Affaires indiennes continuent de dénoncer la mauvaise qualité des soins offerts dans les infirmeries des pensionnats[377]. Les plaintes déposées par les directions scolaires indiquent clairement que l'éventail des services de santé offerts aux pensionnaires demeure insuffisant jusqu'à la fin des années 1960[378].

L'accès aux services de soins de santé pour les Autochtones n'est pas une priorité gouvernementale. Les autorités canadiennes font d'ailleurs peu de cas de l'épidémie de tuberculose qui sévit au sein de la population autochtone, jusqu'à ce que la maladie menace de se propager dans l'ensemble de la population canadienne[379]. En 1937, le Dr H. W. McGill, directeur du ministère des Affaires indiennes, transmet une consigne stipulant que les services de soins de santé offerts aux Autochtones « doivent se limiter aux soins nécessaires pour conserver un membre, la vie ou une fonction essentielle ». Il demande également de limiter les soins hospitaliers, de réduire de moitié les dépenses au titre des médicaments et d'éliminer le recours aux préventoriums et aux soins hospitaliers pour les personnes souffrant de tuberculose chronique[380].

En raison du taux de mortalité élevé, de nombreux parents refusent d'envoyer leurs enfants au pensionnat. En 1897, Kah-pah-pah-mah-am-wa-ko-we-ko-chin (aussi prénommé Tom) est destitué de son poste de chef de la réserve de White Bear, où se trouve aujourd'hui la Saskatchewan, car il s'oppose vertement aux pensionnats. Montrant du doigt le fort taux de mortalité à l'école industrielle de Qu'Appelle, il milite pour la création d'une école dans la réserve et déclare : « Nos enfants sont affaiblis. Beaucoup sont toujours malades, et un grand nombre de ceux qui ont quitté notre réserve pour le pensionnat sont morts[381]. »

La mort hante les souvenirs de nombreux pensionnaires. Louise Moine, qui a fréquenté le pensionnat de Qu'Appelle au début du XXe siècle, se rappelle de l'année où la tuberculose a « dévasté le pensionnat. Du côté des filles, il y avait un décès par mois, et certains garçons sont morts eux aussi[382]. » Joseph Dion se souvient lui aussi de cette année au pensionnat catholique d'Onion Lake : « Mes amis et moi, nous avons rapidement compris que cette maladie des poumons était fatale. Ainsi, chaque fois que l'on voyait ou que l'on entendait quelqu'un cracher du sang, on le voyait dans son cercueil. S'il avait la consomption, il allait mourir[383]. » Le frère de Simon Baker, Jim, est mort de la méningite spinale au pensionnat de Lytton, en Colombie-Britannique. « Je l'entendais pleurer la nuit. J'ai demandé au directeur de l'amener à l'hôpital, mais il ne l'a pas fait. Au bout de deux semaines, mon frère souffrait tellement qu'il était en train de perdre la raison. J'ai supplié le directeur pendant des jours pour qu'il le conduise chez un médecin[384]. »

Ray Silver raconte qu'il a toujours reproché la mort de son frère Dalton au personnel du pensionnat d'Alberni : « Ce n'était qu'un petit garçon, allongé sur un lit de l'infirmerie, mourant. Et je n'ai rien su avant sa mort. Et vous savez quoi, après ça, après ça a été la fin de mon éducation[385]. » Le décès d'un enfant poussait généralement les parents à retirer leurs autres enfants du pensionnat. Un ancien élève raconte que son père s'est présenté au pensionnat lorsque sa sœur est tombée malade à Aklavik, dans les Territoires du Nord-Ouest. « Il a monté l'escalier et il nous a trouvés. Il a pleuré en nous voyant. Il m'a ramené à la maison. Il a amené ma sœur à l'hôpital, mais elle est morte[386]. »

Le fort taux de mortalité dans les pensionnats reflète, en quelque sorte, le taux de mortalité élevé dans l'ensemble de la population autochtone. Les fonctionnaires du ministère des Affaires indiennes interprètent le nombre élevé de décès comme le prix à payer par les Autochtones pour devenir civilisés. Or, en réalité, ces morts sont le prix de la colonisation[387]. Le mode de vie des Autochtones reposait sur l'accès à leur territoire; la colonisation a bouleversé ce mode de vie, en plus d'introduire de nouvelles maladies en

Amérique du Nord. Les politiques colonialistes visaient à détruire les sources de nourriture et à confiner les Autochtones dans des réserves mal situées, sans installations sanitaires et sans logements adéquats. Les pensionnats auraient pu servir à lutter contre ces problèmes. Pour ce faire, il aurait toutefois fallu que les établissements soient construits et entretenus convenablement, que suffisamment d'employés qualifiés y travaillent et qu'on y dispose de ressources adéquates. Les autorités gouvernementales étaient au courant de la situation. Elles savaient que le taux de mortalité chez les pensionnaires autochtones était disproportionnellement élevé. Il serait faux de prétendre que le gouvernement n'a rien fait face à la crise : le régime contractuel de 1910 a effectivement donné lieu à une hausse substantielle des subventions octroyées aux pensionnats. Il n'en reste pas moins que le gouvernement n'a jamais investi durablement dans la santé des Autochtones, que ce soit dans les communautés ou dans les pensionnats, afin de mettre un terme à cette crise, qui persiste encore de nos jours. Chez les non-Autochtones, le taux de mortalité liée à la tuberculose a diminué avant même l'arrivée des médicaments vitaux. Nombre de décès ont pu être évités grâce à l'amélioration du régime alimentaire, des logements, des installations sanitaires et des soins médicaux. Si elles avaient pris de telles mesures plus rapidement, les autorités fédérales auraient pu réduire le taux de mortalité dans les communautés autochtones ainsi que dans les pensionnats. En omettant de prendre les mesures recommandées, le gouvernement fédéral a sérieusement hypothéqué la santé de plusieurs générations d'Autochtones.

Politique d'inhumation

Un grand nombre des premières écoles sont situées dans des paroisses, qui peuvent comprendre une église, une habitation pour les missionnaires, une ferme, un moulin à scie et un cimetière. Le cimetière sert à l'inhumation des élèves qui sont décédés à l'école, des membres de la communauté locale, et des missionnaires. Par exemple, celui de la paroisse de l'église catholique St. Mary, près de Mission, en Colombie-Britannique, a été prévu à l'origine pour les prêtres et les religieuses de la paroisse, et les élèves qui fréquentent le pensionnat[388].

Pendant l'épidémie de grippe de 1918-1919, un grand nombre d'écoles et de paroisses sont dépassées. À l'école et dans la paroisse de Fort St. James, en Colombie-Britannique, les morts sont inhumés dans une fosse commune[389]. Les quatre élèves qui sont décédés à l'école de Red Dear sont inhumés deux par deux dans une même tombe pour réduire les coûts[390]. Dans certains cas, les tombes des élèves et celles des membres du personnel reçoivent un traitement différent. À l'école de Spanish, en Ontario, les tombes des membres du personnel sont recouvertes d'une pierre tombale sur laquelle sont inscrits le nom ainsi que la date de naissance et de décès lorsqu'il s'agit de prêtres ou de religieuses. Les lieux d'inhumation des élèves sont marqués uniquement d'une croix blanche[391].

La politique générale du ministère des Affaires indiennes consiste à tenir les écoles responsables des coûts liés à l'inhumation lorsqu'un élève meurt à l'école. Généralement, c'est l'école qui détermine le lieu et la nature de l'inhumation[392]. Les demandes des parents qui veulent rapatrier le corps de leur enfant pour l'inhumer chez eux sont généralement

Élèves du pensionnat au cimetière catholique à Fort George, au Québec. Archives Deschâtelets.

rejetées, car on estime que les coûts liés à cette procédure sont trop élevés[393]. Dans ses mémoires, Eleanor Brass raconte que le corps d'un garçon, qui s'est pendu à l'école de File Hills au début du XXe siècle, a été inhumé dans le cimetière de la réserve Peepeekisis, et ce, même si ses parents vivaient dans la réserve Carlyle[394]. Jusqu'en 1958, le Ministère refuse de rendre le corps d'un garçon décédé dans un hôpital d'Edmonton à sa communauté nordique d'origine au Yukon[395].

Dans les années 1960, on est toujours réticent à payer les coûts liés au transport des corps des enfants décédés du pensionnat à leur communauté pour procéder à leur inhumation. Par exemple, en 1966, le Ministère initialement refuse de payer pour le rapatriement du corps de Charlie Wenjack, un enfant de 12 ans, à Ogoki, en Ontario, là où vit sa famille[396]. Lorsque Charles Hunter, un garçon qui fréquente l'école de Fort Albany, se noie, on décide, sans même consulter ses parents, de l'inhumer à Moosonee plutôt que de rapatrier son corps à Peawanuck, près de la baie d'Hudson. En 2011, ce n'est qu'à force d'efforts considérables de sensibilisation de la population que Joyce, qui n'a pas connu son frère aîné, Charles Hunter, réussit finalement à faire exhumer et rapatrier son corps à Peawanuck pour qu'il soit inhumé au sein de sa communauté. Les coûts de l'opération ont été payés grâce à l'argent que le *Toronto Star* a amassé auprès de ses lecteurs[397].

Une fermeture d'école peut signifier que le cimetière a été abandonné. En 1914, lorsque l'école de Battleford ferme ses portes, le directeur E. Matheson rappelle aux Affaires indiennes qu'il existe un cimetière près de l'école, et que dans celui-ci sont enterrés les corps de quelque 70 ou 80 personnes, dont la majorité sont d'anciens élèves. Il redoute que le cimetière soit envahi par les animaux errants si le gouvernement ne prend pas de mesures pour s'en occuper[398]. En résumé, tout au long de l'histoire de ce système, les enfants qui mouraient à l'école étaient inhumés dans le cimetière attenant ou dans celui de la paroisse, et leurs tombes étaient souvent à peine indiquées. Dans de nombreux cas, la fermeture des écoles a mené à l'abandon de ces cimetières.

L'Institut Mohawk à Brantford, en Ontario, était une de ces écoles qui avait des « salles de châtiments ». Archives du Synode général, Église anglicane du Canada, P75-103-S4-507.

Discipline : « Des mesures qui évoquent trop l'ancien système de flagellation des criminels. »

En 1895, lorsque l'agent des Indiens D. L. Clink ramène un élève fugueur à l'école industrielle de Red Deer, il constate la présence d'une ecchymose sur sa tête, à l'endroit où un professeur l'a frappé avec un bâton. John Nelson, le directeur de l'école, affirme à Clink qu'il « a été sévère avec l'élève auparavant, et qu'il le sera davantage à partir de maintenant ». Redoutant que « le garçon ne soit maltraité s'il le laisse dans cette situation », Clink le retire de l'école. Il recommande aussi au Ministère de renvoyer le professeur en cause et de porter des accusations contre lui, prétendant qu'« un comportement comme le sien ne devait être toléré en aucun cas, ne serait-ce qu'une seule journée, dans une école de blancs du Canada »[399]. Le rapport de Clink amène le commissaire des Affaires indiennes Hayter Reed à donner des instructions aux membres de son personnel :

> Ces instructions, si elles n'ont pas déjà été envoyées, doivent être transmises aux directeurs de toutes les écoles : seul un directeur a le droit de fouetter un enfant, et même lorsque la situation l'exige, il doit user d'une grande discrétion et ne pas le frapper à la tête ni lui causer de préjudice corporel, et ce, même s'il doit le punir sévèrement. On estime que la pratique du châtiment corporel ne constitue pas une mesure de discipline générale, et qu'on devrait l'utiliser seulement comme moyen dissuasif lorsqu'une faute grave est commise[400].

Les instructions de Reed soulignent un nombre de problèmes récurrents relativement à l'approche du Ministère en matière de discipline dans les pensionnats. Premièrement, étant donné qu'il a d'abord été commissaire des Indiens dans l'ouest du Canada, il ne savait pas s'il existait des règlements concernant la discipline scolaire. Deuxièmement, sa directive est vague : elle prévoit où on ne doit *pas* frapper les élèves, mais ne spécifie pas les endroits où les coups sont permis ni les objets qui peuvent être utilisés pour les porter; de plus, elle ne fait pas mention du nombre de coups permis. Troisièmement, on ne sait pas vraiment si ces instructions ont été transmises aux directeurs. Si c'est effectivement le cas, on les a rapidement perdues et oubliées. Au cours des années suivantes, lorsque les disputes concernant la discipline scolaire éclatent, les représentants du Ministère ne font aucune référence à la politique. En 1920, Canon S. Gould, le secrétaire général de la Société missionnaire de l'Église d'Angleterre du Canada, demande au commissaire Campbell Scott si « le châtiment corporel à des fins disciplinaires est admis et permis dans les pensionnats indiens ». Il constate que de toute façon, on l'utilise dans tous les pensionnats du pays, que ce soit permis ou non[401]. La première et unique preuve de l'existence d'une politique disciplinaire pour les pensionnats que la CVR a été en mesure de recenser dans les documents examinés jusqu'à maintenant date de 1953[402].

La difficulté à mettre en place et à appliquer une politique nationale en matière de discipline signifie que les élèves sont assujettis à des mesures disciplinaires qui, comme le remarque Clink en 1895, ne sont pas tolérées dans les écoles pour les enfants non autochtones. Quatre ans après que Reed ait demandé aux membres de son personnel d'émettre des directives concernant le châtiment corporel, David Laird, le commissaire des Affaires indiennes, signale que plusieurs enfants ont été « punis trop sévèrement » à l'école de Middlechurch. « Les bandages dans le dos, écrit-il, sont des mesures qui évoquent trop l'ancien système de flagellation des criminels[403]. »

Parfois, le châtiment corporel va de pair avec l'humiliation publique. En décembre 1896, en Colombie-Britannique, le directeur par intérim de l'école de l'île Kuper assène à deux garçons « plusieurs coups de fouet devant les autres élèves » parce qu'ils se seraient faufilés dans le dortoir des filles pendant la nuit[404]. En 1934, lorsque le directeur de l'école de Shubenacadie ne peut déterminer la personne qui a volé l'argent et les chocolats d'un membre du personnel, il exige que les suspects soient frappés avec un fouet à sept lanières et qu'ils soient mis au pain et à l'eau par la suite[405].

Dans certaines écoles, il existe une pièce servant de « chambre de punition[406] ». En 1907, à la suite d'une inspection de l'Institut Mohawk de Brandford, J. G. Ramsden, l'inspecteur des agences indiennes de l'Ontario, admet qu'« il n'a pas eu une très bonne impression quand il a constaté la présence de deux cellules d'isolement dans la salle de jeux des garçons [sic]. Cependant, on m'a informé qu'elles étaient destinées aux élèves qui s'enfuient de l'institution, et qu'on les y confinait chacun une semaine à leur retour[407]. » En 1914, le père d'un élève intente une poursuite contre le directeur de l'Institut Mohawk, car celui-ci aurait enfermé sa fille dans une cellule pendant trois jours en lui imposant un « régime à base d'eau »[408].

En 1920, à l'école anglicane de Brocket, en Alberta, on enchaîne les garçons ensemble pour les punir de s'être enfuis[409]. À l'école de Gleichen, en Alberta, un directeur est accusé d'avoir menotté à son lit un garçon et de l'avoir fouetté au sang avec une cravache. Le directeur admet avoir fouetté le garçon, mais il nie lui avoir lacéré la peau[410].

Souvent, les punitions abusives poussent les enfants à vouloir s'enfuir. En 1902, le père de Duncan Sticks, un garçon mort de froid après s'être enfui de l'école de Williams Lake, en Colombie-Britannique, affirme au coroner que par le passé, son fils s'était enfui parce qu'on l'avait « frappé avec une cravache »[411]. Après avoir été frappé brutalement par le directeur, un garçon qui s'était enfui de l'école anglicane de Le Pas a failli mourir de froid[412].

La discipline qui règne dans les écoles et qui confine à la violence cause un choc aux élèves. Isabelle Whitford affirme qu'on ne lui avait jamais infligé de châtiments corporels avant qu'elle fréquente l'école de Sandy Bay. « Mon père n'avait qu'à élever la voix; on savait ce que ça voulait dire. La première fois qu'une religieuse m'a frappée, ça m'a vraiment marquée parce que je me demandais comment elle pouvait se permettre ça alors que mes propres parents ne levaient jamais la main sur moi, vous comprenez[413]? » Rachel Chakasim soutient que c'est à l'école de Fort Albany qu'« elle a été témoin d'actes de violence pour la première fois. On frappait les jeunes enfants. Parfois, dans les salles de classe, on utilisait une verge pour frapper les élèves[414]. »

Fred Brass décrit en ces mots les années qu'il a passées à l'école catholique de Kamsack, en Saskatchewan : « Ça été les pires années de ma vie. Vous savez, se faire rabaisser par un soi-disant éducateur, se faire battre par des personnes qui sont supposées être là pour veiller sur nous et nous apprendre à discerner le bien du mal... Aujourd'hui, je me demande souvent qui agissait bien et qui agissait mal[415]? » Selon Geraldine Bob, qui fréquentait l'école de Kamloops, les membres du personnel de l'école étaient incapables de contrôler leur colère une fois qu'ils commençaient à punir un élève. « Ils commençaient à vous frapper et perdaient tout contrôle; ensuite, ils vous lançaient contre le mur et vous jetaient par terre, et vous rouaient de coups de pieds et de coups de poing[416]. »

Il est courant de raser les cheveux des élèves qui fuguent. William Antoine se rappelle qu'à l'école de Spanish, en Ontario, on les rasait devant les autres élèves. « Ils obligeaient tous les gars à regarder ce qui allait arriver au garçon, ce qu'ils allaient lui faire parce qu'il s'était sauvé. Ils lui rasaient les cheveux et tiraient sur ses culottes pour les baisser, et le garçon se retrouvait à genou par terre, et se tenait après la chaise[417]. » Eva Simpson prétend qu'à l'école catholique de Le Pas, on a rasé les cheveux de son cousin parce qu'il s'était enfui[418].

De nombreux élèves ont mentionné que des professeurs les ont tirés par les oreilles. Dorothy Ross, qui fréquentait l'école de Sioux Lookout, raconte : « Moi et une autre fille, on euh, on flânait, et on se taquinait chacune dans notre langue, pis là on, euh, c'est-à-dire "je" me suis fait prendre. Elle m'a tiré l'oreille si fort[419]. » Archie Hyacinthe se rappelle que dans les classes de l'école catholique de Kenora, « chaque fois qu'on n'écoutait pas, on nous tirait en arrière par une oreille, le cou, ou les coudes »[420]. Jonas Grandjambe se remémore que les religieuses responsables du dortoir des garçons à l'école catholique d'Aklavik, les « attrapaient par une oreille et la tordait »[421]. Delores Adolph affirme que son ouïe s'est détériorée à cause des punitions qu'elle a subies à l'école de Mission[422]. Joseph Wabano prétend qu'à l'école de Fort Albany, en Ontario, les membres du personnel frappaient les élèves avec une planche de trois centimètres d'épaisseur[423]. Noel Starblanket se rappelle qu'on le « giflait à la tête » constamment à l'école de Qu'Appelle. Un enseignant l'a frappé au visage et lui a cassé le nez[424].

Mervin Mirasty soutient qu'à l'école de Beauval, en Saskatchewan, quand un garçon se faisait prendre à lancer des boules de neige, on lui frappait les mains avec la lame de la palette d'un bâton de hockey[425]. Nellie Trapper, qui fréquentait l'école de Moose Factory, en Ontario, dans les années 1950, raconte : « Moi et une autre fille, on a dû laver l'escalier et la cage d'escalier avec une brosse à dents. Je ne me souviens pas pourquoi on nous avait punies, mais je n'oublierai jamais ça. Je me vois encore assise dans les marches, et la superviseure qui se tenait tout près et nous surveillait[426]. » D'anciens élèves affirment aussi que l'hiver, on les envoyait à l'extérieur sans vêtements appropriés, puis on les forçait à se tenir debout ou à s'asseoir dans la neige en guise de punition.

Il n'était pas rare que des pensionnaires, traumatisés par un environnement si hostile et qu'ils ne connaissaient pas, mouillent leur lit. Ces élèves pouvaient recevoir des punitions humiliantes par la suite. Wendy Lafond, qui a fréquenté l'école de Prince Albert, en Saskatchewan, affirme : « Si on mouillait notre lit, on devait rester dans un coin avec nos vêtements pleins de pisse, et on n'avait pas le droit de se changer[427]. » Don Willie se rappelle qu'à l'école d'Alert Bay, les élèves qui mouillaient leur lit étaient humiliés publiquement. « Ils avaient l'habitude de, euh, d'aligner les lits mouillés et de mettre en rang ceux qui avaient mouillé leur lit; ils les mettaient en rang le matin et les faisaient défiler, euh, ils les faisaient défiler pendant le déjeuner, à l'endroit où on déjeunait, juste pour les humilier[428]. »

Des mesures jugées inacceptables au début du XXe siècle sont pourtant toujours en place dans les années 1960. De nombreux élèves ont décrit le pensionnat comme une prison : certains racontent avoir été enfermés dans un dortoir, un placard, un sous-sol, et même sous une galerie. En 1965, on enferme les élèves qui se sont enfuis de l'école presbytérienne de Kenora; de plus, on leur fournit seulement un matelas, et leur alimentation est uniquement constituée de lait et de pain[429]. Dans les années 1980, à l'école de Poplar Hill, en Ontario, on enferme encore les élèves dans une pièce appelée « counselling room » (salle de réflexion)[430]. Même si le ministère des Affaires indiennes ordonne l'abandon de cette pratique, on rase toujours les cheveux des élèves dans les années 1970[431]. Dans les années 1990, un membre du personnel de l'école de Gordon, en Saskatchewan, frappait encore les élèves, les poussait dans les casiers ou les lançait contre les murs[432].

Cette incapacité à instaurer une discipline adéquate et à contrôler la façon dont elle est appliquée, envoie un message tacite, à savoir qu'il n'y a pas vraiment de limites à ce qu'on peut faire subir aux enfants autochtones dans les pensionnats. Très vite on en est venus aux abus physiques et sexuels à l'endroit des élèves, et au fil du temps le système ne s'est jamais vraiment amélioré.

Les mauvais traitements : « Et il m'a fait des choses horribles. »

À compter du XIXe siècle, le gouvernement et les Églises sont bien au courant du risque que des membres du personnel infligent des sévices sexuels aux pensionnaires. Dès 1886, Jean L'Heureux, qui est traducteur aux Affaires indiennes et recruteur pour les écoles catholiques romaines de l'Alberta, est accusé d'avoir infligé des sévices sexuels aux garçons dont il avait la garde. Les responsables des pensionnats reconnaissent qu'il a posé des gestes inappropriés. Malgré cela, aucune enquête criminelle n'est entreprise à ce moment[433]. Lorsque de nouvelles allégations visent L'Heureux en 1891, on lui donne la possibilité de démissionner. En traitant cette affaire, le sous-ministre des Affaires

En 1939, le ministère des Affaires indiennes recommande que le personnel de l'école de l'île Kuper soupçonné d'agresser sexuellement des élèves quitte la province pour éviter des accusations. Archives de la Colombie-Britannique, pdp05505.

indiennes, Lawrence Vankoughnet, souhaite qu'« il ne soit pas nécessaire de préciser les raisons [du congédiement] »[434].

Lorsque vient le moment de prendre des mesures contre les mauvais traitements infligés aux enfants autochtones, dès le début, les Affaires indiennes et les Églises placent leurs propres intérêts devant ceux des enfants dont ils ont la garde et camouflent lâchement les actes dont les enfants sont victimes.

Ces premières réactions donnent le ton à la façon dont les Églises et le gouvernement géreront les sévices sexuels infligés aux enfants pendant toute l'existence du système des pensionnats. Souvent, les responsables ne donnent pas suite aux plaintes. Dans certains cas, lorsque des allégations visent un directeur d'école, les Affaires indiennes se contentent de communiquer avec le directeur[435]. Dans au moins un cas, des agents des Affaires indiennes collaborent avec des représentants d'un pensionnat pour faire obstacle à une enquête policière menée sur les mauvais traitements infligés dans ce pensionnat. En tentant de ramener des fugitifs au pensionnat de l'île Kuper en 1939, les policiers provinciaux de la Colombie-Britannique concluent qu'ils ont de bonnes raisons de croire que les garçons avaient fui le pensionnat parce qu'ils étaient victimes de violences sexuelles. Après avoir mené son enquête, la police refuse de confier les garçons au pensionnat[436]. Lorsque les agents des Affaires indiennes entreprennent finalement une enquête, ils concluent que les allégations étaient fondées. Toutefois, pour protéger la réputation du pensionnat, les agents locaux des Affaires indiennes demandent aux agresseurs présumés de quitter la province, ce qui leur permet d'échapper aux poursuites[437]. Rien ne sera fait pour les élèves victimes, ni pour leurs parents.

Ces schémas se sont maintenus dans la fin du XXe siècle. Les agents persistent à ignorer les plaintes pour mauvais traitements formulées par des Autochtones[438]. Dans certains cas, des membres du personnel ne sont pas congédiés, même après avoir été déclarés coupables d'avoir agressé un élève[439]. Les plaintes ne font pas l'objet d'enquêtes en bonne et due forme. Par exemple, c'est un membre du personnel du pensionnat qui enquête en 1956 sur les accusations de comportements sexuels inappropriés portées contre le directeur du pensionnat de Gordon[440]. Les représentants de l'Église omettent de signaler des cas de mauvais traitements aux Affaires indiennes, et les Affaires indiennes n'avisent pas les familles des cas de mauvais traitements[441]. Affaires indiennes n'a amorcé la compilation et la diffusion d'une liste d'anciens membres du personnel qui ne devaient pas être embauchés dans d'autres écoles sans l'approbation des fonctionnaires d'Ottawa qu'en 1968[442]. Les Églises et le gouvernement demeurent réticents à s'adresser à la police. Par conséquent, les poursuites sont rares.

Dans les documents dont elle a pris connaissance, la Commission de vérité et réconciliation du Canada a relevé plus de 40 anciens membres du personnel de pensionnats qui ont été condamnés pour avoir infligé des sévices physiques ou sexuels à des élèves[443]. La plupart de ces poursuites ont été entreprises grâce à la détermination d'anciens élèves qui voulaient que justice soit faite.

Ce n'est qu'aujourd'hui que nous commençons à mesurer l'ampleur des mauvais traitements qui ont été infligés dans les pensionnats. Le 31 janvier 2015, le Processus d'évaluation indépendant (PEI), établi dans le cadre de la Convention de règlement relative aux pensionnats indiens (CRRPI), avait reçu 37 951 réclamations pour des blessures découlant de violences physiques et sexuelles infligées dans les pensionnats. Le PEI est un mécanisme qui sert à indemniser les anciens élèves qui ont subi des violences sexuelles et physiques dans les pensionnats et les préjudices qui découlent de ces violences. À la fin de 2014, le PEI avait résolu 30 939 de ces réclamations et accordé des indemnités de 2 690 000 000 $[444]. Le Paiement d'expérience commune (PEC) établi en vertu de la CRRPI servait à indemniser les personnes qui ont fréquenté une école qui fait partie de la liste des écoles approuvées de la CRRPI. Le PEC a admis les réclamations de 78 748 anciens élèves des pensionnats. Les réclamations d'indemnités en vertu du PEI pouvaient être présentées par les élèves non pensionnaires qui ont subi des sévices à l'école, mais la très grande majorité des réclamations en vertu du PEI ont été présentées par d'anciens pensionnaires. Le nombre de réclamations d'indemnisation pour sévices équivaut à environ 48 % du nombre d'anciens élèves qui étaient admissibles pour faire ce type de réclamations. Ce nombre ne comprend pas les anciens élèves qui sont décédés avant mai 2005.

Comme le montrent les chiffres, les mauvais traitements contre les enfants étaient généralisés. De son ouverture en 1958 jusqu'en 1979, le pensionnat Grollier Hall, à Inuvik, a employé chaque année au moins un surveillant de dortoir qui sera par la suite accusé d'agressions sexuelles contre les élèves du pensionnat. Joseph Jean Louis Comeau, Martin Houston, George Maczynski et Paul Leroux ont tous travaillé à Grollier Hall pendant cette période et ont tous été déclarés coupables d'avoir agressé des élèves de Grollier Hall[445]. William Peniston Starr a été directeur de la résidence de Gordon, en Saskatchewan, de 1968 à 1984[446]. Auparavant, il avait travaillé dans une série d'écoles en Alberta et au Québec[447]. En 1993, il a été déclaré coupable de 10 chefs d'accusation d'agressions sexuelles contre des élèves de l'école de Gordon[448]. Arthur Plint a travaillé comme superviseur des garçons au pensionnat d'Alberni pendant deux périodes de cinq ans entre 1948 et 1968. En 1995, il a plaidé coupable à 18 chefs d'accusation d'atteinte à la pudeur. En le condamnant à 11 ans de prison, le juge D. A. Hogarth qualifie Plint de « terroriste sexuel »[449].

Les violences physiques allaient souvent de pair avec les violences sexuelles. Jean Pierre Bellemare, qui a fréquenté le pensionnat d'Amos, au Québec, a parlé au nom de nombreux élèves quand il a déclaré à la Commission qu'il avait été victime de « violence physique, de violence verbale, d'attouchements et de tout ce qui vient avec »[450]. Pendant huit ans, Andrew Yellowback a été « agressé sexuellement, physiquement, émotionnellement et mentalement » au pensionnat de Cross Lake, au Manitoba[451]. Les agressions prenaient plusieurs formes : des élèves des deux sexes ont déclaré avoir été agressés par des membres du sexe opposé et du même sexe qu'eux[452].

Les élèves de première année, traumatisés d'avoir été séparés de leurs parents et de devoir subir la rigueur et l'étrangeté du mode de fonctionnement du pensionnat, étaient particulièrement vulnérables aux agresseurs qui travaillaient au pensionnat et qui tentaient de gagner leur confiance par ce qui semblait au début n'être que de la simple gentillesse, qui pouvait s'exprimer dans certains cas par des gâteries supplémentaires provenant de la cantine du pensionnat. Toutefois, ces faveurs étaient souvent le prélude à une agression sexuelle qui laissait l'élève effrayé et confus[453].

De nombreux élèves ont affirmé avoir été violés à l'école[454]. Ces moments étaient terrifiants. Josephine Sutherland a été piégée par un frère laïc dans le garage du pensionnat de Fort Albany : « Je ne pouvais pas appeler à l'aide, je ne le pouvais pas. Et il m'a fait des choses horribles[455]. » D'autres élèves se souviennent d'avoir été agressés dans les confessionnaux[456]. Un élève qui se trouvait dans le vestiaire pouvait se retrouver soudainement avec un sac sur la tête[457]. Les sévices pouvaient commencer lorsqu'un élève recevait l'ordre de se présenter aux douches au milieu de la nuit ou d'aller dîner dans la chambre d'un membre du personnel[458]. Un membre du personnel violent pouvait traquer un élève, lui bloquer le chemin ou tripoter un élève qui passait[459]. Les filles ont raconté que des membres du personnel profitaient de leur naïveté et se frottaient contre elles sexuellement pendant qu'elles étaient assises sur eux[460]. Les mauvais traitements prenaient aussi la forme d'actes humiliants de voyeurisme : certains membres du personnel insistaient pour regarder les élèves prendre leur douche[461].

Certains surveillants de dortoir utilisaient leur autorité pour instaurer des systèmes de sévices dans tout le dortoir. De nombreux élèves ont décrit le climat de peur et d'angoisse qui envahissait les dortoirs le soir venu[462]. Ils se couchaient tôt de peur d'être convoqués dans la chambre du surveillant[463]. Afin de se protéger, certains élèves tentaient de ne jamais être seuls[464]. Les enfants plus âgés tentaient parfois de protéger les plus jeunes[465].

À leur arrivée à l'école, de nombreux élèves avaient peu de connaissance ou de compréhension de l'activité sexuelle, et encore moins des types de violence sexuelle auxquels ils allaient parfois être exposés. Après avoir subi des sévices, ils étaient blessés, déconcertés, se retrouvaient souvent sans amis ou étaient ridiculisés par les autres élèves[466]. De nombreux élèves croyaient qu'ils étaient les seuls à être victimes de violence. Cette confusion faisait en sorte qu'ils avaient de la difficulté à décrire ou à signaler les agressions dont ils étaient victimes[467]. Certains ont été menacés de damnation éternelle s'ils disaient ce qui leur avait été fait[468].

De nombreux élèves ripostaient à leurs agresseurs beaucoup plus grands et forts qu'eux, surtout lorsqu'ils vieillissaient et devenaient plus forts[469]. Certains ont réussi à convaincre leurs bourreaux de les laisser tranquilles[470]. Beaucoup d'autres, comme Lawrence Waquan, ont conclu qu'il n'y avait « rien à faire »[471]. D'autres élèves fuyaient l'école pour échapper aux sévices[472]. D'autres suppliaient leurs parents de ne pas les renvoyer au pensionnat à la fin d'un congé[473].

Certains élèves n'ont jamais révélé qu'ils avaient été victimes de sévices parce qu'ils craignaient qu'on ne les croie pas[474]. D'autres élèves qui ont parlé ont été blâmés[475]. Dans certains cas, les autorités scolaires ont pris des mesures immédiates lorsque des cas de sévices leur étaient rapportés, mais ces cas étaient exceptionnels[476]. D'anciens élèves ont expliqué à quel point ils se sont sentis trahis lorsqu'aucune mesure n'a été prise à la suite de leur plainte[477]. D'autres avaient simplement trop honte pour parler des sévices[478]. Des membres des familles refusaient souvent de croire les témoignages de sévices des élèves, ce qui intensifiait leur isolement et leur souffrance[479], en particulier dans les familles qui avaient adopté le christianisme et qui n'arrivaient pas à croire que les représentants de Dieu qui s'occupaient de leurs enfants puissent faire des choses pareilles[480].

Les répercussions des agressions étaient immédiates et durables. Les agressions rendaient les élèves incapables de fonctionner dans l'école et amenaient de nombreux élèves à adopter des comportements autodestructeurs[481].

Les sévices infligés aux enfants par des membres du personnel créaient un environnement favorable à la violence entre les élèves. Chaque système scolaire doit composer avec des brutes, des cliques d'élèves et des conflits entre élèves. Cela fait partie du processus de socialisation. Idéalement, l'école prend des mesures correctives et enseigne aux élèves comment il faut traiter les autres, en plus de donner l'exemple. Le personnel des pensionnats avait la responsabilité d'adopter ces comportements et de protéger les élèves et les empêcher de devenir des victimes. Dans de nombreux cas, les pensionnats n'ont pas offert cette protection. Les conflits entre élèves ne sont pas exclusifs aux pensionnats, mais ils prennent une plus grande dimension dans un pensionnat lorsque les enfants ne peuvent pas se tourner vers les adultes de leur famille pour obtenir du réconfort ou de l'aide et pour obtenir réparation. Les élèves étaient en outre coupés des influences morales de leur lieu d'origine. Ils étaient au contraire vulnérables et laissés sans protection. Les pensionnats ne se sont pas acquittés de leur responsabilité de protéger les élèves contre les autres élèves.

Les élèves plus grands ou plus âgés utilisaient la force — ou la menace de la force — pour dominer les plus jeunes. Dans certains cas, ils utilisaient cette domination pour contraindre des élèves plus jeunes ou plus petits à prendre part à des activités sexuelles. Dans d'autres cas, les agresseurs forçaient les élèves vulnérables à leur donner leurs gâteries, leur nourriture ou leur argent ou les forçaient à commettre des vols pour eux. Les brutes pouvaient également assouvir leurs instincts sadiques en battant les plus faibles. Les brutes intimidaient seules ou en groupes. Ces groupes naissaient souvent lorsque des élèves faisaient front commun pour se défendre contre la violence qui régnait à l'école, mais au fil du temps, le groupe lui-même prenait des caractéristiques d'agresseur. Parfois, ces groupes, en plus de faire passer leur colère et leur frustration sur les autres élèves, cherchaient à nuire au fonctionnement général de l'école. Puisque pendant toute cette période, les chefs des Églises catholiques et protestantes se sont employés à dénigrer l'autre religion, les conflits entre élèves pouvaient également prendre une couleur religieuse, en particulier dans les communautés qui comptaient plus d'un pensionnat, notamment à Inuvik, dans les Territoires du Nord-Ouest.

La victimisation d'élèves par d'autres élèves découlait du climat de violence et de coercition du système des pensionnats. Mal nourris, mal logés et privés d'affection, les élèves formaient souvent des groupes en fonction de leur âge, de leur communauté d'origine ou de leur Première Nation. Ces groupes procuraient aux élèves une identité et un statut, mais leur offraient également de la protection et leur permettaient de dominer les élèves plus vulnérables.

William Garson se souvient qu'au pensionnat d'Elkhorn, au Manitoba, « on se cachait toujours dans les coins; vous savez, on se cachait pour ne pas subir de sévices des plus vieux, des garçons plus vieux, des élèves plus vieux »[482]. Percy Thompson a déclaré qu'au pensionnat d'Hobbema, « un des tyrans est venu me voir en prétendant vouloir me parler, puis sans avertissement, il m'a frappé au ventre. Et bien sûr, le cœur me levait, et il riait de me voir comme ça »[483]. Alice Ruperthouse se souvient de la « cruauté des autres enfants » à l'école d'Amos, au Québec. « Vous savez, c'était comme une jungle. Comme dans une jungle, on ne sait pas qui nous attend, mais on sait qu'il faut être prudent[484]. » Albert Elias trouvait que la salle de cours à l'église anglicane d'Aklavik « était l'endroit le plus sûr parce que personne ne pouvait me tabasser pendant que j'étais là. Je craignais les récréations, les repas et la fin des cours[485]. »

La persécution pouvait commencer rapidement après l'arrivée d'un élève. Dans certaines écoles, tous les nouveaux garçons devaient subir une initiation. Denis Morrison a déclaré que chaque nouvel élève qui arrivait à l'école de Fort Frances se faisait tabasser. « Ils vous initiaient, c'est-à-dire que les autres enfants vous tabassaient. Ce n'était personne d'autre que les autres enfants, les plus âgés[486]. » Bob Baxter se souvient que des bandes d'élèves se formaient au pensionnat de Sioux Lookout. Il a déjà été battu et poignardé. Il se souvient clairement que des gens aient tenté de l'attacher à son lit et lui aient lancé de l'eau chaude[487]. Clara Quisess a déclaré qu'au pensionnat de Fort Albany en Ontario, les filles plus âgées menaçaient les plus jeunes avec des couteaux[488]. Louisa Birote se souvient que les filles au pensionnat de La Tuque, au Québec, formaient des groupes hostiles. « Nous nous détestions. Chaque petite bande n'aimait pas les autres bandes. C'est comme ça que les choses se passaient à l'école, c'est ce qu'on nous enseignait, la peur, et nous étions effrayés, et je me cachais dans ce qu'on appelait le débarras[489]. »

En raison de l'absence de supervision adéquate dans les écoles et les pensionnats, cette loi du plus fort pouvait donner lieu à des sévices physiques et sexuels. Les agressions pouvaient prendre différentes formes : les victimes pouvaient être forcées d'embrasser quelqu'un, être forcées de simuler un acte sexuel ou étaient violées. Dans certains cas, les victimes recevaient des petites gâteries qu'on leur donnait pour qu'elles gardent le silence; dans d'autres cas, on les menaçait de les tuer si elles signalaient l'agression[490]. Agnes Moses se souvient d'avoir été agressée par d'autres filles dans un pensionnat dans le nord du Canada. « Je n'ai jamais vraiment compris ce qui s'est passé, et ça a ruiné ma vie, ça a détruit ma vie de mère, d'épouse, de femme, et la sexualité était une notion très taboue pour nous[491]. » Après avoir été agressé par d'autres garçons dans une école de la Colombie-Britannique, Don Willie a commencé à se méfier de presque tout le monde. « Les seuls, les seuls amis que j'ai gardés après l'école sont ceux qui font partie de ma famille[492]. »

Les plaintes étaient rares puisque les élèves avaient de bonnes raisons de ne pas se plaindre des violences qu'ils subissaient. Certains craignaient que les brutes se vengent si elles étaient dénoncées. D'autres avaient honte de ce qui leur avait été fait ou encore ne comprenaient pas tout à fait ce qui leur avait été fait. De nombreux élèves craignaient qu'on ne les croie pas — ou qu'on leur reproche d'avoir mérité d'avoir été agressés. D'autres encore recevaient d'autres punitions quand ils parlaient de ce qui leur était arrivé. Donc, au lieu de signaler les abus, de nombreux élèves choisissaient de riposter; de se faire admettre dans un groupe qui les accepterait et dans lequel la violence pouvait être combattue par la violence; ou encore de souffrir en silence. Ces actes donnaient à beaucoup d'élèves le sentiment d'avoir été trahis et les laissaient dans la peur, l'isolement, privés des enseignements et de la protection dont ils bénéficiaient à la maison. Ce sentiment d'avoir été trahi par les autres élèves contribuera grandement à une séquelle durable des pensionnats : celui d'alimenter la division et la méfiance dans les communautés autochtones. L'impuissance scandaleuse du réseau des pensionnats à protéger les élèves contre une telle victimisation, même contre celle qui était commise par les élèves entre eux, est l'un de ses échecs les plus importants et les moins bien compris.

Sport et culture : « C'était un véritable soulagement. »

De nombreux élèves affirment que le sport les a aidés à traverser la période où ils vivaient au pensionnat. Christina Kimball a fréquenté l'école catholique située près de Le Pas et a été victime de violence physique, sexuelle et émotionnelle. Elle estime que c'est le sport qui l'a sauvée. « Je pratiquais plusieurs sports. Je jouais au baseball. Bien, on jouait au baseball, et même au hockey. On avait une équipe de hockey. Dans un sens, ça m'a beaucoup, beaucoup aidée parce que j'adorais faire du sport. Je dirais même que c'était une passion. Je ne sais pas comment je faisais, mais j'étais bonne dans les sports[493]. » Noel Starblanket, qui a fréquenté l'école de Qu'Appelle, raconte : « J'ai eu beaucoup de plaisir, surtout quand je faisais du sport, car j'adorais ça. J'étais très sportif, et c'est ce qui m'a sauvé. C'est grâce au sport que j'ai survécu[494]. » À l'école de Lestock, Geraldine Shingoose se réfugie dans les activités parascolaires.

> Une des choses positives que j'ai faites pour ne pas tout le temps penser aux mauvais traitements a été d'essayer des trucs. J'ai joint l'équipe d'athlétisme et essayé de bien performer. J'étais très sportive pendant mes années de pensionnat. Je jouais aussi du trombone dans un orchestre. Ces activités-là me permettaient de sortir de l'école, et juste ça, c'était un véritable soulagement[495].

Paul Andrew a passé sept ans au pensionnat Grollier Hall d'Inuvik. Selon lui, les sports qu'il pratiquait à l'école représentent les souvenirs les plus vifs et les plus positifs qu'il garde de l'endroit. « À certains moments, je me trouvais idiot et stupide. Mais dans un gym, il n'y a pas grand monde qui était capable de me suivre[496]. »

Les activités récréatives dans les écoles sont toujours sous-financées. Une enquête nationale des écoles du ministère des Affaires indiennes (externats et pensionnats) réalisée en 1956 présente les conclusions suivantes :

> Il semble que très peu d'écoles disposent d'un programme d'éducation physique.
> Bon nombre n'ont même pas les installations nécessaires à la tenue de telles activités.

Garçons jouant au hockey à l'école de McIntosh, en Ontario. De nombreux élèves ont affirmé que c'est uniquement grâce aux sports qu'ils ont survécu au cours de leurs années de pensionnat. Société historique de Saint-Boniface, Missionnaires Oblats de Marie Immaculée, Fonds de la province du Manitoba, SHSB 29362.

> Évidemment, les sous-sols sont destinés au jeu; toutefois, ils sont inappropriés et on les utilise pour entreposer des objets ou tenir des assemblées. Un grand nombre de terrains d'école n'ont pas été nettoyés, nivelés et préparés pour le jeu. Certains sont toujours à l'état sauvage; d'autres sont surpeuplés d'arbustes, de chardons, de graminées et de mauvaises herbes, et ont une apparence négligée[497].

En 1957, l'oblat provincial L. Poupore écrit au Ministère concernant la situation dans laquelle se trouve l'école de Williams Lake, en Colombie-Britannique. Il souligne qu'il a informé le Ministère de la nécessité d'aménager un gymnase à l'école il y a un an et demi. Il raconte à ce moment que « pendant la récréation, les garçons faisaient un chahut de fou dans leur salle de jeu, une pièce qui fait environ 11 m sur 18 m. Environ 150 garçons essayaient de jouer; la boue qu'ils avaient sur leurs chaussures avait séché, et il y avait tellement de poussière dans la pièce qu'on ne reconnaissait pas ceux qui se trouvaient à l'autre bout. » Le Ministère lui a assuré que la construction d'un gymnase était une priorité; toutefois, rien n'a été fait, et « le problème d'espace pour le jeu reste entier »[498].

Malgré le manque de soutien financier, les équipes de hockey d'un bon nombre d'écoles connaissent un succès considérable dans les années 1940 et 1950. Les équipes de Duck Lake et de Qu'Appelle, en Saskatchewan, établissent notamment des records enviables. L'équipe de l'école de Duck Lake, les Indians de St. Michael, remporte le championnat d'une ligue constituée de huit équipes dans la région de Rothstern en 1946[499]. En 1948, la même équipe, alors dirigée par le père G.-M. Latour, remporte le championnat de hockey midget du nord de la Saskatchewan. L'année suivante, elle remporte le championnat provincial[500]. Selon le *Daily Herald* de Prince Albert, « Pendant les séries, les joueurs de l'équipe midget de Duck Lake ont compensé leur petite taille par leur savoir-faire, leurs habiletés de patinage,

L'équipe de basketball des filles au Collège Grandin, Territoires du Nord-Ouest. Une élève de Grandin écrivait dans le journal de l'école : « À Grandin, l'éducation passe en premier. » Les élèves pouvaient participer à des sports d'équipe à l'école, mais « si vous avez du retard dans vos travaux scolaires, vous devez mettre le sport de côté. » Archives Deschâtelets.

et la précision de leurs tirs. Provenant de tous les angles possibles, leurs attaques ont à la fois effrayé et consterné les joueurs de l'équipe de Régina[501]. » L'édition de l'équipe de Duck Lake de 1949 compte parmi ses joueurs un dénommé Fred Sasakamoose, qui sera par ailleurs le premier Indien à jouer dans la Ligue nationale de hockey[502].

Le hockey est le sport le plus populaire auprès des garçons dans la plupart des pensionnats; c'est toutefois la boxe qui prévaut à ce chapitre dans ceux de la Colombie-Britannique. En 1947, l'école catholique de Sechelt, située dans le nord de Vancouver, fait de la publicité afin de recruter un bénévole pour diriger un programme d'athlétisme. C'est Alex Strain, un vétéran de la Marine royale canadienne, qui est choisi. À cette époque, l'école ne compte pas de programme récréatif ni d'installations. Dirigés par Strain, les élèves nettoient un entrepôt et s'en servent comme gymnase. Strain travaille en tant que bénévole quatre jours par semaine, et crée, selon Gerry Pratt, un reporter du *Vancouver Sun*, « l'équipe d'acrobates la plus souple de la province ». Il établit ensuite un programme de boxe à l'école. Le premier ring est délimité par quatre rangées de chaises. Le premier sac d'entraînement est un sac marin de la Marine royale canadienne rempli de morceaux de tapis de chute. Deux ans plus tard, Strain achète un camion usagé et court les galas de boxe de l'île de Vancouver avec les élèves. Après quatre ans d'existence, l'équipe a remporté plus de 100 trophées. Le frère John Lawrence fabrique des robes et des culottes pour tous les membres de l'équipe et sert aussi d'entraîneur[503]. Frederick Baker, le premier récipiendaire du prix Tom Longboat, était un membre de l'équipe de boxeurs de Sechelt. Baker remporte trois championnats en 1948; deux en 1949; un en 1950, et un autre en 1951[504].

D'autres élèves trouvent le réconfort dans les arts. Nombre d'entre eux connaissent par ailleurs de brillantes carrières dans le domaine des arts visuels, y compris Alex Janvier,

Jackson Beardy, Judith Morgan et Norval Morrisseau. Des membres du personnel sympathiques encouragent la démarche artistique de certains élèves comme Beardy[505]. Comme c'est le cas pour les sports, les activités culturelles sont sous-financées. De plus, elles sont souvent destinées à favoriser l'assimilation. En 1967, les élèves de l'école de Shingwauk, en Ontario, montent une pièce de théâtre comprenant quatre actes intitulée *Arrow to the Moon*. Dans un des actes, on présente un dialogue entre un aîné et un jeune homme pour illustrer le contraste qui existe entre les anciennes façons de faire et les nouveaux horizons qui s'ouvrent aux Autochtones. Billy Diamond incarne le jeune homme, qui dit à la fin de la scène : « Les nouvelles méthodes nous montrent comment travailler et vivre; mais les anciennes nous ont appris à mourir. » La performance est filmée et présentée aux Cris de la baie James, qui s'abstiennent de tout commentaire; toutefois, ils sont choqués de se rendre compte à quel point leurs enfants sont manipulés[506].

La peintre Judith Morgan a fréquenté l'école d'Alberni, en Colombie-Britannique, dans les années 1940. Royal British Columbia Museum, Image G-02437.

Albert Canadien se souvient du pensionnat d'Akaitcho Hall :

> Certains garçons avaient une guitare, et il y avait d'autres instruments dans la salle commune. Parfois, on se regroupait et on jouait ensemble pour passer le temps. John, le superviseur des garçons, s'en est rendu compte; il s'y est intéressé et nous a encouragés à jouer et à chanter.
>
> On a commencé à jouer ensemble juste pour le plaisir. Éventuellement, nous avons cependant formé un groupe. On était cinq ou six, et on s'appelait les Arctic Ramblers. Notre groupe comptait deux guitaristes, un violoniste, un bassiste, un batteur, et on a même eu un pianiste pendant un bout de temps.

Ils jouaient lors des soirées dansantes du pensionnat et à Hay River[507]. Canadien a ensuite fait partie des Chieftones, un groupe de musique rock qui a effectué de nombreuses tournées en Amérique du Nord[508].

Que ce soit sur les patinoires, les pistes d'athlétisme, les terrains d'exercice ou sur la scène ou encore dans les salles d'arts et d'artisanat, de nombreux élèves ont trouvé une façon de s'exprimer, et ont ainsi eu la chance d'explorer leurs propres talents, et parfois même d'autres régions du pays et du monde. Cependant, le plus important, est qu'ils ont pu accroître leur confiance en leur capacité de réaliser des projets.

Résistance : « Je suis le père de cette enfant. »

Les parents et les enfants ont développé diverses stratégies pour s'opposer à la scolarisation dans les pensionnats indiens. Dans certains cas, les parents refusent d'y inscrire leurs enfants, d'y renvoyer ceux qui ont pris la fuite ou d'y retourner les élèves à la fin des vacances d'été. Ils font également appel au gouvernement pour lui demander d'augmenter le financement alloué pour les écoles, d'établir des externats dans leur communauté d'origine et d'améliorer la qualité de l'éducation, de la nourriture et des vêtements. En outre, en prenant de telles mesures, ils s'exposent souvent à un risque de représailles judiciaires. Dans presque tous les cas, les têtes dirigeantes du système refusent de reconnaître la validité des critiques formulées par les parents et les élèves. Les responsables des pensionnats et les représentants du gouvernement jugent néfaste et régressive l'influence des parents. Les responsables des pensionnats soupçonnent également les parents d'encourager leurs enfants à désobéir[509]. Une fois que les parents sont considérés comme l'« ennemi », leurs critiques, qu'elles soient valables ou non, peuvent être ignorées.

Avant 1920, année où la *Loi sur les Indiens* a été modifiée pour permettre au ministère des Affaires indiennes d'obliger les enfants à fréquenter les pensionnats, la forme de résistance la plus efficace qu'opposent les parents consiste simplement à refuser d'inscrire leurs enfants. Cette mesure s'avère si efficace qu'elle contribue à la fermeture d'un certain nombre de pensionnats. Le pensionnat de Battleford, en Saskatchewan, qui peut accueillir 150 élèves, se retrouve avec 35 inscriptions en 1915[510]. Le pensionnat ferme ses portes deux ans plus tard[511]. Le pensionnat de High River, en Alberta, peut lui aussi accueillir plus de 100 élèves, mais en 1922, année où l'établissement ferme ses portes, le pensionnat n'a reçu que 40 inscriptions[512]. Le pensionnat de Middlechurch, au Manitoba, n'est pas reconstruit après avoir été rasé par les flammes en 1906, en grande partie en raison de la difficulté de l'établissement à recruter suffisamment d'élèves[513]. Pour des raisons analogues, plusieurs autres pensionnats sont appelés à fermer leurs portes, soit ceux de Saint-Boniface, au Manitoba, en 1905; de Calgary, en Alberta, en 1907; de Regina, en Saskatchewan, en 1910; d'Elkhorn, au Manitoba, en 1919; de Red Deer, en Alberta, en 1919[514].

En refusant d'inscrire leurs enfants dans les écoles industrielles des Prairies, les parents nuisent aux politiques d'assimilation du gouvernement fédéral, en plus de priver les pensionnats du travail des élèves, ainsi que des recettes tirées des subventions versées par pensionnaire. Par conséquent, les écoles industrielles accumulent des déficits importants, sous-alimentent les enfants qu'elles parviennent à recruter et les surchargent de travail, ce qui amène alors d'autres parents à retirer leurs enfants de ces établissements. Ce choix n'est jamais sans risque pour les parents. Dans bien des cas, les pensionnats indiens sont les seules écoles accessibles. Les parents qui souhaitent que leurs enfants soient scolarisés ont peu d'options à leur disposition, si tant est qu'ils en aient[515].

Parfois, les représentants du gouvernement exercent également des représailles contre les parents qui n'envoient pas leurs enfants à l'école, en refusant, dans certains cas, de leur accorder leurs rations alimentaires et les paiements qui leur sont dus en vertu des traités[516]. Les parents continuent de garder leurs enfants hors des écoles pendant une bonne partie du XXe siècle : en 1941, seulement 45 élèves sont inscrits au pensionnat de Fort Providence, qui est autorisé à en accueillir 100[517].

Élèves à l'école de Kitamaat, en Colombie-Britannique. En 1922, des parents ont refusé de retourner leurs enfants à l'école après la mort d'un des élèves. Archives de l'Église Unie du Canada, 93.049P1835.

Dans au moins un cas, les parents enseignent à leurs enfants à domicile. En 1941, les parents de Muriel, de Doreen et de Kathleen Steinhauer ne renvoient pas leurs filles au pensionnat indien d'Edmonton, étant donné qu'ils ne sont pas satisfaits des progrès qu'elles font à l'école. Leur mère, Isabel, a été enseignante avant de se marier et choisit d'enseigner à ses enfants à domicile[518].

Parfois, les parents sortent leurs enfants des pensionnats, malgré les protestations du directeur de l'établissement. En 1904, un couple tente de retirer leur fille du pensionnat de l'île Kuper. Lorsque le directeur G. Donckele informe le couple qu'en signant le formulaire d'admission, ils ont donné au gouvernement le droit de décider à quel moment leur fille pourrait quitter les lieux, le père déclare : « Je suis le père de cette enfant et je me fous de ce que le gouvernement et vous avez à dire à ce sujet. » Après avoir été avisé qu'il pourrait être poursuivi en justice, le père quitte malgré tout les lieux avec sa fille[519].

En 1913, lorsqu'une mère retire sa fille du pensionnat de Fort Resolution, la Gendarmerie est appelée sur les lieux et la mère est forcée d'abandonner sa fille au pensionnat[520]. À la suite du décès d'un élève en 1922, des parents de la localité retirent leurs enfants du pensionnat indien de Kitamaat, en Colombie-Britannique. Ils acceptent d'y renvoyer leurs enfants à la seule condition que la directrice de l'établissement « signe devant nous un document selon lequel elle verra à ce que les enfants aient toute la nourriture qu'ils veulent, à ce qu'ils reçoivent suffisamment de vêtements et à ce qu'on prenne bien soin d'eux »[521].

En mars 1948, le directeur du pensionnat catholique romain de Cardston, en Alberta, frappe le père d'un élève qui tente de retirer son fils du pensionnat. Au moment de débattre de la question avec le ministère des Affaires indiennes, le Conseil des Indiens des Gens-du-Sang insiste pour qu'il soit indiqué dans le dossier que « ce n'est pas la première fois que le père Charron frappe un Indien »[522].

Garçons coupant du bois à l'école de Williams Lake, en Colombie-Britannique, soit à la fin du XIXe siècle ou au début du XXe siècle. En février 1902, Duncan Sticks est mort de froid après s'être enfui de l'école. Musée Cariboo Chilcotin.

Il n'est pas rare que les parents d'une collectivité ou d'une région tout entière refusent de renvoyer leurs enfants au pensionnat. À l'automne 1926, par exemple, les parents des différentes collectivités de la région d'Interlake, au Manitoba, annoncent qu'ils ne renvoient pas leurs enfants au pensionnat d'Elkhorn. D'après les parents, les enfants ne sont pas bien nourris, les garçons plus âgés forcent les plus jeunes à voler et tous les enfants sont pauvrement vêtus[523]. En octobre 1927, 75 enfants d'âge scolaire de la réserve des Gens-du-Sang, en Alberta, ne retournent pas au pensionnat ou n'y ont pas été inscrits. Pour arriver à remplir les écoles catholiques et anglicanes de la réserve, les services de police doivent envoyer une lettre et un agent des Indiens doit effectuer une visite de suivi[524]. Deux semaines après le début de l'année scolaire 1940, 54 élèves ne sont toujours pas revenus au pensionnat de Fraser Lake, en Colombie-Britannique. Les services de police sont appelés en renfort et en date du 2 octobre, 25 de ces élèves ont réintégré les rangs[525]. Cette forme d'intervention parentale est courante tout au long des années 1940[526].

Les parents sont enthousiastes à l'idée que leurs enfants reçoivent une éducation appropriée et proposent souvent des solutions réalistes et efficaces. En 1905, les parents des enfants qui fréquentent le pensionnat catholique romain de Squamish, en Colombie-Britannique, présentent une pétition pour que le pensionnat soit converti en une école industrielle. Leur demande est refusée, même si les responsables des Affaires indiennes reconnaissent que la subvention accordée au pensionnat permet « à peine d'acheter ce qu'il faut comme nourriture et comme vêtements »[527].

Certains dirigeants des Premières Nations, qui ont appuyé au départ les pensionnats, affirment publiquement par la suite qu'ils regrettent leur décision. En 1917, le chef Napahkesit de la bande de Pine Creek, au Manitoba, se dit désolé d'avoir un jour appuyé la construction du pensionnat de Pine Creek. Selon l'agent des Indiens de l'endroit, le chef croit que « les enfants en savent moins lorsqu'ils reviennent du pensionnat que lorsqu'ils y entrent ». D'après le chef, ils ont besoin d'un externat[528]. Les demandes pour des externats font, en fait, partie des demandes courantes des parents[529]. En 1949, des parents demandent la mise sur pied d'un externat dans la réserve de Cowessess et voient finalement leur demande approuvée[530].

Il arrive également que des parents demandent le renvoi d'un directeur[531]. En 1917, des parents font pression pour qu'on accède à leur demande de démission du directeur du pensionnat de Shoal Lake, en refusant d'y retourner leurs enfants[532]. Dans ce cas particulier, le directeur a donné sa démission[533]. En juillet 1949, des parents de la bande de Kahkewistahaw présentent sans succès une pétition au gouvernement fédéral pour demander le renvoi d'une enseignante du pensionnat de Round Lake, en Saskatchewan. Ils soutiennent que « le bulletin des enfants est très peu satisfaisant, le pire qu'on ait reçu » et qu'« elle maltraite un peu trop les enfants »[534]. Les parents se plaignent également que leurs enfants n'acquièrent pas les compétences dont ils ont besoin pour survivre. En 1928, le chef Kejick de la bande de Shoal Lake déclare aux responsables des Affaires indiennes que les élèves dans sa réserve « ne savent pas comment gagner leur vie lorsqu'ils quittent le pensionnat et aimeraient qu'on leur enseigne un métier »[535]. Huit ans plus tard, Charlie Shingoose de la bande de Waywayseecappo cherche à faire sortir son fils de 15 ans du pensionnat de Birtle pour qu'il puisse lui montrer « à travailler, à trapper, etc. »[536].

Des parents embauchent également des avocats pour faire valoir leur cause afin qu'on enquête sur le décès des enfants qui ont pris la fuite, pour se plaindre de la sévérité de la discipline, pour défendre les intérêts des enfants qui ont été blessés en travaillant dans les pensionnats et pour tenter de faire sortir leurs enfants de ces établissements[537].

Les membres des Premières Nations (Dénés) des Territoires du Nord-Ouest sont ceux qui ont pris une des mesures de protestation les plus inhabituelles; en 1937, ils refusent d'accepter les paiements qui leur sont dus en vertu des traités pour protester contre les conditions qui prévalent au pensionnat de Fort Resolution. Ils affirment que leurs enfants « vivent en enfer »[538].

Les pensionnats font aussi l'objet des critiques des premières organisations des Premières Nations. Lors d'une réunion tenue à Saddle Lake, en Alberta, en 1931, la Ligue des Indiens du Canada demande que plus d'externats soient construits pour offrir un complément aux pensionnats[539]. L'année suivante, la Ligue, alors connue comme la Ligue des Indiens de l'Ouest du Canada, demande la fermeture des pensionnats[540]. La Ligue recommande également que seuls des enseignants qualifiés soient embauchés pour travailler dans les pensionnats, que les élèves subissent un examen médical avant d'y entrer et que le système de demi-journées soit modifié pour augmenter les heures de classe[541].

Pour tenter de mettre fin à leurs années d'études dans les pensionnats, certains élèves essaient de réduire en cendres leur école. Au moins 37 tentatives du genre sont recensées, dont deux ont causé la mort d'un certain nombre d'élèves et de membres du personnel[542]. Pour les élèves, fuguer constitue la forme de résistance la plus efficace. Dans les années 1870, E. F. Wilson, le directeur du pensionnat de Shingwauk à Sault Ste. Marie, en Ontario, consacre un chapitre de ses mémoires aux « fugueurs ». Il raconte l'histoire de trois garçons qui ont tenté de rentrer chez eux par bateau. Ces derniers ont été retrouvés sains et saufs plus de dix jours plus tard, après qu'ils aient échoué sur une île dans le chenal du Nord du lac Huron[543].

Après 1894, les enfants inscrits dans un pensionnat (ou qui y sont placés par ordre du gouvernement, parce que l'on croit que les parents ne prennent pas bien soin d'eux), qui refusent de se présenter à l'école, sont considérés comme des « fugueurs ». En vertu de la *Loi sur les Indiens* et de son règlement, ces élèves peuvent être renvoyés au pensionnat contre leur gré. Les enfants qui s'enfuient des pensionnats sont aussi considérés comme des fugueurs. Les parents qui appuient leurs enfants dans leur désertion sont souvent menacés de poursuites[544].

La plupart des élèves qui prennent la fuite cherchent à regagner leur communauté d'origine. Les élèves savent qu'ils peuvent se faire prendre, être renvoyés au pensionnat et se voir infliger une punition. Ils sont malgré tout convaincus que cela vaut la peine d'essayer de se rendre jusque chez eux et de goûter à un peu de liberté. Effectivement, dans certains cas, les pensionnats ne parviennent pas à forcer les fuyards à revenir[545]. Certains élèves réussissent à ne pas se faire prendre. Au lieu de prendre la direction de leur domicile, certains d'entre eux se trouvent du travail auprès des agriculteurs de l'endroit et réussissent ainsi à échapper à leurs poursuivants pendant de longues périodes[546].

Prendre la fuite peut s'avérer risqué. Au moins 33 élèves sont morts, généralement de froid, après s'être enfuis de leur pensionnat[547]. Dans un nombre élevé de cas, les parents et les responsables des Affaires indiennes en viennent à la conclusion que les décès auraient pu être évités si les responsables du pensionnat avaient lancé plus rapidement les recherches, avaient pris des mesures plus efficaces en ce sens et avaient informé les autorités policières et les membres de la famille de la disparition des élèves[548]. Dans le cas de Charles et de Tom Ombash, deux frères qui se sont enfuis du pensionnat de Sioux Lookout le 5 octobre 1956, les responsables du pensionnat ont attendu jusqu'en novembre avant d'informer la police ou le ministère des Affaires indiennes de leur disparition[549]. Les garçons n'ont jamais été retrouvés — les membres de leur communauté ont continué de chercher leurs corps des décennies après leur disparition[550].

Ces décès remontent au début du XXe siècle. Cependant, la première politique que la CVR du Canada a relevée dans les documents examinés, qui s'applique à l'ensemble du système et qui décrit les procédures à suivre lorsqu'un enfant s'enfuit du pensionnat, remonte à 1953, soit 75 ans après que le gouvernement ait instauré son système de pensionnats indiens. Cette politique précise simplement que « le directeur doit intervenir rapidement afin de ramener au pensionnat tout fugueur et doit signaler dans les plus brefs délais au surintendant de l'agence indienne tout cas d'absentéisme »[551]. La nature de cette intervention rapide qui doit être pratiquée n'est pas définie. Plus précisément, rien n'exige que la police ou les parents de l'enfant soient contactés. Ce n'est qu'en 1971 qu'on annonce l'introduction d'une politique plus englobante à l'échelle du pays[552].

Les membres du personnel des écoles posent parfois des gestes intrusifs et irrespectueux lorsqu'ils poursuivent les enfants jusqu'au domicile de leurs parents[553]. Dans la localité de Lebret, en Saskatchewan, « toutes les maisons sont fouillées » par la police dans le cadre des recherches effectuées pour retrouver deux fuyards, qui se sont enfuis du pensionnat de File Hills, en 1935[554].

S'enfuir n'est pas un crime en soi. Toutefois, la plupart des élèves portent des vêtements qui leur ont été donnés par l'école lorsqu'ils s'enfuient, et dans certains cas, les directeurs cherchent et même réussissent à intenter contre eux des poursuites pour avoir volé les vêtements qu'ils portaient[555]. Les élèves qui se sont enfuis à plusieurs reprises peuvent même être accusés en vertu de la *Loi sur les jeunes délinquants*. Dans de tels cas, ils peuvent se voir condamner à vivre dans une maison de correction jusqu'à ce qu'ils atteignent l'âge de 21 ans[556].

Suivant les modifications apportées à l'*Acte relatif aux Sauvages* en 1894, les parents qui ne renvoient pas à l'école les élèves qui fuguent s'exposent à des poursuites. On fait souvent appel à la Gendarmerie pour forcer les parents à envoyer leurs enfants à l'école[557]. Une inscription au journal du pensionnat de Blue Quills, en Alberta, datée du 1er mai 1932, se lit comme suit : « Les sauvages ayant reçu l'injonction d'amener leurs enfants à l'école, sinon la police s'en occupera, quelques parents obéissent à l'ordre aujourd'hui. Mais il y en a encore qui font la sourde oreille[558]. » En 1937, un père qui refuse de renvoyer son fils au pensionnat de Sandy Bay, au Manitoba, se voit condamner à 10 jours de prison. Pour empêcher le garçon de prendre de nouveau la fuite, on l'envoie dans un pensionnat de la Saskatchewan[559].

Les parents sont souvent outrés de devoir retourner les fuyards à l'école. On précise que le père de Wallace Hahawahi était « très indigné » à la perspective de retourner son fils au pensionnat de Brandon, en 1936. Le garçon est âgé de plus de 16 ans et doit aider à la maison. Dans ce cas-ci, les arguments avancés par le père sont jugés suffisamment convaincants et le garçon est autorisé à quitter l'école[560]. Kenneth Thompson, un autre fuyard de la même école, déclare ce qui suit à la police : « Je suis un Indien des traités de la réserve indienne Assiniboine; j'ai 17 ans. Je tiens à dire que je me suis enfui de l'école, parce que je dois travailler trop dur et qu'en fait, je n'étudie pas du tout. Je travaille toujours autour de l'école. Je crois que si je dois travailler, je peux aussi bien travailler à la maison pour mon père[561]. » Malgré ses arguments, on le renvoie au pensionnat[562].

Les agents des Indiens emploient souvent le terme « épidémie » en référence aux problèmes d'absentéisme constants observés dans certaines écoles. Les agents sont d'avis que cette épidémie révèle l'existence de problèmes sous-jacents dans ces établissements. En 1928, l'agent des Indiens J. Waddy écrit qu'au pensionnat anglican de Le Pas, « il ne passe pratiquement pas un jour sans qu'un ou plusieurs élèves quittent les lieux de leur propre chef »[563]. En 1935, dix élèves s'enfuient du pensionnat de Birtle, au Manitoba[564]. Vers la fin des années 1930, le pensionnat de Shubenacadie, en Nouvelle-Écosse, connaît continuellement des problèmes d'absentéisme. Il n'est pas rare que certains élèves tentent à plusieurs reprises de quitter l'école. Le matin du 7 juillet 1937, Andrew Julian décide de ne pas se joindre aux autres garçons chargés de traire le cheptel laitier de l'école. Il décide plutôt de prendre la direction de Truro, où l'on dit l'avoir vu dans le dépôt de rails. Il n'a pas été retrouvé avant la fin du mois. À ce moment-là, il avait atteint Nyanza sur l'île du Cap-Breton, ce qui représente une distance de 418,4 kilomètres (260 miles) par rapport au pensionnat[565]. L'année suivante, Steven Labobe (graphie « LaBobe » également donnée) réussit à rentrer chez lui, à l'Île-du-Prince-Édouard. Le directeur décide de ne pas exiger le retour du garçon[566]. D'autres fuyards n'ont pas cette chance. Un garçon qui a pris la fuite à cinq reprises est finalement placé dans une maison de correction privée[567].

De nombreux élèves affirment s'être enfuis pour échapper à la discipline de l'école. Ken Lacquette a fréquenté les pensionnats de Brandon et de Portage la Prairie, au Manitoba. « Ils avaient l'habitude de baisser nos pantalons et de nous battre tout le temps à coups de courroie; ils nous battaient devant tout le monde. Ensuite... ça a commencé et après un certain temps, quand j'ai été assez grand, j'ai commencé à ficher le camp de là, en m'enfuyant[568]. » D'autres cherchent à échapper à une réalité beaucoup plus sombre que les châtiments corporels. Après avoir été victime de sévices sexuels à répétition, Anthony Wilson s'enfuit du pensionnat d'Alberni[569].

Dans les années 1940, Arthur McKay fugue régulièrement du pensionnat de Sandy Bay. « La première fois, je ne savais même pas sur le coup où était ma maison. Mais ces gars-là étaient là; mes amis vivaient dans une réserve tout près qu'ils appelaient Ebb and Flow; c'est là qu'ils allaient, alors je les ai suivis[570]. » À l'âge de 11 ans, Ivan George s'enfuit du pensionnat de Mission, en Colombie-Britannique, avec un groupe de ses amis. À leur retour, les garçons sont battus à coups de courroie. Malgré cela, Ivan George prend deux autres fois la fuite au cours de la même année scolaire[571].

Muriel Morrisseau s'enfuit du pensionnat de Fort Alexander presque chaque année de son internat. L'expérience est souvent terrifiante. « Je me rappelle m'être de nouveau enfui et avoir tenté de traverser la rivière, qui a commencé à geler; nous avons tous eu peur et nous avons dû revenir la queue entre les jambes[572]. » Isaac Daniels s'enfuit du pensionnat de Prince Albert, en Saskatchewan, avec deux garçons plus âgés. Sur le chemin qu'ils choisissent pour s'enfuir, ils se retrouvent devant un pont de chemin de fer. À mi-chemin de la traversée du pont, Daniels a soudain trop peur pour continuer et fait demi-tour[573]. Dora Necan s'enfuit du pensionnat de Fort Frances avec une amie. Elles se rendent aux États-Unis et y restent pendant trois jours, avant de revenir au pensionnat[574]. À la suite d'une confrontation avec un membre du personnel enseignant, Nellie Cournoyea s'enfuit d'un foyer anglican des Territoires du Nord-Ouest et trouve refuge, sur son passage, auprès de familles autochtones[575]. Lorsque Lawrence Waquan s'enfuit du pensionnat de Fort Chipewyan en 1965, il n'y a pas de routes ni personne sur son chemin pour l'aider. « J'ai marché de Fort Chipewyan, dans le nord de l'Alberta, jusqu'à Fort Smith, soit 130 miles. Ça m'a pris environ cinq jours. Je n'avais que 16 ans environ. J'ai réussi à survivre en mangeant des baies et en buvant de l'eau[576]. »

Lorsque Beverley Anne Machelle et ses amies s'enfuient du pensionnat de Lytton, en Colombie-Britannique, elles doivent composer avec le fait que le pensionnat est situé dans une région montagneuse et isolée.

> Il était situé au milieu de cette grosse colline et de là, on pouvait voir la ville. On a descendu la moitié de la colline et on se sentait tous un peu comme excitées, vous savez, puisqu'on était sorties de là et qu'on se préparait à aller faire quelque chose d'amusant, et ensuite, on a descendu la moitié de la colline et alors on a réalisé, eh bien, qu'on n'avait pas d'argent et qu'on n'avait nulle part où aller. Il n'y avait aucun endroit où aller. On n'avait aucun endroit sûr où nous réfugier[577].

En 1955, les filles du pensionnat de Sioux Lookout se rebellent lorsqu'on les envoie toutes au lit plus tôt, après qu'on ait surpris un certain nombre d'entre elles à voler. Elles se barricadent dans leur dortoir et refusent de laisser entrer tout membre du personnel[578]. Une rébellion semblable est observée à Edmonton dans les années 1960, où les élèves empêchent les membres du personnel d'entrer dans le dortoir la nuit pour protester contre les mauvais traitements infligés aux élèves[579].

Collectivement et séparément, les parents et les élèves résistent aux attaques menées par les pensionnats contre les familles et les collectivités autochtones. À l'occasion, ceux-ci remportent de petites victoires : un enfant est autorisé à quitter l'école; un externat est construit. Cependant, tant et aussi longtemps que les Autochtones sont exclus des postes influents qui leur permettraient d'exercer un contrôle sur l'éducation de leurs enfants, les causes profondes du conflit demeurent bien réelles.

Le personnel : « Je voulais faire œuvre utile. »

Pendant la plus grande partie de l'existence des pensionnats, le personnel a été recruté par les organisations missionnaires chrétiennes. En général, les Églises nommaient un prêtre ou un ministre du culte à la direction des pensionnats, et non un pédagogue. Les écoles catholiques romaines pouvaient trouver de la main-d'œuvre auprès de différents ordres religieux catholiques dont les membres avaient fait vœu d'obéissance, de pauvreté et de chasteté. Conformément à ces vœux, les religieux devaient aller là où ils étaient envoyés, ne devaient pas s'attendre à être rémunérés et n'avaient pas besoin de subvenir aux besoins d'une famille. David Laird, le commissaire des Indiens, croyait que puisque les membres des ordres religieux catholiques romains recevaient très peu en échange de leurs services, les écoles catholiques romaines « peuvent employer un personnel plus nombreux que là où l'on paye des salaires ordinaires, conséquemment il y a pour chacun moins d'ouvrage à faire, ce qui ne nuit pas à la qualité du travail fait »[580].

Les écoles protestantes recrutaient une grande partie des membres de leur personnel auprès des organisations missionnaires.

Bon nombre des premiers employés des écoles croyaient qu'ils participaient à une croisade morale. Dans son histoire de l'orphelinat McDougall, le prédécesseur du pensionnat de Morley, en Alberta, Mme J. McDougall explique que les travaux de la mission et de l'orphelinat consistent à « aller chercher les sauvages et les ignares et à les encadrer dans un foyer chrétien, à bénir leur corps, à cultiver leur esprit et à tenter d'élever leur vision spirituelle »[581].

Les membres du personnel sont souvent motivés par l'appel de l'aventure et par leur engagement religieux. Nicolas Coccola, alors qu'il était un jeune étudiant séminariste en Corse, l'île française située dans la mer Méditerranée, ne voulait pas se contenter de la vie de prêtre. Dans ses mémoires, il a écrit : « Il me semblait plus noble de partir à l'étranger et d'aspirer au martyre. » Il a consacré sa vie à diriger un pensionnat en Colombie-Britannique[582]. Alors qu'il était un jeune garçon en Angleterre au milieu du XIXe siècle, Gibbon Stocken dévorait les ouvrages missionnaires qu'une de ses tantes lui envoyait. À l'âge de 17 ans, il s'est engagé dans la Société missionnaire de l'Église anglicane, dans l'espoir d'être envoyé en Inde. On lui a plutôt offert un poste dans la réserve indienne des Pieds-Noirs, dans le sud de ce qui est aujourd'hui l'Alberta[583]. L'infirmière et sage-femme britannique Margaret Butcher s'est rendue en Inde, où elle a travaillé pour une famille britannique. Elle s'est rendue ensuite en Colombie-Britannique, où elle a travaillé dans une mission méthodiste auprès d'immigrants japonais[584]. En 1916, elle s'apprêtait à commencer à travailler au pensionnat méthodiste de Kitamaat, en Colombie-Britannique[585].

Employés devant l'entrée de l'école de Brandon, au Manitoba, en 1946. Office national du film du Canada. Photothèque, Bibliothèque et Archives Canada, PA-048575.

Ces différentes motivations s'exerceront pendant toute l'histoire du réseau des pensionnats. Lorraine Arbez, qui a travaillé au pensionnat de Qu'Appelle pendant les années 1950, a déclaré : « J'ai choisi cette carrière pour travailler auprès des enfants. Je voulais faire œuvre utile auprès d'eux, et j'espère que mon travail a été utile[586]. » Pour Noreen Fischbuch, qui a travaillé dans des pensionnats de l'Ontario et de l'Alberta pendant les années 1950 et 1960, les pensionnats ont offert une expérience grandement nécessaire : « En ce qui me concernait, j'avais un travail d'enseignante, je travaillais auprès des enfants, et j'aimais les enfants... Les enfants recevaient une éducation, et j'avais un travail.[587] » George Takashima, qui a enseigné à Sioux Lookout, a expliqué : « On pourrait dire que j'avais le goût de l'aventure[588]. »

Presque tous les membres du personnel étaient mal payés. Les représentants du gouvernement estimaient que parce que de nombreux membres du personnel appartenaient à des organisations missionnaires, le salaire leur « importait peu »[589]. Par conséquent, les écoles avaient du mal à recruter et à conserver du personnel. Alexander Sutherland, de l'Église méthodiste, n'hésite pas à se faire entendre au sujet du lien entre les salaires peu élevés et la difficulté pour les écoles de recruter du personnel. En 1887, il écrit au ministre des Affaires indiennes au sujet de la « difficulté d'obtenir des enseignants compétents et qualifiés en raison du salaire peu élevé »[590]. La question des salaires peu élevés ne disparaîtra jamais. Plus d'un demi-siècle plus tard, en 1948, C. H. Birdsall, président du comité de l'Église Unie responsable du pensionnat d'Edmonton, déplore qu'il est « impossible pour le pensionnat d'offrir des salaires qui rivalisent » avec les salaires que les Affaires indiennes versent aux enseignants des externats. Compte tenu de la piètre qualité du logement, du matériel et des compétences insuffisantes des membres du personnel du pensionnat, il juge « exagéré de qualifier d'éducation le travail effectué actuellement auprès des enfants indiens »[591]. De nombreuses écoles catholiques survivent grâce à ce qui constitue essentiellement du bénévolat. En 1948, le directeur du pensionnat indien de Sechelt, H. F. Dunlop, informe Ottawa que « si le pensionnat ne s'est pas enfoncé dans le rouge au cours de la dernière année, c'est en grande partie parce que quatre oblats qui travaillent ici à temps plein ont reçu un salaire total de 1 800 $ de janvier 1947 à janvier 1948 »[592]. Même pendant les années 1960, les sœurs du pensionnat indien Christie reçoivent un salaire mensuel de 50 $ — ce qui amène le directeur A. Noonan a se dire « honteux »[593].

De nombreux employés qualifiés et expérimentés travaillent dans les pensionnats. Miss Asson, directrice du pensionnat de Kitamaat en1930, avait obtenu son diplôme à l'Ensworth Deaconess Hospital de St. Joseph, dans le Missouri. Elle avait également suivi une formation à titre de diaconesse à Toronto et avait travaillé en Chine de 1909 à 1927[594]. La directrice du pensionnat anglican de Wabasca, en Alberta, en 1933, était une infirmière[595]. Au début du XXe siècle, les sœurs Charlotte Amelia et Lilian Yeomans travaillent au pensionnat de Norway House. Charlotte avait une formation d'infirmière, et Lilian a été l'une des premières femmes médecins au Canada[596]. Theresa Reid avait quatre ans d'expérience en enseignement et avait un certificat en enseignement avant qu'elle pose sa candidature au pensionnat de Norway House[597], George Takashima avait un certificat en enseignement[598] et Olive Saunders avait un grade universitaire et plusieurs années d'expérience en enseignement[599]. En 1966, E. O. Drouin, directeur du pensionnat catholique romain de Cardston, se targuait du fait que 10 des 21 membres de son personnel possédaient un grade universitaire. Drouin lui-même avait quitté son poste de professeur d'université pour aller travailler au pensionnat[600].

Beaucoup de gens ont consacré leur vie adulte à travailler dans les pensionnats. Au moins 12 directeurs sont morts en fonction[601]. Le directeur du pensionnat de l'île Kuper, George Donckele, a démissionné en janvier 1907; en juin de la même année, il était décédé[602]. Sherman Shepherd a travaillé dans les pensionnats anglicans de Shingle Point, au Yukon, sur la rive de l'Océan arctique, d'Aklavik (Territoires du Nord-Ouest), de Fort George (Québec) et de Moose Factory (Ontario), jusqu'à sa démission en 1954, après 25 ans de service dans le Nord du Canada[603]. D'autres ont travaillé jusqu'à un âge avancé étant donné que leur salaire peu élevé faisait en sorte qu'ils avaient peu d'économies et que leur régime de pension était minimal. Lorsque la directrice du pensionnat d'Ahousaht, en Colombie-Britannique, a pris sa retraite en 1929 à l'âge de 73 ans, le directeur W. M. Wood a recommandé qu'on lui verse un mois de salaire pour la remercier de ses années de service. Woods a précisé qu'elle « prenait sa retraite en ayant des moyens très limités »[604].

Ces longs états de service n'étaient toutefois pas la norme. Étant donné que le salaire était souvent bas et que les conditions de travail et de vie étaient difficiles, le roulement de personnel a été élevé pendant toute l'existence du réseau. De 1882 à 1894, le taux de roulement annuel des enseignants du pensionnat de Fort Simpson (aujourd'hui Port Simpson), en Colombie-Britannique, a été essentiellement de 100 %. À un certain moment, tout l'enseignement était donné par le missionnaire méthodiste local Thomas Crosby, son épouse, Emma et la directrice de l'école[605]. De janvier 1958 à mars 1960, soit une période d'à peine deux ans, le pensionnat d'Alert Bay a perdu 85 % de son personnel, en raison

La chef de cuisine à Lapointe Hall à Fort Simpson, dans les Territoires du Nord-Ouest Les écoles étaient très dépendantes de la main-d'œuvre féminine. Archives des Territoires du Nord-Ouest, N-1992-255-0144.

notamment de 19 congédiements pour incompétence. Huit autres sont partis parce qu'un différend les opposait au directeur[606]. En 1958, les sœurs bénédictines ont annoncé que le monastère de Mount Angel, en Oregon, ne fournirait plus de personnel pour le pensionnat Christie, en Colombie-Britannique. Selon la prieure du monastère des sœurs bénédictines, Mère Mary Gemma, des membres de l'ordre se sont épuisées physiquement et mentalement en tentant de répondre aux besoins des pensionnats. « Une de mes plus jeunes enseignantes a dû subir des électrochocs cette année, et deux autres pourraient être dans la même situation. » Depuis deux ans et demi, l'ordre a perdu 14 enseignantes[607]. Ces exemples sont confirmés par les statistiques globales. De 1956-1957 à 1963-1964, le taux annuel de roulement du personnel dans tous les pensionnats indiens atteint 25 %[608].

Les pensionnats dépendaient grandement du travail des femmes. Les catholiques romains comptaient sur les ordres de religieuses pour doter en personnel et faire fonctionner les pensionnats[609]. Les protestants comptaient tout autant sur le travail sous-payé des femmes. Austin McKitrick, directeur du pensionnat presbytérien de Shoal Lake, dans le nord-ouest de l'Ontario, le reconnaît lorsqu'il écrit en 1901 : « Je crois que si nous, les hommes, nous nous mettions à la place de certaines femmes qui travaillent trop et qui sont épuisées, nous n'endurerions pas la situation avec autant de patience qu'elles le font souvent[610]. » Un missionnaire a écrit que, en sachant ce qu'il savait sur ce qui était attendu des femmes missionnaires, il tenterait de dissuader ses filles de travailler pour la Société missionnaire méthodiste pour les femmes[611].

Les femmes occupaient habituellement des postes subalternes, mais le rapport annuel de 1906 des Affaires indiennes fait état de onze directrices de pensionnat. Elles travaillaient toutes dans des pensionnats, et non dans des écoles industrielles. Sept d'entre elles étaient catholiques romaines, deux étaient anglicanes, une était méthodiste et une était presbytérienne[612]. Kate Gillespie était l'une de ces directrices. Après avoir enseigné dans des externats dans des réserves près de Kamsack et de Prince Albert, elle a été nommée directrice du pensionnat de File Hills en 1901, un poste qu'elle a occupé jusqu'à son mariage en 1908[613].

Il n'y avait pas seulement des directeurs et des enseignants qui travaillaient dans les pensionnats. La plupart des pensionnats étaient de véritables microsociétés. On y trouvait des cuisiniers, des couturières, des gouvernantes, des infirmières, des responsables de la discipline, des agriculteurs, des charpentiers, des forgerons, des ingénieurs (pour faire fonctionner les systèmes de chauffage et d'électricité), des cordonniers et même des chefs d'orchestre[614]. Des petits pensionnats emploient moins de personnel, comme le pensionnat pour filles Crosby, de l'Église Unie, à Port Simpson, en Colombie-Britannique, qui a dû fonctionner avec seulement trois employés en 1935[615]. La même année, le pensionnat catholique romain de Kamloops, en Colombie-Britannique, employait au moins 19 personnes[616]. Le pensionnat de Prince Albert, en Saskatchewan, comptait plus de 50 employés pendant l'année scolaire 1966-1967[617].

Il y avait beaucoup de travail et peu de congés. De nombreux employés travaillaient sept jours par semaine. Un rapport de 1896 sur le pensionnat Mount Elgin indique : « Le personnel n'a aucun congé, tout temps perdu est déduit des salaires[618]. » La politique dans les écoles anglicanes pendant les années 1920 consistait à permettre « une journée complète de repos par mois »[619]. L'agent des Indiens F. J. C. Ball prédisait en 1922 qu'un employé de 63 ans au pensionnat de Lytton se dirigeait vers la dépression nerveuse. Selon Ball, cet homme était « enseignant, ministre du culte, concierge et homme à tout faire au pensionnat. Il est également responsable du dortoir des garçons la nuit[620]. »

Le personnel était généralement mieux nourri que les élèves. Les membres du personnel, en particulier au cours des premières années d'existence du réseau, étaient mieux immunisés que les élèves contre les nombreuses maladies qui se propageaient dans les pensionnats. Malgré cela, les conditions de vie dans de nombreux pensionnats avaient des effets négatifs sur le personnel. En 1896, E. B. Glass, directeur du pensionnat de Whitefish Lake, situé dans ce qui est aujourd'hui l'Alberta, déclare que la détérioration de l'état de santé d'un de ses employés est attribuable au fait qu'il doit travailler dans une école mal chauffée et mal isolée dans laquelle le « vent froid siffle en s'infiltrant par le plancher ». Glass affirme que « le Ministère qui se charge de la construction, de la réparation et de l'ameublement des écoles devrait assumer sa responsabilité à l'égard de la négligence et de la souffrance que cet enseignant a dû endurer »[621].

La maladie faisait également des ravages chez les enfants des membres du personnel mariés. Emma Crosby, qui a participé à la fondation du pensionnat pour filles Crosby à Port Simpson à la fin des années 1870, a enterré quatre de ses enfants à Port Simpson, dont deux ont succombé à la diphtérie[622]. Elizabeth Matheson, l'épouse du directeur du pensionnat d'Onion Lake, a perdu deux enfants : sa fille est morte de la coqueluche, et son fils est décédé de la diphtérie méningée au tout début du XXe siècle[623]. Pendant sa quatrième grossesse, Elizabeth Matheson est devenue tellement déprimée qu'elle a envisagé de se suicider[624].

Les employés missionnaires, en particulier au cours des premières années d'existence du système, étaient très hostiles à l'endroit de la culture autochtone[625]. Ils qualifiaient souvent les Autochtones de « paresseux »[626]. J. P. Mackey, qui a été longtemps directeur du pensionnat de Shubenacadie, en Nouvelle-Écosse, exprimait ce point de vue pendant les années 1930. Dans une lettre, il a décrit les Autochtones comme des menteurs invétérés. « En ce qui me concerne, je n'ai aucun espoir d'arriver à rattraper l'Indien et tous ses mensonges, et en fait je n'ai pas l'intention d'essayer de le faire[627]. » D'autres, au contraire, prennent la défense des Autochtones. Hugh McKay, surintendant des œuvres missionnaires de l'Église presbytérienne auprès des Autochtones, reproche au gouvernement fédéral d'avoir failli

Mademoiselle Cornelius, une Oneida, enseignait à l'école de Regina, en Saskatchewan, au début du XXe siècle. Saskatchewan Archives Board, R-B992.

aux promesses qui figurent dans les traités et de ne pas avoir su atténuer la famine qui sévit dans les Prairies[628]. De même, William Duncan, missionnaire anglican à Metlakatla, en Colombie-Britannique, a conseillé les Tsimshians sur la façon de présenter leurs arguments en faveur des titres ancestraux[629].

Parfois, les membres du personnel protestaient contre la façon dont les élèves étaient traités. Lorsque deux membres du personnel du pensionnat de Prince Albert, en Saskatchewan, ont démissionné en 1952, ils se sont plaints de la discipline très dure qui régnait au pensionnat[630]. En 1957, Helen Clafton, ancienne surveillante de dortoir, a écrit comment, au pensionnat de Lytton, en Colombie-Britannique, « la lanière de cuir est trop en évidence »[631].

Des Autochtones travaillaient aussi dans les pensionnats. L'Institut Mohawk a embauché l'ancien élève Isaac Barefoot au poste d'enseignant en 1869. Barefoot sera également directeur intérimaire et sera plus tard ordonné ministre anglican[632]. Une autre ancienne élève, Susan Hardie, a obtenu son certificat en enseignement en 1886[633]. Elle a été gouvernante de l'école dès 1894 et touchait un salaire annuel de 200 $[634]. Elle a pris sa retraite au début de l'année scolaire 1936–1937[635]. Une jeune Oneida, nommée Mlle Cornelius, enseignait au pensionnat de Regina au début du XXe siècle[636]. Elle est partie l'année suivante pour aller enseigner dans une école américaine qui lui offrait un meilleur salaire[637]. Au début des années 1930, le pensionnat de Brandon a embauché l'ancienne élève Lulu Ironstar au poste d'enseignante[638]. Il s'agissait toutefois d'exceptions à la règle. Même en 1960, il n'y avait dans les pensionnats de tout le pays que 23 enseignants membres des Premières Nations, dont 19 enseignaient des matières théoriques et quatre enseignaient l'économie domestique et les arts industriels[639]. Stan McKay, qui a fréquenté les pensionnats de Birtle et de Brandon, enseignait au pensionnat de Norway House, au Manitoba, pendant les années 1960. Même s'il aimait beaucoup son travail, il est parti après deux ans. Selon lui, l'enseignement qu'il était obligé de donner n'était pas pertinent dans la vie des enfants. Par exemple, l'enseignement était fortement axé sur l'anglais et ne tenait pas compte du rôle de la langue crie dans les communautés dont venaient les enfants. « Dans le système en place, les enfants étaient condamnés à l'échec, et c'est ce qui se confirmera pour la majorité d'entre eux[640]. »

Verna Kirkness, qui a grandi dans la réserve de la Première Nation de Fisher River au Manitoba, enseignait aux pensionnats de Birtle et de Norway House[641]. Elle n'aimait pas l'ambiance du pensionnat de Birtle, où elle estimait que les administrateurs limitaient au minimum le temps que les élèves pouvaient passer avec elle. Dans ses mémoires, elle se demande « s'ils craignaient que les enfants [lui] parlent de leur vie en dehors des salles de cours »[642].

C'est pendant les années 1960 qu'un certain nombre d'Autochtones ont été promus au poste de directeur d'école. Ahab Spence, ancien pensionnaire, a été nommé directeur du pensionnat de Sioux Lookout en 1963[643]. Pendant que Spence a dirigé l'école, la moitié des 23 employés de l'école étaient autochtones[644]. Colin Wasacase est devenu directeur du pensionnat presbytérien de Kenora en 1966[645]. Conformément à la tradition, son épouse a été nommée directrice du pensionnat[646]. Cette tendance s'est poursuivie jusqu'aux années 1970, lorsque des Autochtones ont été nommés à des postes d'administration de nombreux pensionnats, notamment ceux de Mission et de Kamloops, en Colombie-Britannique; de Blue Quills, en Alberta; de Prince Albert, de Duck Lake et de Qu'Appelle, en Saskatchewan, ainsi que de Fort George, au Québec[647]. Bien que le nombre total de pensionnats ait diminué rapidement à compter de 1969, les pensionnats sont devenus une source importante d'emploi pour les Autochtones, en particulier en Saskatchewan, où six pensionnats étaient administrés par les autorités scolaires des Premières Nations. Sur les 360 personnes qui travaillaient dans les écoles de la Saskatchewan en 1994, 220 étaient d'ascendance autochtone — près des deux tiers de l'ensemble du personnel[648].

La plupart des Autochtones qui étaient embauchés par les pensionnats travaillaient comme cuisiniers, concierges et hommes à tout faire. En 1954, Mme Clair, femme d'origine crie qui avait fréquenté le pensionnat de Lac La Ronge, en Saskatchewan, travaillait au pensionnat de Carcross, au Yukon. Le surintendant l'a décrite dans ces mots : « une très bonne personne, vaillante et aimée de tous. Elle peut tirer le meilleur des enfants[649]. » Au pensionnat de Wabasca, en Alberta, Alphonse Alook était considéré comme un « pilier pour le directeur, surtout dernièrement. C'est un habile charpentier loyal à l'école. Le directeur recommande l'augmentation de son salaire[650]. » Quatre jeunes femmes autochtones, dont trois sœurs, ont été embauchées pour travailler au pensionnat de Fort George, au Québec, en 1953[651]. Un rapport produit au sujet des trois sœurs en 1956 indique : « Les sœurs Herodier font du bon travail. » Toutefois, elles n'étaient pas logées de la même façon que les membres du personnel non autochtones. Le même rapport poursuit en faisant remarquer qu'heureusement, les « filles autochtones ne voient pas d'objection à partager une chambre restreinte, sans quoi les logements réservés au personnel seraient insuffisants »[652].

D'anciens employés autochtones jugeaient qu'ils avaient apporté beaucoup aux élèves. Jeanne Rioux a fréquenté l'école d'Edmonton et a par la suite été superviseure à l'école d'Hobbema en Alberta, où elle s'est opposée à la façon dont le personnel imposait sa discipline aux enfants[653]. Mary Chapman a été pensionnaire et a par la suite travaillé dans les cuisines du pensionnat de l'île Kuper. Elle a convaincu la direction de servir aux élèves les mêmes repas qu'au personnel. Elle suivait cette règle : « Si l'école manque de rôti, les enfants ne manquent pas de rôti. Je ne leur sers pas de mortadelle. Je prends le rôti du personnel et je le donne aux enfants[654]. » Vitaline Elsie Jenner, qui avait fréquenté le pensionnat de Fort Chipewyan, en Alberta, et qui y avait été malheureuse, a travaillé comme surveillante des filles au pensionnat catholique romain Breynat Hall, à Fort Smith, dans les Territoires du Nord-Ouest. À sa surprise, elle a en grande partie aimé son expérience. Elle se souvient qu'un membre du personnel lui avait demandé quels sont les jeux qui, selon elle, intéresseraient les enfants et les aideraient à se sentir comme chez eux. « J'ai répondu : "Je suis certaine qu'au fond, ils veulent qu'on les prenne dans nos bras, comme j'aurais aimé qu'on le fasse quand j'étais au pensionnat. Parce que vous savez, ces enfants sont séparés de leurs parents[655]." »

D'anciens employés et des enfants d'anciens employés ont rappelé qu'une grande partie du débat sur l'histoire des pensionnats passait sous silence les bonnes intentions de nombreux employés ainsi que les réussites du système des pensionnats. Même s'ils demeurent convaincus que le réseau était sous-financé, ils ont aussi le sentiment qu'eux et leurs parents ont consacré une grande partie de leur vie à l'éducation et aux soins des enfants autochtones.

La plupart des membres du personnel des pensionnats n'ont pas fait carrière dans les pensionnats et n'y ont travaillé qu'un an ou deux avant de passer à autre chose. D'autres ont travaillé pendant des années dans des conditions qui étaient souvent très différentes de celles auxquelles ils étaient habitués, travaillaient pour un salaire très bas et vivaient dans des logements restreints et surpeuplés qu'ils partageaient parfois avec des collègues peu agréables. Ils ont passé leur vie à enseigner, à cuisiner, à faire du ménage, à cultiver la terre et à surveiller les enfants. Ces activités elles-mêmes étaient positives, et non négatives. La plupart des membres du personnel n'étaient pas responsables des politiques qui provoquaient la séparation des enfants de leurs parents et qui faisaient en sorte qu'ils vivaient dans des installations inadéquates et sous-financées. En fait, beaucoup d'employés ont consacré une grande partie de leur temps et de leur énergie à tenter de rendre plus humain ce système dur et souvent destructeur. Si les pensionnats ont donné des résultats positifs, nous les devons à la résilience des enfants eux-mêmes et aux efforts de ces employés.

Accord et excuses

Au cours des années où le gouvernement fédéral met lentement fin au système des pensionnats indiens, les peuples autochtones des quatre coins du pays établissent des organisations régionales et nationales efficaces. Devant les tribunaux et les organes législatifs, ils militent pour que soient reconnus les droits des Autochtones, plus particulièrement le droit à l'autonomie gouvernementale. Ils forcent le gouvernement à renoncer à son livre blanc de 1969, qui vise à mettre un terme aux droits des Autochtones; ils font ajouter le règlement des revendications territoriales au programme national; ils veillent à ce que les droits des Autochtones soient enchâssés dans la Constitution; ils permettent la création d'un nouveau territoire au Canada — le territoire du Nunavut — où la majorité de la population est inuite. Ces avancées s'inscrivent dans un mouvement mondial pour défendre les droits des peuples indigènes. Les dirigeants autochtones du Canada jouent un rôle clé dans ce mouvement. Par exemple, ils jouent un rôle essentiel dans la création du Conseil mondial des peuples indigènes en 1975[656]. Le travail accompli par ce conseil jette les bases de la Déclaration des Nations Unies sur les droits des peuples autochtones de 2007[657].

À partir des années 1960, de nombreuses personnes au sein des différentes congrégations religieuses commencent à réévaluer le contexte historique plus général entourant les relations entretenues entre leur congrégation et les peuples autochtones, de même que le contexte historique particulier des pensionnats indiens. De nombreux organismes religieux appuient les campagnes menées par les Autochtones sur des questions telles que les terres et les droits issus des traités. Dans les années 1980, les congrégations religieuses commencent à présenter des excuses aux peuples autochtones. Les membres de l'Église Unie du Canada, qui sont parmi les premiers, en 1986, à adresser leurs excuses, dénoncent plus particulièrement les conséquences destructrices qu'a eues le travail missionnaire des Églises sur la culture autochtone[658]. L'ordre des oblats présente ses excuses en 1991 en ce qui concerne les pensionnats indiens[659]. Les anglicans, les presbytériens et les membres de l'Église Unie offrent leurs excuses en 1993, en 1994 et en 1998, respectivement, concernant plus particulièrement le rôle qu'ils ont joué dans l'administration des pensionnats indiens[660].

Les peuples autochtones commencent également à faire pression, à la fois individuellement et collectivement, pour que les personnes qui ont maltraité les élèves dans les pensionnats soient poursuivies en justice et que les anciens élèves soient dédommagés. En 1987, Nora Bernard, une ancienne élève du pensionnat de Shubenacadie, commence à interroger d'autres élèves survivants dans la cuisine de sa demeure à Truro, en Nouvelle-Écosse[661]. En 1995, elle crée la Shubenacadie Indian Residential School Survivors Association et commence l'inscription des survivants. Les efforts d'anciens élèves des pensionnats établis dans des endroits aussi éloignés que Fort Albany, en Ontario, Chesterfield Inlet, dans les Territoires du Nord-Ouest à l'époque, et de Williams Lake, en Colombie-Britannique, donnent lieu à plusieurs enquêtes policières et à un nombre limité de poursuites et de condamnations. Leurs efforts mènent également à la création d'organismes locaux et nationaux formés d'anciens élèves des pensionnats. Phil Fontaine, alors le Grand Chef de l'Assemblée des chefs du Manitoba, fait ajouter la question au programme national en octobre 1990, lorsqu'il dénonce publiquement les mauvais traitements que ses camarades de classe et lui ont subis au pensionnat de Fort Alexander[662].

D'anciens élèves intentent également des poursuites contre le gouvernement fédéral et les congrégations religieuses en raison des traitements qu'ils ont subis dans les pensionnats. Bien qu'ils aient gain de cause dans un certain nombre de cas, les tribunaux ne sont pas prêts à leur accorder un dédommagement pour certains enjeux d'importance pour les peuples autochtones, tels que la perte de leur langue et de leur culture. En octobre 2001, les survivants des pensionnats indiens sont plus de 8 500 à avoir intenté des poursuites contre le gouvernement fédéral, les congrégations religieuses, les organismes connexes et, dans la mesure du possible, les personnes qui leur ont infligé ces mauvais traitements[663]. En 2005, on estime à plus de 18 000 le nombre de poursuites intentées[664]. Les anciens élèves commencent également à déposer des recours collectifs en vue d'obtenir un dédommagement. Bien que les tribunaux inférieurs leur refusent le droit de déposer de tels recours, la Cour d'appel de l'Ontario conclut, en 2004, qu'il faut autoriser l'un d'entre eux (connu comme l'« affaire *Cloud* »)[665]. Quelques mois plus tard, le gouvernement fédéral accepte d'engager des procédures en vue de négocier un règlement en réponse au nombre croissant de recours collectifs. La Convention de règlement relative aux pensionnats indiens (CRRPI) est établie en 2006 et est approuvée par les tribunaux l'année suivante.

Les chefs autochtones du Canada ainsi que certains anciens élèves des pensionnats étaient présents sur le parquet de la Chambre des communes lorsque le premier ministre a présenté ses excuses en 2008. De gauche à droite : Don Favel, ancien élève; Mary Moonias, ancienne élève; Mike Cachagee, ancien élève et président de la National Residential School Survivors Society; Crystal Merasty, ancienne élève; Peter Irniq, ancien élève; Patrick Brazeau, chef national du Congrès des peuples autochtones; Mary Simon, présidente d'Inuit Tapiriit Kanatami; Phil Fontaine, chef national de l'Assemblée des Premières Nations; Beverley Jacobs, présidente de l'Association des femmes autochtones du Canada; Clem Chartier, président du Ralliement national des Métis. Marguerite Wabano, une ancienne élève, est cachée par la parure de tête de Phil Fontaine. Presse canadienne : Fred Chartrand.

La CRRPI comprend cinq principaux éléments : 1) le Paiement d'expérience commune; 2) le Processus d'évaluation indépendant; 3) des mesures de soutien pour la Fondation autochtone de guérison; 4) un soutien pour la commémoration des pensionnats indiens; 5) la mise sur pied de la Commission de vérité et réconciliation du Canada. Grâce au Paiement d'expérience commune, les anciens élèves ont droit à un montant de 10 000 $ pour la première année où ils ont fréquenté un pensionnat et à un montant additionnel de 3 000 $ pour chacune des années (ou parties d'année) de fréquentation supplémentaires. Le Processus d'évaluation indépendant a pour but de statuer sur les réclamations des élèves qui ont subi des sévices physiques ou sexuels dans les pensionnats et de déterminer si un dédommagement doit leur être accordé. Des fonds sont également octroyés à la Fondation autochtone de guérison en vue de soutenir les initiatives qui portent sur les séquelles laissées par les pensionnats indiens. En vertu de la Convention de règlement, le gouvernement fédéral est tenu de financer des projets pour commémorer l'expérience des élèves dans les pensionnats indiens. La Commission de vérité et réconciliation du

Canada a pour mandat de raconter aux Canadiens l'histoire des pensionnats indiens, de faire connaître les répercussions que ces écoles ont eues sur les peuples autochtones et de diriger un processus de réconciliation.

Suivant l'aval donné à la CRRPI par les tribunaux en 2007, le premier ministre Stephen Harper adresse à son tour, en juin 2008, des excuses aux élèves, au nom du Canada. Dans sa déclaration, le premier ministre reconnaît que le but premier de ces écoles était de soustraire les enfants à leur famille et à leur foyer afin de mieux les assimiler à la culture dominante. Harper fait la déclaration suivante : « Ces objectifs reposaient sur l'hypothèse que les cultures et les croyances spirituelles des Autochtones étaient inférieures. D'ailleurs, certains cherchaient, selon une expression devenue tristement célèbre, "à tuer l'Indien au sein de l'enfant". Aujourd'hui, nous reconnaissons que cette politique d'assimilation était erronée, qu'elle a fait beaucoup de mal et qu'elle n'a aucune place dans notre pays[666]. »

Les chefs des autres partis représentés à la Chambre des communes du Canada se joignent au premier ministre. Le chef de l'opposition libérale, l'honorable Stéphane Dion, reconnaît que la politique du gouvernement « a déchiré le tissu familial parmi les Premières Nations, les Métis et les Inuits. Elle a tué l'estime de soi chez les parents comme chez les enfants. Les parents et les grands-parents n'ont pas eu le choix. Leurs enfants leur ont été volés[667]. » Le chef du Bloc Québécois, l'honorable Gilles Duceppe, invite les Canadiens à penser à « un petit village, une petite communauté, duquel on retire les enfants, tous les enfants. Dès lors, il n'y a plus d'enfants de 7 à 16 ans qui jouent dans les rues ou dans les forêts, inondant de leurs rires et de leurs joies le cœur des plus vieux[668]. » Le chef du Nouveau Parti démocratique, l'honorable Jack Layton, demande l'aide des Canadiens :

> Renversons la vapeur et faisons changer les statistiques horribles et honteuses liées à l'affligeante réalité des populations autochtones, notamment les taux élevés de pauvreté et de suicide, l'absence d'éducation ainsi que le surpeuplement et la détérioration des logements et l'insalubrité de l'eau potable. Assurons-nous que les survivants des pensionnats indiens reçoivent la reconnaissance et l'indemnisation qui leur sont dues[669].

Dans sa réponse, Phil Fontaine, qui est alors le chef national de l'Assemblée des Premières Nations, déclare que les excuses présentées marquent une nouvelle aube dans les relations entre les peuples autochtones et le reste du Canada. Il attire également l'attention sur les « courageux survivants », qui « en racontant leurs histoires douloureuses [...]ont dépouillé la suprématie de la race blanche de son autorité et de sa légitimité. Il faut tôt ou tard dire la vérité aux puissants[670]. » Patrick Brazeau, le chef national du Congrès des Peuples Autochtones, explique que la résilience, le courage et la force des survivants des pensionnats sont une source d'inspiration pour tous les Autochtones[671]. Lorsqu'elle aborde la question du travail ardu qu'il reste à faire, Mary Simon, présidente d'Inuit Tapiriit Kanatami, souhaite que nous unissions « maintenant nos forces autour d'un objectif commun, celui de collaborer pour faire en sorte que ces excuses soient l'occasion de tourner la page sur un nouveau chapitre de nos vies comme peuples autochtones et de notre appartenance au Canada »[672]. Clem Chartier, président du Ralliement national des Métis, souligne qu'il a fréquenté un pensionnat et que de nombreuses questions concernant la relation entre les Métis et les pensionnats n'ont toujours pas été résolues.

Il affirme : « Je me sens aussi déchiré parce que la situation de la nation métisse, notre passé et notre présent sont encore bien mal compris[673]. » Beverley Jacobs, présidente de l'Association des femmes autochtones du Canada, parle de la façon dont les collectivités autochtones retrouvent leurs traditions. « Nous avons encore notre langue, nos cérémonies et nos aînés. Nous devons revitaliser ces cérémonies et regagner le respect de la population canadienne, ainsi que celui de notre propre peuple[674]. »

La Convention de règlement et les excuses officielles présentées par le premier ministre Stephen Harper sont le point culminant des années de lutte politique, des changements dans les attitudes sociétales, des décisions de justice rendues et des négociations menées. Grâce à tous les efforts déployés en ce sens par les survivants, la question est demeurée d'actualité.

Ces événements ne marquent pas la fin de l'histoire des pensionnats indiens. Les séquelles laissées par ces derniers sont toujours présentes. Le nombre élevé d'enfants autochtones qui se voient retirer de leur famille par les services d'aide à l'enfance témoigne des séquelles qu'a laissées un système qui déchirait les familles. Il est clair que ce système d'éducation, qui rabaissait la culture autochtone et qui imposait aux élèves une discipline humiliante, est en partie responsable de l'écart observé actuellement entre la réussite scolaire des Canadiens autochtones et celle des Canadiens non autochtones. Les régimes alimentaires déficients, le manque d'hygiène, le surpeuplement et le défaut de combattre l'épidémie de tuberculose qui faisait rage dans les collectivités autochtones du pays ont miné la santé de générations d'enfants autochtones. Il n'y a donc rien d'étonnant à ce que l'état de santé des Autochtones soit beaucoup plus précaire que celui de la population en général. La survictimisation des Autochtones et leur surreprésentation dans les pénitenciers résultent également d'un système où les enfants autochtones étaient astreints à une discipline punitive et se voyaient infliger des sévices physiques et sexuels.

L'histoire des pensionnats indiens présentée dans ce rapport commence en situant ces écoles dans le contexte historique plus général de la colonisation mondiale des peuples indigènes et de leurs terres par les Européens. La scolarisation dans les pensionnats n'est qu'une des mesures prises pour coloniser les peuples autochtones. La politique de colonisation réprime la culture et les langues des Autochtones, ébranle leur gouvernement, ruine leur économie et les confine sur des terres marginales souvent improductives. Lorsque les Autochtones commencent à souffrir de la faim, de la pauvreté et de diverses maladies des suites de cette politique, le gouvernement faillit à ses obligations à leur endroit. Cette politique, dont le but était d'éliminer les peuples autochtones en tant qu'entités politiques et culturelles distinctes, doit être décrite pour ce qu'elle est : une politique de génocide culturel.

Bien qu'ils aient été soumis à des politiques d'assimilation agressives pendant près de 200 ans, les peuples autochtones ont conservé leur identité et ont préservé leurs collectivités. Ils continuent de défendre leurs droits à l'autonomie gouvernementale. Ils ne sont pas seuls dans cette bataille. Comme la Convention de règlement au Canada, la Déclaration des Nations Unies sur les droits des peuples autochtones marque un jalon important dans la campagne menée mondialement pour que soient reconnus et respectés les droits des peuples indigènes. Il est temps de laisser tomber les politiques coloniales qui appartiennent au passé, de libérer les peuples des séquelles laissées par les pensionnats et d'entreprendre un processus de réconciliation avec les Autochtones du Canada.

Les séquelles

> Je veux que les Canadiens comprennent que ça [les séquelles laissées par les pensionnats indiens] n'affecte pas seulement la vie des personnes qui ont bel et bien fréquenté les pensionnats, puisque les membres de leur famille, notamment leur conjoint et leurs enfants, sont également profondément touchés par ce triste héritage qui marque notre histoire.
>
> —Johanne Coutu-Autut, épouse d'un ancien pensionnaire du Turquetil Hall[1]

Les pensionnats indiens représentent un moment tragique de l'histoire du Canada. Toutefois, ils ne peuvent pas être simplement considérés comme de l'histoire ancienne. Les séquelles laissées par les pensionnats et les politiques et mécanismes de nature juridique et politique qui marquent leur histoire sont toujours d'actualité. Cette réalité se reflète dans les disparités importantes observées entre les peuples autochtones et les autres Canadiens sur le plan de l'éducation, du revenu, de la santé et de la vie sociale. Cela se reflète également dans le racisme virulent dont certaines personnes font preuve à l'endroit des Autochtones, de même que dans la discrimination systémique et les autres formes de discrimination dont sont régulièrement victimes les Autochtones dans ce pays. Le fait que la plupart des langues autochtones risquent sérieusement de disparaître traduit également cette réalité.

Les conditions actuelles, telles que le nombre disproportionné d'Autochtones incarcérés et victimes de crimes, et le nombre disproportionné d'enfants autochtones pris en charge par les agences de protection de l'enfance, peuvent être attribuables, en partie, à la façon dont les enfants autochtones ont été traités dans les pensionnats et aux séquelles que leur a laissées le fait d'être privés d'un environnement caractérisé par des rapports parents-enfants favorables, la présence de dignes dirigeants communautaires et un sentiment d'identité et d'estime de soi positif. Les pensionnats étaient parfois des endroits marqués par la violence, comme Joseph Martin Larocque, un ancien élève du pensionnat de Beauval, en Saskatchewan, l'a déclaré devant la Commission de vérité et réconciliation du Canada.

> [Le pensionnat] était un milieu très inhospitalier. Ils, ils nous traitaient comme des criminels... Vous, vous deviez, c'était comme une prison. Mais on n'était que de jeunes enfants et on ne comprenait pas. On ne comprenait pas cette discipline sévère. On, on comprenait l'amour que nous portaient nos, nos parents. Mais cette discipline sévère était difficile à prendre et tout le monde l'a subie, pas seulement moi[2].

Les répercussions des séquelles laissées par les pensionnats indiens ne se limitent pas aux élèves qui ont fréquenté ces établissements. Les conjoints des survivants, leurs enfants, leurs petits-enfants, les membres de leur famille élargie et leur collectivité sont également touchés. Les enfants qui ont été victimes de mauvais traitements dans les pensionnats ont parfois tendance à maltraiter les autres. De nombreux élèves qui ont pris la parole devant la Commission ont affirmé avoir développé une dépendance pour les aider à endurer la réalité. Dans bien des cas, les élèves qui ont été malmenés et traités comme des prisonniers dans les pensionnats aboutissent dans les vraies prisons. Pour bon nombre d'entre eux, la route entre le pensionnat et la prison est très courte. Mervin Mirasty est un ancien élève du pensionnat de Beauval.

> Je me suis enfui du pensionnat. Je sortais, je me promenais en ville et je volais tout ce que je pouvais trouver... J'ai commencé à voler des voitures. Je me suis fait prendre à l'âge de 15 ans. Je me suis retrouvé en prison. À partir de ce moment-là, où j'avais 15 ans, jusqu'à... l'année 2000, j'ai été condamné à 25 ans d'emprisonnement au total, 25 ans au total. Et je ne sais pas contre quoi je luttais ni ce que j'essayais de faire. Peu m'importait à qui appartenaient les choses que je volais. Je buvais. J'ai commencé à boire alors que j'avais environ 17 ou 18 ans. Je buvais, je volais et je travaillais à peine. J'ai exploité le système, le système d'aide sociale, et en plus, je volais et je buvais[3].

Les enfants qui ont été exposés à la discipline rigoureuse et beaucoup trop stricte des pensionnats trouvent parfois difficile de devenir des parents aimants. La mère de Genine Paul-Dimitracopoulos a été placée au pensionnat de Shubenacadie, en Nouvelle-Écosse, à un très jeune âge. Paul-Dimitracopoulos a déclaré devant la Commission qu'en sachant cela et en sachant comment était le pensionnat, elle a mieux compris « comment on a grandi, parce que ma mère ne nous montrait pas vraiment d'amour quand on était petits. Elle, quand je me faisais mal ou que je pleurais, elle n'était jamais là pour nous consoler ou nous serrer dans ses bras. Quand je me faisais mal, jamais elle ne me serrait dans ses bras pour me dire que tout allait bien aller. Je ne comprenais pas pourquoi[4]. » Alma Scott de Winnipeg a déclaré devant la Commission que comme « résultat direct de ces pensionnats, je suis une mère dysfonctionnelle... J'ai passé plus de 20 ans de ma vie accrochée à la bouteille, dans une dépendance où je ne voulais ressentir aucune émotion, je me gardais engourdie avec la drogue et l'alcool... C'est comme ça que j'ai élevé mes enfants, c'est ce que mes enfants ont vu et c'est ce que moi j'ai vu[5]. »

La Commission est convaincue qu'une véritable réconciliation ne sera possible que lorsque les séquelles complexes laissées par les pensionnats auront été comprises et reconnues et que des mesures de redressement auront été prises. Le Parlement et la Cour suprême ont admis que les séquelles laissées par les pensionnats devraient être prises en compte lors de la condamnation de délinquants autochtones. Bien que les mesures prises en ce sens soient importantes, ces dernières se sont révélées insuffisantes pour s'attaquer au nombre nettement disproportionné d'Autochtones incarcérés, lequel continue de croître, en raison en partie de l'absence de financement et soutien appropriés afin d'offrir des solutions de rechange culturellement adaptées pour remplacer l'emprisonnement.

Plus d'agences de protection de l'enfance sont établies au sein des Premières Nations, mais le nombre disproportionné d'enfants autochtones pris en charge par ces dernières continue lui aussi de croître. La situation est attribuable en partie à l'absence d'un financement adéquat pour offrir des mesures de soutien culturellement adaptées, lesquelles permettraient aux enfants de rester sans danger auprès de leur famille ou d'être placés dans des familles adoptives ou des foyers d'accueil qui sont adaptés à leur réalité culturelle et qui peuvent les aider à développer un sentiment d'identité, de dignité, et d'estime de soi.

Dans bon nombre de cas, les victimes des préjudices individuels et collectifs causés n'ont pas encore obtenu réparation, même après le règlement à l'amiable du litige lié aux pensionnats indiens négocié en 2006 et les excuses présentées par le Canada en 2008. En fait, certains des préjudices causés par les pensionnats aux familles autochtones, à leurs langues, à leur éducation et à leur santé risquent de persister et même de s'aggraver en raison des politiques gouvernementales actuelles. Les nouvelles politiques peuvent facilement être fondées sur un manque de compréhension des peuples autochtones semblable à celui qui a donné lieu aux pensionnats. À titre d'exemple, les politiques actuelles en matière de santé et de protection de l'enfance, qui ne tiennent pas compte de l'importance de la collectivité dans l'éducation des enfants, peuvent entraîner la prise de décisions inappropriées. Nous devons apprendre de l'échec des pensionnats afin de veiller à ce que les erreurs commises par le passé ne soient pas répétées à l'avenir.

Malgré les problèmes et les échecs rencontrés en tentant d'accorder réparation aux victimes pour les séquelles laissées par les pensionnats et la crainte que le gouvernement fédéral ait perdu le sentiment d'urgence lié à ces questions depuis la Convention de règlement relative aux pensionnats indiens conclue en 2006 et les excuses présentées par le Canada en 2008, la Commission continue d'afficher un optimisme prudent et est convaincue qu'il existe des avenues prometteuses pouvant mener à des réformes constructives. Ces avenues pourraient inclure de nouvelles stratégies fondées sur le respect du droit des peuples autochtones à l'autodétermination, ainsi que des obligations du Canada en vertu des traités, et la ratification par le Canada de la nouvelle Déclaration des Nations Unies sur les droits des peuples autochtones.

Dans son rapport provisoire de février 2012, la Commission fait observer que la Déclaration des Nations Unies représente un cadre de travail utile pour la mise en œuvre du processus de réconciliation entre les Canadiens autochtones et non autochtones. Nous continuons d'encourager tous les gouvernements et toutes les parties ayant ratifié la Convention de règlement à se servir de cette déclaration en ce sens[6].

Le gouvernement du Canada a refusé, au départ, d'adopter la Déclaration. Lorsqu'il l'a finalement approuvée, il n'a pas pleinement adopté les principes qui y sont affirmés, affirmant que la Déclaration « n'est pas juridiquement contraignante, ne constitue pas une expression du droit international coutumier et ne modifie pas les lois canadiennes »[7]. La Commission est convaincue que le refus de respecter les droits et les recours énoncés dans la Déclaration viendra aggraver encore davantage les séquelles laissées par les pensionnats et sera un obstacle aux progrès vers la réconciliation.

Protection de l'enfance

Comme le reconnaît lui-même le premier ministre dans les excuses officielles présentées en 2008 au nom du Canada, les pensionnats sont une attaque contre les enfants et les familles autochtones. Ils s'inspirent d'une attitude raciste voulant que les familles autochtones soient souvent inaptes à s'occuper de leurs enfants. En retirant les enfants de leurs collectivités et en les soumettant à une discipline stricte, à un endoctrinement religieux et à une vie enrégimentée ressemblant davantage à la vie en prison qu'à une vie de famille, les pensionnats nuisent, dans bien des cas, à la capacité des élèves à devenir plus tard des parents aimants. De bien des façons, les pensionnats ressemblent davantage à un système de protection de l'enfance qu'à un système d'éducation. Selon un sondage réalisé en 1953, sur les 10 112 élèves qui fréquentent alors les pensionnats, 4 313 sont orphelins ou sont issus de familles décrites comme étant des « foyers brisés »[8]. À compter des années 1940, les pensionnats font de plus en plus office d'orphelinats et d'établissements de protection de l'enfance. En 1960, le gouvernement fédéral estime que 50 % des enfants dans les pensionnats indiens y étaient pour des raisons de protection de l'enfance[9].

L'expérience des pensionnats est suivie de la « rafle des années 1960 », la prise en charge généralisée des enfants autochtones, à l'échelle nationale, par les agences de protection de l'enfance. Les services de protection de l'enfance retirent des milliers d'enfants autochtones de leur famille et de leur collectivité et les placent dans des foyers non autochtones, sans prendre les mesures qui s'imposent pour préserver leur culture et leur identité. Les enfants sont placés dans des foyers d'un bout à l'autre du Canada, aux États-Unis et même à l'étranger. En fait, cette pratique se perpétue bien au-delà des années 1960, au moins jusqu'au milieu ou à la fin des années 1980[10].

Actuellement, l'expérience des pensionnats et la rafle des années 1960 ont des répercussions négatives sur les compétences parentales des anciens élèves et sur la réussite de nombreuses familles autochtones. Les conséquences néfastes des pensionnats indiens, combinées aux attitudes préjudiciables à l'égard des aptitudes parentales des Autochtones et une tendance à voir la pauvreté des Autochtones comme un symptôme de négligence plutôt que comme une conséquence de l'échec des politiques du gouvernement, contribuent à la prise en charge d'un taux nettement disproportionné d'enfants des familles autochtones. Une étude réalisée par Statistique Canada en 2011 révèle que 3,6 % de tous les enfants des Premières Nations âgés de 14 ans et moins (14 225) sont placés en famille d'accueil comparativement à 0,3 % des enfants non autochtones (15 345)[11]. Comme l'a déclaré Norma Kassi, la chef d'Old Crow, lors de l'événement national du Nord à Inuvik, « les pensionnats ont fermé leurs portes, mais les foyers d'accueil existent encore et nos enfants nous sont encore arrachés »[12]. La Commission est d'accord : les services de protection de l'enfance du Canada ne font que poursuivre le processus d'assimilation entamé sous le régime des pensionnats indiens.

La crise relative à la protection de l'enfance au Canada ne passe pas inaperçue au sein de la communauté internationale. En 2012, le Comité des droits de l'enfant des Nations Unies a fait part de ses inquiétudes au Canada concernant le retrait fréquent des enfants de leur famille comme « premier recours » dans les cas de négligence, de difficultés financières ou d'incapacité. Dans son rapport, le Comité prend à partie la fréquence à laquelle les enfants autochtones sont retirés de leur collectivité[13]. Constatant que le Canada n'a pas donné suite aux conclusions tirées par son propre vérificateur général concernant le financement inéquitable alloué aux services de protection de l'enfance, le Comité conclut que des « mesures urgentes » s'imposent pour s'attaquer au problème de la surreprésentation discriminatoire des enfants autochtones au sein des familles d'accueil[14].

Données troublantes

Le volet des Premières Nations de l'Étude canadienne sur l'incidence des signalements de cas de violence et de négligence envers les enfants, conçu par l'Agence de la santé publique du Canada et ses partenaires provinciaux, du milieu universitaire et d'autres agences, a confirmé que les enfants autochtones vivant dans les régions géographiques visées par l'étude sont eux aussi considérablement surreprésentés en tant que sujets d'enquêtes sur les mauvais traitements envers les enfants. Pour chaque tranche de 1 000 enfants des Premières Nations, 140,6 enquêtes liées aux mauvais traitements envers les enfants ont eu lieu, comparativement à 33,5 enquêtes dans le cas des enfants non autochtones[15]. Le nombre d'enquêtes touchant des enfants des Premières Nations représentait 4,2 fois le nombre d'enquêtes concernant des enfants non autochtones[16]. L'étude a également permis de constater que dans la population visée, les allégations étaient plus susceptibles d'être fondées dans le cas d'enfants des Premières Nations. Cela se révélait exact pour toutes les catégories de mauvais traitements, mais la différence était la plus marquée dans le cas des enquêtes concernant la négligence[17]. Le nombre d'enquêtes sur des familles des Premières Nations pour des motifs de négligence était 8 fois plus élevé que dans la population non autochtone[18].

Une analyse de l'Étude canadienne sur l'incidence a confirmé que la pauvreté et les facteurs de stress de nature sociale sont des facteurs importants dans les enquêtes sur le bien-être des enfants de familles autochtones. Les parents autochtones sont plus susceptibles d'être exposés à de nombreux facteurs de risque graves, y compris la violence familiale, l'alcoolisme, le manque de services sociaux, la toxicomanie ou l'inhalation de solvants ainsi que le fait d'avoir vécu en famille d'accueil ou dans un foyer de groupe[19]. Chez les Autochtones, le lien direct entre la pauvreté et le nombre important de prises en charge par les organismes de protection de l'enfance est connu depuis environ une cinquantaine d'années. Pourtant, on sépare encore les enfants autochtones de leurs parents puisque ces derniers sont pauvres.

Les chercheurs croient que des normes claires sont nécessaires pour encadrer les prises en charge d'enfants, et que la prestation de services de soutien familial et de prévention pourrait être une meilleure façon de régler certains problèmes que le fait de séparer l'enfant de ses parents[20]. Un engagement envers la réduction du nombre d'enfants autochtones pris en charge par les services de protection de l'enfance et envers l'élaboration de mesures de soutien pour garder les familles unies doit être pris. Les travailleurs des services de protection de l'enfance doivent comprendre la culture autochtone ainsi que les torts durables causés par les pensionnats.

Appel à l'action :

1) Nous demandons au gouvernement fédéral, aux gouvernements provinciaux et territoriaux de même qu'aux gouvernements autochtones de s'engager à réduire le nombre d'enfants autochtones pris en charge en ayant recours aux moyens suivants :

    i. le contrôle et l'évaluation des enquêtes sur la négligence;

    ii. l'affectation de ressources suffisantes pour permettre aux collectivités autochtones et aux organismes de protection de l'enfance de garder les familles autochtones ensemble, dans les cas où il est sécuritaire de le faire, et de garder les enfants dans des environnements adaptés à leur culture, quel que soit l'endroit où ils habitent;

iii. la prise de mesures pour voir à ce que les travailleurs sociaux et les autres intervenants qui mènent des enquêtes liées à la protection de l'enfance soient bien renseignés et formés en ce qui touche l'histoire et les répercussions des pensionnats;

iv. la prise de mesures pour voir à ce que les travailleurs sociaux et les autres intervenants qui mènent des enquêtes liées à la protection de l'enfance soient bien renseignés et formés au sujet de la possibilité que les familles et les collectivités autochtones représentent de meilleures solutions en vue de la guérison des familles;

v. l'établissement d'une exigence selon laquelle tous les décideurs du milieu de la protection de l'enfance doivent tenir compte des répercussions de l'expérience des pensionnats sur les enfants et sur ceux qui leur fournissent des soins.

Une meilleure recherche et de meilleures données sont également requises pour surveiller et élaborer des stratégies de réduction de la surreprésentation des enfants autochtones recevant des services de protection de l'enfance.

Appel à l'action :

2) Nous demandons au gouvernement fédéral, en collaboration avec les provinces et les territoires, de préparer et de publier des rapports annuels sur le nombre d'enfants autochtones (Premières Nations, Inuits et Métis) qui sont pris en charge, par comparaison avec les enfants non autochtones, ainsi que sur les motifs de la prise en charge d'enfants par l'État, sur les dépenses totales engagées pour les besoins des services de prévention et de nature autre offerts par les organismes de protection de l'enfance, et sur l'efficacité des diverses interventions.

Décès et mauvais traitement des enfants pris en charge

Le système de protection de l'enfance prend en charge trop d'enfants autochtones et paradoxalement n'est pas en mesure de les protéger. La Commission a entendu de nombreux récits de mauvais traitements dans les foyers d'accueil. Une femme nous a dit que ses parents de famille d'accueil ont abusé d'elle physiquement et sexuellement. Son identité autochtone était constamment dépréciée. Elle a dit ceci : « [Mes parents de famille d'accueil] affirmaient de façon catégorique que la culture autochtone était inférieure aux humains, que les Autochtones étaient de sales sauvages qui mangeaient des rats. Je ne voulais pas faire partie de ces gens. Et pendant des années, je ne savais pas comment être fière de qui j'étais, parce que je ne savais pas qui j'étais[21]. »

Linda Clarke a été placée en famille d'accueil avec trois autres enfants.

> Dans ce foyer d'accueil, il y avait un pédophile, et je ne sais pas ce qui arrivait aux autres, mais je suis devenue sa cible. La mère m'envoyait toujours faire des commissions avec lui. Et chaque fois, il me forçait à lui faire des choses, et puis il me donnait des friandises. De plus, dans cette maison, nous, les enfants de famille d'accueil, ne recevions pas de câlins. Et je me suis sentie très coupable pendant de nombreuses années parce que parfois, je ne voulais pas résister, mais… je savais que ce n'était pas bien du tout[22].

Parfois, les prises en charge d'enfants tournent à la tragédie. Lorsque l'on peut trouver des statistiques propres à une province, les conclusions indiquent que dans certaines régions du pays, les enfants autochtones pris en charge par les services de protection de l'enfance ont un risque de décès très accru.

Une recherche réalisée en Alberta a indiqué que 78 % des enfants décédés dans des foyers d'accueil entre 1999 et le milieu de 2013 étaient des Autochtones[23]. Puisque les enfants autochtones, une minorité dans la population en général, représentent 59 % des enfants pris en charge par les services de protection de l'enfance en Alberta, le taux de décès d'enfants autochtones en famille d'accueil est encore plus disproportionné que le taux de prise en charge. Des 74 décès enregistrés d'enfants autochtones en famille d'accueil, 13 ont été causés par des accidents, 12 par des suicides et 10 par des homicides[24]. De ces enfants, 45 sont décédés alors qu'ils étaient pris en charge par un organisme provincial de protection de l'enfance et 29 sont décédés alors qu'ils étaient pris en charge par un organisme de services à l'enfance et à la famille se trouvant dans une réserve des Premières Nations.

Prestation de services de protection de l'enfance

Au Canada, il existe plus de 300 organismes de protection de l'enfance sous réglementation provinciale et territoriale. De plus, le Canada offre un financement à plus de 100 organismes qui offrent des services à l'enfance et à la famille à des familles des Premières Nations en vertu des lois provinciales[25]. En 2010-2011, 9 241 enfants des Premières Nations se trouvaient à l'extérieur de la maison parentale et étaient pris en charge par ces organismes de services à l'enfance et à la famille des Premières Nations, ce qui représente 5,5 % des enfants vivant dans les réserves[26]. Quelques grandes villes canadiennes (comme Toronto et Vancouver) comptent également des organismes de services à l'enfance et à la famille pour les Autochtones[27]. Au Manitoba, on retrouve également un organisme offrant des services aux familles métisses. Toutefois, il n'existe pas d'organisme régi par les Autochtones dans les trois territoires du Nord; les services de protection de l'enfance accessibles aux Autochtones sont offerts par les mêmes organismes gouvernementaux qui s'occupent de tous les enfants. Les Autochtones forment la majorité des membres des corps législatifs et cabinets dans deux des trois territoires.

Même si le gouvernement fédéral reconnaît sa responsabilité en matière d'offre de services de protection de l'enfance aux familles des Premières Nations, les communautés métisses ne sont pas bien desservies. La Commission est d'avis que des services à l'enfance et à la famille bien financés et spécialement conçus pour les Métis doivent être offerts aux enfants et familles métis. Le gouvernement du Canada ne doit pas laisser de conflits de compétence non résolus faire obstacle à l'acceptation de ces responsabilités. De plus, la Commission croit que le gouvernement du Canada doit veiller à la mise en place de services de protection de l'enfance pour les Inuits du Nord et dans les centres urbains où se trouve une population inuite importante, comme Ottawa et Montréal, et veiller à ce que ces services disposent de ressources adéquates.

Manque de financement adéquat

Les preuves de l'efficacité des organismes de services à l'enfance et à la famille des Premières Nations sont toujours préliminaires, mais des données empiriques et des études de cas indiquent que les organismes des Premières Nations sont plus efficaces que les organismes non autochtones pour offrir des services aux clients des Premières Nations[28]. Toutefois, il est troublant de constater que le manque de financement nuit à la capacité des organismes de services à l'enfance et à la famille des Premières Nations de mettre au point des services appropriés sur le plan culturel. Des 12 organismes des Premières Nations interrogés en 2005, 83,4 % ont signalé ne pas avoir reçu un financement adéquat pour assurer la prestation de services adaptés à la culture autochtone[29]. Il est évident que la façon dont le Canada a financé les services de protection de l'enfance pour les Autochtones a nui à la capacité des organismes des Premières Nations à offrir des services efficaces. Cette lacune continue de causer des torts aux familles et communautés autochtones et contribue à la surreprésentation continue des enfants autochtones dans les foyers d'accueil.

Conflits de compétence

La responsabilité en matière de compétence pour les services de protection de l'enfance est le sujet d'intenses discussions. Par le passé, le gouvernement fédéral et les gouvernements provinciaux et territoriaux ont tenté de transférer la responsabilité des services de protection de l'enfance pour les Autochtones d'un ordre de gouvernement à un autre. Le gouvernement fédéral est d'avis que la responsabilité relative aux services à l'enfance et à la famille revient entièrement aux provinces et aux territoires. Le Canada prétend que le gouvernement fédéral est seulement responsable du financement des services offerts dans les réserves. En revanche, les provinces soutiennent que le gouvernement fédéral a une responsabilité constitutionnelle en ce qui a trait aux « Indiens », et affirment qu'Ottawa a transmis cette responsabilité aux provinces pour offrir des services à une population de plus en plus urbaine et ne vivant pas dans les réserves[30].

Ainsi, la détermination de l'ordre de gouvernement ou du ministère responsable d'assumer les coûts est souvent source de conflits. Les répercussions de ces conflits peuvent être importantes, et ce sont les enfants autochtones qui sont le plus touchés — en particulier les enfants ayant des problèmes complexes de développement, de santé mentale et de santé physique[31].

En 2007, la Chambre des communes a appuyé à l'unanimité l'adoption du « principe de Jordan », nommé en l'honneur d'un enfant du Manitoba ayant eu des besoins médicaux complexes dès sa naissance et ayant passé la totalité de sa courte vie à l'hôpital, au cœur d'un conflit de compétence fédéral-provincial au sujet de la responsabilité du financement de ses soins[32]. Selon le principe de Jordan, le ministère avec lequel on communique en premier pour obtenir un service offert seulement hors réserve doit payer pour ce service et demander plus tard le remboursement des dépenses[33]. Toutefois, le principe de Jordan n'a pas été adopté en tant que loi; il s'agit plutôt d'une déclaration de principes du Parlement du Canada[34]. De nombreux cas de conflits de responsabilité se poursuivent entre les gouvernements.

Appel à l'action :

3) Nous demandons à tous les ordres de gouvernement de voir à la pleine mise en œuvre du principe de Jordan.

Améliorer les résultats pour les enfants

Même si les Autochtones contrôlent maintenant une part considérable des services d'aide à l'enfance, les organismes autochtones ont toujours de la difficulté à trouver un financement adéquat. Il est nécessaire de consacrer davantage de financement et de recherches aux services préventifs qui peuvent aider les familles autochtones. Néanmoins, bon nombre des conditions qui causent la représentation disproportionnée des Autochtones dans le système de protection de l'enfance sont liées à des répercussions des pensionnats beaucoup plus difficiles à régler, y compris la pauvreté, la toxicomanie, la violence familiale et la violence sexuelle. Nous croyons qu'afin de remédier aux torts causés par les pensionnats et de nouer des relations plus respectueuses et saines, le gouvernement du Canada, en consultation significative avec les Premières Nations, les Inuits et les Métis, doit reconnaître et aborder le contexte plus vaste de la crise des services de protection de l'enfance. Ce contexte touche les questions relatives à la pauvreté chez les enfants, au logement, à l'eau, à la salubrité, à la sécurité alimentaire, à la violence familiale et aux inégalités en matière d'éducation. Une réforme efficace des services à l'enfance exigera l'établissement d'échéances et de cibles mesurables en ce qui concerne la réduction du nombre et du pourcentage d'enfants autochtones pris en charge, une plus grande uniformité dans le cadre réglementaire ainsi que la reconnaissance du rôle central des organismes autochtones.

Le Canada a rejeté les demandes des Premières Nations concernant l'exploitation des services conformément aux lois et systèmes de justice traditionnels. En contraste, aux États-Unis, les cours tribales jouent un rôle important dans le système de protection de l'enfance depuis 1978. Ces cours ont une compétence exclusive par rapport aux procédures concernant le droit de garde qui touchent des enfants autochtones vivant dans une réserve. Elles peuvent également intervenir dans les cas de droits de garde où l'enfant ne vit pas dans une réserve[35]. Même s'il n'est pas parfait, le système des États-Unis accorde aux conseils tribaux un plus grand pouvoir en ce qui concerne le placement des enfants autochtones ainsi que l'expansion des programmes qui ont pour but de maintenir les familles unies. Les enfants autochtones sont tout de même séparés de leur famille en nombres disproportionnés, mais le taux de surreprésentation a diminué. Le taux de placement dans des foyers non autochtones a également diminué[36].

Appel à l'action :

4) Nous demandons au gouvernement fédéral de mettre en place des dispositions législatives en matière de protection des enfants autochtones qui établissent des normes nationales en ce qui a trait aux cas de garde et de prise en charge par l'État concernant des enfants autochtones, et qui prévoient des principes qui :

   i. confirment le droit des gouvernements autochtones d'établir et de maintenir en place leurs propres organismes de protection de l'enfance;

   ii. exigent des organismes de protection de l'enfance et des tribunaux qu'ils tiennent compte dans leurs décisions des séquelles laissées par les pensionnats;

iii. établissent, en tant que priorité de premier plan, une exigence selon laquelle le placement temporaire ou permanent des enfants autochtones le soit dans un milieu adapté à leur culture.

L'amélioration des résultats pour les enfants autochtones comporte également une dimension humaine. Les répercussions intergénérationnelles de l'expérience des pensionnats ont fait en sorte que certaines familles n'ont pas de modèle parental solide. Un investissement dans des programmes appropriés sur le plan culturel dans les communautés autochtones pourrait améliorer les compétences parentales et permettre à plus d'enfants de grandir en sécurité dans leur famille et leur communauté.

Appel à l'action :

5) Nous demandons au gouvernement fédéral, aux gouvernements provinciaux et territoriaux de même qu'aux gouvernements autochtones d'élaborer des programmes d'éducation qui sont destinés aux parents et qui sont adaptés à la culture des familles autochtones.

Éducation

Le système des pensionnats a été un échec en tant que système d'éducation. Il était fondé sur des opinions racistes à propos de l'infériorité intellectuelle et culturelle des Autochtones, soit la croyance que les enfants autochtones étaient incapables d'atteindre un niveau de scolarité plus élevé qu'une éducation de niveau primaire ou professionnelle rudimentaire. Par conséquent, pendant la majeure partie de l'histoire de ce système, la plupart des élèves n'ont pas progressé au-delà du niveau primaire. Le gouvernement et les autorités religieuses qui ont exploité les pensionnats n'ont pas tenu compte de l'accent positif que les traités et de nombreuses familles autochtones ont placé sur l'éducation. Ils ont plutôt créé des établissements dangereux et effrayants qui ont offert peu d'enseignement.

Dans sa mission visant à « civiliser » et à christianiser, le personnel de l'école se servait des châtiments corporels pour discipliner les élèves. Ces châtiments dépassaient souvent les limites pour devenir de la violence physique. Même s'ils sont employés beaucoup moins souvent aujourd'hui, les châtiments corporels sont toujours permis légalement, dans les écoles et ailleurs, en vertu de la loi canadienne. L'article 43 du *Code criminel* stipule ce qui suit : « Tout instituteur, père ou mère, ou toute personne qui remplace le père ou la mère, est fondé à employer la force pour corriger un élève ou un enfant, selon le cas, confié à ses soins, pourvu que la force ne dépasse pas la mesure raisonnable dans les circonstances. » La Commission croit que les châtiments corporels sont des reliques d'un passé révolu qui n'ont plus leur place dans les écoles et les foyers canadiens.

Appel à l'action :

6) Nous demandons au gouvernement du Canada d'abroger l'article 43 du *Code criminel* du Canada.

Les objectifs des écoles étaient de retirer aux enfants leur identité autochtone et de les assimiler dans la société chrétienne occidentale. Doris Young, qui a fréquenté le pensionnat Elkhorn au Manitoba, a décrit l'expérience comme une attaque systématique contre son identité en tant que membre de la nation crie.

> Ces écoles étaient une guerre contre les enfants autochtones, et elles nous ont volé notre identité. D'abord, les responsables nous ont attribué un numéro; nous n'avions pas de nom, nous étions des numéros; et ils nous ont coupé les cheveux. Ils ont pris nos vêtements et nous ont donné d'autres vêtements... nous avions tous la même apparence. Nos cheveux étaient tous coupés de la même façon, avec une frange, courts et droits, à la hauteur de nos oreilles... Ils ont pris nos mocassins et nous ont donné des souliers. Je n'étais qu'un bébé, et je ne portais pas de souliers, nous portions des mocassins. Notre identité nous a immédiatement été enlevée lorsque nous sommes entrés dans ces écoles[37].

En plus des dommages émotionnels et psychologiques qu'ils ont causés, l'une des séquelles les plus considérables et dévastatrices des pensionnats est l'effet sur la réussite au plan éducatif et économique des Autochtones. Le manque de modèles et de mentors, le financement insuffisant des écoles, les enseignants inadéquats et le programme scolaire inadapté généralement enseigné dans une langue étrangère — et parfois par des enseignants qui ne connaissaient pas bien la langue en question — sont des éléments qui ont contribué aux taux de réussite extrêmement faibles de l'éducation des Autochtones. Pour nombre d'élèves, ces conditions étaient aggravées par la difficulté d'essayer d'apprendre dans des environnements rendus traumatiques par le mal du pays, la faim, la peur, la violence et le sentiment d'impuissance créé par l'établissement. La Commission a entendu de nombreux exemples d'élèves ayant fréquenté un pensionnat pendant huit ans ou plus, pour obtenir seulement un niveau de scolarité équivalant à la troisième année, et qui parfois ne savaient même pas lire. Selon les rapports annuels du ministère des Affaires indiennes, dans les années 1950, seulement la moitié des élèves inscrits chaque année atteignaient la sixième année[38].

Les résultats scolaires faibles ont mené au chômage chronique ou au sous-emploi, à la pauvreté, au logement inadéquat, à la toxicomanie, à la violence familiale et à des problèmes de santé, dont de nombreux anciens élèves ont souffert à l'âge adulte. Même si les taux de réussite scolaire s'améliorent peu à peu, les Canadiens autochtones ont toujours des résultats scolaires et économiques de loin inférieurs à ceux des autres Canadiens.

L'éducation est un droit fondamental, garanti dans les traités, dans les lois internationales et dans la *Charte canadienne des droits et libertés*. En particulier, la Déclaration des Nations Unies sur les droits des peuples autochtones contient une importante déclaration sur le droit à l'éducation dirigée par la communauté. La Déclaration stipule : « Les peuples autochtones ont le droit d'établir et de contrôler leurs propres systèmes et établissements scolaires où l'enseignement est dispensé dans leur propre langue, d'une manière adaptée à leurs méthodes culturelles d'enseignement et d'apprentissage[39]. » La Commission croit que le respect de la promesse de la Déclaration sera essentiel pour surmonter les séquelles des pensionnats.

Éducation et écart de revenu

Il n'est pas surprenant, considérant les terribles conditions dans lesquelles ils avaient été contraints de vivre et l'éducation essentiellement inefficace qu'ils avaient reçue, qu'une proportion importante des élèves aient quitté l'école dès qu'il leur a été possible de le faire. Une étude réalisée en 2010 auprès de parents et d'enfants autochtones vivant hors réserve a révélé que le taux d'achèvement des études secondaires est plus faible chez les anciens élèves des pensionnats indiens (28 %) que chez les autres élèves (36 %)[40]. Seulement 7 % des parents qui avaient fréquenté un pensionnat indien ont obtenu un diplôme universitaire, comparativement à 10 % des parents autochtones qui n'ont jamais fréquenté ces établissements[41].

Bien que les taux d'achèvement des études secondaires pour l'ensemble des Autochtones se soient améliorés depuis la fermeture des pensionnats indiens, on constate toujours des écarts considérables entre eux et la population non autochtone. Par exemple, le recensement de 2006 révèle que 34 % des adultes autochtones n'ont pas de diplôme d'études secondaires, par rapport à seulement 15 % des adultes non autochtones[42]. Lors du recensement de 2011, ces données s'étaient légèrement améliorées, 29 % des Autochtones n'ayant pas de diplôme d'études secondaires, comparativement à 12 % pour la population non autochtone[43].

Il convient de souligner que les niveaux les plus bas de réussite scolaire sont relevés dans les communautés affichant les pourcentages les plus élevés de descendants des survivants des pensionnats indiens : les membres des Premières Nations vivant sur les réserves, et les Inuits, deux groupes qui ont un taux d'achèvement des études secondaires de 41 % ou moins[44].

Les statistiques des membres des Premières Nations qui vivent hors réserve et des Métis sont légèrement meilleures. Plus de 60 % des membres des Premières Nations vivant hors réserve et entre 65 % et 75 % des Métis ont un diplôme d'études secondaires (bien que ces résultats soient toujours en deçà de la moyenne nationale)[45].

Les niveaux moins élevés de scolarité des enfants des survivants limitent considérablement leurs perspectives d'emploi et les revenus qu'ils sont en mesure de gagner, comme c'était le cas pour leurs parents. Les Autochtones ont un revenu médian après impôt plus bas et sont plus susceptibles de connaître des périodes de chômage et de toucher des prestations d'assurance-emploi et d'aide sociale[46]. Cette situation s'applique à tous les groupes autochtones, à quelques variations près. En 2009, le taux de chômage des Métis pour les personnes âgées de 25 à 34 ans était de 9,4 %, tandis que le taux de chômage pour le même segment de la population non autochtone se chiffrait à 7,0 %[47]. En 2006, le taux de chômage des Inuits atteignait 19 %[48]. Les taux de chômage véritables des Autochtones vivant sur les réserves sont difficiles à confirmer en raison du peu de données recueillies[49].

Les Autochtones gagnent également beaucoup moins que les non-Autochtones. Le revenu médian pour les Autochtones en 2006 était 30 % plus bas que le revenu médian des travailleurs non autochtones (18 962 $ et 27 097 $, respectivement)[50]. L'écart s'amenuise chez les Autochtones qui possèdent un diplôme universitaire, qui sont beaucoup moins nombreux que chez les non-Autochtones[51]. Compte tenu de ces chiffres, il n'est pas surprenant de constater que le taux de pauvreté chez les enfants autochtones est très élevé — 40 % par rapport à 17 % pour tous les enfants au Canada[52]. L'écart de revenu est également généralisé : les Canadiens non autochtones gagnent plus que les travailleurs autochtones, qu'ils travaillent sur les réserves, hors des réserves ou en milieu urbain, rural, ou éloigné[53].

La proportion d'adultes autochtones qui vivent sous le seuil de la pauvreté, peu importe l'âge et le sexe, est beaucoup plus élevée que chez les adultes non autochtones, avec des écarts allant de 7,8 % pour les hommes adultes âgés de 65 ans et plus, à 22,5 % pour les femmes adultes âgées de 65 ans et plus[54]. La pauvreté des Autochtones est également beaucoup plus profonde, les Autochtones ont en effet un revenu moyen qui se trouve encore plus bas sous le seuil de pauvreté que celui des adultes non autochtones, et leur pauvreté est plus susceptible de s'échelonner sur une longue période de temps[55].

Appel à l'action :

7) Nous demandons au gouvernement fédéral d'élaborer, de concert avec les groupes autochtones, une stratégie conjointe pour combler les écarts en matière d'éducation et d'emploi entre les Canadiens autochtones et les Canadiens non autochtones.

Iniquité du financement

Aujourd'hui, l'éducation offerte aux Autochtones au Canada repose sur une combinaison de modèles. Le gouvernement fédéral finance les écoles sur les réserves, laissant souvent la responsabilité de leur administration à la Première Nation locale. Les enfants autochtones vivant hors réserve fréquentent les écoles des systèmes scolaires provinciaux ou territoriaux. Enfin, il existe un petit nombre de systèmes d'éducation entièrement administrés et gérés par les Premières Nations en vertu d'ententes sur l'autonomie gouvernementale et d'autres types d'ententes intergouvernementales.

Il y a approximativement 72 000 élèves qui fréquentent 518 écoles des Premières Nations[56]. Malgré ces chiffres, plusieurs enfants doivent encore aujourd'hui quitter leur foyer et leur famille s'ils veulent poursuivre des études à un plus haut niveau, et ce, dès les études secondaires.

Depuis 1973, le gouvernement du Canada se dit résolu à confier la responsabilité de l'éducation aux Premières Nations[57]. Seulement, l'interprétation que fait le gouvernement du Canada de la « responsabilité des Indiens » est bien différente de la vision qu'en ont les Premières Nations. Pour le gouvernement, cela signifie confier la responsabilité des programmes éducatifs fédéraux aux Premières Nations, sans leur verser un financement adéquat ou leur déléguer l'autorité juridique nécessaire[58]. De fait, lorsque le transfert des responsabilités a débuté, il ne devait engager aucune dépense additionnelle. Cela signifie que les écoles auparavant administrées par les Affaires indiennes et qui offraient déjà un enseignement de qualité inférieure à celui offert par les écoles provinciales étaient confiées aux bandes des Premières Nations pour qu'elles les administrent, sans toutefois leur donner les moyens de les gérer efficacement. Conséquemment, le programme éducatif dans la majorité des écoles des Premières Nations est en fait identique à celui des écoles provinciales et territoriales[59]. Cette approche ne diffère guère de l'approche qui avait été adoptée à l'époque des pensionnats indiens, lorsque les communautés indigènes n'avaient pas voix au chapitre concernant le contenu de l'enseignement offert à leurs enfants et la langue dans laquelle cet enseignement leur était transmis.

La formule du financement des écoles des Premières Nations a été révisée la dernière fois en 1996 et ne tient pas compte de l'éventail des composantes éducatives de base et contemporaines qui sont nécessaires pour offrir une éducation de bonne qualité au XXIe siècle, comme les technologies de l'information et des communications, les sports et les loisirs, les compétences linguistiques et les services de bibliothèque[60]. Pire encore, depuis 1996, l'augmentation du financement alloué aux Premières Nations pour l'éducation a été plafonnée à 2 %, ce qui est insuffisant pour compenser l'inflation ou la croissance démographique rapide des élèves autochtones[61]. Pendant ce temps, entre 1996 et 2006, le financement versé aux systèmes scolaires provinciaux et territoriaux a augmenté chaque année de 3,8 %, soit près du double de l'augmentation du financement alloué aux écoles sur les réserves[62]. Il est fort probable que le sous-financement des écoles sur les réserves enfreigne les promesses faites en vertu des traités au sujet de l'éducation, cela sans compter qu'il rend très difficile l'élimination des écarts qu'il cause au chapitre de l'éducation et du revenu.

Dans bien des cas, les frais que les Premières Nations doivent débourser lorsqu'ils envoient leurs enfants dans des écoles provinciales sont plus élevés que le montant qu'elles reçoivent du gouvernement du Canada par élève[63].

Appels à l'action :

8) Nous demandons au gouvernement fédéral d'éliminer l'écart entre le financement en matière d'éducation qu'il verse pour les besoins des enfants des Premières Nations qui fréquentent des écoles dans les réserves et celui qu'il accorde pour les besoins des enfants des Premières Nations qui fréquentent des écoles à l'extérieur des réserves.

9) Nous demandons au gouvernement fédéral de préparer et de publier des rapports annuels sur le financement en matière d'éducation destiné aux enfants des Premières Nations dans les réserves par comparaison avec celui dont bénéficient les enfants des Premières Nations à l'extérieur des réserves, ainsi que sur les niveaux de scolarisation et le revenu des membres des peuples autochtones par rapport aux non-Autochtones au Canada.

Réforme de l'éducation

Depuis 2011, trois rapports d'importance sur l'éducation des Premières Nations arrivent à la conclusion que le statu quo est inacceptable et qu'une restructuration en profondeur s'impose sur la base des principes de l'autonomie gouvernementale, d'un programme éducatif adapté à la culture autochtone et d'un financement stable. Les trois rapports conviennent que les Autochtones doivent être ceux qui dirigent et supervisent le processus de changement[64].

En octobre 2013, le gouvernement publiait le texte de son projet de loi intitulé *Loi sur l'éducation des Premières Nations*. Le projet de loi n'offrait aucune garantie d'un financement accru, voire stable, des écoles des Premières Nations, laissant ces questions être résolues au moyen de dispositions réglementaires, sans aucune assurance d'équité dans la distribution des ressources allouées pour éduquer les enfants des Premières Nations qui fréquentent des écoles des Premières Nations ou des écoles provinciales. En février 2014, le gouvernement du Canada et l'Assemblée des Premières Nations annonçaient qu'ils s'étaient entendus sur les nouveaux fondements d'une réforme et d'une législation relatives à l'éducation des Premières Nations. Cette entente prévoyait une augmentation de plus de 2 milliards de dollars du financement versé aux écoles sur les réserves, le remplacement du plafond de 2 % imposé sur les augmentations annuelles par une augmentation annuelle de l'ordre de 4,5 %, et le versement d'une somme de 1,25 milliard de dollars entre 2016-2017 et 2018-2019. Ce projet de loi, suscitant l'opposition des dirigeants autochtones, a été mis en suspens le temps que les principes à la base de la nouvelle loi reçoivent l'approbation de toutes les parties.

Après tout ce qu'elle a entendu de la part des milliers d'anciens élèves et membres de leurs familles partout au pays, la Commission est convaincue que toute nouvelle loi doit reconnaître l'importance de l'éducation dans le renforcement de l'identité culturelle des Autochtones et la mise en place des éléments nécessaires à la réussite. Albert Marshall, un ancien élève au pensionnat indien de Shubenacadie en Nouvelle-Écosse, a fait valoir ce point avec fermeté auprès de la Commission.

> Le système d'éducation actuel a été conçu pour éradiquer complètement qui je suis et anéantir l'esprit indien qui me vient de mes ancêtres micmacs et qui est en moi. Mais je sais que j'ai besoin de connaissances et d'éducation. Toutefois, l'éducation dont j'ai besoin doit refléter qui je suis en tant que Micmac. Il est de ma responsabilité de transmettre les connaissances que j'acquiers et que je vais acquérir à d'autres afin qu'ils en bénéficient [...]. L'héritage que je veux laisser à mes enfants et aux générations futures leur permettra d'exceller, leur permettra de se mesurer à d'autres sans avoir à s'inquiéter du système d'éducation qui pourrait éradiquer leur identité[65].

Appel à l'action :

10) Nous demandons au gouvernement fédéral d'élaborer de nouvelles dispositions législatives sur l'éducation des Autochtones, avec la pleine participation et le consentement éclairé des peuples autochtones. Plus précisément, nous demandons à ce que ces dispositions comprennent un engagement à l'égard d'un financement suffisant et intègrent des principes qui se traduisent par la réalisation de ce qui suit :

    i. fournir un financement suffisant pour combler les écarts mentionnés sur le plan des niveaux de scolarisation en une génération;

    ii. améliorer les niveaux de scolarisation et les taux de réussite;

    iii. élaborer des programmes d'études adaptés à la culture;

    iv. protéger le droit d'utiliser les langues autochtones, y compris en ce qui touche l'enseignement de telles langues dans le cadre de cours crédités;

v. voir à ce que les parents et la collectivité puissent assumer la responsabilité et le contrôle du système scolaire qui les concerne, et à ce qu'ils soient tenus de rendre des comptes à cet égard, de manière semblable à la situation des parents dans le système scolaire public;

vi. permettre aux parents de participer pleinement à l'éducation de leurs enfants;

vii. respecter et honorer les relations découlant des traités. Éducation des Métis et des Inuits

Les écoles provinciales et territoriales sont les seules options offertes aux élèves métis, aux autres enfants autochtones sans statut reconnu, et aux enfants des Premières Nations et enfants inuits qui vivent hors réserve ou sur une réserve, mais qui fréquentent une école provinciale. Leurs résultats scolaires ne sont guère meilleurs que ceux des enfants qui fréquentent une école des Premières Nations sur une réserve ou dans leurs communautés natales[66]. Les conflits de compétence entre les gouvernements fédéral et provinciaux sur la responsabilité de l'éducation des Métis continuent de représenter un obstacle de taille empêchant les Métis d'avoir le contrôle de l'éducation de leurs jeunes. La reconnaissance des compétences et des pouvoirs des Métis est toujours inexistante, même s'ils bénéficient de la même protection conférée par l'article 35 de la *Constitution*[67]. Il en résulte que les enfants métis sont généralement éduqués dans le système scolaire public ou catholique, où les conseils scolaires ne sont pas précisément tenus responsables des besoins éducatifs des enfants métis[68]. La Commission est d'avis que les ordres de gouvernement devraient consulter les parents, les communautés et les organismes nationaux métis afin d'offrir des programmes éducatifs adaptés à la culture métisse.

Les élèves inuits sont ceux qui sont aux prises avec les écarts les plus importants sur le plan de la scolarité. Un nombre disproportionnellement élevé de parents dans le Nord sont des survivants des pensionnats indiens ou des survivants intergénérationnels. Les Inuits figurent parmi les citoyens les plus jeunes du Canada, l'âge médian étant de 22 ans. En réponse aux besoins considérables de leur jeune population, les Inuits mènent la charge afin de provoquer des changements en profondeur. L'éducation des Inuits est en train d'amorcer un virage important, les communautés du Nord générant certains des modèles d'autonomie gouvernementale les plus prometteurs en matière d'éducation. Mais ces changements ne se font pas sans embûches. Certaines régions sont mieux équipées que d'autres pour développer les ressources nécessaires. La pénurie d'enseignants bilingues est l'un des obstacles les plus difficiles à surmonter pour pousser plus loin l'éducation bilingue dans les écoles inuites, sans compter le matériel d'enseignement et de lecture insuffisant dans les langues inuites[69].

Un autre problème d'envergure est l'absence de services de soutien nécessaires tant au sein du système d'éducation qu'à l'extérieur de celui-ci pour favoriser la réussite scolaire. Les enseignants inuits savent depuis longtemps qu'il est important de commencer à travailler avec les enfants le plus tôt possible, mais le Nord manque d'établissements de garderie et d'enseignement préscolaire de bonne qualité[70].

Études postsecondaires

Dans le but d'aider à éliminer l'écart au chapitre du revenu et de l'emploi, les Autochtones ont besoin d'un accès accru aux études postsecondaires. Selon le recensement de 2011, seulement 8,7 % des membres des Premières Nations, 5,1 % des Inuits et 11,7 % des Métis possèdent un diplôme universitaire[71]. Le vérificateur général du Canada a formulé le commentaire suivant : « En 2004, nous avions constaté qu'au rythme de scolarisation alors en vigueur, il faudrait 28 ans pour que les Premières Nations atteignent le taux moyen d'obtention de diplôme du Canada. Selon des données plus récentes, il leur faudra peut-être encore plus de temps[72]. » Les obstacles à l'éducation postsecondaire ont eu de profondes répercussions. Geraldine Bob était élève au pensionnat de Kamloops, en Colombie-Britannique. Elle a dit à la Commission lors d'une audience communautaire tenue à Fort Simpson, dans les Territoires du Nord-Ouest, qu'une éducation de piètre qualité et des expériences négatives au pensionnat avaient retardé ses études universitaires et son entrée sur le marché du travail en tant qu'enseignante. Elle a évoqué ce qui suit :

> [...] le système des pensionnats me doit ces années perdues. Vous savez, j'ai perdu ma retraite; je dois continuer de travailler. Je n'ai pas un fonds de retraite bien rempli parce qu'il était trop tard pour cela lorsque je suis retournée aux études. Et j'ai prouvé que j'avais les capacités pour aller à l'université et réussir ma carrière en tant qu'enseignante. Donc... le petit montant reçu au titre du Paiement d'expérience commune ne compense pas toutes les pertes que j'ai subies[73].

Personne, ou presque, possédant un diplôme universitaire ou collégial qui s'est présenté devant la Commission n'avait été en mesure d'obtenir ce diplôme immédiatement après les études secondaires. La plupart d'entre eux, comme Geraldine Bob, ont eu besoin de plusieurs années pour se remettre suffisamment du temps passé au pensionnat pour envisager même la possibilité de parfaire leur éducation.

Pour accroître l'accès aux études postsecondaires, une étape importante consiste à augmenter les taux d'achèvement des études secondaires. Or, même pour ceux qui sont admissibles à un programme universitaire, il y a des obstacles importants à surmonter. Le financement versé par le gouvernement fédéral pour les études postsecondaires est soumis au même plafond de 2 % imposé aux écoles primaires et secondaires depuis 1996. Le Conseil en éducation des Premières Nations estime que plus de 10 000 élèves des Premières Nations sont actuellement en attente d'un financement pour leurs études postsecondaires et qu'il faudrait un montant additionnel de 234 millions de dollars pour éliminer ce retard et répondre aux demandes actuelles[74]. Les obstacles financiers et autres difficultés avec lesquelles les Autochtones sont aux prises lorsqu'il est question d'étudier dans un établissement d'enseignement postsecondaire privent la main-d'œuvre canadienne de travailleurs sociaux, d'enseignants, de travailleurs en soins de santé, de commerçants, de professionnels juridiques et autres qui pourraient aider à redresser les torts causés par les pensionnats indiens.

Appel à l'action :

11) Nous demandons au gouvernement fédéral de fournir un financement adéquat pour remédier à l'insuffisance des places disponibles pour les élèves des Premières Nations qui souhaitent poursuivre des études postsecondaires.

Programmes éducatifs destinés à la petite enfance

Les familles autochtones continuent de souffrir d'un manque généralisé de programmes éducatifs destinés à la petite enfance. L'Assemblée des Premières Nations souligne que, selon les données de 2011, 78 % des enfants de moins de cinq ans n'ont pas accès à des garderies agréées, encore moins à des programmes intensifs destinés à la petite enfance[75]. Or, ce genre de programmes est essentiel pour favoriser le développement des jeunes enfants et, par le fait même, remédier à certaines des lacunes dans les compétences parentales laissées par les pensionnats.

Appel à l'action :

12) Nous demandons au gouvernement fédéral, aux gouvernements provinciaux et territoriaux de même qu'aux gouvernements autochtones d'élaborer des programmes d'éducation de la petite enfance adaptés à la culture des familles autochtones.

Pour éliminer les écarts au chapitre de l'éducation et du revenu, il doit y avoir un financement stable et suffisant de l'éducation autochtone qui tient compte des séquelles laissées par les pensionnats indiens ainsi que des autres obstacles avec lesquels doivent composer les Autochtones. Outre le financement équitable et adéquat, il faut également donner le plus de pouvoirs possible aux Autochtones sur leur éducation et appuyer l'enseignement des cultures et des langues autochtones.

Ces mesures dans le domaine de l'éducation offriront une perspective réaliste de réconciliation fondée sur l'égalité et le respect.

Langue et culture

Dans une étude sur les répercussions des pensionnats indiens, l'Assemblée des Premières Nations notait, en 1994, ce qui suit :

> [...] la langue est nécessaire pour définir et préserver notre regard sur le monde. Pour cette raison, certains aînés des Premières Nations affirment encore aujourd'hui que connaître ou apprendre la langue maternelle est à la base de toute compréhension digne de ce nom du mode de vie d'une Première Nation, de ce que c'est que d'être membre d'une Première Nation. Pour eux, le monde d'une Première Nation ne saurait être possible sans sa langue. Pour eux, le bâillon mis par les pensionnats indiens sur leur langue revient au même que de mettre un bâillon sur leur monde[76].

La Commission royale sur les peuples autochtones, dans un même ordre d'idées, a noté le lien entre les langues autochtones et ce qu'elle appelle « un regard sur le monde qui leur est propre, enraciné dans les récits transmis par leurs ancêtres et l'environnement ». La Commission royale a également affirmé que les langues autochtones sont un « emblème tangible de l'identité collective » qui peut permettre à « l'individu d'éprouver un sentiment de sécurité et de continuité par rapport au passé… le maintien de l'intégrité de la langue et du groupe a donc un objectif à la fois socio-émotionnel et spirituel »[77].

Les pensionnats indiens ont été une tentative systématique émanant du gouvernement de détruire les cultures et les langues autochtones et assimiler les peuples autochtones afin qu'ils n'existent plus en tant que peuples distincts. L'anglais et, dans une mesure beaucoup moins grande, le français étaient les seules langues autorisées dans la majorité des pensionnats. Les élèves étaient punis — souvent sévèrement — s'ils parlaient dans leur propre langue. Michael Sillett, un ancien élève du pensionnat North West River à Terre-Neuve-et-Labrador, a déclaré à la Commission : « Les enfants dans le dortoir n'avaient pas le droit de parler leur langue maternelle. Je me souviens de plusieurs fois où d'autres enfants ont été giflés et se sont fait laver la bouche parce qu'ils avaient parlé dans leur langue maternelle; que ce soit l'inuktitut ou l'innu-aimun. Les résidants se faisaient réprimander simplement parce qu'ils étaient Autochtones[78]. » Jusque dans les années 1970, les élèves des écoles dans le Nord-Ouest de l'Ontario ne pouvaient pas parler leur langue en présence de membres du personnel qui ne pouvaient pas comprendre cette langue[79]. Conrad Burns, dont le père a été à l'école de Prince Albert, a nommé cette politique pour ce qu'elle était :

« C'était un génocide culturel. Des personnes étaient battues en raison de leur langue, des personnes étaient battues parce qu'elles... vivaient selon leur façon[80]. »

Les droits culturels et linguistiques, et la nécessité de verser des dédommagements pour compenser leurs pertes, sont depuis longtemps reconnus par le droit international[81]. La Déclaration des Nations Unies sur les droits des peuples autochtones, plus particulièrement, reconnaît la situation critique des langues autochtones. L'article 8:1 de la Déclaration reconnaît que « [l]es autochtones, peuples et individus, ont le droit de ne pas subir d'assimilation forcée ou de destruction de leur culture », tandis que l'article 8:2 énonce que « [l]es États mettent en place des mécanismes de prévention et de réparation visant toute forme d'assimilation ou d'intégration forcée ».

Par ailleurs, la Déclaration reconnaît précisément le droit des peuples autochtones de revivifier et de transmettre leurs langues à l'article 13:1, qui énonce ceci : « Les peuples autochtones ont le droit de revivifier, d'utiliser, de développer et de transmettre aux générations futures leur histoire, leur langue, leurs traditions orales, leur philosophie, leur système d'écriture et leur littérature, ainsi que de choisir et de conserver leurs propres noms pour les communautés, les lieux et les personnes. » L'article 14 accorde des droits linguistiques liés à l'enseignement que connaissent déjà les Canadiens, plus précisément les minorités anglophones et francophones. L'article 14:1 prévoit de même que « [l]es peuples autochtones ont le droit d'établir et de contrôler leurs propres systèmes et établissements scolaires où l'enseignement est dispensé dans leur propre langue, d'une manière adaptée à leurs méthodes culturelles d'enseignement et d'apprentissage », alors que l'article 14:3 est libellé comme suit : « Les États, en concertation avec les peuples autochtones, prennent des mesures efficaces pour que les autochtones, en particulier les enfants, vivant à l'extérieur de leur communauté, puissent accéder, lorsque cela est possible, à un enseignement dispensé selon leur propre culture et dans leur propre langue. » L'article 16 prévoit que les peuples autochtones « ont le droit d'établir leurs propres médias dans leur propre langue et d'accéder à toutes les formes de médias non autochtones sans discrimination aucune », et que les États doivent prendre « des mesures efficaces pour faire en sorte que les médias publics reflètent dûment la diversité culturelle autochtone »[82].

La tentative d'assimilation des élèves autochtones en leur refusant l'accès à leur langue et à leur culture et le respect de celles-ci a, dans bien des cas, entraîné la rupture de leurs liens avec leurs familles et leurs communautés. Agnes Mills, une ancienne élève du pensionnat All Saints en Saskatchewan, a relaté son histoire à la Commission.

> L'une des choses que le pensionnat a fait, dans mon cas, et c'est à mon plus grand regret, est qu'il m'a fait sentir honteuse de qui j'étais [...]. Je voulais tellement être blanche, et la pire chose que j'ai jamais faite a été d'avoir honte de ma mère, de cette femme honorable, parce qu'elle ne parlait pas anglais. Elle n'était jamais allée à l'école, et ils nous avaient dit, parce que nous retournions

> à la maison tous les samedis, ils nous avaient dit que nous ne pouvions parler le gwich'in avec elle, et elle ne pouvait, elle n'arrivait pas à communiquer. Ma sœur avait eu l'audace de lui dire : « Nous ne pouvons pas parler le loucheux avec toi, ils nous ont dit qu'on ne pouvait pas le faire[83]. »

Mary Courchene, ancienne élève aux pensionnats de Fort Alexander au Manitoba et de Lebret en Saskatchewan a mentionné des interactions tout aussi tristes avec sa famille.

> J'ai regardé mon père, puis j'ai regardé ma mère, pour ensuite revenir à mon père. Savez-vous quoi? Je les haïssais. Je détestais tout à fait mes propres parents. Non pas parce que je croyais qu'ils m'avaient abandonnée; je haïssais leurs visages basanés. Je les détestais parce qu'ils étaient Indiens [...]. Alors j'ai regardé mon père et je l'ai défié. J'ai dit : « À partir de maintenant, nous ne parlerons qu'anglais dans cette maison. » Vous savez, lorsque nous, lorsque, dans toute maison traditionnelle, comme celle où j'ai été élevée, la première chose qui nous est enseignée est de toujours respecter nos aînés et de ne jamais, vous savez, les défier. Et voilà que j'étais, à onze ans, en train de défier [...] mon père m'a regardé et j'ai, et j'ai cru qu'il allait se mettre à pleurer. En fait, ses yeux se sont remplis de larmes. Il s'est alors tourné vers ma mère et lui a dit [...] « Eh bien, je crois que nous ne parlerons plus jamais à cette petite fille. Je ne la connais pas[84]. »

Certains survivants des pensionnats ont refusé d'enseigner à leurs propres enfants leurs langues et leurs cultures autochtones en raison des préjugés qui leur avaient été associés pendant leurs années scolaires, ce qui a grandement contribué à la situation délicate des langues autochtones au Canada aujourd'hui.

Une proportion importante des près de 90 langues autochtones encore parlées au Canada de nos jours est sérieusement menacée de disparition. Dans le recensement de 2011, 14,5 % de la population autochtone indiquait que la première langue apprise était une langue autochtone[85]. Ce pourcentage était de 18 % lors du recensement de 2006, et de 26 % une décennie plus tôt, lors du recensement de 1996. Ces statistiques dénotent une chute de près de 50 % dans les quinze années ayant suivi la fermeture des pensionnats. Il convient toutefois de souligner que ces chiffres diffèrent parmi les peuples autochtones : 63,7 % des Inuits parlent leur langue maternelle, comparativement à 22,4 % pour les peuples des Premières Nations et à seulement 2,5 % pour les peuples métis[86].

Certaines langues sont à risque de disparaître parce qu'il ne demeure que quelques membres de la génération d'arrières-grands-parents qui les parlent encore. L'Organisation des Nations Unies pour l'éducation, la science et la culture (UNESCO) évalue que 36 % des langues autochtones canadiennes sont en situation critique, c'est-à-dire qu'elles ne sont parlées que par les générations d'arrières-grands-parents; 18 % sont sévèrement en danger, c'est-à-dire qu'elles sont parlées par les générations d'arrières-grands-parents et de grands-parents; et 16 % sont en danger, c'est-à-dire qu'elles sont parlées par les générations de parents et les deux générations qui les précèdent. Les autres langues sont toutes vulnérables[87]. Si la préservation des langues autochtones ne devient pas une priorité à la fois pour les gouvernements et pour les communautés autochtones, ce que les pensionnats indiens n'ont pas réussi à accomplir se produira malgré tout sous l'effet d'un processus de négligence systématique.

Droits linguistiques

En interprétant les droits ancestraux ou issus de traités du paragraphe 35(1) de la *Loi constitutionnelle de 1982*, la Cour suprême du Canada a souligné l'importance de ces droits pour la préservation des différentes cultures autochtones[88]. La Commission est d'accord. La préservation des langues autochtones est essentielle et doit être reconnue comme un droit.

Appel à l'action :

13) Nous demandons au gouvernement fédéral de reconnaître que les droits des Autochtones comprennent les droits linguistiques autochtones.

Programmes gouvernementaux

À une époque où le financement du gouvernement est plus que nécessaire pour protéger les langues et la culture autochtones, le Canada n'a pas respecté les engagements qu'il avait pris relativement au financement de ces différents programmes. En 2002, le gouvernement fédéral a promis 160 millions de dollars pour la création d'un centre pour les langues et la culture autochtones ainsi qu'une stratégie nationale sur les langues[89]. Cependant, en 2006, le gouvernement a rompu son engagement et a plutôt promis de dépenser 5 millions de dollars par année en « financement permanent » pour l'Initiative des langues autochtones (ILA) lancée en 1998[90]. L'ILA est un programme de subventions du patrimoine administré par le gouvernement. Il n'est pas fondé sur la notion de relations respectueuses entre les nations que sont le Canada et les peuples autochtones. Par ailleurs, le programme ne fournit pas non plus la possibilité aux peuples autochtones de prendre des décisions pour eux-mêmes sur la façon de distribuer des ressources limitées et d'administrer les programmes. Bon nombre de ceux qui ont fait des déclarations devant la Commission de vérité et réconciliation du Canada étaient sceptiques quant à l'engagement du gouvernement à préserver les langues autochtones. Comme Michael Sillett l'a affirmé : « Je ne peux m'imaginer comment le gouvernement pourrait mettre assez d'argent pour pleinement nous indemniser, vous savez... Je ne peux pas retrouver ma langue; je l'ai perdue. J'ai perdu ma culture, vous savez[91]. »

Outre l'ILA, les seuls programmes importants mis en œuvre pour la préservation des langues autochtones sont les accords territoriaux sur les langues (budget annuel de 4,1 millions de dollars) qui soutiennent les services linguistiques autochtones administrés par les gouvernements territoriaux, les services de soutien et les projets communautaires au Nunavut et dans les Territoires du Nord-Ouest. Au Yukon, les projets de revitalisation et de préservation des langues sont appuyés par des accords de transfert conclus avec dix des onze Premières Nations autogouvernantes du Yukon[92].

Le budget total du gouvernement fédéral pour les programmes de langues autochtones s'élève à 9,1 millions de dollars. À titre de comparaison, le Programme des langues officielles pour l'anglais et le français recevront le financement suivant :
- 2012-2013 : 353,3 millions de dollars;
- 2013-2014 : 348,2 millions de dollars;
- 2014-2015 : 348,2 millions de dollars[93].

Les ressources engagées pour les programmes de langues autochtones sont beaucoup plus limitées que ce qui est octroyé pour préserver le français dans les régions où les francophones sont en minorité. À titre d'exemple, le gouvernement fédéral soutient la minorité francophone du Nunavut en offrant un financement de l'ordre de 4 000 dollars par personne francophone par année. En revanche, le financement à l'appui des initiatives soutenant la langue inuite s'élève approximativement à 44 dollars par Inuit par année[94].

La Commission croit qu'une approche à multiples volets pour la préservation des langues autochtones — si elle est mise en œuvre, qu'elle reçoit les ressources dont elle a besoin et qu'elle est soutenue — pourrait prévenir l'augmentation des litiges concernant les droits linguistiques autochtones et atténuer les critiques formulées par les organismes internationaux concernant la politique du Canada à l'égard des droits linguistiques autochtones. Cette approche nécessitera une consultation complète et de bonne foi afin de reconnaître que bien que les collectivités autochtones ont les connaissances requises, particulièrement les aînés, pour préserver leurs langues, un soutien supplémentaire est nécessaire. Il devrait ressortir de cette consultation des lois et des politiques qui attestent l'importance des langues autochtones du Canada et qui octroient le financement adéquat permettant d'assurer leur préservation.

Appels à l'action :

14) Nous demandons au gouvernement fédéral d'adopter une loi sur les langues autochtones qui incorpore les principes suivants :

> i. les langues autochtones représentent une composante fondamentale et valorisée de la culture et de la société canadiennes, et il y a urgence de les préserver;
>
> ii. les droits linguistiques autochtones sont renforcés par les traités;
>
> iii. le gouvernement fédéral a la responsabilité de fournir des fonds suffisants pour la revitalisation et la préservation des langues autochtones;
>
> iv. ce sont les peuples et les collectivités autochtones qui sont les mieux à même de gérer la préservation, la revitalisation et le renforcement des langues et des cultures autochtones;
>
> v. le financement accordé pour les besoins des initiatives liées aux langues autochtones doit refléter la diversité de ces langues.
>
> 15) Nous demandons au gouvernement fédéral de nommer, à la suite de consultations avec les groupes autochtones, un commissaire aux langues autochtones. Plus précisément, nous demandons que ce commissaire soit chargé de contribuer à la promotion des langues autochtones et de présenter des comptes rendus sur l'efficacité du financement fédéral destiné aux initiatives liées aux langues autochtones.

En plus de promouvoir l'utilisation des langues autochtones, un commissaire aux langues autochtones aurait également pour mandat de sensibiliser les Canadiens non autochtones à la richesse et à la valeur des langues autochtones tout en montrant que le fait de renforcer ces langues permettrait de contribuer à la réputation du Canada à l'échelle internationale.

Les Autochtones reconnaissent à quel point il est important pour leurs enfants de parler et de comprendre une langue autochtone. Sabrina Williams, survivante intergénérationnelle de la Colombie-Britannique, exprime ce besoin.

> Avant de participer à ce cours de langue, je n'avais pas réalisé l'ampleur de ce que nous avions perdu — tout ce qui est rattaché à la langue : nos liens familiaux, notre histoire orale, nos traditions, nos façons d'être, nos manières de connaître, notre médecine, nos chansons, nos danses, notre mémoire. Ça représente tout, y compris la terre... Et à moins que nous transmettions à nos enfants l'amour de notre culture et de notre langue... nos langues continueront de s'éroder au fil du temps. Donc, c'est un défi de taille. Oui. Alors, pour moi, ça fait partie de ce à quoi ressemble la réconciliation[95].

L'enseignement de la langue peut nécessiter des approches novatrices, y compris de faire appel aux aînés et à d'autres personnes qui agiront à titre de professeur, et à l'utilisation de programmes d'immersion. Les établissements d'enseignement doivent être souples et sensibles dans leurs tentatives de promouvoir l'enseignement des langues autochtones. Ceux-ci devraient être prêts à tirer parti des ressources disponibles dans les collectivités autochtones afin de faciliter l'enseignement et la transmission des langues autochtones. Pour y parvenir, de la formation en bonne et due forme est également requise.

Appel à l'action :

16) Nous demandons aux établissements d'enseignement postsecondaire de créer des programmes et des diplômes collégiaux et universitaires en langues autochtones.

Réappropriation des noms

En raison des pensionnats indiens, de nombreux Autochtones ont perdu leur langue et le contact avec leur culture. Bon nombre d'entre eux ont également subi un autre type de perte. Il était en effet courant, pour les autorités scolaires des pensionnats indiens, de donner aux élèves de nouveaux noms. Au pensionnat anglican d'Aklavik dans les Territoires du Nord-Ouest, Masak est devenue « Alice » — elle n'a plus réentendu son ancien nom avant son retour à la maison[96]. Au pensionnat de Qu'Appelle en Saskatchewan, Ochankugahe (Path Maker) est devenu « Daniel Kennedy », en l'honneur du Daniel de la Bible, tandis qu'Adélard Standing Buffalo a été nommé Adélard Langevin, en l'honneur de l'archevêque de Saint-Boniface[97]. Les survivants et leurs familles qui ont cherché à récupérer leurs noms qui leur avaient été enlevés par les pensionnats ont trouvé que le processus pour les récupérer était long et coûteux. Nous croyons que des mesures devraient être mises en place afin d'alléger le fardeau qui est imposé aux personnes qui cherchent à récupérer cette partie importante de leur patrimoine.

Appel à l'action :

17) Nous demandons à tous les ordres de gouvernement de permettre aux survivants des pensionnats indiens et à leurs familles de reprendre les noms qui ont été changés par le système des pensionnats en les exonérant des frais d'administration applicables dans le cadre du processus de changement de nom et de révision officielle des documents d'identité, comme les extraits de naissance, les passeports, les permis de conduire, les cartes santé, les certificats de statut d'Indien et la carte d'assurance sociale, et ce, pour une période de cinq ans.

Santé

Les pensionnats ont compromis la santé et le bien-être des enfants qui les ont fréquentés. De nombreux élèves ont succombé à des maladies infectieuses, notamment la tuberculose. Les sévices sexuels et physiques, ainsi que le fait d'être séparés de leurs familles et de leurs collectivités, ont causé des traumatismes durables chez beaucoup d'autres élèves. Les effets de ces traumatismes ont souvent été transmis aux enfants des survivants des pensionnats et parfois même à leurs petits-enfants. Le discours tenu dans les pensionnats a également représenté un danger pour la santé mentale des élèves puisqu'il véhiculait des idées et des affirmations relatives à l'infériorité des peuples autochtones, de leur culture et de leurs langues. Ce mépris pour la santé et le bien-être des Autochtones était conforme aux événements qui ont caractérisé le colonialisme : l'introduction de nouvelles maladies, la perturbation des sources alimentaires traditionnelles, la concentration des personnes sur des terres improductives et leur confinement dans des habitations insalubres où ils sont à l'étroit.

Les pensionnats ont miné la santé des Autochtones en négligeant de les nourrir et de les vêtir adéquatement ainsi qu'en les hébergeant dans des logements mal construits et dangereux. Les pensionnats n'ont pas pris soin d'isoler adéquatement les enfants malades et contagieux, et souvent, les pensionnats n'avaient pas les installations nécessaires pour soigner les enfants. À titre d'exemple, Ruby Firth, ancienne élève à Stringer Hall dans les Territoires du Nord-Ouest, a déclaré à la Commission que ces conditions ont eu un effet durable sur elle.

> Aujourd'hui, je fais des bronchites chroniques. Chaque hiver, j'attrape une pneumonie à deux ou trois reprises et je dois utiliser deux inhalateurs parce que quand j'étais au pensionnat de Stringer Hall, ils avaient l'habitude de nous faire porter ces petits manteaux minces rouges qui n'étaient pas assez chauds en hiver. En plus, nous devions traverser la rue pour aller à l'école… Mes deux poumons sont marqués à 50 % puisque j'ai attrapé des pneumonies à sept reprises au [pensionnat]. C'est là pour rester, ça ne partira jamais[98].

Certaines personnes doivent également composer avec des séquelles psychologiques et émotionnelles durables. Sonia Wuttunee-Byrd a décrit les dommages que les pensionnats lui ont causés.

> J'ai perdu mes tresses, mes beaux cheveux ont été coupés, et j'ai senti que mon identité était tellement confuse, je ne savais plus qui j'étais. Et pire encore, ils ont commencé à profiter et à abuser de moi sexuellement, pas une, pas deux, mais bien plusieurs personnes pendant très longtemps, jusqu'à mes seize ans. J'ai commencé à dépérir. Je suis devenue très malade et anorexique, j'étais vraiment en chute libre. À un certain moment, je pesais seulement soixante-six livres, et c'était tout, je ne voulais plus vivre. Le docteur m'a dit : « Il vous reste un mois à vivre, rentrez chez vous. » Il a dit à ma famille : « Ramenez-la à la maison, elle

va mourir »… J'ai été incapable d'en parler à ma mère et à mon père, ils n'ont jamais compris pourquoi je pleurais. Les gens du pensionnat disaient toujours : « Sonia est une élève fantastique, elle est très bonne », mais à l'intérieur, j'étais tourmentée. J'ai tout gardé à l'intérieur et je n'ai rien dit à personne pendant vingt ans[99].

Katherine Copenace, une ancienne élève du pensionnat St. Mary en Ontario, a parlé à la Commission des épreuves auxquelles elle avait fait face.

Les élèves des pensionnats ont subi des sévices physiques, sexuels et spirituels et, surtout, ils ont été victimes d'abus émotionnels et mon père avait l'habitude de me dire : « L'abus émotionnel est encore plus dommageable que les violences corporelles. Les blessures physiques guérissent. » C'est ce qu'il me disait. En vieillissant, j'ai eu des pensées suicidaires, je me suis fait du mal. Je me mutilais les bras, je me transperçais les bras, mon corps et je me suis détruite avec l'alcool avec laquelle j'avais fait connaissance grâce au gouvernement bien sûr[100].

Les enfants des pensionnats n'étaient pas en mesure de prendre soin de leur santé. On leur refusait l'accès à la nourriture traditionnelle et à leurs familles, aux guérisseurs traditionnels et aux collectivités qui auraient pu les aider en utilisant les méthodes autochtones pour prendre soin des éléments physiques, mentaux, émotionnels et spirituels qui causaient leur mauvais état de santé. Puisque les pensionnats étaient situés dans des endroits isolés, les élèves se voyaient également souvent refuser l'accès aux médecins et aux infirmières « occidentaux ». Ce double refus à des soins de santé, qui trouve sa source dans la politique du gouvernement, a encore cours aujourd'hui, en raison de l'isolement relatif de bon nombre de collectivités autochtones, nombre d'entre elles n'ayant pas d'accès routier, et d'un accès limité aux ressources de santé locale.

L'accès aux soins de santé est un droit inscrit dans les lois internationales et constitutionnelles de même que dans les traités. La Déclaration des Nations Unies sur les droits des peuples autochtones reconnaît que les peuples autochtones ont le droit à l'intégrité physique et morale, de même que le droit de jouir du meilleur état de santé physique et mental possible. En prenant des mesures pour atteindre ces objectifs, les États sont tenus de porter une attention particulière aux droits et aux besoins spéciaux des aînés, des femmes, des jeunes, des enfants et des personnes handicapées[101]. Les peuples autochtones ont le droit de participer activement à l'élaboration, à la détermination et à l'administration des programmes de santé qui les concernent[102]. Les peuples autochtones ont également le droit d'avoir accès à leurs remèdes traditionnels et de préserver leurs pratiques traditionnelles en matière de santé[103].

Les traités numérotés ont également établi des obligations juridiques supplémentaires touchant la santé et le bien-être des Autochtones[104]. Le droit d'avoir accès à des soins médicaux a été reconnu dans les traités 6, 7, 8, 10 et 11[105]. Le Traité 6 comprend spécifiquement une disposition concernant l'achat d'une « armoire à pharmacie » et les soins en cas de « pestilence »[106]. Toutefois, le droit relatif aux soins de santé ne se limite pas à ces traités. La négociation des traités comprenait de nombreuses références à la protection et à la non-interférence avec les modes de vie traditionnels[107].

Appel à l'action :

18) Nous demandons au gouvernement fédéral, aux gouvernements provinciaux et territoriaux ainsi qu'aux gouvernements autochtones de reconnaître que la situation actuelle sur le plan de la santé des Autochtones au Canada est le résultat direct des politiques des précédents gouvernements canadiens, y compris en ce qui touche les pensionnats, et de reconnaître et de mettre en application les droits des Autochtones en matière de soins de santé tels qu'ils sont prévus par le droit international et le droit constitutionnel, de même que par les traités.

Écarts en matière de santé

Au Canada, les résultats en matière de santé des Autochtones comportent des écarts inquiétants par rapport à ceux des non Autochtones. À titre d'exemple :
- Le taux de mortalité infantile chez les Premières Nations et les Inuits est 1,7 à 4 fois plus élevé que celui rencontré chez la population non autochtone[108].
- De 2004 à 2008, le « taux de mortalité selon l'âge » chez les Inuits de 1 à 19 ans s'élevait à 188 décès par 100 000 années-personnes à risque, et de seulement 35,3 décès par 100 000 dans le reste du Canada[109].
- Le taux de diabète est presque 2 fois plus élevé chez les membres des Premières Nations de 45 ans et plus que dans la population non autochtone[110].
- Les membres des Premières Nations courent 6 fois plus de risques de mourir en raison de problèmes d'alcool, et plus de 3 fois plus de risques de succomber des suites d'une surdose de drogue[111].

Le taux de suicide global chez les collectivités des Premières Nations est environ 2 fois plus élevé que celui de l'ensemble de la population canadienne. Ce taux est encore plus élevé chez les Inuits, soit de 6 à 11 fois le taux de la population en général. Les jeunes Autochtones âgés de 10 à 29 ans qui vivent dans une réserve sont de 5 à 6 fois plus susceptibles de se suicider que les jeunes non Autochtones[112].

Mesure des progrès

Au Canada, il est difficile d'obtenir des renseignements précis sur l'état de santé des Autochtones. Les renseignements comparatifs les plus complets en matière de santé ne sont pas à jour, la plus grande partie datant des années 1990. Contrairement à d'autres pays, le gouvernement canadien ne fournit pas de liste complète des indicateurs de bien-être permettant de comparer les populations autochtones et non autochtones. Le manque de données sur les indicateurs comparables de santé signifie que ces problèmes reçoivent moins d'attention de la part du public, des médias et des politiciens. En Australie, le gouvernement s'est fixé un échéancier pour combler les lacunes en matière de santé entre la population autochtone et non autochtone. Le premier ministre australien présente annuellement un rapport concernant les progrès accomplis afin de combler les écarts reliés à l'espérance de vie et le taux de mortalité chez les enfants autochtones[113]. Le Canada doit faire de même.

Appel à l'action :

19) Nous demandons au gouvernement fédéral, en consultation avec les peuples autochtones, d'établir des objectifs quantifiables pour cerner et combler les écarts dans les résultats en matière de santé entre les collectivités autochtones et les collectivités non autochtones, en plus de publier des rapports d'étape annuels et d'évaluer les tendances à long terme à cet égard. Les efforts ainsi requis doivent s'orienter autour de divers indicateurs, dont la mortalité infantile, la santé maternelle, le suicide, la santé mentale, la toxicomanie, l'espérance de vie, les taux de natalité, les problèmes de santé infantile, les maladies chroniques, la fréquence des cas de maladie et de blessure ainsi que la disponibilité de services de santé appropriés.

En 2003, l'Accord des premiers ministres sur le renouvellement des soins de santé a reconnu l'évidence : les peuples autochtones font face à de graves problèmes de santé. Par cet accord, les premiers ministres se sont engagés à faire une priorité nationale de la réduction de l'écart entre l'état de santé des peuples autochtones et non autochtones. Pourtant, plus d'une décennie après, cet écart demeure. D'ailleurs, le gouvernement fédéral a reculé au sujet des questions concernant la santé des Autochtones depuis la signature de la Convention de règlement relative aux pensionnats indiens, et les excuses qu'il a présentées aux survivants. Il a mis fin au financement de plusieurs organismes de santé autochtones, y compris la Fondation autochtone de guérison et l'Organisation nationale de la santé autochtone. Ces organismes étaient engagés dans des modèles de recherche et de traitement dont la propriété, le contrôle, l'accès et la possession sont de compétence autochtone. Leur perte limite considérablement le développement de renseignements exacts sur les questions de santé et de solutions les concernant. Santé Canada a aussi réduit le financement d'un certain nombre de programmes de santé autochtones de base, y compris les programmes de lutte contre le diabète, l'ensemble des troubles du spectre de l'alcoolisation fœtale, le suicide chez les jeunes, les maladies infectieuses, ainsi que la santé maternelle et infantile[114]. Ces compressions ont eu de graves répercussions sur les collectivités autochtones.

Trudy King, une ancienne pensionnaire du collège Grandin, est originaire de Fort Resolution, dans les Territoires du Nord-Ouest.

> Quand j'ai perdu mon fils, ici en 2003, j'ai eu besoin de soutien pour moi et mes enfants. Je n'ai pas pu en avoir nulle part. Il y avait une coordonnatrice de la santé et des services sociaux ici, et je l'ai suppliée et suppliée de nous aider, et elle m'a dit : « Il n'y a pas d'argent. On n'a pas d'argent pour vous offrir du counselling pour vous ni pour vos enfants. » Je ne voulais pas partir. Personne ne voulait nous aider, et je ne, on était en 2003. Ça nous prend de l'aide ici pour les gens qui en ont besoin et qui lancent un appel à l'aide. Je n'ai pas eu d'aide. Mes enfants non plus[115].

M. R. E. Linklater, une ancienne élève du pensionnat Guy Hill, au Manitoba, a aussi mis l'accent sur le besoin d'accroître les services communautaires lorsqu'elle s'est adressée à la Commission.

> Un plus grand nombre de programmes devraient être mis sur pied pour nos enfants, nos petits-enfants et nos arrière-petits-enfants, parce qu'ils ont besoin de comprendre pourquoi leurs parents sont comme ça et pourquoi un si grand nombre des leurs sont aux prises avec des problèmes de dépendance à l'alcool et aux drogues. Personnellement, je sais pourquoi ils en ont besoin : pour survivre et ne pas se souvenir. Nos enfants ont besoin d'une meilleure éducation, et qu'on leur offre davantage de soutien et de programmes, et non qu'on abolisse les programmes qui existent[116].

Les réformes de la santé sont souvent marquées par des conflits de compétence complexes et des négociations tripartites entre les Autochtones, le gouvernement fédéral, et les gouvernements provinciaux ou territoriaux. Des conflits de compétence semblables ont particulièrement affecté les Métis, les Indiens non inscrits, et les Autochtones en milieu urbain, car le gouvernement fédéral estime que la prestation de services à ces groupes est la responsabilité des provinces et territoires.

Appel à l'action :

20) Afin de régler les conflits liés à la compétence en ce qui a trait aux Autochtones vivant à l'extérieur des réserves, nous demandons au gouvernement fédéral de reconnaître les besoins distincts en matière de santé des Métis, des Inuits et des Autochtones hors réserve, de respecter ces besoins et d'y répondre.

Pratiques de guérison autochtones

Les pratiques d'hygiène de vie et les croyances des Autochtones, comme les peuples autochtones eux-mêmes, sont variées. Cependant, de nombreuses cultures autochtones ont une approche holistique de la santé, laquelle est de plus en plus reconnue par la médecine occidentale. De nombreux Inuits, Métis et membres des Premières Nations partagent une croyance voulant qu'un lien sacré existe entre l'individu et la terre, le ciel et tous les éléments de la nature. Aux fins de guérison, cela signifie la tenue d'activités comme les camps de guérison sur les terres ou en forêt au cours desquelles les participants peuvent expérimenter le pouvoir curatif du monde naturel. Les pratiques traditionnelles comprennent aussi la cérémonie de la suerie, des bains de cèdre, la purification, l'utilisation du qulliq (une lampe en pierre utilisée par les Inuits à des fins cérémonielles), et d'autres cérémonies d'ordre spirituel[117]. Les pratiques exemplaires pour le mieux-être des Autochtones comportent une vaste gamme de services, y compris les soins de santé offerts à l'ensemble de la population, ainsi que les pratiques et les médecines traditionnelles; par ailleurs, ces services sont tous dirigés et gérés par la communauté. Une telle approche intégrée a le pouvoir d'améliorer la vie de tous les membres de la collectivité.

Appels à l'action :

21) Nous demandons au gouvernement fédéral de fournir un financement à long terme pour les besoins des centres autochtones, nouveaux et de plus longue date, voués au traitement de problèmes de santé physique, mentale, émotionnelle et spirituelle avec lesquels doivent composer les Autochtones et qui découlent de leur expérience dans les pensionnats, et de veiller à accorder la priorité au financement de tels centres de traitement au Nunavut et dans les Territoires du Nord-Ouest.

22) Nous demandons aux intervenants qui sont à même d'apporter des changements au sein du système de soins de santé canadien de reconnaître la valeur des pratiques de guérison autochtones et d'utiliser ces pratiques dans le traitement de patients autochtones, en collaboration avec les aînés et les guérisseurs autochtones, lorsque ces patients en font la demande.

Un investissement à long terme dans les collectivités autochtones sera nécessaire afin qu'elles puissent rompre avec les séquelles des pensionnats concernant la santé et retrouver leur capacité de se guérir elles-mêmes. L'un des principaux investissements consistera à former un plus grand nombre d'Autochtones afin qu'ils deviennent des professionnels de la santé et des services sociaux. Le travail effectué par les membres de l'équipe de Santé Canada possédant les connaissances culturelles et traditionnelles en matière de soins afin de soutenir cette Commission et les autres processus d'accord de règlement est un exemple de la qualité exceptionnelle des services que ces professionnels sont en mesure d'offrir.

Appel à l'action

23) Nous demandons à tous les ordres de gouvernement :
    i. de voir à l'accroissement du nombre de professionnels autochtones travaillant dans le domaine des soins de santé;
    ii. de veiller au maintien en poste des Autochtones qui fournissent des soins de santé dans les collectivités autochtones;
    iii. d'offrir une formation en matière de compétences culturelles à tous les professionnels de la santé.

L'écart à combler dans les résultats en matière de santé est l'un des objectifs de l'élaboration d'une stratégie de changement globale. Pour être plus efficaces dans l'amélioration des résultats en matière de santé, les professionnels de la santé non autochtones doivent acquérir une meilleure compréhension des problèmes de santé auxquels font face les peuples autochtones du Canada et des séquelles laissées par les pensionnats indiens.

Appel à l'action

24) Nous demandons aux écoles de médecine et aux écoles de sciences infirmières du Canada d'exiger que tous leurs étudiants suivent un cours portant sur les questions liées à la santé qui touchent les Autochtones, y compris en ce qui a trait à l'histoire et aux séquelles des pensionnats, à la Déclaration des Nations Unies sur les droits des peuples autochtones, aux traités et aux droits des Autochtones de même qu'aux enseignements et aux pratiques autochtones. À cet égard, il faudra, plus particulièrement, offrir une formation axée sur les compétences pour ce qui est de l'aptitude interculturelle, du règlement de différends, des droits de la personne et de la lutte contre le racisme.

Justice

Les pensionnats indiens ont infligé des injustices profondes aux Autochtones. Les parents autochtones étaient forcés, par une grande pression exercée par la police, de confier leurs enfants aux écoles. Les enfants étaient enlevés de leur communauté pour aller vivre dans des établissements de garde qui faisaient peur et qui ressemblaient à des prisons. Les enfants qui vivaient dans les pensionnats étaient traités comme des criminels, et pourtant c'était eux qui courraient le risque d'être victimes.

Cette tendance à la détention disproportionnée et à la victimisation des Autochtones se poursuit encore aujourd'hui. L'échec continu du système de justice empêche les Autochtones de vivre en sécurité et d'avoir accès aux possibilités que la majorité des Canadiens tiennent pour acquises. Il faudra changer la vision raciste et coloniale qui a inspiré les pensionnats indiens, et trouver des solutions efficaces et à long terme aux problèmes de criminalité qui affligent beaucoup trop de collectivités autochtones. Il faudra aussi demander à ce qu'on utilise de plus en plus le système de justice autochtone, qui est fondé sur les lois et les pratiques de guérison autochtones.

Afin de comprendre pleinement les séquelles laissées par les pensionnats indiens, il est important d'examiner la façon dont le système de justice canadien a réagi aux sévices commis dans les pensionnats. Les enquêtes policières ont entraîné relativement peu de poursuites. En effet, dans certains cas, le gouvernement a compromis ces enquêtes, ainsi que l'indépendance de la Gendarmerie royale du Canada (GRC), en défendant sa position dans les affaires civiles intentées contre lui par les survivants des pensionnats.

Compromission de l'indépendance de la GRC

Vers la fin de l'année 1994, la GRC a établi la Division « E » des enquêtes criminelles pour enquêter sur les allégations de sévices dans les pensionnats de la Colombie-Britannique. Il existe toutefois des preuves que le gouvernement fédéral a influencé négativement ces enquêtes pour défendre ses propres intérêts dans les poursuites civiles intentées contre lui par d'anciens élèves. À titre d'exemple, le gouvernement a exigé que la GRC lui remette ses dossiers d'enquête relative à la violence à l'école de l'île Kuper. Malgré certaines objections initiales, la GRC a finalement remis les dossiers[118]. Cela s'est fait sans égard à la protection de la vie privée des plaignants, et a de fait donné au gouvernement un avantage pour se défendre. Lorsque la police a demandé à ce que les dossiers lui soient retournés, le gouvernement a refusé; de plus, il a refusé de communiquer les renseignements qu'il avait reçus aux survivants qui avaient entamé les poursuites[119].

Les affidavits déposés par des agents de la GRC laissent entendre que la volonté du gouvernement fédéral de se défendre dans des poursuites civiles faisait obstacle aux enquêtes de la police concernant les crimes commis dans les pensionnats. Même si, en tant que représentant du gouvernement, un juge a ordonné que les survivants aient le même accès aux documents d'enquête criminelle de la GRC concernant les infractions commises à l'école de l'île Kuper, cela signifiait que les survivants pouvaient en déduire que la GRC avait agi en tant que mandataire du gouvernement fédéral plutôt que d'appliquer la loi de façon impartiale[120].

Appel à l'action :

25) Nous demandons au gouvernement fédéral de rédiger une politique qui réaffirme l'indépendance de la Gendarmerie royale du Canada pour ce qui est d'enquêter sur les crimes à l'égard desquels le gouvernement a ses propres intérêts en tant que partie potentielle ou réelle dans un recours civil.

Insistance excessive sur la corroboration

Dans le rapport final du groupe de travail de la Division E de la GRC, on précise qu'une « situation très courante qui ne cesse de se répéter » est que l'avocat de la Couronne refuse d'engager des poursuites sans corroboration sous forme de preuve matérielle[121]. Ce point de vue vient de la réticence de l'avocat à considérer le témoignage même du plaignant comme suffisant pour justifier une poursuite. Il trahit une réticence à considérer comme étant digne de foi le témoignage des Autochtones. Au mieux, le refus d'engager des poursuites sans corroboration s'appuie sur la croyance que la dénégation des faits par toute personne accusée, qui était en situation d'autorité dans un pensionnat, sera suffisante pour installer un doute raisonnable quant à sa culpabilité.

Depuis 1982, l'obligation d'obtenir une preuve corroborante a été expressément abrogée dans les cas d'infractions sexuelles et l'obtention d'une telle preuve n'a jamais été exigée dans les cas d'infractions à caractère non sexuel[122]. La Commission craint qu'en ayant continuellement insisté sur la nécessité de corroborer les faits, les victimes autochtones aient été traitées de façon discriminatoire.

Peu de poursuites au criminel

La Commission a relevé moins de 50 déclarations de culpabilité prononcées à l'appui des allégations de mauvais traitements dans les pensionnats. Ce nombre est négligeable comparativement aux 38 000 accusations d'agressions sexuelles et physiques graves qui ont été déposées dans le cadre du Processus d'évaluation indépendant (PEI), qui a été établi en vertu de la Convention de règlement[123].

Bien qu'on dénombre peu de poursuites intentées pour abus sexuels, on recense encore moins d'accusations pour mauvais traitements portées contre les anciens membres du personnel des pensionnats. Dans son propre rapport, la GRC laisse entendre que le groupe de travail de la Division E considère les agressions physiques contre les enfants autochtones comme moins graves que les abus sexuels. La GRC est d'avis que les plaintes déposées par les anciens élèves concernant les agressions subies sont une preuve d'un « choc des cultures entre l'attitude rigide des chrétiens, "qui aime bien châtie bien", et la tradition plus permissive des Autochtones à l'égard de l'éducation des enfants »[124]. Cette idée préconçue a eu, de toute évidence, une incidence sur le nombre de poursuites qui ont été intentées pour mauvais traitements dans les pensionnats.

Procès civils

Étant donné que les survivants des pensionnats ne réussissent pas, en général, à obtenir justice à la suite des enquêtes policières et des poursuites au criminel, ils sont de plus en plus nombreux, dans les années 1990, à se tourner vers le système de justice civil, intentant des poursuites contre leurs agresseurs et contre le gouvernement fédéral et les Églises qui exploitaient les pensionnats. Toutefois, les autorités judiciaires canadiennes ne sont prêtes à prendre en considération que certains préjudices subis par les survivants — en général, ceux liés aux abus sexuels perpétrés et dans certains cas, ceux liés aux mauvais traitements infligés. Elles refusent d'examiner le bien-fondé des réclamations des survivants liées à la perte de leur langue, de leur culture et de l'attachement familial et à la violation de leurs droits à l'éducation issus de traités. Elles refusent de considérer les accusations déposées par les survivants au nom de leurs parents et de leurs enfants. Elles refusent également d'offrir des recours pour les préjudices collectifs que les pensionnats ont causés aux nations et aux collectivités autochtones.

Le litige lié aux pensionnats indiens a été très long, s'est révélé très complexe et a entraîné des coûts importants. Il a été tout particulièrement difficile pour les survivants, dont bon nombre ont été de nouveau prises comme victimes en raison de l'interrogatoire explicite et de l'attitude accusatoire que leur ont réservés le gouvernement du Canada, les Églises et même leurs propres avocats.

Délais de prescription

Dans le système judiciaire canadien, les plaignants dans toute procédure civile ont un délai à respecter pour intenter des poursuites. S'ils attendent trop longtemps après avoir subi les préjudices en question, ils peuvent se voir refuser le droit de poursuivre leur cause d'action en raison d'une loi de prescription provinciale. Bien que les lois de prescription puissent protéger les défendeurs dans les poursuites au civil, elles peuvent également avoir pour effet de priver les demandeurs de la possibilité de voir les tribunaux se prononcer sur la véracité de leurs allégations. Cette situation est d'autant plus dramatique dans le cas des jeunes victimes, qui n'ont que des années plus tard les moyens et les connaissances nécessaires pour déposer des réclamations relatives aux préjudices subis, alors que le délai prescrit pour intenter de telles actions risque d'être expiré depuis longtemps déjà.

Le défendeur doit invoquer les lois de prescription comme moyen de défense. Dans son rapport paru en 2000 en réponse aux mauvais traitements infligés aux enfants dans les établissements, la Commission du droit du Canada recommande au gouvernement fédéral de ne pas se fier uniquement aux lois de prescription comme moyen de défense[125]. Cependant, le gouvernement du Canada et les Églises soulèvent souvent, avec succès, ce moyen de défense dans le cadre du litige lié aux pensionnats indiens. La Commission croit que le fait que le gouvernement fédéral fasse valoir avec succès les lois de prescription comme moyen de défense démontre que les tribunaux canadiens et les Canadiens en général n'ont pris en considération qu'une petite partie des préjudices causés par les pensionnats, principalement ceux liés aux abus sexuels. Certaines provinces ont modifié leurs lois de prescription pour que des poursuites puissent être intentées au civil pour un plus large éventail d'infractions. Nous recommandons vivement aux autres provinces d'en faire autant.

Appel à l'action :

26) Nous demandons aux gouvernements fédéral, provinciaux et territoriaux d'examiner et de modifier leurs délais de prescription de telle sorte qu'ils soient conformes au principe selon lequel les gouvernements et les autres entités concernées ne peuvent invoquer la prescription comme moyen de défense à l'encontre d'une action en justice portée par les Autochtones en raison de la violence qu'ils ont subie par le passé.

Sensibiliser les avocats

Les poursuites au criminel intentées contre les agresseurs dans les pensionnats et les poursuites civiles subséquentes se révèlent une expérience difficile pour les survivants. Ces derniers vivent des moments d'autant plus pénibles dans la salle d'audience, étant donné que bon nombre d'avocats ne connaissent pas suffisamment bien la culture, l'histoire ou la mentalité des Autochtones pour composer avec les souvenirs douloureux que les survivants sont forcés d'évoquer. Dans certains cas, les survivants des pensionnats ne reçoivent pas un service juridique approprié en raison du manque de sensibilité que démontrent souvent les avocats chargés de leur dossier. Ces expériences démontrent que les avocats doivent acquérir une meilleure compréhension de l'histoire et de la culture des Autochtones, de même que des multiples séquelles laissées par les pensionnats.

Appels à l'action :

27) Nous demandons à la Fédération des ordres professionnels de juristes du Canada de veiller à ce que les avocats reçoivent une formation appropriée en matière de compétences culturelles, y compris en ce qui a trait à l'histoire et aux séquelles des pensionnats, à la Déclaration des Nations Unies sur les droits des peuples autochtones, aux traités et aux droits des Autochtones, au droit autochtone de même qu'aux relations entre l'État et les Autochtones. À cet égard, il faudra, plus particulièrement, offrir une formation axée sur les compétences pour ce qui est de l'aptitude interculturelle, du règlement de différends, des droits de la personne et de la lutte contre le racisme.

28) Nous demandons aux écoles de droit du Canada d'exiger que tous leurs étudiants suivent un cours sur les peuples autochtones et le droit, y compris en ce qui a trait à l'histoire et aux séquelles des pensionnats, à la Déclaration des Nations Unies sur les droits des peuples autochtones, aux traités et aux droits des Autochtones, au droit autochtone de même qu'aux relations entre l'État et les Autochtones. À cet égard, il faudra, plus particulièrement, offrir une formation axée sur les compétences pour ce qui est de l'aptitude interculturelle, du règlement de différends, des droits de la personne et de la lutte contre le racisme.

Contrecoups de la Convention de règlement

Pendant les années 1990, le nombre de poursuites civiles intentées contre le Canada et les Églises qui ont exploité les pensionnats augmente de façon constante. Bon nombre des réclamations déposées sont combinées pour former des recours collectifs, qui reçoivent la certification des tribunaux provinciaux. En mai 2005, le gouvernement du Canada désigne l'ancien juge de la Cour suprême, Frank Iacobucci, comme négociateur en chef pour faciliter la conclusion d'une convention de règlement entre les nombreuses parties au litige : les représentants des collectivités autochtones, les groupes confessionnels, le gouvernement fédéral et les survivants représentés par divers cabinets d'avocats. Les parties concluent une entente de principe en novembre 2005. Les détails de la Convention de règlement relative aux pensionnats indiens sont mis au point et approuvés par le Cabinet fédéral le 10 mai 2006. Les milliers de réclamations fondées en droit déposées contre le gouvernement fédéral et les Églises sont entendues et réglées, en vertu des dispositions de la Convention de règlement[126].

Étant donné que la Convention de règlement met fin à un certain nombre de recours collectifs déjà autorisés par les tribunaux, il s'avère nécessaire pour les tribunaux de la plupart des provinces et des territoires d'examiner si la Convention de règlement permet de régler équitablement les réclamations, en particulier si elle protège adéquatement les intérêts de toutes les personnes inscrites au recours collectif.

La Convention de règlement prévoit le versement d'un Paiement d'expérience commune (PEC) à toutes les personnes qui ont fréquenté un des pensionnats mentionnés dans la Convention. En plus du PEC, un Processus d'évaluation indépendant (PEI) est établi afin d'indemniser les personnes qui ont subi des sévices sexuels ou physiques graves, notamment à celles qui ont été sévèrement battues, qui ont été fouettées ou qui ont été brûlées au deuxième degré, alors qu'elles fréquentaient un pensionnat. Le processus prévoit également un dédommagement pour les agressions perpétrées par d'autres élèves, dans les cas où celles-ci sont attribuables à l'absence de supervision raisonnable.

Le PEI vise à offrir aux plaignants une procédure plus simple qu'un procès. Les audiences se déroulent en privé et les demandeurs bénéficient d'un soutien sur le plan culturel, de même que de services de soutien en matière de santé offerts par Santé Canada. Contrairement à la plupart des poursuites civiles qui se prolongent indéfiniment, les audiences sont censées se dérouler à l'intérieur d'une période de neuf mois, et les décisions doivent être rendues peu de temps après les audiences.

Dans leurs déclarations devant la Commission, certains survivants expriment leurs craintes au sujet de la procédure d'audience prévue dans le cadre du PEI relativement aux sévices subis, étant donné que celle-ci ne leur permet pas d'affronter directement leurs agresseurs. Bernard Catcheway, un ancien élève du pensionnat de Pine Creek, au Manitoba, a déclaré ce qui suit devant la Commission :

> Vous savez et [mon agresseur] est toujours en vie. Je crois qu'elle est âgée de 89 ans, si je me fie à l'âge qu'elle avait lors de mon audience il y a 3 ans. Je voulais tellement qu'elle soit là lors de cette audience, vous savez, mais en raison de son âge et, je présume, à cause de son incompétence, vous savez, elle a choisi de ne pas venir. J'aurais aimé qu'elle soit là pour que je puisse la rencontrer à ce moment-là pour lui dire, au fond, que je, vous savez, pour lui dire que peu importe ce qui l'a poussée à nous faire ça, je lui dirais « Je vous pardonne ». Mais je n'ai jamais eu la chance de lui dire ça[127].

D'autres demandeurs, comme Amelia Galligos-Thomas, une ancienne élève du pensionnat de Sechelt, en Colombie-Britannique, critiquent les retards qu'accusent le PEI, avant que leur réclamation soit entendue et réglée.

J'attends depuis cinq ans maintenant que mon appel soit entendu et il ne l'a pas encore été. Et il est presque temps pour eux d'arrêter de nous verser de l'argent. Et ils ont rouvert toutes nos blessures, pourquoi? Pour tous nous rejeter? Et certaines personnes se meurent... Ma sœur prend de la drogue, comme qui dirait, parce qu'elle est tannée d'attendre. Elle vit dans la rue. Alors, alors pourquoi nous ont-ils fait ça encore? Ils nous font encore du mal. Ils ne devraient pas revenir sur leur parole. Ils nous ont déjà blessés. Arrêtez de nous faire du mal[128].

Exclusions du règlement

Ce ne sont pas tous les survivants des pensionnats qui ont pu bénéficier de la Convention de règlement. À titre d'exemple, les élèves ayant fréquenté des externats, de nombreux élèves métis et des élèves des écoles de Terre-Neuve-et-Labrador en ont été exclus, comme l'ont été les élèves qui ont fréquenté des écoles financées par le gouvernement qui n'étaient pas identifiées comme étant des pensionnats. Ces exclusions ont mené à de nouvelles poursuites civiles contre le gouvernement. La Commission presse toutes les parties de chercher des solutions rapides afin de résoudre ce litige.

Appel à l'action :

29) Nous demandons aux parties concernées et, plus particulièrement, au gouvernement fédéral, de travailler en collaboration avec les demandeurs qui ne sont pas visés par la Convention de règlement relative aux pensionnats indiens afin de cerner les questions en litige et d'établir rapidement une entente sur un ensemble de faits.

Surreprésentation des Autochtones dans le système carcéral

La très forte surreprésentation des Autochtones dans le système carcéral canadien continue de s'aggraver. En 1995-1996, les Autochtones représentaient 16 % des personnes condamnées à une sentence d'emprisonnement. En 2011-2012, ce chiffre s'élevait à 28 %, même si les Autochtones ne représentent que 4 % de la population adulte canadienne[129]. Chez les femmes autochtones, la situation est encore plus disproportionnée : en 2011-2012, 43 % des femmes condamnées à une sentence d'emprisonnement étaient des Autochtones[130].

Les causes à l'origine de la surreprésentation des Autochtones dans le système carcéral sont complexes. Les condamnations des délinquants autochtones sont souvent le fruit de l'interaction de plusieurs facteurs, y compris les séquelles intergénérationnelles laissées par les pensionnats. La surreprésentation autochtone dans les pénitenciers témoigne d'une partialité systémique dans le système de justice canadien. Lorsque les personnes autochtones sont arrêtées, poursuivies et condamnées, elles sont plus susceptibles d'être condamnées à une peine d'emprisonnement que les personnes non autochtones. En 2011-2012, les personnes autochtones représentaient 21 % des personnes qui avaient reçu une peine de probation ou une condamnation avec sursis (en vertu desquelles un défendeur est déclaré coupable, mais est autorisé à demeurer dans la collectivité[131]).

Le Parlement a récemment adopté une loi afin que des peines d'emprisonnement minimales soient imposées pour certaines infractions. Les juges sont tenus de rendre ces sentences minimales. Des restrictions supplémentaires ont également été assorties aux sanctions communautaires. Ces décisions du gouvernement contribuent à la surreprésentation des Autochtones dans le système carcéral. Ces décisions ont été prises puisque l'on présume que le fait d'enfermer les délinquants permettra de rendre les collectivités plus sûres, pourtant, il n'y a aucune preuve à l'appui qui démontre que c'est effectivement le cas. Il existe certaines préoccupations à l'égard du fait que les Autochtones ne peuvent bénéficier de programmes de réhabilitation culturellement adaptés à leurs besoins dans les pénitenciers fédéraux, et les Autochtones sont encore moins susceptibles de bénéficier de tels programmes dans les établissements correctionnels provinciaux s'ils purgent des peines d'emprisonnement de moins de deux ans.

La violence et les infractions criminelles ne sont pas inhérentes à la population autochtone. Elles proviennent d'expériences très spécifiques que les Autochtones ont vécues, y compris les séquelles intergénérationnelles des pensionnats. On ne devrait pas se surprendre du fait que ceux qui ont été témoins ou qui ont subi de la violence grave dans les pensionnats indiens soient devenus habitués à la violence plus tard au cours de leur vie. Une survivante intergénérationnelle se souvient que sa mère

> [...] n'en a jamais parlé vraiment ou ne l'a jamais exprimé. Et elle était très discrète, et elle avait des problèmes avec l'alcool, et je le voyais, les seuls moments où elle était vraiment agressive, je crois, c'est quand elle buvait... Et mon père était aussi très agressif. C'était très violent à la maison en fait. Mes frères avaient l'habitude de se battre, et mes frères se battaient avec mon père, ma mère se battait avec mon père, et beaucoup de violence dans la maison, en fait, jusqu'au point où, mon frère le plus vieux, a tué l'un de mes autres frères dans la maison... j'avais neuf ans, j'ai tout vu[132].

La Commission a entendu de nombreux témoignages relatant les difficultés vécues par les anciens élèves des pensionnats qui ont plus tard eu des démêlés avec le système de justice. Pour nombre d'entre eux, il y avait de douloureux parallèles à dresser entre leur cheminement scolaire et leur séjour en prison. Pour Daniel Andre, le chemin de Grollier Hall à Inuvik aux Territoires du Nord-Ouest l'a mené, inévitablement, en prison.

> Je savais que j'avais besoin d'aide pour me débarrasser de ce qui était arrivé au pensionnat. C'est comme, partout où j'allais, tout ce que je faisais, tous les emplois que j'avais, toutes les villes où j'habitais et toutes les personnes que je rencontrais me ramenaient toujours à ma vie au pensionnat, à être humilié, et battu, et ridiculisé, et me faire dire que je ne suis qu'un déchet, que je n'étais pas assez bon, que j'étais, comme un chien... Alors l'une des choses les plus effrayantes d'être en prison est d'être humilié devant tout le monde, de faire rire de moi, ce qu'ils font souvent parce qu'ils sont seulement, en fait, ils sont comme ils sont. Et un bon nombre d'entre eux, ils savent que c'est la loi du plus fort. Et c'est comme, si vous montrez des signes de faiblesse, ils vous prendront encore plus comme cible... je devais, je devais survivre. Je devais être assez fort pour survivre. J'ai dû me bâtir un système dans lequel je suis devenu un salaud. Je suis devenu une mauvaise personne. Je suis devenu un trou du cul. Mais j'ai survécu, et j'ai appris toutes ces choses pour survivre[133].

Il ne devrait pas être surprenant de constater que ceux qui ont fait l'objet de violences sexuelles dans les pensionnats étant jeunes perpétuent parfois le cycle de la violence sexuelle plus tard dans leur vie. Il ne devrait pas être surprenant de constater que ceux qui ont été séparés de leurs parents et exposés à une discipline sévère et rigide dans les écoles ainsi qu'à un dénigrement de leur culture et de leurs familles sont souvent devenus des parents inadéquats, et parfois même des parents violents plus tard dans leur vie. Il ne devrait pas être surprenant de constater que ceux qui ont reçu une mauvaise éducation et ont été exposés à des abus spirituels et culturels dans les écoles se soient ensuite tournés vers l'alcool et la drogue afin de surmonter ces épreuves et de tenter de les oublier. Les conséquences pour de nombreux élèves et leurs familles se sont avérées tragiques.

Grace Campbell est une survivante intergénérationnelle.

> Lorsque je buvais, un tas de choses me sont arrivées... Je devais faire des choses et souvent je me suis presque fait tuer et ensuite, je pensais que c'était facile. Facile de boire, facile d'avoir le genre de vie que j'avais et je n'aimais pas ça. Je vendais mon corps et je n'aimais pas ça. À l'époque, je ne le savais pas, mais quand j'y repense, certains de ces sales types avec qui je me tenais, des hommes et des fusils et tout, vous savez. Je perdais mes compagnons de beuverie par contre; ils se faisaient tuer et mourraient[134].

Il faut agir maintenant pour surmonter les défis que posent les séquelles causées par les pensionnats qui ont joué un rôle majeur dans la surreprésentation des Autochtones dans le système carcéral.

Appel à l'action :

30) Nous demandons aux gouvernements fédéral, provinciaux et territoriaux de s'engager à éliminer, au cours de la prochaine décennie, la surreprésentation des Autochtones en détention et de publier des rapports annuels détaillés sur l'évaluation des progrès en ce sens.

Programmes communautaires

En 1996, le Parlement a adopté des principes législatifs permettant aux délinquants qui autrement pourraient être incarcérés, de purger leur peine dans la collectivité. Un élément central de ces réformes était l'alinéa 718.2e) du *Code criminel,* qui demande aux juges d'effectuer « l'examen de toutes les sanctions substitutives applicables qui sont justifiées dans les circonstances, plus particulièrement en ce qui concerne les délinquants autochtones »[135].

En 1999, dans la cause *R. c. Gladue*, la Cour suprême du Canada a déclaré que l'alinéa 718.2e) du *Code criminel* a été adopté en réponse aux éléments de preuve alarmants qui démontraient que les personnes autochtones étaient incarcérées de façon disproportionnée comparativement aux personnes non autochtones au Canada[136]. La Cour a souligné que cet alinéa est une disposition ayant un caractère réparateur, adopté spécialement pour obliger le pouvoir judiciaire à faire des efforts particuliers pour trouver des solutions de rechange raisonnables à l'incarcération pour les délinquants autochtones et pour prendre en compte le contexte et les facteurs systémiques qui mènent les personnes autochtones devant le système de justice[137].

Dans certaines juridictions, l'arrêt *Gladue* a donné lieu à la production d'un plus grand nombre de rapports présentenciels, parfois appelés « rapports Gladue », qui rapportent en détail le contexte et les circonstances entourant le crime des délinquants autochtones. Ces rapports aident les juges à rendre des décisions éclairées concernant les peines à imposer et ils ont pour but d'encourager le recours à des solutions de rechange à l'incarcération. Toutefois, ces rapports n'ont pu être présentés devant la cour sans embûches et sans controverse. Certaines juridictions fournissent peu de ressources pour les travaux intensifs, spécialisés et culturellement délicats nécessaires à la production d'un rapport Gladue adéquat, en dépit du fait que la Cour suprême a donné un mandat clair en ce sens[138].

En 2012, la Cour suprême a réexaminé et réaffirmé la décision rendue dans la cause *Gladue*. En effet, dans l'arrêt *R. c. Ipeelee*, la Cour suprême a fait remarquer que certains juges avaient erré dans l'application de l'arrêt *Gladue* en concluant qu'il ne s'appliquait pas aux infractions graves ou qu'il nécessitait que le délinquant démontre un lien causal entre l'exécution de l'acte criminel et les séquelles laissées par les pensionnats ou par tout autre contexte ou facteur circonstanciel qui pourraient aider à expliquer pourquoi un délinquant autochtone est devant les tribunaux[139].

Même si d'excellents rapports Gladue étaient préparés d'un océan à l'autre, ils ne réussiraient pas à atténuer la surreprésentation des Autochtones dans le système carcéral, si des solutions de rechange réalistes à l'incarcération ne sont pas mises en place, et si les ressources suffisantes pour mener à bien des programmes communautaires intensifs qui peuvent agir sur ce qui a poussé les personnes autochtones à commettre des infractions ne sont pas investies.

Appel à l'action :

31) Nous demandons aux gouvernements fédéral, provinciaux et territoriaux de procéder à une évaluation et d'établir des sanctions communautaires réalistes qui offriront des solutions de rechange à l'incarcération des délinquants autochtones, de fournir un financement suffisant et stable à cet égard et de cibler les causes sous-jacentes du comportement délinquant.

Le défaut de fournir suffisamment de ressources durables pour la collectivité et les programmes de traitement nécessaires à la mise en œuvre des arrêts *Gladue* et *Ipeelee* permet de comprendre pourquoi ces décisions n'ont pas atténué la surreprésentation des Autochtones dans les pénitenciers. En plus de ces défis importants, nous faisons maintenant face à de nouveaux obstacles dans la mise en œuvre de sentences alternatives efficaces et justes pour les délinquants autochtones.

Peines minimales obligatoires

Un des exemples les plus frappants de la tendance à infliger des peines minimales obligatoires est la *Loi sur la sécurité des rues et des communautés* (projet de loi C-10), qui est entrée en vigueur en 2012. La loi précise les peines minimales que les juges doivent imposer pour certains crimes. Depuis l'adoption de la nouvelle loi, certaines infractions ne sont plus admissibles à la peine avec sursis[140].

Le projet de loi C-10 et les autres modifications apportées au *Code criminel* ont miné les réformes de 1996 voulant que les juges tiennent compte de toutes les solutions de rechange raisonnables à l'emprisonnement, et portent une attention particulière à la situation des délinquants autochtones. La Commission est d'avis que l'introduction récente de l'imposition de peines minimales obligatoires et les restrictions concernant l'emprisonnement avec sursis favoriseront la surreprésentation des Autochtones dans les prisons. Ainsi, les juges ne seront pas en mesure d'appliquer les sanctions communautaires, même lorsque ces dernières permettent d'assurer la sécurité de la collectivité et qu'elles présentent un plus grand potentiel que l'emprisonnement pour faire face aux séquelles intergénérationnelles laissées par les pensionnats, qui se traduisent souvent par des infractions chez les Autochtones[141].

Appel à l'action :

32) Nous demandons au gouvernement fédéral de modifier le *Code criminel* afin de permettre aux juges de première instance, avec motifs à l'appui, de déroger à l'imposition des peines minimales obligatoires de même qu'aux restrictions concernant le recours aux peines d'emprisonnement avec sursis.

Délinquants atteints du trouble du spectre de l'alcoolisation fœtale (TSAF)

Il existe un autre lien entre la toxicomanie qui a affligé de nombreux survivants des pensionnats et la surreprésentation des Autochtones dans les prisons. Le TSAF est une lésion cérébrale permanente qui survient lorsque la consommation d'alcool d'une femme enceinte affecte son fœtus. Les problèmes liés au TSAF comprennent les troubles de la mémoire, les problèmes de jugement et de raisonnement abstrait, et les difficultés liées à l'apprentissage fonctionnel[142]. C'est un trouble cognitif débilitant avec lequel les enfants doivent vivre pour le restant de leurs jours, sans que ce soit de leur faute. Une étude effectuée par la Fondation autochtone de guérison a permis d'établir des liens entre le traumatisme intergénérationnel laissé par les pensionnats, l'alcoolisme et le TSAF[143]. L'étude a conclu que le « régime des pensionnats a été à l'origine du facteur de risque déterminant en cause, l'abus des substances psychoactives. Cependant, il est aussi à la source d'autres facteurs qu'on associe à l'abus d'alcool, notamment l'abus physique, émotionnel et sexuel dans l'enfance et à l'âge adulte, des problèmes de santé mentale et le dysfonctionnement familial[144]. »

Environ 1 % des enfants canadiens naissent avec une forme de déficience liée à l'alcoolisation fœtale; cependant, les estimations pour le Canada et les États-Unis laissent entendre que 15 à 20 % des personnes détenues sont atteints du TSAF[145]. Une étude canadienne récente a révélé que les délinquants atteints du TSAF présentaient un taux de criminalité beaucoup plus élevé que ceux qui ne le sont pas; de plus, on a dénombré plus de condamnations de mineurs et d'adultes pour les personnes de ce groupe[146]. La Commission estime qu'il existe un besoin urgent de prendre des mesures pour prévenir les TSAF et mieux gérer ses conséquences néfastes. Les collectivités autochtones ont clairement besoin de programmes additionnels qui offrent des outils pour traiter les problèmes de toxicomanie et les TSAF.

Appel à l'action :

33) Nous demandons aux gouvernements fédéral, provinciaux et territoriaux de reconnaître comme priorité de premier plan la nécessité d'aborder la question du trouble du spectre de l'alcoolisation fœtale (TSAF) et de prévenir ce trouble, en plus d'élaborer, en collaboration avec les Autochtones, des programmes de prévention du TSAF qui sont adaptés à la culture autochtone.

Il est difficile pour les tribunaux de traiter les cas impliquant des délinquants atteints du TSAF, car l'obtention d'un diagnostic officiel nécessite un long et coûteux processus de consultations multidisciplinaires. Même si les juges de première instance ont été informés à propos des symptômes du TSAF, ils sont généralement incapables de les prendre en considération officiellement sans confirmation diagnostique[147]. De toute évidence, de meilleurs outils de diagnostic sont nécessaires, accompagnés de ressources suffisantes pour la mise en place de programmes communautaires intensifs réalistes comme solutions de rechange à l'emprisonnement, et pour permettre le soutien des personnes atteintes du TSAF et leur éviter de multiples démêlés avec la justice.

La récente promulgation de peines minimales obligatoires pour certaines infractions complique davantage la situation des délinquants atteints du TSAF, car il n'accorde pas aux juges la latitude nécessaire pour tenir compte des circonstances particulières pour déterminer la peine. Il existe un danger que le recours à la prison soit utilisé inutilement et ne soit qu'une autre façon coûteuse de résoudre une situation de crise impliquant des délinquants atteints du TSAF, et ce, même si les mesures de soutien communautaire adaptées à la culture pourraient souvent constituer une approche plus convenable[148]. En plus de modifier les lois relatives à l'imposition de peines minimales obligatoires, le gouvernement fédéral est en mesure de faire beaucoup plus pour adapter les services correctionnels et les mesures de libération conditionnelle afin de faciliter la réinsertion dans leur collectivité des délinquants aux prises avec le TSAF.

Appel à l'action :

34) Nous demandons aux gouvernements du Canada, des provinces et des territoires d'entreprendre des réformes du système de justice pénale afin de mieux répondre aux besoins des délinquants atteints du TSAF; plus particulièrement, nous demandons la prise des mesures suivantes :

　　i. fournir des ressources communautaires et accroître les pouvoirs des tribunaux afin de s'assurer que le TSAF est diagnostiqué correctement et que des mesures de soutien communautaires sont en place pour les personnes atteintes de ce trouble;

ii. permettre des dérogations aux peines minimales obligatoires d'emprisonnement pour les délinquants atteints du TSAF;

iii. mettre à la disposition de la collectivité de même que des responsables des services correctionnels et des libérations conditionnelles les ressources qui leur permettront de maximiser les possibilités de vivre dans la collectivité pour les personnes atteintes du TSAF;

iv. adopter des mécanismes d'évaluation appropriés pour mesurer l'efficacité des programmes en cause et garantir la sécurité de la collectivité.

Services culturels dans les prisons et les pénitenciers

Des études fondées sur des entrevues avec des détenus autochtones ont confirmé que la culture et la spiritualité autochtones favorisent leur guérison, développent l'estime de soi, et permettent des changements positifs dans le mode de vie qui rendent la libération et la réinsertion réellement possibles[149]. Des recherches soutiennent que le taux de récidive des délinquants autochtones qui ont participé à des activités spirituelles (par exemple la cérémonie de la suerie) est plus bas que celui des individus qui n'ont pas pris part à de telles activités[150].

Toutefois, les Autochtones reçoivent peu de services dans les établissements correctionnels provinciaux conçus pour les personnes qui purgent des peines de deux ans moins un jour ou qui sont en attente de leur procès. Seules quelques provinces, comme la Colombie-Britannique, ont des stratégies en lien avec la justice autochtone, y compris une formation de sensibilisation culturelle pour les fonctionnaires, et la conclusion d'une entente avec les collectivités autochtones afin qu'elles assurent la direction spirituelle, offrent des services de soutien, et élaborent des programmes culturels pour les détenus[151].

C'est un ancien élève d'un pensionnat indien détenu dans un établissement correctionnel à Yellowknife qui a exprimé le besoin de programmes culturels dans les prisons. Le survivant s'est exprimé ainsi devant la Commission : « Ça serait bien si des Autochtones venaient ici pour nous apprendre les choses de la vie... je veux dire, comment vivre. Ce n'est pas comme ça que nous vivons. Ce n'est pas notre façon à nous. Si on offrait des programmes comme ça, c'est certain que ça toucherait beaucoup de monde[152]. »

Certains programmes fédéraux semblent fonctionner, mais les détenus autochtones n'y ont pas accès dans toutes les régions du pays. À titre d'exemple, bien que les pavillons de ressourcement pour les Autochtones des établissements correctionnels aident beaucoup les détenus autochtones, seulement quatre d'entre eux sont gérés par le Service correctionnel du Canada, et quatre autres sont gérés par les collectivités autochtones en vertu de l'article 81 de la *Loi sur le système correctionnel et la mise en liberté sous condition*[153]. Le manque de financement et les difficultés liées au recrutement et à la formation de personnel sont des obstacles à la réussite du développement des ressources dans les pavillons. De plus, un détenu doit avoir une cote de sécurité « minimale » pour être admissible; et 90 % des détenus autochtones ont une cote de sécurité « moyenne » ou « maximale ».

Appels à l'action :

35) Nous demandons au gouvernement fédéral d'éliminer les obstacles à la création de pavillons de ressourcement additionnels pour détenus autochtones au sein du système correctionnel fédéral.

36) Nous demandons aux gouvernements fédéral, provinciaux et territoriaux de travailler avec les collectivités autochtones pour offrir des services culturellement adaptés aux détenus en ce qui concerne, notamment, la toxicomanie, la famille et la violence familiale de même que les difficultés auxquelles fait face une personne lorsqu'elle tente de surmonter les séquelles de la violence sexuelle.

Liberté conditionnelle et services de soutien communautaires

Les délinquants autochtones font face à de nombreuses difficultés lorsqu'ils souhaitent obtenir une liberté conditionnelle et préparer leur réinsertion dans la collectivité. Pour un grand nombre d'entre eux, les antécédents criminels constituent des facteurs importants qui les défavorisent. Même si certaines recherches ont conclu que les antécédents criminels sont des indicateurs de risque fiables tant pour les détenus autochtones que non autochtones, la discrimination systémique liée à la pauvreté et aux séquelles laissées par les pensionnats désavantagent indéniablement les délinquants autochtones[154]. Tout comme certains tribunaux ont l'avantage d'avoir accès aux renseignements généraux et contextuels compris dans les rapports avant la détermination de la peine, les audiences de libération conditionnelle doivent permettre d'acquérir une compréhension approfondie de la situation d'un délinquant avant qu'une décision soit rendue.

Lorsque la Commission des libérations conditionnelles du Canada accorde une libération conditionnelle, le programme correctionnel se poursuit. Les premières étapes de la libération conditionnelle se déroulent souvent dans une résidence correctionnelle : une maison de transition. Même si elle n'est pas une prison, le délinquant doit y résider et ne pas s'absenter, excepté pour des raisons particulières (par exemple les absences supervisées ou le travail). N'étant pas un emprisonnement ni une libération complète dans la collectivité, elle se veut plutôt une phase de transition dans le processus de libération conditionnelle d'un délinquant, et son objectif est la réinsertion progressive de l'individu dans la collectivité. Malheureusement, il y a trop peu de maisons qui offrent des programmes adaptés aux délinquants autochtones.

Appel à l'action :

37) Nous demandons au gouvernement fédéral de fournir un plus grand soutien pour les besoins des programmes autochtones offerts dans des maisons de transition de même que des services de libération conditionnelle.

Surreprésentation des jeunes

Le système de justice pour les jeunes, peut-être même davantage que le système de justice pénale pour adultes, manque à ses engagements envers les familles autochtones. Les jeunes filles et les jeunes garçons autochtones représentent 49 % et 36 %, respectivement, des jeunes placés en détention[155]. La loi qui prévaut actuellement en ce qui concerne les jeunes inculpés est la *Loi sur le système de justice pénale pour les adolescents*, qui a été adoptée en 2002. Un des principaux objectifs de cette loi est de réserver la prison pour les contrevenants les plus violents ou les récidivistes. Même dans de tels cas, un des buts exprès du système de justice pénale pour adolescents consiste à corriger les situations qui sous-tendent le comportement délictueux des jeunes afin de favoriser leur réadaptation et leur réinsertion sociale[156]. La *Loi* est suffisamment souple pour permettre aux collectivités autochtones d'exercer un certain contrôle sur la procédure réservée aux adolescents et de veiller à ce que le point de vue des Autochtones soit pris en compte dans les cas particuliers.

Grâce à de nombreuses mesures objectives, la *Loi sur le système de justice pénale pour les adolescents* est une réussite. Depuis son entrée en vigueur, on observe une diminution constante de la criminalité chez les jeunes, du nombre de cas traités par les tribunaux pour adolescents et du nombre de jeunes sous surveillance purgeant une peine dans la collectivité et en établissement[157]. Toutefois, la *Loi* n'a pas réussi à réduire la surreprésentation des jeunes autochtones dans le système de justice pénale[158]. Le fait que tant de jeunes autochtones ressentent une grande vulnérabilité et se sentent défavorisés contribue sans aucun doute à leur surreprésentation; ce facteur étant étroitement lié aux séquelles laissées par les pensionnats. Bon nombre des enfants et des jeunes autochtones d'aujourd'hui vivent chaque jour avec ces séquelles, puisqu'ils sont appelés à composer avec des taux élevés de toxicomanie, le trouble du spectre de l'alcoolisation fœtale, des problèmes de santé mentale et de violence familiale, l'incarcération de leurs parents et l'intrusion des services de protection de l'enfance. Compte tenu de tous ces facteurs, ces jeunes sont plus susceptibles que les autres de se retrouver impliqués dans des activités criminelles.

La surreprésentation croissante des jeunes autochtones incarcérés reflète celle encore plus dramatique des enfants autochtones pris en charge par les agences de protection de l'enfance et y est vraisemblablement liée. Des recherches effectuées en Colombie-Britannique révèlent que 35,5 % des jeunes pris en charge ont également des démêlés avec le système de justice pour les jeunes comparativement à seulement 4,4 % de ceux qui ne sont pas pris en charge[159]. La Commission croit qu'il est possible de réduire la surreprésentation croissante des jeunes autochtones en détention, mais que pour y arriver, il faut avant tout chercher des solutions en dehors du système judiciaire. Il est urgent d'offrir un soutien aux familles autochtones et de réduire la pauvreté qui sévit dans bon nombre de leurs collectivités. Le gouvernement fédéral devrait ouvrir la voie en mobilisant les ressources nécessaires pour enrayer la surreprésentation des enfants et des jeunes autochtones pris en charge et placés en détention. Cet engagement devrait également prévoir la collecte et la publication de meilleures données pour mesurer les progrès réalisés.

Appel à l'action :

38) Nous demandons au gouvernement fédéral de fournir un plus grand soutien pour les besoins des programmes autochtones offerts dans des maisons de transition de même que des services de libération conditionnelle.

Victimisation des peuples autochtones

Un nombre étonnant d'enfants autochtones ont été victimes d'actes criminels dans les pensionnats. À la fin de 2014, 30 939 des réclamations déposées pour sévices sexuels ou physiques graves avaient été réglées dans le cadre du PEI et une somme de 2,69 milliards de dollars avait été versée en dédommagement[160]. Dans la grande majorité des cas, les demandeurs ont été victimes d'actes criminels, bien que ce ne soit pas le cas pour tous, mais cela permet facilement de conclure que la Convention de règlement relative aux pensionnats indiens constitue le plus important mécanisme indépendant de reconnaissance de la victimisation criminelle dans l'histoire du Canada. Cette victimisation des enfants a eu des répercussions profondes et durables. Ruby Firth, une ancienne élève de l'établissement de Stringer Hall, a déclaré ce qui suit devant la Commission :

> Tout au long de mes années de pensionnat... j'ai été une victime. Ils m'ont amenée à me voir comme une victime. J'avais quatre ans et j'étais une victime. À cinq ans, je l'étais encore. À six ans, je l'étais encore. À sept ans, je l'étais encore.

Alors à un moment donné, ma tête en est venue à penser « ça ne s'arrêtera jamais! » Voilà ce que j'ai fait également rendue à l'âge adulte, parce que ça ne s'était jamais arrêté lorsque j'étais enfant, j'étais dans le même état d'esprit une fois adulte, « ça ne s'arrêtera jamais »[161].

Le système de justice continue de manquer à ses engagements envers les Autochtones victimes d'actes criminels. Peu de services sont offerts à ces derniers. Dans bien des cas, les régimes d'indemnisation des victimes comportent des lacunes, et en général ne tiennent pas compte des besoins distincts des Autochtones victimes d'actes criminels.

Les statistiques sont effarantes. Les Autochtones affichent un risque d'être victimes d'actes criminels de 58 % supérieur à celui observé chez la population non autochtone[162]. Les femmes autochtones sont presque trois fois plus susceptibles que les femmes non autochtones de rapporter avoir été victimes de crimes violents — 13 % des femmes autochtones ont affirmé avoir été victimes de tels crimes en 2009[163]. Au cours de la même année, 1 Autochtone sur 10 a déclaré avoir été victime d'un crime violent non conjugal, soit plus du double du taux enregistré chez la population non autochtone.

Il est difficile d'obtenir des données exactes sur les taux de victimisation au sein des collectivités autochtones. Selon certaines études, moins du tiers des victimes d'actes criminels les signalent à la police, et les forces policières, d'un bout à l'autre du pays, n'ont pas recours à une méthode uniforme pour prendre en note le fait que les victimes sont d'origine autochtone[164]. Statistique Canada n'offre pas les mesures de soutien requises pour permettre à certaines victimes d'origine autochtone de partager aisément leur expérience avec les chercheurs. Les plus récentes données de Statistique Canada concernant les homicides et la violence familiale n'indiquent pas combien de victimes sont d'origine autochtone, bien que les données plus anciennes suggèrent qu'entre 1997 et 2000, le taux de victimisation des Autochtones par homicide était sept fois plus élevé que chez la population non autochtone[165].

Appel à l'action :

39) Nous demandons au gouvernement fédéral d'élaborer un plan national pour recueillir et publier des données sur la victimisation criminelle des Autochtones, y compris des données sur les homicides et la victimisation liée à la violence familiale.

Ces données devraient être utilisées en tant que guide pour mettre sur pied et financer des services culturellement adaptés à l'intention des Autochtones victimes d'actes criminels, de même que pour aider à réduire de façon mesurable la surreprésentation des Autochtones parmi les victimes de crimes.

Appel à l'action :

40) Nous demandons à tous les ordres de gouvernement de créer, en collaboration avec les peuples autochtones, des programmes et des services suffisamment financés et faciles d'accès destinés expressément aux victimes autochtones, ainsi que des mécanismes d'évaluation appropriés.

Violence envers les femmes et les jeunes filles autochtones

La surreprésentation des femmes et des jeunes filles autochtones parmi les victimes de crimes est particulièrement inquiétante. Ces dernières sont plus susceptibles que les autres d'être exposées à des facteurs de risque de violence. Un nombre disproportionné d'entre elles sont jeunes, défavorisées et sans emploi, et il est probable qu'elles aient déjà été prises en charge par les services de protection de l'enfance et qu'elles vivent dans une collectivité caractérisée par des troubles sociaux[166].

Velma Jackson, qui a fréquenté le pensionnat Blue Quills, en Alberta, raconte son histoire devant la Commission.

> Un grand nombre d'autres jeunes filles de mon âge étaient [au pensionnat Blue Quills], mais je n'en connais qu'une seule qui a survécu, toutes les autres sont décédées aujourd'hui. Certaines sont mortes dans la rue. Certaines sont mortes en se prostituant. D'autres, aux prises avec des problèmes d'alcoolisme, se sont fait renverser par une voiture. Mais leurs enfants sont toujours en vie aujourd'hui... Encore aujourd'hui, je ne peux pas porter de robes à cause de tout ce qui s'est passé au pensionnat. C'était en quelque sorte un refuge de pédophiles, je l'appellerais comme ça, ce qui explique probablement pourquoi j'ai refoulé une aussi grande partie de ma vie à cause de ça[167].

L'aspect le plus troublant de cette victimisation réside dans le nombre incroyable de femmes autochtones qui ont été assassinées ou portées disparues. Un rapport publié par la GRC en 2014 révèle qu'entre 1980 et 2012, 1 017 femmes et jeunes filles autochtones ont été assassinées et 164 ont été portées disparues; 225 de ces cas n'ont toujours pas été résolus[168].

Des recherches plus poussées s'imposent, mais d'après les renseignements disponibles, il existe un lien inextricable entre le grand nombre de femmes autochtones assassinées et portées disparues et les nombreux facteurs liés à leur passé douloureux qui influent sur leur vie. Ces facteurs comprennent : la surreprésentation des enfants autochtones pris en charge par les services de protection de l'enfance; la violence familiale et sexuelle; le racisme et la pauvreté au sein des collectivités autochtones et les possibilités très limitées qui y sont offertes en matière de santé et d'éducation; les pratiques discriminatoires envers les femmes en ce qui concerne l'appartenance à la bande et le statut d'Indien; les mesures de soutien inappropriées offertes aux Autochtones dans les milieux urbains. L'interaction complexe entre ces facteurs — dont bon nombre font partie des séquelles laissées par les pensionnats — doit être examinée, tout comme l'incapacité des forces policières à résoudre ces crimes contre les femmes autochtones.

Appel à l'action :

41) Nous demandons au gouvernement fédéral de nommer, à la suite de consultations avec des organisations autochtones, une commission d'enquête publique chargée de se pencher sur les causes de la disproportion de la victimisation des femmes et des jeunes filles autochtones, et sur les moyens possibles pour y remédier. Le mandat de la commission d'enquête devra comprendre, notamment :

   i. la réalisation d'enquêtes sur la disparition et l'assassinat de femmes et de jeunes filles autochtones;

   ii. l'établissement de liens avec les effets intergénérationnels des pensionnats autochtones.

Stratégies de changement

Des stratégies à plusieurs volets sont nécessaires pour s'attaquer aux séquelles douloureuses laissées par les pensionnats, comme le démontre, en partie, la surreprésentation des Autochtones parmi les prisonniers et les victimes d'actes criminels. Recueillir de meilleures données sur la surreprésentation des Autochtones dans le système judiciaire est un bon point de départ. La collecte de ces données doit être combinée à l'établissement d'objectifs mesurables afin de réduire cette surreprésentation et de fournir les ressources nécessaires pour atteindre ces objectifs. L'approche adoptée doit reposer sur une vision holistique, être culturellement adaptée et répondre à la nécessité d'apporter des améliorations au sein des collectivités autochtones sur le plan de la santé, de l'éducation et du développement économique.

Toute stratégie visant à réduire la victimisation des Autochtones et la criminalité chez ces derniers doit également reconnaître les droits de ces peuples d'élaborer leurs propres systèmes de justice dans le cadre d'un engagement plus important à l'égard de l'autodétermination et de l'autonomie gouvernementale des Autochtones. Ces droits sont enchâssés dans le droit international, la loi constitutionnelle et les traités. Les formes de justice autochtone peuvent être aussi diversifiées que le sont les peuples autochtones du Canada. Une des principales conclusions tirées par la Commission de vérité et réconciliation du Canada est que la reconnaissance du droit des peuples autochtones à l'autodétermination, une répartition plus appropriée des fonds alloués aux services offerts par les gouvernements et un suivi méthodique des progrès réalisés sont les conditions préalables à remplir pour s'attaquer aux séquelles désastreuses laissées par les pensionnats indiens et faciliter le long processus de réconciliation au Canada.

Appel à l'action :

42) Nous demandons aux gouvernements fédéral, provinciaux et territoriaux de s'engager à reconnaître et à mettre en œuvre un système de justice autochtone qui soit compatible avec les droits ancestraux et issus de traités des peuples autochtones, en plus d'être conforme à la *Loi constitutionnelle de 1982* et à la Déclaration des Nations Unies sur les droits des peuples autochtones à laquelle le Canada a adhéré en novembre 2012.

La Commission est convaincue qu'une véritable réconciliation ne pourra être possible tant que la vaste étendue des séquelles laissées par les pensionnats n'aura pas été comprise et que la situation n'aura pas été corrigée. Les gouvernements au Canada consacrent des milliards de dollars chaque année pour traiter les symptômes résultant du traumatisme intergénérationnel causé par les pensionnats. Une bonne part de cet argent sert à financer des interventions en situation de crise liées à des cas de violence familiale, à la protection de l'enfance, à des problèmes de santé et à des actes criminels. En dépit des réels efforts de réforme déployés, la surreprésentation dramatique des enfants autochtones placés en famille d'accueil, et d'Autochtones malades, blessés ou incarcérés, continue de croître. Seul un véritable engagement à favoriser la réconciliation pourra renverser la tendance et jeter les bases d'une nation vraiment juste et équitable.

Le défi de la réconciliation

Établissement du contexte

Le colonialisme du Canada dans ses relations avec les peuples autochtones remonte à bien loin. Cette histoire, et les politiques de génocide culturel et d'assimilation qui y sont rattachées, ont laissé de profondes cicatrices dans les vies de nombreux Autochtones, sur les communautés autochtones ainsi que sur la société canadienne dans son ensemble, et ont eu des effets dévastateurs sur les relations entre les Autochtones et les non-Autochtones. Les préjudices se sont accumulés sur une très longue période et les relations se sont détériorées au même rythme, et il faudra du temps pour cicatriser les plaies du passé. Mais le processus est déjà amorcé.

Un important processus de guérison et de réconciliation s'est amorcé dans les années 1980 alors que les Églises ont présenté leurs excuses pour les traitements infligés aux peuples autochtones et le manque de respect envers leurs cultures. Le processus s'est poursuivi avec les conclusions de la Commission royale sur les peuples autochtones ainsi qu'avec la reconnaissance par les tribunaux de la validité des témoignages des survivants. Il a atteint son paroxysme lors de la Convention de règlement relative aux pensionnats indiens et les excuses présentées par le premier ministre du Canada devant le Parlement en juin 2008, ainsi qu'avec les excuses de tous les autres chefs parlementaires. Ce processus de guérison et de réconciliation doit se poursuivre. L'objectif ultime doit être de transformer notre pays et de rétablir le respect mutuel entre les peuples et les nations.

La réconciliation servira l'intérêt supérieur de l'ensemble du Canada. Il est nécessaire non seulement de résoudre les conflits permanents entre les peuples autochtones et les institutions du pays, mais également, pour le Canada, de corriger une erreur de son passé et d'être en mesure de maintenir sa prétention d'être un chef de file de la protection des droits de la personne parmi les nations du monde. Le développement historique du Canada, ainsi que la forte perception de certains selon laquelle l'histoire de ce développement est exacte et bienfaisante, crée des obstacles majeurs à la réconciliation au XXIe siècle.

Aucun Canadien ne peut s'enorgueillir du traitement réservé aux peuples autochtones par ce pays, et pour cette raison, tous les Canadiens ont un rôle crucial à jouer pour faire avancer la réconciliation d'une manière qui honore et revitalise les rapports de nation à nation fondés sur les traités.

Au Forum des gardiens du savoir traditionnel de la Commission de vérité et réconciliation du Canada (CVR) qui a eu lieu en juin 2014, le chef Ian Campbell a déclaré : « Notre histoire est votre histoire, celle du Canada... jusqu'à ce que le Canada accepte que... cette société ne s'épanouira jamais à son plein potentiel[1]. »

L'histoire et les séquelles destructrices du système des pensionnats rappellent avec force que le Canada a négligé ses propres racines historiques. La détermination du Canada à assimiler les peuples autochtones, en dépit de la relation originelle établie au premier contact et officialisée et maintenue dans les traités, témoigne de ce fait. Comme l'a déclaré Gerry St. Germain (Métis), alors sénateur canadien :

> Il ne fait pas de doute que les fondateurs du Canada ont en quelque sorte perdu leurs repères moraux dans leurs relations avec ceux qui occupaient et possédaient ces terres ... Même si nous ne pouvons pas changer l'histoire, nous pouvons en tirer des leçons et nous en servir pour modeler notre avenir commun ... Cet effort est essentiel pour édifier une société humanitaire et compatissante, une société que nos ancêtres, les Autochtones, les Français et les Anglais, ont envisagée il y a bien longtemps[2].

Les peuples autochtones n'ont jamais oublié les relations originelles qu'ils ont eues avec les premiers Canadiens. Cette relation empreinte de soutien réciproque, de respect et d'assistance a été confirmée par la Proclamation royale de 1763 et par les traités avec la Couronne qui ont été négociés de bonne foi par leurs chefs. Cette mémoire, confirmée par les analyses historiques et transmises suivant la tradition orale, a soutenu les peuples autochtones dans leur long combat politique pour vivre dans la dignité comme peuples ayant droit à l'autodétermination avec leurs propres cultures et leur propre rapport à la terre.

Les effets destructeurs des pensionnats, la *Loi sur les Indiens* et l'incapacité de la Couronne à respecter les promesses issues des traités ont miné les relations entre les Autochtones et les non-Autochtones. Le préjudice le plus important est la rupture du lien de confiance entre la Couronne et les peuples autochtones. Cette rupture doit être réparée. La vision qui a mené à cette rupture du lien de confiance doit être remplacée par une nouvelle vision pour le Canada; une vision qui reconnaît pleinement le droit à l'autodétermination des peuples autochtones dans le cadre d'un partenariat avec une souveraineté canadienne viable. Si les Canadiens n'arrivent pas à se donner cette vision, le Canada ne pourra alors pas résoudre les conflits de longue date entre la Couronne et les peuples autochtones au sujet des traités et des droits, des terres et des ressources des Autochtones, ou de l'éducation, de la santé et du bien-être des peuples autochtones. La réconciliation sera impossible à réaliser, tout comme l'espoir de réconciliation ne pourra être viable à long terme. Il ne serait pas totalement inconcevable que l'agitation que l'on voit aujourd'hui chez les jeunes Autochtones puisse prendre de l'ampleur et remettre en question la perception de bien-être du pays et sa propre sécurité.

La réconciliation doit devenir un mode de vie. Il faudra de nombreuses années pour réparer les relations et les liens de confiance rompus dans les communautés autochtones et entre les Autochtones et non-Autochtones. La réconciliation nécessite non seulement des excuses, des réparations, un réapprentissage de l'histoire nationale du Canada et une cérémonie commémorative publique, mais également de véritables changements sociaux, politiques et économiques. La sensibilisation du public et le dialogue permanents sont essentiels à la réconciliation. Les gouvernements, les Églises, les institutions d'enseignement et les Canadiens de tous les milieux ont la responsabilité d'agir de façon concrète pour la réconciliation, en collaboration avec les peuples autochtones. La réconciliation est la responsabilité de chacun d'entre nous.

Les jeunes Autochtones et non-Autochtones de notre pays ont affirmé devant la Commission qu'ils souhaitent connaître la vérité au sujet de l'histoire et des séquelles des pensionnats. Ils veulent comprendre leurs responsabilités en tant que parties des mêmes traités — autrement dit, en tant que personnes régies par les traités. Ils souhaitent découvrir les importantes contributions des peuples autochtones à ce pays. Ils comprennent que la réconciliation exige une conversation non seulement au sujet des pensionnats, mais également au sujet de tous les autres aspects de la relation entre les peuples autochtones et non-autochtones.

Nous, membres de la Commission, estimons que cette réconciliation est une question de respect. Cela comprend à la fois le respect de soi pour les peuples autochtones et le respect mutuel entre tous les Canadiens. Tous les jeunes doivent savoir qui ils sont et d'où ils viennent. Les enfants et les jeunes autochtones, qui sont à la recherche de leur propre identité et de leur lieu d'appartenance, doivent connaître leurs racines autochtones et en être fiers. Ils doivent connaître les réponses à certaines questions fondamentales. Qui est mon peuple? Quelle est notre histoire? Qu'est-ce qui nous distingue? Quelle est mon appartenance? Où est ma patrie? Quelle est ma langue et quel est son lien avec les croyances spirituelles et les pratiques culturelles de ma nation et notre façon d'être dans le monde? Ils veulent également savoir pourquoi les choses sont ce qu'elles sont aujourd'hui. Cela exige une compréhension de l'histoire de la colonisation, notamment le système des pensionnats et ses répercussions sur leurs familles, leurs communautés, leurs peuples et eux-mêmes.

En outre, et cela tout aussi important, les enfants et les jeunes non autochtones doivent comprendre la façon dont leur propre identité et leur histoire familiale ont été façonnées par une version de l'histoire du Canada qui a marginalisé l'histoire et l'expérience des peuples autochtones. Ils doivent savoir de quelle façon les notions de supériorité européenne et d'infériorité autochtone ont contaminé les idées dominantes de la société à propos des peuples autochtones, et leurs attitudes envers ces derniers, d'une manière très irrespectueuse et préjudiciable. Eux aussi doivent comprendre l'histoire du Canada en tant que société colonisatrice et les conséquences des politiques d'assimilation sur les peuples autochtones. Cette connaissance et cette compréhension constitueront le fondement pour l'établissement de relations mutuellement respectueuses.

La Commission royale sur les peuples autochtones

À l'été de 1990, à Oka, au Québec, les Mohawks de Kanesatake, le gouvernement du Québec, la Sûreté du Québec et les forces militaires canadiennes ont été mêlés à une violente confrontation dont l'enjeu était le projet d'aménagement d'un terrain de golf sur un cimetière mohawk situé dans un boisé connu sous le nom de « La pinède ». La revendication de ce terrain par les Mohawks et les demandes de reconnaissance de leur territoire traditionnel sont restées lettre morte pendant plusieurs années dans les mains du gouvernement fédéral. La confrontation qui a suivi, selon l'historien J. R. Miller, était « la preuve de l'échec de la politique du Canada en matière de revendication territoriale des Autochtones »[3]. Ce qui était au départ un geste de résistance pacifique par le peuple mohawk défendant son territoire s'est transformé en incident violent[4]. La « crise d'Oka », comme il était convenu de l'appeler dans les médias, a mené à une confrontation de 78 jours impliquant une résistance armée menée par des guerriers mohawks ayant une formation militaire[5]. C'est l'événement qui a ébranlé la complaisance du Canada envers les exigences fondamentales des Autochtones. Peu de temps après la fin des négociations ayant mené à la levée du siège, le premier ministre Brian Mulroney écrivait :

> Les événements survenus cet été ne doivent pas assombrir l'engagement pris par mon gouvernement pour répondre aux préoccupations des peuples autochtones... Ces griefs soulèvent des questions qui touchent profondément tous les Canadiens et c'est à tous les Canadiens de travailler ensemble pour les résoudre... Le programme du gouvernement répond aux demandes des peuples autochtones et comporte quatre parties : la résolution des revendications territoriales; l'amélioration des conditions économiques et sociales dans les réserves; la définition d'une nouvelle relation entre les peuples autochtones et les gouvernements; et la réponse aux préoccupations des peuples autochtones dans le contexte de la vie contemporaine au Canada. La consultation avec les peuples autochtones et le respect des responsabilités fiducies de la Couronne font partie intégrante du processus. Le gouvernement fédéral est déterminé à créer une nouvelle relation entre les Canadiens autochtones et non autochtones fondée sur la dignité, la confiance et le respect[6].

Le gouvernement du Canada a par la suite créé la Commission royale pour se pencher sur la réalité des peuples autochtones au Canada. La Commission royale a offert un aperçu de la gravité de la situation.

En 1996, la Commission royale sur les peuples autochtones (CRPA) a présenté une vision audacieuse et globale de la réconciliation. Le rapport de la CRPA constatait que si le Canada voulait prospérer à l'avenir, la relation entre les peuples autochtones et la Couronne devait être transformée. Le rapport concluait que la politique d'assimilation a été un échec total et que le Canada devait examiner la relation historique issue des traités pour établir une nouvelle relation entre les peuples autochtones et la population non autochtone, fondée sur les principes de reconnaissance mutuelle, de respect mutuel, de partage et de responsabilité mutuelle[7].

La Commission royale a souligné que le droit des peuples autochtones à l'autodétermination est essentiel à un respect rigoureux des obligations constitutionnelles du Canada envers les peuples autochtones et du droit international en matière de droits de la personne. En d'autres termes, le rapport de la CRPA considérait la réconciliation une lourde responsabilité pour le gouvernement du Canada, visant à modifier son comportement et à considérer la validité du point de vue autochtone sur ce que devrait être la relation à l'avenir.

Dans les années qui ont suivi la publication du rapport de la CRPA, l'élaboration d'une vision nationale de la réconciliation s'est révélée être une tâche complexe. En principe, les peuples autochtones, les gouvernements et les tribunaux s'entendent sur le fait que la réconciliation est nécessaire. Dans la pratique, il s'est révélé difficile de créer des conditions propices à l'essor de la réconciliation.

La Convention de règlement relative aux pensionnats indiens, qui comprend la mise sur pied de la Commission de vérité et réconciliation du Canada, était une tentative de résoudre les milliers de poursuites en justice contre le gouvernement pour des cas mauvais traitements dans le passé. Sa mise en place s'est également révélée être une tâche complexe. Le Canada et les Églises ont présenté leurs excuses aux survivants, à leurs familles et aux communautés. Pourtant, les mesures prises par le gouvernement canadien continuent d'être unilatérales et facteurs de division, et les peuples autochtones continuent de résister à de telles mesures. Les négociations sur les traités et les accords de revendication territoriale se poursuivent dans une perspective de conciliation des titres et des droits des Autochtones avec la souveraineté de l'État. Cependant, de nombreux cas demeurent non résolus. Les tribunaux ont produit un ensemble de règles de droit sur la réconciliation en lien avec les droits des Autochtones, qui a établi certains paramètres pour la discussion et les négociations, mais il n'y a pas encore de processus permanent à l'échelle nationale pour orienter cette discussion. Ce qui est clair pour la présente Commission, c'est que les peuples autochtones et l'État ont des opinions très différentes et divergentes sur la définition de la réconciliation et la meilleure façon d'y arriver. Le gouvernement du Canada semble croire que la réconciliation signifie que les peuples autochtones acceptent la réalité et la validité de la souveraineté de l'État et de la suprématie du Parlement afin que le gouvernement puisse faire son travail. Quant aux peuples autochtones, ils considèrent la réconciliation comme une occasion d'affirmer leur propre souveraineté et de revenir aux aspirations d'un « partenariat », tel qu'ils le percevaient après la Confédération.

La Déclaration des Nations Unies sur les droits des peuples autochtones comme cadre pour la réconciliation

Les peuples autochtones du Canada ne sont pas les seuls au monde à avoir subi des mauvais traitements par les autorités coloniales et les gouvernements colonisateurs. Les mauvais traitements du passé infligés aux peuples autochtones et l'accaparement des terres et des ressources des Autochtones partout dans le monde ont attiré l'attention des Nations Unies depuis des années. Le 13 septembre 2007, après environ vingt-cinq ans de débats et d'études, l'Organisation des Nations Unies (ONU) a adopté la Déclaration sur les droits des peuples autochtones. En tant que déclaration, elle demande aux États membres d'adopter et de maintenir ses dispositions comme série de « normes minimales nécessaires à la survie, à la dignité et au bien-être des peuples autochtones du monde »[8].

La Commission rejoint l'opinion de S. James Anaya, rapporteur spécial de l'ONU sur les droits des peuples autochtones, qui constatait que,

> Il vaut peut-être mieux prendre la Déclaration et le droit qu'elle proclame comme des instruments de réconciliation. Au sens propre, l'autodétermination est une force animant des efforts de réconciliation — mieux dit, peut-être, de conciliation — avec des peuples qui ont souffert de l'oppression des autres. Elle demande de faire face à l'héritage des empires, de la discrimination, de l'étouffement culturel et de les renverser. Elle ne le fait pas pour reporter la vengeance ou la rancune des dommages passés, pour fomenter la division mais pour construire un ordre social et politique basé sur des relations de compréhension mutuelle et de respect[9].

Le Canada, en tant que membre de l'Organisation des Nations Unies, avait d'abord refusé d'adopter la Déclaration. Il adoptait ainsi la même position que les États-Unis, l'Australie et la Nouvelle-Zélande. Ce n'est pas une coïncidence que toutes ces nations ont une histoire commune en tant que partie de l'Empire britannique. Le traitement historique des peuples autochtones dans ces autres pays évoque un véritable parallèle avec ce qui est arrivé aux peuples autochtones au Canada. Plus particulièrement, le Canada s'est expressément opposé aux dispositions suivantes de la Déclaration :

[...] dispositions relatives aux terres, aux territoires et aux ressources; au consentement préalable, donné librement et en connaissance de cause lorsqu'interprété comme un droit de véto; à l'autonomie gouvernementale sans reconnaissance de l'importance des négociations; à la propriété intellectuelle; aux questions militaires; à la nécessité de trouver un juste équilibre entre les droits et les obligations des peuples autochtones, des États membres et des tiers[10].

Bien que ces quatre pays aient finalement appuyé la Déclaration, ils l'ont tous fait à certaines conditions. En 2010, le Canada a appuyé la Déclaration en tant que « document d'aspirations qui est juridiquement non contraignant »[11]. Malgré cet appui, nous sommes persuadés que les dispositions et la vision de la Déclaration n'obtiennent pas à l'heure actuelle la reconnaissance du gouvernement. Par contre, puisque le Canada a accepté la Déclaration, nous demandons au gouvernement fédéral de tenir sa promesse, en vue d'aspirer à réaliser les dispositions de la Déclaration.

En 2011, les Églises canadiennes et les groupes de revendication en matière de justice sociale qui avaient fait campagne pour l'adoption de la Déclaration par le Canada ont exhorté le gouvernement fédéral à la mettre en œuvre. L'interprétation de la Déclaration par le Canada demeure toutefois inchangée. Le 22 septembre 2014, à la Conférence mondiale sur les peuples autochtones (CMPA) tenue à New York, l'Assemblée générale des Nations Unies a adopté un « document final » orienté sur l'action pour guider la mise en œuvre de la Déclaration. Les États membres de partout dans le monde se sont engagés, entre autres choses, à :

> Prendre, en consultation et en coopération avec les peuples autochtones, des mesures appropriées au niveau national, y compris des mesures législatives et administratives et des mesures de politique générale, pour atteindre les objectifs définis dans la Déclaration et pour y sensibiliser tous les secteurs de la société, notamment les parlementaires, les magistrats et les membres de la fonction publique ... [article 7] Nous nous engageons à coopérer avec les peuples autochtones, par l'intermédiaire de leurs propres institutions représentatives, en vue d'élaborer et de mettre en œuvre des plans d'action, des stratégies ou d'autres mesures de portée nationale, le cas échéant, pour atteindre les objectifs de la Déclaration [article 8] ... [et aussi] encourageons le secteur privé, la société civile et les établissements universitaires à participer activement à la promotion et à la protection des droits des peuples autochtones [article 30][12].

Le « Document final » représentait un progrès important sur le plan de la mise en œuvre de la Déclaration en termes pratiques. L'élaboration de plans d'action, de stratégies et d'autres mesures concrètes à l'échelle nationale fournira les cadres structurels et institutionnels nécessaires pour s'assurer que le droit à l'autodétermination des peuples autochtones est réalisé partout dans le monde.

Le Canada a émis une déclaration officielle à la CMPA, s'opposant à certains articles du document liés au principe de l'obtention du « consentement préalable, donné librement et en connaissance de cause » des peuples autochtones lorsque les États prennent des décisions qui auront une incidence sur leurs droits ou leurs intérêts, notamment le développement économique de leurs terres. Le Canada a déclaré :

> Le consentement préalable, donné librement et en connaissance de cause, comme décrit aux articles 3 et 20 du document de dénouement de la Conférence mondiale sur les peuples autochtones, pourrait être interprété de manière à donner un droit de veto aux groupes autochtones et, à cet égard, il ne peut être concilié avec le droit canadien actuel [...]. Il ne peut pas non plus appuyer les termes de l'article 4, étant donné que le droit canadien reconnaît que l'État peut justifier une atteinte aux droits ancestraux ou aux droits issus de traités s'il se soumet à un examen rigoureux visant à concilier les droits ancestraux avec l'intérêt public plus général. Cette composante du droit canadien a récemment été confirmée dans le cadre d'une décision de la Cour suprême du Canada[13].

Dans une déclaration publique, les leaders autochtones et leurs sympathisants ont affirmé que les préoccupations du Canada n'étaient pas fondées, soulignant ce qui suit :

> La notion voulant que la Déclaration puisse être interprétée comme conférant un droit de veto absolu et unilatéral a été soulevée à plusieurs reprises par le Canada pour justifier son opposition permanente à la Déclaration. Cette affirmation n'a toutefois aucun fondement, que ce soit dans la Déclaration de l'ONU ou dans le corpus plus large du droit international. Comme les normes de compromis et d'accord établis par la Cour suprême du Canada, le consentement préalable, donné librement et en connaissance de cause dans le droit international, est appliqué en proportion du potentiel d'atteinte aux droits des peuples autochtones et de la force de ces droits. Le mot « veto » n'apparaît pas dans la Déclaration de l'ONU... Le Canada ne cesse d'affirmer que les peuples autochtones n'ont pas voix au chapitre dans le développement de leurs terres. Cette position n'est pas cohérente avec la Déclaration de l'ONU sur les droits des peuples autochtones, les décisions de ses propres tribunaux ou avec l'objectif de réconciliation[14].

Au sujet de l'importance de la Déclaration pour les Premières Nations, les Inuits et les Métis au Canada, le grand chef Edward John, chef héréditaire de la nation Tl'azt'en dans le Nord de la Colombie-Britannique, a expliqué ce qui suit :

> Nous luttons depuis des générations pour la reconnaissance de nos droits. Nous avons lutté pour notre survie, notre dignité et notre bien-être, et la lutte continue. Le refus du Canada de reconnaître les droits territoriaux des Premières Nations est bien en deçà des normes minimales soutenues par la Déclaration et démontre un manquement manifeste par le Canada de mettre en œuvre

ses obligations en matière de droits de la personne. Les excuses du premier ministre Harper pour le rôle joué par le Canada dans le système des pensionnats reconnaissaient que la politique d'assimilation était mauvaise et qu'elle n'avait pas sa place dans notre pays. Pourtant, la politique du Canada qui consiste à nier les droits des Autochtones et les titres ancestraux repose sur la même attitude d'assimilation. Il est temps de mettre de côté cette attitude et ces politiques qui en découlent. La Déclaration prévoit la création de nouvelles relations fondées sur la reconnaissance et le respect des droits de la personne inhérents aux peuples autochtones[15].

La CVR voit la « réconciliation » comme un processus continu visant à établir et à maintenir des relations respectueuses à tous les niveaux de la société canadienne. Voilà pourquoi la Commission croit que la Déclaration des Nations Unies sur les droits des peuples autochtones est le cadre approprié sur lequel devrait reposer la réconciliation dans un pays bien ancré dans le XXIe siècle comme l'est le Canada. Le fait d'examiner la Déclaration afin d'identifier les répercussions qu'elle pourrait avoir sur les lois, politiques et comportements de l'État pourrait également permettre au Canada de proposer une vision plus globale de la réconciliation, une vision qui engloberait tous les aspects des relations entre les Canadiens autochtones et non autochtones. Cette même vision pourrait également être utilisée pour définir la norme de réussite au niveau international que pourraient ensuite utiliser les autres nations hésitantes.

Le droit des Autochtones à l'autodétermination doit également être intégré dans le cadre constitutionnel et juridique canadien, ainsi que dans les institutions canadiennes représentant les citoyens, mais cette intégration doit cependant être effectuée conformément aux principes et aux normes énoncés dans la Déclaration. Au Canada, par exemple, les Autochtones ont des droits ancestraux, ainsi que des droits issus de traités. Ainsi, ils ont le droit d'accéder à leurs propres lois et systèmes de gouvernance et de les revitaliser lorsque cela touche tant leurs collectivités que les négociations avec les gouvernements. Ils ont également le droit de protéger et de revitaliser leurs cultures, leurs langues et leurs modes de vie. Et finalement, ils ont le droit d'obtenir réparation pour les préjudices subis.

En 2014, la Cour suprême du Canada a jugé que les Tsilhqot'in avaient des droits ancestraux sur leurs terres, dans le nord de la Colombie-Britannique, ainsi que « des droits de propriété semblables à ceux associés à la propriété en fief simple, y compris le droit de déterminer l'utilisation des terres, le droit de jouissance et d'occupation des terres, le droit de posséder les terres, le droit aux avantages économiques que procurent les terres et le droit d'utiliser et de gérer les terres de manière proactive »[16]. La Cour a précisé que « [l]es gouvernements et particuliers qui proposent d'utiliser ou d'exploiter la terre, que ce soit avant ou après une déclaration de titre ancestral, peuvent éviter d'être accusés de porter atteinte aux droits ou de manquer à l'obligation de consulter adéquatement le groupe en obtenant le consentement du groupe autochtone en question »[17].

En raison de l'augmentation des conflits portant sur les terres, les ressources et le développement économique, la réconciliation doit cependant aller au-delà des pensionnats et inclure tous les aspects des relations entre Autochtones et non-Autochtones, ainsi que les liens avec la terre. C'est pour cette raison que nous jugeons essentiel que tous les ordres de gouvernement acceptent la Déclaration. La Commission exhorte donc le gouvernement fédéral à revenir sur sa position et à accepter entièrement le « Document final ». Nous croyons aussi que le gouvernement fédéral devrait également élaborer un plan d'action national de mise en œuvre de la Déclaration, un plan conforme aux directives émises par la Cour suprême du Canada qui permettrait également de réaliser la réconciliation.

Appels à l'action :

43) Nous demandons aux gouvernements fédéral, provinciaux et territoriaux de même qu'aux administrations municipales d'adopter et de mettre en œuvre la Déclaration des Nations Unies sur les droits des peuples autochtones dans le cadre de la réconciliation.

44) Nous demandons au gouvernement du Canada d'élaborer un plan d'action et des stratégies de portée nationale de même que d'autres mesures concrètes pour atteindre les objectifs de la Déclaration des Nations Unies sur les droits des peuples autochtones.

La doctrine de la découverte

Nous avons montré précédemment dans ce rapport à quel point les pays européens s'appuyaient sur la doctrine de la découverte et le concept de *terra nullius* (terres n'appartenant à personne) pour justifier la création des empires, la colonisation des Autochtones et la revendication de leurs terres, et ce, tant en Amérique du Nord qu'ailleurs dans le monde. Loin d'être de l'histoire ancienne sans intérêt pour la réconciliation, la doctrine de la découverte sous-tend le fondement juridique qui a permis aux représentants de la Couronne britannique de revendiquer la souveraineté sur les peuples autochtones et justifié l'extinction des droits inhérents de ces derniers sur leurs territoires, terres et ressources.

Dans l'allocution qu'il a présentée lors de l'événement national du Manitoba en 2010, Sol Sanderson, ancien élève dans un externat, chef politique et professeur, a expliqué à quel point il était important d'établir un lien entre la colonisation, les politiques et pratiques utilisées par l'impérialisme et la nécessité d'opérer un changement transformateur dans la société canadienne.

> Quels objectifs visaient les politiques impérialistes? Assimilation, intégration, civilisation, christianisation et anéantissement. Qui était visé par ces politiques? Nos familles autochtones. On a eu l'idée de les détruire partout dans le monde. Pourquoi? Parce que cela était la base de nos systèmes de gouvernement. Parce que c'était le fondement de nos institutions et des sociétés que créent nos nations. Il ne faut cependant pas oublier que ces politiques constituent toujours la base des lois canadiennes actuelles et pas seulement celle de la *Loi sur les Indiens* [qui] a rendu illégales nos traditions, nos coutumes, nos pratiques, nos valeurs, notre langue, notre culture, nos formes de gouvernement, notre compétence[...] Ils disent que nous avons des droits protégés par la Constitution, soit des droits inhérents, des droits ancestraux et des droits issus de traités, mais nous devons cependant nous présenter chaque jour au tribunal pour défendre ces mêmes droits contre les lois coloniales des gouvernements provinciaux et fédéral. Cela ne peut plus continuer[18].

Entre 2010 et 2014, l'Instance permanente des Nations Unies sur les questions autochtones a entrepris un certain nombre d'études et rédigé un certain nombre de rapports sur la doctrine de la découverte. Pendant cette période, les Églises mentionnées dans la Convention de règlement ont également commencé à examiner le mode de pensée catholique qui avait été utilisé pour justifier la confiscation des terres autochtones et le retrait des enfants à leurs familles et à leurs communautés. Dans son texte sur les fondements catholiques romains utilisés comme justification pour les revendications des territoires autochtones au Canada, l'historienne Jennifer Reid explique la raison pour laquelle la doctrine est encore pertinente à l'heure actuelle.

> Bon nombre de non-Autochtones du Canada savent que les peuples autochtones accordent généralement une importance culturelle et religieuse aux droits fonciers. Je pense qu'un plus petit nombre de non-Autochtones voient leur propre lien avec la terre sous le même jour et qu'ils sont encore moins nombreux à voir les fondements juridiques des droits fonciers au Canada comme des éléments très importants au niveau théologique. Et pourtant, ils le sont, notamment du fait que le lien entre le droit et la terre au Canada repose sur un ensemble d'hypothèses théologiques énoncées au XVe siècle qui ont réussi à s'intégrer dans le droit canadien[...] La doctrine de la découverte représente le moyen juridique que les Européens ont utilisé pour revendiquer des droits de souveraineté, de propriété et d'échange dans des régions qu'ils ont dit avoir découvertes pendant l'ère de l'expansion. Ces revendications ont cependant été effectuées sans aucune consultation ni participation des populations qui vivaient sur ces territoires, les gens à qui, logiquement, appartenait véritablement la terre. En fait, la doctrine de la découverte constituait une composante essentielle des relations historiques entre les Européens, leurs

descendants et les peuples autochtones et elle continue de l'être puisqu'elle représente encore le fondement de leurs relations juridiques actuelles après avoir migré, doucement et presque de façon incontestée, du droit catholique romain au droit international[19].

En avril 2010, lors de la neuvième session de l'Instance permanente sur les questions autochtones de l'ONU, la Mission d'observation permanente du Saint-Siège (le représentant de l'ONU du Vatican catholique romain) a diffusé un communiqué à propos de la doctrine de la découverte[20]. Il précisait notamment que d'anciennes bulles pontificales traitant d'expansion territoriale, tout comme la conversion forcée des peuples autochtones, avaient par la suite été abrogées ou annulées par l'Église catholique romaine.

> En ce qui concerne la question de la doctrine de la découverte et du rôle de la bulle papale *Inter Coetera*, le Saint-Siège mentionne que l'*Inter Coetera*, comme une source de droit international[...] a d'abord été abrogée par le Traité de Tordesilles en 1494 et que les circonstances ont tellement changé depuis ce temps que le fait d'attribuer une quelconque valeur juridique à un tel document semble complètement déplacé[...]. En outre, cette bulle pontificale a aussi été abrogée par d'autres bulles, dont *Sublimis Deus* en 1537, qui précise « que les Indiens et les autres peuples doivent être invités à ladite foi du Christ par la prédication de la parole de Dieu et par l'exemple d'une vie vertueuse. Toutes choses passées ou futures contraires à ces dispositions sont à considérer comme nulles et non avenues. » Cette façon de voir les choses a ensuite été décrite de façon plus détaillée et remise en vigueur dans la bulle *Immensa Pastorum* du pape Benoit XIV diffusée le 20 décembre 1741, ainsi que dans un certain nombre d'autres encycliques, déclarations et décrets papaux. S'il subsistait encore des doutes à cet égard, cet énoncé a ensuite été abrogé par le canon 6 du *Code de droit canonique de l'Église catholique de 1983* qui abroge de façon générique toutes les lois pénales et disciplinaires antérieures[...] Ainsi, qu'il s'agisse du droit international ou du droit de l'Église catholique, la bulle *Inter Coetera* est un vestige sans valeur juridique, morale ou doctrinale[...] Le fait que les systèmes juridiques puissent encore utiliser la « doctrine de la découverte » comme précédent judiciaire est donc une caractéristique des lois de ces États et n'est aucunement lié à l'Église pour qui ce document n'a aucune valeur, et ce, depuis des siècles. La réfutation de cette doctrine relève donc désormais de la compétence des autorités nationales, des législateurs, des avocats et des historiens du droit[21].

Pour bon nombre de personnes cependant, cette déclaration de l'Église catholique était inadéquate. L'influence de la doctrine dans la loi occidentale et ses conséquences destructives pour les peuples autochtones ont cependant été bien documentées par des chercheurs ainsi que par d'autres experts[22].

En 2014, le grand chef Edward John, le représentant de l'Amérique du Nord auprès de l'Instance permanente sur les questions autochtones de l'ONU, a déposé l'« Étude des effets de la doctrine de la découverte sur les peuples autochtones, y compris les mécanismes, procédures et instruments de réparation » qui concluait :

> En ce qui concerne les dépossessions de terres, les conversions forcées au christianisme, la privation de liberté et la réduction en esclavage des peuples autochtones, le Saint-Siège a déclaré qu'« un processus d'abrogation s'était mis en place au fil des siècles » pour invalider des pratiques aussi infâmes. Ces renonciations pontificales ne suffisent pas. Il est plus que temps de s'affranchir des effets nocifs et des séquelles durables de la spoliation par les États de la souveraineté, des lois et des titres des terres, des territoires et des ressources inhérents aux peuples autochtones. Parallèlement, de plus en plus d'instances religieuses répudient la doctrine de la découverte[23].

En 2010, l'Église anglicane du Canada a été la première, en vertu de la Convention de règlement relative aux pensionnats indiens, à rejeter la doctrine de la découverte et à « examiner les politiques et programmes de l'Église afin d'exposer la réalité et les répercussions historiques de la doctrine de la découverte et de l'éliminer de ses politiques, programmes et structures contemporains »[24]. En 2013, l'Église anglicane a mis sur pied une commission sur la découverte, la réconciliation et la justice ayant trois objectifs :

1) Examiner les politiques et pratiques de l'Église anglicane du Canada et les modifier, au besoin, afin qu'elles soient conformes à la répudiation de la doctrine de la découverte;

2) Étudier la définition de la réconciliation;

3) Examiner l'engagement de l'Église à résoudre les injustices persistantes subies par les Autochtones du Canada.

La Commission sur la découverte déposera son rapport final lors du Synode général de l'Église anglicane du Canada, en 2016[25].

En février 2012, le comité exécutif du Conseil œcuménique des Églises (COE) a également répudié la doctrine de la découverte. Le COE représente plus de 500 millions de chrétiens repartis dans plus de 110 pays et 345 Églises, dont trois sont visées par la Convention de règlement[26]. La déclaration du COE dénonçait la doctrine de la découverte et pressait les gouvernements de « démanteler les structures légales et politiques fondées sur la doctrine de la découverte[...] et de s'assurer qu'elles se conforment à la Déclaration des Nations Unies sur les droits des peuples autochtones. » Cette déclaration exprimait également la solidarité avec les Autochtones et affirmait les droits de ces derniers à l'autodétermination et à l'autonomie gouvernementale. Le COE a également demandé à ses Églises membres de soutenir l'autodétermination des

Autochtones en ce qui concerne les questions spirituelles et l'éducation de tous les membres de leurs Églises[27].

L'Église Unie du Canada a répondu à cet appel. Ainsi, lors de sa réunion de mars 2012, l'exécutif du conseil général de l'Église Unie a « convenu unanimement de répudier la doctrine de la découverte, un concept historique qui a été utilisé pour rationaliser l'esclavage et la colonisation des peuples autochtones partout dans le monde »[28].

Lors de la onzième session de l'Instance permanente des Nations Unies sur les questions autochtones en mai 2012, KAIROS (initiatives œcuméniques canadiennes pour la justice) a émis une déclaration commune avec l'Assemblée des Premières Nations, les chefs de l'Ontario, le Grand conseil des Cris (Eeyou Istchee), Amnistie internationale et l'organisme Secours Quaker canadien sur la doctrine de la découverte. Elle précisait notamment que « [m]ême si des églises ont commencé à désavouer cette doctrine raciste, ce n'est pas encore le cas pour tous les États ». L'on recommande donc que les États, en concertation avec les peuples autochtones, entreprennent une réforme légale et politique afin d'éliminer « la moindre référence aux doctrines de supériorité, notamment celle de "découverte", comme fondements de la souveraineté supposée sur les peuples autochtones, leurs terres et leurs ressources »[29].

Dans son rapport à l'Instance permanente des Nations Unies sur les questions autochtones, le grand chef Edward John s'est plutôt concentré sur la façon dont les tribunaux canadiens ont abordé les questions de souveraineté.

> La plus haute juridiction du Canada a reconnu la nécessité de concilier « la souveraineté autochtone préexistante et la souveraineté proclamée de la Couronne ». La Cour suprême a reconnu d'office « des questions telles que la colonisation, les déplacements de populations et les pensionnats » qui montrent comment la souveraineté a été abusivement « proclamée » tout au long de l'histoire. La cause profonde d'un tel abus renvoie à la doctrine de la découverte et autres fictions, qu'il faut par conséquent démanteler[30].

Lors de la treizième session de l'Instance permanente sur les questions autochtones des Nations Unies qui s'est déroulée en mai 2014, le gardien de la foi haudenosaunee Oren Lyons a parlé des principes de bonne gouvernance en lien avec la Déclaration des Nations Unies. Il a déclaré ce qui suit :

> Nous reconnaissons que la doctrine de la découverte et ses effets à long terme sur nos peuples ont mené aux atrocités auxquelles nous avons dû faire face dans les externats et pensionnats, tant au Canada qu'aux États-Unis[...] La doctrine de la découverte a été invoquée comme justification pour l'exploitation continue de nos terres, de nos territoires et de nos ressources et elle contrevient directement au paragraphe 2 de l'article 7 de la Déclaration[31].

La doctrine de la découverte et le concept associé de *terra nullius* étayent l'obligation qu'ont les peuples autochtones de prouver devant les tribunaux qu'ils occupaient ces terres avant l'arrivée des colonisateurs sinon leurs droits à la terre et aux ressources seront éteints par les processus contemporains d'établissement des traités et des revendications territoriales. Une telle obligation n'est cependant pas conforme au droit international et ne contribue pas à la réconciliation. De tels concepts constituent une pure expression des torts historiques et devraient donc être officiellement répudiés par tous les ordres du gouvernement canadien.

L'intention de cette conclusion vise à souligner qu'il faut faire une importante distinction entre la doctrine de la découverte et ses concepts associés et plusieurs politiques, lois et principes intrinsèquement injustes auxquels ils ont donné naissance au cours des ans. Il ne suffirait pas de simplement répudier la doctrine de la découverte et de conserver, par exemple, l'obligation pour les Autochtones de prouver la validité de leur existence et de leur territorialité. Loin de nous l'idée de proposer que la répudiation de la doctrine de la découverte entraîne l'invalidation de la souveraineté de la Couronne. Plutôt, la Commission accepte qu'il existe d'autres façons d'établir la validité de la souveraineté de la Couronne sans porter préjudice à l'important principe établi dans la Proclamation royale de 1763 selon lequel la souveraineté de la Couronne exige qu'elle reconnaisse le titre ancestral et qu'elle en tienne compte pour pouvoir l'améliorer. Il ne faut pas oublier que les termes de la Proclamation royale ont été expliqués et acceptés par les chefs autochtones lors de la négociation du Traité de Niagara de 1764.

Traités : honorer le passé et négocier l'avenir

Il est important pour tous les Canadiens de comprendre que sans traités, le Canada n'a aucune légitimité comme nation. Les traités conclus entre les nations autochtones et la Couronne établissaient les fondements constitutionnels et juridiques de ce pays.

L'ancien Fred Kelly a souligné que le processus de conclusion de traités et la façon dont les Autochtones résolvent les conflits doivent cependant être au cœur de la réconciliation. Il a déclaré ce qui suit :

> Il y a des personnes croyant qu'un processus général de réconciliation est un concept d'inspiration occidentale imposé aux Autochtones sans égard aux pratiques traditionnelles qui leur sont propres et qui visent le rétablissement de la paix et de l'harmonie au niveau personnel et collectif. Nous devons donc réclamer que les Autochtones aient une participation significative à la conception, à la gestion et à l'évaluation du processus de réconciliation pour que celui-ci soit fondé sur la culture et la langue de la communauté. Si la réconciliation est un objectif bien concret et important au Canada, ce processus

doit comprendre le droit inhérent de l'autodétermination en conformité avec ce que les traités avaient prévu comme autonomie gouvernementale[...]

Dans les cas où le gouvernement refuse de mettre en œuvre les droits des Autochtones et l'esprit et l'intention initiaux des traités, les citoyens du Canada doivent intervenir directement pour forcer leurs dirigeants à le faire. Les traités et les conventions/ententes de principe sont tout simplement des mécanismes de mise en route de la réconciliation. Il faut agir [...] tous les Canadiens, avez également des droits[...] C'est sur ces droits et obligations que notre relation repose[32].

Si le passé du Canada comprend une mise en garde précisant ce qu'il ne faut pas faire, il renferme également une leçon d'histoire plus constructive pour l'avenir. Les traités constituent un modèle qui montre aux Canadiens, en tant que peuples divers, qu'ils peuvent cohabiter de façon respectueuse et paisible sur ces terres que nous partageons désormais.

La Proclamation royale de 1763 et le Traité de Niagara de 1764

L'histoire de l'établissement des traités au Canada est litigieuse, notamment parce que les Autochtones et la Couronne ont interprété plutôt différemment l'esprit et l'intention des traités. Les représentants du gouvernement voyaient généralement les traités comme des mécanismes juridiques par lesquels les Autochtones cédaient leurs terres à la Couronne et y renonçaient. À l'opposé, les Premières Nations, les Inuits et les Métis les voyaient plutôt comme une obligation sacrée qui obligeaient les deux parties à conserver des relations respectueuses et à partager équitablement les terres et les ressources.

Grâce à l'histoire orale et aux traditions juridiques, les Autochtones ont su garder vivantes tant l'histoire que la pertinence ininterrompue de ces traités. Sans leur perspective de l'établissement des traités, les Canadiens n'ont accès qu'à une seule version de l'histoire de ce pays. Raconter l'histoire en présentant seulement la façon dont les représentants officiels de la Couronne ont imposé unilatéralement les traités aux Autochtones est inapproprié puisque ces derniers ont participé activement aux négociations entourant les traités[33]. L'histoire et l'interprétation des traités et de la relation qui existait entre les Autochtones et la Couronne, comme la racontent les Autochtones, enrichissent et alimentent notre compréhension du fait que nous sommes tous visés par les traités[34]. Cela est évident, par exemple, dans l'histoire de la Proclamation royale de 1763 et de son lien avec le Traité de Niagara de 1764. La Proclamation royale, qui a été émise par l'administration coloniale, ne raconte que la moitié de l'histoire.

Le 7 octobre 1763, le roi George III a émis une Proclamation royale en vertu de laquelle la Couronne britannique reconnaissait, pour la première fois, les droits légaux et constitutionnels des peuples autochtones au Canada. Dans la Proclamation royale de 1763, les Britanniques déclaraient notamment que toutes les terres à l'ouest des colonies établies appartenaient aux peuples autochtones et que seule la Couronne pouvait légalement acquérir ces terres par l'entremise de traités.

À une période où les peuples autochtones détenaient encore beaucoup de pouvoir et que les conflits avec les colonisateurs prenaient de l'ampleur, le gouvernement britannique avait tenté d'établir une zone géographique distincte qui resterait sous la juridiction des nations autochtones, jusqu'à ce que des traités puissent être négociés.

Le spécialiste du droit John Borrows, d'origine anishinaabe, observe que la Proclamation royale peut être comprise dans sa totalité uniquement en relation avec le Traité de Niagara, dans lequel les modalités de la proclamation ont été ratifiées par les peuples autochtones en 1764. Comme l'explique Borrows, les chefs autochtones qui ont négocié le Traité de Niagara avec la Couronne l'on fait en pensant qu'ils demeureraient des peuples libres et conserveraient leur autodétermination. Borrows fait remarquer :

> La Proclamation est maladroitement à cheval sur les aspirations contradictoires de la Couronne et des Premières Nations alors que sa formulation reconnaissant les droits territoriaux des Autochtones en décrivant une politique qui était conçue pour aliéner ces droits[...] Les objectifs différents que les Premières Nations et la Couronne avaient dans la formulation des principes entourant la Proclamation sont la raison pour laquelle on retrouve des visions différentes intégrées à son libellé. La Grande-Bretagne tentait de s'assurer un territoire et une autorité par la Proclamation, alors que les Premières Nations étaient préoccupées par la préservation de leurs territoires et de leur souveraineté[35].

La Proclamation royale a été ratifiée par plus de 2 000 chefs autochtones à Niagara à l'été de 1764 pour signer un traité avec la Couronne[36]. Les négociations du traité, comme celles des traités précédents de commerce, de paix et d'amitié, ont été menées avec les lois et le protocole diplomatique autochtones. John Borrows présente la preuve que les peuples autochtones, quelque cinquante-cinq ans après la négociation et la ratification du traité de Niagara, ont encore en mémoire les promesses faites par la Couronne. En 1818, un représentant de la Couronne, le capitaine Thomas G. Anderson, faisait le compte-rendu d'une rencontre entre les peuples anishinaabe et la Couronne à Drummond Island au lac Huron.

> Les chefs ouvrirent l'assemblée en déposant à terre un large Baudrier (Wampum), fait en 1764 [...]. Orcata [un Anishinaabe] ayant la parole [...] prenant le Baudrier de 1764 dans sa main [...] il ajouta : Père, ce Baudrier, mes ancêtres l'ont reçu de votre Père, Sir. W. Johnson. Alors vous fites dire à tous vos enfans à la peau rouge, de se réunir au grand détour (Niagara).

> Ils entendirent votre voix, obéirent à vos ordres et l'été suivant ils vous rencontrèrent dans ce lieu, vous déposâtes alors ce Baudrier sur un mat et dites : « Enfans, vous devez tous toucher à ce Baudrier de la paix. J'y touche moi-même afin que nous soyions tous des frères unis, et j'espère que notre amitié ne finira jamais. Je vous nommerai mes enfans, j'enverrai la chaleur (des présens) dans votre pays et vos familles ne manqueront jamais de rien. Portez vos regards vers le soleil levant, ma nation est aussi brillante et sa parole ne saurait être violée. » Père, vos paroles sont la vérité, tout ce que vous avez promis a été fait. En nous donnant le Baudrier de la paix, vous avez dit : « Si vous avez jamais besoin de moi, envoyez ce Baudrier et ma main s'ouvrira immédiatement pour vous secourir. » Ici l'orateur déposa le Baudrier à terre[37].

Au fil des années, les chefs autochtones ayant participé aux négociations du traité ont non seulement utilisé les ceintures wampum pour relater les circonstances du Traité de Niagara, mais ont également présenté des copies originales de la Proclamation royale aux représentants du gouvernement. En 1847, un agent des colonies écrivait ce qui suit :

> Une proclamation subséquente de Sa Majesté Geo. III émanée en 1763, leur donne une nouvelle garantie pour la possession de leurs terres à chasse, et leur assure la protection de la Couronne. Les Sauvages considèrent cette pièce comme leur charte. Ils en ont conservé copie jusqu'à ce jour, et l'ont citée à diverses reprises dans leurs représentations au gouvernement[38].

Le 7 octobre 2013, le Canada a célébré le 250e anniversaire de la Proclamation royale de 1763. Le gouverneur général du Canada, Son Excellence le très honorable David Johnston, a parlé de l'importance de la proclamation.

> Ce document extraordinaire fait partie des assises juridiques du Canada. Il est inscrit dans la *Loi constitutionnelle de 1982* et il établit un cadre de valeurs et de principes qui ont guidé notre évolution au fil des deux derniers siècles et demi. Ses principes directeurs — la paix, l'équité et le respect — ont instauré la tradition de conclusion des traités, jeté les bases de la reconnaissance des droits des Premières Nations et défini les relations entre les peuples des Premières Nations et la Couronne [...] Tous les événements historiques rejaillissent sur les générations futures, mais la Proclamation royale est toujours distinctement présente dans notre actualité. Il s'agit non seulement d'un document constitutionnel évolutif, mais aussi d'un document dont les principes sont toujours d'une grande pertinence dans notre conjoncture en 2013 et pour notre avenir commun [...] Bien sûr, certains défis se sont déjà présentés à nous par le passé et d'autres continuent de se poser, et il nous reste encore beaucoup de chemin à faire sur la voie de la réconciliation, mais c'est un parcours que nous devons suivre ensemble. Aujourd'hui, la conclusion d'ententes sur les

revendications territoriales globales est un exemple concret des principes de la Proclamation royale[39].

Partout au pays, les peuples autochtones ont également célébré l'anniversaire, demandant aux Canadiens de respecter l'esprit et la lettre de la Proclamation royale. En Colombie-Britannique, où peu de traités ont été signés, les chefs du Sommet des Premières Nations ont publié une déclaration rappelant aux Canadiens que les principes énoncés dans la Proclamation étaient toujours pertinents dans le Canada moderne. Ils ont affirmé :

> Avec la Confédération, la relation entre les Premières Nations et la Couronne ont malheureusement été guidées par un contrôle fédéral à cause des contraintes imposées par la *Loi sur les Indiens*, et non par les principes formulés dans la Proclamation [...] Le temps est venu pour tous les Canadiens d'amorcer une nouvelle ère de reconnaissance et de réconciliation entre les Premières Nations et la Couronne. Bien qu'il existe une reconnaissance générale des titres et des droits des Autochtones, trop souvent, ces droits existent sans recours efficaces. Il existe de nombreuses solutions susceptibles de nous faire avancer dans la bonne direction. De telles solutions comprennent la négociation de traités, d'accords et autres arrangements constructifs modernes qui respectent les principes de la Proclamation[40].

Ce même mois d'octobre, de l'autre côté de la rivière, derrière les édifices du Parlement à Ottawa, les partisans du mouvement « Idle No More » se sont réunis à Gatineau, au Québec, au Musée canadien des civilisations, pour commémorer la Proclamation royale dans le cadre d'une journée nationale et internationale d'action. Un des organisateurs, Clayton Thomas-Muller, a déclaré : « Nous nous servons de ce document fondateur de ce pays et profitons de son anniversaire pour favoriser une nouvelle ère de réconciliation en lien avec une histoire coloniale du Canada, que l'on peut qualifier de honteuse, pour renverser des siècles de négligence et d'abus de nos nations sacrées et diversifiées[41]. »

À Toronto, on a mis l'accent sur le Gus-Wen-Tah, ou la ceinture wampum à deux rangs, utilisée par les Mohawks dans leurs négociations de traité avec les agents coloniaux européens[42]. Alors que les peuples autochtones et non autochtones se sont rassemblés pour commémorer cette journée historique, le conférencier Davyn Calfchild a déclaré : « Tout le monde devrait se familiariser avec la ceinture wampum à deux rangs et la relation de nation à nation qu'il représente. Ça ne concerne pas uniquement les Autochtones, mais les non-Autochtones aussi. » Le rassemblement s'est terminé par une manifestation au cours de laquelle les gens ont défilé en transportant une réplique de la ceinture wampum à deux rangs[43]. Ceux qui ont commémoré la Proclamation royale et la ceinture wampum à deux rangs ont mis l'accent sur le fait que les principes et les pratiques qui ont consolidé les relations issues du traité s'appliquent encore aujourd'hui.

La Proclamation royale de 1763, en conjonction avec le Traité de Niagara de 1764, a établi les assises juridiques et politiques du Canada et les principes de la conclusion du Traité qui étaient fondés sur la reconnaissance et le respect mutuels. Une proclamation royale est également un symbole important. Émise au plus haut niveau, elle envoie un message à tous les citoyens au sujet des valeurs et des principes qui définissent le pays. Une nouvelle proclamation doit réaffirmer les engagements de longue date, souvent négligés, entre le Canada et les peuples autochtones. La proclamation inclurait un désaveu officiel de la doctrine de la découverte et un engagement envers la mise en œuvre complète de la Déclaration des Nations Unies.

Appel à l'action :

45) Nous demandons au gouvernement du Canada d'élaborer, en son nom et au nom de tous les Canadiens, et de concert avec les peuples autochtones, une proclamation royale de réconciliation qui sera publiée par l'État. La proclamation s'appuierait sur la Proclamation royale de 1763 et le Traité du Niagara de 1764, et réaffirmerait la relation de nation à nation entre les peuples autochtones et l'État. La proclamation comprendrait, mais sans s'y limiter, les engagements suivants :

   i. répudier les concepts utilisés pour justifier la souveraineté des peuples européens sur les territoires et les peuples autochtones, notamment la doctrine de la découverte et le principe de *terra nullius* (territoire n'appartenant à personne);

   ii. adopter et mettre en œuvre la Déclaration des Nations Unies sur les droits des peuples autochtones dans le cadre de la réconciliation;

   iii. établir des relations qui se rattachent aux traités et qui sont fondées sur les principes de la reconnaissance mutuelle, du respect mutuel et de la responsabilité partagée, et ce, de manière à ce qu'elles soient durables, ou renouveler les relations de ce type déjà nouées;

   iv. concilier les affaires constitutionnelles et juridiques des peuples autochtones et de l'État pour s'assurer que les peuples autochtones sont des partenaires à part entière au sein de la Confédération, ce qui englobe la reconnaissance des lois et des traditions juridiques autochtones et leur intégration dans la négociation et la mise en œuvre des traités, des revendications territoriales et de toute autre entente constructive.

Les principes énoncés dans la Proclamation royale serviront de base pour un pacte de réconciliation axé sur l'action, qui ouvre la voie vers une ère de respect mutuel et d'égalité des chances.

Appel à l'action :

46) Nous demandons aux parties à la Convention de règlement relative aux pensionnats indiens d'élaborer et de signer un pacte de réconciliation qui fait part des principes de la collaboration voulue afin de promouvoir la réconciliation au sein de la société canadienne et qui comprend, notamment, mais sans s'y limiter :

   i. la réaffirmation de l'engagement des parties à l'égard de la réconciliation;

   ii. la répudiation des concepts utilisés pour justifier la souveraineté des peuples européens sur les territoires et les peuples autochtones, notamment la doctrine de la découverte et le principe de *terra nullius*, de même que la réforme des lois, des structures de gouvernance et des politiques au sein des institutions qui s'appuient toujours sur ces concepts;

   iii. la pleine adoption et la mise en œuvre complète de la Déclaration des Nations Unies sur les droits des peuples autochtones dans le cadre de la réconciliation;

   iv. le soutien de l'établissement de relations qui se rattachent aux traités et qui sont fondées sur les principes de la reconnaissance mutuelle, du respect mutuel et de la responsabilité partagée, et ce, de manière à ce qu'elles soient durables, ou encore du renouvellement des relations de ce type déjà nouées;

   v. l'octroi de la permission aux personnes exclues de la Convention de règlement de signer le pacte de réconciliation;

   vi. l'octroi de la permission à d'autres parties concernées de signer le pacte de réconciliation.

Les gouvernements à tous les niveaux de la société canadienne doivent également s'engager envers un nouveau cadre pour la réconciliation pour guider leurs relations avec les peuples autochtones.

Appel à l'action :

47) Nous demandons aux gouvernements fédéral, provinciaux, territoriaux et municipaux de rejeter les concepts ayant servi à justifier la souveraineté européenne sur les peuples et les territoires autochtones, comme la doctrine de la découverte et celle de la *terra nullius*, et de réformer les lois, les politiques gouvernementales et les stratégies d'instance qui continuent de s'appuyer sur de tels concepts.

Les Églises et les organismes confessionnels ont également un rôle important à jouer pour promouvoir la réconciliation en appuyant la Déclaration des Nations Unies et en rejetant la doctrine de la découverte.

Appels à l'action :

48) Nous demandons à l'Église, aux parties à la Convention de règlement et à tous les autres groupes confessionnels et interconfessionnels au Canada qui ne l'ont pas déjà fait d'adopter officiellement et de respecter les normes et les principes de la Déclaration des Nations Unies sur les droits des peuples autochtones en tant que cadre de réconciliation. Cela comprend, sans toutefois s'y limiter, les engagements suivants de la part des intervenants en cause :

   i. veiller à ce que leurs institutions, politiques, programmes et pratiques soient conformes à la Déclaration des Nations Unies sur les droits des peuples autochtones;

   ii. respecter le droit à l'autodétermination des peuples autochtones dans les cas d'ordre spirituel, y compris le droit d'élaborer, de mettre en pratique et d'enseigner leurs propres traditions, coutumes et cérémonies religieuses et spirituelles, conformément à l'article 12:1 de la Déclaration des Nations Unies sur les droits des peuples autochtones;

   iii. lancer un dialogue public, voir à ce qu'il se poursuive à long terme et prendre des mesures pour appuyer la Déclaration des Nations Unies sur les droits des peuples autochtones;

   iv. publier, au plus tard le 31 mars 2016, une déclaration de la part des intervenants de toutes les confessions religieuses et de tous les groupes confessionnels quant à la manière dont ils ont l'intention de mettre en œuvre la Déclaration des Nations Unies sur les droits des peuples autochtones.

49) Nous demandons aux intervenants de toutes les confessions religieuses et de tous les groupes confessionnels qui ne l'ont pas déjà fait de répudier les concepts utilisés pour justifier la souveraineté européenne sur les terres et les peuples autochtones, notamment la doctrine de la découverte et le principe de *terra nullius*.

Revitaliser le droit autochtone : vérité, réconciliation et accès à la justice

Récemment encore, le Canada se servait du droit canadien pour étouffer la vérité et empêcher la réconciliation. La création par le Parlement de lois et de règlements d'assimilation a facilité l'oppression des cultures autochtones et permis la mise en place du système des pensionnats indiens. De plus, les lois et les principes de droit connexes du Canada ont favorisé une culture du secret et de l'occultation. Lorsque des enfants subissaient de mauvais traitements dans les pensionnats, les lois et les façons dont elles étaient appliquées (ou non) sont devenues un bouclier derrière lequel les gouvernements, les Églises et des individus pouvaient se cacher pour éviter les conséquences d'horribles vérités. Les décisions de ne pas porter d'accusations contre les agresseurs ont permis à des gens d'échapper aux conséquences néfastes de leurs gestes. De plus, le droit des communautés et des chefs autochtones de fonctionner en conformité avec leurs propres coutumes, traditions, lois et cultures a été infirmé par la loi. Ceux qui persistaient à fonctionner conformément à ces cultures s'exposaient à des poursuites. Les peuples autochtones en sont venus à considérer le droit comme un outil d'oppression du gouvernement.

À ce jour, le droit civil du pays continue d'ignorer le fait que l'extinction des langues et des cultures des peuples constitue une blessure personnelle et sociale des plus profondes. Il est difficile de comprendre pourquoi l'assimilation forcée des enfants par leur retrait de leur famille et de leur communauté — afin d'être placés avec des gens d'une autre race à des fins de destruction de leur race et de leur culture d'origine — peut être considéré comme un acte de génocide en vertu de l'article 2 e) de la Convention de l'ONU sur le génocide, mais ne constitue pas un délit civil.

La non-reconnaissance de telles vérités est un obstacle à la réconciliation. De nombreux peuples autochtones ont développé une méfiance constante et profonde des systèmes politiques et judiciaires du Canada en raison des préjudices que ceux-ci leur ont causés. Ils considèrent souvent le système judiciaire du Canada comme un élément de la structure de gouvernance du Canada qui est diamétralement opposé à leurs intérêts. Non seulement le droit canadien n'a en général pas protégé les droits territoriaux, les ressources et l'autorité gouvernementale des Autochtones, malgré les décisions des tribunaux, mais il a également permis, et continue de permettre, le retrait d'enfants autochtones au moyen d'un système de protection de l'enfance qui les isole de leur culture. Par conséquent, le droit a été et demeure un obstacle important à la réconciliation. C'est le cas malgré la reconnaissance que les tribunaux ont commencé à démontrer qu'historiquement, la justice n'a pas été rendue et qu'une telle dénégation devrait cesser. Compte tenu des circonstances, il ne faut pas s'étonner que le droit canadien et les institutions judiciaires du Canada soient toujours considérés avec méfiance au sein de nombreuses communautés autochtones.

Pourtant, on assiste à un changement. Les décisions des tribunaux depuis le rapatriement de la Constitution du Canada en 1982 ont permis aux peuples autochtones d'entretenir l'espoir que la reconnaissance et l'affirmation de leurs droits actuels issus des traités et de leurs droits ancestraux prévues à l'article 35 de la *Loi constitutionnelle de 1982* pourraient être un important véhicule de changement. Cependant, de nombreux Autochtones considèrent que le recours aux tribunaux du gouvernement du Canada comporte de nombreux risques. Les chefs et les communautés autochtones s'adressent aux tribunaux du Canada parce qu'il n'y a littéralement aucun autre mécanisme juridique. Lorsqu'ils le font, c'est en sachant que les tribunaux sont toujours réticents à reconnaître leurs propres lois et moyens traditionnels de résolution de conflits.

La réconciliation sera difficile à atteindre tant que les propres traditions des peuples autochtones pour mettre à jour la vérité et favoriser la réconciliation ne seront pas intégrées comme un élément essentiel du processus continu de détermination de la vérité, de résolution des conflits et de réconciliation. Aucun dialogue sur la réconciliation ne peut être amorcé sans respect mutuel comme il est démontré par les protocoles et les cérémonies. Comme la masse, par exemple, qui est un élément essentiel d'une session parlementaire, le calumet, pour certaines tribus, serait nécessaire à un processus officiel de réconciliation.

La voie de la réconciliation comprend également une application vaste et généreuse des concepts sous-jacents du paragraphe 35(1) de la Constitution canadienne, qui feraient en sorte que les droits des Autochtones seraient appliqués d'une façon qui favorise les aspirations collectives et individuelles des Autochtones. La vision de la réconciliation qui sous-tend l'article 35 ne devrait pas être vu comme un moyen pour assujettir les peuples autochtones à une Couronne absolument souveraine, mais comme un moyen d'établir la sorte de relation qui aurait dû s'épanouir depuis la Confédération, et qui avait été imaginée dans la Proclamation royale de 1763 et les traités postérieurs à la Confédération. Cette relation ne s'est pas épanouie parce que le Canada n'a pas été à la hauteur de cette vision et de ses promesses. Tant que la vision de réconciliation du paragraphe 35(1) ne se concrétisera pas avec suffisamment de force et de vigueur, le droit canadien continuera d'être considéré comme profondément défavorable à la réalisation de la vérité et de la réconciliation pour un grand nombre de peuples des Premières Nations, des Inuits et des Métis. Pour améliorer l'accès à la justice pour les peuples autochtones, il doit y avoir des changements sur au moins deux fronts : à l'échelle nationale et au sein de chaque communauté autochtone.

La Déclaration des Nations Unies sur les droits des peuples autochtones et le « Document final » de l'ONU offrent un cadre et un mécanisme pour appuyer et améliorer l'accès à la justice pour les peuples autochtones du Canada. L'article 40 de la Déclaration se lit comme suit :

> Les peuples autochtones ont le droit d'avoir accès à des procédures justes et équitables pour le règlement des conflits et des différends avec les États ou d'autres parties et à une décision rapide en la matière, ainsi qu'à des voies de recours efficaces pour toute violation de leurs droits individuels et collectifs. Toute décision en la matière prendra dûment en considération les coutumes, traditions, règles et systèmes juridiques des peuples autochtones concernés et les normes internationales relatives aux droits de l'homme[44].

En 2013, le Mécanisme d'experts de l'ONU sur les droits des peuples autochtones a publié une étude, « Accès à la justice dans la promotion et la protection des droits des peuples autochtones ». L'étude présentait plusieurs conclusions importantes qui s'appliquent à la situation du Canada. L'étude de portée internationale soulignait que les États et les peuples autochtones eux-mêmes ont un rôle essentiel à jouer dans la réalisation de l'accès à la justice pour les peuples autochtones. Il faut apporter des changements majeurs au système de justice pénale et en relation avec les droits des peuples autochtones à l'égard de leurs territoires, de leurs ressources naturelles, de leur autodétermination politique et de leur bien-être communautaire[45]. L'étude a produit plusieurs conclusions et recommandations importantes, notamment :

> Le droit à l'autodétermination est un droit central pour les peuples autochtones, dont découlent tous les autres droits. En ce qui concerne l'accès à la justice, l'autodétermination confère à ces peuples le droit de conserver et de renforcer les institutions juridiques autochtones, et d'appliquer leurs propres lois et coutumes.
>
> Les droits culturels des peuples autochtones comprennent la reconnaissance et la pratique de leurs systèmes de justice ainsi que la reconnaissance de leurs coutumes, valeurs et langues traditionnelles par les tribunaux et dans les procédures judiciaires
>
> Conformément au droit des peuples autochtones à l'autodétermination et à s'administrer eux-mêmes, les États doivent reconnaître et appuyer les systèmes de justice des autochtones et consulter ceux-ci sur les meilleurs moyens d'entretenir le dialogue et la coopération entre les systèmes autochtones et ceux de l'État.
>
> Les États doivent reconnaître en droit les droits des peuples autochtones sur leurs terres, leurs territoires et leurs ressources et doivent harmoniser leurs lois avec les coutumes des peuples autochtones en matière d'occupation et d'utilisation des terres. Les États doivent appliquer les décisions de justice accordant des droits fonciers aux autochtones et les autres décisions de justice prises en leur faveur. Le secteur public et les pouvoirs publics ne doivent pas s'entendre pour priver les autochtones d'accès à la justice

> Les peuples autochtones devraient renforcer leur action visant à faire reconnaître leurs systèmes de justice.
>
> Les systèmes de justice des peuples autochtones doivent garantir que les femmes et les enfants autochtones ne sont victimes d'aucune forme de discrimination et assurer l'accès des autochtones handicapés à la justice.
>
> Les peuples autochtones devraient examiner la possibilité de mettre sur pied et d'administrer leurs propres processus de recherche de la vérité[46].

Ces conclusions cadrent avec les avis de la Commission. Nous appuyons également le rapport de 2014 publié par S. James Anaya, le rapporteur spécial des Nations Unies sur les droits des peuples autochtones, à propos de l'état de la relation du Canada avec les peuples autochtones. Il a conclu :

> Le gouvernement du Canada a affirmé qu'il a établi un objectif de réconciliation. Le rapporteur spécial l'a entendu maintes fois, de la bouche des nombreux représentants du gouvernement qu'il a rencontrés. Pourtant, malgré ce contexte, au cours des dernières années, les chefs autochtones se sont dits préoccupés par le fait que ces progrès ont été minés par des actions du gouvernement qui limitent ou ignorent les apports des gouvernements et représentants autochtones dans diverses décisions qui les concernent[....] Malgré de bons progrès, il reste encore des défis de taille à relever. Le Canada continue de faire face à une crise concernant la situation des peuples autochtones du pays. L'écart en matière de bien-être entre les peuples autochtones et non autochtones au Canada ne s'est pas réduit au fil des dernières années : les enjeux liés aux traités et aux revendications autochtones demeurent non résolus, les femmes et filles autochtones demeurent vulnérables face aux abus et, globalement, il semble régner une méfiance bien enracinée parmi les peuples autochtones à l'égard du gouvernement, tant au niveau fédéral que provincial[47].

Au Canada, la loi doit cesser d'être un outil de dépossession et de démantèlement des sociétés autochtones. La législation doit changer de façon dramatique pour jouir d'une quelconque légitimité au sein des communautés des Premières Nations, des Inuits et des Métis. Jusqu'à ce que le droit canadien devienne un instrument de soutien pour l'émancipation des peuples autochtones, la plupart des peuples autochtones continueront de percevoir le gouvernement comme une force malveillante sur le plan moral et politique. Un engagement envers la vérité et la réconciliation exige que le système de justice du Canada subisse une transformation majeure. Celui-ci doit garantir que les peuples autochtones auront le plein pouvoir sur leurs éléments moteurs ainsi qu'un accès et une participation à ceux-ci. La Constitution canadienne doit devenir une réelle constitution qui englobe l'ensemble des habitants du pays[48]. Les peuples autochtones doivent devenir les architectes et interprètes de la loi lorsqu'elle s'applique à leurs droits et intérêts collectifs. Les peuples autochtones doivent avoir une influence plus officielle sur les questions juridiques d'ordre national afin de faire avancer et réaliser leurs objectifs divers.

De la même façon, les peuples des Premières Nations, les Inuits et les Métis doivent avoir une plus grande mainmise sur leurs propres lois et réglementations ainsi que sur leurs mécanismes de résolution de conflits. Les peuples autochtones doivent être reconnus comme ayant la responsabilité, l'autorité et la capacité de régler leurs désaccords en élaborant des lois au sein de leurs communautés. Cette mesure est nécessaire pour faciliter la vérité et la réconciliation au sein des sociétés autochtones.

La loi est nécessaire pour protéger les communautés et les individus des préjudices de tiers. Lorsque de tels préjudices surviennent dans les communautés autochtones, le droit autochtone est nécessaire pour censurer et corriger les citoyens lorsque leurs actions sont considérées par la communauté comme étant inacceptables. Ne pas reconnaître le droit des Premières Nations, des Inuits et des Métis équivaut au défaut d'affirmer que les Autochtones, comme toutes les autres populations, ont besoin du pouvoir législatif pour gérer efficacement les défis auxquels ils font face.

La Commission croit que la revitalisation et l'application du droit autochtone profiteront aux communautés des Premières Nations, des Inuits et des Métis, aux relations des Autochtones avec la Couronne et au pays dans l'ensemble. Pour ce faire, les populations autochtones doivent être en mesure de se réapproprier, de connaître et de pratiquer leurs propres traditions juridiques distinctes. Cela ne signifie pas que la mise en place d'institutions et de lois autonomes doit se faire au niveau de la bande ou du village. Dans son rapport, la Commission royale sur les peuples autochtones a parlé du développement de l'autonomie gouvernementale des nations autochtones :

> Nous avons conclu que le droit à l'autonomie gouvernementale ne pouvait pas être véritablement exercé par de petites collectivités distinctes, qu'il s'agisse de collectivités des Premières Nations, des Inuits ou des Métis. Ce droit revient à des groupes d'une certaine taille, des groupes qui peuvent revendiquer la qualité de « nation ».
>
> Malheureusement, les anciennes nations autochtones ont été décimées par la maladie, les réinstallations et tout l'arsenal des politiques gouvernementales assimilatrices. Elles ont été dispersées entre les bandes, les réserves et les petits établissements. Rares sont celles qui fonctionnent encore de façon collective aujourd'hui. Il faudra donc les réédifier en tant que nations[49].

Nous adoptons l'approche recommandée par la Commission royale.

Le droit autochtone, comme de nombreux aspects des vies des Autochtones, a été affecté par le colonialisme. Au Forum des gardiens du savoir de la CVR en 2014, Stephen Augustine, chef héréditaire micmac, a parlé du concept de « réparation des torts ». Il a présenté une métaphore sur un canot renversé dans la rivière. Il a affirmé : « Nous devons redresser le canot… il faut le garder dans l'eau afin qu'il ne se cogne pas sur les roches ou frappe le rivage.... [En renversant le canot] nous pourrions perdre certaines de nos possessions.... Avec le temps, nous allons les récupérer mais elles ne seront plus les mêmes que celles du passé »[50].

Lorsque nous appliquons ce concept aux pensionnats indiens, nous avons entendu de façon répétée qu'ils ont causé des pertes importantes et évidentes. L'idée micmaque de « réparer les torts » implique que, dans certains contextes, les choses peuvent être arrangées, mais le remède ne nous permet parfois pas de récupérer ce qui a été perdu. Réparer les torts peut demander la création de quelque chose de nouveau à mesure que nous avançons. Comme le système judiciaire canadien a évolué avec le temps, le droit autochtone n'est pas figé dans le temps. Le système de droit autochtone s'adapte aux circonstances changeantes. La création et l'application du droit autochtone doivent être considérées comme un élément dans une stratégie globale servant à contrer les séquelles des pensionnats.

Il existe diverses sources de droit autochtone qui offrent un éclairage intéressant pour poursuivre la réconciliation. En 2012, la CVR s'est associée à la clinique de recherche sur le droit autochtone de la faculté de droit de l'Université Victoria et à l'Association du Barreau autochtone du Canada pour mettre sur pied une initiative de recherche à l'échelle nationale, le projet « Accessing Justice and Reconciliation (AJR) ». De concert avec sept partenaires communautaires, le projet AJR étudiait six différentes traditions juridiques d'un bout à l'autre du pays, soit chez les groupes suivants : Salish du littoral (la Première Nation Snuneymuxw, la nation Tsleil-Waututh); Tsilhqot'in (gouvernement de la Première Nation Tsilhqot'in); Sccwepemc du Nord (T'exelc - bande de Williams Lake); Cri (Première Nation Aseniwuche Winewak); (Première Nation non cédée n° 27 des Chippewas de Nawash) et Micmac (Réseau des services juridiques micmacs, bande d'Eskasoni).

Le rapport du projet AJR a permis de conclure que de nombreuses autres communautés autochtones au pays auraient avantage à récupérer et à revitaliser leurs lois. Cela permettrait aux collectivités des Premières Nations, des Inuits et des Métis de corriger les torts qui leur ont été faits et de résoudre les conflits internes ainsi que les conflits externes avec les gouvernements de manière plus efficace. Le professeur Val Napoleon, le directeur universitaire du projet et Hadley Friedland, le coordonnateur du projet, ont affirmé :

> Nous sommes sûrs que même le fait de continuer de façon intentionnelle et sérieuse... [dans cette voie] contribuera à une réelle réconciliation solide au Canada... Ces travaux sont essentiels pour la santé et la force futures des sociétés autochtones et peuvent offrir beaucoup au Canada dans l'ensemble... Les traditions juridiques ne sont pas seulement normatives, elles sont descriptives. Elles donnent un sens aux événements humains, aux défis et aux aspirations. Elles sont des ressources intellectuelles que nous pouvons utiliser pour encadrer et interpréter l'information, pour raisonner et agir en lien avec des problèmes et

projets actuels et pour réaliser nos plus grandes aspirations sociétales. Trouver des moyens de soutenir les communautés autochtones afin qu'elles puissent avoir accès à leurs propres principes juridiques, les comprendre et les appliquer aujourd'hui, ce n'est pas seulement une question de réparer les dommages immenses infligés par le colonialisme. Comme le chef Doug S. White III (Kwulasultun) le dit si bien... « Le droit autochtone constitue le projet le plus important du Canada et le travail indispensable que nous devons faire dans notre vie. Cette entreprise exige beaucoup de courage, c'est un travail difficile. Nous devons créer des occasions véritables pour les peuples autochtones et non autochtones de s'engager dans ce combat avec un œil critique, car c'est notre avenir à tous qui en dépend[51]. »

Appel à l'action :

50) Conformément à la Déclaration des Nations Unies sur les droits des peuples autochtones, nous demandons au gouvernement fédéral de financer, en collaboration avec les organisations autochtones, la création d'instituts du droit autochtone pour l'élaboration, la mise en application et la compréhension des lois autochtones ainsi que l'accès à la justice en conformité avec les cultures uniques des peuples autochtones du Canada.

Réconciliation et responsabilisation
Victimes de violence; détenteurs de droits

Les survivants sont plus que des victimes de violence. Ils détiennent aussi des droits issus de traités, des droits constitutionnels et des droits de la personne[52]. Ce sont des femmes et des hommes dotés d'une capacité inouïe de résilience, de courage et de vision de l'avenir. Plusieurs sont devenus des aînés, des dirigeants communautaires, des éducateurs, des avocats et des militants politiques engagés à revitaliser leurs cultures, leurs langues, leurs traités, leurs lois et leurs systèmes de gouvernance. À travers leurs expériences vécues, ils ont acquis une parfaite connaissance de ce que les victimes de violence ont besoin pour guérir. De façon tout aussi importante, ils ont fourni de sages conseils aux dirigeants politiques, aux organismes de réglementation, aux décideurs politiques, et à tous les citoyens sur comment prévenir la répétition de tels actes de violence.

La Commission est d'accord avec Leanne Simpson, chercheuse universitaire et militante anishinaabe, qui a encouragé les Canadiens à rejeter une vision simpliste de la réconciliation ou de voir les survivants uniquement comme des victimes. Elle affirme :

> Si la réconciliation ne cible que les pensionnats plutôt qu'un ensemble plus vaste de relations qui ont généré des politiques, des lois et des pratiques visant l'assimilation et le génocide politique, il y aura un risque que la réconciliation ne serve uniquement qu'à « équilibrer la donne » aux yeux des Canadiens[...] Je m'inquiète également que l'institutionnalisation d'une définition étroite de la réconciliation n'asservisse la participation des nations et des traités en enfermant nos aînés, ceux qui ont le plus souffert directement aux mains du système de pensionnats, dans un rôle de victime. Ils sont loin, très loin d'être des victimes. Ils sont nos plus grands visionnaires et ils nous inspirent à voir l'avenir différemment[53].

À l'événement national de la Colombie-Britannique, l'ancien lieutenant-gouverneur de la Colombie-Britannique et témoin honoraire, l'honorable Steven Point, a déclaré :

> Nous sommes rendus ici aujourd'hui, parce que des survivants autochtones ont porté la cause des pensionnats devant la Cour suprême du Canada. Les Églises et les gouvernements ne sont pas sortis un jour en disant : « Je crois que nous avons fait quelque chose de mal et nous en sommes désolés. Pouvez-vous nous pardonner? » Les aînés ont dû porter cette cause devant la Cour suprême du Canada. Cette situation ressemble beaucoup à celle que nous avons avec les droits autochtones, où chaque nation, l'une après l'autre, continue de chercher à obtenir la reconnaissance de leur titre autochtone sur leurs propres territoires[54].

La Commission est d'avis que les survivants qui se sont mobilisés pour mettre en lumière le caractère tragique de l'histoire et des séquelles des pensionnats indiens, qui sont allés devant les tribunaux pour confronter leurs agresseurs et qui ont ratifié la Convention de règlement, ont fait une contribution importante à la réconciliation. La Commission de vérité et réconciliation du Canada n'a pas été créée en raison de protestations du public qui réclamaient justice pour les survivants des pensionnats[55]. De même, la Convention de règlement, y compris la CVR, n'a vu le jour que parce que les défendeurs des gouvernements et des Églises, confrontés à d'énormes recours collectifs, ont décidé qu'il était préférable de créer la Convention plutôt que de recourir aux tribunaux. Se concentrer uniquement sur les motivations des défendeurs ne rend pas entièrement compte des faits. Il est important de ne pas perdre de vue toutes les façons dont les peuples autochtones ont réussi à repousser les frontières de la réconciliation au Canada.

À partir du début des années 1990, les peuples autochtones et leurs alliés demandent une enquête publique sur le système des pensionnats indiens. La Commission royale sur les peuples autochtones a fait cette même recommandation en 1996. Une majorité de survivants ont ratifié la Convention de règlement, en partie parce qu'ils étaient insatisfaits du processus de recours judiciaire. Les survivants voulaient une tribune publique comme la Commission de la vérité et de réconciliation pour que le Canada puisse entendre la dure vérité sur les pensionnats. Les survivants voulaient aussi des excuses officielles de la part du Canada qui reconnaîtraient les actes répréhensibles du pays[56]. C'est en grande partie grâce à leurs efforts que le premier ministre a présenté des excuses officielles aux survivants au nom du gouvernement et au nom des Canadiens non autochtones.

Bien que l'empathie de la société pour les victimes autochtones d'abus soit considérable, ce n'est pas suffisant pour empêcher la répétition d'actes de violence sous de nouvelles formes institutionnelles. Une reconnaissance claire et publique doit être octroyée aux peuples autochtones afin que ceux-ci puissent être reconnus et traités comme beaucoup plus que de simples bénéficiaires du bien public. À titre de détenteurs de droits issus de traités, de droits constitutionnels et de droits de la personne, ils ont droit à une justice et à une responsabilisation de la part du gouvernement canadien pour veiller à ce que leurs droits ne soient pas bafoués.

Dans son rapport initial, présenté en août 2012, Pablo de Greiff, le premier rapporteur spécial sur la promotion de la vérité, de la justice, de la réparation et des garanties de non-répétition de l'ONU a souligné que, dans les pays où il est difficile de traduire en justice les auteurs des actes criminels concernant des violations des droits de l'homme, d'autres mesures comme les forums sur la recherche de la vérité, les réparations et les réformes institutionnelles sont d'une importance critique. Ces mesures permettent aux victimes de violence perpétrée par l'État de reprendre confiance en la légitimité et la crédibilité du système de justice du pays. Mais de Greiff prévient que la seule mise en œuvre de ces mesures ne garantit pas qu'une réconciliation aura lieu. Des excuses, une reconnaissance publique, des témoignages officiels et une réforme du système d'éducation sont également requis pour transformer les attitudes sociales et encourager la réconciliation à long terme[57].

La violation des droits issus d'un traité, des droits constitutionnels et des droits de la personne qui a eu lieu dans le régime des pensionnats indiens, et en marge de celui-ci, confirme les dangers qui existent pour les peuples autochtones lorsque leurs droits de disposer d'eux-mêmes sont ignorés ou limités par l'État, sous prétexte d'agir « dans leur intérêt ». Historiquement, lorsque les peuples autochtones ont été ciblés comme un groupe spécifique qui, selon le gouvernement, est réputé avoir besoin de lois et de politiques de protection, les résultats ont été destructeurs tant sur le plan culturel qu'ethnique.

Pour les peuples autochtones au Canada, le fait de protéger et d'exercer leur droit de disposer d'eux-mêmes est le meilleur remède contre une violation supplémentaire de leurs droits. Dans les années à venir, les gouvernements doivent rester responsables pour veiller à ce que les droits des peuples autochtones soient protégés et que les actions du gouvernement rétablissent réellement la confiance et encouragent la réconciliation. Rétablir la confiance commence par des excuses. Par contre, il faut beaucoup plus que cela.

Passer des excuses à l'action

Depuis sa création, la Commission insiste sur le fait qu'une réconciliation n'est pas un événement isolé; c'est un parcours qui s'étend sur plusieurs générations et qui inclut tous les Canadiens. Les excuses publiques et l'indemnisation des survivants des pensionnats, de leurs familles et de leurs communautés par le Canada et les Églises qui administraient les pensionnats ont marqué le début, non la fin, de ce parcours. Les survivants avaient besoin d'entendre les dirigeants du gouvernement et des Églises admettre que les abus culturels, spirituels, émotionnels, physiques et sexuels qu'ils ont vécus dans les pensionnats étaient mal et qu'ils n'auraient jamais dû se produire, mais ils ont besoin de beaucoup plus.

Les enfants et les petits-enfants des survivants doivent entendre la vérité sur ce qui est arrivé à leurs parents et grands-parents dans les pensionnats. Dans le cadre des événements publics de la Commission, de nombreux survivants ont parlé en présence de leurs enfants et petits-enfants pour la première fois des abus dont ils ont souffert lorsqu'ils étaient enfants et des comportements destructeurs qu'ils avaient appris au pensionnat. De nombreux survivants ont offert leurs propres excuses sincères à leurs familles pour leur demander pardon d'avoir été abusifs, d'avoir manqué à leur devoir de parent ou tout simplement de ne pas avoir su dire « je t'aime ».

Les excuses sont essentielles pour les victimes de violence et d'abus. Celles-ci ont le potentiel de restaurer la dignité humaine et de redonner le pouvoir aux victimes de décider d'accepter les excuses de leur agresseur et de pardonner. Lorsqu'aucune excuse n'est formulée, ou si des excuses sont prononcées pour essayer de justifier le comportement des agresseurs et d'échapper à la responsabilité, une réconciliation est difficile, voire impossible, à atteindre. Les excuses officielles du Canada et des Églises ont lancé un message important à tous les Canadiens que les peuples autochtones ont souffert de graves préjudices aux mains de l'État et des institutions religieuses dans les pensionnats, et que, en tant que responsables de ces torts, l'État et les Églises ont assumé leur part de responsabilité. Les excuses étaient une première étape nécessaire dans le processus de réconciliation.

L'histoire et les séquelles destructrices des pensionnats nous ouvrent les yeux et nous rappellent que le seul fait d'intervenir ne donne pas nécessairement des résultats positifs. Les tentatives d'assimilation des peuples des Premières Nations, des Inuits et des Métis dans la société canadienne en général ont été des échecs lamentables. Malgré les effets dévastateurs de la colonisation, les peuples autochtones ont toujours résisté (bien qu'à certains endroits pas toujours avec succès) aux attaques à leurs cultures, leurs langues et leurs modes de vie.

Si les Canadiens doivent respecter les promesses faites en leur nom, celles du « jamais plus! », nous devons nous garder de simplement répéter les politiques d'assimilation du passé sous de nouvelles formes. Comme l'a affirmé Wab Kinew, témoin honoraire de la CVR : « En vérité, la réconciliation ne doit pas être une deuxième tentative d'assimilation. Elle ne doit pas être une évangélisation plus douce et plus tolérante, exempte des horreurs de l'ère des pensionnats. Une réelle réconciliation est plutôt une deuxième chance de bâtir une relation basée sur le respect mutuel[58]. »

Les paroles prononcées en guise d'excuses ne seront que des vœux pieux si les gestes posés par le Canada ne réussissent pas à apporter les changements sociaux, culturels, politiques et économiques nécessaires qui profitent aux peuples autochtones et à tous les Canadiens.

Une réconciliation juste nécessite plus que simplement parler de la nécessité de guérir les profondes blessures de l'histoire. Des paroles d'excuses ne suffisent pas; des actions concrètes sur les plans tant symbolique que matériel sont nécessaires. Les réparations pour les injustices historiques doivent inclure non seulement des excuses, des indemnisations, une réforme du système de justice et un changement dans les politiques, mais également la réécriture de l'histoire nationale et une reconnaissance publique.

Dans toutes les régions du pays, les survivants et les autres ont envoyé un message clair qui a été reçu par la Commission : pour que le processus de réconciliation puisse avancer dans les années à venir, le Canada doit passer des excuses à l'action.

Excuses du Canada

Le 11 juin 2008 a été une journée importante pour les peuples autochtones du Canada et pour le pays entier. Cette journée a été baptisée le « Jour de la présentation des excuses », le jour où le premier ministre Stephen Harper et les dirigeants de tous les autres partis politiques fédéraux ont présenté des excuses à la Chambre des communes pour les torts causés par les pensionnats indiens. Dans leurs présentations à la CVR, de nombreux survivants se sont remémoré clairement le jour de la présentation des excuses. Ils se rappellent où ils étaient, avec qui, et surtout, comment ils se sentaient. De nombreuses personnes ont parlé des émotions intenses qu'ils ont ressenties lorsqu'ils ont entendu le premier ministre reconnaître que le gouvernement avait eu tort de les arracher à leur famille pour « tuer l'indien » en eux. Ils ont parlé des larmes qui ont coulé lorsqu'ils ont entendu les mots « Nous sommes désolés ».

Les survivants et leurs familles avaient besoin d'entendre ces mots. Ils avaient vécu avec la douleur, la peur et la colère pour la plus grande partie de leur vie parce qu'ils avaient été brutalement arrachés à leur famille et à cause de leurs expériences dans les pensionnats, et ils voulaient désespérément entamer leur guérison. Ils avaient besoin que soit validé le sentiment qu'on leur avait fait du tort. Ils voulaient croire que les choses commenceraient à changer; non pas les pensionnats, fermés depuis longtemps, mais les attitudes et comportements qui sous-tendaient l'existence de ces établissements. Ils voulaient croire que le gouvernement qui avait si longtemps contrôlé leurs vies et abusé de sa relation avec eux avait désormais « entendu raison ». Ils voulaient croire que l'avenir de leurs enfants et de leurs petits-enfants serait différent de leurs propres expériences, que leurs vies seraient meilleures. Les excuses qui leur avaient été présentées les amenaient à croire que leur patience et leur persévérance à surmonter le traumatisme et la négativité de leurs expériences à l'intérieur et à l'extérieur des pensionnats en avaient valu la peine. Elles leur donnaient de l'espoir.

À l'événement national de la Saskatchewan de la CVR, Shawn A-in-chut Atleo, chef national de l'Assemblée des Premières Nations, a présenté la déclaration suivante :

> Je pense, comme on l'a entendu ici, que ce qui me rend si reconnaissant est qu'il y a une expérience croissante [...] du travail de réconciliation [...] Comment les collectivités se réconcilient-elles? Eh bien, cela commence par chacune et chacun d'entre nous. J'ai eu tant de chance, dans ma jeunesse, d'avoir passé du temps avec ma grand-mère maintenant décédée. Je lui tenais la main. Elle était âgée de 87 ans, elle avait toute sa tête. Pendant que les excuses étaient présentées, elle a dit : « Petit-fils, ils commencent à nous voir, ils commencent tout juste à nous voir. » C'est ce qu'elle a dit. Et elle a trouvé cela encourageant, car c'était la première étape, le fait de se voir mutuellement, de rompre le silence et de commencer à raconter nos histoires [...] Je pense que c'est là où ça commence, non? Entre nous, en tant que personnes individuelles qui échangent leurs histoires de tant de points de vue différents afin qu'on puisse comprendre[59].

Le rapport de la Commission royale sur les peuples autochtones a noté que pendant un certain temps après le contact des colons, la relation entre les peuples autochtones et non autochtones en avait été une de soutien mutuel, de coopération et de respect. Malgré quelques conflits, l'acceptation par les peuples autochtones de l'arrivée des Européens et leur volonté de participer aux activités économiques des nouveaux arrivants, de former des alliances avec eux dans leurs guerres et de conclure des traités avec eux à une variété de fins, montraient une volonté de coexister dans une relation de confiance et de respect mutuels[60]. Cet aspect de la relation a été confirmé du côté non autochtone par des signes tels que la Proclamation royale de 1763 et le Traité de Niagara de 1764, qui ont déjà été abordés.

En fin de compte, la confiance et le respect qui régnaient à l'origine ont été trahis. Depuis la Confédération en 1867, l'approche des gouvernements fédéraux canadiens successifs par rapport à l'obligation fiduciaire de la Couronne de fournir une éducation pour les peuples autochtones a été profondément viciée. Il est tout aussi important de noter que les conséquences de cet abus de confiance ont eu de graves séquelles bien au-delà des pensionnats. La relation de confiance et l'obligation particulière du Canada à défendre l'honneur de la Couronne à l'égard des peuples autochtones vont au cœur même de la relation.

En tant que peuples d'origine qui avaient occupé les terres et territoires pendant des milliers d'années dans toute la région qui est devenue le Canada, les peuples autochtones ont des droits légaux et constitutionnels particuliers. Ces droits découlent de leur occupation initiale et de leur première propriété de la terre, et ont été confirmés dans la Proclamation royale de 1763, qui a également décrété que la Couronne avait une obligation spéciale de traiter équitablement les peuples autochtones et leurs terres et de les protéger. Par la suite, le Dominion du Canada a assumé cette obligation de fiduciaire en vertu du paragraphe 91(24) de la *Loi constitutionnelle de 1867*, qui a donné l'autorité législative au parlement sur « les Indiens et les terres réservées pour les Indiens ». L'article 35 de la *Loi constitutionnelle de 1982* a également reconnu et confirmé les droits ancestraux et issus de traités existants.

Dans plusieurs décisions clés, les tribunaux canadiens ont dit que le gouvernement fédéral doit toujours défendre l'honneur de la Couronne dans ses rapports avec les peuples autochtones. Dans l'affaire *R. c. Sparrow* (1990), la Cour suprême a statué que « le gouvernement a la responsabilité d'agir en qualité de fiduciaire à l'égard des peuples autochtones. Les rapports entre le gouvernement et les autochtones sont de nature fiduciaire plutôt que contradictoire [...] l'honneur de Sa Majesté est en jeu lorsqu'Elle transige avec les peuples autochtones. » Dans l'affaire *Nation haïda c. Colombie-Britannique (ministre des Forêts)* (2004), la Cour suprême a statué que « dans tous ses rapports avec les peuples autochtones, qu'il s'agisse de l'affirmation de sa souveraineté, du règlement de revendications ou de la mise en œuvre de traités, la Couronne doit agir honorablement », et que par rapport à l'honneur de la Couronne « [...] [i]l ne s'agit pas simplement d'une belle formule, mais d'un précepte fondamental qui peut s'appliquer dans des situations concrètes ». Autrement dit, l'honneur de la Couronne n'est pas un principe abstrait, mais un principe qui doit être appliqué avec diligence[61].

Dans *Manitoba Métis Nation inc. c. Canada (Procureur général)* (2013), la Nation des Métis a fait valoir que lorsque les Métis ont négocié une entente avec le gouvernement fédéral qui permettrait au Manitoba d'entrer dans la Confédération, « ils avaient confiance que le Canada agirait en leur intérêt [...] [et] les traiterait équitablement »[62]. La Cour suprême a déclaré qu'en 1870 :

> L'objectif général de l'art. 31 de la Loi sur le Manitoba était de réconcilier la communauté des Métis et la souveraineté de la Couronne et de permettre la création de la province du Manitoba. Cette réconciliation devait être réalisée par la prise d'une mesure plus concrète, soit le transfert rapide et équitable des terres aux enfants des Métis. [paragr. 98]

Dans sa décision en faveur de Manitoba Métis Nation, la Cour observe que leurs « observations allaient au-delà de l'argument selon lequel le principe de l'honneur de la Couronne avait engendré une obligation fiduciaire, soulevant la question plus large de savoir si la conduite du gouvernement en général respectait le principe de l'honneur de la Couronne » (paragr. 87). D'après la Cour, même si d'après l'article 31, les Métis s'étaient vu promettre la mise en œuvre des concessions « de la façon la plus efficace et équitable possible », cela n'a pas été fait. En fait, « cette mise en œuvre a été inefficace et inéquitable. Cela n'est pas dû à une négligence passagère, mais plutôt à une série d'erreurs et d'inactions qui ont persisté pendant plus d'une décennie. Un gouvernement ayant l'intention sincère de respecter l'obligation que lui commandait son honneur pouvait et aurait dû faire mieux. » (paragr. 128)

Pour les peuples ou Premières Nations signataires de traités, l'imposition unilatérale de la *Loi sur les Indiens*, y compris le régime des pensionnats, représente une violation fondamentale des obligations de la Couronne en vertu des traités et de son obligation fiduciaire de traiter avec eux de façon honorable en principe et en pratique.

La position de la Couronne en tant que fiduciaire à l'égard des peuples autochtones est clairement un aspect complexe et potentiellement contradictoire de l'obligation légale. En tant que fiduciaire, la Couronne, par l'entremise du gouvernement du Canada, a une obligation légale d'agir dans le meilleur intérêt des peuples autochtones envers lesquels elle a une obligation de fiduciaire. Il en est de même pour le Bureau of Indian Affairs aux États-Unis, que l'on désigne communément comme un « fiduciaire » (« Trustee »). En tant que fiduciaire, le Bureau of Indian Affairs a une obligation semblable à agir dans le meilleur intérêt des Amérindiens, et de veiller à ce que d'autres ministères n'agissent pas d'une manière qui contrevienne aux droits et intérêts tribaux ou aux obligations légales du gouvernement. Aux États-Unis, les opinions du solliciteur émises de temps à autre par le département de l'Intérieur, qui a autorité sur le Bureau of Indian Affairs, sont utilisées pour donner des directives au gouvernement en général ainsi que pour expliquer et justifier les actions de ce dernier. Au Canada, il faut reconnaître que le ministère fédéral de la Justice a deux rôles importants et potentiellement contradictoires à l'égard des peuples autochtones :

1) Le ministère de la Justice du Canada fournit des avis juridiques à Affaires autochtones et Développement du Nord Canada (AADNC) pour guider ce ministère dans l'élaboration de politiques, dans ses initiatives législatives et dans ses actions. Ces opinions et les actes qu'elles inspirent ont inévitablement une grande incidence sur les gouvernements autochtones et les conditions de vie des Autochtones. Ces opinions concernent souvent la portée et l'étendue des droits ancestraux et issus de traités et ils constituent fréquemment l'assise des politiques autochtones fédérales qui sont élaborées et adoptées.

2) Justice Canada agit également en tant que défenseur juridique d'AADNC et du gouvernement en cas de litige entre celui-ci et les peuples autochtones. À ce titre, il reçoit des instructions de hauts fonctionnaires du ministère des Affaires autochtones lorsque ce dernier est partie à des poursuites judiciaires

relatives à ses responsabilités. Il donne des conseils sur la conduite des litiges, la position juridique à avancer, la mise en œuvre d'une stratégie juridique et la décision de faire appel de telle ou telle décision d'un tribunal.

La défense de l'honneur de la Couronne et la défense contre une contestation juridique de l'action ou de la décision d'un fonctionnaire ou d'un ministère peuvent parfois donner lieu à des obligations juridiques contradictoires.

La Commission croit que ces avis juridiques devraient être offerts de plein droit et sur demande aux peuples autochtones pour lesquels la Couronne agit en fiduciaire. Les gouvernements canadiens et leurs organes judiciaires doivent cesser d'agir comme s'ils avaient une relation conflictuelle avec les peuples autochtones, et ils doivent commencer à agir comme de véritables fiduciaires. Le ministère de la Justice du Canada doit être plus transparent et responsable envers les peuples autochtones, ce qui inclut la divulgation de ses opinions juridiques sur les droits autochtones. Comme il a été indiqué plus haut, il existe un précédent à un tel changement. En plus de publier ses opinions juridiques sur un vaste éventail de questions touchant les Amérindiens, le Bureau du solliciteur du département de l'Intérieur des États-Unis les diffuse en ligne[63].

Appel à l'action :

> 51) Nous demandons au gouvernement du Canada d'élaborer, en tant qu'obligation dans le cadre de sa responsabilité fiduciaire, une politique de transparence en publiant des avis juridiques qu'il élabore, invoque ou entend invoquer en ce qui concerne la portée et l'étendue des droits ancestraux et issus de traités des Autochtones.

Un des aspects de la doctrine de la découverte qui demeure en vigueur à ce jour est le fait que les affaires judiciaires concernant des revendications territoriales autochtones ont placé un lourd fardeau sur les demandeurs autochtones de prouver qu'ils occupaient les terres depuis le premier contact et que les droits revendiqués sur le territoire en question continuaient depuis lors et jusqu'à présent. La Commission estime qu'il existe de bonnes raisons de mettre cette exigence en doute, compte tenu en particulier du fait que la plupart des dossiers sur lesquels se fondent les tribunaux consistent en des preuves documentaires ou des témoignages d'aînés qui sont des experts reconnus. Pendant de nombreuses années après la Confédération, les demandeurs autochtones n'ont pas pu avoir accès à des conseils juridiques ni avoir recours aux tribunaux pour faire valoir leurs revendications, et qu'un grand nombre de leurs meilleurs experts parmi les aînés sont décédés sans avoir eu la possibilité de faire consigner leurs preuves en dossier.

La Commission estime qu'il est manifestement injuste pour les demandeurs autochtones d'avoir à se conformer à la norme de la preuve requise tout au long des procédures judiciaires. En revanche, il est raisonnable d'exiger qu'un demandeur autochtone établisse l'occupation du territoire en cause au moment pertinent. Ce pourrait être au moment du contact ou à celui de l'affirmation de la souveraineté de la Couronne. Nous sommes d'avis qu'une fois l'occupation prouvée, le fardeau de la preuve doit passer à l'autre partie, qui est responsable de démontrer que la revendication n'existe plus pour cause d'extinction, d'abandon ou d'autres critères juridiques valables[64]. Par conséquent, nous concluons que les revendications autochtones de titre et de droits doivent être acceptées lorsqu'elles sont affirmées, et le fardeau de la preuve doit incomber à ceux qui s'y opposent.

Appel à l'action :

52) Nous demandons au gouvernement du Canada, aux gouvernements provinciaux et territoriaux de même qu'aux tribunaux d'adopter les principes juridiques suivants :

    i. les revendications de titres ancestraux seront acceptées lorsque le revendicateur autochtone aura établi qu'il a occupé le territoire en cause à un moment en particulier;

    ii. lorsque le titre autochtone aura été établi, le fardeau de prouver toute limitation à l'exercice d'un droit résultant de l'existence de ce titre reviendra à la partie qui soutient l'existence d'une telle limitation.

Le rapport de la Commission royale sur les peuples autochtones a souligné que la restauration de la confiance des citoyens est essentielle à la réconciliation. Il conclut que « cette démarche n'a pas pour but d'enfermer les autochtones et les non-autochtones dans un schème où ils seront continuellement en train de s'accuser ou de s'excuser, mais plutôt d'amener les uns et les autres à accepter le passé de pouvoir embrasser l'avenir en toute confiance ». Il a également ajouté que « [...] la pacification passe selon nous par une restauration de la confiance »[65]. La Commission de vérité et réconciliation du Canada est d'accord avec ces conclusions.

Pour que la réconciliation prenne racine, le Canada, en tant que partie à la relation qui a violé cette confiance, a l'obligation première de faire le travail nécessaire pour regagner la confiance des peuples autochtones. Nous sommes d'avis qu'au moment de la Confédération et dans les négociations subséquentes des traités, les peuples autochtones ont mis beaucoup de foi dans les paroles de ceux qui parlaient au nom de la Couronne pour dire que la nouvelle relation serait positive pour les uns et les autres. Cette foi a toutefois été trahie par l'imposition de la *Loi sur les Indiens*, la création du système des pensionnats et une série d'autres mesures répressives.

Les survivants ont indiqué que malgré la Convention de règlement et les excuses présentées par le Canada, la confiance n'a pas encore été rétablie. Eugene Arcand, membre du Comité des survivants des pensionnats de la Commission de vérité et réconciliation, a fait la déclaration suivante :

> J'y étais, à la présentation des excuses. Je pensais que j'étais sur la voie de la réconciliation quand j'ai entendu les paroles du premier ministre, dans un certain sens, quand sa voix a tremblé [...] Il serait hypocrite de ma part vis-à-vis des survivants de la Saskatchewan et d'ailleurs à travers le pays de ne pas parler de ce qui est arrivé depuis les excuses. Il a été difficile pour moi de parler de réconciliation et de vérité d'un côté de ma bouche, alors que de l'autre côté de mon cœur, j'ai de très forts sentiments au sujet des actions du gouvernement fédéral, du premier ministre Harper qui a présenté ces excuses et du ministère des Affaires indiennes dans l'administration de cette convention et d'autres actes du gouvernement qui constituent une attaque contre nos peuples [...]
>
> Nous, gens des Premières Nations, Métis et Inuits, surtout les survivants des pensionnats, voulons la réconciliation. Nous la voulons vraiment, vraiment. Mais c'est difficile, compte tenu de ce que nous voyons, ressentons et lisons de ce qui sort des parlements provinciaux et fédéral par rapport à notre bien-être. Tout d'abord, les coupures à la Fondation autochtone de guérison et d'autres coupures qui ont eu lieu dans l'éducation, dans nos moyens de subsistance[66].

La présentation d'excuses par un gouvernement envoie un message symbolique fort aux citoyens que les actions de l'État constituaient une faute[67]. Aussi importantes fussent-elles, les excuses du Canada n'ont pas tiré un trait sur le passé. Elles ont créé une ouverture pour que les Canadiens entament un dialogue national sur le rétablissement d'une place juste et légitime pour les peuples autochtones au sein du Canada. En faisant le point sur la situation dans les années subséquentes aux excuses, les dirigeants autochtones ont parlé d'un fossé entre le langage inspirant des excuses et les réalités auxquelles continuent d'être confrontés les peuples autochtones du Canada. La réconciliation ne se fera que si l'on comble ce fossé.

Prenant la parole devant le Sénat le 11 juin 2009, premier anniversaire des excuses présentées par le Canada, Phil Fontaine, chef national de l'Assemblée des Premières Nations, qui est aussi un survivant, a fait la déclaration suivante :

> Dans le contexte faisant suite aux excuses, l'honneur de l'État doit constituer un élément crucial d'une nouvelle relation dans laquelle les obligations juridiques sont respectées avec vigilance, les Premières nations sont consultées avec diligence, leurs besoins pris en compte pour les questions liées à leur vie et leur droit à un consentement préalable libre et éclairé est respecté [...] Il doit être bien clair que les membres des Premières nations tiennent profondément au respect des droits de la personne — notamment ceux des femmes dans les réserves, des enfants, des familles et, enfin, des collectivités.

> Les principes de la réconciliation, tels le respect mutuel, la coexistence, l'équité, le dialogue positif et la reconnaissance mutuelle, ne sont pas des mots creux. Ces principes parlent de mesures positives, des mesures qui donnent une forme et une expression aux éléments matériels, politiques et juridiques de la réconciliation. Depuis juin dernier, les événements ont été nombreux, tant dans le monde politique canadien et international que dans la société et dans la vie économique. Les Premières nations ont été touchées par les décisions prises par le gouvernement du Canada pendant cette période[...] Compte tenu du niveau de pauvreté que l'on retrouve dans les Premières nations, nos collectivités et nos économies courent un grand risque de sombrer encore davantage dans la morosité et le désespoir causés par la pauvreté. La société canadienne ne doit pas permettre que cela se produise[...]
>
> Pour que ce partenariat entre tous les partenaires fondateurs de la fédération fonctionne, la relation doit aussi s'appuyer sur le partage des responsabilités et la reddition de comptes[...] Qui dit réconciliation dit devoir solennel d'agir, responsabilité de s'engager et obligation de tenir les promesses liées à une citoyenneté morale, démocratique et évoluée. Autrement dit, le gouvernement du Canada — en fait, tous les parlementaires des deux Chambres — a une responsabilité [...] de jeter un pont entre le passé et un avenir où l'écart entre les non-Autochtones et les Autochtones sous les rapports de la qualité de vie et du mieux-être disparaîtra, où la pauvreté des Premières nations sera éradiquée, où nos enfants jouiront des mêmes possibilités et avantages dans la vie que les autres enfants et où les promesses que contiennent nos traités se concrétiseront.
>
> La réconciliation doit s'accompagner de changements réels pour tous les nôtres, où qu'ils choisissent de vivre, des changements qui redressent les torts d'une façon qui favorise les rapprochements. Les droits de la personne, l'espoir, les possibilités à exploiter et l'épanouissement de l'être humain ne sont pas l'apanage d'un seul groupe ou d'un seul segment de la société canadienne; cela nous appartient tous. Les excuses ne marquent pas un point final[68].

La réconciliation nationale nécessite le respect des différences et la recherche d'un terrain d'entente pour construire ensemble un avenir meilleur. La concrétisation de l'espoir vécu par les survivants le jour des excuses présentées par le Canada repose en fin de compte sur notre capacité à trouver un terrain d'entente.

Nous croyons donc que tous les organes du gouvernement doivent prendre un nouvel engagement envers la réconciliation et la reddition de comptes. Le gouvernement fédéral, les peuples des Premières Nations, les Métis et les Inuits, ainsi que tous les Canadiens, bénéficieront de la création d'un organisme de surveillance doté d'un certain nombre d'objectifs, parmi lesquels le soutien aux discussions sur la réconciliation et la présentation régulière de rapports faisant le point sur les progrès effectués par rapport aux engagements envers la réconciliation. L'avancement de la réconciliation à tous les autres niveaux de gouvernement et au sein des organisations de la société civile doit également faire l'objet d'une attention vigilante et de mesures d'évaluation afin de savoir si des progrès ont été faits. En matière d'éducation publique, il sera important de veiller à ce que tous les Canadiens disposent des ressources pédagogiques et des outils pratiques nécessaires pour faire avancer la réconciliation.

Appels à l'action :

53) Nous demandons au Parlement du Canada d'adopter, en consultation et en collaboration avec les peuples autochtones, des dispositions législatives visant à mettre sur pied un conseil national de réconciliation. Plus particulièrement, nous demandons que ces dispositions établissent le conseil en tant qu'organisme de surveillance indépendant de portée nationale dont les membres, autochtones et non autochtones, sont nommés conjointement par le gouvernement du Canada et des organisations autochtones nationales. Le mandat de ce conseil comprendrait, sans toutefois s'y limiter, ce qui suit :

    i. surveiller et évaluer les progrès réalisés en matière de réconciliation une fois les excuses faites, présenter un rapport annuel à ce sujet au Parlement et à la population du Canada et s'assurer que le gouvernement continue de s'acquitter, au cours des prochaines années, de sa responsabilité d'établir une bonne relation entre les peuples autochtones et l'État;

    ii. surveiller et évaluer les progrès réalisés en matière de réconciliation à tous les niveaux et secteurs de la société canadienne et présenter un rapport à cet égard au Parlement et à la population du Canada, notamment en ce qui touche la mise en œuvre des appels à l'action de la Commission de vérité et réconciliation;

    iii. élaborer et mettre en œuvre un plan d'action pluriannuel national pour la réconciliation, ce qui englobe des activités de recherche et d'élaboration de politiques, des programmes d'éducation du public et des ressources;

    iv. promouvoir le dialogue public, les partenariats publics-privés de même que les initiatives publiques de réconciliation.

54) Nous demandons au gouvernement du Canada de fournir un financement pluriannuel pour les besoins du conseil national de réconciliation qui sera créé afin de s'assurer qu'il dispose des ressources humaines, financières et techniques nécessaires pour mener ses travaux, y compris la dotation d'une fiducie de la réconciliation nationale pour faire avancer le dossier de la réconciliation.

55) Nous demandons à tous les ordres de gouvernement de fournir des comptes rendus annuels ou toutes données récentes que demande le conseil national

de réconciliation afin de permettre à celui-ci de présenter des rapports sur les progrès réalisés en vue de la réconciliation. L'information ainsi communiquée comprendrait, sans toutefois s'y limiter :

  i. le nombre d'enfants autochtones pris en charge — y compris les enfants métis et inuits — par comparaison avec les enfants non autochtones, les motifs de la prise en charge d'enfants par l'État ainsi que les dépenses totales engagées pour les besoins des services de prévention et de nature autre offerts par les organismes de protection de l'enfance;

  ii. une comparaison en ce qui touche le financement destiné à l'éducation des enfants des Premières Nations dans les réserves et à l'extérieur de celles-ci;

  iii. une comparaison sur les plans des niveaux de scolarisation et du revenu entre les collectivités autochtones et les collectivités non autochtones du Canada;

  iv. les progrès réalisés pour combler les écarts entre les collectivités autochtones et les collectivités non autochtones en ce qui a trait à divers indicateurs de la santé dont la mortalité infantile, la santé maternelle, le suicide, la santé mentale, la toxicomanie, l'espérance de vie, les taux de natalité, les problèmes de santé infantile, les maladies chroniques, la fréquence des cas de maladie et de blessure ainsi que la disponibilité de services de santé appropriés;

  v. les progrès réalisés pour ce qui est d'éliminer la surreprésentation des jeunes Autochtones dans le régime de garde applicable aux adolescents, au cours de la prochaine décennie;

  vi. les progrès réalisés dans la réduction du taux de la victimisation criminelle des Autochtones, y compris des données sur les homicides, la victimisation liée à la violence familiale et d'autres crimes;

  vii. les progrès réalisés en ce qui touche la réduction de la surreprésentation des Autochtones dans le système judiciaire et correctionnel.

56) Nous demandons au premier ministre du Canada de répondre officiellement au rapport du conseil national de réconciliation en publiant un rapport annuel sur la « situation des peuples autochtones », dans lequel on pourrait présenter les intentions du gouvernement pour ce qui est de faire avancer le dossier de la réconciliation.

Ces nouveaux cadres de travail et engagements ne seront pas couronnés de succès sans un peu plus de compréhension et de sensibilité de la part des personnes censées les appliquer.

Appel à l'action :

57) Nous demandons aux gouvernements fédéral, provinciaux et territoriaux de même qu'aux administrations municipales de s'assurer que les fonctionnaires sont formés sur l'histoire des peuples autochtones, y compris en ce qui a trait à l'histoire et aux séquelles des pensionnats, à la Déclaration des Nations Unies sur les droits des peuples autochtones, aux traités et aux droits des Autochtones, au droit autochtone ainsi qu'aux enseignements et aux pratiques autochtones. À cet égard, il faudra, plus particulièrement, offrir une formation axée sur les compétences pour ce qui est de l'aptitude interculturelle, du règlement de différends, des droits de la personne et de la lutte contre le racisme.

Présentation d'excuses par les entités religieuses

Selon un vieil adage, « il faut un village pour élever un enfant ». L'éloignement des enfants autochtones de leur village était perçu comme une mesure nécessaire pour parvenir à l'assimilation. Toutefois, non seulement le gouvernement du Canada a-t-il arraché les enfants à leurs foyers, mais il a aussi entrepris de détruire l'intégrité culturelle et fonctionnelle de leurs collectivités d'origine, où ils sont retournés vivre par la suite.

L'enseignement de la foi chrétienne comptait parmi les missions fondamentales des pensionnats. On a appris aux enfants autochtones à rejeter les traditions spirituelles de leurs parents et de leurs ancêtres en faveur de la religion prédominante dans la société colonisatrice. Le dénigrement et le rejet de leurs pratiques religieuses traditionnelles a entraîné la dévalorisation des enfants eux-mêmes. En tant que membres des Premières Nations, Inuits ou Métis, ils étaient exclus de l'affection que le Tout-Puissant accordait à tous les autres êtres humains. En effet, leurs enseignants chrétiens les considéraient comme des êtres inférieurs qu'il fallait « élever » dans l'échelle humaine par le christianisme, en les façonnant au moule des idéaux chrétiens racistes ayant cours à l'époque. Les conséquences de ce traitement ont été exacerbées par les lois et les politiques fédérales, qui interdisaient les pratiques spirituelles autochtones traditionnelles dans les collectivités d'origine des enfants pendant la plus grande partie de l'époque des pensionnats.

Il y a violence spirituelle :

- lorsqu'on interdit à une personne de suivre sa tradition spirituelle ou religieuse préférée;
- lorsqu'on impose à une personne une voie ou une pratique spirituelle ou religieuse qui lui est étrangère;

- lorsqu'on dénigre les traditions, les croyances ou les pratiques spirituelles ou religieuses d'une personne;
- lorsqu'on mène une personne à ressentir de la honte pour la pratique de ses croyances traditionnelles ou familiales.

Ce ne sont pas les preuves qui manquent pour étayer notre conclusion que la violence spirituelle était monnaie courante dans les pensionnats.

Les effets de cette violence sont profonds et n'ont pas cessé avec la fin du système de pensionnats. Lors de l'événement national de l'Alberta, un survivant, Théodore (Ted) Fontaine parlait sans doute au nom de bien des survivants lorsqu'il a déclaré : « J'ai subi de la violence sexuelle, de la violence physique, psychologique, spirituelle. Et je vais vous dire... La chose dont on a le plus souffert est la violence mentale et spirituelle, qu'on a gardée avec nous pour le reste de nos vies[69]. »

À l'événement national en Saskatchewan, l'aîné et survivant Noel Starblanket, chef national de la Fraternité des Indiens du Canada (qui deviendra l'Assemblée des Premières Nations), a abordé l'incidence spirituelle intergénérationnelle des pensionnats. Il a rapporté : « Mon arrière-grand-père... a été le premier à subir les violences de ces Églises et de ces gouvernements, et ils l'ont forcé à mettre ses enfants dans des pensionnats indiens et c'est ce qui a commencé ce terrible héritage. Ils l'ont traité d'impie, de païen... et ça, c'était à la fin du XIXe siècle. J'ai vécu avec ça dans ma famille depuis cette époque[70]. »

Le fait que des chrétiens au Canada, au nom de leur religion, aient pu infliger des torts considérables aux enfants autochtones, à leurs familles et à leurs collectivités constitue une contradiction fondamentale par rapport aux croyances qu'ils professent. Pour que les entités religieuses évitent de répéter leurs erreurs passées, elles doivent tirer une leçon essentielle de l'expérience des pensionnats, c'est-à-dire comprendre comment et pourquoi elles ont perverti les dogmes du christianisme pour justifier leurs actions.

De 1986 à 1998, les quatre Églises incluses dans la Convention de règlement ont présenté des excuses ou une déclaration de regrets sous une forme ou l'autre, pour avoir tenté de détruire les cultures, les langues, la spiritualité et le mode de vie des Autochtones, et plus précisément pour leur implication dans l'affaire des pensionnats. Les Églises Unie, anglicane et presbytérienne ont suivi un parcours semblable : des particuliers ou des comités à l'échelon national de chacune d'elles ont pris conscience de la nécessité de présenter des excuses; un processus décisionnel a été établi au niveau supérieur de l'organisation; enfin, les excuses ont été présentées par l'intermédiaire du modérateur ou du primat qui s'exprimait au nom de l'Église dans son ensemble.

Contrairement aux trois confessions protestantes, l'Église catholique romaine du Canada ne dispose pas d'un interlocuteur ayant le pouvoir de représenter l'ensemble des nombreux diocèses et ordres religieux qui la composent. La présentation d'excuses ou la déclaration de regrets est laissée à l'initiative de chacun. Il en a résulté un fouillis de déclarations dont bon nombre de survivants et de religieux n'auront jamais connaissance. Les catholiques du Canada et du monde entier obéissent à l'autorité spirituelle et morale du pape. Par conséquent, les survivants et autres intervenants ne cachent pas leur déception devant le fait que le pape n'ait pas encore prononcé des excuses publiques claires et fermes au Canada sur les violences perpétrées dans les pensionnats administrés par les catholiques partout au pays.

Le 29 avril 2009, le chef national de l'Assemblée des Premières Nations, Phil Fontaine, quatre autres chefs autochtones et cinq dirigeants de la communauté catholique canadienne se sont rendus à Rome pour une audience privée auprès du pape Benoît XVI. Aucun enregistrement de la rencontre n'a été autorisé, mais le Vatican a ensuite publié un communiqué résumant les paroles prononcées par le chef de l'Église.

> Considérant les souffrances que certains enfants indigènes ont connues dans des pensionnats canadiens, le pape a exprimé son chagrin pour l'angoisse provoquée par la conduite déplorable de certains membres de l'Église et offert sa sympathie et sa solidarité dans la prière. Sa Sainteté insiste sur le fait que ce genre d'agissements ne saurait être toléré dans la société. Il prie pour que les plaies morales de toutes les personnes touchées se referment et invite les peuples des Premières Nations à retrouver l'espoir[71].

Les médias ont rapporté que le chef Fontaine et d'autres chefs autochtones présents à l'audience considéraient cette déclaration comme importante pour tous les survivants. Le chef Fontaine a déclaré au service des nouvelles de la CBC que même si la déclaration n'équivalait pas à des excuses officielles, il espérait que les regrets du pape permettraient de clore l'histoire pour les survivants des pensionnats. « Le fait que le mot "excuse" n'ait pas été utilisé ne devrait pas diminuer [l'importance] de ce moment d'aucune façon, a-t-il dit. Cette expérience m'est d'un grand réconfort »[72].

Même si les regrets du pape ont été jugés importants par toutes les personnes présentes, même s'ils ont été largement diffusés dans les médias, on peut douter de leur pertinence, s'ils en ont, pour les survivants, leurs familles et leurs collectivités, qui n'ont pu entendre ces paroles de leurs propres oreilles. Bon nombre de survivants ont souligné que l'absence d'excuses claires de la part du Vatican témoigne du fait que l'Église catholique n'a pas encore admis la gravité de ses actes dans les pensionnats, ce qui permet encore à beaucoup de sœurs et de prêtres catholiques de mettre en doute la véracité des allégations contre leurs collègues. Une simple déclaration de regrets quant au mal fait aux enfants dans les écoles demeure bien loin d'une présentation d'excuses en bonne et due forme, laquelle suppose l'acceptation de la responsabilité pour les torts causés.

La Commission remarque qu'en 2010, le pape Benoît XVI a réagi différemment à la question du mauvais traitement des enfants en Irlande; il s'est montré plus clair en faisant distribuer une lettre pastorale — une déclaration publique — dans toutes les églises catholiques d'Irlande. Il y reconnaissait l'échec de l'Église à traiter comme il se doit les violences faites aux enfants dans les établissements catholiques. Il a ainsi déclaré :

> Ce n'est qu'en examinant avec attention les nombreux éléments qui ont donné naissance à la crise actuelle qu'il est possible d'entreprendre un diagnostic clair de ses causes et de trouver des remèdes efficaces. Il est certain que parmi les facteurs qui y ont contribué, nous pouvons citer : des procédures inadéquates pour déterminer l'aptitude des candidats au sacerdoce et à la vie religieuse; une formation humaine, morale, intellectuelle et spirituelle insuffisante dans les séminaires et les noviciats; une tendance dans la société à favoriser le clergé et d'autres figures d'autorité, ainsi qu'une préoccupation déplacée pour la réputation de l'Église et pour éviter les scandales, qui a eu pour résultat de ne pas appliquer les peines canoniques en vigueur et de ne pas protéger la dignité de chaque personne. Il faut agir avec urgence pour affronter ces facteurs, qui ont eu des conséquences si tragiques pour les vies des victimes et de leurs familles[73].

Il s'est adressé directement aux personnes qui, durant leur enfance, ont subi des maltraitances de la part de membres du clergé :

> Vous avez terriblement souffert et j'en suis profondément désolé. Je sais que rien ne peut effacer le mal que vous avez subi. Votre confiance a été trahie, et votre dignité a été violée. Beaucoup d'entre vous, alors que vous étiez suffisamment courageux pour parler de ce qui vous était arrivé, ont fait l'expérience de l'indifférence. Ceux d'entre vous qui ont subi des abus dans les collèges doivent avoir eu l'impression qu'il n'y avait aucun moyen d'échapper à leur souffrance. Il est compréhensible que vous trouviez difficile de pardonner ou de vous réconcilier avec l'Église. En son nom, je vous exprime ouvertement la honte et le remord que nous éprouvons tous. Dans le même temps, je vous demande de ne pas perdre l'espérance. En m'adressant à vous comme pasteur, préoccupé par le bien de tous les fils de Dieu, je vous demande avec humilité de réfléchir sur ce que je vous ai dit. [...] Je suis confiant dans le fait que, de cette manière, vous serez capables de trouver la réconciliation, une guérison intérieure profonde et la paix[74].

Au Canada, pendant plus d'un siècle, des milliers d'enfants des Premières Nations, des Inuits et des Métis ont été soumis à des violences spirituelles, émotionnelles, physiques et sexuelles dans les pensionnats catholiques. Hormis une brève audience privée avec le pape Benoît XVI en 2009, le Vatican a gardé le silence sur la participation de l'Église catholique romaine dans le système canadien des pensionnats. Lors des audiences de la Commission, de nombreux survivants nous ont dit savoir que le pape s'était excusé auprès des survivants des pensionnats catholiques en Irlande. Ils se demandent pourquoi il n'en a pas fait de même envers eux. Parmi les propos recueillis :

« Je n'ai pas entendu le pape me dire "Je suis désolé". Ces mots sont très importants pour moi... mais il ne les a pas dits pour les peuples des Premières Nations[75]. »

Appel à l'action :

58) Nous demandons au pape de présenter, au nom de l'Église catholique romaine, des excuses aux survivants, à leurs familles ainsi qu'aux collectivités concernées pour les mauvais traitements sur les plans spirituel, culturel, émotionnel, physique et sexuel que les enfants des Premières Nations, des Inuits et des Métis ont subis dans les pensionnats dirigés par l'Église catholique. Nous demandons que ces excuses soient semblables à celles faites en 2010 aux Irlandais qui avaient été victimes de mauvais traitements et à ce qu'elles soient présentées par le pape au Canada, dans un délai d'un an suivant la publication du présent rapport.

Réaction des survivants aux excuses de l'Église

Les survivants ont fait de nombreuses déclarations à la Commission sur les excuses du Canada, mais on ne peut en dire autant sur les excuses de l'Église. Il est frappant de constater que, même s'ils nous ont beaucoup parlé de l'incidence des Églises sur leur vie et sur leur propension à pratiquer ou non le christianisme à l'âge adulte, les survivants ont rarement mentionné les excuses des Églises ou leurs éventuelles activités de guérison et de réconciliation. Ils ont pourtant entendu les représentants religieux leur présenter des excuses lors des événements nationaux de la CVR. Leurs contacts avec les entités religieuses ont souvent pris une forme plus libre et plus personnelle. Des survivants ayant visité les archives des établissements religieux exposées aux aires d'apprentissage de la CVR ont pris des exemplaires des excuses et se sont adressés directement aux représentants des autorités religieuses. Ils ont également discuté avec ses représentants aux aires d'écoute des Églises et dans les cercles de partage publics[76].

Lorsque le regretté Alvin Dixon, président du Comité des survivants des pensionnats indiens de l'Église Unie du Canada, s'est adressé à la Commission lors de l'événement national du Nord à Inuvik en 2011, il a exprimé ce que beaucoup d'autres survivants ont pu penser des excuses venues des Églises. Il a déclaré ce qui suit :

> Les excuses ne viennent pas naturellement. Elles ne viennent pas facilement. Quand nous avons entendu les excuses en 1986, nous, les membres de l'Église Unie des Premières Nations, ne les avons pas acceptées, mais nous avons accepté de les recevoir et d'observer et d'attendre et de travailler avec l'Église Unie pour donner un peu de poids à ces excuses. Nous avons tous pensé

> que ces excuses devraient être des paroles d'action, des paroles de sincérité qui devraient vouloir dire quelque chose [...] Notre travail, c'est de voir à ce que l'Église Unie fasse suivre ses excuses de gestes significatifs [...]
>
> Vous savez, notre travail commence à peine et nous n'allons pas lâcher la pression sur l'Église, sur les autres Églises et sur le Canada pour être sûrs que ce fameux exercice de guérison dure aussi longtemps qu'il faut pour que nous puissions récupérer des chocs qu'ont causés nos expériences dans ses pensionnats.
>
> L'autre question à régler est le fait que nos pratiques spirituelles traditionnelles ont été condamnées à l'origine, pas uniquement par l'Église Unie, mais par toutes les Églises... eh bien, notre Église soutient à présent nos assemblées spirituelles autochtones et nous allons en organiser une à Prince-Rupert cet été [...] Donc, nous continuons de mettre la pression sur l'Église pour qu'elle tienne ses engagements et qu'elle donne vie à ses excuses[77].

La déclaration d'Alvin Dixon a rejoint celles que la Commission a recueillies auprès des survivants au sujet des excuses du Canada. Les excuses officielles faites au nom d'institutions ou de gouvernements ont certes été accueillies favorablement, mais, comme il faut s'y attendre, avec scepticisme. Une fois la confiance à ce point mise à mal, seul le temps peut la restaurer, sous le regard des survivants observant l'interaction quotidienne des Églises avec leur communauté. Il a expliqué, en langage concret, comment les survivants continueraient de tenir les Églises responsables de leurs actions. Les excuses marquaient le point de départ du parcours de la réconciliation; la preuve de leur sincérité reposera sur les gestes qui suivront les paroles. Il a insisté sur l'importance, pour les survivants, de voir les Églises, non seulement admettre qu'elles ont eu tort de condamner la spiritualité autochtone, mais aussi aller plus loin en soutenant activement les assemblées spirituelles traditionnelles. Cette ligne de conduite, toutefois, nécessite de prendre l'engagement à terme de sensibiliser les congrégations religieuses à l'importance de ces actions dans les années à venir.

Appel à l'action :

> 59) Nous demandons aux représentants de l'Église qui sont parties à la Convention de règlement d'élaborer des stratégies d'éducation pour que leurs congrégations apprennent le rôle joué par l'Église en ce qui a trait à la colonisation de même qu'à l'histoire et aux séquelles des pensionnats, de même que les raisons pour lesquelles des excuses aux anciens élèves des pensionnats et à leurs familles de même qu'aux collectivités concernées sont nécessaires.

Honorer la spiritualité autochtone

De nombreux survivants ont déclaré à la Commission que la reprise de contact avec les enseignements et les pratiques autochtones traditionnels en matière de spiritualité s'est révélée essentielle à leur guérison, certains allant jusqu'à affirmer qu'elle leur avait « sauvé la vie ». L'un d'eux a déclaré : « Les danses du Soleil et tous les autres enseignements, les pavillons de ressourcement, les huttes de sudation [...] Je sais que c'est tout ça qui m'a aidé à rester sain d'esprit; à ne pas m'effondrer et devenir complètement fou. C'est ce qui m'a aidé : les enseignements de notre culture et notre langue[78]. » La perte de contact avec leur langue et leur culture dans les pensionnats a eu des effets dévastateurs sur les survivants, leurs familles et leurs collectivités. La terre, la langue, la culture et l'identité sont inséparables de la spiritualité; ce sont tous des éléments fondamentaux du mode de vie, de l'existence même d'un peuple autochtone. En tant que survivant et en qualité d'aîné anishinaabe, Fred Kelly explique :

> Le fait qu'on se soit emparé des terres territoriales de ces populations autochtones dont l'esprit collectif est lié intrinsèquement à la Mère Terre les a dépouillées de leur âme et de l'essence même de leur existence, le résultat étant la déstructuration de l'intégralité des nations autochtones. Affaiblies par la maladie et privées de leurs sources alimentaires traditionnelles et de leur « médecins », les Premières nations n'ont eu aucune défense contre d'autres empiètements gouvernementaux sur leur vie. Pourtant, elles ont continué à se conformer aux termes des traités faisant confiance en vain à la probité de la Couronne. Les membres des Premières nations ont été mortellement blessés dans leur intelligence, leur corps, leur cœur et leur esprit, ce qui les a transformés en « morts vivants ». Le rétablissement prendra du temps; heureusement ils ont continué clandestinement à pratiquer leurs traditions spirituelles jusqu'au jour de leur résurgence qui ne devrait plus tarder à venir [...] Je suis heureux que mes ancêtres ont été capables de conserver clandestinement leurs croyances spirituelles à l'époque où celles-ci ont été interdites et ont fait l'objet de persécution. Grâce à ces croyances et au Créateur, les coutumes et les traditions de mon peuple sont préservées et elles m'ont fourni les réponses que je cherchais[79].

Jennie Blackbird, qui a fréquenté l'Institut Mohawk à Brantford (Ontario), a expliqué la situation ainsi :

> Nos aînés nous ont appris que la langue est l'âme de la nation, et que le son de notre langue est son ciment. L'anishinaabemowin donne la capacité de voir dans notre avenir... L'anishinaabemowin nous donne la capacité d'écouter [...] ce qui se passe autour de nous et la capacité d'écouter ce qui se passe à l'intérieur de nous. Par le regard et l'écoute, nous pouvons récolter ce qui nous est nécessaire pour nous maintenir et obtenir les propriétés qui nous guériront. Aussi loin que

je me souvienne, quand je parlais ma langue pendant mon enfance, cela m'aidait à rétablir mon harmonie intérieure en préservant mon bien-être mental, émotionnel, physique et spirituel[80].

La crainte spirituelle, la confusion et les conflits sont les conséquences directes de la violence avec laquelle les peuples autochtones ont été séparés de leurs croyances traditionnelles. À cause de ces tourments, il est particulièrement important de comprendre le rôle des Églises du Canada dans la réconciliation avec les peuples autochtones. Un certain nombre de survivants nous ont parlé des nombreuses contradictions qu'ils perçoivent à présent entre leur connaissance adulte de l'éthique chrétienne et des enseignements bibliques et leur traitement dans les écoles. Ces contradictions sont le signe de la crainte spirituelle et de la confusion que tant de survivants ont connues. Les enfants qui retournaient chez eux après un séjour au pensionnat n'avaient plus de liens avec des familles qui parlaient encore leur langue traditionnelle et pratiquaient la spiritualité traditionnelle. Les survivants qui voulaient apprendre les enseignements spirituels de leurs ancêtres ont été critiqués et parfois ostracisés par les membres chrétiens de leur famille et par l'Église. Les survivants et leurs proches ont rapporté que ces tensions ont conduit à l'éclatement de familles : telle était la profondeur de ce conflit spirituel. De façon cumulative, les pensionnats ont eu pour séquelle de priver les Premières Nations, les Inuits et les Métis de leur legs et de leur patrimoine spirituels. À notre avis, il faut absolument soutenir le droit des peuples autochtones à l'autodétermination dans le domaine spirituel dans le cadre du processus de réconciliation. Au nom du respect de la Déclaration des Nations Unies, les peuples autochtones auxquels on a refusé le droit de pratiquer et d'enseigner leurs propres croyances et traditions spirituelles et religieuses doivent maintenant être en mesure de le faire librement et selon leur volonté[81]. Pour beaucoup d'entre eux, cela ne sera pas facile.

De nombreux survivants et leurs familles continuent de vivre dans la crainte spirituelle de leurs propres traditions. Une telle crainte est le résultat direct des croyances religieuses qui leur ont été imposées par ceux qui géraient les pensionnats. Cette crainte longuement intériorisée a duré plusieurs générations, et il est difficile de s'en défaire. Elle est exacerbée par le fait que la doctrine chrétienne aujourd'hui ne parvient toujours pas à consentir le respect plein et entier à l'égard des régimes de croyances spirituelles autochtones.

Si les survivants étaient seuls à faire face à ce dilemme, on pourrait dire qu'ils devraient être en mesure de le résoudre par eux-mêmes de la manière qu'ils choisissent, notamment avec l'aide d'alliés au sein de l'Église. Cependant, le dilemme du conflit spirituel a une portée plus large pour les survivants. En effet, il concerne aussi leurs enfants et leurs petits-enfants, qui se rendent maintenant compte que leur histoire personnelle renferme bien plus de choses que ce que les pensionnats et la société canadienne leur ont transmis. Ils se rendent compte que chaque nation autochtone a aussi sa propre histoire et que ces histoires font partie de qui ils sont. De nos jours, les jeunes des Premières Nations, Inuits et Métis sont à la recherche de leur identité, ce qui comprend leurs langues et leurs cultures.

Les parents autochtones veulent que leurs enfants soient élevés dans un environnement communautaire qui offre tout cela. Cependant, des conflits éclatent souvent au sein des collectivités, lorsque ceux qui ont été influencés par les doctrines des Églises croient que le fait d'enseigner les croyances culturelles autochtones aux enfants revient à propager le mal. Certains continuent à parler contre les croyances spirituelles autochtones et veulent empêcher ou interdire leur pratique[82].

Avoir un droit qu'on a peur d'exercer équivaut à ne pas avoir ce droit du tout. D'après la Déclaration des Nations Unies sur les droits des peuples autochtones, les États (et d'autres parties) ont désormais l'obligation d'aider les collectivités autochtones à rétablir leurs propres régimes de croyance spirituelle et pratiques religieuses, si ceux-ci sont compromis ou ont fait l'objet de violence spirituelle à cause de lois, de politiques ou de pratiques antérieures. Nul ne doit se voir dicter qui est son Créateur, ou comment l'adorer. C'est un choix individuel et, pour les peuples autochtones, c'est également un droit collectif. Aussi, les Premières Nations, les Inuits et les Métis doivent avoir l'assurance qu'ils ont effectivement la liberté de choisir et que leur choix sera respecté.

Toutes les confessions religieuses au Canada doivent respecter ce droit, et les Églises Unie, anglicane, presbytérienne et catholique, qui sont parties à la Convention de règlement, ont une responsabilité particulière quant à la reconnaissance officielle de la spiritualité autochtone comme forme valide de culte qui est égale à la leur. Il ne revient pas à des personnes individuelles au sein des Églises de lever la voix quand la liberté de culte est niée. En fait, ce sont aux Églises, en tant qu'institutions religieuses, d'affirmer la valeur de la spiritualité autochtone en tant que telle. Sans cette reconnaissance officielle, un rapprochement complet et durable demeurera impossible. La guérison et la réconciliation ont une dimension spirituelle dont les Églises doivent prendre conscience, en partenariat avec les chefs spirituels autochtones, les survivants, leurs familles et les communautés.

De nombreux peuples autochtones qui ne croient plus aux enseignements chrétiens ont trouvé que la reconquête de leur spiritualité était une étape importante de leur guérison et de leur sentiment d'identité. Certains n'ont aucun désir d'intégrer la spiritualité autochtone dans les institutions religieuses chrétiennes. Au contraire, ils estiment que la spiritualité autochtone et la religion occidentale devraient coexister sur des chemins séparés, mais parallèles.

L'aîné Jim Dumont a parlé à la Commission de l'importance de la non-ingérence et du respect mutuel. Il a affirmé :

> Les sévices et les préjudices commis dans les pensionnats, c'est l'Église qui en
> est l'une des principales sources. L'Église doit en accepter la responsabilité. Mais

ce qui me dérange à ce propos, c'est que l'Église continue à avoir une emprise sur notre peuple [...] Vous devez juste vous enlever de notre chemin pendant quelque temps afin que nous puissions faire ce que nous devons faire, car aussi longtemps que vous êtes là, à penser que vous nous appuyez, vous nous empêchez en fait de parvenir à notre propre vérité à ce sujet et à notre propre guérison à ce sujet, et je pense qu'une autre chose que l'Église évite, c'est son besoin de se réconcilier avec l'Esprit [...] Je pense que l'Église doit se réconcilier avec le Créateur [...] Je ne suis pas chrétien, mais j'ai une haute estime pour cet Esprit [...] qu'on appelle Jésus [...] À mon avis, quand l'Église sera capable de se réconcilier avec son Dieu et son Sauveur pour ce qu'elle nous a fait, alors peut-être pourrons-nous lui parler d'une réconciliation entre nous[83].

En revanche, les chrétiens autochtones qui pratiquent également la spiritualité autochtone cherchent la coexistence religieuse et spirituelle autochtone et chrétienne au sein des Églises elles-mêmes. Le révérend Alf Dumont de l'Église Unie, premier conférencier de la All Native Circle Conference, a déclaré ceci :

Le respect est l'un des plus grands enseignements qui viennent des peuples d'origine de cette terre. Nos ancêtres ont suivi cet enseignement lors de leur rencontre avec leurs frères et sœurs chrétiens, il y a tant d'années. Ils ont vu une part de vérité et de sacré qu'ils ne pouvaient nier dans les enseignements chrétiens. Beaucoup étaient prêts à adopter ces enseignements et à abandonner leurs enseignements traditionnels. Certains étaient prêts à adopter ces enseignements, mais sans abandonner les leurs. Certains n'ont pas quitté leurs propres traditions et, face à la persécution, se sont cachés soit profondément dans les montagnes, soit au plus profond d'eux-mêmes. Beaucoup se méfiaient à cause de la façon dont les enseignements [chrétiens] étaient présentés et comment ils étaient vécus. Ils se méfiaient du fait qu'on leur demandait de rejeter leurs propres coutumes et enseignements sacrés et d'adopter *uniquement* les nouveaux enseignements qui étaient donnés. Pourquoi ne pouvaient-ils pas prendre ce dont ils avaient besoin dans ces nouveaux enseignements et vivre quand même les leurs? C'était la façon de comprendre et d'enseigner le respect à avoir pour les croyances d'autrui. C'était la façon de faire des premiers peuples[84].

La révérende Margaret Mullin (Thundering Eagle Woman) de l'Église presbytérienne en a parlé ainsi :

Est-ce que la révérende Margaret Mullin/Thundering Eagle [W]oman du clan de l'ours peut être à la fois une femme anishinaabe forte et une chrétienne? Oui, je le peux, parce que je ne plante pas mes pieds dans deux mondes différents, deux religions différentes ou deux compréhensions différentes de Dieu. Les deux moitiés de moi sont unies dans le même Esprit. Je peux apprendre de mes grands-parents européens et autochtones qui ont tous marché sur le même chemin devant moi. Je peux apprendre de Jésus et je peux apprendre de mes aînés[85].

Chacune des Églises parties à la Convention de règlement a été confrontée aux problèmes théologiques et aux réformes institutionnelles nécessaires qui se posent à l'égard des croyances et pratiques spirituelles autochtones. En même temps, les membres des Églises autochtones ont joué un rôle prépondérant dans la défense des perspectives autochtones en veillant à être pleinement représentés dans les structures, programmes et services institutionnels de leurs églises respectives.

En 2013, l'assemblée générale de l'Église presbytérienne au Canada a approuvé un rapport sur l'élaboration d'un cadre théologique de la spiritualité autochtone au sein de l'Église. Le rapport a pris acte de « la nécessité pour les chrétiens autochtones d'être fidèle à leur *identité autochtone* et à leur foi [chrétienne] », et a conclu, entre autres, que « cette conversation a le potentiel non seulement de nous aider à parler de la relation entre les presbytériens et les peuples autochtones, mais également de contribuer à la revitalisation de notre Église »[86].

L'Église anglicane a élaboré la vision d'une Église autochtone indépendante qui coexisterait au sein de la structure institutionnelle plus large de l'Église. En 2001, un plan stratégique intitulé « A New Agape » a été formellement adopté par l'assemblée générale du synode de l'Église. Le plan décrivait la vision de l'Église relativement à ce qui suit :

> [u]ne nouvelle relation [...] basée sur un partenariat qui met l'accent sur l'autonomie culturelle, spirituelle, sociale et économique des collectivités autochtones. Pour officialiser cette nouvelle relation, l'Église anglicane du Canada travaillera principalement avec [...] les peuples autochtones pour créer une Église vraiment autochtone et anglicane au Canada. C'est une étape importante dans la quête globale de l'autogouvernance[87].

En 2007, l'Église a nommé son premier évêque national autochtone, le révérend Mark MacDonald.

L'Église Unie a également examiné ses fondements théologiques. Dans un rapport daté de 2006, « Living Faithfully in the Midst of Empire: Report to the Thirty-ninth General Council 2006 », l'Église Unie a répondu à un appel précédent du Conseil œcuménique des Églises « à réfléchir sur la question du pouvoir et de l'impérialisme à partir d'un point de vue biblique et théologique et à prendre une position ferme et inspirée par la foi contre les puissances hégémoniques, car tout pouvoir est responsable devant Dieu »[88]. Le rapport a recommandé de poursuivre les travaux, et un rapport de suivi, « Reviewing Partnership in the Context of Empire », a été publié en 2009. Selon la réflexion théologique exposée dans le rapport :

> En développant notre modèle de partenariat, nous voulions dépasser le paternalisme et le colonialisme des missions du XIXe siècle. Les travaux en cours pour développer des relations justes avec les peuples autochtones représentent une tentative de surmonter un passé marqué par la colonisation et le racisme.

Cette volonté de dépasser le cadre de l'empire nécessite de reconnaître que notre théologie et l'interprétation biblique ont souvent favorisé le sexisme, le racisme, le colonialisme et l'exploitation de la création [...] Les théologies impérialistes voyaient Dieu et les hommes comme distincts et supérieurs aux femmes, aux peuples autochtones et à la nature[89].

En 2012, l'assemblée exécutive du Conseil général a publié un rapport de suivi des rapports de 2006 et 2009 sur une nouvelle façon d'envisager l'objectif théologique de l'Église et de restructurer ses institutions, en passant d'une théologie de l'impérialisme à une théologie du partenariat[90].

La Commission a demandé à toutes les Églises parties à la Convention de règlement de lui donner leurs points de vue sur la spiritualité autochtone et quelles mesures ont été prises au sein de leurs institutions respectives pour respecter les pratiques spirituelles autochtones. En 2015, deux des Églises parties à la Convention de règlement ont répondu à cet appel.

Le 29 janvier 2015, l'Église presbytérienne au Canada a publié une déclaration sur les pratiques spirituelles autochtones. L'Église a notamment déclaré :

> Dans le cadre de l'engagement des Églises à l'égard d'un cheminement vers la vérité et la réconciliation, l'Église presbytérienne au Canada a appris que de nombreuses facettes des spiritualités traditionnelles autochtones sont porteuses de la vie et d'union avec la création. Il a parfois été difficile pour l'Église presbytérienne au Canada d'accepter cela. Nous savons maintenant qu'il existe une grande variété de pratiques spirituelles autochtones, et nous reconnaissons que notre Église doit, en toute humilité, continuer d'apprendre la signification profonde de ces pratiques et les respecter, ainsi que les aînés autochtones qui sont les gardiens des vérités sacrées traditionnelles [...]

> Nous reconnaissons et respectons les membres autochtones de l'Église presbytérienne au Canada qui souhaitent intégrer des pratiques traditionnelles dans leurs congrégations et les membres autochtones qui ne sont pas à l'aise ou disposés à le faire. L'Église doit être une communauté où tous sont valorisés et respectés. Il n'appartient pas à l'Église presbytérienne au Canada de valider ou d'invalider les spiritualités et pratiques autochtones. Notre Église, cependant, est profondément respectueuse de ces traditions[91].

Le 18 février 2015, l'Église Unie du Canada a publié une déclaration sur la reconnaissance des autres voies spirituelles. Le document fait état de différentes déclarations et demandes de pardon présentées par l'Église à l'égard de la spiritualité autochtone, y compris une expression de réconciliation à l'événement national de la CVR en Alberta le 27 mars 2014. L'Église a notamment déclaré :

> En toute humilité, l'Église reconnaît sa complicité dans la dégradation de la sagesse et de la spiritualité autochtones, et elle propose les déclarations suivantes au regard de son histoire récente. Ce faisant, l'Église reconnaît avec

douleur que cela constitue une question complexe et sensible pour certains au sein des communautés de foi autochtones, qui, à la suite de notre œuvre de christianisation et de l'héritage du colonialisme, ont entamé un cheminement visant à rétablir l'harmonie et l'équilibre spirituel [...]

Nous avons appris que les « bonnes intentions » ne suffisent jamais, surtout quand elles sont enveloppées de zèle mal placé, inspiré d'une notion de supériorité culturelle et spirituelle. Ainsi, nous avons appris que nous avions tort de rejeter, de discréditer et même de proscrire la pratique et les cérémonies spirituelles autochtones traditionnelles. Lors d'incroyables cercles de grâce, alors que nous avons commencé à écouter la sagesse des anciens, nous avons trouvé notre propre foi enrichie et approfondie. Et nous en sommes reconnaissants. Nous savons qu'il nous reste beaucoup de chemin à parcourir. Nous sommes déterminés à faire ce voyage dans un esprit d'humilité et de partenariat, en entamant un travail de guérison afin de rétablir notre propre spiritualité, et en reconnaissant qu'il est possible de conserver à la fois votre spiritualité et la nôtre, grâce à l'écoute et à l'apprentissage avec un cœur ouvert[92].

Contrairement aux Églises protestantes, où la réflexion théologique et la réforme institutionnelle sont menées à l'échelon national, l'Église catholique romaine du Canada aborde la spiritualité autochtone en privilégiant la prise de décision à l'échelon des diocèses locaux. Toutefois, dans son mémoire à la Commission royale sur les peuples autochtones en 1993, la Conférence des évêques catholiques du Canada a exprimé ses vues sur la spiritualité autochtone :

La voix de cette spiritualité est maintenant entendue dans les milieux chrétiens et sociaux du monde entier. Il se développe donc une théologie qui intègre la prière, la culture et l'expérience des autochtones [...] Comme évêques, nous avons encouragé les dirigeants catholiques autochtones à assumer une plus grande responsabilité à l'égard de la vie de foi de leurs communautés [...]

Nous reconnaissons également que, pour certains peuples autochtones, la spiritualité chrétienne et la spiritualité autochtone s'excluent mutuellement. C'est donc animés d'un grand respect et d'un souci de dialogue que nous encourageons les Premières nations à se pencher sur cette question des rapports entre le christianisme et la spiritualité autochtone [...] Nous continuerons d'explorer la possibilité d'établir de meilleures voies de communication entre notre propre patrimoine spirituel et celui des autochtones[93].

En termes de réforme institutionnelle, le Conseil autochtone catholique du Canada, créé en 1998, conseille la Conférence des évêques catholiques du Canada sur les questions relatives aux peuples autochtones au sein de l'Église catholique. Le mandat du Conseil est d'étudier et d'analyser les « questions reliées à la spiritualité et à l'éducation autochtones »; d'encourager « le leadership autochtone au sein de la communauté chrétienne »; de soutenir et de promouvoir « la réconciliation en contexte catholique »; et de constituer « un lien important entre catholiques autochtones et catholiques non autochtones »[94].

La Commission note que toutes les Églises parties à la Convention de règlement ont reconnu la nécessité de fournir une éducation et une formation théologiques à leurs membres autochtones afin qu'ils assument des postes de direction au sein des Églises et qu'ils travaillent dans des missions autochtones. Depuis 2007, le Conseil canadien des Églises a tenu une série de conférences sur l'éducation théologique au Canada qui visaient à encourager et à approfondir l'exploration de questions par rapport aux croyances autochtones et chrétiennes et l'intégration de pratiques culturelles et spirituelles autochtones dans les pratiques chrétiennes. Tout au long de ces événements, le Conseil a également cherché à inciter les établissements d'enseignement postsecondaire à examiner la meilleure façon de préparer les étudiants en théologie pour la mission au Canada, en tenant compte non seulement des peuples autochtones, de leur culture et de leur spiritualité, mais aussi de la nécessité pour les Églises à se consacrer à la guérison et à la réconciliation entre les peuples autochtones et non autochtones.

L'École de théologie de Toronto a pris l'engagement public d'accorder le même respect académique au savoir autochtone, y compris aux enseignements spirituels traditionnels autochtones, qu'aux « traditions de la philosophie grecque et de la science moderne »[95]. Cette promesse a été faite au « Meeting Place », un événement coparrainé par le Council Fire Native Cultural Centre et par la Conférence de Toronto de l'Église Unie du Canada en juin 2012.

Pourtant, il reste beaucoup de chemin à faire en matière d'éducation et de formation afin de concilier la spiritualité autochtone et le christianisme de manière à soutenir l'autodétermination des peuples autochtones. En 2009, l'ancien archidiacre de l'Église anglicane et membre fondateur de l'Indian Ecumenical Conference, le révérend John A. (Ian) MacKenzie, a déclaré :

> Les Églises doivent instamment envisager d'entreprendre un dialogue ouvert avec les théologiens, les docteurs et les guérisseurs autochtones qui représentent [...] la tradition intellectuelle de l'Amérique du Nord [...] [Les peuples autochtones] demandent une reconnaissance des injustices passées et le respect de leur civilisation. Ils demandent avant tout que l'on respecte leurs convictions et leurs pratiques religieuses traditionnelles. La seule tradition intellectuelle légitime d'Amérique du Nord est celle des diverses sociétés tribales qui vivent parmi nous! [...]
>
> Il n'y aura de réconciliation durable que lorsque chaque séminaire canadien comprendra un cours sur les traditions religieuses autochtones, lorsque chaque congrégation tiendra compte de la tradition intellectuelle nord-américaine en organisant des discussions et en invitant des chefs religieux autochtones à les diriger[...], lorsque les Autochtones parviendront à une véritable autonomie

gouvernementale au sein de leurs églises, et lorsque la théologie chrétienne non seulement respectera la pensée autochtone, mais en tirera des enseignements[96].

Appel à l'action :

60) Nous demandons aux représentants de l'Église qui sont parties à la Convention de règlement ainsi qu'à toutes les autres confessions religieuses concernées, en collaboration avec les chefs spirituels autochtones, les survivants des pensionnats, les écoles de théologie, les séminaires et d'autres centres de formation, d'élaborer un programme d'études sur la nécessité de respecter en soi la spiritualité autochtone, sur l'histoire et les séquelles des pensionnats et le rôle de l'Église dans ce système, sur l'histoire des conflits religieux et leurs répercussions sur les familles et les collectivités autochtones, et sur la responsabilité de l'Église pour ce qui est d'atténuer ces conflits et de prévenir la violence spirituelle, et d'offrir ce programme à tous les séminaristes, membres du clergé et employés de ce milieu qui travaillent dans les collectivités autochtones.

Projets de guérison et de réconciliation de l'Église

À partir des années 1990, les quatre Églises parties à la Convention de règlement ont commencé à attribuer des fonds spécifiques aux projets de guérison et de réconciliation communautaires. Ces travaux se sont poursuivis dans le cadre de la Convention de règlement. Chaque Église accusée a accepté d'apporter et de gérer des fonds consacrés à la guérison et à la réconciliation. Toutes les Églises ont établi des comités composés notamment de représentants autochtones afin d'examiner et d'approuver les projets. En termes génériques, les projets de réconciliation financés par les Églises signataires de la Convention de règlement ont trois objectifs principaux :
1) Guérison. Le Toronto Urban Native Ministry, financé par l'Église anglicane, l'Église Unie et l'Église catholique « tend la main aux Autochtones dans la rue, les hôpitaux, les prisons, les maisons de refuge et les foyers »[97]. Il travaille avec tous les Autochtones pauvres et exclus sur le plan social, y compris les survivants et les membres de famille intergénérationnels dont la vie a été affectée par les pensionnats. L'Anamiewigumming Kenora Fellowship Centre, avec des fonds de l'Église presbytérienne au Canada, a créé le programme « A Step Up - Tools for the soul », en partenariat avec des organismes autochtones locaux. En vertu du programme, une série de dix ateliers dirigés par des aînés autochtones, des enseignants et des professionnels ont eu lieu afin d'aider les survivants et les membres de leur famille dans leur guérison. Ces événements

comprenaient des cours sur la culture et la tradition et visaient à faciliter la réconciliation[98].

2) Revitalisation de la langue et de la culture. Le cours de fabrication de canot par immersion linguistique à Tofino, en Colombie-Britannique, financé par l'Église Unie, visait à recréer un lien entre les jeunes Autochtones, leur terroir et leur culture. Pendant un mois, de jeunes Autochtones de l'île de Vancouver, y compris de la communauté des Ahousaht où l'Église Unie tient une école, ont été emmenés dans un vieux village hesquiaht éloigné pour apprendre la langue de la bande de Hesquiaht à travers la fabrication de canots[99].

Les camps culturels Four Season de la Première Nation de Serpent River en Ontario, financés par l'Église anglicane, faisaient la promotion de la langue et de la culture de la bande en montrant les pratiques traditionnelles de récolte, de stockage des aliments et de narration, ainsi que les cérémonies connexes[100]. Les anglicans ont aussi financé des séjours en pleine nature destinés aux jeunes dans la Première Nation Nibinamik, à Summer Beaver, en Ontario. Ces séjours visaient à enseigner aux jeunes les modes de vie traditionnels et à leur donner confiance en soi en accomplissant avec succès les activités du camp[101].

3) Éducation et création de liens. L'Église anglicane et l'Église catholique comprennent toujours beaucoup de membres autochtones. Par conséquent, un grand nombre de leurs initiatives visaient à réunir les membres autochtones et non autochtones. L'Église anglicane s'est efforcée d'améliorer la compréhension et de lutter contre les stéréotypes parmi ses membres en leur apportant une formation contre le racisme. Les organismes catholiques figurent parmi les principaux fondateurs de l'initiative « Returning to Spirit – Residential School Healing and Reconciliation Program » (programme de ressourcement et de réconciliation des pensionnats). Ce programme réunit des participants autochtones et non autochtones afin d'obtenir de nouvelles connaissances sur l'expérience des pensionnats et d'établir de nouvelles compétences en communication et en création de liens[102].

Les Églises qui ont signé la Convention de règlement sont particulièrement tenues de continuer à combler les besoins en guérison, à long terme, des survivants, de leur famille et des communautés, qui doivent toujours subir diverses répercussions sur la santé ainsi que des répercussions sociales et économiques. La fermeture de la Fondation autochtone de guérison en 2014, lorsque le gouvernement a mis fin à son financement, a entraîné un important manque de fonds pour les projets communautaires de guérison, alors même que le processus de guérison venait de commencer pour beaucoup de personnes et de communautés[103]. Les Églises doivent aussi continuer d'éduquer leurs propres congrégations et faciliter le dialogue entre la population autochtone et non autochtone. Les projets de guérison et de réconciliation des Églises signataires de la Convention de règlement ont permis d'accomplir beaucoup de progrès, mais il reste encore beaucoup à faire.

Appel à l'action :

61) Nous demandons aux représentants de l'Église qui sont parties à la Convention de règlement de collaborer avec les survivants et les représentants d'organisations autochtones en vue d'établir un fonds permanent destiné aux Autochtones pour les besoins de ce qui suit :
    i. projets de guérison et de réconciliation menés par la collectivité;
    ii. projets liés à la revitalisation de la langue et de la culture menés par la collectivité;
    iii. projets d'éducation et de création de liens menés par la collectivité;
    iv. rencontres régionales de chefs spirituels et de jeunes autochtones afin de discuter de la spiritualité autochtone, de l'autodétermination et de la réconciliation.

Éducation en vue de la réconciliation

La crise actuelle entre les Canadiens autochtones et les Canadiens non autochtones est en grande partie due aux établissements scolaires et à ce qu'ils ont enseigné, ou omis d'enseigner, sur de nombreuses générations. Malgré cette histoire ou peut-être plus exactement à cause de son potentiel, la Commission estime que l'éducation est aussi la clé de la réconciliation. L'éducation des Canadiens en vue de la réconciliation relève non seulement des écoles et des établissements postsecondaires, mais aussi des forums de discussion et des établissements publics consacrés à l'histoire, comme les musées et les archives. L'éducation doit combler les lacunes en matière de connaissances historiques qui perpétuent l'ignorance et le racisme.

Toutefois, il faut faire beaucoup plus pour éduquer la population en vue d'une réconciliation. Les survivants nous ont dit que les Canadiens devaient apprendre l'histoire et l'héritage des pensionnats de manière à changer leur esprit *et* leur cœur. Lors de l'événement national du Manitoba qui a eu lieu à Winnipeg, Allan Sutherland a déclaré :

> Il reste encore beaucoup d'émotions non résolues. Les gens ont besoin de raconter leur histoire [...] Nous devons être capables d'aller de l'avant ensemble, mais il faut comprendre comment tout cela a débuté [en commençant par] Christophe Colomb, la christianisation, la colonisation, puis l'assimilation [...]

> Si nous y mettons tout notre cœur et tout notre esprit, nous pouvons changer le statu quo[104].

Lors de l'audience communautaire de la Commission à Thunder Bay, en Ontario, en 2010, Esther Lachinette-Diabo a déclaré :

> Je participe à cette entrevue en espérant que nous pourrons l'utiliser comme outil éducatif pour apprendre à nos jeunes ce qui s'est passé [...] Peut-être qu'un jour, le ministre de l'Éducation travaillera avec la CVR et créera une sorte de programme pour les études autochtones et l'apprentissage autochtone, non seulement pour que les Autochtones sachent ce que nous avons dû endurer — c'est-à-dire pour qu'ils connaissent les expériences de tous les Anishinaabe dans les pensionnats —, mais aussi pour que les autres Canadiens comprennent que les pensionnats ont bien existé. Grâce à ce partage d'expériences, ils pourront connaître et entendre les histoires de survivants comme moi[105].

À Lethbridge, en Alberta, en 2013, Charlotte Marten a déclaré :

> Je voudrais que des mesures soient prises à la suite des constatations tirées par la Commission. Je voudrais que l'histoire du système des pensionnats fasse partie des programmes scolaires au Canada. Je veux que mes petits-enfants et les générations futures de notre société connaissent toute la vérité derrière la politique des pensionnats au Canada et la façon dont elle a détruit des générations de notre peuple. J'espère qu'en connaissant la vérité, la population pourra mieux comprendre les difficultés auxquelles nous faisons face en tant que membres des Premières Nations[106].

Les Canadiens non autochtones connaissent les problèmes auxquels les communautés autochtones font face, mais ignorent quasiment comment ils sont apparus. Ils comprennent mal le rôle que le gouvernement fédéral a joué à ce sujet par l'entremise des pensionnats ainsi que des politiques et des lois en place pendant leur existence. Notre système d'éducation, volontairement ou par omission, a échoué à cet égard. Il est grandement responsable de l'état actuel des choses. Au cours des travaux de la Commission, nous avons constaté que la plupart des adultes canadiens savaient très peu de choses, voire rien du tout, sur les pensionnats. Plus généralement, on leur a enseigné que l'histoire des Canadiens commençait à l'arrivée des premiers explorateurs européens dans le Nouveau Monde. La construction de la nation constitue depuis longtemps le thème principal du curriculum d'histoire du Canada, et les Autochtones, à quelques exceptions près, sont dépeints comme de simples spectateurs, voire des obstacles à cette entreprise.

Avant 1970, les manuels scolaires du pays dépeignaient les Autochtones comme des guerriers sauvages ou de simples spectateurs sans aucune importance au regard de la grande histoire du Canada : celle de l'établissement des Européens. À compter des années 1980, on a dépeint parfois l'histoire des Autochtones de manière plus positive, mais on y soulignait la pauvreté et les troubles sociaux des communautés autochtones sans donner aux élèves le contexte historique nécessaire pour comprendre le processus ou les causes de ces troubles. En conséquence, la plupart des Canadiens en sont venus à croire que les Autochtones sont responsables de la situation dans laquelle ils se trouvent puisqu'il n'existe aucune cause externe. Les Autochtones constituent donc pour eux un problème social et économique qui doit être résolu.

Dans les années 1990, les manuels ont souligné le rôle des Autochtones en tant que protestataires défendant leurs droits. La plupart des Canadiens n'ont pas compris ni reconnu l'importance de ces droits compte tenu du point de vue prépondérant de l'assimilation autochtone dans le système éducatif canadien.

Bien que les manuels prennent davantage en compte les points de vue autochtones depuis les trois dernières décennies, ils passent sous silence le rôle des Autochtones dans l'histoire du Canada pendant une grande partie du XXe siècle. On apprend aux élèves quelques rudiments sur les Autochtones avant les premiers contacts et pendant l'exploration, la traite des fourrures et les périodes d'établissement. On leur enseigne la résistance des Métis dans les années 1880 et la signature des traités. Ensuite, les Autochtones disparaissent quasiment des manuels jusque dans les années 1960 et 1970, période à laquelle ils font leur réapparition en tant qu'activistes politiques et défendeurs de la justice sociale. La période intermédiaire, qui est déterminante, n'est généralement pas mentionnée[107]. Ainsi, une grande partie de l'histoire des Autochtones, telle qu'ils l'ont eux-mêmes vécue, est toujours absente de l'histoire du Canada.

La Commission estime que tous les élèves, qu'ils soient Autochtones ou non, doivent savoir que l'histoire de ce pays ne commence pas à l'arrivée de Jacques Cartier sur les rives du fleuve Saint-Laurent. Ils doivent découvrir les nations autochtones que les Européens ont rencontrées, leur riche patrimoine linguistique et culturel, leurs sentiments et leurs réflexions lorsqu'elles faisaient affaire avec des personnages historiques comme Champlain, La Vérendrye et les représentants de la Compagnie de la Baie d'Hudson. Ils doivent apprendre pourquoi elles ont négocié les traités et savoir qu'elles ont négocié avec intégrité et de bonne foi. Ils doivent savoir pourquoi les chefs autochtones et les aînés luttent si fort pour défendre ces traités, ce qu'ils représentent pour eux, et la raison pour laquelle ils ont été ignorés par les colons ou les gouvernements européens. Ils doivent apprendre ce que signifie avoir des droits inhérents, ce que représentent ces droits pour les Autochtones, en quoi constituent les obligations du gouvernement des pionniers, dans les régions où les traités ont été négociés en premier lieu. Ils doivent savoir que nombre de ces enjeux sont toujours d'actualité et pour quelle raison. Ils doivent apprendre que la doctrine de la découverte — le fondement politiquement et socialement accepté des droits des Européens à l'égard des terres et des richesses de ce pays — n'a jamais été acceptée devant les tribunaux canadiens et qu'elle a été répudiée dans le monde entier, et récemment par les Nations Unies et le Conseil œcuménique des Églises.

Les survivants ont aussi déclaré qu'il ne suffisait pas de savoir ces choses. Notre système d'enseignement public doit aussi influer sur les comportements en enseignant aux enfants, qu'ils soient Autochtones ou non, comment parler avec respect à chacun et de chacun à l'avenir. La réconciliation est une question de respect.

Le *Rapport intérimaire* de 2012 de la Commission contient trois recommandations à l'intention des gouvernements provinciaux et territoriaux :

> Recommandation 4 : La Commission recommande que chaque gouvernement provincial et territorial procède à un examen des programmes d'études actuellement offerts dans les écoles publiques afin de déterminer, le cas échéant, ce qu'ils enseignent au sujet des pensionnats indiens.
>
> Recommandation 5 : La Commission recommande que les ministères provinciaux et territoriaux de l'Éducation travaillent de concert avec la Commission afin d'élaborer à l'intention des écoles publiques du matériel didactique relatif aux pensionnats indiens adapté à l'âge de l'élève.
>
> Recommandation 6 : La Commission recommande que chaque gouvernement provincial et territorial élabore de concert avec la Commission des campagnes de sensibilisation visant à instruire le grand public de l'histoire des pensionnats indiens et de leurs séquelles sur leur territoire.

La Commission a rencontré à diverses reprises des ministres de l'Éducation des provinces et des territoires de l'ensemble du Canada. En juillet 2014, le Conseil des ministres de l'Éducation (Canada) (CMEC) a fait le point sur l'état des engagements en matière de création du curriculum dans le pays[108]. La Commission était satisfaite de constater que des progrès avaient été réalisés. Nous remarquons toutefois que toutes les provinces et tous les territoires n'ont pas encore imposé le curriculum sur les pensionnats, et que tous les cours ne traitent pas le sujet en profondeur.

Les Territoires du Nord-Ouest et le Nunavut ont joué un rôle prépondérant en élaborant et en mettant en œuvre un curriculum obligatoire sur les pensionnats pour tous les élèves du secondaire, en faisant directement participer les survivants à la création des nouveaux documents et en veillant à ce que les enseignants reçoivent une formation et un soutien appropriés en discutant notamment directement avec les survivants. Au moment d'écrire ces lignes, le Yukon avait commencé à adapter les documents des Territoires du Nord-Ouest et du Nunavut pour imposer leur utilisation dans son territoire. Parmi les provinces, l'Alberta a publiquement déclaré qu'elle lançait une initiative afin de créer un curriculum obligatoire sur les traités et les pensionnats pour tous les élèves.

Ces initiatives d'enseignement sont importantes, mais il faudra impérativement veiller à maintenir cet élan après la fin du mandat de la Commission. Pour réussir ce projet à long terme, les gouvernements provinciaux et territoriaux, le personnel scolaire et les arrondissements scolaires locaux devront apporter un soutien majeur et continu à cette initiative et aux initiatives similaires. Il est essentiel d'obtenir l'engagement permanent des ministres de l'Éducation de l'ensemble du pays. La Commission fait remarquer que le 9 juillet 2014, le CMEC a annoncé que les ministres de l'Éducation

> [...] ont de plus convenu d'entreprendre d'autres initiatives pancanadiennes au service de l'éducation des Autochtones au cours des deux prochaines années, axées [sur] quatre orientations clés : le soutien aux Autochtones qui souhaitent poursuivre une carrière en enseignement; l'élaboration de ressources d'apprentissage axées sur l'histoire et l'héritage des pensionnats indiens au Canada qui pourraient être utilisées dans le cadre de programmes de formation du personnel enseignant; la mise en commun des pratiques exemplaires relatives à l'éducation des Autochtones; et la promotion continue de l'apprentissage traitant des pensionnats indiens dans les systèmes d'éducation primaire-secondaire[109].

Dans les régions où un programme d'études et une formation des enseignants sur les pensionnats ont été mis en place, il faudra miser sur ces premières réussites et évaluer régulièrement les progrès réalisés. Les gouvernements provinciaux et territoriaux où l'enseignement sur les pensionnats est minime peuvent tirer profit des leçons apprises dans les provinces et territoires où cette matière est obligatoire.

La Commission fait remarquer que, tout au long de la période des pensionnats, les écoles confessionnelles catholiques et protestantes enseignaient aux élèves uniquement leur religion. Ces derniers étaient mal préparés à comprendre et à respecter d'autres points de vue religieux ou spirituels, y compris ceux des Autochtones. Selon nous, aucune école confessionnelle recevant des fonds publics ne devrait être autorisée à n'enseigner qu'une religion au détriment de toutes les autres. Cela est conforme à la décision de la Cour suprême du Canada dans l'affaire *S. L. c. Commission scolaire des Chênes* en 2012. Il était alors question d'établir si le programme Éthique et culture religieuse obligatoire du Québec, lancé en 2008 pour remplacer les programmes d'éducation morale et religieuse catholiques et protestants par un cours de religion comparative dispensé de manière neutre et objective, enfreignait les droits, garantis par la Charte, des parents et des enfants catholiques de recevoir uniquement un enseignement sur les croyances catholiques[110]. Toutefois, la Cour a statué ce qui suit :

> Le fait même d'exposer les enfants à une présentation globale de diverses religions sans les obliger à y adhérer ne constitue pas un endoctrinement des élèves qui porterait atteinte à la liberté de religion [...] De plus, l'exposition précoce des enfants à des réalités autres que celles qu'ils vivent dans leur environnement familial immédiat constitue un fait de la vie en société. Suggérer

que le fait même d'exposer des enfants à différents faits religieux porte atteinte à la liberté de religion de ceux-ci ou de leurs parents revient à rejeter la réalité multiculturelle de la société canadienne et méconnaître les obligations de l'État québécois en matière d'éducation publique[111].

La Commission croit que les cours sur la diversité religieuse doivent être obligatoires dans toutes les provinces et dans tous les territoires. Toute école confessionnelle recevant des fonds publics devrait dispenser au moins un cours de religion comparative comprenant une section sur les croyances et pratiques spirituelles des Autochtones.

Appels à l'action :

62) Nous demandons aux gouvernements fédéral, provinciaux et territoriaux, en consultation et en collaboration avec les survivants, les peuples autochtones, et les éducateurs, de :

   i. rendre obligatoire, pour les élèves de la maternelle à la douzième année, l'établissement d'un programme adapté à l'âge des élèves portant sur les pensionnats, les traités de même que les contributions passées et contemporaines des peuples autochtones à l'histoire du Canada;

   ii. prévoir les fonds nécessaires pour permettre aux établissements d'enseignement postsecondaire de former les enseignants sur la façon d'intégrer les méthodes d'enseignement et les connaissances autochtones dans les salles de classe;

   iii. prévoir le financement nécessaire pour que les écoles autochtones utilisent les connaissances et les méthodes d'enseignement autochtones dans les salles de classe;

   iv. créer des postes de niveau supérieur au sein du gouvernement, à l'échelon du sous-ministre adjoint ou à un échelon plus élevé, dont les titulaires seront chargés du contenu autochtone dans le domaine de l'éducation.

63) Nous demandons au Conseil des ministres de l'éducation (Canada) de maintenir un engagement annuel à l'égard des questions relatives à l'éducation des Autochtones, notamment en ce qui touche :

   i. l'élaboration et la mise en œuvre, de la maternelle à la douzième année, de programmes d'études et de ressources d'apprentissage sur les peuples autochtones dans l'histoire du Canada, et sur l'histoire et les séquelles des pensionnats;

   ii. la mise en commun de renseignements et de pratiques exemplaires en ce qui a trait aux programmes d'enseignement liés aux pensionnats et à l'histoire des Autochtones;

iii. le renforcement de la compréhension interculturelle, de l'empathie et du respect mutuel;

iv. l'évaluation des besoins de formation des enseignants relativement à ce qui précède.

64) Nous demandons à tous les ordres de gouvernement qui fournissent des fonds publics à des écoles confessionnelles d'exiger de ces écoles qu'elles offrent une éducation religieuse comparative comprenant un segment sur les croyances et les pratiques spirituelles autochtones élaboré conjointement avec des aînés autochtones.

Transformer le système d'éducation : créer un environnement d'apprentissage axé sur le respect

La Commission estime que, pour contribuer efficacement à la réconciliation, le sujet des pensionnats doit s'inscrire dans l'enseignement général des programmes d'histoire en intégrant la voix, les perspectives et les expériences des Premières Nations, des Inuits et des Métis, et qu'il doit créer un terrain d'entente entre les Autochtones et les non-Autochtones. Il faut transformer le système d'éducation lui-même pour en extirper le racisme profondément enraciné dans les systèmes coloniaux et pour traiter sur un pied d'égalité les systèmes de connaissances autochtones et euro-canadien[112].

Ce principe s'inscrit dans la ligne de la Déclaration des Nations Unies sur les droits des peuples autochtones, qui formule comme suit la responsabilité de l'État en ce qui a trait à la sensibilisation du public et à la promotion de relations respectueuses entre les citoyens :

> Les peuples autochtones ont droit à ce que l'enseignement et les moyens d'information reflètent fidèlement la dignité et la diversité de leurs cultures, de leurs traditions, de leur histoire et de leurs aspirations. [Article 15:1]
>
> Les États prennent des mesures efficaces, en consultation et en coopération avec les peuples autochtones concernés, pour combattre les préjugés et éliminer la discrimination et pour promouvoir la tolérance, la compréhension et de bonnes relations entre les peuples autochtones et toutes les autres composantes de la société. [Article 15:2]

Même si sa mise en œuvre prendra de nombreuses années, ce cadre national d'éducation fera en sorte que les enfants et les adolescents autochtones verront leurs cultures, leurs langues et leurs histoires traitées avec respect en salle de classe. Cette démarche sera également profitable aux élèves non autochtones. Avec ce mode d'enseignement, tous les élèves, aussi bien les Autochtones que les autres, pourront acquérir un respect et une empathie mutuels en même temps que des connaissances historiques. Ces deux éléments sont d'une importance cruciale pour appuyer la réconciliation dans les années à venir.

Le fait de comprendre la situation de l'autre tout en apprenant à la respecter forme un élément important, mais souvent ignoré, du processus de réconciliation. Les témoignages des survivants mènent ceux et celles qui les entendent vers une réflexion profonde sur le sens réel de la justice devant une violation massive des droits de la personne. L'enseignement et l'apprentissage de la question des pensionnats sont aussi difficiles pour les enseignants que pour les élèves. Ils peuvent donner lieu à des sentiments de colère, de tristesse, de honte, de culpabilité et de déni. En revanche, ils sont également susceptibles de changer la vision du monde[113]. L'éducation comme instrument de réconciliation exige non seulement un programme d'enseignement adapté à l'âge, mais aussi la présence d'un corps enseignant disposant des compétences, du soutien et des ressources nécessaires pour enseigner l'histoire des pensionnats aux élèves canadiens dans le but de favoriser l'éclosion d'un dialogue constructif et d'un respect mutuel.

L'éducation du cœur en même temps que de l'esprit aide les jeunes à acquérir un esprit critique contribuant à faire d'eux des citoyens engagés et compatissants[114]. À l'événement national de l'Alberta, une délégation de jeunes du projet *Plumes de l'espoir*, parrainé par le Bureau de l'intervenant provincial en faveur des enfants et des jeunes de l'Ontario, offre une expression de la réconciliation. Samantha Crowe y a déclaré :

> Le projet *Plumes de l'espoir* a commencé sous la forme d'un forum de la jeunesse des Premières Nations pour devenir rapidement un mouvement d'espoir, de guérison et de changement positif chez les collectivités des Premières Nations du Nord de l'Ontario. Vous parlez avec passion de votre désir de découvrir le passé, et vous dites que les gens des Premières Nations et ceux qui n'en sont pas membres doivent comprendre notre histoire et l'incidence qu'elle a encore aujourd'hui sur tout ce qui nous entoure [...] les peuples des Premières Nations et ceux qui n'en sont pas membres doivent comprendre comment la colonisation, le racisme et les pensionnats continuent d'avoir un effet négatif sur la qualité de vie dans nos communautés.
>
> Tout le monde, surtout les jeunes [...] doit apprendre l'histoire du Canada, notre passé, pour faire l'effort de comprendre vraiment le présent. Il faut l'enseigner à l'école, mais il faut l'entendre de la bouche des membres de nos familles, de nos amis et des autres membres de la communauté. C'est comme ça qu'on commencera tous ensemble le parcours de la guérison, en famille ou en communauté, parce qu'on ne peut plus vivre [avec] un silence qui cache notre douleur. Même si les jeunes veulent connaître leur passé, ils sont prêts à aller de l'avant. Ils comprennent qu'ils ont besoin d'un changement positif, mais

ils ne veulent pas être seuls à le faire. On doit tous s'unir pour partager, pour grandir, après on pourra se supporter les uns les autres, parce que c'est ça, la réconciliation[115].

L'apprentissage de la vérité *sur* les pensionnats est essentiel à la réconciliation, mais ne peut s'avérer efficace que si les Canadiens *tirent des leçons* de cette histoire dans l'optique de la réparation du lien de confiance, du renforcement de la responsabilité citoyenne et de la prise de mesures réparatrices et constructives[116]. À l'ère numérique, où les élèves peuvent se procurer facilement une foule de renseignements sur les traités, les droits des Autochtones et les torts historiques tels que les pensionnats, il importe de leur apprendre à évaluer eux-mêmes la crédibilité de ces sources. Pour être citoyens actifs, ils doivent être en mesure d'engager le débat sur ces questions, armés d'informations factuelles et d'une meilleure compréhension du passé.

Il est tout aussi important de comprendre la dimension éthique de l'histoire. Les élèves doivent être en mesure de porter un jugement éthique sur les actions de leurs ancêtres tout en reconnaissant que le sens moral de l'époque a pu différer considérablement de celui d'aujourd'hui. Ils doivent être capables de prendre des décisions éclairées sur la responsabilité de la société actuelle de remédier aux injustices du passé[117]. On veillera ainsi à ce que le citoyen de demain soit conscient de ces injustices et ne les perde pas de vue, compte tenu de l'incidence qu'elles ont sur son propre avenir.

Acquérir des connaissances nouvelles : la recherche sur la réconciliation

Pour faire avancer la cause de la réconciliation dans les prochaines années, les gouvernements fédéral, provinciaux et territoriaux devront également appuyer la recherche sur la réconciliation et investir dans ce domaine. Au cours de ses travaux, la Commission a examiné un vaste éventail de projets de recherche dans tout le pays et portant sur le sens, les concepts et les pratiques de la réconciliation. Il reste néanmoins beaucoup à apprendre sur les circonstances et les conditions qui font sa réussite ou son échec. Fait non moins important, on peut tirer du processus même de la recherche de riches enseignements sur la guérison et la réconciliation. Deux projets de recherche parrainés par la Commission illustrent ce point.

Dans le cadre d'un projet parrainé par la CVR au Centre for Youth & Society de l'Université de Victoria, sept jeunes chercheurs autochtones se sont lancés dans un projet de narration numérique intitulé « Residential Schools Resistance Narratives: Strategies and Significance for Indigenous Youth » (récits de la résistance au pensionnat : stratégies et importance pour la jeunesse autochtone). Cette initiative a permis aux jeunes chercheurs d'en savoir plus sur le rôle fondamental que la résistance active et passive a joué à l'époque des pensionnats et par la suite, mais aussi de réfléchir à leur propre identité et à leur propre rôle au sein de leurs familles et de leurs collectivités. L'un d'eux déclare que « ce qui a commencé comme un travail de recherche s'est transformé en une quête personnelle de vérité sur les antécédents de ma propre famille dans les pensionnats ». D'autres notent l'importance de respecter et d'intégrer la cérémonie et les protocoles à leur projet de narration numérique. Asma Antoine, coordonnatrice du projet, rapporte que le groupe a appris l'importance de ce qui suit :

> [...] comprendre, lorsqu'on parle avec un survivant, qu'il faut [...] écouter son passé avant d'écouter sa façon de percevoir la résistance. Ce projet a permis au groupe [d'avoir] un processus d'apprentissage qui assemble la connaissance traditionnelle [autochtone] et la connaissance occidentale pour bâtir nos récits sur la résistance [...] Ce projet de recherche a allumé une flamme qui transparaît dans chaque récit numérique. La passion de la résistance qui valide la survie et la résilience des peuples et des collectivités des Premières Nations apportent l'espoir pour la guérison et la réconciliation sur les sept prochaines générations[118].

En 2012, les femmes autochtones du centre d'excellence en matière de santé des femmes des Prairies entreprennent un projet de narration numérique intitulé « Nitâpwewininân : Ongoing Effects of Residential Schools on Aboriginal Women — Towards Inter-Generational Reconciliation » (effets persistants des pensionnats sur les femmes autochtones — vers une réconciliation intergénérationnelle). Le premier atelier de ce projet ponctué de cérémonies et de protocoles commence par une cérémonie du calumet, suivie d'un cercle de partage où les participantes parlent de leurs vies et l'assemblée discute des besoins en matière de soutien individuels et collectifs. Elles entreprennent ensuite d'enregistrer leurs récits individuels dans des vidéos qui seront visionnées en mars 2012 à l'Université de Winnipeg[119]. Selon l'une des participantes, Lorena Fontaine :

> La réconciliation repose sur les récits et nos talents de narrateur. Je pense que la part intellectuelle de nous-mêmes veut commencer à chercher des mots pour définir la réconciliation. Ensuite, il y a la connaissance du cœur, qui vient de nos expériences de vie. Le défi est de les réunir et de lier le tout à la réconciliation [...] Sans même penser au mot réconciliation, l'expérience me rappelle la puissance du récit [...] [Les personnes ayant regardé les vidéos] affirment qu'en voyant les visages des femmes autochtones et en entendant leurs voix, elles ont compris l'assimilation d'une façon différente. Elles ont senti l'incidence de l'assimilation [...] Il est beaucoup plus puissant de faire parler des Autochtones de l'incidence de l'assimilation et de l'espoir de réconciliation que de lire des mots écrits dans un rapport[120].

La recherche est cruciale pour la réconciliation. Elle apporte un éclairage et des exemples pratiques sur la raison et la façon dont l'enseignement au public canadien des divers concepts, principes et pratiques de réconciliation contribue à la guérison et à la transformation de la société par le changement.

Les avantages de la recherche se font sentir bien au-delà des séquelles des pensionnats. La recherche sur le processus de réconciliation éclaire les moyens par lesquels la société canadienne peut atténuer les conflits interculturels, renforcer la confiance citoyenne et bâtir les capacités sociales et les compétences pratiques nécessaires à la réconciliation à long terme. L'apport à ce travail qui revient aux peuples des Premières Nations, aux Inuits et aux Métis est tout particulièrement important.

Les partenariats de recherche entre les universités et les collectivités ou organismes constituent des exemples de collaboration fructueuse apte à créer les structures nécessaires pour documenter, analyser et rapporter les observations sur la réconciliation à un plus vaste auditoire.

Appel à l'action :

65) Nous demandons au gouvernement fédéral, par l'intermédiaire du Conseil de recherches en sciences humaines du Canada, et en collaboration avec les peuples autochtones, les établissements d'enseignement postsecondaire, les éducateurs de même que le Centre national pour la vérité et réconciliation et ses institutions partenaires, d'établir un programme national de recherche bénéficiant d'un financement pluriannuel pour mieux faire comprendre les facteurs associés à la réconciliation.

Forums de la CVR sur l'éducation publique : les journées éducatives et les Dialogues jeunesse

L'éducation comme moyen de réconciliation ne doit pas être confinée au système d'éducation proprement dit, c'est-à-dire aux écoles élémentaires et secondaires aux établissements postsecondaires : elle doit également avoir lieu dans un cadre plus spontané. L'un des moyens que met en œuvre la Commission pour remplir son mandat d'éducation du public est l'organisation de forums tels que les journées éducatives des événements nationaux et les Dialogues jeunesse. La Commission estime que l'établissement d'une fondation solide pour la réconciliation repose sur l'estime de soi et le respect mutuel entre les Autochtones et les non-Autochtones du Canada. Si ce principe est valable pour les adultes, il revêt un caractère d'urgence pour les jeunes, qui sont au cœur de la réconciliation dans les années à venir.

Lors de l'événement national de la Saskatchewan, Brooklyn Rae, une élève de huitième année participant à la journée éducative, a déclaré : « Je crois qu'il est très important que les jeunes fassent connaître leur opinion, non seulement pour se prouver à eux-mêmes qu'ils en sont capables, que leur voix compte, mais aussi pour prouver aux adultes qu'ils ont une voix et qu'ils ont une forte opinion importante pour le monde[121]. »L'aîné Barney Williams, membre du Comité des survivants de la CVR et l'un des experts des journées éducatives et des Dialogues jeunesse, a affirmé :

> Je crois que de plus en plus de gens prennent conscience du fait que l'engagement des jeunes est crucial. Pour ma part, en tant que survivant, j'ai été très impressionné par tout ce qu'ils savaient. J'ai été très impressionné par le type de questions que le public posait. Cela me laisse croire, en tant que personne qui porte cette douleur depuis plus de soixante-huit ans, qu'il y a de l'espoir. Enfin, il y a de l'espoir à l'horizon et cet espoir nous vient du bon endroit : il vient des jeunes[122].

La Commission est d'accord. Nous croyons qu'il faut accorder une place importante à la voix des enfants et des jeunes dans l'élaboration des politiques, des programmes et des pratiques de réconciliation à venir. Nous estimons donc essentiel de mettre sur pied des stratégies d'éducation publique adéquates pour favoriser la participation soutenue des enfants et des jeunes à des initiatives et des projets de réconciliation en adéquation avec l'âge à l'échelle de la collectivité, de la région et du pays.

Par une participation directe aux événements nationaux de la CVR, des milliers de jeunes et leurs professeurs partout au pays ont eu l'occasion d'apprendre la vérité sur les pensionnats et de réfléchir au rôle et aux responsabilités qui leur reviennent dans le processus de réconciliation. Les journées éducatives de la CVR étaient taillées sur mesure pour les élèves des écoles primaires et secondaires et leurs enseignants. Les jeunes ont eu l'occasion d'écouter les aînés et les survivants et d'interagir avec eux. Ils ont assisté à des ateliers interactifs, où ils ont appris l'histoire des pensionnats, constaté la résilience des survivants ainsi que la guérison par les arts tels que la peinture, la sculpture, la narration, la musique et le cinéma. Ils ont visité les aires d'apprentissage pour découvrir l'exposition « 100 ans de pertes » de la Fondation autochtone de l'espoir et pour regarder des affiches et les photographies d'archives des pensionnats de leur propre région.

Les journées éducatives ont remporté un vif succès. Par exemple, environ 5000 élèves du primaire et du secondaire de toute la province ont passé une journée complète à l'événement national de la Colombie-Britannique, à Vancouver. En prévision de la journée éducative, les professeurs de chaque région avaient reçu des documents d'orientation pour préparer leurs élèves et se préparer eux-mêmes. Au total, près de 15 000 jeunes de tout le pays ont participé à de telles journées éducatives, la plupart animés par l'intention de partager ce qu'ils apprendraient et entendraient avec encore des milliers de compagnons d'études une fois de retour dans leurs propres écoles.

Pendant tout son mandat, la CVR a fait équipe avec le programme des enfants et des jeunes du Centre international pour la justice transitionnelle (ICTJ) pour organiser une série de petites retraites et d'ateliers. Les Dialogues jeunesse se sont également vus intégrés aux activités des journées éducatives lors des événements nationaux. L'objectif était d'engager les jeunes dans le dialogue et d'appuyer leurs efforts pour faire leurs propres déclarations à la CVR. Par exemple, en octobre 2010, la Commission a participé à la tenue d'une retraite pour jeunes Autochtones et non-Autochtones près de Vancouver, en Colombie-Britannique. Les jeunes se sont réunis pour apprendre l'histoire des pensionnats, discuter avec les aînés et participer à des activités de promotion du travail d'équipe. Lors de la retraite, un jeune participant a souligné : « Nous en avons appris plus les uns sur les autres et sur le passé. C'est très important parce que nous apprenons vraiment, les histoires que nous entendons nous touchent et elles nous inspirent à devenir de meilleures personnes[123]. »

En juin 2011, Molly Tilden et Marlisa Brown, deux jeunes femmes ayant participé à cette retraite, ont produit leur propre documentaire vidéo, *Our Truth : The Youth Perspective on Residential Schools*. Elles ont interviewé leurs compagnons de classe de Yellowknife pour sonder leurs connaissances sur les pensionnats. Elles ont présenté leur vidéo à l'événement national du Nord à Inuvik, dans les Territoires du Nord-Ouest[124]. Virginie Ladisch, directrice du programme des enfants et des jeunes de l'ICTJ, a ainsi résumé les observations des deux jeunes femmes et l'incidence qu'elles ont eue sur le projet :

> Les réponses sont choquantes : certains élèves ne savent strictement rien des pensionnats ou sont totalement indifférents à la question; ce sont essentiellement les jeunes non-Autochtones interrogés. D'autres parlent des conséquences durables qu'ils perçoivent, à savoir l'alcoolisme, le suicide et les grossesses à l'adolescence.
>
> On constate donc un profond fossé entre la perception qu'ont les jeunes de l'importance des conséquences et ce qu'ils en savent. Lorsque les personnes participant à la conception des programmes d'études secondaires des Territoires du Nord-Ouest et du Nunavut ont visionné la vidéo, elles n'arrivaient pas à croire les réactions de leurs propres jeunes.
>
> En conséquence, le sujet des pensionnats, à peine effleuré en salle de classe jusque-là, se voit désormais accorder 25 heures d'enseignement obligatoire, changement que l'on doit donc essentiellement au documentaire tourné par Mmes Brown et Tilden[125].

En octobre 2011, l'initiative CVR-ICTJ a préparé et appuyé un groupe de jeunes journalistes de la nation micmaque lors de l'événement national à Halifax. Ces derniers ont interrogé des survivants et documenté l'événement de la CVR. Pour donner suite à la retraite qui avait eu lieu dans la collectivité, les jeunes journalistes ont discuté de leurs expériences et réalisé un documentaire intitulé *Our Legacy, Our Hope*[126]. En 2012, le documentaire a été présenté à l'occasion du Dialogue jeunesse de l'événement national de la Saskatchewan de la CVR[127]. Une partie d'entre eux ont également présenté le film aux décideurs internationaux lors de l'Instance permanente sur les questions autochtones des Nations Unies, en 2012[128].

Les interactions de la Commission avec les jeunes révèlent que ceux-ci accordent une grande importance au passé. Ils comprennent que le fait de savoir toute la vérité sur l'histoire canadienne est à la fois important pour eux aujourd'hui et essentiel à leur avenir. C'est ce qui a transparu, notamment, dans une expression de réconciliation présentée lors de l'événement national de l'Alberta de la CVR, le 27 mars 2014, par un groupe de jeunes Autochtones et non-Autochtones du Centre for Global Education d'Edmonton. L'un des jeunes non-Autochtones, Hanshi Liu, nous a parlé du projet. D'abord, le groupe — composé de jeunes des réserves des Premières Nations, des collectivités rurales High Prairie et Fort MacLeod et de la ville d'Edmonton — a passé un mois à étudier les pensionnats, à en discuter et à échanger sur ses histoires communes. Il a ensuite organisé une assemblée virtuelle où plus de 300 élèves ont parlé de leur vision de la réconciliation.

Emerald Blesse, de la nation crie de Little River a déclaré que « les jeunes croient que la réconciliation est le moyen de rétablir la confiance perdue et d'ouvrir la porte à des communications positives et productives. Une fois qu'on affirme la fierté de chaque culture pour son héritage, la guérison peut commencer… » Hayley Grier-Stewart, qui représentait les Premières Nations Kainai, Siksika, Tsuu T'ina et Stoney, a affirmé pour sa part que « les jeunes croient que dans nos collectivités, nous devons enseigner et créer la connaissance et l'appréciation culturelle, mais aussi favoriser la guérison et restauration. Si nous initions les jeunes à la culture dès le plus jeune âge dans nos écoles, dans notre programme et dans la pratique de la justice restauratrice, on apprendra à la nouvelle génération à se montrer proactive au lieu d'être seulement réactive ». La jeune Métis Shelby Lachlan a affirmé :

> [...] les jeunes de l'Alberta croient, que pour progresser vers la guérison et la réconciliation, il est important de prendre des mesures à l'échelle nationale et provinciale. On doit d'abord rétablir la confiance entre ces deux collectivités [Autochtones et non-Autochtones], et on croit qu'il est possible d'y parvenir en honorant, en reconnaissant et en respectant tous les traités et toutes les conventions de règlements[129].

Les forums de jeunes et les Dialogues jeunesse forment globalement une composante essentielle de l'éducation comme moyen de réconciliation. Les organismes sans but lucratif peuvent jouer un rôle clé en fournissant aux jeunes Autochtones et non-Autochtones des occasions régulières de participer au dialogue interculturel et de travailler activement à la réconciliation.

Appel à l'action :

66) Nous demandons au gouvernement fédéral d'établir un financement pluriannuel destiné aux organisations communautaires œuvrant auprès des jeunes pour leur permettre d'offrir des programmes sur la réconciliation, et de mettre en place un réseau national de mise en commun de renseignements et de pratiques exemplaires.

Le rôle des musées et des archives du Canada dans l'éducation en vue de la réconciliation

Les musées et les archives, en tant que lieux de la mémoire publique et de l'histoire nationale, ont un rôle clé à jouer dans la réconciliation nationale. En tant qu'institutions financées par l'État, les musées et les archives des anciennes colonies de peuplement comme le Canada, la Nouvelle-Zélande, l'Australie et les États-Unis ont offert une interprétation du passé qui excluait ou marginalisait les perspectives culturelles et l'expérience historique des peuples autochtones. Les musées ont traditionnellement été conçus comme des lieux où l'histoire de la nation était présentée en termes objectifs, neutres. Toutefois, à mesure que s'est révélée cette histoire qui avait été réduite au silence, il est devenu évident que les musées canadiens n'avaient révélé qu'une partie de l'histoire[130]. Dans le même ordre d'idées, les archives ont fait partie de l'« architecture de l'impérialisme », en tant qu'institutions détentrices des documents historiques de l'État[131]. Tandis que le Canada faisait face à son passé colonial, les musées et les archives sont graduellement passés d'institutions au service de la colonie et de l'empire à des institutions plus inclusives et reflétant mieux toute la richesse de l'histoire canadienne.

Des événements politiques et juridiques sur les scènes nationale et internationale ont contribué à ce changement. Un peu partout dans le monde, l'adoption de la Déclaration des Nations Unies sur les droits des peuples autochtones a entraîné une reconnaissance croissante du droit des Autochtones à l'autodétermination et du devoir de l'État de protéger les savoirs traditionnels et les droits culturels des Autochtones. La Déclaration affirme en outre que toute mesure étatique touchant les peuples autochtones requiert leur consentement préalable, libre et éclairé. Les États ont l'obligation de prendre des mesures efficaces pour protéger les droits des peuples autochtones et réparer les violations de leurs savoirs traditionnels ou de leurs droits culturels. Tout cela a des répercussions importantes pour les musées et les archives nationales et les fonctionnaires qui y travaillent[132].

La Commission souligne le fait que plusieurs articles de la Déclaration des Nations Unies sont particulièrement pertinents pour les musées et archives nationaux du Canada, notamment ceux-ci :

- Les peuples autochtones ont le droit d'observer et de revivifier leurs traditions culturelles et leurs coutumes. Ils ont notamment le droit de conserver, de protéger et de développer les manifestations passées, présentes et futures de leur culture, telles que les sites archéologiques et historiques, l'artisanat, les dessins et modèles, les rites, les techniques, les arts visuels et du spectacle et la littérature. [Article 11.1]
- Les États doivent accorder réparation par le biais de mécanismes efficaces — qui peuvent comprendre la restitution — mis au point en concertation avec les peuples autochtones, en ce qui concerne les biens culturels, intellectuels, religieux et spirituels qui leur ont été pris sans leur consentement préalable, donné librement et en connaissance de cause, ou en violation de leurs lois, traditions et coutumes. [Article 11.2]
- Les peuples autochtones ont le droit de manifester, de pratiquer, de promouvoir et d'enseigner leurs traditions, coutumes et rites religieux et spirituels; le droit d'entretenir et de protéger leurs sites religieux et culturels et d'y avoir accès en privé; le droit d'utiliser leurs objets rituels et d'en disposer; et le droit au rapatriement de leurs restes humains. [Article 12.1]
- Les États veillent à permettre l'accès aux objets de culte et aux restes humains en leur possession et/ou leur rapatriement, par le biais de mécanismes justes, transparents et efficaces mis au point en concertation avec les peuples autochtones concernés. [Article 12.2]

La Déclaration, conjointement avec l'article 35 de la *Loi constitutionnelle de 1982* du Canada (qui reconnaît et confirme les droits ancestraux et issus de traités existants) et diverses décisions judiciaires portant sur les droits autochtones, a profondément modifié le paysage des institutions publiques consacrées à l'histoire du Canada. À la suite des jugements qui ont déclaré que l'État devait faire respecter le principe de l'honneur de la Couronne dans tous ses rapports avec les peuples autochtones et que l'histoire orale des peuples autochtones devait être « placée sur un pied d'égalité » avec les documents historiques écrits, les musées et les archives nationaux ont été contraints de s'adapter[133]. Les structures de gouvernance, les politiques, les codes d'éthique et les activités quotidiennes des musées et des archives nationaux ont dû être modifiés pour tenir compte des aspects constitutionnels et juridiques de l'évolution de la relation du Canada avec les peuples autochtones[134].

Les musées nationaux du Canada

Le Rapport de la Commission royale sur les peuples autochtones de 1996 contenait une recommandation visant spécifiquement les musées canadiens :

Que les musées et autres établissements culturels adoptent des codes d'éthique régissant tous les aspects du collectionnement, du retrait d'inventaire, de l'exposition et de l'interprétation d'objets se rapportant à la culture et au patrimoine autochtone et, à cette fin :

- a) fassent participer les Autochtones à la rédaction, à l'adoption et à la mise en œuvre des codes d'éthique;
- b) créent des répertoires de fonds pertinents et mettent ces répertoires à la disposition des Autochtones;
- c) cataloguent les fonds, et indiquent comment les utiliser et les exposer de façon appropriée;
- d) restituent sur demande les objets sacrés ou faisant partie intégrante de l'histoire et de la continuité de certaines nations et collectivités;
- e) retournent les restes humains aux familles, aux collectivités et aux nations, à leur demande, ou consultent les conseillers autochtones quant à la bonne façon de se départir de ces restes, lorsque ceux-ci ne peuvent être rattachés à une nation particulière;
- f) veillent à ce que les Autochtones et leurs collectivités aient effectivement accès aux programmes d'éducation et de formation culturelles offerts par les musées et d'autres établissements culturels[135]. [Recommandation 3.6.4]

Dans les années qui ont suivi la publication de ce rapport, les musées du pays ont mis en œuvre un grand nombre de ses recommandations[136]. Beaucoup ont travaillé avec les communautés pour rapatrier des restes humains ou des artéfacts. Dans certaines institutions, les consultations et les partenariats avec les communautés autochtones sont devenus pratique courante, et des stages pour Autochtones ou d'autres possibilités de formation ont été mis en place. Ce n'est pourtant pas encore suffisant, alors même que les musées sont confrontés à des défis importants dans l'obtention d'un financement adéquat et stable sur plusieurs années pour soutenir adéquatement ces initiatives cruciales[137].

Depuis une trentaine d'années, les musées canadiens qui racontaient l'histoire du pays avec peu d'égard pour l'histoire des Premières Nations, des Inuits et des Métis se transforment lentement. Si le dialogue entre les musées et les peuples autochtones s'est considérablement amélioré depuis les années 1980, un débat plus large se poursuit sur l'identité de ceux dont il faut raconter l'histoire et la façon d'interpréter cette histoire. Nous nous concentrons ici sur deux musées nationaux, le

Musée canadien de l'histoire (anciennement le Musée canadien des civilisations) et le Musée canadien pour les droits de la personne[138]. En tant qu'institutions publiques consacrées à l'histoire nationale, ces musées portent la responsabilité particulière de raconter le passé du Canada d'une manière qui reflète non seulement la diversité des cultures, des histoires et des expériences des Premières Nations, des Inuits et des Métis, mais aussi la violence collective et les injustices historiques dont ils ont été l'objet aux mains de l'État. Il est instructif d'examiner la façon dont ces deux institutions publiques prévoient d'interpréter l'histoire des peuples autochtones et de traiter de ces injustices historiques dans les années à venir.

Le Musée canadien de l'histoire

Comparaissant devant le Comité permanent du patrimoine canadien de la Chambre des communes en juin 2013, Mark O'Neill, président-directeur général de la Société du Musée canadien des civilisations, a reconnu que de nombreux aspects et jalons importants de l'histoire canadienne — dont les pensionnats — étaient absents du Musée.

> Dès que l'on entre dans cette salle, on peut constater ce qui constitue peut-être sa lacune la plus importante. Notre histoire nationale y débute non pas avec l'arrivée des Premiers Peuples, mais avec la venue des Européens au XIe siècle. La colonisation est une notion ou un terme qui est entièrement passé sous silence dans la salle du Canada. C'est un problème auquel nous comptons remédier. Les Canadiens nous ont signifié très clairement, lors de notre processus de participation publique, que les voix et les expériences des Premiers Peuples doivent s'inscrire dans toute trame narrative de l'histoire du Canada. [...] Les Canadiens souhaitent que nous présentions leur histoire sous tous ses aspects avec franchise et équité. Ils veulent que nous leur fassions découvrir les bons et les mauvais épisodes de notre passé. Ils nous ont exhortés à alimenter leur sentiment de fierté nationale, mais sans passer sous silence nos lacunes, nos erreurs et nos controverses[139].

En juillet 2013, le Musée canadien des civilisations et son partenaire, le Musée canadien de la guerre, ont publié une stratégie commune de recherche destinée à orienter les activités de recherche des deux institutions jusqu'en 2023. « Mémoire et commémoration » comptent parmi les thèmes de recherche clés. Les objectifs associés à ce thème comprennent la présentation de récits historiques concurrents et controversés de la Confédération et des deux guerres mondiales, et des « commémorations choisies pour explorer les concepts de mythes, de mémoire et de Nation ». Les musées avaient l'intention de « présenter honnêtement et respectueusement au public les enjeux historiques d'importance, controversés ou sujets à débat », notamment par « l'exploration d'un passé traumatisant (Africville, les pensionnats autochtones, etc.) »[140].

S'appuyant sur des recherches montrant que les Canadiens accordent beaucoup d'importance à leurs « liens personnels et familiaux avec l'histoire », le Musée canadien de l'histoire a déclaré qu'il comptait « explorer la réalité de la vie des Premiers Peuples du Canada aujourd'hui », dont leur « engagement culturel envers la modernité, les changements environnementaux et la mondialisation, et sur l'évolution des concepts de tradition, de mobilisation politique et de nouvelles avenues d'expression sociale » et « l'impact des changements rapides dans le Nord du Canada, surtout pour les Inuits »[141]. Les « Premiers Peuples » forment un autre thème de recherche clé, avec une attention particulière sur l'histoire des différents peuples autochtones :

> Les histoires et les cultures des peuples autochtones sont au cœur de la connaissance de notre passé commun. L'exploration respectueuse de l'histoire interreliée, souvent difficile, des contacts entre Autochtones et non-Autochtones représente une contribution responsable et opportune au Canada d'aujourd'hui et à la compréhension des questions autochtones globales [...] Quatre principaux objectifs guident l'exploration et la dissémination de l'histoire des Autochtones [...]1) Présenter les histoires et cultures autochtones au sein de l'histoire canadienne dans son ensemble [...] 2) Explorer l'engagement interculturel et ses impacts continus [...] 3) Mieux comprendre les histoires autochtones avant les contacts avec le monde européen [...] [et] 4) Approfondir les efforts pour appuyer l'intendance des Premiers Peuples[142].

Nous sommes heureux de constater qu'une grande part des éléments sur lesquels insiste la stratégie de recherche de ces musées correspond à nos propres conclusions : les Canadiens, notamment les jeunes et les enseignants, considèrent qu'ils devraient en apprendre davantage sur l'histoire et l'héritage des pensionnats, ainsi que sur l'histoire des Autochtones en général. Nous retenons en particulier l'importance accordée à la présentation des aspects tant positifs que négatifs de l'histoire du Canada, à la démonstration de la pertinence du passé pour le présent (y compris les voix et les perspectives marginalisées), la promotion de la collaboration, et l'établissement de liens entre l'histoire personnelle et l'histoire publique.

Le Musée canadien pour les droits de la personne

En tant qu'institution publique consacrée à l'histoire nationale, le nouveau Musée canadien pour les droits de la personne (MCDP), à Winnipeg, a pour mandat d'« explorer le thème des droits de la personne en vue d'accroître la compréhension du public à cet égard, de promouvoir le respect des autres et d'encourager la réflexion et le dialogue »[143]. Lors du Forum de la CVR sur le Centre national de recherche à

Vancouver, le 3 mars 2011, le président-directeur général du MCDP, Stuart Murray, a parlé de la vision du Musée pour la réconciliation nationale et du rôle que le Musée pourrait y jouer. Il a souligné le rôle de premier plan joué par les conseillers des Premières Nations, Métis et Inuits du MCDP, de même que par le Conseil consultatif des aînés, le Conseil des jeunes autochtones et la collectivité autochtone au sens large, dans la planification des activités du musée et l'élaboration de ses programmes[144].

Compte tenu des vives controverses entourant l'histoire du système des pensionnats, il n'est peut-être pas surprenant que le MCDP ait été critiqué par la Southern Chiefs Organization du Manitoba, en juin 2013, après qu'un journal ait rapporté que le Musée ne qualifierait pas de « génocide » les violations des droits fondamentaux des Premières Nations. Selon la Southern Chiefs Organization, le Musée « aseptisait la véritable histoire du traitement honteux réservé aux Premières Nations par le Canada »[145]. Stuart Murray a publié une déclaration le 26 juillet 2013 pour clarifier la position du Musée :

> Dans le Musée, nous examinerons la violation flagrante et systémique des droits de la personne liés aux peuples autochtones. Ceci comprendra de l'information sur les efforts menés par la communauté autochtone, et d'autres groupes, pour faire reconnaître ces violations comme un génocide – et nous utiliserons ce mot. Nous verrons de quelles façons il est possible de revendiquer une telle reconnaissance quand les gens cessent de démentir la réalité et travaillent à briser le silence qui entoure de tels abus horribles [...] Bien que nous ayons choisi de ne pas utiliser le terme « génocide » pour le moment dans le titre de l'une de nos expositions au sujet de cette expérience, nous nous servirons de ce mot dans l'exposition même pour décrire les efforts menés par la communauté afin de faire reconnaître le génocide. Les visiteurs pourront tirer leurs propres conclusions en s'appuyant sur les faits historiques et les renseignements actualisés que nous leur présenterons. Un musée n'a pas le pouvoir de faire des déclarations de génocide, mais notre Musée peut certainement, en poursuivant son partenariat avec la communauté autochtone elle-même, favoriser un examen honnête de l'histoire du Canada en matière des droits de la personne, dans l'espoir que le respect et la réconciliation triompheront[146].

Le Musée a annoncé son intention de créer des occasions pour les Canadiens d'engager un dialogue public beaucoup plus large, depuis longtemps attendu, sur la question du génocide et du système des pensionnats. Le MCDP a imaginé la création d'un lieu d'éducation publique pour inviter tous les Canadiens à réfléchir de manière plus critique à l'histoire des violations des droits fondamentaux des peuples autochtones.

Évoquant la commémoration prochaine de la Confédération canadienne, en 2017, Murray a fait observer que le dossier canadien en matière de droits de la personne n'était pas sans tache :

Pour bien des communautés autochtones, ce n'est pas forcément un événement méritant d'être célébré. Par contre, en regardant notre passé avec honnêteté et ouverture, en mobilisant une diversité de voix et de perspectives et en célébrant ce qui a été accompli pour corriger les erreurs, nous œuvrerons à rendre notre nation plus unie, plus fière et plus juste. Cet anniversaire, nous pouvons en faire une étape-clé sur le chemin de la réconciliation[147].

La Commission estime qu'à l'approche le 150e anniversaire du Canada en 2017, la réconciliation nationale est le cadre le plus approprié pour orienter la commémoration de ce repère important de l'histoire du Canada. Cette célébration pourrait être une occasion pour les Canadiens de faire le point sur leur passé, et de célébrer les réalisations du pays sans se dérober à la responsabilité de ses échecs. Favoriser un discours public plus inclusif sur le passé à travers la lentille de la réconciliation ouvrirait des possibilités nouvelles et passionnantes pour un avenir dans lequel les peuples autochtones prendraient leur juste place dans l'histoire du Canada comme peuples fondateurs ayant des contributions déterminantes et uniques à apporter à ce pays.

De l'avis de la Commission, le Canada a un besoin urgent de former des citoyens instruits sur le plan de leur histoire qui comprennent pourquoi et en quoi le passé a de l'importance pour leur propre vie et pour l'avenir de leur pays. Les musées ont la responsabilité éthique de favoriser la réconciliation nationale, plutôt que de simplement rapporter le point de vue d'une seule partie sur le passé. Cette mission peut être accomplie en représentant l'histoire des pensionnats et des peuples autochtones d'une façon qui invite des perspectives multiples, parfois contradictoires, et favorise en fin de compte l'empathie, le respect mutuel et un désir de réconciliation enracinée dans la justice.

Le Musée canadien de l'histoire et le Musée canadien pour les droits de la personne, travaillant en collaboration avec les peuples autochtones, les musées régionaux et locaux et l'Association des musées canadiens, devraient prendre l'initiative dans faire de la réconciliation un thème central de la commémoration du 150e anniversaire de la Confédération canadienne en 2017.

Il est important de noter que, bien que nous nous soyons concentrés ici sur les musées nationaux, les musées régionaux et locaux ont également un rôle crucial à jouer dans la création de possibilités pour les Canadiens d'examiner les injustices historiques subies par les Premières Nations, les Inuits et les Métis, de s'engager dans un dialogue public sur ce qui a été fait et ce qui reste à faire pour y remédier, et de réfléchir à l'esprit et au but de la réconciliation. Grâce à leurs expositions, leurs activités de sensibilisation et leurs programmes de recherche, tous les musées occupent une place privilégiée pour contribuer à une éducation en vue de la réconciliation.

Appels à l'action :

67) Nous demandons au gouvernement fédéral de fournir des fonds à l'Association des musées canadiens pour entreprendre, en collaboration avec les peuples autochtones, un examen national des politiques et des pratiques exemplaires des musées, et ce, dans le but de déterminer le degré de conformité avec la Déclaration des Nations Unies sur les droits des peuples autochtones et de formuler des recommandations connexes.

68) Nous demandons au gouvernement fédéral, en collaboration avec les peuples autochtones et l'Association des musées canadiens, de souligner le 150ᵉ anniversaire de la Confédération canadienne en 2017 en établissant un programme de financement national pour les projets de commémoration sur le thème de la réconciliation.

Les archives nationales du Canada : entre relais de l'histoire autochtone et gardiennes des documents de l'État

En tant que dépositaire des archives nationales du Canada, Bibliothèque et Archives Canada (BAC) a une double fonction à l'égard de ses fonds sur les peuples autochtones. En effet, elle est à la fois une institution publique chargée de rendre accessibles au public des documents pertinents pour l'histoire autochtone et la gardienne des archives ministérielles du gouvernement fédéral.

En 2005, BAC a publié le « Cadre de travail du développement de la collection » énonçant les principes et les pratiques qui guideraient ses acquisitions et la préservation de ses fonds. Ce cadre de travail formulait des engagements précis sur les documents touchant les peuples autochtones :

> BAC reconnaît l'apport des peuples autochtones au patrimoine documentaire du Canada, et convient que, pour constituer une collection de ces documents, elle doit tenir compte de la diversité des cultures autochtones, des relations entre le gouvernement du Canada et les peuples autochtones, et des besoins et réalités propres aux collectivités autochtones. L'élaboration d'une stratégie nationale sera effectuée en consultation et en collaboration avec les collectivités et les organisations autochtones, et se conformera aux modes de préservation des connaissances et du patrimoine autochtones ou à la façon dont ces connaissances et ce patrimoine devraient être conservés et protégés au sein ou hors des collectivités autochtones[148].

Bibliothèque et Archives Canada a élaboré divers guides et diverses ressources en lien avec les recherches sur le patrimoine autochtone[149]. Mais une tension fondamentale existe entre le mandat d'éducation du public de BAC, qui comprend la collaboration avec les peuples autochtones afin de documenter leur histoire culturelle et sociale, et son obligation, prévue par la loi, de servir l'État. Cette tension est particulièrement manifeste dans le cas des documents archivés concernant les injustices historiques dont les peuples autochtones ont fait l'objet. Certains documents historiques détenus par BAC ont été beaucoup utilisés comme preuves, tant par les demandeurs autochtones que par le défendeur fédéral, dans les litiges portant sur les pensionnats, les traités, les titres et les droits ancestraux, et les revendications territoriales.

Dans le cas des documents relatifs aux pensionnats, les problèmes associés à la double fonction de BAC sont devenus évidents au cours du litige qui a précédé la Convention de règlement. Pendant cette période, en vertu de son mandat d'éducation du public, BAC a produit en 2002 « Pensionnats autochtones au Canada : une bibliographie sélective » et prêté assistance aux Autochtones et aux chercheurs, universitaires ou autres, qui désiraient accéder à ces fonds[150]. Or, parce que le litige sur les pensionnats plaçait le gouvernement fédéral dans le rôle du principal accusé d'une affaire judiciaire, la priorité de BAC, en tant que gardien des archives ministérielles du gouvernement fédéral, était de répondre à ses obligations juridiques envers la Couronne.

M. Ian Wilson, bibliothécaire et archiviste émérite et ancien archiviste national du Canada, a décrit cette tension. Il a expliqué que, tandis que s'intensifiait le litige sur les pensionnats, il s'est passé ceci :

> Les avocats ont assiégé les archives. Les archivistes, pris entre les vicissitudes des vieilles pratiques informelles de tenue d'archives des écoles confessionnelles de tout le pays, les demandes juridiques d'accès immédiat et complet et leurs obligations envers leur employeur et leur profession, ont lutté pour défendre leur idéal d'intendance honnête des archives [...] Ce processus a mis à l'épreuve la capacité des archives et notre aptitude professionnelle à réagir[151].

Ces défis ne sont pas disparus avec la mise en œuvre de la Convention de règlement de 2007. Les difficultés connues par la CVR pour avoir accès aux dossiers du gouvernement à BAC montrent pourquoi les archives contrôlées par l'État ne sont pas nécessairement les mieux placées pour répondre aux besoins des survivants, de leurs familles et des communautés.

En 2009, dans le cadre d'une activité d'information publique, BAC avait conclu un partenariat avec la Fondation autochtone de l'espoir et la Fondation autochtone de guérison pour organiser deux expositions : *Que sont les enfants devenus? L'expérience des pensionnats autochtones*, et « *Nous étions si loin...* » : *l'expérience des Inuits dans les pensionnats*[152]. Bibliothèque et Archives Canada a également produit une version en ligne à jour de la bibliographie, « Les séquelles du régime de pensionnats au Canada : une bibliographie sélective »[153]. En 2010, BAC a publié un guide de recherche en ligne,

« Faire une recherche sur les pensionnats : Guide pour les documents du Programme des Affaires indiennes et inuites et les ressources connexes à Bibliothèque et Archives Canada »[154].

Dans l'esprit de la réconciliation, les archivistes de BAC (ainsi que les archivistes des Églises) ont apporté des classeurs contenant des photographies des pensionnats aux lieux d'apprentissage des événements nationaux de la CVR, où les survivants et d'autres pouvaient les regarder et obtenir des copies de leurs photos de classe et d'autres activités de l'école. Pour de nombreux survivants, en particulier ceux qui n'avaient aucune trace visuelle de leur enfance ou de photos de frères et sœurs décédés, c'était l'un des aspects les plus précieux des événements nationaux. Cependant, au cours de cette même période, les collections de BAC et son rôle dans le respect des obligations légales du gouvernement fédéral concernant la production de documents selon les termes de la Convention de règlement sont devenus l'objet d'une procédure judiciaire entre la CVR et le gouvernement fédéral.

Le CVR cherche à avoir un accès complet aux collections de BAC

L'annexe N de la Convention de règlement relative aux pensionnats indiens décrit le mandat de la CVR ainsi que les obligations des parties à la Convention relativement au soutien à donner à la Commission dans ses travaux. Une disposition traite de l'obligation des parties de fournir les documents pertinents à la Commission.

> Afin d'assurer l'efficacité du processus de vérité et de réconciliation, le Canada et les organismes religieux fourniront tous les documents pertinents en leur possession ou sous leur contrôle à la commission de vérité et de réconciliation (la « Commission ») et pour son usage, sous réserve du droit à la protection des renseignements personnels d'une personne prévu par la loi applicable relative à la protection des renseignements personnels, et sous réserve de la législation sur l'accès à l'information et sur la protection des renseignements personnels applicable, à l'exception des documents auxquels le secret professionnel de l'avocat s'applique lorsqu'il est invoqué;
>
> Dans les cas où le droit à la protection des renseignements personnels d'une personne est en cause et sous réserve de la législation applicable en matière de protection de renseignements personnels et d'accès à l'information, les chercheurs de la Commission auront accès aux documents, à la condition que les renseignements personnels soient protégés. Dans les cas où le secret professionnel de l'avocat est invoqué, la partie l'invoquant fournira une liste de tous les documents pour lesquels ce secret professionnel est invoqué.
>
> Le Canada et les organismes religieux ne sont pas tenus de renoncer à la possession de documents originaux en faveur de la Commission. Elles sont

tenues de compiler tous les documents pertinents de façon organisée à des fins d'examen de la part de la Commission et de permettre l'accès à leurs archives afin que la Commission puisse remplir son mandat. La production de documents ne requiert pas la production de documents originaux. Les originaux ou copies certifiées conformes, peuvent être fournis ou les originaux peuvent être fournis temporairement à des fins de photocopie si les renseignements originaux ne doivent pas être conservés par la Commission.

Dans la mesure où en conviennent les intéressés, et sous réserve des exigences du processus, les informations provenant du Processus d'évaluation indépendant (PEI), des litiges en cours et des processus de règlement des différends peuvent être transférées à la Commission à des fins de recherche et d'archivage[155].

L'accès aux dossiers historiques du gouvernement à propos de l'administration du régime de pensionnats a constitué une partie importante du mandat de la Commission de vérité et réconciliation du Canada. Cet accès a été essentiel pour nous aider à comprendre l'évolution des politiques et pratiques de l'État en ce qui concerne les peuples autochtones en général et les pensionnats en particulier. Il était également nécessaire pour nous permettre de répondre à notre obligation d'assurer un accès public permanent aux documents par l'intermédiaire du Centre national pour la vérité et réconciliation. Dans ses tentatives en vue d'obtenir les dossiers, la Commission s'est heurtée à une série d'obstacles bureaucratiques et juridiques.

En avril 2012, la Commission a dû déposer une « demande d'instructions » devant la Cour supérieure de justice de l'Ontario en ce qui concerne l'accès aux dossiers fédéraux pertinents conservés dans les archives nationales. Il s'agissait de déterminer quelles étaient les obligations du Canada, en vertu de la Convention de règlement, à l'égard de la communication à la CVR des documents gouvernementaux archivés à Bibliothèque et Archives Canada. La Commission, Affaires autochtones et Développement du Nord Canada, le ministère de la Justice et Bibliothèque et Archives Canada avaient des opinions totalement différentes sur la façon dont la CVR devait obtenir ces dossiers.

De l'avis de BAC, son rôle était celui du détenteur neutre des documents gouvernementaux, dont la tâche était d'aider et d'habiliter les ministères fédéraux à faire des recherches dans leurs propres fonds d'archives.

Face à la lourde tâche de mener sa propre recherche dans les vastes collections de BAC, le Canada estimait que son rôle se limitait à la recherche et à la production de documents pertinents à partir des fichiers actifs et semi-actifs de divers ministères. Le gouvernement a adopté le point de vue que les ministères devaient fournir à la CVR le statut de chercheur ministériel uniquement, afin d'accéder à leurs documents archivés à BAC afin que la Commission puisse mener sa propre recherche.

La CVR estimait que le Canada avait l'obligation de produire tous les documents pertinents, y compris ceux entreposés à BAC, en plus de l'obligation additionnelle de donner à la Commission l'accès à BAC afin de mener sa propre recherche. Même si la CVR, dans un esprit de coopération, avait accepté d'obtenir le statut de chercheur ministériel, elle soutenait que c'était inutile parce que la Convention de règlement lui avait déjà donné un accès inconditionnel aux archives. Le résultat final a été que le Canada avait effectivement placé sur la CVR le fardeau de la preuve de sa responsabilité de produire des documents de BAC.

En rendant sa décision en faveur de la Commission, le juge Stephen Goudge a statué comme suit :

> À mon avis, le premier alinéa de l'article 11 énonce l'obligation de base concernant les documents en la possession ou sous le contrôle du Canada. Le sens ordinaire de l'énoncé est facile à comprendre. Tous les documents pertinents doivent être fournis à la CVR. L'obligation est énoncée sans réserve quant à l'endroit où les documents se trouvent au sein du gouvernement du Canada. L'obligation n'est pas limitée aux documents réunis par le Canada en vue de leur production dans le cadre du litige sous-jacent. [paragr. 69]

> Je conclus donc que, compte tenu de leur sens, les termes de l'article 11 de l'annexe N ne soustraient pas les documents archivés à BAC de l'obligation du Canada envers la CVR. Le contexte dans lequel la Convention de règlement a été rédigée justifie d'autant plus cette conclusion pour plusieurs raisons. [paragr. 71]

> Premièrement, au moment où la Convention de règlement a été signée, il était clair qu'un aspect central du mandat de la CVR concernait l'exposition de l'histoire des pensionnats indiens (PI). Puisque le Canada a joué un rôle crucial dans le système des PI, les documents du Canada, peu importe où ils sont conservés, auraient été compris comme une ressource historique très importante à cet égard. [paragr. 72]

> Deuxièmement, la Convention de règlement prévoit que la CVR doit constituer un dossier historique du système des PI qui doit être accessible au public à l'avenir. Ici aussi, les documents du Canada, peu importe où ils sont conservés, seraient considérés comme essentiels à ce travail. [paragr. 73]

> Troisièmement, la période couverte par l'histoire et par les dossiers historiques à compiler représente plus de 100 ans et remonte au XIXe siècle. À la lumière de ce laps de temps, il aurait été entendu au moment de l'entente de règlement qu'une grande partie de la preuve documentaire pertinente en la possession du Canada doit être archivée à BAC et ne serait plus dans les dossiers actifs ou semi-actifs des ministères du gouvernement du Canada. [paragr. 74]

> Quatrièmement, il aurait été évident que le personnel expérimenté de BAC serait bien mieux à même de repérer et d'organiser les documents pertinents

hébergés par BAC que le personnel nouvellement embauché de la CVR, elle-même nouvellement constituée. Il aurait été peu sensé de confier cette tâche au personnel de la CVR au lieu de celui de BAC, surtout compte tenu de son importance pour le mandat de la CVR[156]. [paragr. 75]

Les difficultés auxquelles s'est heurtée la CVR en vue d'obtenir des documents de BAC étaient certes spécifiques au mandat de la Commission, mais elles mettent en lumière des questions plus larges concernant le rôle des archives de l'État et des archivistes dans la fourniture de documents qui révèlent, de manière factuelle, pourquoi et comment un groupe ciblé de personnes a subi des préjudices sur une échelle étendue. Dans le contexte d'exigences croissantes pour une meilleure reddition de comptes et une plus grande transparence du gouvernement, et compte tenu de l'apparition de nouvelles lois sur le respect de la vie privée et l'accès à l'information, les archives sont devenues plus directement liées aux luttes pour les droits de la personne et la justice[157].

Archives et accès à la justice

Les archives des ministères fédéraux qui sont déposées à Bibliothèque et Archives Canada relativement aux peuples autochtones sont essentielles pour comprendre comment les violations des droits de la personne se sont produites et quelles sont leurs séquelles. En 2005, l'Organisation des Nations Unies a adopté les *Principes Joinet-Orentlicher*, qui énoncent des mesures correctives que les États doivent entreprendre pour satisfaire à leur devoir de se prémunir contre l'impunité de violations passées des droits de l'homme et d'éviter qu'elles se reproduisent. Cela comprend le droit des victimes à la vérité sur ce qui leur est arrivé, à elles et aux membres disparus de leur famille. La société en général a également le droit à la vérité sur ce qui est arrivé dans le passé, et quelles circonstances ont produit des violations massives des droits de la personne. L'État a le devoir de protéger ce savoir et de faire en sorte que la documentation adéquate soit conservée dans les archives et dans les manuels d'histoire.

D'après les *Principes Joinet-Orentlicher*, « l'exercice plein et effectif du droit à la vérité est assuré par la conservation des archives ». Il est tout aussi important de faciliter l'accès facile aux archives en faveur des victimes et de leurs proches, et aussi à des fins de recherche (principes 5, 14, 15, 16)[158].

La Commission souligne que dans son rapport d'août 2013 au Conseil des droits de l'homme des Nations Unies, Pablo de Greiff, rapporteur spécial sur la promotion de la vérité, de la justice, de la réparation et des garanties de non-répétition, fait expressément référence à l'importance des archives. Il a constaté que les dossiers d'une commission de vérité et ceux qui sont hébergés dans des archives nationales, régionales et locales ont pour effet de prolonger la durée et le patrimoine du travail d'une telle commission.

Les archives peuvent servir de sites permanents où la reddition de comptes suivant la commission et le droit à la vérité voient leur accomplissement[159]. Il explique également que les archives « [...] constituent la garantie d'une prise en considération de la voix des victimes et contribuent à instaurer une culture de commémoration et de mémoire. Elles représentent également un garde-fou contre le révisionnisme et le déni, étant précisé qu'il s'agit là d'un facteur essentiel, compte tenu de la longue durée et de l'absence de linéarité des processus de réconciliation sociale et d'intégration »[160]. Il conclut que « la mise en place de commissions vérité et l'utilisation des archives nationales contribuent sensiblement à concrétiser le droit à la vérité en permettant de lancer des poursuites pénales, d'entamer des procédures de réparation et des réformes touchant aussi bien les aspects institutionnels que le personnel », et il recommande que des normes archivistiques internationales soient établies[161].

Même si de Greiff ne fait pas spécifiquement référence aux peuples autochtones, nous constatons que dans de nombreux pays, dont le Canada, l'accessibilité et la protection de documents historiques ont contribué à faire progresser les droits des peuples autochtones et à documenter les gestes abusifs de l'État. Dans le sillage de la commission de vérité en Afrique du Sud et ailleurs, certains archivistes en sont venus à se voir non pas simplement comme des gardiens neutres de l'histoire nationale, mais aussi comme des professionnels qui sont chargés de veiller à ce que les dossiers qui documentent les injustices du passé soient conservés et utilisés pour renforcer la responsabilisation du gouvernement et soutenir la justice[162].

Appels à l'action :

69) Nous demandons à Bibliothèque et Archives Canada :
    i. d'adopter et de mettre en œuvre de façon intégrale la Déclaration des Nations Unies sur les droits des peuples autochtones et les « Principes Joinet/Orentlicher » des Nations Unies, plus particulièrement en ce qui touche le droit inaliénable des peuples autochtones de connaître la vérité sur les violations des droits de la personne commises à leur endroit dans les pensionnats et sur les raisons pour lesquelles une telle situation s'est produite;
    ii. de veiller à ce que les fonds documentaires liés aux pensionnats soient accessibles au public;
    iii. d'affecter plus de ressources à l'élaboration de matériel pédagogique et de programmes de sensibilisation du public sur les pensionnats.

70) Nous demandons au gouvernement fédéral de fournir des fonds à l'Association des archivistes canadiens pour entreprendre, en collaboration avec les peuples

autochtones, un examen national des politiques et des pratiques exemplaires en matière d'archives, et ce, afin de :

i. déterminer le degré de conformité avec la Déclaration des Nations Unies sur les droits des peuples autochtones et les « Principes Joinet/Orentlicher » des Nations Unies en ce qui touche le droit inaliénable des peuples autochtones de connaître la vérité sur les violations des droits de la personne commises à leur endroit dans les pensionnats et sur les raisons pour lesquelles une telle situation s'est produite;

ii. produire un rapport assorti de recommandations en vue de la mise en œuvre complète de ces instruments internationaux en tant que cadre de réconciliation en ce qui a trait aux archives canadiennes.

Enfants disparus, tombes anonymes et cimetières des pensionnats

Au cours des travaux de la Commission, de nombreux témoins autochtones nous ont parlé des enfants qui ne sont jamais revenus du pensionnat. Les familles et les communautés ont été hantées par le sort de leurs proches et l'ignorance de leur lieu de sépulture. Tout au long de l'histoire des pensionnats au Canada, aucun effort n'a été fait pour enregistrer, dans l'ensemble du système, le nombre d'enfants qui sont morts chaque année alors qu'ils fréquentaient des pensionnats. Établi par la Commission de vérité et réconciliation du Canada, le registre national des élèves décédés dans les pensionnats représente le premier effort national pour enregistrer les noms des élèves qui sont morts dans les pensionnats. Le registre est loin d'être complet : il reste, par exemple, de nombreux documents pertinents à recevoir, à recueillir et à examiner.

Certains de ces documents ont été retrouvés dans les dossiers provinciaux. En juin 2012, lors de leur assemblée générale annuelle, les coroners en chef et les médecins légistes du Canada ont approuvé une résolution unanime pour soutenir le projet Enfants disparus de la CVR en mettant à la disposition de la Commission leurs dossiers sur les décès d'enfants autochtones confiés aux soins des autorités scolaires dans les pensionnats. Le Bureau du coroner en chef de l'Ontario avait déjà fait œuvre de pionnier dans la sélection et l'examen de ses dossiers, relevant 120 cas possibles de décès d'élèves autochtones dans les pensionnats. Le CVR a ensuite contacté les coroners en chef de tout le pays afin de leur demander de l'aide pour trouver des documents liés à des décès dans les pensionnats. Dès 2014, les bureaux de coroners en chef de la Saskatchewan, des Territoires du Nord-Ouest, du Manitoba et de la Nouvelle-Écosse avaient également répondu à la demande de la Commission.

D'autres organismes régionaux détiennent également des informations cruciales dans leurs dossiers. Le CVR contacté les bureaux provinciaux de l'état civil à travers le pays. À l'événement national de l'Alberta, le sous-ministre adjoint des Relations autochtones et de la Réconciliation de Colombie-Britannique, Peter Cunningham, a offert une clé USB dans une petite boîte sculptée de bois cintré — un geste de réconciliation. Il a dit ceci :

> Je pense qu'il est extrêmement important que toute l'information soit mise au jour sur ce qui est un aspect très sombre et troublant de l'histoire canadienne [...] les pensionnats [...] Je suis ici aujourd'hui pour ajouter à ce corpus de connaissances au nom du gouvernement de la Colombie-Britannique et de l'Agence de l'état civil de la Colombie-Britannique [...] Cette clé USB contient des informations sur les enfants autochtones de 4 à 19 ans qui sont morts en Colombie-Britannique de 1870 à 1984[163].

Dès 2014, en plus du bureau de la Colombie-Britannique, les bureaux de l'état civil de l'Alberta, de la Nouvelle-Écosse, de l'Ontario, de la Saskatchewan, du Yukon et du Nunavut avaient répondu à la demande de la Commission. Pour achever le travail entamé par la Commission nationale sur le registre national des élèves décédés dans les pensionnats, il sera essentiel pour le Centre national pour la vérité et réconciliation d'obtenir tous les documents relatifs aux morts d'élèves dans les pensionnats.

Appel à l'action :

71) Nous demandons à tous les coroners en chef et les bureaux de l'état civil de chaque province et territoire qui n'ont pas fourni à la Commission de vérité et réconciliation leurs dossiers sur le décès d'enfants autochtones dont les autorités des pensionnats avaient la garde de mettre ces documents à la disposition du Centre national pour la vérité et réconciliation.

La réalisation et la tenue à jour du registre national des élèves décédés dans les pensionnats nécessiteront un soutien financier continu.

Appel à l'action :

72) Nous demandons au gouvernement fédéral de mettre suffisamment de ressources à la disposition du Centre national pour la vérité et réconciliation pour lui permettre de tenir à jour le registre national de décès des élèves de pensionnats établi par la Commission de vérité et réconciliation du Canada.

Il faudra également transmettre des informations aux familles de ceux qui sont morts dans les pensionnats. Comme l'indiquent les dossiers historiques, les familles n'étaient pas suffisamment informées de l'état de santé de leurs enfants. Il faut que le gouvernement fédéral trouve des moyens appropriés d'informer les familles du sort de leurs enfants et de faire en sorte que la mémoire de ces enfants soit honorée d'une façon acceptable pour les familles.

Appels à l'action :

73) Nous demandons au gouvernement fédéral de travailler de concert avec l'Église, les collectivités autochtones et les anciens élèves des pensionnats afin d'établir et de tenir à jour un registre en ligne des cimetières de ces pensionnats, et, dans la mesure du possible, de tracer des cartes montrant l'emplacement où reposent les élèves décédés.

74) Nous demandons au gouvernement fédéral de travailler avec l'Église et les dirigeants communautaires autochtones pour informer les familles des enfants qui sont décédés dans les pensionnats du lieu de sépulture de ces enfants, pour répondre au souhait de ces familles de tenir des cérémonies et des événements commémoratifs appropriés et pour procéder, sur demande, à la réinhumation des enfants dans leurs collectivités d'origine.

En tant que commissaires, nous avons été honorés d'être présents lors de cérémonies de commémoration organisées par les communautés pour rendre hommage aux enfants qui sont morts dans les pensionnats. Ces cérémonies ont joué un rôle important dans le processus de réconciliation. À l'événement national de l'Alberta, les membres du conseil d'administration de la Remembering the Children Society ont offert un gage de réconciliation. Ils ont parlé du processus qu'ils ont entrepris afin d'identifier les enfants qui étaient morts alors qu'ils fréquentaient l'école industrielle à Red Deer. Richard Lightning a fait la déclaration suivante :

> Mon père, Albert Lightning, et son frère cadet, David, de la Première Nation Samson, sont allés à l'école industrielle à Red Deer, qui était exploitée par l'Église méthodiste de 1893 à 1919. Albert Lightning a survécu à cette expérience de l'école, mais David est mort de la grippe espagnole en 1918. En 1986, Albert a visité le Red Deer and District Museum and Archives, où il a dit au préposé, Lyle Keewatin-Richards, « Ah, vous voilà. C'est vous qui allez trouver mon petit frère. » Lyle a appris qu'à l'instar de trois autres élèves morts à la même époque, David avait été enterré dans le cimetière de la ville de Red Deer. Lyle a également pris connaissance de l'existence du cimetière à côté de l'école Sylvan Creek.

La révérende Cecile Fausak[164] a expliqué :

> Vers 2004 [...] les membres de l'Église Unie de Sunnybrook ont commencé à se demander s'ils pouvaient faire quelque chose pour améliorer leurs relations avec les Autochtones dans cette région. Lyle, se souvenant de cette anecdote, leur a suggéré : « Il y a un petit projet. Celui des enfants qui ont été enterrés dans le cimetière de pensionnat laissé à l'abandon de cette ville et dont il faut

honorer la mémoire. » L'église a alors formé un comité, et les années suivantes, nous avons fouillé le site et les archives de l'école, nous avons personnellement rendu visite aux sept communautés cries et stoney ainsi qu'à la nation des Métis d'où étaient issus tous les élèves. En septembre 2009, plus de 30 personnes des communautés des Premières Nations et des Métis touchées se sont rendues à Red Deer, ont mangé du ragoût et de la bannique à l'Église Unie de Sunnybrook et ont visité le cimetière de l'école pour la première fois où ils ont été accueillis par le propriétaire [actuel].

Muriel Stanley Venne, de l'Église Unie de Sunnybrook a poursuivi :

Nous avons formé un groupe de travail pour organiser la première cérémonie [commémorative] qui a eu lieu à Fort Normandeau le 30 juin 2010. Tandis qu'on lisait à haute voix le nom des 325 élèves, un silence de plomb a envahi la foule... Depuis, les travaux menés en collaboration avec les Premières Nations signataires des traités n° 6 et 7, la Nation Métis de l'Alberta, les membres de l'Église Unie, le musée et la galerie d'art de Red Deer, la municipalité et le comté [de Red Deer], le Centre d'accueil [indien] et les conseils scolaires se sont poursuivis et ont entraîné la création de la Remembering the Children Society en 2011 [...] Les objectifs de notre société sont les suivants : offrir un soutien permanent pour rétablir les cimetières des pensionnats autochtones en Alberta et leur histoire, informer la population de l'existence de ces cimetières et de leur histoire, rendre hommage aux survivants et à ceux qui sont morts dans les écoles et identifier les tombes anonymes. Une cérémonie commémorative a eu lieu les trois années suivantes. Lors de la troisième rencontre, beaucoup de descendants ont raconté les incidences de l'école industrielle de Red Deer sur leur vie et sur celle de leurs parents et grands-parents.

Charles Wood a alors déclaré :

La Société a travaillé avec le musée pour créer une nouvelle exposition permanente et avec l'administration du parc Waskasoo pour préparer un nouveau panneau d'interprétation à Fort Normandeau sur l'histoire de l'école. Nous sommes reconnaissants du dévoilement d'une histoire commune douloureuse, des amitiés que nous avons formées et du processus de guérison qui a eu lieu et qui est le fruit d'une collaboration de plus de cinq ans. Nous perpétuerons le souvenir des enfants du passé et du présent. Dans la boîte en bois cintré, comme symbole de notre travail commun, nous plaçons un programme de la première cérémonie, un DVD sur l'exposition du musée, des épinglettes représentant le ruban et la fleur de la troisième cérémonie et un exemplaire des lignes directrices que nous avons publiées sur notre expérience, pour les personnes qui souhaitent entreprendre un projet similaire et réhabiliter le cimetière d'un pensionnat[165].

Les cimetières et les lieux de sépulture des pensionnats que la Commission a documentés sont, pour la plupart, abandonnés, désaffectés et susceptibles aux dérangements. Bien que des mesures de commémoration communautaires aient été prises à certains endroits, il est généralement nécessaire de mettre en place une stratégie nationale pour documenter, entretenir, commémorer et protéger les cimetières des pensionnats. C'est un travail complexe et délicat. Bien que d'anciennes écoles peuvent être liées à certaines communautés autochtones, les cimetières peuvent contenir des corps d'enfants issus de nombreuses communautés. Ils peuvent aussi contenir le corps des enseignants (ou de leurs enfants) qui sont décédés tandis qu'ils travaillaient dans l'établissement. Un seul ensemble de recommandations ne permettra pas de répondre à chaque circonstance.

Appel à l'action :

75) Nous demandons au gouvernement fédéral de collaborer avec les gouvernements provinciaux et territoriaux de même qu'avec les administrations municipales, l'Église, les collectivités autochtones, les anciens élèves des pensionnats et les propriétaires fonciers actuels pour élaborer et mettre en œuvre des stratégies et des procédures qui permettront de repérer, de documenter, d'entretenir, de commémorer et de protéger les cimetières des pensionnats ou d'autres sites où des enfants qui fréquentaient ces pensionnats ont été inhumés. Le tout doit englober la tenue de cérémonies et d'événements commémoratifs appropriés pour honorer la mémoire des enfants décédés.

À l'heure où les projets de développement des infrastructures et des ressources prennent rapidement de l'ampleur au Canada, le risque d'endommager les cimetières des pensionnats non documentés augmente. Selon la province ou le territoire, il faut d'ordinaire mener des études d'impact sur l'environnement comprenant une évaluation des sites patrimoniaux avant l'aménagement d'un terrain. Cette étude comprend généralement un examen des documents existants, une évaluation de la présence éventuelle de sites patrimoniaux dans la zone d'aménagement et souvent une fouille du terrain. Ces travaux sont souvent accomplis par étapes, avec un examen préliminaire des archives et des bases de données centralisées afin d'éclairer les enquêtes subséquentes. Il se peut que les planificateurs, les gestionnaires de ressources et les évaluateurs des incidences qui ne font pas partie de la région ne disposent pas de connaissances locales sur les cimetières de pensionnat. Par conséquent, il est important que les données recueillies localement soient transmises aux organismes responsables de l'aménagement du territoire, des études d'impact sur l'environnement ainsi que de la protection et de la réglementation des cimetières.

Une documentation limitée, les incertitudes quant au secteur de compétence et la mauvaise coordination du regroupement des données nuisent à l'échange d'informations. Il serait possible de résoudre ces problèmes en créant un registre des cimetières de pensionnat disponible en ligne. Ce registre devrait comprendre au minimum les renseignements suivants : identification, durée et affiliation de chaque cimetière, description juridique, propriétaire foncier et état actuels et coordonnées de l'emplacement géographique.

Le travail complexe et délicat de documentation, d'entretien, de commémoration et de protection des cimetières de pensionnat doit être entrepris conformément à un ensemble de principes directeurs fondés sur les priorités et les connaissances de la communauté. Il faut mener les enquêtes matérielles sur les cimetières en collaboration étroite avec les communautés concernées en établissant des objectifs axés sur la communauté ainsi que des méthodes adaptées, et en prêtant attention aux sensibilités spirituelles et affectives.

Il faut réunir les documents écrits, généralement épars, avec les connaissances locales. Souvent, ces renseignements sont oraux et détenus par les survivants, leur famille, le personnel ou les résidents locaux. Ils peuvent servir à vérifier, à corriger et à étoffer les archives. Ce travail peut comprendre des initiatives locales pour documenter matériellement la superficie et l'emplacement d'un cimetière et pour identifier chaque tombe dans la zone du cimetière et autour de celle-ci. Lorsque l'on entreprend une inspection et une documentation matérielles des cimetières, la stratégie la plus efficiente est de collecter et de regrouper les données documentaires et les connaissances locales avant de travailler sur le terrain. Cela permet de rendre les fouilles plus efficientes et de sélectionner les méthodes les plus efficaces sur le terrain. Cela permet aussi aux chercheurs de savoir quelles sont, selon la communauté, les approches les plus appropriées pour l'enquête sur le terrain, comme les protocoles privilégiés relativement aux prières et aux célébrations qui doivent avoir lieu avant une visite sur le terrain.

Appel à l'action :

76) Nous demandons aux parties concernées par le travail de documentation, d'entretien, de commémoration, et de protection des cimetières des pensionnats d'adopter des stratégies en conformité avec les principes suivants :

   i. la collectivité autochtone la plus touchée doit diriger l'élaboration de ces stratégies;

   ii. de l'information doit être demandée aux survivants des pensionnats et aux autres détenteurs de connaissances dans le cadre de l'élaboration de ces stratégies;

   iii. les protocoles autochtones doivent être respectés avant que toute inspection technique ou enquête potentiellement envahissante puisse être effectuée sur les lieux d'un cimetière.

La Commission croit que le fait d'aider les familles à découvrir le sort des enfants qui sont morts dans les pensionnats, de localiser les tombes anonymes et d'entretenir, de protéger et de commémorer les cimetières de pensionnat est essentiel à la guérison et à la réconciliation. Les archives et les ministères et organismes du gouvernement ont joué un rôle crucial dans ce processus. Fait également important, les dossiers d'archive peuvent aider les survivants, leur famille et les communautés à reconstruire leur histoire. Pourtant, il peut être difficile d'accéder à ces ressources documentaires.

Limites des archives

Nous avons expliqué la démarche adoptée par Bibliothèque et Archives Canada pour gérer les archives relatives aux pensionnats. D'autres archives sur l'histoire et l'héritage du système de pensionnats sont disséminés dans les archives provinciales, territoriales, municipales et locales du pays ainsi que dans les ministères et organismes du gouvernement qui n'ont pas signé la Convention de règlement. Les survivants ainsi que leur famille et leur communauté ont donc beaucoup de mal à trouver les archives qui contiennent des renseignements essentiels sur leur propre passé et l'histoire de leur communauté.

Les services d'archivage des Églises signataires de la Convention de règlement, à des degrés divers, se sont efforcés de rendre les archives de leurs pensionnats plus accessibles aux survivants, à leur famille, à leur communauté, aux chercheurs et au grand public[166]. Par exemple, l'Église Unie du Canada a diffusé en ligne toutes les photographies et toute l'histoire des pensionnats pour les rendre plus accessibles, notamment aux survivants, « en guise de rapatriement aux communautés des Premières Nations »[167].

Le Centre national pour la vérité et réconciliation : un modèle nouveau

Il se peut que les archives soient vues avec défiance par les Premières Nations, les Inuits et les Métis. Beaucoup d'entre eux pensent que leur vie est contenue dans des documents (qu'ils n'ont jamais vus pour la plupart) que l'État conserve pour les étudier et les catégoriser de manière dépersonnalisée[168]. De diverses manières, les archives actuelles ne parviennent pas à combler les besoins des survivants, de leurs familles et de leur communauté. Les Autochtones avaient besoin d'un centre à eux, d'un espace culturel servant de lieu d'archivage et de musée pour contenir la mémoire collective des survivants et des autres Autochtones dont la vie a été touchée par l'histoire et les séquelles du système des pensionnats indiens.

Dans cette optique, le mandat de la CVR exigeait la création d'un nouveau Centre national de recherche (CNR) afin de conserver les documents historiques, les documents nouvellement créés ainsi que les déclarations orales liées aux pensionnats, et de les rendre accessibles pour l'avenir. Le CNR, tel qu'il a été créé par la Commission de vérité et réconciliation du Canada et à présent rebaptisé Centre national pour la vérité et réconciliation (CNVR), est un modèle d'éducation évolutif et axé sur les survivants. Ce centre, qui reposera sur une nouvelle approche en matière d'éducation du public, de recherche et de tenue des dossiers, servira de « lieu de conscience » de la mémoire publique; il sera le témoin permanent des témoignages des survivants ainsi que de l'histoire et des séquelles du système des pensionnats[169]. Tout comme d'autres musées et services d'archivage du pays, il façonnera la compréhension et la mémoire du public sur la période des pensionnats.

Le concept du Centre national pour la vérité et réconciliation est profondément enraciné. Depuis de nombreuses années, les survivants et les personnes qui les soutiennent demandent la création d'un centre qui constituerait l'héritage durable de leur propre histoire et de la mémoire nationale du Canada. En mars 2011, la CVR a accueilli un forum international à Vancouver intitulé « Sharing Truth: Creating a National Research Centre on Residential Schools » dans le cadre duquel on a discuté de la façon dont les dossiers et d'autres documents des commissions de vérité et de réconciliation du monde ont été archivés[170]. Plusieurs intervenants ont parlé de leur vision du CNVR. Georges Erasmus, ancien coprésident de la Commission royale sur les peuples autochtones puis président de la Fondation autochtone de guérison, a déclaré :

> Ceux qui deviennent les gardiens des archives deviennent responsables des histoires et des relations humaines et de ce qui constitue le socle de l'avenir, car aucun héritage ne s'enrichit par la contrefaçon; une nation est mal servie par une histoire qui n'est pas sincère. C'est une noble tâche et il faut dire que, trop souvent, les promesses et les possibilités de cette responsabilité n'aboutissent à rien [...] Si le grand public n'a pas accès à l'histoire de notre peuple, ce sera comme si ses expériences ne s'étaient pas produites. Et si leur parole devient une pièce de musée, ce sera comme si leur expérience était figée dans le temps. Il faut des espaces ouverts, dynamiques et interactifs ainsi que des récits, des connaissances et des recherches participatifs. Ce serait là une façon adaptée d'avancer dans le XXIe siècle et dans un nouveau type de relations [...] Le Centre national de recherche doit être un trésor valorisé par toutes sortes de gens[171].

La Commission a par la suite lancé une invitation ouverte aux organismes qui souhaitaient soumettre leurs propositions pour le CNVR, d'après des critères particuliers. En juin 2013, la CVR a annoncé que l'Université du Manitoba hébergerait le nouveau centre.

Le Centre national pour la vérité et réconciliation jouera un rôle éducatif clé en veillant à ce que les préjudices passés et les violations des traités, des droits constitutionnels et des droits de la personne commises à l'encontre des Autochtones ne se répètent pas. En tant que lieu de conscience très visible, il permettra d'intervenir dans la mémoire publique et l'histoire nationale du pays. Indépendant du gouvernement, ce centre sera guidé par un cercle de gouvernance constitué en majorité de membres autochtones de même que de représentants de survivants. En sa qualité d'organe directeur, il sera notamment chargé de prendre des décisions et de fournir des conseils sur les cérémonies et les protocoles, et de mettre en place un cercle des survivants[172].

Le Centre contiendra les archives de la CVR, y compris les déclarations orales historiques des survivants, des œuvres d'art, des expressions de réconciliation et d'autres documents rassemblés par la Commission ainsi que des documents appartenant au gouvernement et aux Églises. Le Centre se veut un lieu accueillant et sûr qui permet aux survivants, à leurs familles et à leur communauté d'avoir accès à leur propre histoire. Le Centre s'est engagé à créer un environnement enraciné culturellement et propice à la guérison où tous les Canadiens peuvent rendre hommage à l'histoire des pensionnats, tirer des leçons de cette histoire et des séquelles des pensionnats et les commémorer.

Lorsque le Centre sera entièrement opérationnel, il sera en mesure de jouer un rôle prépondérant : il établira de nouvelles orientations dans les recherches sur les pensionnats et les droits autochtones et mettra en place de nouvelles normes et de nouveaux paramètres de référence pour la politique, la gestion et l'exploitation des archives et des musées, d'après les principes et les pratiques exemplaires autochtones et occidentaux.

L'Université du Manitoba et ses partenaires[173] ont insisté sur le fait qu'ils reconnaissaient ce qui suit :

> [...] l'importance considérable de l'accessibilité des archives [pour] les survivants autochtones, les membres de leurs familles [ou] les chercheurs [et] se sont engagés à reconnaître la place des Autochtones dans la création des dossiers des pensionnats indiens par l'entremise de la conservation conjointe et de l'archivage participatif, et à poursuivre les travaux de la CVR concernant la collecte des déclarations, l'éducation du public, la mobilisation et la diffusion[174].

Le CNVR comprendra ceci :

> [...] système et une méthode d'archivage visant à « rapprocher les dossiers » [qui] [...] appuiera les cadres de travail autochtones en matière de connaissance, de mémoire et de témoignage et de repositionnement, [...] et fera participer les communautés autochtones à la création des archives qui les concernent, y compris celles du gouvernement. Ces approches reconnaissent des droits qui, en matière d'archives, vont au-delà de l'accès à un travail collaboratif avec des

établissements d'archivage et permettent de gérer l'évaluation, la description et l'accessibilité des dossiers liés aux communautés autochtones[175].

Le Centre s'engage à « établir une relation de confiance avec les communautés autochtones en travaillant avec elles pour réaliser leurs propres objectifs au moyen d'un archivage participatif [...] Le processus d'archivage participatif interagissant avec des archives aussi complètes que possible sera un outil puissant pour la réconciliation et la guérison[176]. »Le Centre national pour la vérité et réconciliation s'engage aussi à ce qui suit :

> [...] aider personnellement les survivants, leurs familles et tous les chercheurs à explorer, à utiliser et à comprendre les archives dans un environnement adapté à la culture. Le CNR apportera notamment un soutien au niveau affectif, reconnaissant que l'accès à ses documents peut être traumatisant et difficile ou susciter de l'émotion chez beaucoup d'utilisateurs. Un aîné sera sur place ou pourra être appelé (il se trouvera dans un bâtiment proche) la plupart du temps où le CNR sera ouvert au public. Bibliothèque et Archives Canada et d'autres ministères n'ont ni le mandat ni la capacité d'offrir ces aides diverses, qui sont essentielles pour établir des relations avec les Autochtones et lutter contre leur perception concernant les archives, qui seraient selon eux un mécanisme supplémentaire de colonisation, d'appropriation culturelle de la société occidentale, de surveillance exacerbée et de chosification des peuples autochtones[177].

Le 21 juin 2013, des survivants des Premières Nations, des Inuits et des Métis, des aînés, la CVR, l'Université du Manitoba et ses organismes partenaires ainsi que d'autres dignitaires, se sont réunis dans le territoire du traité n° 1 des Anishinaabe, berceau de la nation métisse, pour assister à une cérémonie de signature à l'Université du Manitoba[178]. La signature d'un acte de fiducie avec l'Université marque le transfert d'un principe sacré : c'est une promesse solennelle qu'a faite la Commission de vérité et réconciliation aux survivants et à toutes les personnes touchées par les pensionnats tandis qu'elle sillonnait le pays, attestant ainsi leurs témoignages.

Le CNVR s'engage à mettre tous ses fonds de documentation à la disposition des survivants, de leurs familles et des communautés, ainsi que du public, du personnel scolaire et des chercheurs[179]. Pour soutenir les efforts de réconciliation régionaux, la Commission croit qu'il sera particulièrement important de veiller à ce que les collectivités puissent accéder aux fonds de documentation et aux ressources du Centre pour qu'elles racontent leur propre expérience des pensionnats et leur participation au processus de vérité, de guérison et de réconciliation.

Le Centre sera un legs dynamique, un lieu d'enseignement et d'apprentissage public qui servira à promouvoir la compréhension et la réconciliation grâce à la collecte continue des déclarations, des nouveaux travaux de recherche, des cérémonies commémoratives, des dialogues sur la réconciliation ainsi qu'une célébration des cultures, des histoires orales et des traditions juridiques autochtones[180].

Appels à l'action :

77) Nous demandons aux bureaux d'archives provinciaux, territoriaux, municipaux et communautaires de travailler en collaboration avec le Centre national pour la vérité et réconciliation afin de trouver et de recueillir des copies de tous les documents qui se rapportent à l'histoire et aux séquelles des pensionnats, et de fournir ces documents au Centre national pour la vérité et réconciliation.

78) Nous demandons au gouvernement du Canada de s'engager à fournir une contribution financière de dix millions de dollars sur sept ans au Centre national pour la vérité et réconciliation ainsi qu'un montant supplémentaire pour aider les collectivités à faire de la recherche afin de produire des récits sur leur propre expérience des pensionnats et sur leur participation aux démarches associées à la vérité, à la guérison et à la réconciliation.

Mémoire publique : Le dialogue, les arts et la commémoration

Chez les survivants qui ont assisté aux événements nationaux et aux audiences communautaires de la CVR, le rappel de l'enfance a souvent ravivé des souvenirs horribles de mauvais traitements, de faim et de négligence et a fait ressurgir des sentiments douloureux de solitude, d'abandon et de honte. Beaucoup d'entre eux ont encore du mal à soigner les blessures profondes du passé. Les mots ne suffisent pas pour exprimer le courage dont ils ont fait preuve pour prendre la parole.

Il y a cependant d'autres souvenirs aussi : ceux de la résilience, des amitiés de toute une vie nouées avec des camarades de classe et des enseignants, de la fierté ressentie pour des réalisations artistiques, musicales et sportives, et de la joie de devenir un chef de file dans sa communauté et dans la vie de la nation. Les survivants ont partagé leurs souvenirs avec le Canada et le monde entier pour que la vérité ne soit plus niée. Ils ont aussi communiqué leurs souvenirs pour que les autres Canadiens puissent tirer des enseignements des leçons difficiles du passé. Ils veulent que les Canadiens sachent, se souviennent, se soucient et changent.

L'un des préjudices les plus importants causés par les pensionnats est l'atteinte à la mémoire autochtone. La politique d'assimilation du gouvernement fédéral a cherché à briser la chaîne de la mémoire qui liait le cœur et l'esprit des enfants autochtones à leur famille, à leur communauté et à leur nation. Beaucoup de survivants, mais pas tous, ont trouvé des moyens de rétablir ces liens. Ils croient que la réconciliation avec les autres Canadiens exige la modification de l'histoire collective et nationale du Canada afin qu'elle fasse la vérité sur ce qu'ils ont enduré en tant qu'enfants et sur ce que leur famille, leur communauté et leur nation ont vécu.

La mémoire collective joue un rôle fondamental. Il est particulièrement important de reconnaître que les gestes posés par les dirigeants des pensionnats ont bloqué la transmission de la mémoire collective d'une génération à l'autre chez les individus, les familles et les collectivités des Premières Nations, des Inuits et des Métis.

Notre façon, à nous les commissaires, d'aborder la réconciliation procède de la réflexion suivante : l'éducation que nous avons reçue dans ce pays — enfants autochtones dans les pensionnats et enfants autochtones et non autochtones dans les écoles publiques — nous a menés à la situation que nous connaissons aujourd'hui, c'est-à-dire, la mise à mal du bien-être psychologique et émotionnel des enfants autochtones et une forte détérioration de la relation entre les Autochtones et les non-Autochtones. Nous croyons qu'une véritable réconciliation n'est possible qu'en remodelant la mémoire collective nationale que nous partageons tous, c'est-à-dire la perception de notre identité et de ce qui nous a précédé. La jeunesse de ce pays relève le défi.

Lors de l'événement national de l'Alberta tenu en mars 2014, Jessica Bolduc, jeune représentante autochtone du 4Rs Youth Movement, groupement national d'organisations représentant la jeunesse autochtone et non autochtone, a tenu les propos suivants :

> Nous avons revu nos pensées et nos croyances à propos du colonialisme et avons pris l'engagement de défaire nos propres bagages et d'établir de nouvelles relations les uns avec les autres en saisissant l'élan actuel pour faire évoluer notre pays à la veille du 150ᵉ anniversaire de la Confédération du Canada qui aura lieu en 2017.
>
> À ce moment-ci, nous nous demandons, « que signifie cet anniversaire pour nous, en tant que jeunes Autochtones et non-Autochtones et comment pouvons-nous arriver à cette date avec quelque chose que tous, nous pourrons célébrer? » [...] Nous espérons qu'un jour, nous vivrons ensemble comme des nations reconnues dans un pays dont nous pourrons tous être fiers[181].

Le remodelage de l'histoire nationale est un processus public qui passe par la discussion, le partage et la commémoration. Notre perception collective du présent et de l'avenir se forme quand les citoyens se réunissent dans des lieux publics pour partager leurs souvenirs, leurs croyances et leurs idées sur le passé[182]. En qualité de citoyens, nous savons que nos idées, nos visions du monde, nos identités culturelles et nos valeurs sont façonnées non seulement par le système d'éducation, par les musées ou par la culture populaire, mais aussi par les relations sociales quotidiennes et les habitudes qui forment notre mode de vie[183].

La mémoire collective est dynamique : elle évolue au fil des nouvelles interprétations, des dialogues, des expressions artistiques et des commémorations. À l'instar de l'histoire nationale, elle est souvent controversée. Si la mémoire collective peut n'avoir pour seul effet que de renforcer l'histoire coloniale d'une nation qui émerge des établissements de pionniers européens, il demeure que le processus de remémoration collective du passé peut également inviter les gens à remettre en question cette version limitée de l'histoire.

Contrairement à certaines commissions de vérité et de réconciliation qui se sont concentrées sur les victimes individuelles de violations des droits de la personne commises sur une courte période, cette commission s'est penchée sur les torts individuels et collectifs perpétrés contre des familles, des collectivités et des nations autochtones pendant plus d'un siècle, ainsi que sur les conditions préalables qui ont permis cette violence et cette oppression. Bien entendu, les documents d'archives antérieurement indisponibles sont d'une importance cruciale pour rectifier le narratif historique, mais nous avons accordé un poids égal et une plus grande voix à l'histoire orale, au droit traditionnel et aux pratiques de souvenir des Autochtones dans nos travaux et dans ce rapport final, étant donné que ces éléments apportent des témoignages inédits et non écrits de l'histoire, de la connaissance et de la sagesse[184]. Nous en avons tiré d'importants enseignements qui nous ont menés à croire en l'importance cruciale, pour le processus de vérité et de réconciliation, de la réparation et de la revitalisation de la mémoire individuelle, familiale et collective.

Dialogue : Cérémonie, témoignage et observation

Alors même qu'ils étaient engagés à fond dans une longue bataille pour obtenir une convention de règlement légalement contraignante pour les torts qu'ils ont subis, ainsi que des excuses officielles, les survivants ont offert leur temps à la Commission pour lui permettre de remplir son mandat. Guidée par les aînés, les gardiens du savoir et les membres du Comité des survivants, la CVR a mis au cœur de ses événements nationaux, de ses audiences communautaires, de ses forums et de ses dialogues l'histoire orale, le droit traditionnel et les pratiques de mémoire — cérémonies, protocoles et rituels du récit et du témoignage — des Autochtones. Les comptes rendus de la Commission constituent en eux-mêmes la compilation d'une histoire orale, dont toutes les personnes présentes ont été les témoins. En collaboration avec les communautés locales de chaque région, des cérémonies et des protocoles sacrés ont été exécutés et suivis lors de tous les événements de la CVR. Les aînés et les guérisseurs traditionnels ont veillé à la création d'un environnement sûr pour le partage de la vérité, pour le pardon, pour la guérison et pour les actes de réconciliation.

Le pouvoir de la cérémonie

La cérémonie sacrée a toujours été au cœur de la culture, du droit et de la vie politique des Autochtones. Même interdites par le gouvernement fédéral, les cérémonies ont continué de se tenir secrètement jusqu'à l'abrogation de la loi. Par le passé — et c'est encore en partie le cas aujourd'hui —, les cérémonies autochtones ayant pour fonction de créer les liens communautaires, sanctionner les lois et ratifier les traités ont fait l'objet d'incompréhension, de mépris et d'indifférence de la part des autorités canadiennes. Il convient désormais de reconnaître ces cérémonies et de les honorer comme une dimension intégrale, essentielle et vivante du processus de vérité et de réconciliation.

Les cérémonies jettent des ponts entre les cultures pour combler le fossé entre les Autochtones et les non-Autochtones. Elles sont essentielles à la réconciliation en raison de leur nature sacrée et comme moyen de rapprocher les gens et de les préparer à s'écouter dans un esprit de respect lors d'un dialogue difficile. Les cérémonies sont une affirmation de la dignité humaine; elles alimentent l'esprit et réconfortent les pratiquants en les amenant à solliciter leur imagination à des fins constructives ou à chercher un terrain d'entente. Les cérémonies valident les traités et donnent leur légitimité aux liens familiaux et ancestraux, ainsi qu'aux liens avec la terre. Elles se veulent également des actes de partage de la mémoire, de deuil, de guérison et de renouvellement; elles expriment la mémoire collective des familles, des communautés et des nations.

Les cérémonies nous permettent de mettre de côté, ne serait-ce que brièvement, notre cynisme, nos doutes et notre incrédulité, tout en nous consolant, en nous éduquant et en nous apportant l'espoir[185]. Elles ont cette qualité insaisissable qui transporte le cœur et l'esprit. Elles nous instruisent sur nous-mêmes, sur notre histoire et sur nos vies. Les cérémonies et les rituels ont joué un rôle important dans divers conflits et dans la recherche de la paix partout dans le monde, y compris en Amérique du Nord, où les nations autochtones ont une longue histoire de diplomatie et de rétablissement de la paix. Les rituels cérémoniels remplissent trois fonctions dans le processus de rétablissement de la paix. Premièrement, ils créent un espace sûr où les gens peuvent interagir et apprendre en prenant part à la cérémonie. Deuxièmement, ils permettent la communication non verbale et l'assimilation des émotions. Troisièmement, ils créent un environnement où le changement est possible, où les visions du monde, les identités et les relations avec les autres sont transformées[186].

Les personnes présentes aux événements de la CVR ont appris à reconnaître et à respecter les cérémonies et les protocoles autochtones en y prenant elles-mêmes part. La Commission a fait le choix délibéré d'établir ces cérémonies comme cadre spirituel et éthique de son travail d'éducation du public, créant par le fait même un espace sûr où il est possible de partager des souvenirs personnels et d'être témoin du passé, pour l'avenir.

Les événements nationaux de la Commission visaient à inspirer la réconciliation et à façonner la mémoire collective et individuelle en faisant la démonstration des valeurs fondamentales à la base du processus de réconciliation : le respect, le courage, l'amour, la vérité, l'humilité, l'honnêteté et la sagesse. Pour bon nombre de peuples autochtones, ces valeurs constituent les « sept enseignements sacrés ». Ce sont d'ailleurs des valeurs ancestrales dans la plupart des religions[187]. Chacun des événements nationaux s'est concentré sur l'une de ces valeurs. Dans son travail étroit auprès des collectivités autochtones et divers organismes régionaux, des représentants des parties à la Convention de règlement, des autres gouvernements et des réseaux communautaires, la Commission a veillé à ce que les cérémonies et protocoles appropriés soient compris et appliqués dans le cadre de chaque événement national. Les aînés ont offert des prières et des enseignements à l'ouverture et à la conclusion de chaque événement, et des cérémonies de purification, cérémonies du calumet sacré et de l'eau, bénédictions au rameau de thuya, chansons et tambours sacrés s'y sont succédé régulièrement. À chaque événement, les aînés et les gardiens du feu ont allumé et entretenu un feu sacré. Reconnues protectrices des eaux, des femmes ont exécuté des cérémonies de l'eau. Le feu sacré a servi également aux prières usuelles et aux offrandes de tabac, ainsi qu'à la réception des mouchoirs imbibés des pleurs qui ont abondamment coulé à chaque événement. Les cendres de chaque feu sacré ont été transportées au prochain événement national pour s'ajouter à celles du feu sacré suivant, afin de réunir en une même cérémonie sacrée les pleurs du pays tout entier.

Le mandat de la Commission comprend également un volet de « transfert cérémoniel des connaissances » à l'occasion des événements nationaux. La CVR a commandé une boîte en bois cintré à l'artiste Luke Marston, des Salish du littoral, qu'il a dessinée et fabriquée pour symboliser ce transfert. Cette boîte est fabriquée selon la méthode traditionnelle, à partir d'une seule planche de thuya géant pliée après avoir été assouplie à la vapeur. Ses panneaux finement ouvrés et délicatement peints représentent les cultures des Premières Nations, des Inuits et des Métis. Elle se veut un hommage durable à tous les survivants des pensionnats et à leurs familles, qu'ils soient encore parmi nous ou non, y compris la propre grand-mère de l'artiste, qui avait fréquenté le pensionnat de l'île Kuper. La Commission a apporté cet objet à chacun des sept événements nationaux organisés, à l'occasion desquels des offrandes — expressions publiques de réconciliation — ont été déposées par les gouvernements, les Églises et autres groupes confessionnels, les établissements d'enseignement, le secteur privé, les municipalités, les groupes de jeunes et divers autres groupes et organismes. Comme les nombreux autres objets sacrés que reçoit la CVR, la boîte en bois cintré pour la vérité et la réconciliation sera conservée de façon définitive au Centre national pour la vérité et réconciliation de l'Université du Manitoba, à Winnipeg[188].

Récits de vie, témoignages et enseignements

La réconciliation est impossible sans la vérité. Dans le but d'établir la vérité et de brosser une histoire complète des pensionnats dans ce pays, il était fondamental pour la Commission de recueillir les récits des survivants et de leurs familles. Il était tout aussi important d'écouter les gens qui ont travaillé dans les pensionnats — les enseignants, les administrateurs, les cuisiniers, les concierges — ainsi que leurs familles. L'histoire nationale du Canada se doit d'incorporer cette vérité complexe, de telle sorte que dans 50 ans, dans un siècle, les enfants de nos enfants et leurs propres descendants sauront ce qui s'est réellement passé. Ils hériteront de la responsabilité d'éviter la répétition de ces tristes événements.

Malgré la diversité des expériences individuelles qu'ont vécues les enfants dans les pensionnats, ils ont en commun le tort subi. Ils ont été les victimes d'un système destiné à détruire le lien intergénérationnel de la mémoire au sein de leurs familles, de leurs collectivités et de leurs nations. Le processus d'assimilation a bafoué le droit légitime des parents, des grands-parents et des aînés à être les porteurs de la mémoire collective, qui opère le transfert de la culture, de la langue et de l'identité d'une génération à l'autre[189].

En déposant leur témoignage à la CVR, les survivants ont retrouvé leur place légitime dans la chaîne intergénérationnelle de la mémoire collective. Ils se sont remémoré les événements pour permettre à leur famille de comprendre ce qui s'est passé, pour que leurs cultures, leurs histoires, leurs lois et leurs nations puissent de nouveau prospérer dans l'intérêt des générations à venir, et pour que le Canada connaisse la vérité et ne l'oublie jamais.

L'histoire des pensionnats est complexe. Les récits de maltraitance des uns se posent en net contraste avec les souvenirs heureux de certains autres survivants. Les déclarations d'anciens membres du personnel sont également variables. Elles sont tantôt marquées par le remords, tantôt défensives. Certains sont fiers de leurs élèves et de leurs efforts pour les soutenir, alors que d'autres se montrent critiques à l'égard de leur propre école et des pouvoirs publics pour leur manque d'attention, d'intérêt et de ressources. Les dépositions des autorités civiles et religieuses comportent la reconnaissance des faits, des excuses et des promesses de ne pas laisser l'histoire se répéter. Certains citoyens non autochtones sont outrés par les tristes événements qui ont eu lieu dans les pensionnats et expriment leur culpabilité et leur honte de ne pas l'avoir su. D'autres se réfugient dans le déni ou minimisent l'effet destructeur des pensionnats. Ces récits contradictoires, qui tiennent à la diversité des expériences, des lieux, des périodes et des perspectives, alimentent tous le narratif historique national.

L'élaboration de cette histoire par le dialogue public peut renforcer la responsabilité des citoyens et rendre ainsi justice aux victimes, non seulement au sens strictement légal, mais aussi par la restauration de la dignité humaine, la création d'un respect mutuel et le soutien de la guérison. En ayant recours à la cérémonie et au témoignage pour se rappeler, apprendre et commémorer, les citoyens apprennent à mettre en pratique au quotidien les principes de la responsabilité, de la justice et de la réconciliation. Ils deviennent des agents actifs du processus de vérité et de réconciliation.

Les participants aux événements de la Commission ont pu apprendre des survivants grâce à une interaction directe avec eux. Les survivants, dont les souvenirs sont toujours vivants, ont démontré, de la façon la plus puissante et convaincante qui soit, que le cercle de partage permet d'acquérir une connaissance et une compréhension bien plus poussées de la réalité des pensionnats que ne le permettent les livres ou les journaux et les reportages à la télévision, loin des intervenants.

Pour les peuples autochtones, les récits et les enseignements sont enracinés dans les relations. Par la narration, on acquiert, on valide et on partage la connaissance et la compréhension des événements passés. Dans un ouvrage sur son travail auprès des survivants de sa propre communauté, la travailleuse sociale Qwul'sih'yah'maht (Robina Anne Thomas) a écrit :

> Je n'ai jamais rêvé d'un moyen plus puissant d'apprendre à écouter. Malgré toutes les difficultés, les récits des survivants m'ont permis d'honorer les ancêtres et les conteurs tout en partageant des vérités tragiques, traumatisantes, incroyables par leur caractère inhumain sur les expériences que notre peuple a vécues. C'est ce degré d'intégrité qui s'est révélé essentiel à la narration [...] En adoptant un ton personnel pour enseigner quelque chose [...] On se donne pouvoir de toucher les gens de façon différente, plus profonde[190].

Lors d'une audience communautaire tenue à St. Paul (Alberta) en janvier 2011, Charles Cardinal a expliqué que, s'il n'avait aucun désir de se remémorer son expérience au pensionnat, il a tout de même décidé de se présenter, car « il faut faire entendre notre voix aux autres ». Quand on lui a demandé, compte tenu de l'histoire des pensionnats, ce que pouvait faire le Canada pour s'améliorer, il a répondu que nous devions « prêter l'oreille aux gens »[191]. Quand la même question a été posée à Laurie McDonald, à Beauséjour (Manitoba), elle a affirmé que le Canada devait commencer par « faire exactement ce qui se produit maintenant... les gouvernements... [doivent comprendre] qu'ils ne devront plus jamais, jamais, jamais faire ce genre de chose »[192]. À Ottawa, la survivante Victoria Grant-Boucher a déclaré :

> Je raconte mon histoire [...] pour éduquer le grand public canadien [...] [pour qu'il] comprenne le vol d'identité, vous savez, l'incidence qu'il a sur les gens, sur l'individu, sur la famille, sur la communauté [...]Je crois que le Canadien non autochtone doit comprendre qu'une personne des Premières Nations a une culture [...] Et je pense que nous, les Autochtones, on aurait tellement de choses à partager si vous nous donniez juste la chance de récupérer nos connaissances [...] Et je prends très au sérieux ce que disent les aînés [...] que nous devons nous guérir nous-mêmes. Nous devons nous guérir les uns les autres. Et pour guérir lui-même, le Canada doit nous permettre de guérir d'abord, pour que nous puissions contribuer ensuite. C'est ce que veut dire la réconciliation pour moi[193].

Les survivants ont dit à la Commission que l'une des raisons importantes qui les ont menés à briser le silence était le désir d'éduquer leurs propres enfants et petits-enfants en partageant publiquement l'histoire de leur vie. Ce partage a eu un effet marqué sur leurs descendants. Lors de l'événement national tenu au Manitoba, Desarae Eashappie a affirmé :

> Je suis restée assise ici toute la semaine pour avoir l'honneur d'écouter les récits des survivants. Et je sens [...] que je veux souligner l'importance de toutes les personnes présentes ici, vous savez, tous les aînés, tous les survivants, tous les descendants de survivants [...] Nous sommes tous assis ici, dans la solidarité [...] nous suivons chacun un parcours qui nous est propre, et [pourtant nous sommes] assis ensemble ici [...] avec autant de force dans cette salle, c'est vraiment phénoménal. Je voulais juste le souligner et remercier tout le monde ici. Me voir offrir cette expérience, cette occasion, vous savez, de m'asseoir ici [...] et d'écouter les autres et d'écouter leurs histoires et leurs expériences, vous savez, ça m'a donné une humilité indescriptible [...] Je peux maintenant ramener tout ça avec moi, à la maison. Parce que mon père est un survivant des pensionnats, j'ai vécu les traumatismes, mais je les ai vécus à l'extérieur de leur contexte[194].

Les récits des survivants sont des enseignements qui puisent leur source dans des expériences personnelles; les relations humaines que les survivants ont vécues durant leur l'enfance portent les cicatrices des blessures morales qui leur ont été infligées dans les pensionnats. Leurs histoires nous apprennent ce que veut dire perdre sa famille, sa culture, sa communauté, son estime de soi et sa dignité humaine. Elles nous enseignent également le courage, la ténacité et la résistance à la violence et à l'oppression. Pour apporter une réponse éthique aux récits des survivants, l'auditeur doit reconnaître la dignité du conteur et affirmer la réalité des injustices. Les témoins non autochtones doivent être disposés à « prendre le risque d'interagir différemment avec les Autochtones — avec vulnérabilité, avec humilité et avec la volonté de poursuivre la lutte de la décolonisation malgré l'inconfort qu'elle nous apporte... [et] en acceptant les récits [de la vie dans les pensionnats] comme des enseignements précieux — relativement à ces moments dérangeants aptes à changer nos convictions, nos attitudes et nos actions »[195].

Un certain nombre d'anciens membres du personnel des pensionnats se sont présentés à la Commission pour parler, non seulement de leurs perspectives sur les expériences vécues dans ces établissements, mais aussi de leur lutte intérieure pour faire la paix avec leur passé. Ancienne enseignante, Florence Kaefer s'est exprimée en ces termes lors de l'événement national du Manitoba :

> Au nom de mes ancêtres anglais, je m'excuse aujourd'hui pour ce que mon peuple a fait au vôtre. J'ai enseigné dans deux pensionnats. En 1954, j'ai séjourné trois à quatre ans au pensionnat indien de l'Église Unie de Norway House, puis j'ai travaillé à celui d'Alberni, en Colombie-Britannique. J'ai travaillé très fort pour être la meilleure institutrice possible et j'ignorais tout de la violence et de la cruauté qui avaient cours dans les dortoirs et les salles de jeux. Je l'ai appris de l'un de mes anciens élèves, qui avait cinq ans à son arrivée à Norway House, il s'appelle Edward Gamblin, et nous avons parcouru ensemble le chemin de la vérité et de la réconciliation[196].

Dans une entrevue médiatique menée par la suite, Mme Kaefer a affirmé qu'elle a communiqué avec M. Gamblin après avoir entendu sa chanson il y a quelques années décrivant les abus culturels, physiques et sexuels qu'il a subis au pensionnat de Norway House. Elle a dit : « Je me suis mise à pleurer. J'ai dit à ma sœur que je ne verrais plus jamais l'enseignement dans le pensionnat de la même façon ». Elle a appelé Gamblin après avoir entendu la chanson. Il lui a avoué qu'il devait cacher les abus qu'il subissait aux professeurs qui étaient gentils par peur de les perdre s'ils découvraient ce qui se passait et qu'ils quittent le pensionnat. Il a invité Kaefer à un cercle de guérison en 2006 et ils sont devenus des amis très proches. Kaefer a déclaré que Gamblin lui a montré à ne pas être gênée de son passé; d'avoir enseigné dans un pensionnat où des mauvais traitements étaient infligés. « J'avais 19 ans et, à cet âge, tu ne questionnes pas ton Église et ton gouvernement, mais je le fais certainement aujourd'hui. » [...] Gamblin affirme que Kaefer lui a montré comment pardonner. « Parmi les professeurs, il y en avait des bons qui ne méritent pas d'être blâmés », a-t-il souligné[197].

Quelques membres de la famille de l'ancien personnel de l'établissement se sont également manifestés. À l'occasion de l'événement national du Manitoba, Jack Lee a déclaré à la Commission :

> Mes parents faisaient partie du personnel du pensionnat indien de Norway House. Je suis né sur une réserve en Ontario et je suis déménagé avec ma famille à Norway House lorsque j'avais environ un ou deux ans. J'ai commencé l'école dans le système des pensionnats indiens, au début comme élève de jour [...] en tant que garçon blanc [...] Mon père était très torturé par rapport à son rôle [...] Mais je veux que tout le monde sache que mon père a fait de son mieux, comme

de nombreux autres membres du personnel, mais ils disposaient de si peu de ressources. Plusieurs d'entre eux se sentaient tellement mal de jouer un rôle là-dedans, mais ils choisissaient de rester dans le régime des pensionnats indiens, car c'était mieux que rien; cela valait toujours mieux que d'abandonner le régime et les élèves qui y résidaient[198].

À l'occasion de l'événement national de l'Atlantique, Mark DeWolf nous a parlé de son père, le révérend James Edward DeWolf, qui était le directeur de deux pensionnats : le premier à St. Paul's, en Alberta, et le deuxième, à La Tuque, au Québec. Il a déclaré ce qui suit :

> J'hésite à vous parler ce matin [...] Je ne suis pas ici pour défendre mon père, mais bien pour parler du genre de personne qu'il était. Je crois qu'il était un directeur exemplaire d'un pensionnat indien [...] Une partie de ce que je vais vous dire concerne ce que je voyais autour de moi, ce que mes parents ont tenté de faire; peu importe si cela a été efficace, qu'ils aient été bien intentionnés, que cela ait été bénéfique ou non, vous en saurez au moins un peu plus après aujourd'hui et vous pourrez juger par vous-même. J'espère que votre jugement sera empreint de gentillesse, de compréhension et d'une profonde empathie [...]

> [Mon père] portait tellement de chapeaux : il entraînait les équipes, il donnait le coup de sifflet ou le coup d'envoi lors d'événements sportifs. À minuit les jours d'hiver les plus froids, il était sur la patinoire qu'il avait construite derrière le pensionnat pour l'arroser afin que les enfants puissent patiner le lendemain. Il a consacré sa vie pour son église, son Dieu et ceux qui, selon lui, avaient été marginalisés, opprimés [...] C'est dommage que les pensionnats ne comptaient pas plus de personnes comme lui. Par contre, au moment de partir aujourd'hui, rappelons-nous que dans un régime comme celui des pensionnats, il y a des personnes à l'intérieur de ces établissements qui étaient des êtres bons, honnêtes, aimants et compatissants, et d'autres qui étaient aveugles, intolérants ou abusifs [...] Mon père a travaillé au sein de ce régime pour essayer de l'améliorer[199].

Témoins honoraires de la CVR

Dans le mandat de la Commission de vérité et réconciliation, la « réconciliation » est décrite comme un processus individuel et collectif continu qui inclut tous les peuples du Canada. Pour veiller à ce que ce processus soit réellement continu, même après la fin des travaux officiels de la CVR, les commissaires ont décidé très tôt de mettre en place une stratégie d'éducation publique et de promotion des intérêts pour mobiliser les sympathisants importants qui sont disposés à encourager les travaux continus en matière d'éducation publique et de dialogue. Nous avons fait appel à plus de soixante-dix d'entre eux dans l'ensemble du pays et au niveau international et nous les avons désignés témoins honoraires lors d'une cérémonie publique tenue dans le cadre de chacun des événements nationaux. Ensemble, ils représentent des dirigeants chevronnés et influents de tous les horizons, qui servent maintenant à titre d'ambassadeurs pour sensibiliser le grand public sur la nécessité d'une réconciliation. La plupart d'entre eux, y compris certains qui ont travaillé auprès d'Autochtones dans le passé, ont avoué en toute franchise qu'ils connaissaient et comprenaient mal le régime des pensionnats indiens et les séquelles qu'il avait laissées. Ils encouragent maintenant la population canadienne en général à faire ce qu'ils ont fait : à apprendre et à se laisser transformer par le changement social mû par la compréhension et l'engagement.

L'honorable Tina Keeper, témoin honoraire de la CVR et ancienne députée, qui fait également partie de la nation crie de Norway House, a pris la parole lors de l'événement national tenu en Saskatchewan. Elle a rappelé aux personnes présentes à quel point il était important d'honorer les relations entre les individus, les familles et les communautés ainsi que la mémoire. Elle a également parlé de sa propre participation émotionnelle dans la ratification de la Convention de règlement et des luttes menées pour obtenir des excuses de la part du Canada. Elle a souligné les importantes contributions que les Autochtones ont à faire en vue de permettre une guérison et une réconciliation nationales.

> J'ai eu l'occasion incroyable hier de verser librement des larmes et celles-ci ont coulé toute la journée. Je n'ai jamais pu faire ça quand j'étais à la Chambre des communes. J'ai eu le privilège de prononcer le discours au nom de l'opposition officielle lorsque la Convention a été déposée à la Chambre. Pendant le discours, j'ai dû arrêter en plein milieu pour respirer [...] parce que je ne pensais pas y arriver. Je pensais constamment à ma famille et à ma famille élargie, à mes grands-parents et à tellement de personnes dans les communautés [....] [N]os cultures, nos langues, nos valeurs et nos croyances spirituelles qui ont veillé sur nous à cette rencontre [...] deviendront des outils de guérison de notre nation[200].

À l'occasion de l'événement national tenu au Québec, le très honorable Paul Martin, ancien premier ministre et témoin honoraire de la CVR, a rappelé aux participants le rôle que l'éducation a joué dans les tentatives de destruction des familles, des communautés et des nations autochtones et du rôle qu'elle doit jouer dans la réparation de ces dommages. Il a déclaré ce qui suit :

> J'ai parlé à plusieurs personnes ici et à certains des députés qui sont ici [...] et la question que nous nous sommes posée est la suivante : « Comment se fait-il que nous n'étions pas au courant de ce qui se passait? » [...] Je ne peux toujours pas répondre à cette question [...] [N]ayons pas peur des mots et disons que ce qui est arrivé dans les pensionnats indiens est l'utilisation de l'éducation à des fins de génocide culturel. Ce que cela signifie dans les faits est que nous devons

offrir aux Autochtones canadiens, sans l'ombre d'un doute, le meilleur système d'éducation qu'il est possible d'avoir[201].

Même si certains témoins honoraires connaissaient déjà assez bien les enjeux autochtones, y compris celui des pensionnats, ils en ont appris sur cette histoire d'une toute autre façon lorsqu'ils ont entendu les témoignages des survivants. À l'occasion de l'événement national tenu en Saskatchewan, le très honorable Joe Clark, un ancien premier ministre, a déclaré que l'événement lui a permis de mieux connaître les conséquences intergénérationnelles des pensionnats et d'avoir une meilleure idée des défis et des occasions relativement à une réconciliation au Canada.

> Lorsque je suis arrivé ici ce matin, je connaissais déjà les grandes lignes de l'histoire, si je peux me permettre. Je savais ce qui était arrivé. J'avais déjà une idée des conséquences que le régime [des pensionnats indiens] a eues, mais je n'avais aucune idée de la portée, car je n'avais jamais été témoin auparavant de l'effet émotionnel qu'ont eu les pensionnats sur les nombreuses victimes ainsi que sur les générations qui ont suivi [...] [Aujourd'hui] j'ai entendu cette phrase, « Nous souffrons tous autant que nos secrets enfouis ». C'est un incitatif visant à encourager toutes les personnes qui ont gardé ces émotions et ces histoires enfouies trop profondément pendant trop longtemps, à faire montre de courage comme l'ont fait beaucoup d'entre vous et à faire connaître la vérité [...]
>
> À mesure que nous nous engageons sur la voie de la réconciliation, nous devons faire face à des difficultés interculturelles pour réconcilier les peuples qui ont vécu cette expérience avec ceux qui n'en ont pas fait partie. Nous aurons à gérer des différences culturelles, mais personne ne veut être déraciné. Et nous sommes en accord sur beaucoup de points, des bases communes sur lesquelles nous pouvons forger un consensus [...] La réconciliation suppose de trouver une façon de rassembler les inquiétudes légitimes des gens dans cette pièce ainsi que les appréhensions, appelons-les des peurs, [...] qui pourraient exister ailleurs au pays [...] Parmi les choses que nous devons faire, il faut veiller à ce qu'on fasse connaître non seulement les histoires d'abus qui concernent les Premières Nations et les peuples autochtones, mais également l'histoire de la contribution de ces gens au Canada et des valeurs inhérentes à ces communautés[202].

Les observations de Joe Clark renforcent l'opinion de cette commission, c'est-à-dire que l'apprentissage se fait d'une manière différente lorsque des tranches de vie sont partagées et présentées d'une façon qui relie les connaissances, la compréhension et les relations humaines. Il a mis le doigt sur un des défis clés en lien avec la réconciliation : comment combler les fossés entre ceux qui ont vécu l'expérience des pensionnats et ceux qui ne l'ont pas vécue et entre ceux qui ont participé aux travaux de la Commission de vérité et réconciliation et ceux qui ne l'ont pas fait.

L'honorable feu Andy Scott, ancien ministre des Affaires indiennes et du Nord canadien, a été désigné témoin honoraire à l'événement national de l'Atlantique de 2012 à Halifax. Il a ensuite accueilli de nouveaux membres dans le cercle des témoins honoraires à l'événement national de la Saskatchewan et il a été invité à partager sa propre expérience. Ses commentaires ont renforcé la conviction de la Commission, à savoir que l'apprentissage axé sur les relations et la mémoire des souvenirs mènent à une compréhension et à des connaissances approfondies des liens entre les expériences des survivants et la mémoire de la communauté et entre notre responsabilité collective et la nécessité de revoir l'histoire nationale, l'identité nationale et l'avenir national du Canada. Il a affirmé :

> Quand j'ai été invité à devenir témoin honoraire, j'ai pensé que j'étais préparé, étant donné que j'avais participé au processus de règlement et que j'avais déjà rencontré et parlé aux survivants. Je ne l'étais pas. À Halifax, j'ai été témoin de ce que c'est que de ne pas savoir aimer, car on ne l'a jamais été en retour. J'ai entendu des gens qui voulaient simplement que l'on croie leurs récits sur comment ça se passait réellement là-bas [...] On nous a parlé des efforts délibérés déployés pour déconnecter les jeunes enfants de leurs identités propres. Nous avons ressenti le sentiment de trahison envers les autorités : le gouvernement, la communauté et l'Église. On nous a parlé des punitions sévères infligées pour avoir parlé sa langue, vécu sa spiritualité et cherché ses frères et sœurs. Nous avons entendu les histoires d'horreur sur les gavages ainsi que sur les abus sexuels et physiques. Et on nous a parlé des morts. On nous a parlé de pardonner pour tenter de se relever et nous avons parlé à ceux qui ressentaient qu'ils ne seraient jamais capables de pardonner. Je ne pouvais pas, et ne peux toujours pas, imaginer avoir cinq ou six ans et être arraché à ma famille pour être transporté dans un endroit étranger, sans savoir pourquoi ni pour combien de temps. Le témoignage qui m'a le plus frappé est peut-être celui de Ruth, qui a dit simplement, « Je ne pensais jamais parler de mon expérience et maintenant, je crois que je n'arrêterai jamais. Mais le Canada est un grand pays. J'aurai besoin d'aide. »
>
> La réconciliation, ce sont des survivants qui parlent de leurs expériences, qui se sentent entendus et crus, mais il s'agit aussi d'une histoire partagée à l'échelle nationale. En tant que Canadiens, nous devons faire partie de la réconciliation de ce que nous avons fait collectivement avec nos identités propres. Pour y arriver avec intégrité et pour restaurer notre honneur, nous devons tous connaître l'histoire pour que nous puissions réunir ces différents Canada[203].

De nombreux autres témoins autochtones et non autochtones de divers horizons ont témoigné devant la Commission. Certains étaient là au nom de leur institution ou organisation. Certains étaient très proches ou entretenaient des liens professionnels avec les peuples autochtones, et d'autres non. La plupart ont déclaré que l'expérience leur a ouvert les yeux et leur a fait vivre une transformation profonde. Ils ont souligné à quel point ils avaient appris en écoutant les tranches de vie des survivants. Cela valait tant pour les témoins non autochtones que pour les témoins autochtones dont les propres familles ont été touchées par les pensionnats, mais qui n'avaient pas eu la chance jusqu'ici d'en apprendre plus sur ceux-ci, surtout dans ces nombreuses familles où personne n'était encore disposé à en parler ou capable de le faire.

À l'occasion de l'événement national tenu dans le Nord, à Inuvik, en 2011, Thérèse Boullard, la présidente de l'époque de la Commission des droits de la personne des Territoires du Nord-Ouest nous a déclaré :

> Nous devons avoir un compte-rendu fidèle de l'histoire [...] Aussi longtemps qu'il y a des personnes qui nieront ce qui est vraiment arrivé, aussi longtemps que nous n'avons pas une image complète de ce qui est arrivé, nous ne pourrons aller de l'avant dans cet esprit de réconciliation [...] Je veux reconnaître ces histoires comme des cadeaux, des mains tendues vers la réconciliation. Je pense que c'est incroyable qu'après tout ce qui s'est passé, après tout ce que vous avez vécu, que vous êtes prêts à partager votre souffrance avec le reste de la population canadienne dans cet esprit d'ouverture et de réconciliation et que vous avez la foi que le gouvernement du Canada et les Canadiens non autochtones la recevront d'une façon qui permettra de forger de meilleures relations à l'avenir. Il est incroyable que vous ayez cette foi pour partager vos histoires dans cet esprit; c'est une véritable leçon d'humilité, c'est très inspirant et je veux juste remercier les survivants pour ça[204].

À l'occasion de l'événement national tenu au Manitoba en 2010, Ginelle Giacomin, une enseignante en histoire d'une école secondaire de Winnipeg qui recueillait les déclarations confidentielles à l'événement, a affirmé :

> Je parlais à quelques élèves avant de venir cette semaine pour recueillir les déclarations et ils m'ont demandé : « Que voulez-vous dire par le fait qu'il reste des survivants? C'était il y a longtemps. C'était il y a des centaines d'années de cela. » Pour eux, c'est une page dans un livre d'histoire [...] Je me sens si choyée d'avoir passé une semaine assise avec chacun des survivants individuellement et d'avoir eu le privilège de connaître leurs histoires. J'ai entendu des choses atroces et des émotions déchirantes. Ces déclarations ont été très difficiles à entendre. Mais chaque personne à qui j'ai parlé a affirmé « nous sommes forts ». Et la force est la seule chose que j'amènerai avec moi quand je partirai. Le fait de continuer d'avancer, c'est quelque chose que je veux partager avec mes élèves à mon retour en classe, c'est la force intérieure de toutes les personnes à qui j'ai parlé ainsi que leurs témoignages. Et il est si important pour les élèves du secondaire, et tous les élèves au Canada, de parler davantage de ce qui s'est passé et de continuer d'en parler. Je veux juste remercier tout le monde qui a participé de m'avoir permis d'apprendre. J'ai un diplôme spécialisé dans l'histoire du Canada. J'en ai appris beaucoup plus au cours des cinq derniers jours sur le Canada que pendant les trois années que j'ai passées à étudier pour obtenir ce diplôme[205].

Au dire de tous, les sept événements nationaux de la Commission ont fourni un espace respectueux propice à un dialogue public. Plus de 150 000 Canadiens se sont mobilisés pour participer à ces événements et aux quelques 300 autres événements communautaires de plus petite envergure. Le caractère transformateur de ces événements était une des caractéristiques les plus souvent mentionnées pour les décrire. Il incombera aux autres de déterminer leur efficacité à long terme et de juger du potentiel de ce modèle en matière d'éducation publique continue. Toutefois, en tant que commissaires de la Commission de vérité et réconciliation, nous sommes tous deux convaincus que le dialogue public est essentiel au processus de réconciliation.

Les arts : pratiquer la résistance, la guérison et la réconciliation

La réconciliation n'est pas un processus facile. Ce processus exige de ceux qui ont subi un préjudice de revoir des souvenirs douloureux et de ceux qui ont nui à autrui, directement ou indirectement, d'assumer la responsabilité des actes commis. Il nous demande de pleurer et de souligner la perte terrible des peuples, des cultures et des langues, même dans la célébration de leur survie et de leur revitalisation. Il nous demande d'imaginer un avenir plus juste et plus inclusif, même lorsque nous sommes aux prises avec les séquelles réelles de l'injustice. Comme la CVR en a témoigné dans chaque région du pays, l'expression créative peut jouer un rôle vital dans le processus de réconciliation national, car elle fait place à d'autres voix, d'autres véhicules et d'autres occasions d'exprimer les vérités de l'histoire et les espoirs du présent. L'expression créative soutient les pratiques quotidiennes de résistance, de guérison et de reconnaissance des individus et de la communauté, ainsi qu'aux échelons régionaux et nationaux.

Dans le monde entier, les arts offrent un cheminement créatif qui amène à briser les silences, à transformer les conflits et à réparer les relations endommagées par la violence, l'oppression et l'exclusion. Des pays ravagés par la guerre aux communautés locales aux prises avec des problèmes quotidiens de violence, de pauvreté et de racisme, les arts sont couramment mis à profit par les éducateurs, les intervenants et les dirigeants de la communauté pour gérer les traumatismes et les émotions difficiles ainsi que pour combler les fossés culturels par la communication[206].

L'art est un moyen d'expression actif et la « participation dans les arts est un garant des droits de la personne, car la première chose qui est arrachée aux groupes vulnérables, marginalisés ou minoritaires est le droit de s'exprimer librement »[207]. Les arts aident à restaurer la dignité humaine et l'identité pour protester contre l'injustice. Lorsque la démarche artistique est bien dirigée, les arts permettent également aux gens d'explorer leurs propres visions du monde, valeurs, croyances et attitudes qui pourraient constituer des barrières à la guérison, à la justice et à la réconciliation.

Même avant la création de la CVR, de plus en plus de travaux, y compris des mémoires des survivants et des œuvres de fiction par des auteurs autochtones bien connus, ainsi que des films et des pièces de théâtre, ont présenté l'histoire et les séquelles des pensionnats indiens au grand public canadien, lui permettant de découvrir les pensionnats à travers les yeux des survivants. Il s'agit notamment de mémoires comme celui d'Isabelle Knockwood intitulé *Out of the Depths : The Experiences of Mi'kmaw Children at the Indian Residential School at Shubenacadie, Nova Scotia* (1992) et de travaux plus récents, par exemple *Finding My Talk: How Fourteen Native Women Reclaimed Their Lives after Residential School* d'Agnes Grant (2004); *Mon Cœur Palpitait Comme un Tambour : Ce que j'ai appris dans les Pensionnats destinés aux Indiens, Territoires du Nord-Ouest* d'Alice Blondin (2009); *Broken Circle: The Dark Legacy of Indian Residential Schools: A Memoir* de Theodore Fontaine (2010);*They Called Me Number One: Secrets and Survival at an Indian Residential School* de Bev Sellars (2013); et *Up Ghost River: A Chief's Journey through the Turbulent Waters of Native History* d'Edmund Metatawabin et d'Alexandra Shimo (2014). Les œuvres de fiction (parfois tirées de l'expérience personnelle des auteurs), telles que *Kiss of the Fur Queen* de Tomson Highway (1998), *Porcupines and China Dolls* de Robert Alexie (2009) ou *Indian Horse* de Richard Wagamese (2012), sont des récits de mauvais traitements, de négligence et de perte, mais aussi de guérison, de rédemption et d'espoir. En 2012, la Fondation autochtone de guérison a publié *Speaking My Truth : Reflections on Reconciliation and Residential Schools,* puis a invité les clubs de lecture à travers le pays à lire l'ouvrage et à en discuter. Les films documentaires tels que *Where the Spirit Lives* (1989), *Kuper Island : Return to the Healing Circle* (1997) et *Muffins for Granny* (2008) ainsi que les docudrames tels que *We Were Children* (2012) servent tous à éduquer les Canadiens et le monde en général au sujet de l'expérience des pensionnats indiens, à l'aide de textes et d'images puissants. Georgina Lightning, une survivante intergénérationnelle, est devenue la première femme autochtone à réaliser un long-métrage : *Older Than America* (2008). La pièce de Kevin Loring, *Where the Blood Mixes*, a reçu le Prix littéraire du Gouverneur général dans la catégorie du théâtre en 2009. Cette pièce allie le tragique et le comique pour raconter l'histoire de trois survivants à la suite de l'expérience qu'ils ont vécue dans les pensionnats indiens.

L'art peut être puissant et avoir un effet provocateur. À travers leurs œuvres, les artistes autochtones cherchent à résister à l'interprétation culturelle, qui offre une version du passé et de la réalité actuelle du Canada teintée par la vision des colonisateurs : ils contestent cette interprétation. Un dialogue interculturel sur l'histoire, la responsabilisation et les arts offre un potentiel de guérison et de transformation tant pour les Autochtones que pour les non-Autochtones[208]. Cependant, l'art ne comble pas toujours ce fossé entre les cultures, et il n'a pas à le faire pour produire un puissant effet. Les actes de résistance prennent parfois place dans des « espaces d'impossible conciliation », et les artistes choisissent parfois de garder pour eux leur expérience en pensionnat indien ou de ne la partager qu'avec d'autres Autochtones[209]. Ces modes d'action sont eux aussi essentiels pour la revalorisation individuelle et collective de l'identité, de la culture et de la mémoire des communautés.

La Commission fait remarquer que l'utilisation des arts créatifs au cours d'ateliers communautaires favorise la guérison des survivants et de leurs familles, ainsi que celle de l'ensemble de la collectivité par la revalorisation des traditions culturelles. Au cours d'une enquête sur 103 projets communautaires de guérison, la Fondation autochtone de guérison (FAG) a constaté que 80 % de ces projets prévoyaient la tenue d'activités culturelles et l'intervention de guérisseurs traditionnels : des enseignements par les aînés, des récits, la transmission du savoir traditionnel, des programmes axés sur la langue, des activités en milieu naturel, des festins et des pow-wow, l'apprentissage de formes d'art traditionnel, la récolte de plantes médicinales, des prestations de tambours, des chants et des danses. Dans son rapport, la FAG a fait observer ce qui suit :

> Un élément clé de la réussite des programmes de guérison tient à leur diversité : différentes activités sont associées pour créer des programmes globaux qui répondent aux besoins physiques, affectifs, culturels et spirituels des participants. Comme on pouvait s'y attendre, des interventions artistiques ponctuent nombre des activités culturelles (fabrication de tambours, perlage, chant et tambour), ainsi que des soins thérapeutiques (art-thérapie et psychodrame)[210].

Les données qu'a obtenues la Fondation autochtone de guérison révèlent sans l'ombre d'un doute que les pratiques artistiques créatives sont très efficaces dans la reconstitution, pour les survivants et leurs familles, des liens avec leur culture, leur langue et leur communauté. De notre point de vue, cela confirme une fois de plus que le financement destiné aux projets de guérison au sein des communautés est une priorité absolue pour les collectivités autochtones.

Les expositions d'art ont joué un rôle particulièrement puissant dans le processus de guérison et de réconciliation. En 2009, l'artiste anishinaabe de renommée nationale, Robert Houle, ancien élève du pensionnat indien de Sandy Bay, au Manitoba, a créé une série de vingt-quatre toiles pour une exposition permanente aménagée à l'école des beaux-arts de l'Université du Manitoba. Au cours d'une entrevue menée par la CBC, le 24 septembre 2013, il a expliqué : « Pendant le processus, des souvenirs réprimés sont remontés à la surface [... mais] cette expérience m'a semblé purificatrice. À la fin, j'ai ressenti un grand soulagement, comme un soupir de libération[211]. »

Plusieurs grandes expositions d'art se sont tenues en marge des événements nationaux qu'a organisés la Commission dans le cadre de son mandat. Pendant l'événement national britanno-colombien tenu à Vancouver, par exemple, on a inauguré trois grandes expositions présentant des artistes autochtones réputés, dont certains sont également des survivants ou des survivants intergénérationnels.

Un certain nombre d'artistes non autochtones y ont aussi pris part. Leurs œuvres abordaient les thèmes du déni, de la complicité, des excuses et des politiques gouvernementales. Deux de ces expositions ont été présentées à l'Université de la Colombie-Britannique : *Witnesses: Art and Canada's Indian Residential Schools,* à la galerie d'art Morris and Helen Belkin, et *Speaking to Memory: Images and Voices from the St. Michael's Residential School,* au musée d'anthropologie. Ces deux expositions, fruits d'efforts de collaboration, ont également fait appel à des survivants, à des artistes et au personnel de conservation dans le cadre de projets connexes d'éducation populaire, dont des ateliers, des symposiums et des dialogues avec le public au sujet des œuvres[212].

Un nombre important de déclarations recueillies par la Commission ont aussi été livrées sous une forme artistique. Certains survivants ont déclaré qu'il leur était trop douloureux de raconter leur histoire simplement, mais qu'ils sont arrivés à exprimer leur message à travers l'écriture d'un poème, d'une chanson ou d'un livre. D'autres ont produit un enregistrement vidéo ou audio, offert des photographies, monté une pièce de théâtre ou réalisé un film. D'autres encore ont créé des couvertures traditionnelles, des courtepointes, des sculptures ou des peintures pour représenter leur expérience dans les pensionnats indiens, pour rendre hommage aux survivants ou pour rappeler la mémoire des personnes qui n'ont pas survécu. Ainsi, non seulement les témoignages oraux, mais aussi un large éventail d'objets artistiques ont contribué à produire une mémoire durable de ces écoles. Les arts ont créé un nouvel espace critique où les survivants, les artistes, les conservateurs et la population peuvent explorer la complexité des notions de « vérité », de « guérison » et de « réconciliation ».

La Commission a financé ou soutenu plusieurs projets artistiques. Dès le début de son mandat, la CVR a parrainé le projet Living Healing Quilt, organisé par la courtepointière anishinaabe Alice Williams de la Première Nation de Curve Lake, en Ontario. Des survivantes et des survivantes intergénérationnelles des quatre coins du pays ont créé des carrés de courtepointe représentant leurs souvenirs des pensionnats indiens. Ces carrés ont ensuite été cousus pour créer trois courtepointes : *Schools of Shame, Child Prisoners* et *Crimes Against Humanity.*

Les courtepointes racontent le traumatisme, la perte, l'isolement, le rétablissement, la guérison et l'espoir à travers le regard des femmes. La couture enseignée aux jeunes filles autochtones dans les pensionnats indiens, qui ont transmis ce savoir à leurs propres filles et petites-filles, sert aujourd'hui à tracer l'envers du récit[213]. Ce projet a de plus inspiré le projet Healing Quilt qui alliait l'éducation et l'art. Au cours de l'événement national tenu au Manitoba, les départements des études féminines et de genre et de gouvernance autochtone de l'Université de Winnipeg ont offert à la CVR, en guise de réconciliation, une courtepointe qu'avaient créée les étudiants et leurs professeurs dans le cadre de leurs cours. Par des lectures, des conversations et des activités artistiques en classe, ils ont pu créer un espace d'apprentissage et de réflexion sur l'histoire et le patrimoine des pensionnats indiens dans le contexte de la réconciliation[214].

Un rapport commandé par la CVR, « Practicing Reconciliation: A Collaborative Study of Aboriginal Art, Resistance and Cultural Politics », s'est appuyé sur les résultats d'un an de travaux de recherche. En collaboration avec des survivants, des artistes et des conservateurs, une équipe de chercheurs multidisciplinaire s'est penchée sur les conséquences positives qu'ont les pratiques artistiques sur le processus de réconciliation. La recherche s'est faite par une série d'entretiens, d'ateliers, de résidences d'artistes, de séances de planification, de symposiums, de périodes de gestation artistique, de publications et de plateformes électroniques d'apprentissage. Le rapport révèle toute l'étendue et le potentiel des approches artistiques en matière de réconciliation.

> Nous nous ferons d'abord l'écho des personnes interrogées et des artistes, qui ont été nombreux à l'affirmer : la réconciliation est une action profondément complexe, et la réussite ne devrait pas se mesurer à l'*atteinte* d'une réconciliation putative [que l'on suppose légitime], mais au *cheminement* vers ce noble objectif. En effet, on pourrait affirmer qu'une réconciliation totale ne peut être que vacillante, impossible, et que théoriciens, artistes, survivants et populations diverses participant à ce difficile processus feraient mieux de consacrer leurs efforts à travailler de concert à une meilleure compréhension de nos histoires, de nos traumatismes et de ce que nous sommes[215].

Les divers projets réalisés permettent de constater que les arts et les pratiques artistiques peuvent contribuer à façonner la mémoire collective de manières susceptibles d'amener une transformation chez les personnes, les communautés et l'histoire nationale.

Projets de commémoration des pensionnats indiens

La commémoration ne devrait pas servir à tourner la page sur l'histoire et les séquelles des pensionnats indiens. Elle devrait plutôt amener les citoyens à entretenir le dialogue sur un passé douloureux et sur les raisons pour lesquelles cette histoire revêt une telle importance aujourd'hui. Les projets de commémoration et les monuments commémoratifs érigés sur les sites des anciennes écoles et dans les cimetières nous rappellent concrètement l'attitude honteuse du Canada et la complicité de l'Église. Ils témoignent de la souffrance et de la perte que des générations d'Autochtones ont subies et surmontées. Le processus de rappel du passé constitue un voyage au cœur de sentiments contradictoires : perte et résilience, colère et acceptation, déni et remords, honte et fierté, désespoir et espoir. La Convention de règlement a souligné l'importance historique et le potentiel de réconciliation du souvenir en établissant un fonds spécial destiné aux projets de commémoration de l'expérience en pensionnat indien et en attribuant un rôle dans l'approbation de ces projets à la Commission de vérité et réconciliation du Canada.

Comme il a été mentionné dans la partie du rapport portant sur les activités de la Commission, les projets de commémoration réalisés à travers le pays ont été financés en vertu de la Convention de règlement. Vingt millions de dollars ont été prévus pour permettre à des collectivités autochtones et divers partenaires et organisations de réaliser des projets à l'échelle des collectivités, des régions ou du pays entier. La Commission a évalué et formulé des recommandations, qu'elle a transmises à Affaires autochtones et Développement du Nord Canada, ministère responsable de l'administration des fonds destinés aux projets de commémoration.

Contrairement aux commémorations entreprises de manière plus classique par les États, lesquelles avaient tendance à renforcer le point de vue du colonisateur, les projets de commémoration des pensionnats indiens ont remis en cause l'histoire officielle du Canada et remanié la mémoire collective. De nombreuses collectivités de Premières Nations, d'Inuits et de Métis se sont associées à des organismes autochtones régionaux ou nationaux et ont sollicité la participation des églises locales, des gouvernements et de leurs voisins non autochtones. La portée, l'envergure et la créativité des projets réalisés étaient vraiment impressionnantes. Il y a eu des courtepointes traditionnelles et virtuelles, des monuments, des structures commémoratives, des jardins de plantes thérapeutiques traditionnelles, des activités de sculpture de mâts totémiques et de canots, des projets de tradition orale, des cérémonies et des banquets communautaires, des activités culturelles rattachées à la terre, des camps linguistiques, des projets de restauration de cimetières, des projets d'enregistrement de contes par caméra pellicule ou numérique, des sentiers de randonnée commémoratifs, des pièces de théâtre et des spectacles de danse[216].

Sur les conseils du Comité des survivants de la CVR, la Commission a cerné trois éléments du processus de commémoration qui sont essentiels à la réconciliation à long terme. D'abord, les survivants devaient mener les projets, c'est-à-dire que la réussite des projets dépendait des conseils, des recommandations et de la participation active des survivants. Ensuite, les projets de commémoration devaient créer des liens entre, d'une part, les familles autochtones et la mémoire des communautés et, d'autre part, la mémoire collective du Canada et l'histoire nationale. Enfin, l'intégration de la tradition orale et des pratiques commémoratives autochtones aux projets de commémoration devait faire en sorte que les processus de commémoration des lieux, de réappropriation identitaire et de revitalisation culturelle cadrent avec le principe de l'autodétermination.

Se rappeler l'histoire des survivants renforce les liens entre les familles et les communautés, liens qui ont été coupés, mais pas détruits. Néanmoins, les familles pleurent tout ce qu'elles ont perdu et ne pourront jamais retrouver. Les actes de commémoration rappellent le souvenir de ceux qui nous ont quittés et leur rendent hommage, et ils réconfortent ceux pour qui une histoire d'injustice et d'oppression est toujours très à l'œuvre. La commémoration symbolise aussi l'espoir et est synonyme de revitalisation culturelle et de reconquête de l'histoire et de l'identité. Alors même qu'elles pleurent leurs pertes, les familles imaginent un avenir meilleur pour les plus jeunes et pour les générations à venir.

La mémoire collective des peuples autochtones est conservée dans certains lieux : sur leurs terres traditionnelles et là où se trouvaient autrefois les pensionnats indiens[217]. Le 24 mars 2014, le Grand conseil du Traité n° 3 a rassemblé des survivants, des aînés et d'autres Autochtones à Kenora, en Ontario, pour la cérémonie de clôture des commémorations ayant eu lieu antérieurement dans chacun des cinq sites où se trouvaient autrefois les pensionnats indiens sur le territoire. Des monuments avaient été érigés sur chacun de ces sites. À cette occasion, Richard Green, coordonnateur du projet de commémoration qui a duré deux ans, a déclaré : « Il s'agit d'une célébration de tous les sites. Ce rassemblement a pour but de rendre hommage à tous les enfants dans le cadre de la commémoration de notre patrimoine. Pour que nous n'oublions pas, comme ils disent. Nous pouvons probablement pardonner, mais nous n'oublierons jamais notre histoire. » Il a expliqué que les monuments « ont été accueillis avec enthousiasme et de nombreuses réactions positives. Désormais, les gens disposent d'endroits concrets où se rendre pour se souvenir[218]. »

Témoignage de l'expérience des enfants : les œuvres des enfants du pensionnat indien d'Alberni

L'histoire d'une petite collection d'œuvres d'art créées par des enfants au pensionnat indien d'Alberni dans les années 1950 et 1960 montre bien la vitalité, les possibilités de guérison et les souvenirs collectifs que peuvent insuffler la reconnaissance et le respect des protocoles et des pratiques autochtones de cérémonie et de témoignage qui prennent la forme du dialogue, des arts et de la commémoration. Cette histoire est intimement liée aux récits familiaux des survivants, à la tradition orale et à la mémoire collective des nations Nuu-chah-nulth.

Les peintures du pensionnat indien d'Alberni font partie d'une vaste collection d'œuvres d'enfants autochtones qu'a léguées à l'Université de Victoria en 2009 le défunt artiste, Robert Aller. Résident de Port Alberni, en Colombie-Britannique, Aller a au départ offert de son temps pour donner des cours d'art à certains élèves en marge de leur programme scolaire au pensionnat. Puis, le ministère des Affaires indiennes l'a engagé pour enseigner les arts de 1956 à 1987 au pensionnat d'Alberni, au pensionnat indien McKay de Dauphin, au Manitoba, ainsi que dans les collectivités autochtones de plusieurs autres provinces.

La collection comprend plus de 750 toiles, dont 36 proviennent du pensionnat indien d'Alberni. Aller a aussi fait don à l'Université de ses documents personnels, de centaines de photographies, de diapositives et de documents d'archives exposant sa vision de l'enseignement et de l'art. Il s'opposait à la pensée régissant l'existence des pensionnats indiens. Il voyait l'art comme un moyen de libérer les élèves de leur environnement quotidien et pour ceux-ci d'exprimer leur créativité soit à travers des œuvres d'inspiration traditionnelle, soit à travers des tableaux s'appuyant sur les théories de l'art contemporain. Les toiles du pensionnat indien d'Alberni représentent des paysages, des personnes, des animaux, des masques et des récits traditionnels, ainsi que les bâtiments du pensionnat. La plupart des artistes ont signé leur toile, inscrivant leur âge à côté de leur nom. Ainsi, chaque enfant se singularise; l'anonymat qui dépersonnalise une si grande part du vécu dans les pensionnats indiens est levé.

En 2010, la professeure de l'Université de Victoria, Andrea Walsh, Ph. D., qui entreprenait un projet de recherche sur cette collection d'œuvres, a rencontré les commissaires, qui l'ont encouragée à se plonger dans ce projet. Elle s'est alors adressée à deux aînés de la Maison des Premières Nations de l'Université, afin qu'ils l'orientent dans son processus : Tousilum (Ron George), un survivant de pensionnat indien, et Sulsa'meeth (Deb George), sa femme. Ils l'ont aidée à entrer en contact avec des survivants, des aînés et des chefs de Port Alberni, en territoire Nuu-chah-nulth, lorsque le groupe s'y est rendu avec les peintures. Les membres de la communauté ont alors examiné les peintures réalisées par les enfants tant d'années auparavant, chacun partageant ses souvenirs des artistes, de l'école, des parents et des communautés qu'ils ont laissés derrière eux.

Sous la direction des membres de cette communauté et en collaboration avec sa collègue Qwul'sih'yah'maht (Robina Thomas, Ph. D.) et avec le personnel de la CVR, Walsh a commencé à préparer l'exposition des œuvres dans l'aire d'apprentissage de l'événement régional de la CVR, qui devait se tenir à Victoria en avril 2012. Au cours d'une cérémonie extrêmement émouvante, les aînés Nuu-chah-nulth, les survivants et les chefs héréditaires ont accueilli les œuvres d'art dans l'aire d'apprentissage au son des tambours et des chants et au rythme des danses. Chaque peinture, portée avec respect et amour par une femme Nuu-chah-nulth vêtue de la couverture à boutons cérémonielle, a été ainsi présentée au public.

Par la suite, la communauté a reçu des fonds de commémoration pour tenir un banquet traditionnel le 30 mars 2013 à Port Alberni, en vue de mettre les artistes et leurs familles en présence des peintures. Les membres de la famille de Robert Aller ont également été invités. Leur émotion était palpable au moment où ils entendaient le récit des peintures, et ils ont déclaré qu'Aller aurait été heureux de constater que les toiles sont revenues au sein de la communauté. Elles ont été rendues aux personnes qui souhaitaient les avoir; les autres œuvres ont été prêtées à l'Université de Victoria, où elles seront conservées, protégées et exposées, en fonction d'un protocole convenu avec les survivants et leurs familles[219].

Au cours d'un entretien accordé aux médias, le survivant et chef héréditaire Lewis George a affirmé que ces cours d'art lui ont probablement évité les abus sexuels d'Arthur Plint, reconnu coupable de pédophilie, qui enseignait au pensionnat indien d'Alberni. Il se souvient du contraste évident entre la gentillesse dont Aller faisait preuve envers lui et la dure réalité de la vie au pensionnat. Il a déclaré : « Je veux que mon histoire demeure. » Selon Wally Samuel, un autre survivant du pensionnat d'Alberni qui a participé à la coordination du projet, chacun a réagi différemment en apprenant que les peintures existaient toujours. « Certains se sont tus, et d'autres ont tout de suite exprimé leur hâte de les voir... quoi qu'il en soit, tous se souvenaient de leurs cours d'art[220]. »

En mai 2013, les peintures du pensionnat indien d'Alberni ont été présentées lors d'une exposition spéciale ayant pour titre *To Reunite, To Honour, To Witness*, à la Legacy Art Gallery de l'Université de Victoria. Des survivants, des aînés et des membres de la communauté travaillent toujours de concert avec Walsh et Qwul'sih'yah'maht à consigner le récit de la création des peintures par les enfants et à rendre les œuvres à leur auteur dans le cadre du rétablissement des liens entre les personnes, les familles et la mémoire communautaire et de la transmission à la population d'une partie auparavant inconnue de l'histoire et des séquelles des pensionnats indiens.

En septembre 2013, on a ramené encore une fois les peintures dans l'aire d'apprentissage, lors de l'événement national de la Colombie-Britannique organisé par la CVR à Vancouver, et le groupe a posé un geste de réconciliation en insérant des copies des œuvres dans la boîte en bois cintré, le coffre commémoratif de la Commission. Elles font ainsi partie du dossier permanent sur le travail accompli par la Commission.

Le projet de commémoration publique du Canada

La Commission prend acte du projet de commémoration nationale du gouvernement fédéral, que celui-ci a qualifié d'« expression de réconciliation » au moment de l'annonce publique qu'il a faite au cours de l'événement national tenu dans l'Atlantique en 2011. Il s'agit d'un vitrail à deux pans commandé à l'artiste métisse Christi Belcourt et intitulé *Giniigaaniimenaaning*, ou *Looking Ahead*. Les deux parties du vitrail représentent l'histoire des pensionnats indiens, la culture de résilience des peuples autochtones et l'espoir pour l'avenir. Le panneau de verre a été installé en permanence dans l'édifice du Centre du Parlement et dévoilé au cours d'une cérémonie le 26 novembre 2012[221]. L'installation de la fenêtre dans un espace public aussi important contribue à faire davantage connaître l'histoire des pensionnats indiens et les séquelles qu'ils ont laissées à la population canadienne et au monde entier; elle constitue une reconnaissance de la responsabilité du gouvernement fédéral dans la mise sur pied du régime des pensionnats indiens.

À la cérémonie de dévoilement, l'artiste Christi Belcourt a déclaré que ce sont les survivants eux-mêmes qui lui ont inspiré les motifs du vitrail. Elle a dit :

> Les histoires des anciens élèves des pensionnats n'ont jamais été entendues dans cet immeuble. C'est pourquoi je veux vous en raconter une [...] J'ai demandé à Lucille [Kelly-Davis], une survivante des pensionnats indiens, de me dire ce qu'elle voulait voir sur le vitrail. J'ai aidé Lucille tout au long du processus de règlement des pensionnats indiens et, comme celle de tant d'autres survivants, son histoire est horrible [...] Malgré son enfance difficile, Lucille est mariée, a quatre enfants et a maintenant de nombreux petits-enfants. Elle est gardienne du calumet, elle participe aux cérémonies traditionnelles et aide les jeunes à apprendre les traditions. Elle est une grand-mère anishnabeg puissante, généreuse, aimante et affectueuse. Elle donne tout ce qu'elle peut à sa collectivité et à sa famille. Elle n'est pas une victime, elle est une survivante. Lorsque je lui ai demandé quoi mettre dans le vitrail, elle m'a demandé de raconter notre version de l'histoire [...] Elle m'a demandé de parler de l'espoir [...] Il faut regarder en avant, comme le dit le titre du vitrail, Giniigaaniimenaaning, regarder vers l'avenir de ceux qui ne sont pas encore nés [...]
>
> Comme Lucille m'a demandé de représenter l'espoir, ce que j'ai essayé de montrer dans mon œuvre, ce sont les choses positives que j'ai vues dans ma vie. Malgré les pensionnats indiens, les enfants, les adultes et les aînés dansent en portant le costume traditionnel afin de célébrer qui nous sommes, en tant que peuple autochtone. Partout au pays, les jeunes Métis apprennent à violoner et à giguer avec fierté. Il y a des arénas remplis d'aînés inuits qui dansent au son des tambours pendant que de petits enfants courent autour d'eux en parlant inuktitut. Des collectivités entières se réunissent lors de moments joyeux ou de moments de grande tristesse. Les pavillons refont surface, on chante les chansons traditionnelles et on enseigne et pratique encore les cérémonies traditionnelles.
>
> J'aimerais être capable de montrer au gouvernement que la réconciliation pourrait aller beaucoup plus loin. J'aimerais pouvoir convaincre les dirigeants que la réconciliation n'est pas un objectif irréaliste si la volonté et le courage existent de laisser tomber les anciennes conceptions et les vieux comportements paternalistes. Des mesures doivent être prises, et lorsque des mesures doivent être prises, il ne faut pas nous offrir du silence. Nous avons besoin d'appui, ne nous accusez pas d'être un poids [...] J'aimerais pouvoir toucher le cœur des députés, qu'ils soient membres du Parti conservateur, du NPD ou du Parti libéral, leur dire que le renouveau et la réconciliation peuvent avoir lieu entre les

Autochtones et les autres Canadiens grâce au bien-être durable des générations d'Autochtones à venir[222].

Lors de nos audiences auprès d'anciens élèves, nous avons entendu maintes fois parler de fenêtres. L'histoire d'enfants qui regardaient par la fenêtre au pensionnat en attendant et en espérant que leurs parents viennent les chercher. Les enfants qui ont pleuré quand personne n'est venu, surtout à Noël ou lors d'autres fêtes. Les enfants à qui on a dit, parfois en les tirant par les cheveux pour les éloigner, « éloigne-toi de cette fenêtre » ou « tes parents ne viendront pas de toute façon ». Les enfants qui fixaient l'obscurité ou qui regardaient au loin, en pleurant silencieusement, parce qu'ils se sentaient si seuls et s'ennuyaient trop de la maison. Dans les fenêtres se cristallisait aussi l'espoir. Les survivants ont également raconté comment ils ont souri et ri, comment ils n'ont pas pu retenir leurs larmes de joie lorsqu'ils ont vu leurs parents ou grands-parents venus les visiter ou les ramener à la maison[223]. Les fenêtres des pensionnats évoquent ainsi de bons et de mauvais souvenirs pour les survivants. C'est pourquoi un vitrail commémoratif semble être approprié pour garder le souvenir et honorer la mémoire des enfants des pensionnats indiens.

La commémoration dans des espaces publics que traversent un grand nombre de personnes, tels que l'édifice du Parlement, ouvre la porte au dialogue sur ce qui s'est passé, sur les raisons de ces événements et sur l'apprentissage que l'on peut tirer de cette histoire. À travers le dialogue, les citoyens peuvent renforcer leur capacité à « accueillir la différence, reconnaître l'injustice et faire preuve d'une volonté de partager la responsabilité du passé »[224]. Dans le contexte d'une réconciliation nationale, un acte commémoratif public durable peut contribuer à l'éducation sur les droits de la personne au sens le plus large.

Cependant, bien que le vitrail commémoratif constitue un geste considérable de réconciliation, la Commission croit que le gouvernement fédéral doit faire plus pour s'assurer que la commémoration nationale de l'histoire et des séquelles des pensionnats indiens finisse par faire partie intégrante du patrimoine canadien et de l'histoire nationale. En vertu de la *Loi sur les lieux et monuments historiques* (1985), le ministre responsable de Parcs Canada a l'autorité de désigner les sites historiques d'importance nationale et d'approuver les monuments et plaques commémoratifs[225]. La Commission des lieux et monuments historiques du Canada conseille le ministre « sur la commémoration d'aspects du passé du Canada qui revêtent une importance nationale et notamment sur la désignation des lieux, des personnages et des événements historiques nationaux »[226]. Cette commission examine les demandes qu'elle reçoit de citoyens canadiens qui proposent des candidatures par l'entremise du Programme national de commémoration historique, puis elle formule des recommandations pertinentes[227]. Il est courant de voir que des sites patrimoniaux, des monuments et des plaques sont proposés pour rappeler le passé du Canada, mais les demandes de commémoration des aspects de notre histoire nationale qui révèlent un génocide culturel, la violation de droits de la personne, le racisme et l'injustice posent davantage problème.

Comme nous l'avons fait remarquer précédemment, à l'échelle internationale, les *Principes Joinet/Orentlicher* qu'a adoptés l'ONU prévoient la responsabilité des États, lesquels doivent prendre des mesures pour s'assurer que la violence collective contre un groupe de personnes en particulier ne se reproduit pas. En plus d'offrir une indemnisation, de présenter des excuses et d'entreprendre des réformes éducatives, les États ont aussi un devoir « de mémoire ». En vertu du Principe 2 :

> La connaissance par un peuple de l'histoire de son oppression appartient à son patrimoine et, comme telle, doit être préservée par des mesures appropriées au nom du devoir de mémoire qui incombe à l'État [...] Au plan collectif, des mesures de portée symbolique, à titre de réparation morale, telles que la reconnaissance publique et solennelle par l'État de sa responsabilité, les déclarations officielles rétablissant les victimes dans leur dignité, les cérémonies commémoratives, les dénominations de voies publiques, l'érection de monuments, permettent de mieux assumer le devoir de mémoire[228].

En 2014, la rapporteuse spéciale de l'ONU dans le domaine des droits culturels, Farida Shaheed, a préparé un rapport sur les processus de commémoration dans les pays où les victimes et leurs familles, en collaboration avec des artistes et divers groupes de la société civile, ont officieusement commémoré leur expérience d'une façon pouvant aller à l'encontre des versions de l'histoire nationale des États[229]. Shaheed a souligné que la commémoration de l'expérience des peuples autochtones — tant de leur oppression que de leur contribution positive à la société — qui se fait dans de nombreux pays, dont le Canada, n'était pas une initiative émanant de l'État. Ce sont plutôt les peuples autochtones eux-mêmes qui en sont à l'origine.

> Au Canada, un monument intégrant de nombreux éléments de la culture autochtone a été construit en mémoire des anciens combattants autochtones de la Première Guerre mondiale, à la demande des peuples autochtones. Toutefois, ce monument a été construit plus tard que celui qui a été érigé à la mémoire des autres soldats canadiens, dans un lieu différent. Des projets mémoriels sont également organisés [...] concernant l'histoire des pensionnats indiens[230].

Le rapport conclut que les États ont un important rôle à jouer dans le processus de commémoration. Ils ont la responsabilité de gérer l'espace public et ont la capacité d'entretenir les monuments et d'élaborer des stratégies et des politiques de commémoration nationale à long terme[231].

La rapporteuse spéciale en est aussi arrivée à la conclusion que les États doivent s'assurer que :

> [...] les politiques mémorielles contribuent, en particulier... À offrir à toutes les victimes de conflits récents ou moins récents les réparations symboliques et la

reconnaissance publique qui répondent à leurs besoins et contribuent à leur apaisement [...] À élaborer, des politiques permettant de réconcilier les groupes [...] [et] À promouvoir l'engagement civique et l'esprit critique, et à stimuler le débat sur la représentation de l'histoire, ainsi que sur les défis contemporains liés à l'exclusion et à la violence[232].

Dans son rapport, elle a recommandé aux États et aux autres intervenants de :

> Promouvoir l'esprit critique concernant les événements passés en veillant à ce que les processus mémoriels soient complétés par des mesures favorisant la connaissance de l'histoire, et appuyer l'exécution et la diffusion de projets de recherche, d'interventions culturelles de qualité favorisant l'engagement direct des personnes et d'initiatives éducatives [...] Les États devraient veiller à ce que des espaces publics soient mis à disposition pour permettre l'expression de différents points de vue par des formes d'expression artistiques et multiplier les interactions entre les différents points de vue [...] [Les États devraient aussi] Prendre en compte la dimension culturelle des processus mémoriels, notamment dans les cas où des peuples autochtones ont été opprimés[233].

La Commission est d'accord avec ces conclusions et recommandations, qui correspondent à ses propres conclusions au sujet des projets de commémoration des pensionnats indiens. Les projets communautaires menés par les survivants ont révélé à quel point il est important d'intégrer le savoir autochtone et de relancer les pratiques de mémoire autochtones dans le cadre de la commémoration de l'histoire des pensionnats indiens et des séquelles qu'ils ont laissées. Ils ont aussi révélé le rôle essentiel que jouent les artistes dans la guérison et la commémoration.

La Commission croit que le réseau du patrimoine national du Canada a lui aussi un rôle crucial à jouer dans la réconciliation. Une étude sur la commémoration des pensionnats indiens dans le contexte des politiques sur le patrimoine national et la commémoration du Canada abondait dans le même sens que nous. Cette étude fait état du projet commémoratif national de l'Assemblée des Premières Nations et de la Fondation autochtone de guérison qui visait à créer un programme de plaques patrimoniales consistant à installer des éléments commémoratifs dans tous les sites de pensionnat indien à travers le pays[234]. En raison des défis logistiques et en fonction des conseils des survivants et des communautés, « le projet est passé de ce qui devait expressément être un programme de plaques patrimoniales sur les sites des PI [pensionnats indiens] à un projet artistique de monuments publics dans les collectivités »[235]. Les plaques commémoratives n'ont donc pas été installées sur les sites des pensionnats indiens, bon nombre desquels se trouvent dans des endroits éloignés ou inaccessibles. On les a plutôt installées dans des collectivités autochtones, là où les survivants et leurs familles peuvent facilement se rendre, où l'on peut organiser des cérémonies et des activités communautaires et où le potentiel de guérison, de commémoration et d'éducation est continu[236].

L'étude a permis de mettre en lumière les tensions fondamentales qui existent entre les objectifs des peuples autochtones et ceux du Canada en ce qui concerne la commémoration des pensionnats indiens. En vertu des politiques du Programme national de commémoration historique de la Commission des lieux et monuments historiques du Canada de Parcs Canada, les sites des pensionnats indiens ne respectent pas les critères nécessaires pour obtenir la désignation patrimoniale, laquelle se fonde sur des valeurs patrimoniales occidentales de conservation et de préservation[237]. Pour les survivants, leurs familles et les communautés, la commémoration de l'expérience en pensionnat indien ne suppose pas nécessairement la préservation des bâtiments qu'occupaient les pensionnats, mais a plutôt pour but de contribuer à la guérison individuelle et collective. Par exemple, des survivants et leurs familles ont détruit un pensionnat indien de Port Alberni, en Colombie-Britannique, et ont tenu sur place des cérémonies de feu de sauge et de cèdre afin de « purifier les esprits et d'enfin les libérer de cette prison »[238]. Dans le cas où les activités de commémoration comportent la destruction de la structure d'un pensionnat, elles viennent en contradiction directe avec les objectifs patrimoniaux canadiens[239].

En définitive, la réconciliation nécessite un changement du paradigme des valeurs, des politiques et des pratiques nationales en matière de patrimoine du Canada, qui sont axées sur la conservation et continuent d'exclure l'histoire, les valeurs patrimoniales et les pratiques de mémoire autochtones, lesquelles privilégient la guérison et la récupération de la culture lors de commémorations publiques[240]. Pour que ce changement s'opère, les politiques et les programmes patrimoniaux et commémoratifs de Parcs Canada doivent changer.

En façonnant des projets de commémoration qui répondent à leurs besoins, les survivants, leurs familles et les communautés ont fourni une mine de renseignements et de pratiques exemplaires pour la commémoration de l'histoire du régime des pensionnats indiens et des séquelles qu'il a laissées. Cette information peut éclairer et enrichir le Programme national de commémoration historique et le travail de la Commission des lieux et monuments historiques du Canada et ainsi garantir que les lois, les programmes, les politiques et les pratiques patrimoniales et commémoratives du Canada contribuent de façon constructive au processus de réconciliation dans les années à venir.

Appels à l'action :

79) Nous demandons au gouvernement fédéral d'établir, en collaboration avec les survivants, les organisations autochtones et les membres de la communauté artistique, un cadre de travail se rapportant à la réconciliation pour les besoins du patrimoine canadien et des activités de commémoration. Ce cadre engloberait notamment ce qui suit :

i. la modification de la Loi sur les lieux et monuments historiques de manière à inclure la représentation des Premières Nations, des Inuits et des Métis au sein de la Commission des lieux et monuments historiques du Canada et de son secrétariat;

ii. l'examen des politiques, des critères et des pratiques se rattachant au Programme national de commémoration historique pour intégrer l'histoire, les valeurs patrimoniales et les pratiques de la mémoire autochtones au patrimoine et à l'histoire du Canada.

iii. l'élaboration et la mise en œuvre d'un plan national du patrimoine et d'une stratégie pour la commémoration des sites des pensionnats, de l'histoire et des séquelles de ces pensionnats et de la contribution des peuples autochtones à l'histoire du Canada.

80) Nous demandons au gouvernement fédéral d'établir comme jour férié, en collaboration avec les peuples autochtones, une journée nationale de la vérité et de la réconciliation pour honorer les survivants, leurs familles et leurs collectivités et s'assurer que la commémoration de l'histoire et des séquelles des pensionnats demeure un élément essentiel du processus de réconciliation.

81) Nous demandons au gouvernement fédéral, en collaboration avec les survivants et leurs organisations de même qu'avec les autres parties à la Convention de règlement, de commander un monument national sur les pensionnats et de l'installer de manière à ce qu'il soit accessible au public et très visible dans la ville d'Ottawa, et ce, pour honorer les survivants et tous les enfants qu'ont perdus les familles et les collectivités concernées.

82) Nous demandons au gouvernement fédéral, en collaboration avec les survivants et leurs organisations de même qu'avec les autres parties à la Convention de règlement, de commander un monument national sur les pensionnats et de l'installer de manière à ce qu'il soit accessible au public et très visible dans chaque capitale, et ce, pour honorer les survivants et tous les enfants qu'ont perdus les familles et les collectivités concernées.

83) Nous demandons au Conseil des arts du Canada d'établir, en tant que priorité de financement, une stratégie visant à aider les artistes autochtones et non autochtones à entreprendre des projets de collaboration et à produire des œuvres qui contribueront au processus de réconciliation.

Les médias et la réconciliation

Les médias ont un rôle à jouer pour s'assurer que l'information publique à l'intention des Autochtones et à leur sujet reflète leur diversité culturelle et rende compte objectivement et sans discrimination des questions autochtones. Ce rôle est en conformité avec l'article 16:2 de la Déclaration des Nations Unies sur les droits des peuples autochtones, selon lequel : « Les États prennent des mesures efficaces pour faire en sorte que les médias publics reflètent dûment la diversité culturelle autochtone ». La *Loi sur la radiodiffusion* du Canada (1991) établit une politique sur la radiodiffusion nationale pour tous les radiodiffuseurs canadiens en ce qui concerne les peuples autochtones. Cette politique énonce la nécessité suivante pour chaque radiodiffuseur :

> [...] par sa programmation et par les chances que son fonctionnement offre en matière d'emploi, répondre aux besoins et aux intérêts, et refléter la condition et les aspirations, des hommes, des femmes et des enfants canadiens, notamment l'égalité sur le plan des droits, la dualité linguistique et le caractère multiculturel et multiracial de la société canadienne, ainsi que la place particulière qu'y occupent les peuples autochtones. [sous-alinéa 3.1.d.iii]

La *Loi* énonce ensuite une obligation plus controversée, selon laquelle « le système canadien de radiodiffusion devrait offrir une programmation qui reflète les cultures autochtones du Canada, au fur et à mesure de la disponibilité des moyens » (alinéa 3.1.o)[241].

Un document déposé auprès du Groupe de travail sur les langues et les cultures autochtones en 2004 soulignait des failles dans la *Loi sur la radiodiffusion* en lien avec la prestation de ces services aux peuples autochtones. Il précisait que :

> La *Loi* ne garantissait pas la priorité de la radiodiffusion en langues autochtones, mais que [...] [sous-alinéa 3.1.d.iii] elle signifiait plutôt que les programmes en langue autochtone n'étaient ni reconnus ni protégés au même titre que les programmes en anglais et en français [...] [et que] l'énoncé « au fur et à mesure de la disponibilité des moyens » [paragraphe 3.1.o] était devenu une pierre d'achoppement pour de nombreux producteurs et responsables de programmes, car elle liait l'accessibilité de la radiodiffusion en langues autochtones au processus politique[242].

Le rapport recommandait la révision de la *Loi sur la radiodiffusion*, afin que celle-ci comble les lacunes mentionnées. En 2014, les dispositions de la *Loi* n'avaient pas changé.

En tant que radiodiffuseur public national du Canada, la Société Radio-Canada (Radio-Canada/CBC) a la responsabilité d'appliquer la politique de radiodiffusion nationale. Durant de nombreuses années, elle a assuré un degré minimal de programmes et de nouvelles autochtones à la radio et à la télévision, dans quelques régions précises, dont certains programmes en langue autochtone, en particulier dans le Nord du Canada. Du point de vue de la Commission, les réductions budgétaires effectuées au sein de Radio-Canada au cours de la dernière décennie ont considérablement réduit et plus que jamais limité sa capacité à offrir des programmes autochtones et une couverture médiatique sur les questions autochtones, ou à augmenter le nombre d'Autochtones au sein du personnel et à des postes de direction. En date du 31 mars 2014, les Autochtones comptaient pour 1,6 % du personnel de Radio-Canada, une proportion bien inférieure à leur représentation démographique de 4,3 % de la population canadienne[243].

Le Réseau de télévision des peuples autochtones (APTN), un radiodiffuseur indépendant sans but lucratif, joue un rôle de premier plan depuis les années 1990, en partie pour compenser les limites aux programmes et aux horaires de Radio-Canada/CBC, dans l'offre de nouvelles et de programmes nationaux qui reflètent les points de vue, les préoccupations et l'expérience des peuples autochtones. APTN constitue un débouché pour les journalistes, producteurs, réalisateurs, scénaristes, artistes et musiciens autochtones et attire un vaste public autochtone, non autochtone canadien et international[244]. En 2014, plus de 75 % des employés du Réseau étaient des Autochtones, et 28 % de ses programmes étaient diffusés dans diverses langues autochtones[245]. Du point de vue de la Commission, APTN est en bonne position pour mener l'appui médiatique au processus de réconciliation.

Les radiodiffuseurs publics et privés du pays doivent fournir des renseignements et des services complets en temps opportun aux peuples autochtones et au public canadien.

Appels à l'action :

84) Nous demandons au gouvernement fédéral de rétablir puis d'augmenter le financement accordé à Radio-Canada/CBC afin de permettre au diffuseur public national du Canada d'appuyer la réconciliation et de refléter adéquatement la diversité des cultures, des langues et des points de vue des peuples autochtones; plus particulièrement, nous demandons ce qui suit :

   i. accroître la programmation liée aux Autochtones et voir à ce qu'il y ait des invités qui parlent des langues autochtones;

   ii. accroître l'accès équitable pour les peuples autochtones à des emplois, à des postes de direction et à des possibilités de perfectionnement professionnel au sein de l'organisation;

   iii. continuer d'offrir au public des bulletins de nouvelles et des ressources d'information en ligne qui sont consacrés aux questions d'intérêt pour les peuples autochtones et tous les Canadiens, y compris en ce qui touche l'histoire et les séquelles des pensionnats ainsi que le processus de réconciliation.

85) Nous demandons au Réseau de télévision des peuples autochtones, en tant que diffuseur indépendant sans but lucratif dont les émissions sont conçues par et pour les peuples autochtones et traitent de ces peuples, d'appuyer la réconciliation; plus particulièrement, nous demandons au Réseau, entre autres choses :

    i. de continuer d'exercer un leadership en ce qui a trait à la programmation et à la culture organisationnelle qui reflètent la diversité des cultures, des langues et des points de vue des peuples autochtones;

    ii. de continuer d'élaborer des initiatives médiatiques pour informer et sensibiliser la population canadienne et tisser des liens entre les Canadiens autochtones et les Canadiens non autochtones.

L'éducation des journalistes en vue de la réconciliation

Dans un document déposé auprès de la Commission royale sur les peuples autochtones (CRPA) en 1993, l'Association canadienne des journalistes déclarait : « Dans les grands journaux du pays, comme dans les principales émissions d'information télévisées et radiophoniques, les nouvelles concernant les autochtones et les affaires autochtones comportent souvent de fausses informations, des généralisations hâtives et des stéréotypes exaspérants [...] C'est ainsi que la plupart des Canadiens n'ont qu'une connaissance très limitée des autochtones de leur pays ou des questions qui les concernent »[246]. En 1996, le rapport de la CRPA énonçait ce qui suit :

> Les sondages d'opinion publique réalisés depuis quelques années ont beau révéler un grand degré de sympathie pour les autochtones, ce soutien n'est pas très solide. Des évènements récents ont entraîné un durcissement des attitudes à l'égard des questions autochtones dans plusieurs régions du pays [...] On peut attribuer en grande partie cette hostilité croissante à la publicité négative faite aux revendications territoriales, aux droits ancestraux de chasse et de pêche et aux questions de fiscalité[247].

Des études plus récentes révèlent que cette tendance historique demeure[248]. La couverture médiatique des enjeux autochtones demeure problématique; les commentaires en ligne, notamment sur les médias sociaux, sont souvent incendiaires et de nature raciste.

En août 2013, l'organisme Journalistes pour les droits de la personne[249] a réalisé une étude sur la couverture médiatique des questions autochtones en Ontario entre le 1er juin 2010 et le 31 mai 2013. L'étude a révélé ce qui suit :

1) la population autochtone est largement sous-représentée dans les médias traditionnels;

2) quand les Autochtones décident de protester ou « de faire plus de bruit », le nombre d'articles axés sur la collectivité augmente;

3) à mesure que la couverture médiatique reliée aux manifestations et aux pourparlers entre les Autochtones et le gouvernement devient plus fréquente, la proportion d'articles adoptant un ton négatif augmente en conséquence[250].

On comptait peu de couverture médiatique sur les pensionnats. Du 1er juin 2011 au 31 mai 2012, la couverture médiatique des problèmes autochtones en Ontario représentait uniquement 0,23 % de tous les nouveaux articles et, de ce nombre, seulement 3 % portaient sur les pensionnats. Du 1er juin 2012 au 31 mai 2013, les reportages sur les problèmes autochtones représentaient 0,46 % de tous les nouveaux articles et, de ce nombre, 3 % traitaient des décès survenus dans les pensionnats[251].

Le rapport comprenait des opinions d'experts sur ses conclusions, notamment celle du journaliste de la CBC Duncan McCue, qui a constaté que les commentaires éditoriaux « sont souvent ancrés dans des stéréotypes séculaires plutôt que dans la réalité »[252] :

> Oui, les manifestations répondent souvent aux critères médiatiques d'un article parce qu'elles sont inhabituelles, spectaculaires ou impliquent un conflit. Oui, les militants autochtones, qui comprennent l'appétit des médias pour le drame, jouent également un rôle en adaptant les manifestations de façon à garantir de gros titres et des articles à la une sensationnels. Mais, la première page d'aujourd'hui concernant une certaine perturbation de la circulation au nom des droits fonciers des Autochtones ne tire-t-elle pas en fait ses origines dans un récit beaucoup plus ancien d'Indiens violents et « non civilisés » qui représentent une menace pour le « progrès » au Canada? Des attitudes de défiance et de peur sont-elles sous-jacentes à nos décisions de dépêcher une équipe de reportage sur les lieux du plus récent barrage routier autochtone? N'y a-t-il aucune photo de réconciliation emblématique simplement parce que personne dans les salles de nouvelles ne croit que l'harmonie entre les Autochtones et les colons mérite d'être signalée dans les nouvelles?[253]

L'historien J. R. Miller a remarqué que lors de conflits entre les Autochtones et l'État sur des sites comme Oka ou Ipperwash Park, par exemple, « les politiciens, les journalistes et les citoyens ordinaires ne comprenaient pas comment ou pourquoi la crise du moment était survenue, encore moins comment ses profondes racines historiques la rendaient résistante aux solutions [...] [Cela] ne présage rien de bon pour un débat public efficace ou l'établissement d'une politique raisonnable[254]. »

Selon la Commission, le rôle et la responsabilité qui reviennent aux médias dans le processus de réconciliation exigent que les journalistes soient bien renseignés concernant l'histoire des Autochtones et les problèmes qui les touchent. Comme nous l'avons vu, ce n'est pas nécessairement le cas. Les études portant sur la couverture médiatique des conflits faisant entrer en jeu des Autochtones en ont fourni la preuve. En ce qui concerne le conflit entre certains descendants des membres de la réserve de Stony Point et leurs partisans et la Police provinciale de l'Ontario au parc provincial Ipperwash en 1995, conflit qui a entraîné la mort de Dudley George, le professeur en journalisme John Miller conclut :

> La majorité des avis, et il y en a eu beaucoup, étaient fondés non pas sur les faits entourant l'occupation d'Ipperwash, mais sur de grossières généralisations concernant les membres des Premières Nations correspondant à de nombreux stéréotypes qui [...] ont [été] identifiés [...] Une couverture médiatique précise et globale peut promouvoir la compréhension et la résolution du conflit, tout comme une couverture imprécise, incomplète et myope peut exacerber les stéréotypes et prolonger les confrontations [...] Les journalistes sont formés de façon professionnelle pour s'engager dans une discipline de vérification, un processus souvent appelé à tort « objectivité ». Mais [...] la recherche révèle que les nouvelles ne sont pas sélectionnées de façon aléatoire ou objective[255].

M. Miller a cerné neuf principes du journalisme que les journalistes eux-mêmes considèrent comme essentiels à leur travail. À ce sujet, il mentionne :

> La première obligation du journalisme est envers la vérité [...] Le journalisme ne cherche pas la vérité au sens absolu ou philosophique, mais il peut et doit la chercher au sens pratique [...] Même dans un monde où de plus en plus de voix se font entendre, la rigueur est la fondation sur laquelle tout le reste s'articule : le contexte, l'interprétation, les commentaires, la critique, l'analyse et le débat. La vérité, avec le temps, émerge de ce forum [...]

> Ses praticiens doivent pouvoir exercer leur conscience personnelle. Chaque journaliste doit posséder un sens personnel de l'éthique et de la responsabilité, une boussole morale. Chacun de nous doit être prêt, si l'équité et l'exactitude l'exigent, à exprimer nos différences avec nos collègues [...] Cela stimule la diversité intellectuelle nécessaire à la compréhension et à la couverture précise d'une société de plus en plus diversifiée. C'est cette diversité de pensées et de témoignages, pas seulement les chiffres, qui importe vraiment[256].

En ce qui a trait à l'histoire et aux séquelles des pensionnats, tous les grands réseaux de radio et de télévision et journaux ont traité des événements et des activités de la Commission. La CVR a présenté des séances d'information régulières à l'intention des médias qui participaient aux événements nationaux. Nous avons discuté précédemment du fait que les élèves doivent non seulement apprendre la vérité sur ce qui s'est passé dans les pensionnats, mais également comprendre la dimension éthique de cette histoire. Il en va de même pour les journalistes. Un grand nombre des journalistes qui ont traité des événements nationaux ont été eux-mêmes profondément touchés par les propos des survivants et de leurs familles. Certains ont demandé de l'aide auprès de travailleurs en santé communautaire. Certains nous ont mentionné au cours de conversations confidentielles que leur vision et leur compréhension des répercussions des pensionnats, et de la nécessité d'un apaisement et d'une réconciliation, avaient changé à la suite de leurs observations et de leurs expériences aux événements nationaux.

Appel à l'action :

86) Nous demandons aux responsables des programmes d'enseignement en journalisme et des écoles des médias du Canada d'exiger l'enseignement à tous les étudiants de l'histoire des peuples autochtones, y compris en ce qui touche l'histoire et les séquelles des pensionnats, la Déclaration des Nations Unies sur les droits des peuples autochtones, les traités et les droits des autochtones, le droit autochtone de même que les relations entre l'État et les Autochtones.

Les sports : Une source d'inspiration pour des collectivités saines

Des survivants ont déclaré devant la Commission que la pratique de sports au pensionnat rendait leur vie plus tolérable et leur donnait un sens d'identité, de réalisation et de fierté. Dans le cadre de l'événement national de l'Alberta, le survivant Theodore (Ted) Fontaine a placé un ensemble de souvenirs dans la boîte en bois cintré en signe de réconciliation. Ces souvenirs comprenaient notamment un pantalon de baseball qu'il a porté au pensionnat. Il a déclaré ce qui suit :

> Ce pantalon de baseball en laine possède sa propre histoire [...] il s'agit du pantalon de baseball que je portais en 1957-1958, alors que j'étais un garçon de quinze ans incarcéré au pensionnat de Fort Alexander [...] J'étais loin de me douter que ma mère le conserverait comme souvenir de son plus jeune fils. Quand je quitterai cette terre, il n'y aura aucun endroit pour le conserver, alors j'espère que la boîte en bois cintré le protégera longtemps [...]

> Quand nous étions petits garçons au pensionnat de Fort Alexander, notre seule chance de jouer au hockey nous a littéralement sauvé la vie. Beaucoup de personnes ici vous le confirmeront. En tant que jeune homme, jouer au hockey m'a sauvé [...] Et plus tard, jouer avec les Sagkeeng Old-Timers m'a sauvé de nouveau [...] Je suis revenu vingt ans plus tard, quinze ans plus tard et j'ai

commencé à jouer pour une équipe de vétérans à Fort Alexander [...] En 1983, nous avons été la première équipe autochtone à remporter la Coupe du Monde à Munich, en Allemagne [...] Alors, j'inclus dans ce lot une histoire des vétérans, un bataillon de joueurs de hockey anishinaabe qui ont sauvé leur vie et celle de leurs amis en gagnant, pas seulement le tournoi de Munich en Allemagne, mais trois ou quatre autres tournois de hockey en Europe [...] Les gens me demandent, « Pourquoi ne profitez-vous pas simplement de la vie au lieu de consacrer tant d'efforts à la réconciliation et à parler des pensionnats? Quels objectifs voulez-vous atteindre? La réponse est « la liberté ». Je suis libre[257].

Plus tard au cours de la même journée, l'expression de la réconciliation de la journaliste Laura Robinson a été la diffusion du documentaire *FrontRunners*, qu'elle a produit pour APTN et qui portait sur certains athlètes des pensionnats ayant marqué l'histoire. Elle a dit :

> En 1967, dix adolescents autochtones, tous de bons élèves et d'excellents coureurs, ont porté le flambeau des Jeux panaméricains de 1967, de St. Paul, au Minnesota, jusqu'à Winnipeg, une course de 800 kilomètres, qu'ils ont parcourus avec succès [...] Mais les jeunes hommes qui ont porté le flambeau jusqu'au stade n'ont pas pu franchir l'entrée. Ils n'avaient pas le droit d'assister à ces jeux. Ils n'avaient pas le droit de courir ces derniers 400 mètres. L'un deux m'a dit qu'il se rappelait avoir été refoulé à l'entrée du stade [et] remis à bord d'un autobus en direction du pensionnat [...] En 1999, Winnipeg était de nouveau l'hôte des Jeux panaméricains et les organisateurs ont réalisé ce qui s'était passé. Ils ont retracé les coureurs, ont présenté leurs excuses, et trente-deux ans plus tard, maintenant quinquagénaires, ces coureurs ont terminé ces 400 mètres et ont porté le flambeau jusqu'à l'intérieur du stade [...]

> Le sport est un domaine dans lequel nous parlons un langage universel, le langage d'une passion partagée pour le déplacement de nos corps dans le temps et l'espace, avec force et adresse. Cet été [2014], Regina sera l'hôte des Jeux autochtones de l'Amérique du Nord [...] Mettons tous nos efforts et notre détermination à réconcilier la discorde, le racisme et les stéréotypes par le sport et soutenons tous les jeunes athlètes qui participeront à ces jeux. Parce qu'il s'agit des meneurs de demain[258].

De tels témoignages révèlent bien la nécessité d'inclure la riche contribution des Autochtones à l'histoire du sport canadien.

Le 18 novembre 2014, nous avons assisté à un événement organisé par le Barreau du Haut-Canada afin de souligner la première fois qu'une collectivité autochtone, la Première Nation des Mississaugas de New Credit, serait l'hôte autochtone des Jeux panaméricains et parapanaméricains, qui se tiendront à Toronto en juillet et août 2015. Les « FrontRunners » étaient présents et ont été mis à l'honneur dans le cadre d'une cérémonie traditionnelle dans le cercle du vainqueur[259].

Appels à l'action :

87) Nous demandons à tous les ordres de gouvernement, en collaboration avec les peuples autochtones, les temples de la renommée des sports et d'autres organisations concernées, de sensibiliser le public à l'histoire des athlètes autochtones au pays.

88) Nous demandons à tous les ordres de gouvernement de prendre des mesures afin de garantir le développement à long terme des athlètes autochtones et de maintenir leur appui à l'égard des Jeux autochtones de l'Amérique du Nord, y compris le financement pour la tenue des Jeux et pour la préparation et les déplacements des équipes provinciales et territoriales.

Les jeunes Autochtones d'aujourd'hui se heurtent à de nombreuses barrières qui les empêchent de mener des vies actives et saines dans leur collectivité. Ils manquent d'occasions de viser l'excellence dans les sports. Ils ont très peu accès à des activités sportives traditionnelles culturellement adaptées, qui renforcent l'identité autochtone et suscite la fierté et l'assurance. Le manque de ressources, d'installations sportives et d'équipement limite la pratique de sports. Le racisme demeure un problème. Les filles autochtones doivent composer avec la barrière supplémentaire de la discrimination fondée sur le sexe[260]. Malgré les nombreuses réalisations d'athlètes autochtones individuels, de trop nombreux jeunes Autochtones demeurent exclus des activités sportives communautaires et de la poursuite de l'excellence dans les sports. La *Loi sur l'activité physique et le sport* (2003) établit la politique du gouvernement en matière de sport quant à la participation pleine et juste de tous les Canadiens dans le sport, et accorde au ministre le mandat de « faciliter la participation des groupes sous-représentés dans le système sportif canadien » (alinéa 5.m). Cependant, la *Loi* ne fait aucune référence particulière aux Autochtones[261].

Appel à l'action :

89) Nous demandons au gouvernement fédéral de modifier la *Loi sur l'activité physique et le sport* pour appuyer la réconciliation en s'assurant que les politiques visant à promouvoir l'activité physique comme élément fondamental de la santé et du bien être, à réduire les obstacles à la participation au sport, à accroître la poursuite de l'excellence dans le sport et à renforcer la capacité du système sportif canadien intègrent les peuples autochtones.

En 2005, Sport Canada établissait la Politique sur la participation des Autochtones au sport, qui reconnaissait le contexte unique des Autochtones et le rôle du sport en tant que véhicule de santé individuelle et communautaire et de revitalisation culturelle. Cette politique permettait de reconnaître également que les Autochtones possèdent des diversités culturelles, des connaissances traditionnelles et des méthodes d'enseignement culturelles du jeu, des divertissements et des sports qui leur sont propres[262]. Cependant, aucun plan d'action n'a par la suite été élaboré pour mettre cette politique en œuvre[263]. En 2011, en préparation de la révision de la Politique canadienne du sport (PCS) de 2002, Sport Canada a entrepris une série de consultations à travers le pays, y compris une table ronde sur le sport et les Autochtones. Le sommaire de la table ronde faisait état des points suivants :

> Les participants étaient d'avis que les besoins et les préoccupations des Autochtones n'étaient pas adéquatement pris en compte dans la PCS de 2002 [...] Les participants étaient d'avis que la politique précédente n'avait pas de mordant [...] La nouvelle PCS devrait reconnaître l'identité unique des Autochtones et la contribution qu'ils peuvent apporter au sport canadien [...] et inclure un engagement clair à agir. La PCS peut appuyer le sport pour les Autochtones en tenant compte de la culture et des réalités autochtones, des enjeux interculturels entre les Autochtones et les non-Autochtones et de la motivation derrière l'intérêt des Autochtones à l'égard du sport [...] Si la nouvelle politique ne reflète pas les besoins et les enjeux qui se rattachent au sport autochtone, elle ne sera pas pertinente pour la population autochtone [...] il serait important, lors de l'examen des enjeux liés au sport pour les Autochtones, de reconnaître que les obstacles vont au-delà d'un manque de ressources et de lacunes et de faiblesses dans le système sportif. Les peuples autochtones sont aussi affectés par des questions relatives à l'identité et des traumatismes rattachés à leur histoire[264].

Malgré ce rapport de la table ronde issu des consultations de 2011, la Commission remarque que la Politique canadienne du sport subséquente, publiée en 2012, ne contient aucune référence particulière aux Autochtones[265].

Appel à l'action :

90) Nous demandons au gouvernement fédéral de veiller à ce que les politiques, les initiatives et les programmes de portée nationale se rattachant aux sports intègrent les peuples autochtones; nous demandons, entre autres choses :

  i. en collaboration avec les gouvernements provinciaux et territoriaux, un financement stable et l'accès à des programmes sportifs communautaires qui reflètent la diversité des cultures et les activités sportives traditionnelles des peuples autochtones;

  ii. un programme de développement d'athlètes d'élite pour les Autochtones;

iii. des programmes pour les entraîneurs, les instructeurs et les autorités en matière de sports qui sont pertinents sur le plan culturel pour les peuples autochtones;

iv. des programmes de sensibilisation et de formation sur la lutte contre le racisme.

Les Jeux olympiques d'hiver de 2010 à Vancouver, en Colombie-Britannique, ont été présentés sur les territoires traditionnels des Squamish, des Musqueam, des Tsleil-Waututh et des Lil'wat qui ont participé activement à l'événement. Dans un esprit de réconciliation qui s'harmonise facilement avec l'esprit des Jeux eux-mêmes, les quatre Premières Nations hôtes et le Comité olympique de Vancouver ont formé un partenariat qui garantissait la pleine participation des nations autochtones au processus décisionnel, une première dans l'histoire olympique. Lors des cérémonies d'ouverture et pendant toute la durée des Jeux, les protocoles territoriaux ont été respectés et les quatre Premières Nations hôtes, ainsi que d'autres nations autochtones de la province, étaient très présentes aux différents sites olympiques.

91) Nous demandons aux hauts dirigeants et aux pays d'accueil de manifestations sportives internationales comme les Jeux olympiques, les Jeux du Commonwealth et les Jeux panaméricains de veiller à ce que les protocoles territoriaux des peuples autochtones soient respectés et à ce que les collectivités autochtones locales participent à tous les aspects de la planification et de la tenue de ces événements.

Secteur des entreprises : Territoire, durabilité et développement économique

Les survivants et les membres de leurs familles nous ont mentionné que leurs espoirs face à l'avenir reposaient sur la récupération et le renouvellement de leurs propres cultures, spiritualités, lois et modes de vie qui sont profondément rattachés à leurs terres ancestrales. Les Premières Nations accomplissent déjà ce travail dans leurs collectivités, malgré les nombreux défis auxquels elles sont confrontées. Lors du forum des gardiens du savoir traditionnel de la CVR, l'aîné Dave Courchene a déclaré :

> En tant que personnes qui ont mérité d'être reconnues comme gardiens de la culture traditionnelle pour notre nation, nous acceptons cette tâche de la façon la plus humble [...] Ce sera l'esprit de nos ancêtres, l'esprit qui nous aidera à nous réapproprier la place qui nous revient sur nos terres ancestrales. Nous avons beaucoup de travail à faire et les défis sont certainement nombreux, mais avec l'aide de l'Esprit, nous les surmonterons [...] Nous arrivons à une période de grands changements et de grandes possibilités [...], nous sommes les vrais chefs

de nos terres ancestrales, ils ne peuvent pas nous enlever cela et ils ne le feront jamais parce que notre Créateur nous a placés ici. Ceci est notre terre ancestrale et nous avons la responsabilité sacrée d'enseigner à tous ceux qui se sont établis sur notre terre natale comment agir en être humain responsable, parce que c'est ainsi que nos premiers enseignements sur la façon de se comporter nous ont été transmis. Nous avons la grande responsabilité en tant que nation de prendre soin de la Terre, de parler au nom de la Terre-Mère. C'est notre responsabilité et c'est le genre de leadership que nous devons exercer en tant que nation[266].

La même journée, le chef Ian Campbell de la Nation Squamish a déclaré :

Je veux saluer mes grands-parents et mes mentors pour leur générosité dans l'enseignement de nos liens avec nos terres et nos territoires. En ce moment, nous nous préparons pour une expédition en canot, tandis que nos jeunes s'entraînent afin de représenter notre nation lors de leur expédition à Bella Bella dans quelques semaines [...] De nombreuses familles parcourront la côte dans les deux directions pour célébrer la résurrection de notre identité, de notre culture[267].

À la lumière du réchauffement planétaire, des inégalités économiques croissantes et des conflits entourant les projets de développement économique à grande échelle, un consensus commence à s'imposer sur le fait que le territoire qui nous nourrit tous doit être protégé pour les générations futures. Dans la foulée de la décision de la Cour suprême du Canada concernant les revendications des Tsilhqot'in, les Autochtones, les entreprises et les gouvernements doivent trouver de nouveaux moyens de collaboration. S'adressant aux dirigeants des collectivités locales lors de la Convention annuelle de l'Union des municipalités de la Colombie-Britannique en septembre 2014, le chef Tsilhqot'in Percy Guichon a déclaré :

Nous vivons côte à côte et nous devons travailler à bâtir une relation permettant de créer ou de promouvoir une compréhension mutuelle entre tous nos constituants [...] nous devons trouver la meilleure façon de nous consulter, peu importe les obligations légales existantes. Ce n'est qu'une question de bon voisinage, pas vrai? [...] Nous partageons beaucoup d'intérêts communs dans des secteurs comme le développement des ressources. Nous devons trouver des façons de travailler ensemble, de nous soutenir sur ces sujets difficiles[268].

En 1977, le *Rapport de l'enquête sur le pipeline de la Vallée du Mackenzie* recommandait de ne pas construire le pipeline de la vallée du Mackenzie devant transporter du gaz naturel dans les Territoires du Nord-Ouest avant que les revendications foncières des Autochtones dans la région ne soient résolues et que les préoccupations environnementales ne soient examinées. Le ministre de la Justice Thomas Berger, qui dirigeait alors l'enquête, a cerné les conséquences dévastatrices que pourrait entraîner la construction d'un pipeline dans le Nord sur les Nations dénée et inuvialuite, de même que sur les écosystèmes fragiles. Ces observations, présentées il y a près de quarante ans, laissaient présager des controverses et des conflits similaires entourant les projets de pipelines toujours en cours dans diverses régions du Canada pendant que la CVR préparait ce rapport final[269].

Le contexte politique et juridique a beaucoup changé depuis que le ministre de la Justice Berger a présenté son rapport en 1977. Alors que le Canada assure son avenir économique dans des régions visées par des traités historiques, des accords modernes sur les revendications territoriales et des droits autochtones non cédés, il convient maintenant que les gouvernements et l'industrie reconnaissent que le respect des droits des Autochtones est essentiel à la durabilité économique à long terme du Canada. Les gouvernements cherchent à garantir la stabilité et la croissance économiques nécessaires pour assurer la prospérité de tous les Canadiens. Les entreprises investissent temps et ressources dans le développement de projets à grande échelle qui créent des emplois et génèrent des profits pour les actionnaires. Bien que le secteur des entreprises ne soit pas un interlocuteur direct lors des négociations des traités et des accords sur les revendications territoriales, le secteur de l'industrie et les entreprises jouent un rôle extrêmement important quant à la façon d'aborder les aspects économiques, sociaux et culturels de la réconciliation, y compris dans la mesure où les occasions et les bénéfices sont réellement partagés avec les Autochtones et l'environnement des terres ancestrales est protégé.

Dans le *Rapport de la Commission royale sur les peuples autochtones de 1996*, on souligne que, historiquement, les activités d'exploitation des terres et des ressources, comme les barrages hydroélectriques, les mines, l'agriculture et l'urbanisation, ont eu de nombreux effets négatifs sur les collectivités autochtones. Les collectivités n'ont pas été consultées avant d'être déplacées de leurs vastes territoires ancestraux vers des réserves beaucoup plus petites, beaucoup plus éloignées et beaucoup plus peuplées pour laisser la place aux projets d'exploitation des terres et des ressources du gouvernement et de l'industrie. Même quand ils n'ont pas été relocalisés, les Autochtones ont été marginalisés sur le plan économique sur leurs propres terres ancestrales, et des dommages environnementaux irréversibles ont été causés au nom du « progrès ». Trop souvent, le développement économique a perturbé les liens culturels, spirituels et économiques des Autochtones avec la terre, entraînant une dévastation des économies traditionnelles et de l'autosuffisance, des traumatismes communautaires, une dépendance à l'aide sociale et des résultats socio-économiques et de santé médiocres[270].

Durant la période qui a suivi les travaux de la CRPA, la Cour suprême du Canada a élaboré un ensemble de lois sur l'obligation des gouvernements fédéral, provinciaux et territoriaux de consulter les Autochtones quand l'exploitation des ressources et des terres peut empiéter sur leurs droits ancestraux ou sur leurs droits issus de traités[271]. La Cour a conclu que les gouvernements peuvent empiéter sur les droits autochtones s'ils peuvent démontrer qu'il est dans l'intérêt public de le faire. Dans l'affaire *Delgamuukw*, la Cour a décrit la nature de cet intérêt public :

> [L]'extension de l'agriculture, de la foresterie, de l'exploitation minière et de l'énergie hydroélectrique, le développement économique général de l'intérieur de la Colombie-Britannique, la protection de l'environnement et des espèces menacées d'extinction, ainsi que la construction des infrastructures et l'implantation des populations requises par ces fins, sont des types d'objectifs compatibles avec cet objet et qui, en principe, peuvent justifier une atteinte à un titre aborigène[272].

Les gouvernements doivent également démontrer que tout empiètement sur les droits autochtones s'inscrit dans l'obligation fiduciaire qu'a la Couronne envers les peuples autochtones et préserve l'honneur de la Couronne. Pour respecter ces obligations légales, les gouvernements de tous les territoires ont élaboré des politiques de consultation des Autochtones.

Bien que la Cour ait établi que l'obligation de consulter relève exclusivement des gouvernements, elle a également souligné que « [la Couronne] peut déléguer certains aspects procéduraux de la consultation à des acteurs industriels qui proposent des activités d'exploitation »[273]. En pratique, les risques commerciaux associés à l'insécurité juridique engendrée par l'obligation de consulter ont motivé les acteurs industriels à négocier avec les collectivités autochtones afin de mettre en place un ensemble de mécanismes conçus pour s'assurer que les Autochtones profitent directement des projets de développement économique sur leurs territoires ancestraux. Ces mécanismes peuvent comprendre, par exemple, des sociétés de commerce en coentreprise, des ententes sur les répercussions et les avantages, des ententes de partage des revenus, et des occasions d'éducation, de formation et d'emploi[274].

De 2012 à 2014, il a été souligné dans de nombreux rapports que le Canada doit encore une fois gérer des défis importants et des occasions possibles en matière d'exploitation des terres et des ressources. Pour assurer la réconciliation économique, il faudra trouver un terrain d'entente qui équilibrera les droits, les intérêts juridiques et les besoins respectifs des Autochtones, des gouvernements et de l'industrie relativement aux changements climatiques et aux marchés mondiaux hautement concurrentiels. Outre les mesures de redressement concrètes requises, ces rapports ont également mis en lumière l'importance de ce qu'on appelle les compétences générales, soit l'établissement de la confiance, la mobilisation des collectivités, la résolution des conflits et la création de partenariats mutuellement avantageux pour favoriser la réconciliation.

En 2012, le Forum des politiques publiques du Canada, un organisme à but non lucratif, a organisé une série de six dialogues régionaux à l'échelle du pays, qui réunissaient des dirigeants autochtones, de hauts responsables des gouvernements fédéral, provinciaux et territoriaux, et des représentants de l'industrie, du commerce et des institutions financières. Ces dialogues avaient pour objectif de discuter des enjeux, de cerner les pratiques exemplaires et de proposer des recommandations sur les mesures qui permettront aux communautés autochtones de tirer profit des projets d'exploitation des ressources à grande échelle. Le rapport qui en est résulté, *Forger des partenariats authentiques : la participation des Autochtones dans les grands projets de développement des ressources*, a fait état de cinq possibilités d'action clés : (1) forger d'authentiques partenariats entre les collectivités autochtones, l'industrie, les gouvernements et les établissements scolaires en tissant des liens de confiance; (2) développer le capital humain en supprimant les obstacles à l'éducation, à la formation et au perfectionnement des compétences des entrepreneurs, des travailleurs et des dirigeants autochtones; (3) renforcer le contrôle des communautés sur la prise de décisions; (4) promouvoir l'entrepreneuriat et la création d'entreprises et (5) augmenter la participation financière[275]. Le rapport conclut :

> Les sociétés exploitant des ressources naturelles reconnaissent que leur succès opérationnel dépend d'un engagement communautaire solide et authentique. Les initiatives du secteur privé ont déjà démontré des exemples positifs dans des domaines comme le partage des revenus, la formation technique et le développement des entreprises au sein des communautés autochtones. Les sociétés et les gouvernements doivent maintenant s'appuyer sur ces succès pour soutenir le rythme rapide du développement, en allant au-delà des consultations superficielles vers une réelle mobilisation. Les collectivités autochtones doivent également jouer un rôle de chef de file afin d'aider à établir ces relations et d'arriver à des solutions locales et adaptées qui seront essentielles à la réussite[276].

En novembre 2013, après huit mois de consultations auprès des représentants des collectivités autochtones, de l'industrie, des administrations locales et des gouvernements provinciaux en Colombie-Britannique et en Alberta, Douglas Eyford, le représentant spécial du Canada sur l'infrastructure énergétique de la côte Ouest, a présenté au premier ministre le rapport *Établir des relations, créer des partenariats — Les Autochtones canadiens et l'exploitation des ressources énergétiques*, qui portait principalement sur les relations entre les Autochtones et l'État dans le contexte des projets d'infrastructure énergétique proposés en Colombie-Britannique. L'auteur a observé que, malgré les nombreuses différences entre les points de vue des représentants autochtones, tous s'entendaient pour dire que les projets de développement devaient respecter les droits autochtones protégés par la Constitution, intégrer les communautés autochtones dans le processus décisionnel et la planification des projets et atténuer les risques environnementaux[277]. Eyford a formulé des recommandations d'intervention dans trois secteurs clés : établir la confiance, encourager l'inclusion et favoriser la réconciliation. Il a précisé en particulier que « selon les collectivités autochtones, l'exploitation des ressources naturelles est liée à un programme de réconciliation plus vaste »[278]. Cette affirmation correspond à l'opinion de la Commission à savoir qu'une réconciliation significative ne peut pas se limiter aux séquelles laissées par les pensionnats, mais qu'elle doit s'inscrire dans un programme-cadre permanent pour la résolution des conflits et l'établissement de partenariats constructifs avec les Autochtones.

En décembre 2013, un groupe d'anciens et d'actuels dirigeants de haut niveau provenant de collectivités autochtones, d'entreprises, de banques, d'organismes environnementaux et des gouvernements fédéral et provinciaux a publié le rapport *Le développement responsable des ressources énergétiques au Canada*, qui résumait les résultats d'une année de dialogue. Les membres du groupe sont arrivés à la conclusion que le Canada est confronté à une « impasse en matière de développement des ressources énergétiques ». Selon eux, les avantages économiques et sociaux potentiels dérivés de l'exploitation de riches ressources naturelles du Canada doivent être évalués en fonction des risques potentiels pour les collectivités autochtones et leurs territoires ancestraux, et doivent également tenir compte des questions environnementales plus vastes entourant le réchauffement planétaire[279]. Ils ont mis l'accent sur l'existence de barrières importantes à la réconciliation, notamment les valeurs conflictuelles, le manque de confiance et la divergence des opinions concernant la façon de répartir les bénéfices de l'exploitation des ressources et d'atténuer les effets négatifs[280]. Le rapport a fait ressortir quatre principes visant à faire avancer le développement responsable des ressources énergétiques : 1) établir et entretenir des relations constructives, 2) réduire les effets sociaux et environnementaux cumulatifs, 3) assurer la continuité des cultures et des traditions, et 4) partager les bénéfices équitablement[281].

Concernant la décision rendue par la Cour suprême du Canada en 2014 dans l'affaire *Nation Tsilhqot'in c. Colombie-Britannique*, Kenneth Coates, chaire de recherche du Canada en innovation régionale à l'Université de la Saskatchewan, et Dwight Newman, professeur de droit et chaire de recherche du Canada en droits des populations autochtones dans les lois constitutionnelles et internationales à l'Université de la Saskatchewan, sont arrivés à la conclusion que, malgré le maintien de nombreux défis et obstacles à la réconciliation :

> [c]e que la Cour suprême du Canada a mis en relief à un niveau fondamental est que les communautés autochtones ont droit à une place équitable autour de la table en ce qui concerne l'exploitation des ressources naturelles au Canada. Leur habilitation par la décision *Tsilhqot'in* et les décisions antérieures a le potentiel d'être extrêmement stimulante comme moyen de développement économique plus poussé dans les communautés autochtones et une source de prospérité pour tous [...] [L]e moment est venu pour les gouvernements, les communautés autochtones et les entreprises du secteur des ressources de collaborer afin d'établir des partenariats pour l'avenir [...] Nous devons continuer à créer un consensus national qu'une exploitation responsable des ressources qui tient

compte des enjeux de durabilité et qui respecte les communautés autochtones contribue de façon positive, très positive, au Canada et à son avenir[282].

Sur le plan international, il est de plus en plus reconnu au sein du secteur des entreprises que la Déclaration des Nations Unies sur les droits des peuples autochtones constitue un cadre de travail efficace qui permet à l'industrie et aux sociétés d'établir des relations respectueuses et de travailler en collaboration avec les peuples autochtones. En 2013, le Pacte mondial des Nations Unies a publié un guide à l'intention des entreprises qui contient des mesures pratiques que les sociétés et les entreprises peuvent adopter pour se conformer à la Déclaration. En voici un extrait :

> Les entreprises font face à la fois à des enjeux et des opportunités lorsqu'ils [sic] traitent avec les peuples autochtones. Quand les entreprises collaborent avec les peuples autochtones, elles sont souvent en mesure d'atteindre une croissance économique durable, en optimisant par exemple les services écosystémiques et en exploitant les connaissances locales ou traditionnelles. L'engagement positif avec les peuples autochtones peut donc contribuer à la réussite du développement des ressources — de l'attribution des licences et du maintien de la protection sociale à la participation active dans des entreprises commerciales en tant que propriétaires, entrepreneurs ou travailleurs. Le non respect [sic] des droits des peuples autochtones par les entreprises peut entrainer des risques juridiques, financiers et d'image significatifs [...] Le dialogue permanent entre les entreprises et les peuples autochtones peut potentiellement renforcer la confiance des peuples autochtones en partenariat avec les entreprises et construire des relations saines[283].

Selon la Commission, une réconciliation durable sur les terres passe par l'évaluation impartiale, juste et équitable du potentiel économique des collectivités autochtones, dans le respect de leur droit à l'autodétermination. La réconciliation économique suppose la création de partenariats avec les peuples autochtones, de sorte que l'exploitation des terres et des ressources qui se trouvent sur leurs territoires ancestraux puisse se faire dans le respect de leur culture et la pleine reconnaissance des traités, des droits et des titres autochtones.

L'établissement de relations et de partenariats constructifs et mutuellement profitables avec les collectivités autochtones contribuera à la croissance économique de celles-ci, améliorera la santé et le bien-être communautaires et assurera la durabilité de l'environnement, au profit des Autochtones et de l'ensemble des Canadiens. Contrairement à ce qui s'est passé dans les pensionnats à l'époque, alors que les Autochtones n'ont pas eu voix au chapitre pour la conception du système et ne disposaient d'aucun moyen pour protéger leurs enfants contre les préjudices intrinsèques, les Premières Nations, les Inuits et les Métis veulent aujourd'hui gérer leur propre vie. Sur le plan économique, cela signifie qu'ils souhaitent y participer suivant leurs propres conditions. Ils veulent faire partie du processus décisionnel. Ils veulent que leurs collectivités tirent partie des projets économiques à grande échelle réalisés sur leurs territoires. Ils veulent établir et développer leurs propres entreprises d'une façon qui est compatible à leur identité, leurs valeurs culturelles et leur vision du monde en tant que peuples autochtones. Ils veulent avoir la possibilité de travailler pour des sociétés qui abordent de façon proactive les problèmes systémiques de racisme et d'injustice. Les sociétés peuvent faire preuve de leadership en utilisant la Déclaration des Nations Unies comme cadre de travail de réconciliation.

Appel à l'action :

92) Nous demandons au secteur des entreprises du Canada d'adopter la Déclaration des Nations Unies sur les droits des peuples autochtones en tant que cadre de réconciliation et d'appliquer les normes et les principes qui s'y rattachent dans le cadre des politiques organisationnelles et des principales activités opérationnelles touchant les peuples autochtones, leurs terres et leurs ressources; les mesures demandées comprennent, mais sans s'y limiter, les suivantes :

   i. s'engager à tenir des consultations significatives, établir des relations respectueuses et obtenir le consentement libre, préalable et éclairé des peuples autochtones avant de lancer des projets de développement économique;

   ii. veiller à ce que les peuples autochtones aient un accès équitable aux emplois, à la formation et aux possibilités de formation dans le secteur des entreprises et à ce que les collectivités autochtones retirent des avantages à long terme des projets de développement économique;

   iii. donner aux cadres supérieurs et aux employés de l'information sur l'histoire des peuples autochtones, y compris en ce qui touche l'histoire et les séquelles des pensionnats, la Déclaration des Nations Unies sur les droits des peuples autochtones, les traités et les droits des Autochtones, le droit autochtone et les relations entre l'État et les Autochtones. À cet égard, il faudra, plus particulièrement, offrir une formation axée sur les compétences pour ce qui est de l'aptitude interculturelle, du règlement de différends, des droits de la personne et de la lutte contre le racisme.

Nous sommes tous visés par les traités : Collectivités, alliances et espoir

La Commission croit que la réconciliation ne doit pas relever uniquement des gouvernements, des tribunaux et des Églises. Un dialogue doit se tenir et des mesures doivent se prendre dans toutes les collectivités à l'échelle du pays. La réconciliation doit se faire dans tous les secteurs de la société canadienne. Les Canadiens ont tant à apprendre les uns des autres. Les générations antérieures de nouveaux arrivants ont subi des injustices et des préjudices semblables à ceux qu'ont connus les élèves des pensionnats et leurs familles. Les immigrants récents ont dû lutter contre le racisme et les préjugés pendant qu'ils tentaient de prendre leur place dans la société canadienne.

Malgré les nombreux obstacles à la réconciliation, la Commission demeure prudemment optimiste. Lors de l'événement national tenu en Alberta en mars 2014, le témoin honoraire de la CVR, Wab Kinew, a parlé des changements déjà amorcés au pays, qui suscitent de l'espoir. Il a d'abord expliqué que toute la journée, il a transporté ceci avec lui :

> un calumet cérémonial, un calumet sacré, qui, lorsque l'on raccorde les deux parties, le tuyau et le talon, nous offre un modèle de réconciliation de deux forces devenues plus puissantes qu'elles ne l'étaient auparavant. Il est donc important pour moi de me présenter devant vous et de parler en anishnaabemowin, et un peu en lakota, et d'avoir avec moi un calumet parce que cela envoie un message. Cela envoie un message indiquant que ceux qui ont conçu le système des pensionnats ont échoué. Nous avons subi des sévices. Nos langues ont été attaquées. Nos familles ont subi des préjudices, dans certains cas irréparables. Mais nous sommes toujours ici. Nous sommes toujours ici. Alors en l'honneur de mon défunt père, Tobasonakwut, un survivant du pensionnat de St. Mary à Rat Portage, en Ontario, je voulais prononcer ces paroles. J'aimerais tellement qu'il ait pu voir ceci, l'événement final de la Commission de vérité et réconciliation, afin qu'il puisse voir comment ce pays a changé. Quand il était enfant, on lui a dit qu'il était un sauvage. On lui a dit qu'il n'était rien. Il a été violenté, séparé de sa famille, éloigné du territoire de piégeage de son père. Pour voir les changements qui se sont produits, alors qu'aujourd'hui au Canada, des dizaines de milliers de personnes de tous les milieux sont réunis pour établir ce droit et défendre la justice pour les peuples autochtones.
>
> Le monde a également changé d'une autre façon : la vieille dichotomie entre les Blancs et les Indiens ne s'applique plus. Regardez le Canada d'aujourd'hui. On y trouve les descendants des Européens. On y retrouve les descendants des peuples autochtones. Mais, on y trouve aussi les descendants des nations arabes, de l'Iran, des nations slaves, de l'Afrique, des Caraïbes, de l'Asie du Sud-Est, de la Chine et du Japon. Le défi d'une réconciliation a peut-être vu le jour entre les peuples autochtones et les Européens, mais maintenant, le projet

> de réconciliation sera entrepris par les enfants de toutes les nations que j'ai mentionnées. Et bien que le monde ait changé, et que le Canada ait changé, nous avons encore beaucoup de chemin à parcourir [...] Nous sommes tous concernés. Engageons-nous à abattre les barrières politiques, économiques et sociales qui empêchent la pleine réalisation de cette vision [de réconciliation] sur ces terres. Laissez-nous honorer les survivants des pensionnats et leur exemple de courage, de miséricorde et de compassion, et marchons dans leurs traces vers ces jours meilleurs[284].

Au sein des collectivités, où les contacts entre les Autochtones et les non-Autochtones sont souvent très limités ou entachés de méfiance et de racisme, l'établissement de relations respectueuses fait appel à l'apprentissage du bon voisinage, c'est-à-dire être respectueux, écouter et apprendre les uns des autres, développer la compréhension, et prendre des mesures concrètes pour améliorer les relations. Lors de l'événement régional tenu à Victoria, la survivante intergénérationnelle Victoria Wells a déclaré :

> Je saurai que la réconciliation est en cours dans la société canadienne quand les Canadiens, peu importe où ils vivent, seront capables de dire les noms des tribus avec lesquelles ils sont voisins; quand ils seront capables de prononcer les noms des communautés ou des personnes qu'ils connaissent et quand ils seront capables de dire bonjour et au revoir dans la langue de leurs voisins [...] Cela me témoignera du respect. Cela me montrera qu'ils ont pris la peine de découvrir la langue du territoire sur lequel ils vivent [...] parce que la langue vient de la terre [...] la langue a une relation très organique avec l'endroit d'où elle vient et je vous invite à apprendre cela, à être éclairé par ce fait et à vous informer sur nos façons de penser, de connaître, de voir et de comprendre. C'est ce que représente la réconciliation pour moi[285].

Une ancienne enseignante d'une école publique, Lynne Phillips, a fait une mise en garde : l'établissement de la confiance sera l'un des défis majeurs du processus de réconciliation. Elle a affirmé :

> Je comprends très bien la réticence de certaines Premières Nations à accepter des offres d'amitié et des possibilités d'interaction. Je comprends pourquoi et j'espère qu'avec le temps, nous serons en mesure d'obtenir leur confiance et découvrirons des façons d'interagir qui seront bénéfiques mutuellement [...] Je pense que nous sommes sur la bonne voie [...] Je crois que la société civile, les organismes non gouvernementaux, les institutions religieuses, les organisations autochtones sont sur la voie de l'ouverture [...] et je crois que nous avons encore beaucoup à faire[286].

En juillet 2013, lors de l'audience communautaire de Maskwacis (anciennement Hobbema, Alberta) tenue sur l'ancien site du pensionnat Ermineskin, le professeur Roger déclare qu'au fil des ans, ses élèves cris l'ont aidé à comprendre ce qui suit :

[...] ce qu'un petit-fils de colons de quatrième génération devait savoir pour vivre ici [...] avec un sens de la mémoire, de la compassion et de l'obligation. Car moi aussi j'ai des ancêtres inhumés dans la terre du Traité n° 6 [...] J'ai appris d'un élève d'Hobbema que nous sommes tous visés par les traités ici [...] Après tout, un traité est une relation et nous vivons ici sur la base d'un accord signé en 1876, 1877; la première fois, pas très loin de l'endroit où mes ancêtres colons se sont établis [...] Bien qu'il soit important que les dirigeants nationaux présentent des excuses publiques, le travail de réconciliation n'appartient pas uniquement aux gouvernements. Dans les faits, je ne crois pas qu'ils sont très doués pour ce travail. Le travail de réconciliation est un travail de voisinage [...] Je pense que les mots [exprimant les excuses] étaient sincères, mais ils ne suffisent pas. Ils n'ont pas modifié les relations, en tout cas, pas assez[287].

Le maire de la ville voisine de Wetaskiwinm, Bill Elliot, a aussi pris la parole ce jour-là. Il a expliqué qu'avant l'audience communautaire de la CVR, il avait assisté en compagnie d'élèves de 10e année et d'autres citoyens d'Hobbema et de Wetaskiwin à un atelier avec des survivants. En écoutant les expériences vécues dans les pensionnats, les personnes présentes avaient alors pu comprendre combien les survivants, leurs familles et la communauté entière avaient été terrorisés. Il a déclaré ce qui suit :

Je pense que les habitants de Wetaskawin sont parvenus à comprendre les vicissitudes qu'ont dû endurer nos voisins du sud toute leur vie [...] Nous nous efforçons d'établir un processus de guérison entre la ville de Wetaskiwin et la Première Nation des Cris [...] Lorsque vous arriverez à Wetaskiwin en provenance du sud, vous verrez que le panneau de bienvenue [de notre ville] sera également écrit en caractères syllabiques cris [...] Nous avons encore beaucoup de chemin à parcourir. Nous marchons à petits pas dans le processus de guérison. Nous travaillons toutefois ensemble pour créer de meilleures communautés et pour comprendre et respecter les différences et les similitudes de nos cultures[288].

Lors de l'événement national tenu en Alberta en 2014, le maire Elliot, qui avait été nommé témoin honoraire de la CVR, a offert des vœux de réconciliation :

Notre communauté essaie d'en apprendre davantage sur les survivants et les pensionnats. Nos écoles, nos églises et la communauté ont fait de petits gâteaux et des cartes d'anniversaire pour la grande fête d'anniversaire qui aura lieu demain. Des membres de notre communauté sont restés ici ces deux derniers jours [...] Ils sont très coopératifs et veulent apprendre. Nous essayons d'en apprendre davantage et de comprendre les répercussions qu'ont eues les pensionnats sur nos amis de la communauté maskwachis, car nous voulons être de bons voisins[289].

Les villes de Vancouver, de Toronto, d'Edmonton et de Calgary ont aussi proclamé la création de l'Année de la réconciliation. En 2014, Vancouver est allée plus loin en se déclarant « ville de la réconciliation » et a établi un cadre de travail à long terme pour travailler en partenariat et nouer des liens avec les nations Musqueam, Squamish et Tsleil-Waututh ainsi que les Autochtones urbains[290]. Lors de l'événement national de la Colombie-Britannique, le maire Gregor Robertson, témoin honoraire de la CVR, a déclaré :

> Nous avons le privilège de compter ici beaucoup de cultures différentes, et tous ceux d'entre nous qui sont venus de très loin ont eu la chance inouïe d'avoir pu se rendre ici. Beaucoup de personnes parmi nous sont issues de familles, de clans et de cultures qui ont été éliminés et ont dû partir. Nous avons été contraints de quitter nos territoires et, tant bien que mal, nous avons réussi à nous établir ici, principalement grâce aux ancêtres des Premières Nations qui nous ont accueillis et ont permis aux réfugiés et à des peuples du monde entier dont la culture avait été brisée de s'établir ici et d'y rester, même si nos prédécesseurs et nos ancêtres ont fait volte-face et que des choses terribles se sont passées. Je pense que le monde entier doit s'inspirer de la force des peuples autochtones du Canada et que nous devons faire preuve de la même force dans les décisions importantes que nous devons prendre dans nos gouvernements, nos communautés et nos villes.
>
> Lorsque je vois la force des survivants, lorsque j'entends l'expression « enfants courageux », lorsque je pense aux aînés courageux, je pense à une « culture courageuse » — à ce courage et à cette détermination à tirer les leçons du passé et à prendre les meilleures décisions possibles sur la façon de s'occuper et de prendre soin les uns des autres, et à ceux qui ont le plus besoin de cette aide. Il faut que nous nous soutenions les uns les autres, que nous prenions soin de la terre et de la mer dont nous avons hérité pour les générations à venir[291].

Jeunesse intergénérationnelle à l'échelle des cultures

Lors de l'événement national de la Colombie-Britannique, la Commission a accueilli, en partenariat avec l'Inspirit Foundation, un groupe de discussion composé de jeunes ayant pour nom « Be the Change: Young People Healing the Past and Building the Future » (les jeunes comme agents de changement pour guérir du passé et bâtir l'avenir). Dans ce dialogue interculturel, de jeunes leaders ont décrit les effets intergénérationnels des violations des droits de l'homme comme celles commises dans les pensionnats, l'holocauste, l'internement au Canada des Canadiens d'origine japonaise pendant la Seconde Guerre mondiale et l'imposition de la taxe d'entrée aux immigrants chinois au Canada. Ils ont parlé de la communauté et de la concrétisation du processus de réconciliation. Kim Harvey, survivant intergénérationnel de la bande Tsilhqot'in, a déclaré :

J'ai vécu des moments très désagréables où j'ai essayé d'expliquer ce qui était arrivé à mon peuple et pourquoi l'alcoolisme et la consommation de drogue sont si élevés. On se concentre tant sur tous les aspects négatifs [...] Personne n'a parlé des pensionnats [...] Nos jeunes doivent chaque jour faire face à tant de stéréotypes horribles. Chaque jour, je dois affronter des enjeux familiaux, identitaires et communautaires [...] Pour moi, la réconciliation, c'est une affaire de vérité, d'éducation et de partage des connaissances [...] La réconciliation, c'est une affaire de relations. Pour me réconcilier avec vous, je dois vraiment comprendre ce qui vous est arrivé, qui vous êtes et ce que je peux faire, en tant que membre de la collectivité, pour améliorer notre communauté [...]

La réconciliation est une expérience commune [...] Les pensionnats ont été créés par une partie extérieure [...] Lorsque l'on demande « Pourquoi ne faites-vous pas simplement table rase du passé? », je trouve cela frustrant, car cela supprime le fardeau de notre relation commune [comme si] en quelque sorte, tout le pays ne participait pas au processus de réconciliation. Pour moi, cela ne rend pas service à cette nation sur le plan de la réconciliation [...] Il incombe à chacun de s'informer de ce qui s'est passé. Avec les relations vient le respect [...] Ce qui aide les jeunes, qu'ils soient Autochtones ou non, c'est de trouver leur rôle, d'avoir des adultes comme alliés afin de trouver ce rôle, d'assumer leurs responsabilités dans ce rôle, et d'être ensuite au service de la communauté [...] Si on faisait tous cela, ce serait pour moi la réconciliation en action. Il s'agit d'en savoir davantage sur son voisin[292].

Kevin Takahide Lee, survivant intergénérationnel de l'internement des Canadiens d'origine japonaise pendant la Seconde Guerre mondiale, a déclaré ce qui suit :

Je reconnais que nous sommes sur les terres des peuples Salish du littoral. C'est exactement ici, sur le champ de foire de la PNE [Pacific National Exhibition], que ma famille a été détenue pendant la guerre avant d'être envoyée au camp d'internement. Ce sont mes parents et grands-parents qui ont survécu [...] [Ils] n'ont jamais dit ce qui s'est passé dans les camps d'internement, même après le redressement à l'égard des Canadiens japonais [...] Il est très rare que nos aînés nous racontent ces histoires. Quand j'avais quatre ou cinq ans, je me suis rendu ici, à la PNE, comme la plupart des familles. Lorsque nous avons dû aller dans la grange qui se trouve là, quelques portes plus loin, ma grand-mère n'a pas pu rentrer, parce qu'elle avait été enfermée, au cours de la guerre, pendant des mois dans ce local d'élevage avec d'autres femmes et enfants [...] Lorsque j'étais enfant, je ne pouvais pas le comprendre, mais maintenant que je suis adulte, je le peux. Voilà ce que cela signifie pour moi, en tant que descendant de survivants. Des personnes que j'aime et que j'admire ont été lésées, humiliées, oubliées et injustement emprisonnées par le pays que j'appelle [...]ma patrie [...] [La partie du programme de redressement à l'égard des Japonais qui s'est avérée la plus efficace] était l'investissement dans les communautés et la culture [et la création de] la Fondation canadienne des relations raciales [...] mise en place pour que cela ne se reproduise jamais [...] C'est uniquement lorsque « vous » et « moi » devenons « nous » qu'il peut y avoir réconciliation[293].

Caroline Wong a déclaré être une survivante intergénérationnelle de l'imposition de la taxe d'entrée aux Chinois, taxe que ses grands-pères avaient dû payer à leur arrivée au Canada :

> J'ai grandi en rejetant le stéréotype de la Chinoise, car je voulais être aussi « blanche » que possible [...] Sur le plan de la réconciliation, ma grand-mère est une combattante [...] Elle lutte pour un redressement concernant la taxe d'entrée. En 2006, le gouvernement fédéral a présenté ses excuses et a offert une indemnité aux survivants de la taxe d'entrée et leur conjoint, mais peu d'entre eux étaient encore en vie. Pour beaucoup de survivants comme ma grand-mère et d'autres Canadiens d'origine chinoise de première génération qui ont subi les effets de la discrimination, cela a été un revers terrible [...] Quelle indemnité peut-on recevoir lorsqu'on a perdu une vie, sa terre et sa famille et lorsqu'on a été victime de discrimination et de maltraitance? Ces choses n'ont pas de prix [...] L'indemnisation n'est qu'une partie de la réponse [...] La réconciliation, ce n'est pas seulement des excuses, mais aussi un chemin bilatéral vers le regret et le pardon. C'est une affaire d'éducation [...] C'est faire toute la lumière sur ce qui s'est passé et veiller à ne jamais oublier [...] La réconciliation commence par la jeunesse et l'établissement d'une compréhension interculturelle [...] J'espère que ceci est le début de nombreux dialogues interculturels [...] Nous devons comprendre ce qu'étaient les pensionnats et ce que d'autres groupes culturels ont vécu. Je vous défie tous de poser cette question : « Qu'est-ce que cela signifie d'être Canadien? » Ou, si vous êtes d'un autre endroit : « Quel est mon rôle dans cette communauté? »[294].

Danny Richmond, survivant intergénérationnel de l'holocauste, a déclaré :

> Ma grand-mère et mon grand-père ont dû endurer, dans leur vingtaine, des choses que je ne peux même pas imaginer [...] Pour mon peuple, la blessure est toujours ouverte [...] Que puis-je vous dire pour vous faire comprendre? Ça a toujours été une partie de ma vie [...], car l'holocauste a été un phénomène si étendu à l'échelle mondiale [...] Qui en est l'auteur? Chaque jour, des personnes ont participé à cet événement [...] Des systèmes et des nations y ont participé [...] Je ne peux donc accepter les excuses de personne. Le gouvernement allemand s'est excusé. La réconciliation est fondée sur la confiance en l'humanité que ce genre de persécution ne se reproduira pas pour les Juifs ou dans le monde [...] La réconciliation consiste à s'assurer qu'aucune de nos communautés ne souffre de nouveau de cette persécution [...] Pour moi, il s'agit de surveiller nos institutions pour veiller à ce qu'elles ne perpétuent pas ce genre de persécution [...] Nous avons obtenu les excuses du gouvernement, mais comment vérifions-nous notre situation aujourd'hui? [...] Nous devons créer une Journée nationale

de la réconciliation traitant des violations passées des droits de la personne et informant [la population] de ce [qui s'est passé lorsque nous avons] déshumanisé des gens. Le Canada a été un havre pour ma famille, mais c'est aussi une nation à l'histoire très douloureuse. Nous ne devrions pas avoir peur de parler de ces choses et d'institutionnaliser le processus de guérison à l'échelle nationale[295].

Nouveaux arrivants au Canada

Pour les nouveaux Canadiens, dont beaucoup gardent des souvenirs traumatisants de la violence, du racisme et de l'oppression coloniaux, le recherche d'un terrain d'entente entre peuples visés par des traités passe par l'apprentissage de l'histoire des Autochtones et le renforcement des liens de solidarité. La Commission croit qu'il est urgent d'accroître le dialogue entre les peuples autochtones et les nouveaux Canadiens. Lors d'un forum intitulé « Du souvenir à la réconciliation » coparrainé par la Commission ontarienne des droits de la personne, l'organisme Colour of Poverty — Colour of Change et la Metro Toronto Chinese and Southeast Asian Legal Clinic et auquel ont assisté des commissaires de la CVR, les participants ont réfléchi à la manière dont leur propre histoire façonnait leur compréhension de la violence, de l'oppression et du racisme, aux stéréotypes qu'ils avaient reçus sur les peuples autochtones au Canada ainsi qu'aux enjeux et aux possibilités quant à l'établissement d'alliances communes.

Akua Benjamin, originaire des Caraïbes dont l'histoire est marquée par l'esclavage, a déclaré :

> Comment se fait-il que nos histoires [...] [ont] tant de similitudes, sur le plan de la violence? La violence de l'esclavage correspond à la violence de la destruction dans les communautés autochtones [...] Ces sociétés sont façonnées par la violence [...] Ma grand-mère parlait des gens qui travaillaient dans les champs et se faisaient battre [...] Ma mère portait du charbon sur la tête alors qu'elle était enfant [...] Nous avons donc beaucoup en commun [...] Comment parvient-on à la réconciliation? Comment tenir ces conversations difficiles dans lesquelles il est question de votre rôle dans mon combat? Vous avez ce privilège que je n'ai pas. Vous avez une éducation que je n'ai pas eue [...] C'est un endroit sûr pour vraiment discuter de ces sujets difficiles[296].

Ali Kazimi a déclaré :

> Je suis arrivé [au Canada] en provenance de l'Inde il y a 30 ans [...] Ce qui m'a tout de suite paru évident, c'est que je suis venu avec mes propres stéréotypes [sur les Autochtones]. Ces stéréotypes provenaient de ce que j'avais vu dans les films d'Hollywood et les illustrés [...] J'ai passé beaucoup de temps dans les

soupes populaires de Toronto, à fréquenter des gens et à essayer de comprendre la réalité actuelle des peuples des Premières Nations dans un centre urbain comme Toronto. Ce fut une incroyable expérience d'apprentissage. Cela m'a vraiment rendu humble, m'a ouvert les yeux [...] Je me souviens de discussions avec des personnes qui récusaient ce que je disais, et ces confrontations étaient absolument essentielles [...] Cela m'a mené à me poser une question fondamentale [...] Quelle est ma place dans cet environnement?

Beaucoup de Canadiens pensent que l'identité canadienne et culturelle est en quelque sorte définie par cet humanisme universel. Par ailleurs, il y a le premier ministre Harper qui affirme que le Canada n'a pas d'histoire de colonialisme. Ils font la même chose. Ils nient le colonialisme, le racisme et les [attitudes de] supériorité des Blancs [...] dont nous continuons de voir l'héritage aujourd'hui [...] C'est un héritage très toxique [...] La vérité sur le Canada, c'est notamment qu'il a été créé comme un pays de Blancs et que ce terme a été employé de façon répétée. Il y a vingt ans, je suis devenu citoyen canadien, et l'une des choses qu'on ne m'avait pas expliquées [...] c'était que, lorsqu'on prête ce serment [d'allégeance], on devient partie aux traités qui ont été signés [...] On nous a fait lire ce document édifiant sur les droits associés à la citoyenneté canadienne, mais ce document ne comprenait aucun renseignement sur notre responsabilité et nos obligations [...] en tant que parties aux traités[297].

Winnie Ng a déclaré :

Je suis née à Hong Kong et suis arrivée au Canada en 1968 [...] J'ai atterri à Victoria (c.-b.), qui possède le plus ancien quartier chinois du pays [...] Cela a été un vrai périple pour moi, en tant que personne de couleur et membre d'une communauté non autochtone [...] d'apprendre l'histoire de cette terre autochtone ainsi que ma position sociale et mon privilège en tant que membre de la communauté des nouveaux arrivants [...] De la main-d'œuvre [chinoise] du Canadien Pacifique à la taxe d'entrée en passant par la *Loi d'exclusion des Chinois* [...], les Chinois, comme les enfants autochtones, ont été isolés dans le système d'éducation pendant de nombreuses années [...] Il y a une histoire permanente de racisme systémique, d'exclusion et d'exploitation [...] Je pense [que nous devons parler] de souvenir, de résistance et de réconciliation[298].

Devenir des citoyens

Pour se préparer à devenir des citoyens canadiens, tous les immigrants du Canada étudient un guide intitulé *Découvrir le Canada*. On y explique ceci : « Pour comprendre ce que signifie être Canadien, il faut connaître nos trois peuples fondateurs : les **Autochtones**, les **Français** et les **Britanniques**. » Voici ce qu'on y dit des peuples autochtones :

> On croit que les ancêtres des peuples autochtones sont venus d'Asie il y
> a plusieurs milliers d'années. Ils étaient établis ici bien avant l'arrivée des
> premiers explorateurs européens en Amérique du Nord. Les cultures vivantes
> et diversifiées des Premières Nations étaient enracinées dans des croyances
> religieuses liées à leur relation avec le Créateur, avec leur milieu naturel et
> avec les autres Autochtones. Les droits autochtones et les droits découlant de
> traités sont énoncés dans la Constitution canadienne. Les droits territoriaux
> ont été garantis pour la première fois par la Proclamation royale de 1763,
> du roi George III, qui établissait les bases de la négociation des traités avec
> les nouveaux arrivants — traités qui n'ont pas toujours été respectés. Des
> années 1800 jusqu'aux années 1980, le gouvernement fédéral a placé de
> nombreux enfants autochtones dans des pensionnats afin de les instruire et
> de les assimiler à la culture canadienne dominante. Ces écoles étaient mal
> financées et les élèves y vivaient dans la misère, certains étant même maltraités
> physiquement. Les langues et les pratiques culturelles autochtones y étaient
> pour la plupart interdites. En 2008, Ottawa a présenté des excuses officielles à
> tous les anciens élèves des pensionnats indiens. Dans le Canada d'aujourd'hui,
> les peuples autochtones retrouvent leur fierté et leur confiance, et ils ont
> à leur actif de grandes réalisations dans les domaines de l'agriculture, de
> l'environnement, des affaires et des arts[299].

Ce guide fait état des droits et des responsabilités liés à la citoyenneté. Il décrit le système juridique du Canada en ces termes :

> Les règles juridiques du Canada proviennent entre autres des lois adoptées
> par le Parlement du Canada et les assemblées législatives provinciales, de la
> common law, du Code civil de la France et de la tradition constitutionnelle
> héritée de la Grande-Bretagne. Ensemble, ces règles préservent pour les
> Canadiens une tradition de liberté ordonnée vieille de 800 ans, qui remonte
> à 1215, année de la signature de la Magna Carta (aussi appelée Grande Charte
> des libertés) en Angleterre[300].

Dans *Découvrir le Canada,* on ignore le fait que les peuples autochtones constituent une source de droit pour le Canada et affirme que la tradition canadienne d'une « liberté ordonnée » est attribuable à l'Angleterre et pas du tout aux peuples autochtones du Canada qui ont accueilli les explorateurs européens, les ont aidés à survivre dans ce climat, les ont guidés dans tout le pays, et ont signé avec eux des traités pour partager leur territoire avec les nouveaux venus d'Europe.

Un nouveau serment de citoyenneté pour le Canada

Le guide comprend le serment de citoyenneté à la Reine que doivent prêter tous les nouveaux citoyens de nos jours : « Au Canada, nous jurons notre fidélité à une personne humaine qui nous représente tous, plutôt que de nous engager à servir un document, une oriflamme ou un territoire. » Voici le libellé du serment de citoyenneté que les nouveaux Canadiens doivent prêter : « Je jure (ou j'affirme solennellement) que je serai fidèle et que je porterai sincère allégeance à Sa Majesté la Reine Elizabeth Deux, Reine du Canada, à ses héritiers et successeurs, que j'observerai fidèlement les lois du Canada et que je remplirai loyalement mes obligations de citoyen canadien. »

C'est précisément parce que « nous sommes tous visés par les traités » que le serment de citoyenneté du Canada doit inclure une promesse solennelle de respecter les droits autochtones et les droits découlant des traités.

Appels à l'action

93) Nous demandons au gouvernement fédéral d'examiner, en collaboration avec les organisations autochtones nationales, la trousse d'information pour les nouveaux arrivants au Canada et l'examen de citoyenneté afin que l'histoire relatée reflète davantage la diversité des peuples autochtones du Canada, y compris au moyen d'information sur les traités et sur l'histoire des pensionnats.

94) Nous demandons au gouvernement du Canada de remplacer le serment de citoyenneté par ce qui suit :

Je jure (ou affirme solennellement) que je serai fidèle et porterai sincère allégeance à Sa Majesté la Reine Elizabeth Deux, Reine du Canada, à ses héritiers et successeurs, que j'observerai fidèlement les lois du Canada, y compris les traités conclus avec les peuples autochtones, et que je remplirai loyalement mes obligations de citoyen canadien.

Mot de la fin

Le 22 septembre 2013, au lendemain de l'événement national tenu en Colombie-Britannique, les commissaires se sont joints aux 70 000 personnes rassemblées sous la pluie battante afin de participer à une marche pour la réconciliation, organisée par Réconciliation Canada, une organisation à but non lucratif. En suivant du regard la rue Georgia, au centre-ville de Vancouver, on pouvait voir une mer de parapluies multicolores s'étendre aussi loin que l'œil pouvait porter. La marche s'est ouverte par des cérémonies traditionnelles et des protocoles. Des chefs en tenue de cérémonie, des femmes enveloppées dans des couvertures à boutons et des capes d'écorce de cèdre, ainsi que des tambours, des danses et des chants, accompagnaient les survivants, leurs familles et des gens de diverses traditions religieuses et de tous les horizons qui ont défilé ensemble dans la solidarité. Nous avons marché pour les survivants et pour tout ce qu'ils ont fait afin d'attirer l'attention du pays sur l'histoire longtemps cachée des pensionnats. Nous avons marché en souvenir de milliers d'enfants morts dans les pensionnats. Nous avons marché pour rendre hommage à tous les peuples autochtones qui retrouvent et restaurent leur identité, leur égalité et leur dignité. Nous avons marché pour exiger la transformation sociale si nécessaire au Canada. Nous avons marché pour la solidarité enlevante que suppose le sentiment d'être unis avec des dizaines de milliers de personnes, toutes réunies dans une nouvelle collectivité poursuivant un but commun. Robert Joseph, Ph.D., survivant des pensionnats, aîné et chef Gwawaenuk, a pris la parole à titre d'ambassadeur de Réconciliation Canada et a déclaré que « la réconciliation inclut toute personne avec un cœur ouvert et un esprit ouvert, qui est prête à regarder vers l'avenir d'une manière nouvelle. Laissez-nous trouver une façon d'appartenir ensemble à ce moment et à cet endroit. Notre avenir et le bien-être de tous nos enfants dépendent du genre de relations que nous établissons aujourd'hui[301]. »

En novembre 2012, les aînés de Nations autochtones et de nombreuses autres cultures se sont réunis pendant deux jours dans le territoire des Musqueam à Vancouver, en Colombie-Britannique, pour parler de la façon dont la réconciliation peut aider le Canada à aller de l'avant. Par la suite, ils ont déclaré ceci :

> En tant que Canadiens, nous partageons la responsabilité de prendre soin les uns des autres et de reconnaître la douleur et la souffrance que nos diverses sociétés ont endurées — une douleur qui a été transmise aux générations suivantes. Nous devons redresser ces torts, guérir ensemble et créer un nouvel avenir qui honore les dons uniques de nos enfants et petits-enfants
>
> Comment procède-t-on? Grâce au partage de nos histoires personnelles, légendes et enseignements traditionnels, nous avons constaté que nous sommes interconnectés dans le même esprit. Nos enseignements traditionnels parlent d'actions telles que le soutien à se donner mutuellement en marchant ensemble, l'équilibre, la guérison et l'unité. Nos histoires montrent comment ces enseignements peuvent guérir leur douleur et restaurer la dignité. Nous avons découvert que dans toutes nos traditions culturelles, il existe des enseignements sur la réconciliation, le pardon, l'unité, la guérison et l'équilibre.
>
> Nous vous invitons à sonder vos propres traditions et croyances et celles de vos ancêtres pour trouver les valeurs fondamentales qui créent une société harmonieuse et pacifique et une terre saine[302].

Le travail de la CVR a révélé toute la difficulté que représente l'établissement de la vérité. Des milliers de survivants se sont manifestés et, dans les larmes et la colère, ils ont partagé leur douleur. Ils ont montré que l'humour, la persévérance et la résilience leur ont permis de surmonter les grandes épreuves, et que la vie après le pensionnat était parfois trop difficile à supporter. Ils sont venus pour partager leurs histoires, non seulement pour alléger leur fardeau, mais aussi pour essayer d'améliorer les choses pour leurs enfants et leurs petits-enfants.

La réconciliation exigera beaucoup de travail. Des gens de tous les horizons et de toutes les strates de la société devront y participer avec détermination.

La réconciliation appelle à une action personnelle. Les gens ont besoin d'apprendre à se connaître les uns les autres. Ils doivent apprendre à se parler et à parler les uns des autres avec respect. Ils doivent apprendre à parler en connaissance de cause de l'histoire de notre pays. Ils doivent veiller à ce que leurs enfants apprennent aussi à le faire.

La réconciliation exige une action collective. Le Comité d'organisation des Jeux olympiques de 2010 à Vancouver a reconnu et honoré les quatre Premières Nations hôtes à tous les événements publics qu'il a organisés. Les clubs, équipes sportives, artistes, musiciens, écrivains, enseignants, médecins, avocats, juges et politiciens doivent apprendre, à partir de cet exemple, à agir de façon plus inclusive et respectueuse et à participer davantage au dialogue sur la réconciliation.

La réconciliation exige une action communautaire. La Ville de Vancouver, en Colombie-Britannique, s'est proclamée Ville de la réconciliation. La Ville de Halifax, en Nouvelle-Écosse, organise un défilé annuel et une procession pour commémorer le Traité de paix et d'amitié de 1761. On prononce des discours, et tous les participants se régalent. La Ville de Wetaskiwin, en Alberta, a installé en périphérie un panneau indicateur portant son nom en écriture syllabique crie. D'autres collectivités peuvent leur emboîter le pas.

La réconciliation exige une action fédérale, provinciale et territoriale.

La réconciliation exige une action nationale.

Il faut changer notre façon de nous gouverner.

La loi doit changer.

Les politiques et les programmes doivent changer.

La façon dont nous éduquons nos enfants et nous éduquons nous-mêmes doit changer.

La façon dont nous faisons des affaires doit changer.

Les mentalités doivent changer.

La façon dont nous parlons aux autres et à leur sujet doit changer.

Tous les Canadiens doivent prendre un engagement ferme et durable envers la réconciliation pour que le Canada soit un pays dans lequel nos enfants et nos petits-enfants peuvent s'épanouir.

Appels à l'action

Afin de remédier aux séquelles laissées par les pensionnats et de faire avancer le processus de réconciliation, la Commission de vérité et réconciliation lance les appels à l'action ci-après.

Séquelles

Protection de l'enfance

1) Nous demandons au gouvernement fédéral, aux gouvernements provinciaux et territoriaux de même qu'aux gouvernements autochtones de s'engager à réduire le nombre d'enfants autochtones pris en charge en ayant recours aux moyens suivants :
    i. le contrôle et l'évaluation des enquêtes sur la négligence;
    ii. l'affectation de ressources suffisantes pour permettre aux collectivités autochtones et aux organismes de protection de l'enfance de garder les familles autochtones ensemble, dans les cas où il est sécuritaire de le faire, et de garder les enfants dans des environnements adaptés à leur culture, quel que soit l'endroit où ils habitent;
    iii. la prise de mesures pour voir à ce que les travailleurs sociaux et les autres intervenants qui mènent des enquêtes liées à la protection de l'enfance soient bien renseignés et formés en ce qui touche l'histoire et les répercussions des pensionnats;
    iv. la prise de mesures pour voir à ce que les travailleurs sociaux et les autres intervenants qui mènent des enquêtes liées à la protection de l'enfance soient bien renseignés et formés au sujet de la possibilité que les familles et les collectivités autochtones représentent de meilleures solutions en vue de la guérison des familles;

v. l'établissement d'une exigence selon laquelle tous les décideurs du milieu de la protection de l'enfance doivent tenir compte des répercussions de l'expérience des pensionnats sur les enfants et sur ceux qui leur fournissent des soins.

2) Nous demandons au gouvernement fédéral, en collaboration avec les provinces et les territoires, de préparer et de publier des rapports annuels sur le nombre d'enfants autochtones (Premières Nations, Inuits et Métis) qui sont pris en charge, par comparaison avec les enfants non autochtones, ainsi que sur les motifs de la prise en charge d'enfants par l'État, sur les dépenses totales engagées pour les besoins des services de prévention et de nature autre offerts par les organismes de protection de l'enfance, et sur l'efficacité des diverses interventions.

3) Nous demandons à tous les ordres de gouvernement de voir à la pleine mise en œuvre du principe de Jordan.

4) Nous demandons au gouvernement fédéral de mettre en place des dispositions législatives en matière de protection des enfants autochtones qui établissent des normes nationales en ce qui a trait aux cas de garde et de prise en charge par l'État concernant des enfants autochtones, et qui prévoient des principes qui :

  i. confirment le droit des gouvernements autochtones d'établir et de maintenir en place leurs propres organismes de protection de l'enfance;

  ii. exigent des organismes de protection de l'enfance et des tribunaux qu'ils tiennent compte dans leurs décisions des séquelles laissées par les pensionnats;

  iii. établissent, en tant que priorité de premier plan, une exigence selon laquelle le placement temporaire ou permanent des enfants autochtones le soit dans un milieu adapté à leur culture.

5) Nous demandons au gouvernement fédéral, aux gouvernements provinciaux et territoriaux de même qu'aux gouvernements autochtones d'élaborer des programmes d'éducation qui sont destinés aux parents et qui sont adaptés à la culture des familles autochtones.

Éducation

6) Nous demandons au gouvernement du Canada d'abroger l'article 43 du *Code criminel* du Canada.

7) Nous demandons au gouvernement fédéral d'élaborer, de concert avec les groupes autochtones, une stratégie conjointe pour combler les écarts en matière d'éducation et d'emploi entre les Canadiens autochtones et les Canadiens non autochtones.

8) Nous demandons au gouvernement fédéral d'éliminer l'écart entre le financement en matière d'éducation qu'il verse pour les besoins des enfants des Premières Nations qui fréquentent des écoles dans les réserves et celui qu'il accorde pour les besoins des enfants des Premières Nations qui fréquentent des écoles à l'extérieur des réserves.

9) Nous demandons au gouvernement fédéral de préparer et de publier des rapports annuels sur le financement en matière d'éducation destiné aux enfants des Premières Nations dans les réserves par comparaison avec celui dont bénéficient les enfants des Premières Nations à l'extérieur des réserves, ainsi que sur les niveaux de scolarisation et le revenu des membres des peuples autochtones par rapport aux non-Autochtones au Canada.

10) Nous demandons au gouvernement fédéral d'élaborer de nouvelles dispositions législatives sur l'éducation des Autochtones, avec la pleine participation et le consentement éclairé des peuples autochtones. Plus précisément, nous demandons à ce que ces dispositions comprennent un engagement à l'égard d'un financement suffisant et intègrent des principes qui se traduisent par la réalisation de ce qui suit :

   i. fournir un financement suffisant pour combler les écarts mentionnés sur le plan des niveaux de scolarisation en une génération;

   ii. améliorer les niveaux de scolarisation et les taux de réussite;

   iii. élaborer des programmes d'études adaptés à la culture;

   iv. protéger le droit d'utiliser les langues autochtones, y compris en ce qui touche l'enseignement de telles langues dans le cadre de cours crédités;

   v. voir à ce que les parents et la collectivité puissent assumer la responsabilité et le contrôle du système scolaire qui les concerne, et à ce qu'ils soient tenus de rendre des comptes à cet égard, de manière semblable à la situation des parents dans le système scolaire public;

   vi. permettre aux parents de participer pleinement à l'éducation de leurs enfants;

   vii. respecter et honorer les relations découlant des traités.

11) Nous demandons au gouvernement fédéral de fournir un financement adéquat pour remédier à l'insuffisance des places disponibles pour les élèves des Premières Nations qui souhaitent poursuivre des études postsecondaires.

12) Nous demandons au gouvernement fédéral, aux gouvernements provinciaux et territoriaux de même qu'aux gouvernements autochtones d'élaborer des programmes d'éducation de la petite enfance adaptés à la culture des familles autochtones.

Langue et culture

13) Nous demandons au gouvernement fédéral de reconnaître que les droits des Autochtones comprennent les droits linguistiques autochtones.

14) Nous demandons au gouvernement fédéral d'adopter une loi sur les langues autochtones qui incorpore les principes suivants :

    i. les langues autochtones représentent une composante fondamentale et valorisée de la culture et de la société canadiennes, et il y a urgence de les préserver;

    ii. les droits linguistiques autochtones sont renforcés par les traités;

    iii. le gouvernement fédéral a la responsabilité de fournir des fonds suffisants pour la revitalisation et la préservation des langues autochtones;

    iv. ce sont les peuples et les collectivités autochtones qui sont les mieux à même de gérer la préservation, la revitalisation et le renforcement des langues et des cultures autochtones;

    v. le financement accordé pour les besoins des initiatives liées aux langues autochtones doit refléter la diversité de ces langues.

15) Nous demandons au gouvernement fédéral de nommer, à la suite de consultations avec les groupes autochtones, un commissaire aux langues autochtones. Plus précisément, nous demandons que ce commissaire soit chargé de contribuer à la promotion des langues autochtones et de présenter des comptes rendus sur l'efficacité du financement fédéral destiné aux initiatives liées aux langues autochtones.

16) Nous demandons aux établissements d'enseignement postsecondaire de créer des programmes et des diplômes collégiaux et universitaires en langues autochtones.

17) Nous demandons à tous les ordres de gouvernement de permettre aux survivants des pensionnats et à leurs familles de reprendre les noms qui ont été changés par le système des pensionnats en les exonérant des frais d'administration applicables dans le cadre du processus de changement de nom et de révision officielle des documents d'identité, comme les extraits de naissance, les passeports, les permis de conduire, les cartes santé, les certificats de statut d'Indien et la carte d'assurance sociale, et ce, pour une période de cinq ans.

Santé

18) Nous demandons au gouvernement fédéral, aux gouvernements provinciaux et territoriaux ainsi qu'aux gouvernements autochtones de reconnaître que la situation actuelle sur le plan de la santé des Autochtones au Canada est le résultat direct des politiques des précédents gouvernements canadiens, y compris en ce qui touche les pensionnats, et de reconnaître et de mettre en application les droits des Autochtones en matière de soins de santé tels qu'ils sont prévus par le droit international et le droit constitutionnel, de même que par les traités.

19) Nous demandons au gouvernement fédéral, en consultation avec les peuples autochtones, d'établir des objectifs quantifiables pour cerner et combler les écarts dans les résultats en matière de santé entre les collectivités autochtones et les collectivités non autochtones, en plus de publier des rapports d'étape annuels et d'évaluer les tendances à long terme à cet égard. Les efforts ainsi requis doivent s'orienter autour de divers indicateurs, dont la mortalité infantile, la santé maternelle, le suicide, la santé mentale, la toxicomanie, l'espérance de vie, les taux de natalité, les problèmes de santé infantile, les maladies chroniques, la fréquence des cas de maladie et de blessure ainsi que la disponibilité de services de santé appropriés.

20) Afin de régler les conflits liés à la compétence en ce qui a trait aux Autochtones vivant à l'extérieur des réserves, nous demandons au gouvernement fédéral de reconnaître les besoins distincts en matière de santé des Métis, des Inuits et des Autochtones hors réserve, de respecter ces besoins et d'y répondre.

21) Nous demandons au gouvernement fédéral de fournir un financement à long terme pour les besoins des centres autochtones, nouveaux et de plus longue date, voués au traitement de problèmes de santé physique, mentale, émotionnelle et spirituelle avec lesquels doivent composer les Autochtones et qui découlent de leur expérience dans les pensionnats, et de veiller à accorder

la priorité au financement de tels centres de traitement au Nunavut et dans les Territoires du Nord-Ouest.

22) Nous demandons aux intervenants qui sont à même d'apporter des changements au sein du système de soins de santé canadien de reconnaître la valeur des pratiques de guérison autochtones et d'utiliser ces pratiques dans le traitement de patients autochtones, en collaboration avec les aînés et les guérisseurs autochtones, lorsque ces patients en font la demande.

23) Nous demandons à tous les ordres de gouvernement :

   i. de voir à l'accroissement du nombre de professionnels autochtones travaillant dans le domaine des soins de santé;

   ii. de veiller au maintien en poste des Autochtones qui fournissent des soins de santé dans les collectivités autochtones;

   iii. d'offrir une formation en matière de compétences culturelles à tous les professionnels de la santé.

24) Nous demandons aux écoles de médecine et aux écoles de sciences infirmières du Canada d'exiger que tous leurs étudiants suivent un cours portant sur les questions liées à la santé qui touchent les Autochtones, y compris en ce qui a trait à l'histoire et aux séquelles des pensionnats, à la Déclaration des Nations Unies sur les droits des peuples autochtones, aux traités et aux droits des Autochtones de même qu'aux enseignements et aux pratiques autochtones. À cet égard, il faudra, plus particulièrement, offrir une formation axée sur les compétences pour ce qui est de l'aptitude interculturelle, du règlement de différends, des droits de la personne et de la lutte contre le racisme.

Justice

25) Nous demandons au gouvernement fédéral de rédiger une politique qui réaffirme l'indépendance de la Gendarmerie royale du Canada pour ce qui est d'enquêter sur les crimes à l'égard desquels le gouvernement a ses propres intérêts en tant que partie potentielle ou réelle dans un recours civil.

26) Nous demandons aux gouvernements fédéral, provinciaux et territoriaux d'examiner et de modifier leurs délais de prescription de telle sorte qu'ils soient conformes au principe selon lequel les gouvernements et les autres entités concernées ne peuvent invoquer la prescription comme moyen de défense à l'encontre d'une action en justice portée par les Autochtones en raison de la violence qu'ils ont subie par le passé.

27) Nous demandons à la Fédération des ordres professionnels de juristes du Canada de veiller à ce que les avocats reçoivent une formation appropriée en matière de compétences culturelles, y compris en ce qui a trait à l'histoire et aux séquelles des pensionnats, à la Déclaration des Nations Unies sur les droits des peuples autochtones, aux traités et aux droits des Autochtones, au droit autochtone de même qu'aux relations entre l'État et les Autochtones. À cet égard, il faudra, plus particulièrement, offrir une formation axée sur les compétences pour ce qui est de l'aptitude interculturelle, du règlement de différends, des droits de la personne et de la lutte contre le racisme.

28) Nous demandons aux écoles de droit du Canada d'exiger que tous leurs étudiants suivent un cours sur les peuples autochtones et le droit, y compris en ce qui a trait à l'histoire et aux séquelles des pensionnats, à la Déclaration des Nations Unies sur les droits des peuples autochtones, aux traités et aux droits des Autochtones, au droit autochtone de même qu'aux relations entre l'État et les Autochtones. À cet égard, il faudra, plus particulièrement, offrir une formation axée sur les compétences pour ce qui est de l'aptitude interculturelle, du règlement de différends, des droits de la personne et de la lutte contre le racisme.

29) Nous demandons aux parties concernées et, plus particulièrement, au gouvernement fédéral, de travailler en collaboration avec les demandeurs qui ne sont pas visés par la Convention de règlement relative aux pensionnats indiens afin de cerner les questions en litige et d'établir rapidement une entente sur un ensemble de faits.

30) Nous demandons aux gouvernements fédéral, provinciaux et territoriaux de s'engager à éliminer, au cours de la prochaine décennie, la surreprésentation des Autochtones en détention et de publier des rapports annuels détaillés sur l'évaluation des progrès en ce sens.

31) Nous demandons aux gouvernements fédéral, provinciaux et territoriaux de procéder à une évaluation et d'établir des sanctions communautaires réalistes qui offriront des solutions de rechange à l'incarcération des délinquants autochtones, de fournir un financement suffisant et stable à cet égard et de cibler les causes sous-jacentes du comportement délinquant.

32) Nous demandons au gouvernement fédéral de modifier le *Code criminel* afin de permettre aux juges de première instance, avec motifs à l'appui, de déroger à l'imposition des peines minimales obligatoires de même qu'aux restrictions concernant le recours aux peines d'emprisonnement avec sursis.

33) Nous demandons aux gouvernements fédéral, provinciaux et territoriaux de reconnaître comme priorité de premier plan la nécessité d'aborder la question

du trouble du spectre de l'alcoolisation fœtale (TSAF) et de prévenir ce trouble, en plus d'élaborer, en collaboration avec les Autochtones, des programmes de prévention du TSAF qui sont adaptés à la culture autochtone.

34) Nous demandons aux gouvernements du Canada, des provinces et des territoires d'entreprendre des réformes du système de justice pénale afin de mieux répondre aux besoins des délinquants atteints du TSAF; plus particulièrement, nous demandons la prise des mesures suivantes :

  i. fournir des ressources communautaires et accroître les pouvoirs des tribunaux afin de s'assurer que le TSAF est diagnostiqué correctement et que des mesures de soutien communautaires sont en place pour les personnes atteintes de ce trouble;

  ii. permettre des dérogations aux peines minimales obligatoires d'emprisonnement pour les délinquants atteints du TSAF;

  iii. mettre à la disposition de la collectivité de même que des responsables des services correctionnels et des libérations conditionnelles les ressources qui leur permettront de maximiser les possibilités de vivre dans la collectivité pour les personnes atteintes du TSAF;

  iv. adopter des mécanismes d'évaluation appropriés pour mesurer l'efficacité des programmes en cause et garantir la sécurité de la collectivité.

35) Nous demandons au gouvernement fédéral d'éliminer les obstacles à la création de pavillons de ressourcement additionnels pour détenus autochtones au sein du système correctionnel fédéral.

36) Nous demandons aux gouvernements fédéral, provinciaux et territoriaux de travailler avec les collectivités autochtones pour offrir des services culturellement adaptés aux détenus en ce qui concerne, notamment, la toxicomanie, la famille et la violence familiale de même que les difficultés auxquelles fait face une personne lorsqu'elle tente de surmonter les séquelles de la violence sexuelle.

37) Nous demandons au gouvernement fédéral de fournir un plus grand soutien pour les besoins des programmes autochtones offerts dans des maisons de transition de même que des services de libération conditionnelle.

38) Nous demandons au gouvernement fédéral, aux gouvernements provinciaux et territoriaux ainsi qu'aux gouvernements autochtones de s'engager à éliminer, au cours de la prochaine décennie, la surreprésentation des jeunes Autochtones en détention.

39) Nous demandons au gouvernement fédéral d'élaborer un plan national pour recueillir et publier des données sur la victimisation criminelle des Autochtones,

y compris des données sur les homicides et la victimisation liée à la violence familiale.

40) Nous demandons à tous les ordres de gouvernement de créer, en collaboration avec les peuples autochtones, des programmes et des services suffisamment financés et faciles d'accès destinés expressément aux victimes autochtones, ainsi que des mécanismes d'évaluation appropriés.

41) Nous demandons au gouvernement fédéral de nommer, à la suite de consultations avec des organisations autochtones, une commission d'enquête publique chargée de se pencher sur les causes de la disproportion de la victimisation des femmes et des jeunes filles autochtones, et sur les moyens possibles pour y remédier. Le mandat de la commission d'enquête devra comprendre, notamment :

   i. la réalisation d'enquêtes sur la disparition et l'assassinat de femmes et de jeunes filles autochtones;

   ii. l'établissement de liens avec les effets intergénérationnels des pensionnats autochtones.

42) Nous demandons aux gouvernements fédéral, provinciaux et territoriaux de s'engager à reconnaître et à mettre en œuvre un système de justice autochtone qui soit compatible avec les droits ancestraux et issus de traités des peuples autochtones, en plus d'être conforme à la *Loi constitutionnelle de 1982* et à la Déclaration des Nations Unies sur les droits des peuples autochtones à laquelle le Canada a adhéré en novembre 2012.

Réconciliation

Les gouvernements canadiens et la Déclaration des Nations Unies sur les droits des peuples autochtones

43) Nous demandons aux gouvernements fédéral, provinciaux et territoriaux de même qu'aux administrations municipales d'adopter et de mettre en œuvre la Déclaration des Nations Unies sur les droits des peuples autochtones dans le cadre de la réconciliation.

44) Nous demandons au gouvernement du Canada d'élaborer un plan d'action et des stratégies de portée nationale de même que d'autres mesures concrètes pour atteindre les objectifs de la Déclaration des Nations Unies sur les droits des peuples autochtones.

Proclamation royale et pacte de réconciliation

45) Nous demandons au gouvernement du Canada d'élaborer, en son nom et au nom de tous les Canadiens, et de concert avec les peuples autochtones, une proclamation royale de réconciliation qui sera publiée par l'État. La proclamation s'appuierait sur la Proclamation royale de 1763 et le Traité du Niagara de 1764, et réaffirmerait la relation de nation à nation entre les peuples autochtones et l'État. La proclamation comprendrait, mais sans s'y limiter, les engagements suivants :

   i. répudier les concepts utilisés pour justifier la souveraineté des peuples européens sur les territoires et les peuples autochtones, notamment la doctrine de la découverte et le principe de *terra nullius* (territoire n'appartenant à personne);

   ii. adopter et mettre en œuvre la Déclaration des Nations Unies sur les droits des peuples autochtones dans le cadre de la réconciliation;

   iii. établir des relations qui se rattachent aux traités et qui sont fondées sur les principes de la reconnaissance mutuelle, du respect mutuel et de la responsabilité partagée, et ce, de manière à ce qu'elles soient durables, ou renouveler les relations de ce type déjà nouées;

   iv. concilier les affaires constitutionnelles et juridiques des peuples autochtones et de l'État pour s'assurer que les peuples autochtones sont des partenaires à part entière au sein de la Confédération, ce qui englobe la reconnaissance des lois et des traditions juridiques autochtones et leur intégration dans la négociation et la mise en œuvre des traités, des revendications territoriales et de toute autre entente constructive.

46) Nous demandons aux parties à la Convention de règlement relative aux pensionnats indiens d'élaborer et de signer un pacte de réconciliation qui fait part des principes de la collaboration voulue afin de promouvoir la réconciliation au sein de la société canadienne et qui comprend, notamment, mais sans s'y limiter :

   i. la réaffirmation de l'engagement des parties à l'égard de la réconciliation;

   ii. la répudiation des concepts utilisés pour justifier la souveraineté des peuples européens sur les territoires et les peuples autochtones, notamment la doctrine de la découverte et le principe de *terra nullius*, de même que la réforme des lois, des structures de gouvernance et des politiques au sein des institutions qui s'appuient toujours sur ces concepts;

iii. la pleine adoption et la mise en œuvre complète de la Déclaration des Nations Unies sur les droits des peuples autochtones dans le cadre de la réconciliation;

iv. le soutien de l'établissement de relations qui se rattachent aux traités et qui sont fondées sur les principes de la reconnaissance mutuelle, du respect mutuel et de la responsabilité partagée, et ce, de manière à ce qu'elles soient durables, ou encore du renouvellement des relations de ce type déjà nouées;

v. l'octroi de la permission aux personnes exclues de la Convention de règlement de signer le pacte de réconciliation;

vi. l'octroi de la permission à d'autres parties concernées de signer le pacte de réconciliation.

47) Nous demandons aux gouvernements fédéral, provinciaux, territoriaux et municipaux de rejeter les concepts ayant servi à justifier la souveraineté européenne sur les peuples et les territoires autochtones, comme la doctrine de la découverte et celle de la *terra nullius*, et de réformer les lois, les politiques gouvernementales et les stratégies d'instance qui continuent de s'appuyer sur de tels concepts.

Les parties à la Convention de règlement et la Déclaration des Nations Unies sur les droits des peuples autochtones

48) Nous demandons à l'Église, aux parties à la Convention de règlement et à tous les autres groupes confessionnels et interconfessionnels au Canada qui ne l'ont pas déjà fait d'adopter officiellement et de respecter les normes et les principes de la Déclaration des Nations Unies sur les droits des peuples autochtones en tant que cadre de réconciliation. Cela comprend, sans toutefois s'y limiter, les engagements suivants de la part des intervenants en cause :

i. veiller à ce que leurs institutions, politiques, programmes et pratiques soient conformes à la Déclaration des Nations Unies sur les droits des peuples autochtones;

ii. respecter le droit à l'autodétermination des peuples autochtones dans les cas d'ordre spirituel, y compris le droit d'élaborer, de mettre en pratique et d'enseigner leurs propres traditions, coutumes et cérémonies religieuses et spirituelles, conformément à l'article 12:1 de la Déclaration des Nations Unies sur les droits des peuples autochtones;

iii. lancer un dialogue public, voir à ce qu'il se poursuive à long terme et prendre des mesures pour appuyer la Déclaration des Nations Unies sur les droits des peuples autochtones;

iv. publier, au plus tard le 31 mars 2016, une déclaration de la part des intervenants de toutes les confessions religieuses et de tous les groupes confessionnels quant à la manière dont ils ont l'intention de mettre en œuvre la Déclaration des Nations Unies sur les droits des peuples autochtones.

49) Nous demandons aux intervenants de toutes les confessions religieuses et de tous les groupes confessionnels qui ne l'ont pas déjà fait de répudier les concepts utilisés pour justifier la souveraineté européenne sur les terres et les peuples autochtones, notamment la doctrine de la découverte et le principe de *terra nullius*.

L'équité pour les Autochtones dans le système judiciaire

50) Conformément à la Déclaration des Nations Unies sur les droits des peuples autochtones, nous demandons au gouvernement fédéral de financer, en collaboration avec les organisations autochtones, la création d'instituts du droit autochtone pour l'élaboration, la mise en application et la compréhension des lois autochtones ainsi que l'accès à la justice en conformité avec les cultures uniques des peuples autochtones du Canada.

51) Nous demandons au gouvernement du Canada d'élaborer, en tant qu'obligation dans le cadre de sa responsabilité fiduciaire, une politique de transparence en publiant des avis juridiques qu'il élabore, invoque ou entend invoquer en ce qui concerne la portée et l'étendue des droits ancestraux et issus de traités des Autochtones.

52) Nous demandons au gouvernement du Canada, aux gouvernements provinciaux et territoriaux de même qu'aux tribunaux d'adopter les principes juridiques suivants :

i. les revendications de titres ancestraux seront acceptées lorsque le revendicateur autochtone aura établi qu'il a occupé le territoire en cause à un moment en particulier;

ii. lorsque le titre autochtone aura été établi, le fardeau de prouver toute limitation à l'exercice d'un droit résultant de l'existence de ce titre reviendra à la partie qui soutient l'existence d'une telle limitation.

Conseil national de réconciliation

53) Nous demandons au Parlement du Canada d'adopter, en consultation et en collaboration avec les peuples autochtones, des dispositions législatives visant à mettre sur pied un conseil national de réconciliation. Plus particulièrement, nous demandons que ces dispositions établissent le conseil en tant qu'organisme de surveillance indépendant de portée nationale dont les membres, autochtones et non autochtones, sont nommés conjointement par le gouvernement du Canada et des organisations autochtones nationales. Le mandat de ce conseil comprendrait, sans toutefois s'y limiter, ce qui suit :

   i. surveiller et évaluer les progrès réalisés en matière de réconciliation une fois les excuses faites, présenter un rapport annuel à ce sujet au Parlement et à la population du Canada et s'assurer que le gouvernement continue de s'acquitter, au cours des prochaines années, de sa responsabilité d'établir une bonne relation entre les peuples autochtones et l'État;

   ii. surveiller et évaluer les progrès réalisés en matière de réconciliation à tous les niveaux et secteurs de la société canadienne et présenter un rapport à cet égard au Parlement et à la population du Canada, notamment en ce qui touche la mise en œuvre des appels à l'action de la Commission de vérité et réconciliation;

   iii. élaborer et mettre en œuvre un plan d'action pluriannuel national pour la réconciliation, ce qui englobe des activités de recherche et d'élaboration de politiques, des programmes d'éducation du public et des ressources;

   iv. promouvoir le dialogue public, les partenariats publics-privés de même que les initiatives publiques de réconciliation.

54) Nous demandons au gouvernement du Canada de fournir un financement pluriannuel pour les besoins du conseil national de réconciliation qui sera créé afin de s'assurer qu'il dispose des ressources humaines, financières et techniques nécessaires pour mener ses travaux, y compris la dotation d'une fiducie de la réconciliation nationale pour faire avancer le dossier de la réconciliation.

55) Nous demandons à tous les ordres de gouvernement de fournir des comptes rendus annuels ou toutes données récentes que demande le conseil national de réconciliation afin de permettre à celui-ci de présenter des rapports sur les progrès réalisés en vue de la réconciliation. L'information ainsi communiquée comprendrait, sans toutefois s'y limiter :

   i. le nombre d'enfants autochtones pris en charge — y compris les enfants métis et inuits — par comparaison avec les enfants non autochtones, les motifs de la prise en charge d'enfants par l'État ainsi que les dépenses totales engagées pour les besoins des services de prévention et de nature autre offerts par les organismes de protection de l'enfance;

ii. une comparaison en ce qui touche le financement destiné à l'éducation des enfants des Premières Nations dans les réserves et à l'extérieur de celles-ci;

iii. une comparaison sur les plans des niveaux de scolarisation et du revenu entre les collectivités autochtones et les collectivités non autochtones du Canada;

iv. les progrès réalisés pour combler les écarts entre les collectivités autochtones et les collectivités non autochtones en ce qui a trait à divers indicateurs de la santé dont la mortalité infantile, la santé maternelle, le suicide, la santé mentale, la toxicomanie, l'espérance de vie, les taux de natalité, les problèmes de santé infantile, les maladies chroniques, la fréquence des cas de maladie et de blessure ainsi que la disponibilité de services de santé appropriés;

v. les progrès réalisés pour ce qui est d'éliminer la surreprésentation des jeunes Autochtones dans le régime de garde applicable aux adolescents, au cours de la prochaine décennie;

vi. les progrès réalisés dans la réduction du taux de la victimisation criminelle des Autochtones, y compris des données sur les homicides, la victimisation liée à la violence familiale et d'autres crimes;

vii. les progrès réalisés en ce qui touche la réduction de la surreprésentation des Autochtones dans le système judiciaire et correctionnel.

56) Nous demandons au premier ministre du Canada de répondre officiellement au rapport du conseil national de réconciliation en publiant un rapport annuel sur la « situation des peuples autochtones », dans lequel on pourrait présenter les intentions du gouvernement pour ce qui est de faire avancer le dossier de la réconciliation.

Une formation de sensibilisation à l'intention des fonctionnaires

57) Nous demandons aux gouvernements fédéral, provinciaux et territoriaux de même qu'aux administrations municipales de s'assurer que les fonctionnaires sont formés sur l'histoire des peuples autochtones, y compris en ce qui a trait à l'histoire et aux séquelles des pensionnats, à la Déclaration des Nations Unies sur les droits des peuples autochtones, aux traités et aux droits des Autochtones,

au droit autochtone ainsi qu'aux enseignements et aux pratiques autochtones. À cet égard, il faudra, plus particulièrement, offrir une formation axée sur les compétences pour ce qui est de l'aptitude interculturelle, du règlement de différends, des droits de la personne et de la lutte contre le racisme.

Les excuses de l'Église et la réconciliation

58) Nous demandons au pape de présenter, au nom de l'Église catholique romaine, des excuses aux survivants, à leurs familles ainsi qu'aux collectivités concernées pour les mauvais traitements sur les plans spirituel, culturel, émotionnel, physique et sexuel que les enfants des Premières Nations, des Inuits et des Métis ont subis dans les pensionnats dirigés par l'Église catholique. Nous demandons que ces excuses soient semblables à celles faites en 2010 aux Irlandais qui avaient été victimes de mauvais traitements et à ce qu'elles soient présentées par le pape au Canada, dans un délai d'un an suivant la publication du présent rapport.

59) Nous demandons aux représentants de l'Église qui sont parties à la Convention de règlement d'élaborer des stratégies d'éducation pour que leurs congrégations apprennent le rôle joué par l'Église en ce qui a trait à la colonisation de même qu'à l'histoire et aux séquelles des pensionnats, de même que les raisons pour lesquelles des excuses aux anciens élèves des pensionnats et à leurs familles de même qu'aux collectivités concernées sont nécessaires.

60) Nous demandons aux représentants de l'Église qui sont parties à la Convention de règlement ainsi qu'à toutes les autres confessions religieuses concernées, en collaboration avec les chefs spirituels autochtones, les survivants des pensionnats, les écoles de théologie, les séminaires et d'autres centres de formation, d'élaborer un programme d'études sur la nécessité de respecter en soi la spiritualité autochtone, sur l'histoire et les séquelles des pensionnats et le rôle de l'Église dans ce système, sur l'histoire des conflits religieux et leurs répercussions sur les familles et les collectivités autochtones, et sur la responsabilité de l'Église pour ce qui est d'atténuer ces conflits et de prévenir la violence spirituelle, et d'offrir ce programme à tous les séminaristes, membres du clergé et employés de ce milieu qui travaillent dans les collectivités autochtones.

61) Nous demandons aux représentants de l'Église qui sont parties à la Convention de règlement de collaborer avec les survivants et les représentants d'organisations autochtones en vue d'établir un fonds permanent destiné aux Autochtones pour les besoins de ce qui suit :

i. projets de guérison et de réconciliation menés par la collectivité;

ii. projets liés à la revitalisation de la langue et de la culture menés par la collectivité;

iii. projets d'éducation et de création de liens menés par la collectivité;

iv. rencontres régionales de chefs spirituels et de jeunes autochtones afin de discuter de la spiritualité autochtone, de l'autodétermination et de la réconciliation.

L'éducation pour la réconciliation

62) Nous demandons aux gouvernements fédéral, provinciaux et territoriaux, en consultation et en collaboration avec les survivants, les peuples autochtones, et les éducateurs, de :

i. rendre obligatoire, pour les élèves de la maternelle à la douzième année, l'établissement d'un programme adapté à l'âge des élèves portant sur les pensionnats, les traités de même que les contributions passées et contemporaines des peuples autochtones à l'histoire du Canada;

ii. prévoir les fonds nécessaires pour permettre aux établissements d'enseignement postsecondaire de former les enseignants sur la façon d'intégrer les méthodes d'enseignement et les connaissances autochtones dans les salles de classe;

iii. prévoir le financement nécessaire pour que les écoles autochtones utilisent les connaissances et les méthodes d'enseignement autochtones dans les salles de classe;

iv. créer des postes de niveau supérieur au sein du gouvernement, à l'échelon du sous-ministre adjoint ou à un échelon plus élevé, dont les titulaires seront chargés du contenu autochtone dans le domaine de l'éducation.

63) Nous demandons au Conseil des ministres de l'éducation (Canada) de maintenir un engagement annuel à l'égard des questions relatives à l'éducation des Autochtones, notamment en ce qui touche :

i. l'élaboration et la mise en œuvre, de la maternelle à la douzième année, de programmes d'études et de ressources d'apprentissage sur les peuples autochtones dans l'histoire du Canada, et sur l'histoire et les séquelles des pensionnats;

    ii. la mise en commun de renseignements et de pratiques exemplaires en ce qui a trait aux programmes d'enseignement liés aux pensionnats et à l'histoire des Autochtones;

    iii. le renforcement de la compréhension interculturelle, de l'empathie et du respect mutuel;

    iv. l'évaluation des besoins de formation des enseignants relativement à ce qui précède.

64) Nous demandons à tous les ordres de gouvernement qui fournissent des fonds publics à des écoles confessionnelles d'exiger de ces écoles qu'elles offrent une éducation religieuse comparative comprenant un segment sur les croyances et les pratiques spirituelles autochtones élaboré conjointement avec des aînés autochtones.

65) Nous demandons au gouvernement fédéral, par l'intermédiaire du Conseil de recherches en sciences humaines du Canada, et en collaboration avec les peuples autochtones, les établissements d'enseignement postsecondaire, les éducateurs de même que le Centre national pour la vérité et réconciliation et ses institutions partenaires, d'établir un programme national de recherche bénéficiant d'un financement pluriannuel pour mieux faire comprendre les facteurs associés à la réconciliation.

Programmes pour les jeunes

66) Nous demandons au gouvernement fédéral d'établir un financement pluriannuel destiné aux organisations communautaires œuvrant auprès des jeunes pour leur permettre d'offrir des programmes sur la réconciliation, et de mettre en place un réseau national de mise en commun de renseignements et de pratiques exemplaires.

Musées et archives

67) Nous demandons au gouvernement fédéral de fournir des fonds à l'Association des musées canadiens pour entreprendre, en collaboration avec les peuples autochtones, un examen national des politiques et des pratiques exemplaires des musées, et ce, dans le but de déterminer le degré de conformité avec la Déclaration des Nations Unies sur les droits des peuples autochtones et de formuler des recommandations connexes.

68) Nous demandons au gouvernement fédéral, en collaboration avec les peuples autochtones et l'Association des musées canadiens, de souligner le 150e anniversaire de la Confédération canadienne en 2017 en établissant un programme de financement national pour les projets de commémoration sur le thème de la réconciliation.

69) Nous demandons à Bibliothèque et Archives Canada :

> i. d'adopter et de mettre en œuvre de façon intégrale la Déclaration des Nations Unies sur les droits des peuples autochtones et les « Principes Joinet/Orentlicher » des Nations Unies, plus particulièrement en ce qui touche le droit inaliénable des peuples autochtones de connaître la vérité sur les violations des droits de la personne commises à leur endroit dans les pensionnats et sur les raisons pour lesquelles une telle situation s'est produite;
>
> ii. de veiller à ce que les fonds documentaires liés aux pensionnats soient accessibles au public;
>
> iii. d'affecter plus de ressources à l'élaboration de matériel pédagogique et de programmes de sensibilisation du public sur les pensionnats.

70) Nous demandons au gouvernement fédéral de fournir des fonds à l'Association des archivistes canadiens pour entreprendre, en collaboration avec les peuples autochtones, un examen national des politiques et des pratiques exemplaires en matière d'archives, et ce, afin de :

> i. déterminer le degré de conformité avec la Déclaration des Nations Unies sur les droits des peuples autochtones et les « Principes Joinet/Orentlicher » des Nations Unies en ce qui touche le droit inaliénable des peuples autochtones de connaître la vérité sur les violations des droits de la personne commises à leur endroit dans les pensionnats et sur les raisons pour lesquelles une telle situation s'est produite;
>
> ii. produire un rapport assorti de recommandations en vue de la mise en œuvre complète de ces instruments internationaux en tant que cadre de réconciliation en ce qui a trait aux archives canadiennes.

Enfants disparus et renseignements sur l'inhumation

71) Nous demandons à tous les coroners en chef et les bureaux de l'état civil de chaque province et territoire qui n'ont pas fourni à la Commission de vérité et réconciliation leurs dossiers sur le décès d'enfants autochtones dont les autorités

des pensionnats avaient la garde de mettre ces documents à la disposition du Centre national pour la vérité et réconciliation.

72) Nous demandons au gouvernement fédéral de mettre suffisamment de ressources à la disposition du Centre national pour la vérité et réconciliation pour lui permettre de tenir à jour le registre national de décès des élèves de pensionnats établi par la Commission de vérité et réconciliation du Canada.

73) Nous demandons au gouvernement fédéral de travailler de concert avec l'Église, les collectivités autochtones et les anciens élèves des pensionnats afin d'établir et de tenir à jour un registre en ligne des cimetières de ces pensionnats, et, dans la mesure du possible, de tracer des cartes montrant l'emplacement où reposent les élèves décédés.

74) Nous demandons au gouvernement fédéral de travailler avec l'Église et les dirigeants communautaires autochtones pour informer les familles des enfants qui sont décédés dans les pensionnats du lieu de sépulture de ces enfants, pour répondre au souhait de ces familles de tenir des cérémonies et des événements commémoratifs appropriés et pour procéder, sur demande, à la réinhumation des enfants dans leurs collectivités d'origine.

75) Nous demandons au gouvernement fédéral de collaborer avec les gouvernements provinciaux et territoriaux de même qu'avec les administrations municipales, l'Église, les collectivités autochtones, les anciens élèves des pensionnats et les propriétaires fonciers actuels pour élaborer et mettre en œuvre des stratégies et des procédures qui permettront de repérer, de documenter, d'entretenir, de commémorer et de protéger les cimetières des pensionnats ou d'autres sites où des enfants qui fréquentaient ces pensionnats ont été inhumés. Le tout doit englober la tenue de cérémonies et d'événements commémoratifs appropriés pour honorer la mémoire des enfants décédés.

76) Nous demandons aux parties concernées par le travail de documentation, d'entretien, de commémoration, et de protection des cimetières des pensionnats d'adopter des stratégies en conformité avec les principes suivants :

　i. la collectivité autochtone la plus touchée doit diriger l'élaboration de ces stratégies;

　ii. de l'information doit être demandée aux survivants des pensionnats et aux autres détenteurs de connaissances dans le cadre de l'élaboration de ces stratégies;

　iii. les protocoles autochtones doivent être respectés avant que toute inspection technique ou enquête potentiellement envahissante puisse être effectuée sur les lieux d'un cimetière.

Centre national pour la vérité et réconciliation

77) Nous demandons aux bureaux d'archives provinciaux, territoriaux, municipaux et communautaires de travailler en collaboration avec le Centre national pour la vérité et réconciliation afin de trouver et de recueillir des copies de tous les documents qui se rapportent à l'histoire et aux séquelles des pensionnats, et de fournir ces documents au Centre national pour la vérité et réconciliation.

78) Nous demandons au gouvernement du Canada de s'engager à fournir une contribution financière de dix millions de dollars sur sept ans au Centre national pour la vérité et réconciliation ainsi qu'un montant supplémentaire pour aider les collectivités à faire de la recherche afin de produire des récits sur leur propre expérience des pensionnats et sur leur participation aux démarches associées à la vérité, à la guérison et à la réconciliation.

Commémoration

79) Nous demandons au gouvernement fédéral d'établir, en collaboration avec les survivants, les organisations autochtones et les membres de la communauté artistique, un cadre de travail se rapportant à la réconciliation pour les besoins du patrimoine canadien et des activités de commémoration. Ce cadre engloberait notamment ce qui suit :

   i. la modification de la *Loi sur les lieux et monuments historiques* de manière à inclure la représentation des Premières Nations, des Inuits et des Métis au sein de la Commission des lieux et monuments historiques du Canada et de son secrétariat;

   ii. l'examen des politiques, des critères et des pratiques se rattachant au Programme national de commémoration historique pour intégrer l'histoire, les valeurs patrimoniales et les pratiques de la mémoire autochtones au patrimoine et à l'histoire du Canada;

   iii. l'élaboration et la mise en œuvre d'un plan national du patrimoine et d'une stratégie pour la commémoration des sites des pensionnats, de l'histoire et des séquelles de ces pensionnats et de la contribution des peuples autochtones à l'histoire du Canada.

80) Nous demandons au gouvernement fédéral d'établir comme jour férié, en collaboration avec les peuples autochtones, une journée nationale de la vérité et de la réconciliation pour honorer les survivants, leurs familles et leurs

collectivités et s'assurer que la commémoration de l'histoire et des séquelles des pensionnats demeure un élément essentiel du processus de réconciliation.

81) Nous demandons au gouvernement fédéral, en collaboration avec les survivants et leurs organisations de même qu'avec les autres parties à la Convention de règlement, de commander un monument national sur les pensionnats et de l'installer de manière à ce qu'il soit accessible au public et très visible dans la ville d'Ottawa, et ce, pour honorer les survivants et tous les enfants qu'ont perdus les familles et les collectivités concernées.

82) Nous demandons au gouvernement fédéral, en collaboration avec les survivants et leurs organisations de même qu'avec les autres parties à la Convention de règlement, de commander un monument national sur les pensionnats et de l'installer de manière à ce qu'il soit accessible au public et très visible dans chaque capitale, et ce, pour honorer les survivants et tous les enfants qu'ont perdus les familles et les collectivités concernées.

83) Nous demandons au Conseil des arts du Canada d'établir, en tant que priorité de financement, une stratégie visant à aider les artistes autochtones et non autochtones à entreprendre des projets de collaboration et à produire des œuvres qui contribueront au processus de réconciliation.

Les médias et la réconciliation

84) Nous demandons au gouvernement fédéral de rétablir puis d'augmenter le financement accordé à Radio-Canada/CBC afin de permettre au diffuseur public national du Canada d'appuyer la réconciliation et de refléter adéquatement la diversité des cultures, des langues et des points de vue des peuples autochtones; plus particulièrement, nous demandons ce qui suit :

   i. accroître la programmation liée aux Autochtones et voir à ce qu'il y ait des invités qui parlent des langues autochtones;

   ii. accroître l'accès équitable pour les peuples autochtones à des emplois, à des postes de direction et à des possibilités de perfectionnement professionnel au sein de l'organisation;

   iii. continuer d'offrir au public des bulletins de nouvelles et des ressources d'information en ligne qui sont consacrés aux questions d'intérêt pour les peuples autochtones et tous les Canadiens, y compris en ce qui touche l'histoire et les séquelles des pensionnats ainsi que le processus de réconciliation.

85) Nous demandons au Réseau de télévision des peuples autochtones, en tant que diffuseur indépendant sans but lucratif dont les émissions sont conçues par et pour les peuples autochtones et traitent de ces peuples, d'appuyer la réconciliation; plus particulièrement, nous demandons au Réseau, entre autres choses :

   i. de continuer d'exercer un leadership en ce qui a trait à la programmation et à la culture organisationnelle qui reflètent la diversité des cultures, des langues et des points de vue des peuples autochtones;

   ii. de continuer d'élaborer des initiatives médiatiques pour informer et sensibiliser la population canadienne et tisser des liens entre les Canadiens autochtones et les Canadiens non autochtones.

86) Nous demandons aux responsables des programmes d'enseignement en journalisme et des écoles des médias du Canada d'exiger l'enseignement à tous les étudiants de l'histoire des peuples autochtones, y compris en ce qui touche l'histoire et les séquelles des pensionnats, la Déclaration des Nations Unies sur les droits des peuples autochtones, les traités et les droits des autochtones, le droit autochtone de même que les relations entre l'État et les Autochtones.

Les sports et la réconciliation

87) Nous demandons à tous les ordres de gouvernement, en collaboration avec les peuples autochtones, les temples de la renommée des sports et d'autres organisations concernées, de sensibiliser le public à l'histoire des athlètes autochtones au pays.

88) Nous demandons à tous les ordres de gouvernement de prendre des mesures afin de garantir le développement à long terme des athlètes autochtones et de maintenir leur appui à l'égard des Jeux autochtones de l'Amérique du Nord, y compris le financement pour la tenue des Jeux et pour la préparation et les déplacements des équipes provinciales et territoriales.

89) Nous demandons au gouvernement fédéral de modifier la *Loi sur l'activité physique et le sport* pour appuyer la réconciliation en s'assurant que les politiques visant à promouvoir l'activité physique comme élément fondamental de la santé et du bien être, à réduire les obstacles à la participation au sport, à accroître la poursuite de l'excellence dans le sport et à renforcer la capacité du système sportif canadien intègrent les peuples autochtones.

90) Nous demandons au gouvernement fédéral de veiller à ce que les politiques, les initiatives et les programmes de portée nationale se rattachant aux sports intègrent les peuples autochtones; nous demandons, entre autres choses :

   i. en collaboration avec les gouvernements provinciaux et territoriaux, un financement stable et l'accès à des programmes sportifs communautaires qui reflètent la diversité des cultures et les activités sportives traditionnelles des peuples autochtones;

   ii. un programme de développement d'athlètes d'élite pour les Autochtones;

   iii. des programmes pour les entraîneurs, les instructeurs et les autorités en matière de sports qui sont pertinents sur le plan culturel pour les peuples autochtones;

   iv. des programmes de sensibilisation et de formation sur la lutte contre le racisme.

91) Nous demandons aux hauts dirigeants et aux pays d'accueil de manifestations sportives internationales comme les Jeux olympiques, les Jeux du Commonwealth et les Jeux panaméricains de veiller à ce que les protocoles territoriaux des peuples autochtones soient respectés et à ce que les collectivités autochtones locales participent à tous les aspects de la planification et de la tenue de ces événements.

Les entreprises et la réconciliation

92) Nous demandons au secteur des entreprises du Canada d'adopter la Déclaration des Nations Unies sur les droits des peuples autochtones en tant que cadre de réconciliation et d'appliquer les normes et les principes qui s'y rattachent dans le cadre des politiques organisationnelles et des principales activités opérationnelles touchant les peuples autochtones, leurs terres et leurs ressources; les mesures demandées comprennent, mais sans s'y limiter, les suivantes :

   i. s'engager à tenir des consultations significatives, établir des relations respectueuses et obtenir le consentement libre, préalable et éclairé des peuples autochtones avant de lancer des projets de développement économique;

   ii. veiller à ce que les peuples autochtones aient un accès équitable aux emplois, à la formation et aux possibilités de formation dans le secteur des entreprises et à ce que les collectivités autochtones retirent des avantages à long terme des projets de développement économique;

iii. donner aux cadres supérieurs et aux employés de l'information sur l'histoire des peuples autochtones, y compris en ce qui touche l'histoire et les séquelles des pensionnats, la Déclaration des Nations Unies sur les droits des peuples autochtones, les traités et les droits des Autochtones, le droit autochtone et les relations entre l'État et les Autochtones. À cet égard, il faudra, plus particulièrement, offrir une formation axée sur les compétences pour ce qui est de l'aptitude interculturelle, du règlement de différends, des droits de la personne et de la lutte contre le racisme.

Nouveaux arrivants au Canada

93) Nous demandons au gouvernement fédéral d'examiner, en collaboration avec les organisations autochtones nationales, la trousse d'information pour les nouveaux arrivants au Canada et l'examen de citoyenneté afin que l'histoire relatée reflète davantage la diversité des peuples autochtones du Canada, y compris au moyen d'information sur les traités et sur l'histoire des pensionnats.

94) Nous demandons au gouvernement du Canada de remplacer le serment de citoyenneté par ce qui suit :

Je jure (ou affirme solennellement) que je serai fidèle et porterai sincère allégeance à Sa Majesté la Reine Elizabeth Deux, Reine du Canada, à ses héritiers et successeurs, que j'observerai fidèlement les lois du Canada, y compris les traités conclus avec les peuples autochtones, et que je remplirai loyalement mes obligations de citoyen canadien.

Annexe 1
Le mandat de la Commission de vérité et réconciliation du Canada

L'annexe N de la Convention de règlement relative aux pensionnats indiens

On observe un nouveau et puissant désir de tourner la page sur les événements passés, afin qu'il nous soit possible de bâtir un avenir plus solide et plus sain. Le processus de vérité et de réconciliation, qui s'inscrit dans une réponse holistique et globale aux séquelles des pensionnats indiens, est une indication et une reconnaissance sincères de l'injustice et des torts causés aux Autochtones, de même que du besoin de poursuivre la guérison. C'est un véritable engagement à établir de nouvelles relations reposant sur la reconnaissance et le respect mutuels qui prépareront un avenir meilleur. La révélation de nos expériences communes aidera à libérer nos esprits et à ouvrir la voie à la réconciliation.

Principes

En concluant la Convention, les parties ont convenu de mettre sur pied une Commission de vérité et réconciliation, entité historique chargée de contribuer à la vérité, à la guérison et à la réconciliation.

La Commission de vérité et réconciliation s'inspirera de la « Déclaration de réconciliation » du 7 janvier 1998 et sur les principes établis par le Groupe de travail sur la vérité et la réconciliation et pendant les Dialogues exploratoires de 1998-1999. Le processus doit être accessible, axé sur les victimes, confidentiel (à la demande de l'élève survivant), ne pas blesser, être soucieux de la santé et sécurité des participants, représentatif, public et transparent, imputable, ouvert et honorable, global, inclusif, éducatif, holistique, juste et équitable, respectueux, volontaire, souple et ouvert sur l'avenir en ce qui concerne le rétablissement et le renouvellement des relations entre Autochtones et entre Canadiens autochtones et non autochtones.

La réconciliation, processus individuel et collectif de longue haleine, nécessite l'engagement de tous les intéressés — anciens pensionnaires des Premières Nations,

Inuits et Métis et leurs familles, collectivités, organismes religieux, anciens employés des écoles, gouvernement et la population canadienne. La réconciliation peut se produire entre n'importe lequel des groupes ci-dessus.

Cadre de référence

1. Objectifs

Voici quels sont les objectifs de la Commission :

(a) Reconnaître les expériences, les séquelles et les conséquences liées aux pensionnats;

(b) Créer un milieu holistique, adapté à la culture et sûr pour les anciens élèves, et leurs familles et collectivités, quand ils se présentent devant la Commission;

(c) Assister[1] aux événements de vérité et de réconciliation, au niveau national et communautaire, et appuyer, promouvoir et faciliter de tels événements;

(d) Sensibiliser et éduquer le public canadien sur le système des pensionnats et ses répercussions;

(e) Repérer les sources et créer un dossier historique le plus complet possible sur le système des pensionnats et ses séquelles. Ce dossier doit être conservé et mis à la disposition du public, pour étude et utilisation future;

(f) Préparer et soumettre aux parties à la Convention[2] un rapport, assorti de recommandations[3] destinées au gouvernement du Canada, portant sur le système et l'expérience des pensionnats et présentant les aspects suivants : historique, objet, fonctionnement et supervision du système des pensionnats, effet et conséquences des pensionnats (notamment les séquelles systémiques, les conséquences intergénérationnelles et les effets sur la dignité humaine) et les séquelles permanentes de ces pensionnats;

(g) Appuyer la commémoration des anciens élèves des pensionnats et de leurs familles, conformément à la Directive sur la politique de commémoration (Annexe J de la Convention).

2. Création, pouvoirs, fonctions et procédures de la Commission

Les membres de la Commission de vérité et réconciliation sont désignés par décret comme des « commissaires » par le gouvernement fédéral, en application d'un règlement sur les nominations spéciales.

Les commissaires, en vertu de la Convention de règlement final sanctionnée par les tribunaux et des jugements sur les recours collectifs :

(a) sont autorisés, dans l'exercice de leur mandat relatif à la vérité et à la réconciliation, à recueillir les déclarations et les documents des anciens élèves, de leurs familles, de la communauté et de tous les autres participants intéressés et — sous réserve de f), g) et h) ci-dessous — de se servir de tous les documents et matériaux produits par les parties. Les commissaires ont en outre l'autorité et l'obligation, dans l'intérêt public, d'archiver tous ces documents, matériaux et transcriptions ou enregistrements des déclarations recueillies, de manière à garantir leur préservation et leur facilité d'accès par le public, et conformément aux lois sur l'accès et sur la protection des renseignements personnels ainsi qu'aux autres lois applicables;

(b) ne doivent pas tenir des audiences formelles, ni faire fonction de commission d'enquête publique, ni encore mener un processus judiciaire formel;

(c) ne possèdent pas le pouvoir d'assignation à témoigner ni le pouvoir de contraindre la présence ou la participation à l'un de leurs événements ou activités. La participation à tous les événements et activités de la Commission est à titre strictement volontaire;

(d) peuvent faire appel à toute procédure ou méthode informelle qu'ils jugent à propos pour la bonne marche des événements et activités de la Commission, dans la mesure où elle est conforme aux objectifs et dispositions dans l'énoncé de mandat de la Commission;

(e) peuvent, à leur discrétion, tenir des séances à huis clos ou exiger que des séances soient tenues à huis clos;

(f) s'acquittent de leurs fonctions (organisation d'événements, activités, réunions publiques, consultations, déclarations publiques, préparation d'un rapport et de recommandations) sans faire de constatations ou formuler la moindre conclusion ou recommandation au sujet de l'inconduite d'une personne, à moins que ces constatations ou informations concernant la personne aient déjà été confirmées dans le cadre d'une procédure judiciaire, d'aveux, ou de déclarations publiques par la personne en question. De plus, la Commission ne peut pas faire référence dans quelque activité ou dans son rapport ou ses recommandations à la responsabilité civile ou criminelle potentielle d'une personne ou d'une organisation, à moins que ces constatations ou informations concernant l'individu ou l'institution aient déjà été confirmées dans le cadre d'une procédure judiciaire.

(g) ne doivent pas, sauf obligation légale, utiliser ou permettre l'accès à des déclarations faites par des individus à l'occasion des événements, activités ou processus de la Commission, à moins que l'individu ait donné son consentement exprès, et même alors dans la seule mesure de ce consentement et dans le seul but pour lequel il est donné;

(h) s'abstiennent de nommer qui que ce soit dans leurs événements, activités, déclarations publiques, rapport ou recommandations, ou de faire usage de renseignements personnels ou de déclarations qui nomment une personne sans le consentement exprès de celle-ci, à moins que ces renseignements et(ou) l'identité de la personne ainsi nommée aient déjà été confirmés dans le cadre d'une procédure judiciaire, d'aveux, ou de déclarations publiques par cette personne. Il faut, dans la mesure du possible, conserver l'anonymat des autres renseignements susceptibles d'identifier des individus;

(i) par dérogation à e), exigeront une séance à huis clos pour entendre toute déclaration faisant état des noms ou autres renseignements signalétiques des personnes accusées d'inconduite par l'auteur de la déclaration, à moins que la personne ainsi nommée ou identifiée ait été condamnée pour l'inconduite alléguée. Les commissaires ne doivent pas noter les noms ainsi identifiés à moins que la personne en question ait été condamnée pour l'inconduite présumée. Dans la mesure du possible, l'anonymat sera conféré aux autres renseignements susceptibles d'être utilisés pour identifier les personnes en question;

(j) s'abstiennent, sauf obligation légale, de remettre des renseignements personnels, des déclarations faites par une personne ou tout autre renseignement signalétique en vue d'une autre procédure, ou de toute autre utilisation, sans le consentement exprès de l'intéressé;

(k) veillent à ce que le comportement et les activités de la Commission ne remettent pas en question des procédures légales;

(l) peuvent faire appel au Comité d'administration national (CAN) pour la détermination de litiges impliquant la production de documents, et leur disposition et archivage, le contenu du rapport et des recommandations de la Commission, et les décisions de cette dernière sur le champ d'application de sa recherche et les questions à examiner. La Commission doit s'efforcer de régler elle-même la question avant de la transmettre au CAN.

3. Responsabilités

Conformément aux pouvoirs et attributions de la Commission énumérés au point 2 ci-dessus, la Commission détient les responsabilités suivantes :

(a) faire appel à des méthodes interdisciplinaires, historiques, de tradition orale et archivistique, et aux sciences sociales, pour prendre les déclarations, rechercher et analyser les faits historiques, rédiger son rapport, gérer les connaissances et archiver;

(b) adopter les méthodes et procédures qu'elle juge nécessaires pour atteindre ses objectifs;

(c) engager les personnes, entre autres les experts, dont elle juge la prestation nécessaire pour atteindre ses objectifs;

(d) créer un centre de recherche et veiller à la conservation de ses archives;

(e) avoir à sa disposition les installations et l'équipement dont elle a besoin, dans les limites des lignes directrices et règles pertinentes;

(f) organiser les événements et donner les préavis nécessaires, y compris lors des cérémonies importantes jugées utiles par la Commission, au cours du processus quinquennal et à sa conclusion;

(g) rédiger un rapport;

(h) faire traduire le rapport dans les deux langues officielles du Canada, et tout ou partie de ce rapport dans les langues autochtones déterminées par les commissaires;

(i) évaluer les propositions de commémoration conformément à la Directive sur la politique de commémoration (Annexe X de la Convention).

4. Exécution des obligations

Étant donné que la Commission doit s'abstenir d'agir comme si elle tenait une enquête publique ou d'appliquer un processus légal formel, elle ne doit pas reproduire (partiellement ou complètement) la fonction d'enquête criminelle, le Processus d'évaluation indépendant ou les poursuites en justice, ou faire des recommandations sur des sujets déjà traités dans la Convention. La Commission doit prendre acte, dans l'exercice de ses fonctions,

(a) des expériences uniques des anciens élèves indiens, inuits et métis des pensionnats; elle doit donc mener ses activités, organiser ses événements et préparer son rapport et ses recommandations de façon à tenir compte des expériences uniques de tous les anciens élèves des pensionnats et à les refléter et leur accorder une reconnaissance;

(b) que le processus de vérité et de réconciliation repose sur le principe de la participation individuelle à titre strictement volontaire;

(c) qu'elle construit sur les processus, les archives, les ressources et la documentation passés et actuels, y compris le travail et les archives de la Commission royale sur les peuples autochtones (1996);

(d) de l'importance pour son activité des traditions orales et légales des Autochtones;

(e) que dans le cadre de son approche holistique globale de la réconciliation et de la guérison, il est raisonnable qu'elle assure une coordination avec d'autres initiatives relevant de la Convention et reconnaisse les liens avec les autres aspects de la Convention, en vue de favoriser les objectifs globaux de la réconciliation;

(f) que toutes les déclarations individuelles ont le même poids, même si elles sont faites après l'achèvement du rapport;

(g) que l'accent sera porté à la fois sur la collecte et la mémorisation de l'information, et l'analyse de cette information.

5. Composition

La Commission doit se composer d'un président désigné et de deux commissaires, qui doivent être des personnes bien connues pour leur intégrité, leur valeur et le respect qu'elles inspirent.

(a) Il faudrait envisager qu'au moins un des trois membres soit Autochtone;

(b) Les titulaires doivent être choisis parmi des candidats désignés par d'anciens élèves, des organisations autochtones, des entités religieuses et le gouvernement;

(c) Il faut consulter l'Assemblée des Premières Nations (APN) dans la décision finale sur la désignation des commissaires.

6. Secrétariat

La Commission fonctionne par l'intermédiaire d'un secrétariat central.

(a) Un directeur général est en charge du fonctionnement de la Commission; il choisit et engage le personnel et les agents de liaison avec les régions;

(b) Le directeur général et le Secrétariat sont soumis à la direction et au contrôle des commissaires;

(c) Le Secrétariat est responsable des activités de la Commission, comme les suivantes :

    (i) recherche;

    (ii) organisation des événements;

    (iii) prise des déclarations personnelles et partage des faits divulgués;

    (iv) obtention de documents;

    (v) gestion de l'information contenue dans les archives de la Commission;

    (vi) rédaction du rapport;

    (vii) conservation de ses archives;

    (viii) évaluation des propositions liées à la Directive sur la politique de commémoration.

(d) Le directeur général et les commissaires consultent le Comité des survivants des pensionnats indiens concernant la nomination des agents de liaison avec les régions.

(e) Les agents de liaison avec les régions :

    (i) font fonction de transmetteurs de connaissances et favorisent le partage des connaissances parmi les collectivités, les individus et la Commission;

    (ii) font le lien entre l'organisme national et les collectivités sur le plan de la coordination des événements nationaux et communautaires;

    (iii) fournissent des informations aux collectivités et les aident tandis qu'elles planifient des événements de vérité et de réconciliation, coordonnent l'obtention de déclarations personnelles et le partage des faits divulgués, et l'enregistrement des événements, et facilitent la circulation de l'information des collectivités vers la Commission.

7. Comité des survivants des pensionnats indiens (CSPI)

La Commission est épaulée par un Comité des survivants des pensionnats indiens (CSPI).

(a) Le comité se compose de dix représentants, choisis parmi différentes organisations autochtones et groupes de survivants. La représentation est par région, en fonction de la répartition de la population dans les pensionnats (selon la définition dans la Convention). La majorité des représentants doit être composée d'ex-élèves des pensionnats;

(b) Les membres du comité sont choisis par le gouvernement fédéral, en consultation avec l'APN, à partir d'un bassin de candidats admissibles sélectionnés par les intéressés;

(c) Les membres du comité sont chargés de conseiller les commissaires sur ce qui suit :

  (i) les caractéristiques d'une « collectivité » aux fins de sa participation aux processus de la Commission;

  (ii) les critères régissant les processus communautaires et nationaux;

  (iii) l'évaluation des propositions liées à la Directive sur la politique de commémoration;

  (iv) les autres questions présentées par les commissaires.

8. Calendrier

La Commission doit achever son travail en l'espace de cinq ans; deux échéances ont été fixées dans cet espace de temps :

Échéance de deux ans

(a) Préparation d'un budget dans les trois mois de sa formation, sous réserve de la disposition sur les limites budgétaires dans la Convention;

(b) Achèvement de tous les événements nationaux, et recherche et rédaction du rapport sur les constatations et recommandations historiques dans les deux ans de la formation de la Commission, avec possibilité de prolongation de six mois, à la discrétion des commissaires.

Échéance de cinq ans

(a) Achèvement des événements communautaires liés à la vérité et à la réconciliation, obtention de déclarations personnelles et partage des faits divulgués, rapports des collectivités à la Commission, et cérémonies de clôture;

(b) Création d'un centre de recherche.

9. Recherche

La Commission doit mener les recherches, recevoir et enregistrer les déclarations, et examiner les documents qu'elle juge nécessaires pour atteindre ses objectifs.

10. Événements

Les événements liés à la Commission de vérité et réconciliation sont répartis en trois volets essentiels : événements nationaux, événements communautaires, et obtention de déclarations personnelles et divulgation. Une cérémonie de clôture mettra fin au processus de vérité et de réconciliation.

(A) Événements nationaux

Les événements nationaux sont le moyen de faire participer le public canadien au processus de vérité et de réconciliation et de l'éduquer au sujet du système des pensionnats, de l'expérience des anciens élèves et de leurs familles, et des séquelles permanentes de ces établissements.

La Commission doit financer et accueillir sept événements nationaux dans différentes régions du pays, afin :

(a) de partager les informations avec les collectivités ou provenant d'elles;

(b) d'appuyer et de faciliter l'autonomisation des anciens élèves des pensionnats et de ceux touchés par les séquelles des pensionnats;

(c) de mettre en lumière le contexte et le sens du Paiement d'expérience commune;

(d) d'obtenir l'adhésion du public et de l'éduquer au moyen de la communication de masse;

(e) d'atteindre ses objectifs de toutes les façons possibles.

Quand elle organise ces événements, la Commission doit tenir compte de l'histoire et de la démographie du système des pensionnats.

Tous les événements nationaux doivent comporter les composantes communes suivantes :

(f) la possibilité pour un échantillonnage d'anciens élèves, avec leurs familles, de partager leurs expériences;

(g) la possibilité pour certaines collectivités dans les régions de partager leurs expériences des répercussions sur les collectivités, ainsi que ce que leur ont enseigné les processus de réconciliation communautaires;

(h) la possibilité de participation et de partage des informations entre les anciens élèves et leurs familles, les collectivités, les experts, les représentants des entités religieuses et du gouvernement, les établissements et le public canadien;

(i) pour réaliser un transfert cérémoniel des connaissances, la transmission des transcriptions de déclarations individuelles ou des rapports ou déclarations communautaires. La Commission doit être consciente que seules les personnes qui ont subi les séquelles des pensionnats indiens peuvent vraiment décrire l'expérience qu'elles ont connue;

(j) une analyse des séquelles à court et à long terme du système des pensionnats sur les individus, les collectivités, les groupes, les institutions et la société canadienne, y compris les effets intergénérationnels de ce système;

(k) la participation de hauts représentants du gouvernement et des entités religieuses;

(l) pour tous les participants, des soutiens de santé et des experts en traumatisme durant et après la cérémonie.

(B) Événements communautaires

Le but visé est de faire en sorte que les événements communautaires soient organisés par les collectivités et répondent aux besoins des anciens élèves, de leurs familles et des personnes touchées par les séquelles des pensionnats, y compris les besoins spéciaux des collectivités où étaient situés les pensionnats indiens.

Les événements communautaires ont les fonctions suivantes :

(a) reconnaître la capacité des collectivités de créer des pratiques de réconciliation;

(b) établir des narrations communautaires des effets du système des pensionnats sur les anciens élèves, leurs familles et les collectivités;

(c) à la demande des collectivités, faire participer les entités religieuses, les anciens employés des écoles et les représentants du gouvernement au processus de réconciliation;

(d) créer des archives ou une collection des narrations communautaires – y compris les faits divulgués, enseignements acquis et recommandations – pour utilisation dans la recherche et le rapport historique et en vue des événements nationaux, ainsi que pour inclusion dans le centre de recherche;

(e) éduquer le public et favoriser de meilleures relations avec les collectivités locales;

(f) à la demande des collectivités, autoriser la participation des hauts représentants du gouvernement et des églises;

(g) respecter l'objectif de témoigner dans le respect des principes autochtones.

Aux premières étapes du processus, la Commission doit élaborer, en consultation avec CSPI, les critères et valeurs fondamentales conformes au mandat de la Commission qui baliseront les processus communautaires.

Les collectivités peuvent, dans les limites de ces paramètres, soumettre à la Commission des plans de processus de réconciliation, ainsi que recevoir un financement pour ces processus, sous réserve de la capacité budgétaire de la Commission.

(C) Prise de déclarations personnelles et partage des faits divulgués

La Commission doit coordonner la collecte de déclarations personnelles faites par écrit, électroniquement ou d'une autre façon. Par dérogation au mandat de cinq ans, quiconque ayant subi les séquelles des pensionnats est autorisé à remettre une déclaration personnelle au centre de recherche, sans limite de temps.

La Commission doit assurer un milieu sûr, positif et adapté pour la prise de déclarations personnelles et le partage des faits divulgués.

La Commission n'utilise la déclaration d'un individu faite dans le cadre des processus de la Commission, ou n'autorise l'accès à cette déclaration, qu'avec le consentement exprès de la personne en question.

(D) Cérémonie de clôture

À la conclusion de son mandat, la Commission organise une cérémonie de clôture pour honorer l'importance de tous les événements survenus durant son mandat. Des hauts représentants des églises et du gouvernement participent à cette cérémonie.

11. Accès aux informations pertinentes

Afin d'assurer l'efficacité du processus de vérité et de réconciliation, le Canada et les organismes religieux fourniront tous les documents pertinents en leur possession ou sous leur contrôle à la Commission de vérité et réconciliation (la « Commission ») et pour son usage, sous réserve du droit à la protection des renseignements personnels d'une personne prévu par la loi applicable relative à la protection des renseignements personnels, et sous réserve de la législation sur l'accès à l'information et sur la protection des renseignements personnels applicable, à l'exception des documents auxquels le secret professionnel de l'avocat s'applique lorsqu'il est invoqué.

Dans les cas où le droit à la protection des renseignements personnels d'une personne est en cause et sous réserve de la législation applicable en matière de protection de renseignements personnels et d'accès à l'information, les chercheurs de la Commission auront accès aux documents, à la condition que les renseignements personnels soient protégés. Dans les cas où le secret professionnel de l'avocat est invoqué, la partie l'invoquant fournira une liste de tous les documents pour lesquels ce secret professionnel est invoqué.

Le Canada et les organismes religieux ne sont pas tenus de renoncer à la possession de documents originaux en faveur de la Commission. Elles sont tenues de compiler tous les documents pertinents de façon organisée à des fins d'examen de la part de la Commission et de permettre l'accès à leurs archives afin que la Commission puisse remplir son mandat. La production de documents ne requiert pas la production de documents originaux. Les originaux ou copies certifiées conformes, peuvent être fournis ou les originaux peuvent être fournis temporairement à des fins de photocopie si les renseignements originaux ne doivent pas être conservés par la Commission.

Dans la mesure où en conviennent les intéressés, et sous réserve des exigences du processus, les informations provenant du Processus d'évaluation indépendant (PEI), des litiges en cours et des processus de règlement des différends peuvent être transférées à la Commission à des fins de recherche et d'archivage.

12. Centre national de recherche

Un centre de recherche doit être créé, en conformité avec le budget de la Commission et dans la mesure de ce budget. Son accès sera ouvert aux anciens élèves, à leurs familles et collectivités, au grand public, aux chercheurs et aux éducateurs qui souhaitent inclure ces matières historiques dans les programmes d'études.

Durant son mandat, la Commission veille à ce que toute documentation créée ou reçue dans le cadre de ce mandat soit préservée et archivée selon un objectif et une tradition qui sont conformes aux objectifs et à l'esprit du travail réalisé par la Commission.

La Commission doit employer les méthodes et s'associer aux experts (comme Bibliothèque et Archives Canada) nécessaires à la préservation et à la conservation des pièces et des documents. Toute la documentation recueillie au moyen de ce processus doit être accessible au public, dans la mesure du possible et à la lumière des lois pertinentes, ainsi que des recommandations de la Commission touchant le maintien de la confidentialité des dossiers.

13. Protection des renseignements personnels

La Commission doit respecter à la fois les lois sur la protection des renseignements personnels et les craintes des participants sur le plan de la confidentialité. Il est entendu :

(a) que toute participation à des événements publics est strictement volontaire;

(b) par dérogation à 2i), que les événements nationaux sont publics; dans des situations spéciales, à la discrétion des commissaires, les informations peuvent être recueillies à huis clos;

(c) les événements communautaires peuvent être privés ou publics, selon le plan fourni par la collectivité;

(d) la Commission respecte le souhait d'une personne qui veut que sa déclaration soit faite à titre privé;

(e) les documents doivent être archivés conformément à la loi.

14. Budget et ressources

La Commission prépare un budget dans les trois premiers mois de son mandat et le soumet pour approbation auprès du Ministre responsable de Résolution des questions des pensionnats indiens Canada, et a plein pouvoir de prendre les décisions sur les dépenses, dans les limites de son mandat, de l'arrêté-en-conseil l'établissant, des politiques du Conseil du Trésor, des fonds disponibles et de sa capacité budgétaire.

La Commission doit veiller à la suffisance des ressources affectées aux événements communautaires sur la période de cinq ans; elle doit veiller en outre à mettre de côté une portion du budget pour la prise de déclarations personnelles et le partage des faits divulgués, ainsi que pour archiver ses dossiers et ses informations.

Les parties institutionnelles assument leur part des frais de participation et de présence aux événements de la Commission et aux événements communautaires, de même que des frais de remise des documents. À la demande de la partie qui fournit les documents, la Commission prend à charge les frais de copie, de balayage, de numérisation, ou d'autres moyens de reproduire les documents.

Annexe 2
Les pensionnats au Canada

La Convention de règlement relative aux pensionnats indiens (CRRPI) fournit la liste la plus complète qui soit des pensionnats canadiens qu'ont fréquentés les Autochtones. Au moment d'être approuvée, la Convention de règlement répertoriait 130 pensionnats et foyers. La Convention prévoyait également un processus au moyen duquel des écoles supplémentaires pouvaient être ajoutées à la liste des établissements approuvés. Au moment de la rédaction du présent document, neuf établissements avaient été ajoutés à la liste[1].

La liste des écoles incluses dans la CRRPI comporte un certain nombre de limites.
- Elle a été élaborée au début du XXIe siècle en se fondant sur le processus dans le cadre duquel des personnes ont été indemnisées en raison de l'expérience qu'elles avaient vécue dans les pensionnats. Par conséquent, la liste ne comprend pas les écoles qui ont été fermées à la fin du XIXe siècle et au début du XXe siècle.
- Dans la liste initiale, les dates de fonctionnement des écoles n'étaient pas indiquées. Étant donné que les dossiers sont limités, il est difficile de déterminer les dates d'ouverture et de fermeture. Par exemple, une école pouvait ouvrir, de façon informelle, lorsqu'un missionnaire commençait à accueillir un ou plusieurs élèves dans sa maison. De plus, il n'y avait pas toujours une continuité dans le fonctionnement des écoles. Certaines écoles détruites par le feu pouvaient, par exemple, ne pas rouvrir avant plusieurs années. La date précise de la fermeture peut être difficile à cerner. L'école de Blue Quills, par exemple, est aujourd'hui un établissement d'enseignement postsecondaire.
- Par ailleurs, la liste comportait plusieurs anomalies. L'école méthodiste de Red Deer, en Alberta, qui a fermé ses portes en 1919, et l'école méthodiste d'Edmonton, qui a ouvert ses portes en 1924, sont répertoriées comme une seule école. De même, l'école anglicane de Le Pas, au Manitoba, qui a fermé en 1933, et l'école anglicane de Dauphin, au Manitoba, qui a ouvert en 1957, sont aussi répertoriées comme une seule école (en partie parce que les deux écoles étaient connues sous le nom d'école « McKay »). Il existe des listes distinctes pour les

écoles catholiques de Fort Pelly et de Kamsack, en Saskatchewan, bien que celles-ci semblent renvoyer au même établissement[2].
- Il arrivait souvent que les écoles soient connues sous divers noms : on pouvait utiliser un nom géographique, le nom d'un saint chrétien ou encore le nom de la région dans laquelle l'école était située. L'école industrielle à Lebret, par exemple, a pris les trois noms suivants, durant la même période : « l'école de Lebret », « l'école de Qu'Appelle » et « l'école St. Paul's ». Elle prit plus tard le nom d'école de « Whitecalf ». Il y avait aussi des doubles emplois dans les noms : il y avait trois écoles St. Mary's, quatre écoles St. Paul's et au moins huit écoles St. Joseph's.
- En outre, la question de l'appartenance religieuse n'est pas toujours simple. Au début, il était clair que la création de la plupart des écoles découlait d'initiatives prises par les organisations missionnaires catholiques et protestantes. Cette affiliation a officiellement pris fin en 1969. Toutefois, pendant les années qui ont suivi, où les directeurs d'école nommés par l'Église étaient encore en fonction et où la dénomination religieuse antérieurement associée à l'école existait toujours, on a continué d'offrir des services pastoraux.
- Toutes ces questions rendent difficile la tentative de dresser une liste des écoles visées par la Convention de règlement, comprenant les dates d'ouverture et de fermeture, l'emplacement et l'appartenance religieuse.

L'annexe 2.1 présente les écoles incluses dans la Convention de règlement par province, par ordre alphabétique. En raison du nombre d'écoles qui portent le même nom, les écoles sont classées par emplacement. (Lorsqu'il y avait plus d'une école dans un même emplacement, il y a plusieurs entrées pour cet emplacement.) L'annexe 2.1 aborde les anomalies apparues dans la Liste d'institutions reconnues dans la Convention de règlement. Des listes distinctes ont été créées pour les écoles qui avaient été combinées sur la liste de la Convention de règlement, comme celles d'Edmonton et de Red Deer. Les écoles catholiques de Kamsack et de Fort Pelly ont été combinées, tout comme les écoles catholiques de Cross Lake, de Norway House, de Notre-Dame et de Jack River, qui semblent avoir fait partie d'une même structure administrative. Lorsque cela était possible, les dates d'ouverture et de fermeture ont été fondées sur des documents d'archives. Lorsque cela était impossible, on a consulté des sources secondaires. Dans la plupart des cas, les dates ne représentent que l'ouverture et la fermeture, et ne reflètent pas les périodes où l'école aurait été temporairement fermée. La Commission de vérité et réconciliation du Canada a tenté de faire un travail le plus approfondi possible. Pour cette raison, les dates peuvent ne pas correspondre à celles utilisées dans l'évaluation des demandes reçues conformément au Paiement d'expérience commune et au Processus d'évaluation indépendant; ces programmes comportent des critères relatifs au niveau de participation du gouvernement fédéral dans le fonctionnement de l'établissement.

À l'annexe 2.2 figurent les pensionnats qui ont été financés par les Affaires indiennes à la fin du XIXe siècle et au début du XXe siècle, mais qui n'ont pas été inclus dans la Convention de règlement. Les renseignements sur ces écoles proviennent des rapports annuels des Affaires indiennes, en particulier du tableau des écoles qui était publié chaque année.

Annexe 2.1
Pensionnats et foyers inclus dans la Convention de règlement relative aux pensionnats indiens

Alberta

Assumption
Our Lady Assumption, Assumption, Hay Lakes
Catholique
Ouverture : 1951[3]
Fermeture : 1973[4]

Brocket
Sacred Heart, Brocket
Catholique
Ouverture : 1887[5]
Fermeture : 1961[6]

Brocket
St. Cyprian's, Queen Victoria's Jubilee Home, Peigan
Anglican
Ouverture : 1890[7]
Fermeture : 1961[8]

Calais
Sturgeon Lake, Calais, St. Francis Xavier
Catholique
Ouverture : 1907[9]
Fermeture : 1961[10]

Cardston
St. Mary's, Blood, Immaculate Conception
Catholique
Ouverture : 1898[11]
Fermeture : 1988[12]

Cardston
St. Paul's, Blood
Anglican
Ouverture : 1891[13]
Fermeture : 1975[14]

Cluny
Crowfoot, St. Joseph's, St. Trinité
Catholique
Ouverture : 1900[15]
Fermeture : 1968[16]

Desmarais-Wabasca
Desmarais (Wabisca Lake, St. Martins, Wabisca)
Catholique
Ouverture : 1901[17]
Fermeture : 1973[18]

Edmonton (St. Albert)
Edmonton (Poundmaker)
Méthodiste, subséquemment Église Unie du Canada
Ouverture : 1924[19]
Fermeture : 1968[20]

Fort Chipewyan
Holy Angels, Fort Chipewyan, École des Saints-Anges
Catholique
Ouverture : 1874[21]
Fermeture : 1974[22]

Fort Vermilion
Fort Vermilion, St. Henry's
Catholique
Ouverture : 1900[23]
Fermeture : 1968[24]

Gleichen
Old Sun (Old Sun's)
Anglican
Ouverture : 1886[25]
Fermeture : 1971[26]

Grouard
St. Bernard's, Grouard, Lesser Slave Lake
Catholique
Ouverture : 1886[27]
Fermeture : 1961[28]

High River
St. Joseph's, High River, Dunbow
Catholique
Ouverture : 1884[29]
Fermeture : 1922[30]

Hobbema
Ermineskin
Catholique
Ouverture : 1895[31]
Fermeture : 1975[32]

Joussard
Joussard, St. Bruno's
Catholique
Ouverture : 1913[33]
Fermeture : 1969[34]

Lac La Biche
Lac La Biche, Notre Dame des Victoires
Catholique
Ouverture : 1863[35]
Fermeture : 1898[36]

Lesser Slave Lake
Lesser Slave Lake (St.Peter's)
Anglican
Ouverture : 1894[37]
Fermeture : 1932[38]

Morley
Morley, Stony
Méthodiste, subséquemment Église Unie du Canada
Ouverture : 1922[39]
Fermeture : 1969[40]

Red Deer
Red Deer
Méthodiste
Ouverture : 1893[41]
Fermeture : 1919[42]

Saddle Lake (subséquemment St. Paul)
Blue Quills, Saddle Lake, Sacred Heart
Catholique
Ouverture : 1898[43]
Fermeture : 1990[44]

St. Albert
St. Albert, Youville
Catholique
Ouverture : 1863[45]
Fermeture : 1948[46]

Smoky River
St. Augustine, Smoky River
Catholique
Ouverture : 1898[47]
Fermeture : 1908[48]

T'suu Tina
Sarcee, St. Barnabas
Anglican
Ouverture : 1892[49]
Fermeture : 1922[50]

Wabasca
Wabasca Anglican, St. John's, John's Mission Wapuskaw
Anglican
Ouverture : 1894[51]
Fermeture : 1966[52]

Lac Whitefish
St. Andrews, Whitefish Lake
Anglican
Ouverture : 1903[53]
Fermeture : 1950[54]

Colombie-Britannique

Ahousat
Ahousaht
Presbytérien, subséquemment Église Unie du Canada
Ouverture : 1904[55]
Fermeture : 1940[56]

Alert Bay
St. Michael's, Alert Bay Girls' Home, Alert Bay Boys' Home
Anglican
Ouverture : 1894[57]
Fermeture : 1974[58]

Anahim
Anahim Lake
Non confessionnel
Ouverture : 1968[59]
Fermeture : 1977[60]

Chilliwack/Sardis
Coqualeetza
Méthodiste, subséquemment Église Unie du Canada
Ouverture : 1894[61]
Fermeture : 1940[62]

Cranbrook
Cranbrook, St. Eugene's, Kootenay
Catholique
Ouverture : 1890[63]
Fermeture : 1970[64]

Fraser Lake
Lejac, Fraser Lake
Catholique
Ouverture : 1922[65]
Fermeture : 1976[66]

Kamloops
Kamloops
Catholique
Ouverture : 1890[67]
Fermeture : 1978[68]

Kitamaat/Kitimaat
Kitamaat (Elizabeth Long Memorial Home for Girls)
Méthodiste, Église Unie après 1925
Ouverture : 1905[69]
Fermeture : 1941[70]

Île Kuper
Kuper Island
Catholique
Ouverture : 1890[71]
Fermeture : 1975[72]

Lower Post
Lower Post
Catholique
Ouverture : 1951[73]
Fermeture : 1975[74]

Lytton
St. George's, Lytton
Anglican
Ouverture : 1902[75]
Fermeture : 1979[76]

Meares Island/Christie/Tofino
Christie, Clayoquot, Kakawis
Catholique
Ouverture : 1900[77]
Fermeture : 1983[78]

Mission
St. Mary's, Mission
Catholique
Ouverture : 1863[79]
Fermeture : 1984[80]

North Vancouver/Squamish
St. Paul's, Squamish, North Vancouver
Catholique
Ouverture : 1899[81]
Fermeture : 1959[82]

Port Alberni
Alberni
Presbytérien, Église Unie après 1925
Ouverture : 1893[83]
Fermeture : 1973[84]

Port Simpson/Fort Simpson
Port Simpson, Crosby Home for Girls
Méthodiste, subséquemment Église Unie du Canada
Ouverture : 1879[85]
Fermeture : 1948[86]

Sechelt
Sechelt
Catholique
Ouverture : 1904[87]
Fermeture : 1975[88]

Williams Lake
Cariboo, St. Joseph's, Williams Lake
Catholique
Ouverture : 1891[89]
Fermeture : 1981[90]

Manitoba

Birtle
Birtle
Presbytérien
Ouverture : 1888[91]
Fermeture : 1970[92]

Brandon
Brandon
Méthodiste, Église Unie après 1925 (1929 ?), catholique (1970-1972)
Ouverture : 1895[93]
Fermeture : 1972[94]

Churchill
Churchill Vocational Centre
Non confessionnel
Ouverture : 1964[95]
Fermeture : 1973[96]

Cross Lake
Cross Lake, St. Joseph's, Norway House, Notre Dame Hostel, Jack River Hostel
Catholique
Ouverture : 1912[97]
Fermeture : 1969[98]

Dauphin
McKay
Anglican
Ouverture : 1957[99]
Fermeture : 1988[100]

Elkhorn
Elkhorn, Washakada
Anglican
Ouverture : 1889[101]
Fermeture : 1918[102]
Réouverture : 1923[103]
Fermeture : 1949[104]

Norway House
Norway House
Méthodiste, subséquemment Église Unie du Canada
Ouverture : 1898[105]
Fermeture : 1969[106]

Pine Creek
Pine Creek, Camperville
Catholique
Ouverture : 1890[107]
Fermeture : 1969[108]

Pine Falls
Fort Alexander
Catholique
Ouverture : 1905[109]
Fermeture : 1969[110]

Portage la Prairie
Portage la Prairie
Presbytérien, subséquemment Église Unie du Canada
Ouverture : 1891[111]
Fermeture : 1975[112]

Sandy Bay
Sandy Bay
Catholique
Ouverture : 1905[113]
Fermeture : 1970[114]

Le Pas
McKay
Anglican
Ouverture : 1915[115]
Fermeture : 1933[116]

Le Pas/Clearwater Lake
Clearwater, Guy Hill, Clearwater Lake
Catholique
Ouverture : 1952[117]
Fermeture : 1979[118]

Winnipeg
Assiniboia
Catholique
Ouverture : 1958[119]
Fermeture : 1973[120]

Territoires du Nord-Ouest

Aklavik
Aklavik, Immaculate Conception
Catholique
Ouverture : 1926[121]
Fermeture : 1959[122]

Aklavik
Aklavik, All Saints
Anglican
Ouverture : 1936[123]
Fermeture : 1959[124]

Fort Franklin
Fort Franklin Hostel
Non confessionnel
Ouverture : 1967[125]
Fermeture : 1972[126]

Fort McPherson
Fleming Hall
Anglican
Ouverture : 1958[127]
Fermeture : 1976[128]

Fort Providence
Fort Providence Boarding Home (Sacred Heart)
Catholique
Ouverture : 1867[129]
Fermeture : 1960[130]

Fort Resolution
Catholique
Fort Resolution Residence (St. Joseph's)
Ouverture : 1903[131]
Fermeture : 1957[132]

Fort Simpson
Bompas Hall
Anglican
Ouverture : 1960[133]
Fermeture : 1975[134]

Fort Simpson
Lapointe Hall
Catholique
Ouverture : 1960[135]
Fermeture : 1973[136]

Fort Simpson
Lapointe Hall, Deh Cho Hall
Catholique/non confessionnelle
Ouverture : 1974[137]
Fermeture : 1986[138]

Fort Smith
Breynat Hall
Catholique
Ouverture : 1958[139]
Fermeture : 1975[140]

Fort Smith
Grandin College
Catholique
Ouverture : 1964[141]
Fermeture : 1985[142]

Hay River
St. Peter's
Anglican
Ouverture : 1895[143]
Fermeture : 1937[144]

Inuvik
Grollier Hall
Catholique
Ouverture : 1959[145]
Fermeture : 1997[146]

Inuvik
Stringer Hall
Anglican
Ouverture : 1959[147]
Fermeture : 1975[148]

Yellowknife
Akaitcho Hall
Non confessionnel
Ouverture : 1958[149]
Fermeture : 1994[150]

Nouvelle-Écosse

Shubenacadie
Shubenacadie, St. Anne's
Catholique
Ouverture : 1930[151]
Fermeture : 1967[152]

Nunavut

Arviat
Foyer fédéral d'Eskimo Point/Arviat
Arviat (Eskimo Point)
Non confessionnel
Ouverture : 1962[153]
Fermeture : 1967[154]

Cambridge Bay
Foyer fédéral de Cambridge Bay
Non confessionnel
Ouverture : 1964[155]
Fermeture : 1996[156]

Inlet Chesterfield
Chesterfield Inlet, Turquetil Hall
Catholique
Ouverture : 1955[157]
Fermeture : 1969[158]

Coppermine
Coppermine Tent Hostel
Coppermine
Anglican
Ouverture : 1955[159]
Fermeture : 1959[160]

Igloolik/Iglulik
Foyer fédéral d'Igloolik (Iglulik)
Non confessionnel
Ouverture : 1962[161]
Fermeture : 1969[162]

Iqaluit
Foyer fédéral de Frobisher Bay (Ukkivik)
Frobisher Bay
Non confessionnel
Ouverture : 1971[163]
Fermeture : 1997[164]

Kimmirut
Foyer federal de Lake Harbour
Non confessionnel
Ouverture : 1964[165]
Fermeture : 1968[166]

Kinngait
Foyer fédéral de Cape Dorset/Kinngait
Cap Dorset
Non confessionnel
Ouverture : 1962[167]
Fermeture : 1965[168]

Mittimatalik
Foyer fédéral de Pond Inlet/Mittimatalik
Non confessionnel
Ouverture : 1962[169]
Fermeture : 1970[170]

Pangnirtung/Panniqtuuq
Foyer fédéral de Pangnirtung (Pangnirtang)
Non confessionnel
Ouverture : 1964[171]
Fermeture : 1967[172]

Qamani'tuaq/Qamanittuaq
Foyer fédéral de Baker Lake/Qamani'tuaq
Baker Lake
Non confessionnel
Ouverture : 1961[173]
Fermeture : 1967[174]

Qikiqtarjuaq
Foyer fédéral de Broughton Island/Qikiqtarjuaq
Broughton Island
Non confessionnel
Ouverture : 1962[175]
Fermeture : 1966[176]

Sanikiluaq
Foyer fédéral de Belcher Islands
Belcher Islands
Non confessionnel
Ouverture : 1963[177]
Fermeture : 1964[178]

Ontario

Brantford
Mohawk Institute
Anglican
Ouverture : 1832[179]
Fermeture : 1970[180]

Chapleau
Chapleau, St. John's
Anglican
Ouverture : 1907[181]
Fermeture : 1948[182]

Cristal Lake
Cristal Lake
Northern Light Gospel Mission
Ouverture : 1976[183]
Fermeture : 1986[184]

Fort Albany
St. Anne's, Fort Albany
Catholique
Ouverture : 1902[185]
Fermeture : 1976[186]

Fort Frances
Fort Frances, St. Margaret's
Catholique
Ouverture : 1905[187]
Fermeture : 1974[188]

Fort William
Fort William, St. Joseph's
Catholique
Ouverture : 1870[189]
Fermeture : 1968[190]

Kenora
St. Mary's, Kenora
Catholique
Ouverture : 1897[191]
Fermeture : 1972[192]

Kenora/Shoal Lake
Cecilia Jeffrey, Kenora, Shoal Lake
Presbytérien, Église Unie brièvement, puis presbytérien de nouveau
Ouverture : 1902[193]
Fermeture : 1976[194]

McIntosh
McIntosh
Catholique
Ouverture : 1925[195]
Fermeture : 1969[196]

Moose Factory Island
Bishop Horden Hall, Moose Fort, Moose Factory
Anglican
Ouverture : 1855[197]
Fermeture : 1976[198]

Muncey (Munceytown)
Mount Elgin, Muncey, St. Thomas
Méthodiste, subséquemment Église Unie du Canada
Ouverture : 1851[199]
Fermeture : 1946[200]

Poplar Hill
Poplar Hill Development School
Northern Light Gospel Mission
Ouverture : 1962[201]
Fermeture : 1989[202]

Sault Ste. Marie
Shingwauk Home
Anglican
Ouverture : 1873[203]
Fermeture : 1970[204]

Sault Ste. Marie
Wawanosh Home
Anglican
Ouverture : 1879[205]
Fermeture : 1894[206]

Sioux Lookout
Pelican Lake, Pelican Falls
Anglican
Ouverture : 1926[207]
Fermeture : 1978[208]

Spanish
Spanish Boys' School, Charles Garnier, St. Joseph's
Catholique
Ouverture : 1913[209]
Fermeture : 1958[210]

Spanish
Spanish Girls' School, St. Joseph's, St. Peter's, St. Anne's
Catholique
Ouverture : 1913[211]
Fermeture : 1962[212]

Stirland Lake
Stirland Lake, Wahbon Bay Academy
Northern Light Gospel Mission
Ouverture : 1973[213]
Fermeture : 1991[214]

Québec

Amos
Amos, Pensionnat indien d'Amos, Pensionnat indien de St. Marc, St-Marc-de-Figuery
Catholique
Ouverture : 1955[215]
Fermeture : 1973[216]

Fort George
Fort George, St. Phillip's
Anglican
Ouverture : 1932[217]
Fermeture : 1975[218]

Fort George
Fort George (Mission St-Joseph, Résidence Couture, Sainte-Thérèse-de-l'Enfant-Jésus)
Catholique
Ouverture : 1931[219]
Fermeture : 1978[220]

Fort George
Foyers de Fort George
Non confessionnel
Ouverture : 1975[221]
Fermeture : 1978[222]

Inukjuak
Foyer fédéral de Port Harrison (Inukjuak, Inucdjuac)
Non confessionnel
Ouverture : 1960[223]
Fermeture : 1971[224]

Kangirsualujjuaq/Fort George
Foyer fédéral de George River
Non confessionnel
Ouverture : 1960[225]
Fermeture : 1960[226]

Kangirsuk
Foyer fédéral de Payne Bay, Bellin
Non confessionnel
Ouverture : 1960[227]
Fermeture : 1962[228]

Kuujjuaraapik/Whapmagoostui
Foyer fédéral de Great Whale River, Poste-de-la-Baleine, Kuujjuaraapik
Non confessionnel
Ouverture : 1960[229]
Fermeture : 1970[230]

La Tuque
La Tuque
Anglican
Ouverture : 1963[231]
Fermeture : 1978[232]

Mistassini
Foyers de Mistassini
Non confessionnel
Ouverture : 1971[233]
Fermeture : 1978[234]

Point Bleue
Point Bleue
Catholique
Ouverture : 1960[235]
Fermeture : 1991[236]

Sept-Îles
Sept-Îles (Notre Dame, Maliotenam)
Catholique
Ouverture : 1952[237]
Fermeture : 1971[238]

Saskatchewan

Balcarres
File Hills
Presbytérien, subséquemment Église Unie du Canada
Ouverture : 1889[239]
Fermeture : 1949[240]

Battleford
Battleford
Anglican
Ouverture : 1883[241]
Fermeture : 1914[242]

Beauval
Beauval, Lac la Plonge, Île-à-la-Crosse
Catholique
Ouverture : 1860[243]
Fermeture : 1995[244]

Delmas
Thunderchild, Delmas, St. Henri
Catholique
Ouverture : 1901[245]
Fermeture : 1948[246]

Duck Lake
St. Michael's, Duck Lake
Catholique
Ouverture : 1894[247]
Fermeture : 1996[248]

Gordon's Reserve, Punnichy
Gordon's, Punnichy
Anglican
Ouverture : 1888[249]
Fermeture : 1996[250]

Grayson
Marieval, Cowessess, Crooked Lake
Catholique
Ouverture : 1898[251]
Fermeture : 1997[252]

Kamsack
Externat fédéral de Cote Improved
Église Unie
Ouverture : 1928[253]
Fermeture : 1940[254]

Kamsack
Crowstand
Presbytérien
Ouverture : 1889[255]
Fermeture : 1915[256]

Kamsack/Fort Pelly
Kamsack, St. Phillips
Catholique
Ouverture : 1928[257]
Fermeture : 1969[258]

Lac la Ronge
All Saints, Lac La Ronge
Anglican
Ouverture : 1906[259]
Fermeture : 1947[260]

Lebret/Qu'Appelle
Lebret, Qu'Appelle, St. Paul's, Whitecalf
Catholique
Ouverture : 1884[261]
Fermeture : 1998[262]

Muscowequan
Lestock, Muscowequan, Muskowekwan, Touchwood
Catholique
Ouverture : 1889[263]
Fermeture : 1997[264]

Onion Lake
St. Barnabas, Onion Lake
Anglican
Ouverture : 1893[265]
Fermeture : 1943[266]

Onion Lake
St. Anthony's, Onion Lake, Sacred Heart
Catholique
Ouverture : 1892[267]
Fermeture : 1974[268]

Prince Albert
Prince Albert, St. Alban's, All Saints, St. Barnabas, Lac La Ronge
Anglican
Ouverture : 1951[269]
Fermeture : 1997[270]

Prince Albert
Saint Alban's
Anglican
Ouverture : 1944[271]
Fermeture : 1951[272]

Regina
Regina
Presbytérien
Ouverture : 1891[273]
Fermeture : 1910[274]

Round Lake
Round Lake
Presbytérien, subséquemment Église Unie du Canada
Ouverture : 1884[275]
Fermeture : 1950[276]

Sturgeon Landing
Sturgeon Landing
Catholique
Ouverture : 1927[277]
Fermeture : 1952[278]

Yukon

Carcross
Carcross IRS (Chooulta)
Anglican
Ouverture : 1903[279]
Fermeture : 1969[280]

Ville de Dawson
St. Paul's Hostel
Anglican
Ouverture : 1920[281]
Fermeture : 1953[282]

Shingle Point
Shingle Point
Anglican
Ouverture : 1929[283]
Fermeture : 1936[284]

Whitehorse
Coudert Hall
Catholique
Ouverture : 1960[285]
Fermeture : 1971[286]

Whitehorse
Whitehorse Baptist Mission (Baptist Indian School)
Église baptiste
Ouverture : 1947[287]
Fermeture : 1959[288]

Whitehorse
Yukon Hall
Non confessionnel/protestant
Ouverture : 1960[289]
Fermeture : 1985[290]

Annexe 2.2
Pensionnats indiens mentionnés dans les rapports annuels du ministère des Affaires indiennes, mais qui ne figurent pas dans la Convention de règlement relative aux pensionnats indiens.

Alberta

Calgary
St. Dunstan
Anglican
Ouverture : 1896
Fermeture : 1907

Morley
McDougall Orphanage
Méthodiste
Ouverture : 1886
Fermeture : 1908

Stony Plains
Stony Plains
Presbytérien
Ouverture : 1892
Fermeture : 1894

Vermilion Lake
Irene Training Institute at Vermilion Lake
Anglican
Ouverture : 1885
Fermeture : 1894

Colombie-Britannique

Fort St. James
Fort St. James (Stuart Lake)
Catholique
Ouverture : 1917
Fermeture : 1922

Metlakatla
Metlakatla
Anglican
Ouverture : 1872
Fermeture : 1908

Yale
All Hallows School
Anglican
Ouverture : 1884
Fermeture : 1918

Manitoba

Middlechurch
St. Paul's, Middlechurch (Rupert's Land)
Anglican
Ouverture : 1890
Fermeture : 1906

Saint-Boniface
Saint-Boniface
Catholique
Ouverture : 1890
Fermeture : 1905

Water Hen
Water Hen
Catholique
Ouverture : 1890
Fermeture : 1900

Ontario

Wikwemikong
Wikwemikong (Manitoulin Island)
Catholique
Ouverture : 1868
Fermeture : 1911

Saskatchewan

Muscowpetung
Muscowpetung Agency Boarding School
Presbytérien
Ouverture : 1888
Fermeture : 1894

Muskeg Lake
Catholique
Ouverture : 1892
Fermeture : 1892

Prince Albert
Emmanuel College
Anglican
Ouverture : 1879
Fermeture : 1909

Standing Buffalo
Standing Buffalo
Presbytérien
Ouverture : 1889
Fermeture : 1893

Territoires du Nord-Ouest

Fort Resolution
Fort Resolution
Anglican
Ouverture : 1891
Fermeture : 1892

Annexe 3
Personnes reconnues coupables d'avoir commis des sévices envers des pensionnaires

La liste suivante, qui contient des renseignements sur des personnes reconnues coupables d'avoir commis des sévices envers des pensionnaires, a été établie par la Commission de vérité et réconciliation (CVR) du Canada, laquelle a examiné les documents reconnus par les parties dans l'accord de règlement, consulté les archives du gouvernement et les dossiers des tribunaux, et effectué des recherches en ligne dans des bases de données juridiques et non juridiques. Cette liste comporte certaines restrictions. Étant donné que le processus de production de documents s'est poursuivi tout au long de l'opération menée par la Commission, cette dernière n'a pas été en mesure d'examiner tous les documents qui lui ont été soumis. La Commission n'a pas eu le temps ni les ressources nécessaires pour procéder à l'examen des dossiers des tribunaux ou des services de police afin d'obtenir des renseignements sur les poursuites et les condamnations relatives aux sévices commis à l'endroit de pensionnaires.

Pensionnat	Délinquant	Condamnation	Peine
Alberta			
Edmonton	James Ludford	grossière indécence (1960)	1 an de prison avec sursis; être sous la responsabilité d'un institut psychiatrique provincial et interdiction de participer à des activités avec des personnes de moins de 21 ans[1]
Morley	Robert G. Pooley	attentat à la pudeur (1963)	1 an de prison avec sursis; peine à purger dans un institut psychiatrique provincial[2]
Colombie-Britannique			
Alert Bay	Harry Joseph	attentat à la pudeur (1970)	emprisonnement avec sursis[3]

Pensionnat	Délinquant	Condamnation	Peine
Kamloops et Mission	Gerald Moran	12 chefs d'abus sexuels (2004)	3 ans de prison[4]
Île Kuper et Williams Lake	Glenn Doughty	4 chefs de grossière indécence à Williams Lake (1991)	1 an de prison[5]
		6 chefs, notamment d'attentat à la pudeur et de grossière indécence à l'île Kuper (1995)	4 mois de prison additionnels[6]
		36 chefs (sévices à caractère sexuel) à Williams Lake et à l'île Kuper (2000)	3 ans de prison additionnels[7]
Lower Post, en Colombie-Britannique, et Grollier Hall, aux Territoires du Nord-Ouest	George Maczynski	agression sexuelle (agression sexuelle à l'endroit de garçons) à Lower Post (1973)	2 ans de prison (a purgé 10 mois de la peine reçue)[8]
		11 chefs d'attentat à la pudeur, 6 chefs de sodomie, 1 chef de tentative de sodomie, 9 chefs de grossière indécence et 1 chef de tentative de perpétrer un acte de grossière indécence à Lower Post (1995)	16 ans de prison[9]
		5 chefs, notamment d'attentat à la pudeur, de grossière indécence et de sodomie à Grollier Hall (1997)	4 ans de prison à purger consécutivement après avoir purgé la peine de 16 ans (encourue en 1995)[10]
Lytton	Derek Clarke	8 chefs de sodomie et 6 chefs d'attentat à la pudeur (1988)[11]	12 ans de prison[12]
		4 chefs additionnels (1996)	2 ans de prison additionnels[13]

Pensionnat	Délinquant	Condamnation	Peine
Port Alberni	Bruce Donald Haddock	4 chefs d'attentat à la pudeur (2004)	23 mois de prison[14]
	Arthur Plint	18 chefs d'attentat à la pudeur (1995)	11 ans de prison[15]
		17 chefs (1997)	11 ans de prison à purger en même temps que la peine citée plus haut[16]
Williams Lake	Harold McIntee	17 chefs d'agression sexuelle (dont 13 à Williams Lake) [1989]	2 ans de prison pour chaque chef à purger simultanément, suivi d'une période de probation de 3 ans; il a aussi été tenu de rencontrer les familles de ses victimes et de les entendre sur ces affaires[17]
Manitoba			
Dauphin McKay	Ernest Constant	1 chef d'attentat à la pudeur (2005)	2 ans moins 1 jour de prison avec sursis[18]
Territoires du Nord-Ouest			
Fleming Hall	William Hamilton	agression sexuelle (1964)	3 ans de prison[19]
	Donald Perdue	incitation à la délinquance juvénile (1964)[20]	inconnue
Grollier Hall	Joseph Louis Comeau	2 chefs d'attentat à la pudeur (1998)	L'accusé a plaidé coupable et a été condamné à une peine concurrente d'un an de prison pour chaque chef[21]
	Martin Houston	sodomie, grossière indécence (1962)	peine indéterminée; Houston a été déclaré délinquant sexuel dangereux (a passé 10 ans en prison)[22]
		1 chef de sodomie et 2 chefs d'attentat à la pudeur (2004)	période de probation de 3 ans[23]

Pensionnat	Délinquant	Condamnation	Peine
Grollier Hall, aux Territoires du Nord-Ouest, et Beauval, en Saskatchewan	Paul Leroux	1 chef d'agression sexuelle (1979)	4 mois de prison (a reçu un pardon par la suite et la condamnation a été supprimée de son casier judiciaire)[24]
		1 chef de tentative de sodomie, 1 chef de tentative d'attentat à la pudeur, 3 chefs d'attentat à la pudeur, et 4 chefs de grossière indécence à Grollier Hall (1998)	10 ans de prison (libéré sur parole après avoir purgé moins de 4 ans de sa peine)[25]
		10 chefs de grossière indécence à Beauval, en Saskatchewan (2013)	3 ans de prison[26]
Ontario			
Fort Albany	Jane Belanger	voie de fait (1998)[27]	inconnue
	Marcel Blais	1 chef d'attentat à la pudeur (1997)	inconnue[28]
	Claude Lambert	1 chef d'attentat à la pudeur (1997)	8 mois de prison[29]
	John Rodrique	5 chefs d'attentat à la pudeur (1997)	18 mois de prison[30]
	Anna Wesley	3 chefs d'administration d'un produit nocif et 2 chefs de voies de fait simples (1999)	emprisonnement avec sursis[31]
Sioux Lookout	Leonard Hands	19 chefs d'attentat à la pudeur (1996)	4 ans de prison[32]
Saskatchewan			
Gordon	[Prénom inconnu] Courtney	inconnue	emprisonné[33]
	Henry Cyr	avoir eu des contacts de nature sexuelle avec une personne de 14 ans et tendu des pièges dans le but de causer un préjudice corporel (1989)	300 $ d'amende pour chaque chef[34]

Pensionnat	Délinquant	Condamnation	Peine
	Ewald Holfeld[35]	voies de fait simples (1945)	20 $ d'amende plus les frais[36]
		2 chefs de sodomie et 1 chef de tentative de sodomie (1945)	2 ans de prison pour chaque chef à purger simultanément[37]
	William McNab	1 chef de sodomie (1947)	6 mois de prison[38]
	Kenneth McNabb	inconnue (vers 1955)	amende[39]
	William Penniston Starr	10 chefs d'agression sexuelle (1993)	4 ans et demi de prison[40]
Kamsack	R. Jubinville	3 chefs d'agression ayant causé un préjudice corporel (1994)	300 $ d'amende pour chaque chef[41]
Prince Albert	George Zimmerman	9 chefs d'attentat à la pudeur, 1 chef de tentative de viol, et un chef de viol (1995)	5 ans de prison[42]
Yukon			
Coudert Hall	Claude Frappier	13 chefs d'attentat à la pudeur (1990)	5 ans de prison[43]

Annexe 4
Excuses

La présente annexe contient le texte intégral des excuses et des déclarations concernant les pensionnats indiens faites par les parties à la Convention de règlement relative aux pensionnats indiens et par d'autres qui ont joué un rôle direct dans le système des pensionnats.

Excuses présentées à la Chambre des communes

Outre les excuses du gouvernement du Canada présentées le 11 juin 2008, la Commission a inclus les déclarations faites par les chefs d'autres députés élus relativement aux pensionnats indiens à la Chambre des communes le 11 juin 2008.

Présentation d'excuses aux anciens élèves des pensionnats indiens, au nom du gouvernement du Canada, le très honorable Stephen Harper, premier ministre du Canada

Le 11 juin 2008

Le traitement des enfants dans ces pensionnats est un triste chapitre de notre histoire.

Pendant plus d'un siècle, les pensionnats indiens ont séparé plus de 150 000 enfants autochtones de leurs familles et de leurs communautés. Dans les années 1870, en partie afin de remplir son obligation d'instruire les enfants autochtones, le gouvernement fédéral a commencé à jouer un rôle dans l'établissement et l'administration de ces écoles. Le système des pensionnats indiens avait deux principaux objectifs : isoler les enfants et les soustraire à l'influence de leurs foyers, de leurs familles, de leurs traditions et de leur culture, et les intégrer par l'assimilation dans la culture dominante. Ces objectifs reposaient sur l'hypothèse que les cultures et les croyances spirituelles des Autochtones étaient inférieures. D'ailleurs, certains cherchaient, selon une expression devenue tristement célèbre, « à tuer l'Indien au sein de l'enfant ». Aujourd'hui, nous reconnaissons que cette politique d'assimilation était erronée, qu'elle a fait beaucoup de mal et qu'elle n'a aucune place dans notre pays.

Cent trente-deux écoles financées par le fédéral se trouvaient dans chaque province et territoire, à l'exception de Terre-Neuve, du Nouveau-Brunswick et de l'Île-du-Prince-Édouard. La plupart des pensionnats étaient dirigés conjointement avec les Églises anglicane, catholique, presbytérienne ou unie. Le gouvernement du Canada a érigé un système d'éducation dans le cadre duquel de très jeunes enfants ont souvent été arrachés à leurs foyers et, dans bien des cas, emmenés loin de leurs communautés. Bon nombre d'entre eux étaient nourris, vêtus et logés de façon inadéquate. Tous étaient privés des soins et du soutien de leurs parents, de leurs grands-parents et de leurs communautés. Les langues et les pratiques culturelles des Premières nations, des Inuits et des Métis étaient interdites dans ces écoles. Certains de ces enfants ont connu un sort tragique en pension et d'autres ne sont jamais retournés chez eux.

Le gouvernement reconnaît aujourd'hui que les conséquences de la politique sur les pensionnats indiens ont été très néfastes et que cette politique a causé des dommages durables à la culture, au patrimoine et à la langue autochtones. Bien que certains anciens élèves aient dit avoir vécu une expérience positive dans ces pensionnats, leur histoire est de loin assombrie par les témoignages tragiques sur la négligence, l'abus émotif, physique et sexuel d'enfants sans défense et de leur séparation de familles et de communautés impuissantes.

L'héritage laissé par les pensionnats indiens a contribué à des problèmes sociaux qui persistent dans de nombreuses communautés aujourd'hui.

Il a fallu un courage extraordinaire aux milliers de survivants qui ont parlé publiquement des mauvais traitements qu'ils ont subis. Ce courage témoigne de leur résilience personnelle et de la force de leur culture. Malheureusement, de nombreux anciens élèves ne sont plus des nôtres et sont décédés avant d'avoir reçu des excuses du gouvernement du Canada.

Le gouvernement reconnaît que l'absence d'excuses a nui à la guérison et à la réconciliation. Alors, au nom du gouvernement du Canada et de tous les Canadiens et Canadiennes, je me lève devant vous, dans cette chambre si vitale à notre existence en tant que pays, pour présenter nos excuses aux peuples autochtones pour le rôle joué par le Canada dans les pensionnats indiens.

Aux quelque 80 000 anciens élèves toujours en vie, ainsi qu'aux membres de leurs familles et à leurs communautés, le gouvernement du Canada admet aujourd'hui qu'il a eu tort d'arracher les enfants à leurs foyers et s'excuse d'avoir agi ainsi. Nous reconnaissons maintenant que nous avons eu tort de séparer les enfants de leur culture et de leurs traditions riches et vivantes, créant ainsi un vide dans tant de vies et de communautés, et nous nous excusons d'avoir agi ainsi. Nous reconnaissons maintenant qu'en séparant les enfants de leurs familles, nous avons réduit la capacité de nombreux anciens élèves à élever adéquatement leurs propres enfants et avons scellé le sort des générations futures, et nous nous excusons d'avoir agi ainsi. Nous reconnaissons maintenant que, beaucoup trop souvent, ces institutions donnaient lieu à des cas de sévices ou de négligence et n'étaient pas contrôlées de manière adéquate, et nous nous excusons de ne pas avoir su vous protéger. Non seulement vous avez subi ces mauvais traitements pendant votre enfance, mais, en tant que parents, vous étiez impuissants à éviter le même sort à vos enfants, et nous le regrettons.

Le fardeau de cette expérience pèse sur vos épaules depuis beaucoup trop longtemps. Ce fardeau nous revient directement, en tant que gouvernement et en tant que pays. Il n'y a pas de place au Canada pour les attitudes qui ont inspiré le système de pensionnats indiens, pour qu'elles puissent prévaloir à nouveau. Vous tentez de vous remettre de cette épreuve depuis longtemps, et d'une façon très concrète, nous vous rejoignons maintenant dans ce cheminement.

Le gouvernement du Canada présente ses excuses les plus sincères aux peuples autochtones du Canada pour avoir si profondément manqué à son devoir envers eux, et leur demande pardon.

Entrée en vigueur le 19 septembre 2007, la Convention de règlement relative aux pensionnats indiens s'inscrit dans une démarche de guérison, de réconciliation et de règlement des tristes séquelles laissées par les pensionnats indiens. Des années d'efforts de la part des survivants, des communautés et des organisations autochtones ont abouti à une entente qui nous permet de prendre un nouveau départ et d'aller de l'avant en partenariat. La Commission de vérité et de réconciliation est au cœur de la Convention de règlement. La Commission constitue une occasion unique de sensibiliser tous les Canadiens et Canadiennes à la question des pensionnats indiens. Il s'agira d'une étape positive dans l'établissement d'une nouvelle relation entre les peuples autochtones et les autres Canadiens et Canadiennes, une relation basée sur la connaissance de notre histoire commune, sur un respect mutuel et sur le désir de progresser ensemble, avec la conviction renouvelée que des familles fortes, des communautés solides et des cultures et des traditions bien vivantes contribueront à bâtir un Canada fort pour chacun et chacune d'entre nous.

Que Dieu vous bénisse et bénisse notre pays.

L'honorable Stéphane Dion, député

Chef de l'opposition
La Chambre des communes, le 11 juin 2008

Monsieur le Président, aujourd'hui, le Canada fait face à l'un des chapitres les plus sombres de son histoire.

On a voulu forcer les Autochtones à s'assimiler par le biais du système de pensionnats indiens, un système qui est malheureusement plus vieux que la Confédération elle-même. Ce sont des écoles qui visaient à « sortir l'Indien de l'enfant » et à éradiquer son identité autochtone. Leur fonctionnement était axé sur la séparation de l'enfant de sa famille et de sa communauté. Elles étaient conçues pour arracher l'enfant à son identité, à sa culture, à ses croyances et à sa langue autochtones. C'est un système déshumanisant qui a mené aux pires abus.

Cette politique gouvernementale a déchiré le tissu familial parmi les Premières nations, les Métis et les Inuits. Elle a tué l'estime de soi chez les parents comme chez les enfants. Les parents et les grands-parents n'ont pas eu le choix. Leurs enfants leur ont été volés. Et seulement aujourd'hui commençons-nous à mesurer le prix terrible de ces mauvaises politiques.

La réalité d'aujourd'hui est issue du système de pensionnats indiens. Le présent est hanté par le passé tragique et douloureux des enfants des Premières nations, des enfants métis et des enfants inuits, de leur famille et de leur communauté. C'est un triste et lourd passé que tous les Canadiens doivent accepter d'inclure dans leur histoire.

Pendant trop longtemps, les gouvernements canadiens ont choisi de nier plutôt que d'admettre la vérité. Lorsqu'ils ont été confrontés au poids de la vérité, ils ont choisi le silence. Pendant trop longtemps, les gouvernements canadiens ont refusé de reconnaître leur rôle direct dans la création du système de pensionnats indiens et dans la poursuite de leur triste et insidieux objectif qu'était l'élimination de la culture et de l'identité autochtones. Pendant trop longtemps, les gouvernements canadiens ont choisi d'ignorer les conséquences de ce drame plutôt que de tenter de les comprendre, de sorte que la souffrance persiste encore aujourd'hui parmi les Premières nations, les Métis et les Inuits.

Permettez-moi de citer un passage de la condamnation prononcée par la Commission royale sur les peuples autochtones en 1996 :

> Pourtant, sauf quelques rares exceptions, aucun haut fonctionnaire, aucun ecclésiastique et aucun député ne s'est insurgé contre le principe des pensionnats ou contre leur caractère abusif. Bien sûr, le souvenir ne s'est pas dissipé et n'a toujours pas disparu des mémoires. Il a persisté, s'est amplifié et a pris l'allure d'un spectre lugubre [...]

C'est la première pierre que l'on doit poser pour ce monument pour la vérité, la réconciliation et un avenir meilleur.

Aujourd'hui, en tant que représentants du peuple canadien, nous offrons nos excuses à ceux qui ont survécu aux pensionnats indiens et à ceux qui sont morts à cause des lois adoptées par les gouvernements et les législatures précédents. En parlant directement aux victimes et aux survivants dans l'enceinte de la Chambre des communes, nous offrons nos excuses à ceux qui sont morts sans avoir entendu ni ces paroles ni la reconnaissance de ces torts.

Les gouvernements canadiens successifs et diverses Églises ont été complices des violences psychologiques, physiques et sexuelles commises contre de milliers d'enfants autochtones dans le système des pensionnats. À titre de chef du Parti libéral du Canada, qui a formé le gouvernement pendant plus de soixante-dix ans au vingtième siècle, je reconnais notre rôle et notre part de responsabilité dans ce drame. J'en suis profondément désolé et je présente nos excuses.

Je suis désolé que le Canada ait essayé d'effacer votre identité et votre culture en vous arrachant à vos familles lorsque vous étiez enfants, et en créant un système pour vous punir d'être ce que vous étiez. À vous, mères et pères inuits, métis, et des Premières nations, je dis que je suis désolé qu'on vous ait volé vos enfants; désolé qu'on n'ait pas reconnu votre valeur comme parents; désolé qu'on vous ait manqué de respect et de confiance.

Les excuses que nous présentons aujourd'hui visent un passé qui aurait dû être entièrement différent. Mais elles doivent aussi nous permettre de nous tourner vers l'avenir, de procéder à une réconciliation collective et d'apporter des changements fondamentaux. Elles doivent nous permettre de progresser ensemble, Autochtones et non-Autochtones, vers un avenir fondé sur le respect. Elles doivent nous aider à trouver au fond de chacun de nous une partie de l'immense courage que nous voyons dans les yeux de ceux et celles qui ont survécu. Elles doivent nous permettre d'être inspirés par la détermination de survivants comme le chef national Phil Fontaine et Willie Blackwater, qui ont eu le courage de parler haut et fort et d'exiger que justice soit faite. Elles doivent nous inciter à poursuivre les efforts de l'ancien député Gary Merasty, membre des Premières nations, qui a présenté une motion demandant que le gouvernement présente des excuses officielles aux survivants des pensionnats indiens, motion adoptée à l'unanimité par la Chambre le 1er mai 2007.

Pour réussir, nous devons nous engager à fond dans le travail de la Commission de la vérité et de la réconciliation, présidée par le juge Harry LaForme, et chargée d'enquêter sur tous les aspects du système des pensionnats indiens au Canada.

Cela signifie qu'il nous faudra entendre les témoignages des victimes de violences physiques, mentales et sexuelles. Cela signifie qu'il nous faudra comprendre pourquoi et comment le Canada a laissé les pensionnats indiens propager la maladie, la mort, la tuberculose, la pneumonie. Cela signifie aussi qu'il nous faudra découvrir ce qui est réellement arrivé aux nombreux enfants qui ont disparu dans des tombes anonymes.

Cela veut dire donner une voix à ceux que le Canada a fait taire. Cela veut dire donner un nom à ceux dont l'identité a été effacée. Cela veut dire montrer notre respect à ceux que nous avons humiliés. Cela veut dire comprendre la douleur des parents et des familles abandonnés et, à cause de nos actions, abîmés à tout jamais.

Nous devons écouter attentivement les victimes qui vont porter témoignage à la Commission de la vérité et de la réconciliation et nous devons être prêts à entendre la commission rendre compte d'un passé collectif vraiment honteux. Ensemble et en tant que pays, nous devons faire face à la vérité pour que plus jamais nous n'ayons à présenter des excuses à une autre génération, pour que plus jamais ne se reproduise une telle tragédie.

Je prononce ces mots en pensant aux survivants et aux survivantes que j'ai rencontrés hier soir. L'une d'elles se souvient encore de sa petite enfance, passée avec sa famille dans une communauté isolée. Elle avait sept ans quand son père l'a menée en canot au pensionnat indien. Ses jours passés avec ses parents et ses frères et sœurs, elle en a un souvenir merveilleux. Toutefois, elle ne se souvient pas de ses deux années passées au pensionnat. C'est ainsi qu'elle a réussi à survivre aux mauvais traitements qu'elle y a subis.

Une autre survivante, Marion Ironquill-Meadmore, m'a parlé des dix ans qu'elle a passés dans une institution religieuse. La première leçon qu'on lui a apprise, c'est que ses parents ne valaient rien. Quand elle a quitté l'institution après dix ans, elle s'est trouvée perdue dans les deux mondes, celui des Autochtones et celui des non-Autochtones, incapable de retourner dans sa communauté d'origine et incapable de fonctionner ailleurs.

Pour que la réconciliation se fasse, il va falloir que la société canadienne s'engage à agir. Cela signifie qu'il faut veiller à ce que tous les Canadiens autochtones – Premières nations, Métis et Inuits – puissent profiter, eux aussi, des richesses et des possibilités qu'offre le Canada. Cela signifie qu'il faut nous assurer d'entendre les voix des Premières nations, des Métis et des Inuits dans leurs propres langues et veiller à ce que ces voix et ces langues autochtones continuent d'enrichir le patrimoine culturel mondial.

Il ne faut pas que nous nous laissions intimider par l'envergure de ce défi, ni décourager par les échecs du passé. Nous devons léguer à tous nos enfants un pays encore meilleur que celui que nos parents nous ont légué. Nous n'y arriverons pas tant que les Autochtones seront laissés pour compte.

Quatre ans après la conclusion des travaux de la Commission de la vérité et de la réconciliation, le Canada va souligner le cent-cinquième anniversaire de la Confédération. Ce jour-là, j'espère sincèrement que sera exaucé l'espoir exprimé il y a soixante ans, dans cet édifice même, par l'ancien combattant autochtone décoré

Thomas Prince, l'espoir d'une nouvelle relation entre les Premières nations, les Métis, les Inuits et les non-Autochtones de notre pays, « afin qu'ils puissent se faire confiance et [...] marcher côte à côte sur cette Terre dans la foi et la confiance mutuelles. »

En attendant, nous offrons humblement nos excuses, qui représentent un premier pas dans la voie de la guérison et de la réconciliation.

Merci. Thank you. Meegwetch. Ekosi. Nakurmiik.

M. Gilles Duceppe, député

Chef du Bloc québécois
La Chambre des communes, le 11 juin 2008

Monsieur le Président, je suis heureux de vivre ce moment où le gouvernement canadien offre enfin ses excuses aux membres des Premières nations, des Métis et des Inuits qui ont été victimes des pensionnats fédéraux.

Près de 150 000 personnes ont attendu toute leur vie cette journée de vérité et de réconciliation; 90 000 sont toujours vivantes. En fait, ces 90 000 personnes sont des survivantes et des survivants. Il y a déjà plus de 100 ans, le rapport Bryce révélait un taux de mortalité de près de 25 p. 100 dans ces pensionnats. Ce taux atteignait même 47 p. 100 dans le pensionnat Old Sun's de l'Alberta. Voilà pourquoi je dis que les anciens élèves sont des survivants.

Ces 150 000 personnes ont été enlevées des bras de leur mère et de leur père. Ils ont été séparés de leurs sœurs et frères. Ils ont été arrachés de force à leur communauté et à leur culture traditionnelle.

Pour ceux et celles qui ne peuvent s'imaginer les impacts que les pensionnats ont eus sur les peuples autochtones, ayez une image en tête : pensez à un petit village, une petite communauté, duquel on retire les enfants, tous les enfants. Dès lors, il n'y a plus d'enfants de sept à seize ans qui jouent dans les rues ou dans les forêts, inondant de leurs rires et de leurs joies le cœur des plus vieux. De plus, il y a cette crainte toujours présente de voir les enfants disparaître dès qu'ils atteignent l'âge scolaire.

Et puis, il y a ces rumeurs qui circulent quant au traitement que les enfants subissent. C'est terrible d'y penser encore aujourd'hui. Les enfants ont été tirés des bras de leur mère pour être assimilés. Ils ont été enlevés et élevés dans un seul but : tuer « l'Indien dans l'enfant ». Obligés de désapprendre leur langue, ces enfants ne pouvaient plus communiquer avec leurs propres parents. Tout cela est bien réel et fait partie de notre histoire à tous.

Entre 1934 et 1962, six pensionnats ont vu le jour au Québec, deux en Terre crie, un en Terre algonquine, un chez les Attikameks et deux chez les Innus. Ces pensionnats ont laissé, comme partout ailleurs, des blessures causées par des abus, des sévices et des négligences.

Roméo Saganash, qui a lui-même survécu aux pensionnats, m'a raconté l'histoire de son frère décédé au bout d'un an. Jamais sa famille n'a pu apprendre la raison de sa mort, et il a fallu quarante ans — quarante longues années — avant que sa mère ne retrouve l'endroit où il avait été enterré. Il est impossible d'effacer ces profondes cicatrices, de réparer les âmes cassées par la mémoire.

Pourtant, ces excuses sont nécessaires. Elles sont nécessaires, mais non suffisantes. Comme le dit en effet Roméo Saganash : « Des excuses, une fois exprimées, ne valent que les gestes qui les suivent. » Pour ceux qui ont perdu leur enfance dans les pensionnats, les meilleures excuses sont faites de gestes concrets qui permettront à leurs enfants et à leurs petits-enfants de voir l'avenir avec espoir. Cela signifie que le gouvernement doit agir maintenant, de façon bien concrète.

Par exemple, on constate que le gouvernement n'investit pas les sommes nécessaires pour permettre le plein épanouissement de la jeunesse autochtone. Par exemple, quand des problèmes qui touchent les enfants surviennent, le gouvernement préconise que ces enfants soient retirés de leur milieu afin de les protéger. On répète en quelque sorte les erreurs du passé.

Avec les Premières nations du Québec, nous demandons depuis plus d'un an que des sommes supplémentaires leur soient confiées afin que les enfants puissent rester dans leur communauté. Ne croit-on pas qu'il y a déjà eu assez d'enfants autochtones enlevés à leur communauté dans le passé?

Voici un autre exemple : l'Assemblée des Premières Nations du Québec et du Labrador attend depuis plus d'un an et demi une réponse du gouvernement pour mettre en place le projet « 10 000 possibilités ». Ce plan sur dix ans consiste à construire 10 000 logements, à faire en sorte que 10 000 jeunes de plus obtiennent leur diplôme d'études secondaires et à créer 10 000 nouveaux emplois.

Si les excuses du premier ministre sont sincères, qu'il en profite pour agir concrètement. Nous l'appuierons.

Et finalement, il y a cette disgrâce : le refus du gouvernement d'endosser la Déclaration des Nations Unies sur les droits des peuples autochtones. Le Bloc québécois a donné un appui clair à ce projet de déclaration et j'en suis très fier. En acceptant d'endosser la déclaration, le premier ministre a l'occasion de démontrer clairement aux peuples autochtones qu'il a appris des erreurs du passé et qu'il prend l'engagement solennel auprès des victimes que leurs enfants et leurs petits-enfants auront droit au respect et à la dignité.

Je m'adresse à vous, représentants et représentantes autochtones présents sur le parquet de la Chambre, ou vous qui nous écoutez du haut de la tribune. Tous les députés du Bloc québécois se joignent à moi pour vous tendre la main afin que, tous ensemble, nous puissions construire un avenir meilleur pour nos enfants et nos petits-enfants. Cela passe par des relations de respect qui ne peuvent être que de nation à nation, et rien d'autre.

Au nom du Bloc québécois, je vous offre des excuses sincères pour le passé et je nous invite à bâtir l'avenir entre nations.

L'honorable Jack Layton, député

Chef du Nouveau Parti démocratique
La Chambre des communes, le 11 juin 2008

Monsieur le Président, je prends la parole à la Chambre aujourd'hui pour ajouter la voix du Nouveau Parti démocratique à celles des autres partis qui présentent très humblement des excuses sincères aux Premières nations, aux Métis et aux Inuits au nom des Canadiens.

J'aimerais rendre hommage aux aînés qui sont des nôtres aujourd'hui et à ceux qui prennent part à cette cérémonie d'un bout à l'autre du pays en ce moment.

J'aimerais rendre hommage aux chefs des Premières nations, des Métis et des Inuits qui sont ici avec nous et à tous ceux qui guident leur communauté en cette journée difficile, émotive, importante et pleine d'espoir.

Je rends hommage aux enfants, les enfants ici présents et ceux qui nous écoutent en groupes à la maison partout au pays, qui sont témoins des séquelles laissées par les pensionnats.

Par-dessus tout, je veux que les survivants des pensionnats, dont quelques-uns se sont joints à nous aujourd'hui, sachent que nous déplorons ce qui est arrivé.

Aujourd'hui, nous marquons un moment très important pour le Canada. C'est le moment où nous, en tant que Parlement, en tant que pays, assumons la responsabilité d'une des époques les plus honteuses de notre histoire. C'est le moment de dire, enfin, que nous nous excusons. C'est le moment où nous commençons à bâtir un avenir partagé, sur un pied d'égalité, en nous appuyant sur le respect mutuel et la vérité.

C'est le Parlement du Canada qui a promulgué, il y a 151 ans, la loi raciste instituant les pensionnats. C'est lui qui a décidé de ne pas traiter les membres des Premières nations, les Métis et les Inuits comme des êtres humains égaux. Il s'était donné pour mission de tuer l'Indien dans l'enfant. Cette décision tout à fait répréhensible a causé des souffrances incroyables, privant les Premières nations, les Métis et les Inuits de la liberté fondamentale de choisir leur mode de vie. Nous sommes vraiment navrés de tous ces torts qui leur ont été causés. Leurs enfants ont été privés de l'amour et du soutien de leur famille et de leur collectivité à cause de la décision que nous avons prise.

Cela a privé ces enfants de la fierté et de l'estime de soi qui découlent de l'apprentissage de son patrimoine, de sa langue, de sa culture et de ses traditions. En plus de ces blessures, il y a notre négligence, les soins de santé inadéquats, les mauvais traitements et les sévices sexuels qui ont porté atteinte à tant d'enfants et qui en ont tué. Ceux qui ont survécu ont appris, à cause des politiques du Canada, à avoir honte de qui ils sont. Pour ces actions néfastes, nous nous excusons.

L'héritage des pensionnats jette une ombre sur notre pays. Cela a déchiré des familles et des communautés pendant des générations et cela se fait toujours sentir, très personnellement.

Presque tous les membres de Premières nations de mon âge qu'il m'a été donné de rencontrer sont des survivants des pensionnats. Nombreux sont ceux aussi qui sont les enfants de survivants. Un de ces enfants m'a parlé de sa mère, une Crie du Nord du Québec, à qui on a enlevé douze de ses quatorze enfants. Son frère est mort dans un pensionnat, mais on n'a jamais expliqué pourquoi ni comment à sa mère. On ne lui a jamais dit où son fils était enterré. Elle n'a pas eu le droit de rendre hommage à sa vie ni à sa mort. Et elle n'a pas pu faire son deuil ni ses derniers adieux à son enfant, comme toute mère doit le faire.

Des années plus tard, sa fille, qui travaillait dans le Nord de l'Ontario, a raconté en passant l'histoire de son frère à un homme de l'endroit qui lui a dit : « Je sais où ton frère est enterré. » Ils se sont rendus au cimetière, et il a indiqué du doigt le sol à côté d'une pierre tombale en disant : « Ton frère est enterré ici, dans l'anonymat. »

Tant les enfants forcés à aller vivre dans les pensionnats autochtones que les parents à qui on a arraché les enfants ressentent profondément la souffrance infligée par ces pensionnats. Elle se ressent encore au sein des collectivités des Premières nations, des Métis et des Inuits partout au pays.

Le déchirement des liens familiaux et communautaires, les blessures psychologiques, la perte de langue et de culture, et l'éducation inférieure ont tous mené à la pauvreté généralisée qui sévit dans les communautés des Premières nations, des Métis et des Inuits aujourd'hui. Les horreurs des pensionnats indiens hantent encore aujourd'hui des gens qui ne les ont pas vécues personnellement.

Il ne peut y avoir d'équivoque. Ce sont des lois sciemment adoptées par cette Chambre qui ont permis la création des pensionnats indiens et le maintien pendant de nombreuses années de ce système. Le processus de réconciliation doit commencer ici, à la Chambre. Voilà pourquoi nous sommes réunis ici aujourd'hui pour exprimer nos regrets. Cette présentation d'excuses constitue une première étape cruciale.

Toutefois, la réconciliation doit être axée sur des mesures positives qui expriment le respect et qui rétablissent la confiance. Ces excuses ne doivent pas marquer la fin du processus, mais bien le début de celui-ci.

Il faut s'engager à ne jamais permettre qu'une telle parodie de justice et une telle transgression de l'égalité se reproduisent. Cela commence en reconnaissant officiellement les droits et les cultures des Premières nations, des Métis et des Inuits et en signant la Déclaration de l'ONU sur les droits des peuples autochtones.

La réconciliation signifie également que, en tant que Parlement et pays, nous devons prendre des mesures pour remédier aux terribles inégalités auxquelles sont confrontées les Premières nations, les Métis et les Inuits. Nous pouvons commencer en rétablissant la relation de nation à nation entre le gouvernement du Canada et les Premières nations, les Métis et les Inuits.

Au moment même où nous nous parlons aujourd'hui, des milliers d'enfants autochtones sont privés d'écoles appropriées, d'eau potable, de nourriture adéquate, d'un lit bien à eux, de soins de santé de qualité, de sécurité, de confort, d'une terre et de droits.

Désormais, nous ne pouvons plus baisser les bras et prétendre qu'il n'y a rien à faire. Si nous voulons assumer notre responsabilité et travailler à la réconciliation, nous devons dire « Unissons nos efforts pour régler le problème ».

Renversons la vapeur et faisons changer les statistiques horribles et honteuses liées à l'affligeante réalité des populations autochtones, notamment les taux élevés de pauvreté et de suicide, l'absence d'éducation ainsi que le surpeuplement et la détérioration des logements et l'insalubrité de l'eau potable. Assurons-nous que les survivants des pensionnats indiens reçoivent la reconnaissance et l'indemnisation qui leur sont dues.

Il faut que ce soit notre engagement sérieux et collectif. Nous devons tous, les Premières nations, Métis et Inuits, les Canadiens qui sont ici depuis des générations et les néo-Canadiens, bâtir ensemble un avenir juste, équitable et respectueux.

Meegwetch. Ekosi. Nakurmiik.

Excuses des Églises, 1986 - 2015

Dans cette section, la Commission reproduit les excuses institutionnelles présentées par les églises parties à la CRPI. Des nombreuses déclarations de l'Église romaine catholique, dont un certain nombre d'évêques et de groupes d'évêques, la Commission a choisi d'inclure celles des ordres religieux catholiques dont les membres ont travaillé dans les pensionnats. Les écoles dirigées par les communautés d'églises mennonites et anabaptistes ont été ajoutées après l'entrée en vigueur de la Convention de règlement. Une déclaration des dirigeants de l'Église anabaptiste est, par conséquent, également incluse.

Excuses présentées au nom de l'Église Unie du Canada

Excuses présentées au nom de l'Église Unie du Canada
Excuses aux peuples des Premières Nations
Le très révérend Robert Smith
Modérateur de l'Église Unie du Canada, 1986

Bien avant que notre peuple arrive sur ces terres, votre peuple y vivait déjà. Vous teniez de vos anciens une connaissance riche et profonde de la création et du Mystère qui nous entoure, et cette connaissance était pour vous un trésor.

Quand vous avez partagé votre compréhension du monde, nous avons fait la sourde oreille. Dans notre empressement à vous transmettre la bonne nouvelle de Jésus-Christ, nous sommes demeurés insensibles à la richesse de votre spiritualité.

Nous n'avons pas su dissocier notre culture et nos mœurs occidentales de toute l'ampleur et la profondeur de l'évangile du Christ.

Nous vous avons imposé notre civilisation comme condition pour recevoir l'évangile.

En essayant de vous modeler à notre image, nous avons contribué à détruire la vision à l'origine de votre spécificité. De sorte qu'aujourd'hui nous sommes plus pauvres les uns et les autres. Nous portons en nous une image trouble, déformée de notre Créateur et nous nous sommes éloignés de ce à quoi Dieu nous appelait.

Nous demandons votre pardon. Marchons ensemble dans l'esprit du Christ afin que nos peuples soient bénis et que la création de Dieu puisse guérir.

Excuses aux anciens élèves des pensionnats amérindiens de l'Église Unie, à leurs familles et à leurs communautés
Le très révérend Bill Phipps
Modérateur de L'Église Unie du Canada, 1998

Du tréfonds de vos souvenirs, vous nous avez offert les récits de la souffrance qu'a causée pour vous notre participation au système scolaire des pensionnats amérindiens. Vous avez partagé avec nous le chagrin du lourd passé que vous portez toujours, vous rendant ainsi de nouveau vulnérables. Avec vos récits de survie, vous nous avez parlé de la force et de la sagesse que vos communautés et vos traditions vous ont transmises, vous permettant de vivre avec dignité.

En réponse à l'engagement de notre Église au repentir, et au nom de l'Exécutif du Conseil général, je présente aujourd'hui, mardi le 27 octobre 1998, ces excuses :

« En tant que modérateur de l'Église Unie du Canada, je désire prononcer les paroles que beaucoup souhaitent entendre depuis longtemps. Au nom de l'Église Unie du Canada, je m'excuse pour la souffrance et la douleur causées par notre participation au système scolaire des pensionnats amérindiens. Nous sommes conscients des effets néfastes qu'a eus ce système d'assimilation cruel et mal conçu sur les communautés des Premières Nations du Canada. Nous en sommes très profondément et humblement désolés-es.

À toutes les personnes qui ont été victimes de mauvais traitement, d'agression sexuelle ou de violence psychologique alors qu'elles fréquentaient les pensionnats amérindiens avec lesquels l'Église Unie du Canada collaborait, je présente mes plus sincères excuses. Vous n'aviez rien fait de mal. Vous avez été et vous êtes encore les victimes d'actes infâmes qu'aucune circonstance ne peut justifier ou excuser.

Nous savons que beaucoup de personnes au sein de notre Église ne veulent toujours pas comprendre pourquoi chacun de nous devrait porter la cicatrice et le blâme pour cette époque terrible de l'histoire de notre pays. Mais la vérité est la suivante : nous sommes porteurs des nombreux bienfaits de nos ancêtres et par conséquent, nous devons aussi porter leurs fardeaux.

Un de nos fardeaux consiste à avoir déconsidéré l'importance des luttes des Premières Nations et la richesse de leurs dons. Nous demandons le pardon de Dieu et sa grâce de guérison au fur et à mesure que nous essayons d'établir avec elles des relations basées sur le respect, la compassion et l'amour.

Nous sommes en plein milieu d'un long et douloureux cheminement, alors que nous réfléchissons à notre façon d'agir en tant qu'Église et aux cris que nous n'avons pas entendus ou voulu entendre. Alors que nous faisons route sur le difficile chemin du repentir, de la réconciliation et de la guérison, nous nous engageons à ne plus jamais utiliser notre pouvoir pour blesser les autres en manifestant un comportement de supériorité raciale et spirituelle.

Nous prions pour que vous entendiez aujourd'hui la sincérité de nos paroles et que vous soyez témoins de nos gestes futurs pour vivre concrètement les excuses qui vous ont été présentées. » [1]

Excuses de l'Église anglicane du Canada

Message de l'archevêque Michael Peers, primat de l'Église anglicane du Canada, lors de la Convention nationale des autochtones tenue à Minaki, en Ontario, le vendredi 6 août 1993

Frères et sœurs,

Je profite de cette rencontre, pour vous dire que je vous ai écoutés quand vous avez dit vos histoires sur les pensionnats indiens.

J'ai entendu les voix de ceux et celles qui ont parlés [sic] des souffrances et des blessures qu'ils ont vécues dans ces écoles, des blessures qui les affectent encore aujourd'hui.

J'ai senti de la honte et de l'humiliation lorsque que [sic] j'ai entendu les souffrances infligées par mon peuple et aussi du rôle que notre Église a joué dans cette souffrance.

Je suis profondément conscient du caractère sacré des histoires que vous avez racontées et je tiens en haute estime ceux et celles qui les ont racontées.

C'est avec admiration que j'ai écouté les histoires des personnes et des collectivités qui ont participé au processus de guérison et je suis conscient de la nécessité de cette guérison.

Je sais aussi que j'ai besoin de guérison et que mon peuple a besoin de guérison et que notre Église a besoin de guérison. Sans cette guérison, nous allons conservé [sic] les mêmes attitudes que nous avons eues et qui ont causé de tels dommages dans le passé.

Je sais aussi que la guérison demande du temps, autant pour les personnes que pour les communautés.

Je sais aussi que c'est Dieu qui guérit et que Dieu peut commencer la guérison quand nous lui faisons connaître ce que nous ressentons, nos blessures, nos échecs et notre honte. Je veux faire un pas de plus dans cette direction, ici et maintenant.

Je reconnais et je confesse devant Dieu et vous, nos échecs dans les pensionnats indiens. Nous vous avons trompés. Nous nous sommes trompés nous-mêmes. Nous avons trompé Dieu.

Je suis désolé, beaucoup plus que je ne puis l'exprimer, que nous ayons été partie prenante d'un système qui vous a éloignés, vous et vos enfants, de vos maisons et séparés de vos familles.

Je suis désolé, beaucoup plus que je ne puis l'exprimer, que nous ayons essayé de vous refaire à notre image en vous privant de votre langue et des symboles de votre identité.

Je suis désolé, beaucoup plus que je ne puis l'exprimer, que dans nos écoles un si grand nombre de personnes ait été abusé [sic] physiquement, sexuellement, culturellement et émotionnellement.

C'est au nom de l'Église anglicane du Canada que je présente mes excuses.

Je fais cela pour répondre à la demande de certains dans l'Église nationale, tel [sic] que le Conseil exécutif national, qui connaissent plusieurs de vos histoires et qui m'ont demandé de présenter des excuses.

Je fais cela au nom de plusieurs personnes qui ne connaissent pas ces histoires.

Et je fais cela même s'il y en a plusieurs qui dans l'Église ne peuvent accepter le fait que ces choses aient été faites en notre nom.

Dès mon retour chez moi, je répéterai à tous les évêques ce que vous ai dit et je leur demanderai de coopérer avec moi et avec le Conseil exécutif national en participant au processus de guérison au niveau local. Quelques évêques ont déjà entamé ce processus.

Je sais combien de fois nous avons entendu ces paroles lesquelles étaient vides parce qu'elles n'étaient pas accompagnées par des actions. Je vous assure de faire tout ce qui est possible, et que l'Église nationale fera de même, pour vous accompagner sur le chemin de guérison de Dieu.

Le mandat du Groupe de travail sur les pensionnats indiens, la vidéo, l'engagement et les efforts des personnes assignées à cette tâche par le Primat, les subventions disponibles pour les conférences sur les processus de guérison sont des signes tangibles de cet engagement et nous travaillons à en mettre d'autres en place.

C'est vendredi, jour de la souffrance et de la mort de Jésus. C'est aussi l'anniversaire du largage de la première bombe atomique sur Hiroshima une des plus terribles destructions jamais infligées à un peuple par un autre.

Mais même les bombes atomiques et le Vendredi Saint ne marquent pas la fin des choses. Dieu a relevé Jésus d'entre les morts comme un signe que la vie et l'accomplissement de chacun font parties [sic] du plan éternel et inextinguible de Dieu.

Merci de m'avoir écouté.

Déclarations de l'Église presbytérienne au Canada

La confession de l'Église presbytérienne au Canada
Telle qu'adoptée par l'Assemblée générale, le 9 juin 1994

L'Esprit Saint, parlant dans et par l'Écriture, appelle l'Église presbytérienne au Canada à la confession. Cette confession est notre réponse à la parole de Dieu. Nous avons de notre mission et de notre ministère une nouvelle compréhension en partie à cause du témoignage des peuples autochtones.

1. Nous, la 120e Assemblée générale de l'Église presbytérienne au Canada, éclairés par l'assistance de l'Esprit de Dieu, et conscients de notre propre péché et de nos carences, sommes appelés à adresser cette parole à l'Église que nous aimons. Nous le faisons mus par notre nouvelle compréhension de notre passé, et non par un quelconque sentiment de supériorité envers celles et ceux qui nous ont précédés, non plus par le sentiment que, placés dans le même contexte, nous nous serions conduits différemment. C'est avec humilité et grande peine que nous présentons avec notre confession devant Dieu et devant nos sœurs et nos frères autochtones.

2. Nous reconnaissons que la politique énoncée par le gouvernement du Canada visait à assimiler les peuples autochtones à la culture dominante et que l'Église presbytérienne au Canada a coopéré à la mise en œuvre de cette politique. Nous reconnaissons que les racines du mal que nous avons causé se trouvent dans les attitudes et les valeurs du colonialisme de l'Europe de l'Ouest et dans

la présomption que ce qui n'était pas formé à notre image était à découvrir et à exploiter. Dans le cadre de cette politique, nous avons, avec d'autres Églises, encouragé le gouvernement à interdire d'importantes pratiques spirituelles par lesquelles les peuples autochtones faisaient l'expérience de la présence du Dieu créateur. De la complicité de l'Église avec cette politique, nous demandons pardon.

3. Nous reconnaissons que de nombreux membres de l'Église presbytérienne au Canada se sont donnés inlassablement et de bonne foi, avec amour et compassion, au service de leurs sœurs et de leurs frères autochtones. Nous reconnaissons leur dévouement et leur travail mérite notre éloge. Nous reconnaissons qu'il y en eut qui, avec une vision prophétique, étaient conscients du préjudice causé et protestèrent, mais leurs efforts furent contrecarrés. Pour toutes les fois où nous ne les avons pas adéquatement soutenus ni entendu leurs appels à la justice, nous demandons pardon.

4. Nous confessons que l'Église presbytérienne du Canada a présumé mieux connaître que les Autochtones ce qu'il fallait pour vivre. De ses frères et sœurs, l'Église a dit « S'ils nous ressemblaient, s'ils pensaient comme nous, parlaient comme nous parlons, priaient à notre façon, chantaient selon notre manière, travaillaient comme nous le faisons, ils connaîtraient Dieu et auraient donc la vie en abondance. » Notre arrogance culturelle nous a rendus aveugles aux façons dont notre propre compréhension de l'Évangile avait été culturellement conditionnée, et à cause de notre insensibilité aux cultures autochtones nous avons exigé des Autochtones plus que ce que l'Évangile demande et ainsi dénaturé le Jésus Christ qui aime tous les peuples avec compassion et avec un amour souffrant afin que toutes et tous puissent, en lui, parvenir à Dieu. De la présomption de l'Église, nous demandons pardon.

5. Nous confessons que, avec l'encouragement et l'appui du gouvernement du Canada, l'Église presbytérienne au Canada accepta de retirer les enfants des peuples autochtones de leurs foyers et de les placer dans les pensionnats indiens. Dans ces pensionnats les enfants furent privés de leurs coutumes traditionnelles, celles-ci étant remplacées par les coutumes euro-canadiennes, qui ont contribué au processus d'assimilation. Pour réaliser ce processus, l'Église presbytérienne au Canada a eu recours à des mesures disciplinaires inconnues des peuples aborigènes et susceptibles de punitions physiques et psychologiques abusives allant au-delà de la maxime chrétienne d'éducation et de discipline. Dans un contexte d'obéissance et d'assentiment, il y avait occasion de violence sexuelle, et certains furent victimes de violence. Pour les peuples autochtones, la conséquence de tout cela fut la perte d'identité

culturelle et la perte du sentiment de sécurité personnelle. De l'insensibilité manifestée par l'Église, nous demandons pardon.

6. Nous regrettons que la vie de personnes ait été profondément blessée en conséquence de la mission et du ministère de l'Église presbytérienne au Canada. Pour notre Église, nous demandons le pardon de Dieu. Nous prions pour que Dieu, qui est miséricordieux, nous guide dans des chemins de compassion qui les aideront à guérir.

7. Nous demandons aussi pardon aux peuples autochtones. Nous prenons acte de ce que nous avons entendu. Notre espérance est que les personnes que nous avons blessées si profondément qu'elles n'osent le dire accueilleront la parole que nous prononçons. Avec l'aide de Dieu, notre Église s'efforcera de saisir les occasions de cheminer avec les peuples autochtones et trouver guérison et unité, ensemble, comme peuple de Dieu.

Déclaration sur les pratiques spirituelles autochtones, Église presbytérienne au Canada, 2015

Les peuples autochtones, inuits et métis, avant toute rencontre avec le christianisme, trouvaient le sens des choses, des bienfaits spirituels et la présence du créateur grâce à des pratiques spirituelles indigènes sources de vie qui sont profondément ancrées dans les traditions.

Par la participation des églises au système des pensionnats indiens, l'Église presbytérienne au Canada a contribué à interdire ces traditions. L'Église presbytérienne au Canada a prétendu savoir mieux que quiconque ce qu'il convenait de faire et, par notre arrogance culturelle, nous avons tenté de faire disparaître des pratiques dont nous étions incapables de comprendre la valeur à l'époque. Nous reconnaissons, dans un esprit de repentir, notre incapacité à apprécier et à respecter ces traditions et pratiques spirituelles. L'Église croit que la foi et la dévotion, la vénération de la vie, la vérité et la bonté coexistent tant à l'intérieur qu'à l'extérieur de notre expérience chrétienne.

Dans le cadre de l'engagement des églises à l'égard d'un cheminement vers la vérité et la réconciliation, l'Église presbytérienne au Canada a appris que de nombreux aspects de la spiritualité traditionnelle autochtone allient la vie et l'unité à la création. L'acceptation de cette leçon a parfois été difficile pour l'Église presbytérienne au Canada. Nous sommes désormais sensibilisés à l'existence d'une grande variété de pratiques spirituelles autochtones et nous reconnaissons qu'il revient à notre église de continuer, en toute humilité, à apprendre la profonde signification de ces pratiques et de les respecter, ainsi que les Aînés, qui sont les gardiens des vérités sacrées traditionnelles.

Certaines de nos congrégations ont eu l'insigne honneur de découvrir diverses pratiques traditionnelles autochtones lorsque des Aînés, des membres autochtones de notre Église et des Autochtones se sont rendus dans ces congrégations en tant qu'invités et ont généreusement accepté de présenter certaines de ces pratiques et les traditions qui en sont à l'origine.

Ces pratiques sont reçues comme un cadeau et servent à enrichir nos congrégations. Les cérémonies et les traditions comme la purification, le cercle/la roue médicinale, les chants au tambour et les tambours, ainsi que les enseignements de la sagesse autochtone sont certaines des pratiques que notre Église a reçues comme cadeaux de nos frères et sœurs autochtones. Nous reconnaissons et respectons les membres autochtones de l'Église presbytérienne au Canada qui veulent intégrer des pratiques traditionnelles dans leur congrégation de même que les membres Autochtones qui ne sont pas à l'aise de le faire ou qui ne veulent pas le faire. L'Église doit être une communauté où l'on reconnaît la valeur de chacun et où chacun est respecté.

Il n'appartient pas à l'Église presbytérienne au Canada de valider ou d'invalider la spiritualité et les pratiques autochtones. Notre église, par contre, est profondément respectueuse de ces traditions. Nous convenons qu'elles sont des pratiques spirituelles importantes par lesquelles les peuples autochtones recherchent la présence du Dieu créateur. Dans cet esprit, l'Église presbytérienne au Canada s'est engagée à marcher en compagnie des Autochtones pour trouver la vérité commune qui mènera au rétablissement de bonnes relations.

Déclarations d'ordres catholiques dont les religieux et les religieuses ont travaillé dans les pensionnats indiens

Présentation des excuses de la Conférence Oblate du Canada aux Premières Nations du Canada
Le Révérend Doug Crosby, OMI, Président de la Conférence Oblate du Canada, 1991

Après 150 ans de présence et de ministère au sein des peuples autochtones du Canada, les Missionnaires Oblats de Marie-Immaculée du Canada désirent présenter des excuses pour certains aspects de leur présence et ministère au cours de ces années.

Des circonstances historiques précises rendent ce geste particulièrement pertinent à l'heure actuelle.

Tout d'abord, ce geste se rattache à une raison symbolique. En 1992, on commémorera le cinquième centenaire de l'arrivée des Européens en Amérique. Alors que de grandioses cérémonies sont projetées pour célébrer l'événement, les Oblats du Canada tiennent à se montrer solidaires des nombreux autochtones dont la vie et l'histoire ont été perturbées par l'avènement des Européens, en leur présentant leurs excuses. L'anthropologie et la sociologie en cette fin du 20ᵉ siècle ont démontré combien profondément s'enracinait le naïf complexe de supériorité culturelle, ethnique, linguistique et religieuse chez les peuples européens de la Chrétienté, lorsque ceux-ci sont entrés en contact avec les peuples aborigènes de l'Amérique du Nord; ces disciplines ont aussi démontré combien ce complexe fut à la fois incontesté et nocif.

Les récentes accusations portées contre le régime des pensionnats indiens de même que les cas d'abus physique et d'agression sexuelle qui y ont eu lieu exigent également la présentation d'excuses de notre part.

À cause de ce sombre passé, les peuples autochtones ainsi que d'autres groupes se rendent compte qu'une guérison quelconque devra se produire, avant que nous puissions passer à une nouvelle phase de l'histoire davantage porteuse d'harmonie. La guérison ne pourra s'effectuer toutefois sans que ne soient abordées sérieusement d'importantes questions persistantes et fort complexes.

C'est à la lumière de ce contexte et forts de notre engagement renouvelé de solidarité avec les peuples autochtones pour que justice leur soit faite, que nous, les Oblats, leur présentons les excuses suivantes.

Nous nous excusons du rôle que nous avons joué dans l'impérialisme culturel, ethnique et religieux qui a marqué la mentalité avec laquelle les peuples européens ont abordé les peuples autochtones et qui a constamment teinté la façon dont les gouvernements civils et les Églises ont traité les peuples autochtones. D'une manière naïve et peut-être inconsciente, cette mentalité a été la nôtre et nous avons souvent été les premiers à l'exhiber. Nous reconnaissons que cette mentalité, dès le commencement et par la suite, a constamment mis en péril les traditions culturelles, linguistiques et religieuses des peuples autochtones.

Nous nous rendons compte que bien des maux dont sont affligées les communautés autochtones — taux de chômage élevé, alcoolisme, détérioration de la vie familiale, violence familiale, taux de suicide effarant, manque de fierté — ne sont pas tant le résultat d'échecs personnels que le résultat de centaines d'années d'impérialisme systémique. Tout peuple qu'on dépouille de ses traditions et de sa fierté légitime est victime de ces maux sociaux. Nous nous excusons sincèrement de notre participation — peu importe qu'elle ait été mise en œuvre par inadvertance ou par inconscience — dans l'établissement et le maintien d'un système social qui a dépouillé les autres non seulement de leurs terres mais aussi de leurs traditions culturelles, linguistiques et religieuses.

En plus d'exprimer notre regret par rapport au rôle que nous avons joué dans un système qui, à cause de ses privilèges historiques et de sa présumée supériorité, a fait beaucoup de tort aux peuples autochtones, nous désirons présenter des excuses qui se rapportent directement à notre rôle dans le régime des pensionnats indiens.

Nous accueillons avec compréhension les critiques récentes portées contre le régime des pensionnats indiens et nous présentons nos excuses pour le rôle que nous avons eu dans la création et le maintien de ces institutions. Nous nous excusons de l'existence des pensionnats eux-mêmes, parce que nous reconnaissons que l'abus le plus fondamental n'est pas ce qui s'est passé dans les pensionnats mais bien les pensionnats eux-mêmes. Ce régime entraînait de par ses politiques, le démantèlement des liens familiaux et l'éloignement des enfants de leur communauté naturelle; il avait pour prémisse, soit implicitement soit explicitement, la supériorité des langues, traditions et pratiques religieuses européennes. Les pensionnats indiens ont été une tentative d'assimilation des peuples autochtones et nous avons exercé un rôle de premier plan dans ce régime. De ceci, nous nous excusons.

D'une façon très spéciale, nous désirons présenter nos excuses pour les cas d'abus physiques et d'agression sexuelle qui ont eu lieu dans ces institutions. Nous réitérons que l'abus le plus fondamental se situe au niveau de l'existence même des pensionnats mais nous désirons publiquement reconnaître qu'il y a eu des cas d'abus physique et d'agression sexuelle. Nous ne voulons d'aucune façon tenter de défendre ou de justifier ces cas; au contraire, nous voulons affirmer publiquement qu'ils sont inexcusables et intolérables et que nous les considérons des abus de confiance très graves. Nous tenons à présenter nos excuses les plus sincères à toutes les victimes. Nous cherchons à découvrir les moyens les plus aptes qui sauront contribuer au rétablissement dont ces victimes ont besoin.

En dernier lieu, nous voulons également présenter nos excuses pour notre rejet des nombreuses richesses de la tradition religieuse autochtone. Nous avons parfois brisé vos calumets et nous avons considéré certaines de vos pratiques païennes et superstitieuses. Ceci aussi découle de la mentalité coloniale et du complexe de supériorité européen qui reposaient sur une façon particulière de voir les choses à une époque donnée. Nous nous excusons de notre aveuglement et de notre manque de respect.

Mais il nous faut faire une réserve importante. Tout en reconnaissant avoir été aveugles dans le passé, il nous faut publiquement en souligner les raisons principales, non pas pour nous justifier subtilement ou pour atténuer la sincérité ou la portée de nos excuses. Nous voulons plutôt exposer pleinement les raisons de notre aveuglement et surtout honorer, malgré leurs erreurs, les hommes et femmes nombreux, tant autochtones que blancs, qui ont donné leur vie et même leur sang en se dévouant sincèrement et parfois héroïquement au service des autres.

Lire l'histoire en rétrospective apporte tout éclairage voulu sur son déroulement et juger le passé à la lumière du présent est une science exacte et souvent cruelle. Lorsque Christophe Colomb, muni de la bénédiction de l'Église chrétienne, partit vers l'Amérique, la civilisation occidentale ne disposait pas de la perspicacité et de l'outillage intellectuel nécessaires à l'appréciation de ce qu'il rencontrerait en débarquant. Une croyance naïve voulait que les traditions culturelles, linguistiques et morales de l'Europe soient fondamentalement supérieures. Sans vouloir excuser ce complexe de supériorité, il ne faut pas avoir peur de le nommer et d'en parler. La sincérité ne tire pas les personnes hors de leur situation historique concrète. Des milliers de personnes, imbues de cette mentalité, ont consacré leur vie à un idéal qui, bien que sincère et bien intentionné, côtoyait un complexe de supériorité culturelle, religieuse, linguistique et ethnique. Ces hommes et ces femmes ont cru sincèrement que leur vocation et leurs actions servaient à la fois Dieu et les meilleurs intérêts des peuples autochtones. L'histoire, dans une certaine mesure, a porté un jugement cruel sur leurs efforts, malgré la sincérité évidente et le dévouement réel qui les commandaient; elle a montré que leurs actions étaient parfois irrespectueuses et entachées d'inconscience parce qu'elles violaient les traditions sacrées et vénérables des autres. C'est pourquoi, tout en présentant nos excuses pour les effets des actions de ces personnes, nous voulons en même temps souligner leur sincérité, leurs bonnes intentions, et en plusieurs cas, la bonté de leurs actions.

Nous savons que toute présentation d'excuses sincères comporte implicitement le ferme propos de se comporter dorénavant d'une autre façon. Nous, les Oblats du Canada, nous nous engageons à chercher à avoir une relation renouvelée avec les peuples autochtones; tout en continuant sur le tracé de la sincérité et des bonnes intentions du passé, nous chercherons à ne pas répéter les erreurs du passé pour établir avec eux une relation de respect et de réciprocité.

C'est pourquoi nous renouvelons l'engagement pris il y a 150 ans de travailler avec et pour les peuples autochtones. Selon l'esprit de notre fondateur, le Bienheureux Eugène de Mazenod, et des nombreux et dévoués missionnaires qui ont œuvré dans les communautés autochtones au cours de ces 150 ans, nous nous engageons à être au service des peuples autochtones. Nous demandons leur aide pour discerner plus judicieusement les formes que ce service doit prendre aujourd'hui.

Plus spécifiquement, nous nous engageons à ce qui suit :
- Nous voulons donner notre appui à un processus efficace qui fera la vérité sur le régime des pensionnats indiens. Comme nous tenons à ce que toute l'histoire voie le jour, nous collaborerons du mieux que nous le pourrons pour que les aspects tant négatifs que positifs de ce régime soient reconnus et qu'un processus capable d'assurer le plein rétablissement des victimes soit instauré.
- Nous voulons déclarer inviolables les droits naturels des familles, parents et enfants autochtones, pour que jamais plus les communautés et les parents autochtones ne subissent l'enlèvement de leurs enfants contre leur gré.
- Nous voulons dénoncer l'impérialisme sous toutes ses formes, et par là même, nous engager à travailler avec les peuples autochtones dans leur lutte pour le recouvrement de leurs terres ancestrales, de leurs langues, de leurs traditions sacrées et de leur légitime fierté.

- Nous voulons, comme Oblats, rencontrer les peuples autochtones et ensemble poser les assises d'une alliance de solidarité renouvelée. Malgré les erreurs du passé et les tensions d'aujourd'hui, nous avons toujours ressenti que les peuples autochtones et les Oblats faisaient partie de la même grande famille. Comme membres de la même famille, il importe que nous ayons cette confiance et cette solidarité profondes sur lesquelles se fonde la famille véritable. Nous savons que la route qui mène au-delà des blessures du passé sera longue et difficile mais nous nous engageons de nouveau à cheminer avec les peuples autochtones.

Excuses présentées aux Premières Nations du Canada par les Missionnaires Oblats du Canada,

Ken Forster, Oblats de Marie Immaculée, provincial des Oblats de Marie Immaculée, Lacombe Canada, le 29 mars 2014.

En 1991, la veille du 500ᵉ anniversaire de la colonisation des Amériques, les Missionnaires Oblats de Marie Immaculée ont fait une apologie publique aux Premières Nations du Canada. Aujourd'hui, dans le cadre du dernier événement national de la Réconciliation et de la Vérité, les Oblats de la Province Lacombe aimeraient renouveler cette apologie et affirmer encore une fois notre désir de déambuler en solidarité et respect mutuel avec toutes les Premières Nations du Canada.

Au travers des premiers siècles de contact, le rapport entre les Peuples non indigènes et les Premières Nations fut profondément blessé par l'attitude de supériorité culturelle et religieuse des colonisateurs et l'imposition du pouvoir colonial.

Durant les nombreuses décennies des Écoles Résidentielles Indiennes, celles-ci en sont venues à personnifier les torts de cette relation coloniale. Le bien qui est issu de ces Écoles en est venu aux Premières Nations à un coût insupportable. Le lien premier inhérent aux familles fut violé puisque les enfants étaient séparés de leurs communautés naturelles. Ces écoles opéraient à partir de la prémisse que les langues européennes, leurs traditions, et leurs pratiques religieuses étaient supérieures à celles des Premières Nations et comme telles, elles contribuaient à la domination de la culture, de la langue originale, et donc de l'intégrité de la famille elle-même. Nous, les missionnaires, nous avons joué un rôle significatif dans la mise en œuvre de cette politique imparfaite. Pour autant, nous nous en excusons sincèrement.

L'environnement résidentiel rendait les enfants très vulnérables. Nous désirons s'excuser d'avoir échoué à protéger les enfants dans nos soins ainsi que pour le temps où nous avons placé la réputation de l'institution au-dessus du bien-être des enfants. Le nombre significatif d'incidents a choqué la société et l'Église. De tels actes sont inexcusables, intolérables, et représentent une trahison profonde de la confiance. Nous nous excusons profondément et de façon tout à fait spécifique vis-à-vis de chaque victime de tels abus.

Comme missionnaires, avec le désir de servir, nous nous engageons envers le service profond de Jésus-Christ, proposé comme modèle à tous les Chrétiens, lorsqu'Il purifia les pieds de ses disciples. Notre espérance pour le périple vers l'avant est que nous puissions servir non pas à partir d'une position « au-dessus » ou « en dessous », mais d'une situation d'amitié, d'égalité et de respect.

Comme geste de réconciliation, nous, les Missionnaires Oblats de Marie Immaculée, aimerions placer une copie des présents mots tout comme le texte de l'Apologie de 1991 entre vos mains.

Déclaration au nom des congrégations de religieuses impliquées dans les pensionnats indiens du Canada

Sœur Marie Zarowny, Sœurs de Sainte-Anne, à la maison générale des Oblats de Marie Immaculée, Rome, le 30 avril 2009. La déclaration est faite par Marie Zarowny, au nom des congrégations de religieuses impliquées dans les pensionnats indiens du Canada, devant une délégation de dirigeants autochtones, de survivants des pensionnats indiens et d'autorités religieuses romaines, à Rome, le 30 avril 2009.

Père Guillermo Steckling et membres du Conseil général des Oblats, merci de nous accueillir dans votre maison et de m'offrir cette occasion de vous dire quelques mots. Chef national Phil Fontaine, Anciens, chefs et représentants des Premières Nations, des Inuits et des Métis du Canada, surtout ceux d'entre vous qui sont d'anciens internes des pensionnats; Mgr Pettipas et les autres représentants des organismes catholiques; madame l'Ambassadrice Anne Leahy; distingués invités.

Tout d'abord, je tiens à vous dire, comme je l'ai fait un peu plus tôt aujourd'hui, à quel point je suis honorée de partager les expériences profondes de ces derniers jours avec vous. Je porterai toute ma vie cette expérience en moi et j'aimerais vous entretenir de ses diverses significations. Dans certains cas, je vous en ai déjà touché un mot, et d'autres prendront tout leur sens au fur et à mesure de notre contemplation et de notre réflexion.

Alors que le volet officiel de nos journées passées ensemble tire à sa fin, c'est pour moi un privilège que de prendre la parole au nom des congrégations de religieuses qui ont donné, durant de longues années, des centaines de leurs membres qui se sont consacrés à l'enseignement aux enfants dans les pensionnats et à leur prodiguer des soins.

Certains de ces établissements, surtout dans le Grand Nord, ont été fondés pour s'occuper des orphelins quand la population adulte des villages avait été presque entièrement décimée par des épidémies de grippe. Nous avons été invitées à aider les enfants, à tout le moins, à survivre. Dans de tels cas, comme dans les écoles d'autres régions du pays, nous étions motivées par un sincère désir de promouvoir l'éducation, la santé et la formation chrétienne des peuples autochtones de sorte qu'ils puissent prendre la place qui leur revient dans une société canadienne en pleine évolution. Nous souhaitions qu'ils puissent s'épanouir sur le plan individuel, être fiers d'eux-mêmes et de leurs talents et aptes à vivre avec un sens inné de leur dignité. Pour beaucoup d'élèves, cependant, l'expérience a été tout autre. Comment nos bonnes intentions ont-elles pu avoir des conséquences aussi tragiques?

Nous étions des produits de l'époque dans laquelle nous vivions, avec les méthodes d'enseignement, les malentendus culturels, les attitudes sociales et la théologie de cette époque. De plus, certains de nos membres souffraient de problèmes affectifs dont les enfants ont subi les effets.

Nous savons aujourd'hui que le système même des écoles résidentielles, mis sur pied par le gouvernement fédéral et auquel nous avons participé, était raciste et discriminatoire, provoquant une forme d'oppression culturelle et de honte individuelle qui a laissé des séquelles durables non seulement sur ceux qui ont fréquenté les écoles, mais aussi sur les générations suivantes. Nous portons l'immense douleur d'avoir contribué à cette tragédie, une douleur qui n'est pas passagère, mais qui reste dans notre cœur.

Nous savons aussi maintenant que beaucoup d'enfants confiés à nos soins ont souffert de sévices et de traitements indescriptibles. Quelques sœurs ont été accusées de sévices réels; beaucoup d'autres, de ne pas avoir protégé les pupilles qui avaient été confiées à leurs soins. Nous sommes profondément affligées par toutes ces révélations. Les bonnes intentions et l'amour véritable de la plupart de nos sœurs envers les enfants qui leur avaient été confiés n'ont pas suffi et, en fait, n'ont souvent pas été vécus comme tels.

Parallèlement, plusieurs de nos membres ont noué des amitiés durables avec les enfants confiés à leurs soins; nous avons toutes été enrichies par ces liens et nous en éprouvons de la gratitude.

En collaborant à l'accord de règlement, nous avions pour priorité que la souffrance soit reconnue, que justice soit faite par l'entremise d'une indemnisation adéquate et qu'il y ait un mécanisme qui nous permette, comme religieuses, à la fois de contribuer et de participer à une démarche de guérison et de réconciliation avec vous.

Tout au long des quelque 150 dernières années, notre engagement dans les pensionnats n'a pas été notre seul ministère auprès des Premières Nations. Nous avons œuvré comme travailleuses en pastorale et conseillères dans des réserves et d'autres collectivités des Premières Nations, enseigné; prodigué des soins de santé; visité les familles; contribué à l'éducation religieuse; soutenu les chefs de toutes sortes; et pris part à la vie communautaire. Bien que nos effectifs soient maintenant réduits et que nous nous soyons retirées de plusieurs communautés, nous nous engageons, dans la mesure de nos moyens et à votre invitation, à continuer à vivre et à vous servir dans votre milieu.

Nous nous engageons, à titre institutionnel, à user de notre influence pour continuer de soutenir vos efforts visant à obtenir justice au Canada, y compris un logement, une éducation, des soins de santé, des programmes de guérison et des droits territoriaux adéquats. Nous nous engageons aussi à redoubler d'efforts pour promouvoir la sensibilité culturelle et la compréhension entre les Autochtones et les non-Autochtones du Canada et atténuer quelque peu les attitudes enracinées de racisme et de supériorité.

Personnellement, je m'engage dans la mesure de mes moyens à contribuer au processus continu de créer un nouvel avenir au Canada et dans l'Église, un avenir où tous les peuples sont appréciés et vivent dans la dignité et le respect mutuel.

Et maintenant un mot plus personnel au chef national, Phil Fontaine : Vous avez été pour nous un frère, Phil, collaborant avec nous tout au long de cette démarche, d'abord en nous aidant à comprendre les profondeurs de la souffrance éprouvée par vous et votre peuple, puis en marchant à nos côtés dans une compréhension renouvelée. Le chemin n'a été facile ni pour vous ni pour nous, mais nous avons voyagé ensemble. Chemin faisant, nos liens avec vous et votre peuple se sont approfondis. Vous avez aussi exprimé sans relâche le désir de plusieurs membres de votre peuple que nous maintenions nos liens avec vous, et vous avez facilité les choses. Nous vous remercions pour toutes vos contributions à cette démarche et nous appelons la bénédiction abondante de notre Créateur sur vous.

En terminant, je reviens à un commentaire fait un peu plus tôt. Chacun de nos engagements, qu'il soit éducatif, politique, spirituel ou autre, a abouti à des amitiés profondes et durables entre nos sœurs et de nombreux membres des Premières Nations. Nous apprécions au plus haut point ces amitiés et nous anticipons qu'elles s'approfondiront dans les années à venir.

Déclaration de réconciliation, Les Jésuites du Canada anglais

Présentée par le Père Winston Rye, S.J., lors de l'événement national du Québec de la Commission de vérité et réconciliation du Canada, tenu à Montréal le 25 avril 2013

Permettez-moi de commencer aujourd'hui par remercier tous les survivants des pensionnats et leurs familles, les Aînés présents, les membres de la Commission, les leaders religieux, les chefs de communauté et les membres des communautés plus étendues. Nous vous remercions sincèrement pour l'invitation à participer à cet événement important.

Les Jésuites du Canada anglais veulent saisir cette occasion spéciale pour honorer les survivants. Il vous a fallu beaucoup de courage, de force et de générosité pour vous présenter et partager ici, avec nous tous, votre propre histoire, une histoire de chagrin, de tristesse et d'épreuve, mais aussi de résistance et de guérison.

Nous saluons également les enfants et les petits-enfants des survivants qui, à leur tour, ont souffert des traumatismes dus aux pensionnats et ont tiré des leçons de leur détermination et de leur courage.

Nous venons aujourd'hui rendre hommage à tous ceux qui, garçons et filles, sont allés au pensionnat de Spanish. Nous reconnaissons et incluons les élèves qui sont allés au pensionnat pour garçons Saint-Pierre-Claver, au collège Saint-Charles-Garnier et à l'école Saint-Joseph pour filles; certains d'entre eux sont aujourd'hui avec nous dans l'assistance.

Cette réunion est un symbole d'espérance et, pour nous tous, un rappel que de tels abus ne doivent plus jamais se reproduire.

Je suis ici au nom des Jésuites pour vous dire que, au plus profond de notre cœur, nous regrettons vraiment ce que nous avons fait pour blesser des individus, des familles et des communautés, en participant au système canadien des pensionnats.

Lorsque les Jésuites ont, pour la première fois, il y a 400 ans, rencontré les gens des Premières Nations, nous avons reconnu la grandeur de vos croyances spirituelles traditionnelles. Au 20e siècle, cette ouverture s'est perdue.

L'héritage des pensionnats constitue un malheur effroyable qui assombrit notre héritage d'amitié. Aujourd'hui, nous réapprenons comment compter les uns sur les autres, dans une compréhension plus profonde de notre propre fidélité, grâce aux leçons que vos Aînés nous ont enseignées.

Ce ne fut pas sans résistance que les Jésuites reconnurent que nous avions adhéré activement à un système dont le but était l'assimilation de votre culture traditionnelle. Il était déjà beaucoup trop tard quand nous nous sommes rendu compte du mal que nous avions fait.

Les Jésuites sont fiers de considérer encore comme amis et collègues beaucoup de nos anciens élèves. Nous sommes reconnaissants du pardon et de la compréhension que vous nous avez accordés au fil des ans. Nous vous remercions humblement de rester avec nous et de continuer à nous accueillir dans vos demeures et dans vos communautés.

Nous en venons à faire l'éloge des réussites de nos élèves. Nous reconnaissons que ce qu'ils ont accompli en tant que professionnels, athlètes et chefs de communauté, *ne* fut *pas* le résultat de nos efforts en classe — mais celui de leur propre force de caractère et de leur amour de la connaissance.

Nous en venons également à remercier les élèves qui furent assez courageux pour nous affronter, il y a quelque trente ans, concernant le rôle que nous avons joué dans le système des pensionnats. Nous vous avons traités de dissidents et de mécontents plutôt que d'écouter ce que vous aviez à nous dire.

Grâce aux procès et aux actions en justice, nous avons été mis au courant des conditions rigoureuses, de la nourriture médiocre, des punitions brutales et des cas affreux de violence sexuelle. Vous vous êtes tournés vers les tribunaux, parce que les Jésuites s'étaient détournés de vous.

En tant qu'éducateurs, nous avons été scandalisés par des cas de brutalité, de manque de vêtements, de coups de « strappe » pour des peccadilles. Notre école abritait des individus qui commettaient envers les élèves des agressions et des sévices sexuels. Des enfants qui mouillaient leur lit étaient victimes de harcèlement de la part d'élèves plus âgés et aussi de membres du personnel. La nourriture n'était pas adaptée aux besoins de garçons et de filles en pleine croissance.

Des enfants beaucoup trop jeunes furent soustraits à l'amour de leur famille et placés sous la supervision d'hommes et de femmes ayant peu de formation et moins encore de compassion.

Bien plus, nous avons entendu des histoires d'injustice inhérente au système. Des élèves recevaient la « strappe » pour des délits qu'ils n'avaient pas commis. Des persécuteurs étaient récompensés et des victimes punies. Les abus n'étaient pas dévoilés, parce qu'il n'y avait personne pour entendre un élève crier au secours.

Nous nous efforçons encore de comprendre comment cela a pu se produire. Nous nous rendons compte que les abus auraient pu être découverts et punis depuis bien des années, s'il s'était trouvé quelqu'un vers qui les élèves auraient pu se tourner. Nous avons échoué, parce que nous avons préféré, au bien-être de nos élèves, les besoins et les intérêts des prêtres et des frères jésuites.

Nous jurons que ce ne sera jamais plus « la façon de faire les choses. »

Malgré notre peine, nous nous sommes amusés d'histoires racontant comment les élèves se sont montrés plus malins que leurs enseignants et, grâce à leurs farces et à leur ingéniosité, ont maintenu leur esprit plein de vie.

Nos élèves ont compris leurs professeurs et leur faiblesse humaine beaucoup mieux que ne les ont compris leurs enseignants. Avec humour et bon caractère, ils ont combattu l'injustice du système.

Nous avons entendu parler d'élèves assez débrouillards pour rejoindre leur communauté d'origine. Nous avons honte des punitions sévères qu'ils ont reçues, lorsqu'ils furent retournés par les autorités. Nous faisons une sincère prière de reconnaissance de ce qu'en raison de ces fugues aucun jeune de notre école n'ait perdu la vie.

De ces dures leçons nous avons appris et, grâce à votre exemple, nous sommes devenus plus forts. Aux élèves qui ont pris notre défense et notre parti, nous sommes très reconnaissants. Nous nous efforcerons de nous montrer dignes de l'estime et de l'amour que vous avez manifestés à vos professeurs.

Nous sommes profondément reconnaissants aux communautés qui ont continué à nous accueillir en tant que pasteurs et amis durant les années qui ont suivi la fermeture du pensionnat de Spanish. Votre amour et votre pardon nous ont rendus humbles. Nous n'avons jamais eu à solliciter la réconciliation; vous nous l'avez offerte durant tant d'années par votre exemple.

Nous demandons pardon pour le rôle que notre école a pu jouer dans l'éclosion de la méfiance et de la division entre familles catholiques et protestantes. Il ne suffit pas de critiquer la mentalité étroite de l'époque. En enseignant l'intolérance dans nos classes, nous avons semé la division là où elle n'existait pas.

Beaucoup d'entre vous ont demandé quand se produira la réconciliation entre les églises. C'est notre désir et notre prière qu'elle se fasse aujourd'hui, alors qu'ensemble nous nous dirigeons vers la guérison avec nos amis du groupe de travail œcuménique.

Enfin, nous connaissons la très grande inégalité des chances qui existe encore au Canada, dans le domaine de l'éducation, entre les élèves de race blanche et ceux des Premières Nations.

Les jeunes sont encore obligés de se rendre dans des communautés de race blanche, pour recevoir une éducation dans un milieu qui leur est étranger. C'est précisément ce qui est arrivé dans le passé et nous semblons le revivre encore une fois.

Nous partageons, avec Shannen Koostachin, le rêve de voir, de notre vivant, dans la communauté d'origine de chaque Canadien, des chances égales d'être éduqués. Nous ferons tout ce qui dépend de notre pouvoir et de notre influence pour qu'il se réalise et que les injustices du passé ne se perpétuent pas.

Vous avez eu le courage de vous lever et de parler franchement du passé. Vous pouvez nous aider tous à ouvrir notre esprit et notre cœur pour comprendre et faire cesser dès maintenant la destruction, et ne pas devoir traverser de nouveau cette épreuve.

Aujourd'hui, nous nous tenons debout devant vous pour promettre d'appuyer la renaissance de votre langue et de votre culture. Nous ne pouvons pas défaire ce qui a été fait, mais nous pouvons prendre des mesures positives et importantes pour reconstruire.

Nous avons ouvert nos Archives, de sorte qu'on peut voir le portrait entier des pensionnats. Nous donnerons accès aux livres anciens, qui conservent la langue des Premières Nations, et des copies seront disponibles pour les gens dans leur propre communauté. Ces précieux fonds ne seront jamais plus la propriété exclusive de spécialistes et d'universitaires de race blanche.

Nous remercions les membres de la Commission de nous avoir invités à entreprendre avec eux ce chemin d'examen de conscience et de réflexion. Nous travaillerons étroitement avec nos élèves d'hier et d'aujourd'hui pour mettre un terme à tout cela.

Puisse le Dieu Créateur, qui voit tout et qui sait ce qui est vraiment dans notre cœur, nous réconcilie. Puisse sainte Kateri Tekakwitha nous amener à pouvoir apprendre les uns des autres, car elle est pour nous tous un modèle.

Puissions-nous en venir à nous donner réciproquement le nom d'ami.

Déclaration des dirigeants de l'Église anabaptiste

Présentée devant la Commission de la vérité et réconciliation du Canada, lors de l'événement national en Alberta, à Edmonton, en mars 2014
Signée par Tim Dyck, secrétaire général, Evangelical Mennonite Conference, Douglas P. Sider Jr., directeur canadien, Église de la fraternité chrétienne du Canada, Willard Metzger, directeur exécutif, Église Mennonite Canada, Willy Reimer, directeur exécutif, Canadian Conference of Mennonite Brethren Churches, et Donald Peters, directeur exécutif, Comité Central Mennonite du Canada.

Nous sommes les dirigeants d'un groupe d'Églises chrétiennes canadiennes connues comme étant de confession anabaptiste. Notre délégation comprend l'Église Mennonite Canada, l'Evangelical Mennonite Conference, la Canadian Conference of Mennonite Brethren Churches, l'Église de la fraternité chrétienne du Canada, et le Comité Central Mennonite du Canada. Bon nombre de personnes de nos églises ont assisté aux événements de la Commission de vérité et réconciliation, dont celui-ci, que ce soit pour y être bénévoles, pour écouter, ou pour apprendre.

Nous reconnaissons que nous sommes tous visés par les traités et que nous nous réunissons sur le territoire visé par le Traité n° 6, un territoire qui fait partie d'une entente historique entre les Premières Nations et les nouveaux arrivants, une entente qui fait appel à la mutualité et au respect.

Pendant les événements de la Commission de vérité et réconciliation tenus au pays, nous avons regardé et écouté avec respect tandis que les survivants des pensionnats indiens racontaient leurs histoires avec bienveillance et courage, décrivant leurs expériences dans les pensionnats indiens depuis leurs débuts et leurs séquelles. Quelle leçon d'humilité nous tirons de cet événement de la Commission de vérité et réconciliation.

À l'écoute de vos histoires, nous avons ajouté nos larmes aux innombrables larmes que vous avez versées. Nous nous rendons compte qu'il y a eu, et qu'il y a toujours, énormément de douleur et de souffrance.

Nous avons tellement appris et nous avons encore tellement à apprendre.

Nous avons entendu les sages paroles du juge Sinclair nous incitant à reconnaître que chacun de nous, d'une manière ou d'une autre, a été touché par les expériences vécues dans les pensionnats indiens. Nous reconnaissons qu'en faisant partie d'une culture dominante, nos attitudes et points de vue ont autorisé ce qui s'est passé dans les pensionnats indiens et que ces attitudes et points de vue se sont ancrés dans nos relations et notre culture.

Nous regrettons le rôle que nous avons joué dans la pratique d'assimilation qui a enlevé aux Autochtones l'utilisation de leur langue et leurs pratiques culturelles, qui a séparé les enfants de leurs parents, les parents de leurs enfants et les peuples autochtones de leur culture.

Nous regrettons que, parfois, la foi chrétienne ait été utilisée, à tort, comme un instrument de pouvoir et non comme une invitation à voir comment Dieu était déjà à l'œuvre avant notre arrivée. Nous regrettons que certains dirigeants de notre Église aient abusé de leur pouvoir et maltraité les enfants dont ils avaient la garde.

Nous reconnaissons le paternalisme et le racisme du passé. En tant que dirigeants de communautés chrétiennes mennonites et de l'Église de la fraternité chrétienne, nous reconnaissons que nous avons du travail à faire pour éliminer le paternalisme et le racisme dans nos communautés et dans la collectivité en général.

Nous nous repentons de nos rencontres confessionnelles avec les peuples autochtones qui, par moment, peuvent avoir été motivées davantage par des préjugés culturels que par l'amour inconditionnel de Jésus-Christ. Nous nous repentons d'avoir échoué à défendre les intérêts des peuples autochtones marginalisés, comme nous le demande notre foi.

Nous sommes conscients que nous avons encore beaucoup de chemin à faire. Nous souhaitons bâtir des relations avec les communautés des Premières Nations afin de pouvoir continuer à suivre ensemble ce parcours d'apprentissage et à cheminer ensemble.

Nous sommes les fidèles de Jésus-Christ, le grand réconciliateur. Nous savons que si nous ne passons pas de la parole aux actes, les mots sont non seulement inefficaces mais aussi dommageables. Nous nous engageons à prendre très au sérieux vos difficultés. Nous nous efforcerons de suivre l'exemple de Jésus-Christ et de sa vie et son travail de réconciliation en cherchant à nous réconcilier avec vous. Nous inciterons nos églises à faire des gestes concrets et à vous tendre une main affectueuse, notamment par le dialogue et des marques d'hospitalité.

Nous nous engageons à cheminer avec vous, à s'écouter les uns les autres et à apprendre les uns des autres alors que nous marchons vers un lendemain plus sain et plus juste.

Excuses de la Gendarmerie royale du Canada (GRC) relativement aux séquelles des pensionnats indiens, mai 2004

Giuliano Zaccardelli, commissaire, Gendarmerie royale du Canada

Bon nombre d'Autochtones ont trouvé le courage de franchir le pas pour sortir de l'héritage laissé par ce terrible chapitre de l'histoire canadienne en partageant leurs expériences. Vous avez entendu l'une de ces histoires aujourd'hui. À ceux parmi vous qui avez subi des tragédies dans les pensionnats, nous disons que nous sommes profondément désolés de ce que vous avez vécu. Comme vous avez pu l'entendre aujourd'hui, la guérison a commencé dans bon nombre de collectivités; un témoignage qui atteste de la force et de la ténacité des peuples et des collectivités autochtones.

Les Canadiens et les Canadiennes ne pourront jamais oublier ce qui est arrivé et ne devraient jamais l'oublier. La GRC est convaincue que nous pouvons travailler tous ensemble pour tirer des leçons de cette expérience du système des pensionnats indiens et veiller à ce qu'elle ne se reproduise plus.

La GRC s'engage à collaborer avec les peuples autochtones pour poursuivre le processus de guérison. Vos collectivités méritent d'avoir de meilleures options et de meilleures chances. Connaissant le passé, nous devons tous nous tourner vers l'avenir et bâtir un avenir plus prometteur pour tous nos enfants.

Au nom de la GRC et en mon propre nom, à titre de commissaire de la GRC, je vous demande sincèrement pardon pour le rôle que nous avons joué dans le système des pensionnats et pour les abus qui s'y sont produits.

Annexe 5 :
Témoins honoraires

En vertu de son mandat, la Commission de vérité et réconciliation a notamment poursuivi l'objectif suivant : « Assister aux événements de vérité et de réconciliation, au niveau national et communautaire, et appuyer, promouvoir et faciliter de tels événements ». Dans ce contexte, « être témoin » renvoie à la pratique autochtone traditionnelle et actuelle dans le cadre de laquelle des témoins sont appelés à valider des moments d'une grande importance historique. Leur rôle consiste à se souvenir, à retenir et à chérir l'histoire qu'ils ont partagée et dont ils ont été témoins, à diffuser celle-ci à leur retour dans leur collectivité et à transmettre à d'autres leurs connaissances en lien avec cette histoire. Dans le cadre de ses travaux, la Commission a invité diverses personnalités canadiennes et étrangères, ainsi qu'un certain nombre d'institutions à agir à titre de témoins honoraires de la CVR. C'est dans ce but que les personnes et organisations dont les noms se trouvent dans la liste ci-dessous ont accepté le privilège sacré d'être témoins de la vérité des survivants des pensionnats et de contribuer à la réconciliation continue entre les peuples autochtones et non autochtones du Canada en partageant dans un premier temps ce qu'ils ont entendu et appris.

Particuliers

Dr Evan Adams
Son Excellence, madame la juge
  Louise Arbour
Cindy Blackstock
Joseph Boyden
Charles-Mathieu Brunelle
Éloge Butera
Francisco Cali Tzay
Le très honorable Joe Clark
Son Honneur Charles Cunliffe Barnett
Renée Dupuis
Son Honneur Bill Elliot
Grand chef Phil Fontaine
Sheila Fraser (docteure honoris causa)
Patsy George
Jim Gladstone
L'honorable Judith Guichon
Barbara Hall
Clara Hughes
L'honorable juge Frank Iacobucci
Son Honneur Don Iveson
Son Excellence, la très honorable
  Michaëlle Jean
Grand chef Ed John

Le très honorable David Johnston
Son Excellence Sharon Johnston
Chef Robert Joseph (docteur honoris causa)
Joé Juneau
Tina Keeper
Marc Kielburger
Wab Kinew
David Langtry
L'honorable Philip S. Lee
Stephen Lewis (docteur honoris causa)
Le très honorable Paul Martin
Sir Sidney Mead
Jane Middleton-Moz
Nick Noorani
Alanis Obomsawin (docteure honoris causa)
L'honorable David C. Onley
Daniel Pauly
Gwendolyn Point
L'honorable Stephen Point
Son Honneur Gregor Robertson
Shelagh Rogers (docteure honoris causa)
Buffy Sainte-Marie (docteure honoris causa)
Jonathan Sas
Son Honneur James V. « Jim » Scarrow
L'honorable Andy Scott
Mary Simon
Sylvia Smith
Son Honneur Corrine E. Sparks
L'honorable Chuck Strahl
Naty Atz Sunuc
Imam Michael Abdur Rashid Taylor
David Tuccaro
Robert Waisman
Andrea Walsh
Cynthia Wesley-Esquimaux
Charlotte Wolfrey
David Wong
Victor Wong

Organisations

Association des Femmes autochtones du Québec-Quebec Native Women's Association (AFAQ-QNWA)
Les Canadiens pour un nouveau partenariat (CPNP)
Connecting Home Ltd., Australie
International Center for Transitional Justice (ICTJ)
Maine Wabanaki State Child Welfare Truth and Reconciliation Commission

Annexe 6
Personnel et entrepreneurs de la Commission

La Commission de vérité et réconciliation du Canada (CVR) a été créée en vertu d'un décret en juin 2008. À l'origine, la Commission se composait du juge Harry LaForme qui en assurait la présidence, de Claudette DumontSmith et de Jane Brewin Morley. Le juge LaForme a quitté ses fonctions en octobre 2008, et les commissaires DumontSmith et Brewin Morley en janvier 2009. Les parties à la Convention de règlement ont ensuite sélectionné trois nouveaux commissaires : le juge Murray Sinclair à la présidence, le chef Wilton Littlechild et Marie Wilson. Leur nomination est entrée en vigueur le 1er juillet 2009. Voici la liste de personnes et d'organismes qui ont travaillé ou été mis sous contrat par la nouvelle Commission.

Commissaires
Juge Murray Sinclair, président
Chef Wilton Littlechild
Marie Wilson

Conseillers spirituels des commissaires
James Dumont
Rick Lighting
Jerry Saddleback
Peter Short

Comité des survivants
Eugene Arcand
Raymond Arcand
   (jusqu'en novembre 2009)
John Banksland
Madeleine Basile
Terri Brown
Lottie Mae Johnson
Barney Williams
Gordon Williams
Rebekah Williams
Doris Young

Conseillers spéciaux
Mario Dion
Robert Joseph
Brenda Reynolds

Directrice générale

Kimberly Murray

Conseillers juridiques

Tom McMahon
Seetal Sunga
Don Worme

Services ministériels

Maryanne Boulton, directrice
Kongkham Ackharath
Jackie Angeconeb
Justin Beauchamp
Dianne Bechard
Enza Bongiorno
Teresa Buckshot
Loretta Carroll
Myles Chalmers
Anna Côté
Judy Courchene
Lyne Cousineau
Brenda Edmondson
Brian Flamand
Sharon Fletcher
Tamara Genaille
Beverley Greisman
Susan (Bobbi) Herrera
Marie Ladouceur
Emily Lank
Karen Leclerc
Shelly Longbottom
Brandon Mitchell
Melissa Nepinak
Tim O'Loan
Roberta Pescitelli
Geneviève Rankin
Sherri Rollins

Laver Simard
Sean Stiff
Jason Su
Rick Valcourt
Carolyn Ward
Wendy Webber
Anne Wildcat
Mary Wilson
Stanley Wood

Communications

James Bardach, directeur
Rod Carleton
Jeanette Doucet
Heather Frayne
Guy Freedman
Denis Guertin
Wendy Johnson
Jane Luhtassari
Colleen Patterson
Nancy Pine
Stacey Stone
Viola Thomas
Mandy Wesley

Événements

ShannonLee Barry
Jacqueline Black
Leo Dufault
Marie-Anick Elie
Jeff Erbach
Kyle Irving
Melissa Knapp
Lisa Meeches
Janell Melenchuk
Kim Rey
Joanne Soldier

Gloria Spence
Sam Vint

Sous-commission des Inuits

Jennifer HuntPoitras, codirectrice
Robert Watt, codirecteur
Siku Allooloo
Cristine Bayly
Jeannie Maniapik
Lucy Ann Yakeleya

Officiers de liaison régionaux

Darlene Auger
Alvin Fiddler
Frank Hope
Samaya Jardey
Richard Kistabish
Ida Moore
Kimberly Quinney

Recherche

Alison Biely
Kristina Bowie
Tara Flynn
Helen Harrison
Maggie Hodgson
Brenda Ireland
Alex Maass
Natasha Mallal
Laurie Messer
Andrea Migone
John Milloy
Dipa Patel
Brock Pitawanakwat
Lori Ransom
Paulette Regan

Simon Solomon
Doug Smith
Eldon Yellowhorn
Greg Younging

Étudiants et programme Coop

Saba Ahmed
Eden Alexander
Andrea Briggs
Regan Burles
Stephanie Clark
Chris Durrant
Charles Dumais
Sarah Ens
Niki Ferland
Kim Haiste
Jayme Herschkopf
Julie Hunter
Antonio Ingram
Jessica Iveson
Emma Jarvis
Nathalie Kalina
Celina Kilgallen-Asencio
Tala Khoury
Judith Lê
Lana Mccrea
Josh Mentanko
Darren Modzelewski
Alexandra Olshefsky
Cassandra Porter
Gajan Sathananthan
John Simpson
Stephanie Wade
Bobbi Whiteman
Harsh Zaran

Collecte de témoignages

Ry Moran, directeur
Barb Cameron
Brad Crawford
Kim-Marie Cormier
Sylvia Genaille
Roxanne Greene
Rose Hart
Kaila Johnston
Ken Letander
Sonja Matthies
Trina McKellep
Lisa Michell
Stephanie Scott
Bryan Verot

Archives et collecte de documents

Graham Constant
Marta Dabros
Sarah Gauntlett
Crystal Dawn Greene
Peter Houston
Francine Jebb
Jordan Molaro
Margaret Anne Lindsay
Amanda Linden
Kezia Malabanan-Abugal
Marianne McLean
Lisa Muswagon
Billy Nepinak
Terry Reilly
Josephine Sallis
Reagan Swanson

Collecte de témoignages – personnel sur le terrain

Janice Acoose
Eden Alexander
Yves Martin Allard
Gloria Alvernaz Mulcahy
Lill Anderson
Bernadette Apples
Darlene Auger
Kevin Bacon
Nicole Badry
Sharon Baptiste
B. J. Barnes
Jonathan Bartlett
Brenda Bear
Melanie Bernard
Saghar Birjandian
Marie Blackduck
Trina Bolan
Amy Bombay
Laura Boucher
Ramona Laura Boucher
Trinity Bruce
Marie Burke
Kevin Lee Burton
Rhonda Cameron
Tobie Caplette
Leona Cardinal
Kristina Chand
Mona Chartrand
Nora Cochrane
Myles Courchene
Dolly Creighton
Leslie Crowley
Marta Dabros
Jeannie Daniels
Desiree Desnomie
Eileen Doerksen
Aiden Duffy

Damian Eagle Bear
Desarae Eashappie
Serena Ehrmantraut
Kim Erickson
Cheryl Fontaine
Suzanne Ford
Cheryl Fraehlich
Sara Fryer
Sylvia Genaille
Ginelle Giacomin
Delores Gladue
Julie Goertzen
Annie Goose
Sylvia Gopher
Joanne M. Grandboin
Irene Sarah Green
Roxanne Greene
Helga Hamilton
Jo-Anne Hansen
Helen Harrison
Lisa Hinks
Maggie Hodgson
Dustin Hollings
Marge Hudson
Beverly Hunter
Heather Iqlohionte
Angie Ironstar
Katelyn Ironstar
Ingrid Isaac
Edwin Jebb
Marie Johnston
Amber Jones
Austin Kaye
Roisin Kenny
Celina Kilgallen
Michelle Klippenstein
Louis Knott
Judi Kochon
Liberty Kreutzer
J. E. Lafrenière

Melanie Lameboy
Linda Lamirande
Adelaide Lathlin
Janis Libby
Len Lindstrom
Krista Loughton
Heather MacAndrew
Donna Marion
Jaimee Marks
Ann Martin
Marie Mason
Joseph Maud
Priscilla Maud
Sheila Mazhari
Loren McGinnis
Celina McIntyre
Kim McKay
Germaine Mckenzie
Rian Mercer
Ruth Mercredi
Linda Migwans
Courtney Montour
Philip Morin
Robyn Morin
Sheila M. Moss Sr.
Barbara Nepinak
Reg Nepinak
Jasmine Netsena
Langford Ogemah
Laura Orchard
Caitlyn Pantherbone
Sean Parenteau
Bernice Perkins
Tara Petti
Stella Piercey
Morgan Phillips
Simon Paul Ptashnick
James Queskekapaw
Bernadette Rabesca-Apples
Wilma Ratt

Lynn Rear
Kimberly Redlac
Julian Robbins
Julia Robson
Zach Romano
Jack Saddleback
Stephen St. Laurent
April Seenie
Lindi Shade
Geraldine Shingoose
Oliver Shouting
Melanie Simon
Kristi Lane Sinclair
Vanessa Stevens
Trudy Stewart
Yvonne Still
Jennifer Storm
Isabella Tatar
Carla Taunton
Sarah Tautuagjuk
Viola Thomas
Harvey Tootoosis
Shirley Tsetta
Bertha Twin
Carla Ulrich
Steve Upton
Tina Vassiliou
Pamela Vernaus
Jaysen Villeneuve
Kanapaush Vollant
Lashawn Wahpooseyan
Howard Walker
Martha Walls
Barb Wapoose
Jeff Ward
Cybil Williams
Janine Windolph
Amber Wood
Faith Woodruff
Lucy Yakeleya
Brandy Yanchyk

Fournisseurs de services contractuels

All Nation Print Ltd.
AMR Planning and Consulting Inc.
Anish Corporation
Artopex Inc.
Associated Marketing Partners Inc.
Attendance Marketing
Glenn Bergen
John Borrows
Broadview Networks
Bruce and Boivin Consulting Group Inc.
Fred Cattroll
Colourblind Graphics Design
Competitive Edge Media Group
Barbara Czarnecki
Tamara Dionne Stout
Doowah Design Inc.
Earnscliffe Strategy Group
Égale Canada Human Rights Trust
Elm Printing
Jacqueline Esmonde
ExcelHR Ottawa Inc.
Falconer LLP
Flat Out Pictures
Freeman Audiovisuel
Alvin Finkel
Gerald Friesen
Jean Friesen
Gamut Productions
Genesis Integration Inc.
Dick Gordon
R. E. Gilmore Investments Corp.
Le groupe conseil Bronson
Heidi Harms
The Harris Consulting Corporation
Higgins International Inc.
The History Group
Anne Holloway
Hunter-Courchene Consulting

Imprimerie Anishinabe
Insight Canada
Institut sur la gouvernance
John A. Tyler and Associates
Mirjana Jurcevic
Kisik Inc.
Allen Kraut
Kromar Printing Ltd.
Fondation autochtone del'espoir
Amanda Le Rougetel
Margaret Anne Lindsay
MacGillivray & Associates
Manitoulin Transport Inc.
MediaStyle
Meltwater News Canada Inc.
Nashel Management Inc.
Nation – Médias et design ltée
A Northern Micro Aboriginal Partner
Oswald Productions Inc.
Pido Productions Ltd.
Polar Bear Productions
Projet du cœur
Printers Xclusive
RAS Creative
Ed Reed
RESOLVE
Kent Roach
Wendy Robbins
Patricia Sanders
Services communautaires Street Boyle
Services financiers de la Commission canadienne des droits de la personne
Roberta Stout
Spirit Creative Advertising and Promotion Inc.
Cercle Sussex
Jesse Todres
TOTEM Offisource
Agnes Vanya
Voice Capture Digital Recording

Contrats de recherche

Aboriginal Legal Services of Toronto
ArtsLink
Aulneau Renewal Centre
Justin Tolly Bradford
Peter Bush
Sue Campbell
Contentworks Inc.
Centre for Youth and Society, Université de Victoria
Julian Falconer
Steven Fick
Société de soutien à l'enfance et à la famille des Premières Nations du Canada
Brian Gettler
Philip Goldring
Susan Gray
Brenda Gunn
Evan Habkirk
Norma Hall
Scott Hamilton
Matthew James
David MacDonald
Natasha Mallal
Maraya Cultural Projects Society
Centre sur les droits de la personne et le pluralisme juridique de la faculté de droit de l'Université McGill
Celeste McKay
Laurie Meijer-Drees
David Milward
Alison Norman
Carlos Quinonez
Centre d'excellence pour la santé des femmes — région des Prairies
Jeffrey Rosenthal
Arthur Schafer
Université Thompson Rivers
Andrew Woolford

Aide bénévole

Laurel Fletcher
Keith Denny
Jennifer Henderson
Kenneth Osborne
Michael Moffatt
Gustaaf Sevenhuysen

Bibliographie

Sources primaires

1. Bases de données de la Commission de vérité et réconciliation

Les notes en fin de chapitre du rapport débutent souvent par CVR, suivi d'un des sigles suivants : DASAG, DAV, DAE, ASPI, ARN, RNE et BAC. Les documents cités se trouvent dans la base de données de la Commission de vérité et réconciliation du Canada. À la fin de chacune des notes, on trouve, entre crochets, le numéro d'identification de chacun des documents. Voici une brève description des bases de données.

Base de données des documents actifs et semi-actifs du gouvernement (DASAG) — Cette base de données contient les documents actifs et semi-actifs du gouvernement recueillis auprès de ministères fédéraux qui sont possiblement liés à l'administration et à la gestion du système des pensionnats. Conformément aux obligations du gouvernement fédéral découlant de la Convention de règlement relative aux pensionnats indiens (CRRPI), les documents ayant trait à l'histoire ou aux séquelles du système ont été communiqués à la Commission de vérité et réconciliation du Canada (CVR). Les autres ministères fédéraux concernés étaient notamment : le ministère de la Justice, Santé Canada, la Gendarmerie royale du Canada et la Défense nationale. Affaires autochtones et Développement du Nord Canada avait la responsabilité de rassembler et de communiquer les documents de ces autres ministères fédéraux à la CVR.

Base de données des déclarations audiovisuelles (DAV) — Cette base de données regroupe les déclarations audio et vidéo faites à la CVR dans le cadre d'audiences communautaires et d'événements régionaux et nationaux tenus par la Commission ainsi que d'autres événements spéciaux auxquels la Commission a participé.

Base de données des documents d'archives des Églises (DAE) — Cette base de données contient les documents recueillis auprès de diverses Églises et organisations religieuses ayant participé à l'administration et à la gestion des pensionnats indiens. Il s'agit notamment des entités associées à l'Église catholique romaine, à l'Église anglicane du Canada, à l'Église presbytérienne du Canada et à l'Église Unie du Canada. Les documents ont été recueillis conformément au mandat de la CVR, tel qu'il est énoncé dans la Convention de règlement relative aux pensionnats indiens, soit de « repérer les sources et créer un dossier historique le plus complet possible sur le système des pensionnats et ses séquelles ».

Base de données des administrations scolaires des pensionnats indiens (ASPI) — Cette base de données regroupe des documents sur chacun des pensionnats, conformément à la CRRPI.

Base de données de l'analyse et de la recherche nationale (ARN) — Cette base de données rassemble des documents recueillis par la Direction nationale de recherche et d'analyse d'Affaires autochtones et Développement du Nord Canada, anciennement Résolution des questions des pensionnats indiens Canada (RQPIC). Les documents contenus dans cette base de données visaient au départ la recherche sur diverses allégations, notamment sur les cas d'abus dans les pensionnats, et sont principalement issus de la procédure judiciaire dans des affaires criminelles et civiles puis de la Convention de règlement relative aux pensionnats indiens (CRRPI), ainsi que de processus de règlement extrajudiciaires tels que le règlement alternatif des différends. La plupart des documents proviennent d'Affaires autochtones et Développement du Nord Canada. La collection regroupe également des documents d'autres ministères fédéraux et d'organisations religieuses. Pour certains documents fournis par des organismes externes, l'information comprise dans la base de données est incomplète. Le cas échéant, la note en fin de chapitre contient l'information suivante : « aucun emplacement de document, aucun dossier source de document ».

Base de données des séries rouge, noire et sur les écoles (RNE) — Cette base de données contient les documents fournis à la Commission par Bibliothèque et Archives Canada. Les trois sous-séries regroupent des documents auparavant compris dans le Système central de gestion des dossiers de l'administration centrale, ou système de gestion des documents, pour les ministères qui ont précédé Affaires autochtones et Développement du Nord Canada. Les documents d'archives sont liés au fonds du ministère des Affaires indiennes et du Nord canadien et font partie de la collection de Bibliothèque et Archives Canada.

Base de données des documents et des contenants (fichiers) de documents d'archives de Bibliothèque et Archives Canada (DABAC) — Cette base de données contient des documents recueillis auprès de Bibliothèque et Archives Canada. Les documents d'archives des ministères fédéraux possiblement liés à l'administration et à la gestion du système des pensionnats faisaient partie de la collection de Bibliothèques et Archives Canada. Au départ, les documents ayant trait à l'histoire ou aux séquelles du système des pensionnats indiens ont été recueillis par la Commission de vérité et réconciliation du Canada (CVR), en collaboration avec Affaires autochtones et Développement du Nord Canada, dans le cadre de leur mandat, tel qu'il est énoncé dans la Convention de règlement relative aux pensionnats indiens. Affaires autochtones et Développement du Nord Canada a poursuivi la collecte de documents, conformément à l'obligation du gouvernement fédéral de divulguer ces documents dans le cadre de la Convention.

2. Rapport annuel des Affaires indiennes, 1864-1997

Dans le présent rapport, « Rapport annuel du ministère des Affaires indiennes » désigne les rapports annuels publiés du gouvernement du Canada en lien avec les Affaires indiennes pour la période comprise entre 1864 et 1997.

Le ministère des Affaires indiennes et du Nord canadien a vu le jour en 1966. En 2011, il est devenu Affaires autochtones et Développement du Nord Canada. Avant 1966, divers ministères ont eu la responsabilité des portefeuilles des Affaires indiennes et des Affaires du Nord.

Par ordre chronologique, voici les ministères qui ont eu la responsabilité des Affaires indiennes au fil des ans :

- département du Secrétaire d'État du Canada (jusqu'en 1869)
- département du Secrétaire d'État pour les Provinces (1869-1873)
- ministère de l'Intérieur (1873-1880)
- département des Affaires des Sauvages (1880-1936)
- ministère des Mines et des Ressources (1936-1950)
- ministère de la Citoyenneté et de l'Immigration (1950-1965)
- ministère du Nord canadien et des Ressources nationales (1966)
- ministère des Affaires indiennes et du Nord canadien (de 1966 à ce jour)

Le titre exact des rapports annuels du ministère des Affaires indiennes a changé au fil des années en fonction du ministère responsable.

3. Bibliothèque et Archives Canada

RG10 (groupe d'archives des Affaires indiennes) Le groupe d'archives RG10 de Bibliothèque et Archives Canada fait partie du fonds R216 du ministère des Affaires indiennes et du Nord canadien. À des fins de clarté et de concision, les archives appartenant au groupe d'archives RG10 mentionnées dans les notes de bas de page du présent rapport sont présentées simplement à l'aide de l'information relative au groupe RG10. Lorsqu'une copie d'un document du groupe d'archives RG10 contenue dans une base de données de la CVR a été utilisée, la base de données de la Commission dans laquelle se trouve cette copie a été clairement indiquée tout comme l'information relative au groupe d'archives RG10 associée au document original.

4. Autres archives

Archives provinciales de la Colombie-Britannique

Archives de l'Église Unie du Canada

5. Publications gouvernementales

Audette, L. A. *Report on The Commission, under Part II of the Inquiries Act, to investigate and report the circumstances in connection with the alleged flogging of Indian pupils recently at Shubenacadie, in The Province of Nova Scotia, 17 September 1934.*

Australie. Department of the Prime Minister and Cabinet. « Closing the Gap – The Prime Minister's Report 2015 », http://www.dpmc.gov.au/pmc-indigenous-affairs/publication/closing-gap-prime-ministers-report-2015.

Berger, Thomas R. *Le nord : terre lointaine, terre ancestrale : rapport de l'Enquête sur le pipeline de la vallée du Mackenzie, volume 1*, Ottawa : Approvisionnements et Services Canada, 1977.

Brennan, Shannon. « La victimisation avec violence chez les femmes autochtones dans les provinces canadiennes, 2009 », *Juristat*, 17 mai 2011, n° 85-002-x au catalogue, Ottawa : Statistique Canada, 2011, http://www.statcan.gc.ca/pub/85-002-x/2011001/article/11439-fra.pdf.

Bryce, P. H. *Report on the Indian Schools of Manitoba and the North-West Territories.* Ottawa : Imprimerie du gouvernement canadien, 1907.

Brzozowski, Jodi-Anne, Andrea Taylor-Butts, et Sara Johnson. « La victimisation et la criminalité chez les peuples autochtones du Canada ». *Juristat* 26, n° 3 (2006). N° 85-002-XIF au catalogue, Ottawa : Statistique Canada, 2006. http://www.statcan.gc.ca/pub/85-002-x/85-002-x2006003-fra.pdf.

Canada. Affaires autochtones et Développement du Nord Canada. « Commémoration 2011–2012 – Description des projets », http://www.aadnc-aandc.gc.ca/fra/1370974213551/1370974338097.

Canada. Affaires autochtones et Développement du Nord Canada. « Commémoration 2012–2013 — Description des projets », http://www.aadnc-aandc.gc.ca/fra/1370974253896/1370974471675.

Canada. Affaires autochtones et Développement du Nord Canada. « Énoncé du Canada appuyant la Déclaration des Nations Unies sur les droits des peuples autochtones », 12 novembre 2010, http://www.aadnc-aandc.gc.ca/fra/1309374239861/1309374546142.

Canada. Affaires autochtones et Développement du Nord Canada. « Le Canada appuie la Déclaration des Nations Unies sur les droits des peuples autochtones ». http://www.aadnc-aandc.gc.ca/eng/1309374807748/1309374897928.

Canada. Affaires autochtones et Développement du Nord Canada. « Le principe de Jordan », http://www.aadnc-aandc.gc.ca/fra/1334329827982/1334329861879, (consulté le 3 janvier 2014).

Canada. Affaires autochtones et Développement du Nord Canada. « Se souvenir du passé : fenêtre sur l'avenir », http://www.aadnc-aandc.gc.ca/fra/1332859355145/1332859433503.

Canada. Bibliothèque et Archives Canada. « Cadre de travail du développement de la collection », 30 mars 2005, http://www.collectionscanada.gc.ca/obj/003024/f2/003024-f.pdf.

Canada. Bibliothèque et Archives Canada. Communiqué. « Bibliothèque et Archives Canada lance une nouvelle exposition sur l'expérience déterminante des Inuits dans les pensionnats », 4 mars 2009. http://www.collectionscanada.gc.ca/013/013-380-f.html.

Canada. Bibliothèque et Archives Canada. « Faire une recherche sur les pensionnats : guide pour les documents du Programme des Affaires indiennes et inuites et les ressources connexes à Bibliothèque et Archives Canada », http://www.collectionscanada.gc.ca/obj/020008/f2/020008-2000-f.pdf.

Canada. Bibliothèque et Archives Canada. « Les séquelles du régime de pensionnats au Canada : une bibliographie sélective », août 2009, http://www.bac-lac.gc.ca/fra/decouvrez/patrimoine-autochtone/resources-recherche-avancee/Pages/pensionnats-bibliographie-2009.aspx.

Canada. Bibliothèque et Archives Canada. « Patrimoine autochtone », http://www.bac-lac.gc.ca/fra/decouvrez/patrimoine-autochtone/Pages/introduction.aspx#d.

Canada. Bibliothèque et Archives Canada. « Pensionnats autochtones au Canada : une bibliographie sélective », http://www.collectionscanada.gc.ca/pensionnats-autochtones/index-f.html.

Canada. Commission canadienne des droits de la personne. *Rapport sur les droits à l'égalité des Autochtones*, Ottawa : gouvernement du Canada, 2013.

Canada. Commission de vérité et réconciliation du Canada et Université du Manitoba. Acte fiduciaire du Centre national de la vérité et de la réconciliation, 21 juin 2013, http://umanitoba.ca/admin/indigenous_connect/media/IND-00-013-NRCAS-TrustDeed.pdf.

Canada. Commission de vérité et réconciliation du Canada. « Atlantic National Event Concept Paper », Halifax (Nouvelle-Écosse), 26-29 octobre 2011, http://www.myrobust.com/websites/atlantic/File/Concept%20Paper%20atlantic%20august%2010%20km_cp%20_3_.pdf.

Canada. Commission de vérité et réconciliation du Canada. Convention de règlement relative aux pensionnats indiens, Annexe N, http://www.trc.ca/websites/trcinstitution/index.php?p=19 (consulté le 5 mars 2015).

Canada. Commission de vérité et réconciliation du Canada. *Commission de vérité et réconciliation du Canada : Rapport intérimaire*, Winnipeg : Commission de vérité et réconciliation du Canada, 2012.

Canada. Commission de vérité et réconciliation du Canada. Educating our Youth (vidéo), 19 septembre 2013, http://www.trc.ca/websites/trcinstitution/index.php?p=3 (consulté le 10 février 2014).

Canada. Commission de vérité et réconciliation du Canada. « Entente administrative du Centre national de la vérité et la réconciliation », http://chrr.info/images/stories/Centre_For_Truth_and_Reconciliation_Administrative_Agreement.pdf.

Canada. Commission du droit du Canada. *La dignité retrouvée : la réparation des sévices infligés aux enfants dans des établissements canadiens*. Ottawa : Travaux publics et Services gouvernementaux Canada, 2000.

Canada. Commission royale sur les peuples autochtones. *Points saillants du rapport de la Commission royale sur les peuples autochtones : À l'aube d'un rapprochement*, Ottawa : ministre des Approvisionnements et Services Canada, 1996, http://www.aadnc-aandc.gc.ca/fra/1100100014597/1100100014637.

Canada. Commission royale sur les peuples autochtones. *Rapport de la Commission royale sur les Peuples autochtones,* Ottawa : Approvisionnements et Services Canada, 1996.

Canada. Gendarmerie royale du Canada. *Les femmes autochtones disparues et assassinées : un aperçu opérationnel national*, n° PS64-115/2014F-PDF au catalogue, 2014, http://www.rcmp-grc.gc.ca/pubs/mmaw-faapd-fra.pdf, (consulté le 31 décembre 2014).

Canada. Gouverneur général David Johnson. Discours prononcé au colloque en l'honneur du 250e anniversaire de la Proclamation royale de 1763, Gatineau (Québec). 7 octobre 2013. http://www.gg.ca/document.aspx?id=15345&lan=fra (consulté le 5 décembre 2014).

Canada. *La politique indienne du gouvernement du Canada*, présentée à la première session du 28e Parlement par l'honorable Jean Chrétien, ministre des Affaires indiennes et du Nord canadien, Ottawa : Imprimeur de la Reine, 1969.

Canada. Ministère de la Justice. Recherche sur la justice pour les jeunes. *Profil instantané d'une journée des jeunes Autochtones sous garde au Canada: Phase II*, Ottawa, ministère de la Justice, février 2004. http://www.justice.gc.ca/fra/pr-rp/jp-cj/jj-yj/jj2-yj2/jj2.pdf.

Canada. Ministère du Patrimoine canadien. *2012–2013 Rapport sur les plans et priorités*, Ottawa : Patrimoine canadien, 2012.

Canada. Ministre de la Citoyenneté et de l'Immigration. *Découvrir le Canada: les droits et responsabilités liés à la citoyenneté*, 2012, http://www.cic.gc.ca/francais/ressources/publications/decouvrir/index.asp, (consulté le 26 mars 2015).

Canada. Mission permanente du Canada auprès des Nations Unies. « Énoncé du Canada concernant la Conférence mondiale sur les peuples autochtones Déclaration sur le document des résultats », 22 septembre 2104, New York, http://www.canadainternational.gc.ca/prmny-mponu/canada_un-canada_onu/statements-declarations/other-autres/2014-09-22_WCIPD-PADD.aspx?lang=fra, (consulté le 17 mars 2015).

Canada. Parcs Canada. « Commission des lieux et monuments historiques du Canada », http://www.pc.gc.ca/fra/clmhc-hsmbc/comm-board/Transparence-Transparency.aspx.

Canada. Parlement. Chambre des communes. Comité permanent du patrimoine canadien, 41e législature, 1re session, 5 juin 2013, http://www.parl.gc.ca/HousePublications/Publication.aspx?DocId=6209352&Mode=1&Parl=41&Ses=1&Language=F.

Canada. Parlement. Comité mixte spécial du Sénat et de la Chambre des communes chargé d'examiner la *Loi sur les Indiens*. Procès-verbaux et témoignages, 1946–1948.

Canada. Parlement. Débats de la Chambre des communes, 2 novembre 2006 (Bev Oda, ministre du Patrimoine canadien et de la Condition féminine). http://www.parl.gc.ca/HousePublications/Publication.aspx?Mode=1&Parl=39&Ses=1&DocId=2463069&Language=F.

Canada. Parlement. Sénat. Comité sénatorial permanent des affaires juridiques et constitutionnelles. *Les droits linguistiques dans le Grand Nord canadien : la nouvelle Loi sur les langues officielles du Nunavut* : rapport final. Ottawa : Direction des comités du Sénat, juin 2009.

Canada. Parlement. Sénat. Comité sénatorial permanent des peuples autochtones. *La réforme de l'éducation chez les Premières Nations : de la crise à l'espoir*, Ottawa : Imprimeur de la Reine, 2011.

Canada. Parlement. Sénat. Débats, 11 juin 2009, http://www.parl.gc.ca/Content/Sen/Chamber/402/Debates/045db_2009-06-11-f.htm#3.

Canada. Premier ministre Stephen Harper. « Présentation d'excuses aux anciens élèves des pensionnats indiens », 11 juin 2008, http://www.aadnc-aandc.gc.ca/fra/1100100015644/1100100015649.

Canada. Secrétariat d'adjudication des pensionnats indiens. « Statistiques du Secrétariat d'adjudication du 19 septembre 2007 au 31 janvier 2015 », http://iap-pei.ca/information/stats-fra.php (consulté le 20 février 2015).

Canada. Sécurité publique Canada, Unité des politiques correctionnelles autochtones. *L'ensemble des troubles causés par l'alcoolisation fœtale et le système de justice pénale*, 2010, http://www.publicsafety.gc.ca/cnt/rsrcs/pblctns/ftl-lchl-spctrm/ftl-lchl-spctrm-fra.pdf.

Canada. Statistique Canada. « Certains indicateurs de la santé des membres des Premières Nations vivant hors réserve, des Métis et des Inuits, 2007 à 2010 », 29 janvier 2013, http://www.statcan.gc.ca/daily-quotidien/130129/dq130129b-fra.htm.

Canada. Statistique Canada. « Le niveau de scolarité des peuples autochtones au Canada », Enquête nationale auprès des ménages, 2011, n° 99-012-X2011003 au catalogue, http://www12.statcan.gc.ca/nhs-enm/2011/as-sa/99-012-x/99-012-x2011003_3-fra.cfm.

Canada. Statistique Canada. « Les peuples autochtones au Canada : Premières Nations, Métis et Inuits – Enquête nationale auprès des ménages, 2011 », n° 99-011-X2011001 au catalogue, Ottawa : ministère de l'Industrie, 2013, http://www12.statcan.gc.ca/nhs-enm/2011/as-sa/99-011-x/99-011-x2011001-fra.cfm.

Canada. Statistique Canada. « Les peuples autochtones et la langue Enquête nationale auprès des ménages (ENM), 2011 », n° 99-011-X2011003 au catalogue, http://www12.statcan.gc.ca/nhs-enm/2011/as-sa/99-011-x/99-011-x2011003_1-fra.cfm.

Canada. Statistique Canada. « Population ayant déclaré une identité autochtone, selon la langue maternelle, par province et territoire (Recensement de 2006) », 16 janvier 2008, http://www.statcan.gc.ca/tables-tableaux/sum-som/l02/cst01/demo38a-fra.htm.

Canada. Statistique Canada. *Portrait de la scolarité au Canada, Recensement de 2006*. N° 97-560-XIF2006001 au catalogue, Ottawa : Statistique Canada, 2006.

Canada. Statistique Canada. « Statistiques sur les tribunaux de la jeunesse, 2011-2012 », *Le Quotidien*, 13 juin 2013, http://www.statcan.gc.ca/daily-quotidien/130613/dq130613d-fra.pdf.

Canada. Statistique Canada. « Tableaux inuits du recensement de 2006 », n° 89-636-x au catalogue, 2013, http://www.statcan.gc.ca/pub/89-636-x/89-636-x2008001-fra.htm.

Canada. Statistique Canada. « Taux de mortalité chez les enfants et les adolescents vivant dans l'Inuit Nunangat, 1994 à 2008 », *Rapports sur la santé*, 18 juillet 2012, Ottawa : Statistique Canada, 2012, http://www.statcan.gc.ca/pub/82-003-x/2012003/article/11695-fra.htm.

Canada. Vérificateur général du Canada. « 2011 — Le point : rapport de la vérificatrice générale du Canada à la Chambre des communes ». *Chapitre 4 : Les programmes pour les Premières nations dans les réserves*, Ottawa : Bureau du vérificateur général du Canada, 2011, http://www.oag-bvg.gc.ca/internet/docs/parl_oag_201106_04_f.pdf.

Colombie-Britannique. Bureau du médecin-hygiéniste provincial. « Health, Crime and Doing Time: Potential Impacts of the *Safe Streets and Communities Act (Former Bill C-10)* on the Health and Well-Being of Aboriginal People in B.C. », Vancouver : Bureau du médecin-hygiéniste provincial, 2013. http://www.health.gov.bc.ca/pho/pdf/health-crime-2013.pdf.

Colombie-Britannique. Ministère de la Justice, Direction des services correctionnels, Programmes et relations autochtones. *Inclusivity: Strategic Plan 2012-2016*, http://www.pssg.gov.bc.ca/corrections/docs/AboriginalStratPlan.pdf.

Conseil des ministres de l'Éducation. « Les ministres de l'Éducation indiquent que la transformation est primordiale pour l'avenir », Communiqué de presse, 9 juillet 2014, http://cmec.ca/277/Communiques-de-presse/Les-ministres-de-l'Education-indiquent-que-la-transformation-est-primordiale-pour-l'avenir.html?id_article=829.

Davin, Nicholas Flood. *Report on Industrial Schools for Indians and Half-Breeds,* rapport à l'intention du ministre de l'Intérieur, Ottawa, 1879.

États-Unis, Board of Indian Commissioners. *Eighteenth Annual Report of the Board of Indian Commissioners, 1886,* Washington : Government Printing Office, 1887.

États-Unis, Department of the Interior, Office of the Solicitor. Solicitor's Opinions on Native American Issues, http://www.doi.gov/solicitor/opinions.html.

Eyford, Douglas R. « Établir des relations, créer des partenariats : les Autochtones canadiens et l'exploitation des ressources énergétiques », Rapport présenté au premier ministre, novembre 2013, http://www.rncan.gc.ca/sites/www.nrcan.gc.ca/files/www/pdf/publications/ForgPart-Online-fr.pdf (consulté le 26 mars 2015).

Fraser, R. D. « Section B : Statistique de l'état civil et santé », *Statistiques historiques du Canada,* sous la direction de F. H. Leacy, deuxième édition, Ottawa : Statistique Canada, 1983, https://web.archive.org/web/20150118095831/http://statcan.gc.ca/pub/11-516-x/sectionb/4147437-fra.htm.

Indian and Métis Conference. Committee of the Community Welfare Planning Council. *Survey of Canadian History Textbooks,* Winnipeg : mémoire présenté au comité de révision des programmes, ministère de l'Éducation du Manitoba, 1964.

LeBeuf, Marcel-Eugène. *Le rôle de la Gendarmerie royale du Canada sous le régime des pensionnats indiens,* Ottawa, Gendarmerie royale du Canada, 2011.

MacPherson, Patricia H., Albert E. Chudley et Brian A. Grant. *Ensemble des troubles causés par l'alcoolisation fœtale (ETCAF) dans une population carcérale : prévalence, dépistage et caractéristiques,* Ottawa : Service correctionnel du Canada, 2011, http://www.securitepublique.gc.ca/lbrr/archives/cn21493-fra.pdf.

Maire, Sinha, dir. « Mesure de la violence faite aux femmes : tendances statistiques », n° 85-002-X au catalogue, Ottawa : Statistique Canada, 2013.

Mitten, H. Rae. « Section 9: Fetal Alcohol Spectrum Disorders and the Justice System ». *The First Nations and Métis Justice Reform Commission Final Report,* Volume II, janvier 2014, http://www.justicereformcomm.sk.ca/volume2/12section9.pdf.

Munch, Christopher. « Statistiques sur les services correctionnels pour les jeunes au Canada, 2010-2011 », *Juristat,* 11 octobre 2012, n° 85-002-X au catalogue, Ottawa : Statistique Canada, 2012, https://www.publicsafety.gc.ca/lbrr/archives/jrst11716-fra.pdf.

Musée canadien de l'histoire et Musée canadien de la guerre. « Stratégie de recherche », 15 juillet 2013, http://www.museedelhistoire.ca/recherche-et-collections/files/2013/07/strategie-de-recherche.pdf.

Norris, Mary Jane. « *Langues autochtones au Canada : nouvelles tendances et perspectives sur l'acquisition d'une langue seconde* », n° 11-008 au catalogue, Ottawa : Statistique Canada, 2007.

Perreault, Samuel. « La victimisation avec violence chez les Autochtones dans les provinces canadiennes, 2009 », *Juristat,* n° 85-002-x au catalogue, Ottawa : Statistique Canada, 2011, http://www.statcan.gc.ca/pub/85-002-x/2011001/article/11415-fra.pdf.

Perreault, Samuel. « Les admissions dans les services correctionnels pour adultes au Canada, 2011-2012 », *Juristat,* n° 85-002-x au catalogue, Ottawa : Statistique Canada, 2014, http://www.statcan.gc.ca/pub/85-002-x/2014001/article/11918-fra.htm#a5.

Québec. *Rapport de la Commission royale d'enquête sur l'enseignement dans la province de Québec.* Québec : gouvernement du Québec, 1966, http://classiques.uqac.ca/

contemporains/quebec_commission_parent/rapport_parent_4/rapport_parent_vol_4.pdf (consulté le 7 août 2012).

Reed, Micheline, et Peter Morrison. « Les services correctionnels pour adultes au Canada, 1995-1996 », *Juristat*, mars 1997, n° 85-002-XPF, Ottawa : Statistique Canada, 1997, http://www5.statcan.gc.ca/access_acces/alternative_alternatif.action?loc=http://www.statcan.gc.ca/pub/85-002-x/85-002-x1997004-fra.pdf&l=fra&archive=1.

Rosenthal, Jeffrey S. « Statistical Analysis of Deaths at Residential Schools: Conducted on behalf of the Truth and Reconciliation Commission of Canada », janvier 2015.

Ryerson, Egerton. « Report on Industrial Schools, 26 May 1847 », statistiques sur les pensionnats indiens, Ottawa : Imprimerie du gouvernement canadien, 1898.

Ryerson, Egerton. *Rapport sur un système d'instruction élémentaire publique pour le Haut-Canada*, imprimé à la demande de l'Assemblée législative du Haut-Canada. Montréal : Lovell & Gibson, 1847.

Ziestsma, Danielle. « Les Autochtones vivant hors réserve et le marché du travail : estimations de l'Enquête sur la population active, 2008-2009 », n° 710588-X au catalogue, n° 2, Ottawa : Statistique Canada, 2010, http://www.statcan.gc.ca/pub/71-588-x/71-588-x2010001-fra.pdf.

6. Mesures législatives

Code criminel, Lois révisées du Canada, 1985, chapitre C-46.

Loi concernant les Indiens [Loi sur les Indiens], Statuts du Canada 1951, chapitre 29, articles 113-122, 169-172.

Loi modifiant la Loi sur les musées afin de constituer le Musée canadien de l'histoire, Lois du Canada, 2013, chapitre 38.

Loi sur l'activité physique et le sport, Lois du Canada, 2003, chapitre 2.

Loi sur la radiodiffusion, Lois du Canada, 1991, chapitre 11.

Loi sur la sécurité des rues et des communautés, Lois du Canada, 2012, chapitre 1.

Loi sur le système correctionnel et la mise en liberté sous condition, Lois du Canada, 1992, chapitre 20.

Loi sur le système de justice pénale pour les adolescents, Lois du Canada, 2002, chapitre 1, paragraphe 38(1).

Loi sur les lieux et monuments historiques, Lois révisées du Canada, 1985, chapitre H-4.

Loi sur les musées, Lois du Canada, 1990, chapitre 3, article 3.

Public Schools Act, Statutes of Manitoba 1954, chapitre 215, pages 923-1 114.

Royaume-Uni. *Décret en conseil sur la Terre de Rupert et le Territoire du Nord-Ouest* (Décret en conseil portant adhésion à l'Union de la terre de Rupert et du Territoire du Nord-Ouest), 23 juin 1870, Annexe A, *Loi de 1868 sur la terre de Rupert, 31-32 Vict., ch. 105 (R.-U.)*, http://www.justice.gc.ca/fra/pr-rp/sjc-csj/constitution/loireg-lawreg/p1t32.html.

7. Affaires judiciaires

Cloud c. Canada (Procureur général) [2004] O.J. N° 4924, 247 D.L.R. (4ᵉ) 667.

Conseil de la bande de Pictou Landing c. Canada (Procureur général) [2013] CF 342.

Delgamuukw c. Colombie-Britannique [1997] 3 RCS 1010.
Fontaine c. Canada (Procureur général) [2011] ONSC 4938.
Fontaine c. Canada (Procureur général) [2013] ONSC 684.
Guerin c. La Reine [1984] 2 RCS 335.
Manitoba Metis Federation Inc. c. Canada (Procureur général) [2013] CSC 14.
Nation Haïda c. Colombie-Britannique (Ministre des Forêts) [2004] 3 RCS 511.
Nation Tsilhqot'in c. Colombie-Britannique [2014] CSC 44.
Première Nation crie Mikisew c. Canada (Ministre du Patrimoine canadien) [2005] 3 RCS 388, [2005] CSC 69.
Première Nation de Grassy Narrows c. Ontario (Ressources naturelles) [2014] CSC 48.
R. c. Comeau [1998] NWTJ 34 (NTSC).
R. c. Constant [2005] Man. QB (Dauphin) (CR03-05-00069).
R. c. Frappier [1990] YJ 163 (cour territoriale).
R. c. Gladue [1999] 1 RCS 688.
R. c. Hands [1996] OJ 264.
R. c. Harris [2002] BCCA 152.
R. c. Ipeelee [2012] 1 RCS 433, [2012] CSC 13.
R. c. Leroux [1998] NWTJ 139 (CS).
R. c. Maczynski [1997] CanLII 2491 (BCCA) (appel de la sentence).
R. c. Plint [1995] BCJ 3060 (BCSC).
R. c. Smickle [2012] ONSC 602.
R. c. Sparrow [1990] 1 SCR 1075.
R. c. Vanderpeet [1996] 2 SCR 507.
Rio Tinto Alcan Inc. c. Conseil tribal Carrier Sekani [2010] CSC 43, [2010] 2 RCS 650.
S. L. c. Commission scolaire des Chênes [2012] CSC 7.

8. Autres sources

De Greiff, Pablo. *Rapport du Rapporteur spécial sur la promotion de la vérité, de la justice, de la réparation et des garanties de non-répétition*, New York, Nations Unies, Assemblée générale, Conseil des droits de l'homme, 2012, http://www.ohchr.org/Documents/HRBodies/HRCouncil/RegularSession/Session21/A.HRC.21.46_fr.pdf.

Mission d'observation permanente du Saint-Siège auprès de l'Organisation des Nations Unies. « A Short History of the Diplomacy of the Holy See », http://www.holyseemission.org/about/history-of-diplomacy-of-the-holy-see.aspx.

Nations Unies, Assemblée générale. Conseil des droits de l'homme. Mécanisme d'experts sur les droits de peuples autochtones. « L'accès à la justice dans la promotion et la protection des droits des peuples autochtones », 29 avril 2013, http://www.ohchr.org/Documents/Issues/IPeoples/EMRIP/Session6/A-HRC-EMRIP-2013-2_fr.pdf, (consulté le 21 mars 2015).

Nations Unies, Assemblée générale. *Déclaration des Nations Unies sur les droits des peuples autochtones,* adoptée par l'Assemblée générale le 2 octobre 2007.
http://www.un.org/esa/socdev/unpfii/documents/DRIPS_fr.pdf, (consulté le 15 mars 2015).

Nations Unies, Assemblée générale. « Document final de la réunion plénière de haut niveau de l'Assemblée générale, dite Conférence mondiale sur les peuples autochtones »,

25 septembre 2014, http://www.un.org/en/ga/search/view_doc.asp?symbol=A/RES/69/2&referer=/english/&Lang=F (consulté le 15 mars 2015).

Nations Unies, Assemblée générale. « Rapport du Rapporteur spécial sur les droits des peuples autochtones, M. James Anaya, La situation des peuples autochtones au Canada », http://daccess-dds-ny.un.org/doc/UNDOC/GEN/G14/075/09/PDF/G1407509.pdf?OpenElement.

Nations Unies. Comité des droits de l'enfant. « Observations finales sur les troisième et quatrième rapports périodiques du Canada, soumis en un seul document, adoptées par le Comité à sa soixante et unième session (17 septembre–5 octobre 2012) », http://daccess-dds-ny.un.org/doc/UNDOC/GEN/G12/484/88/PDF/G1248488.pdf?OpenElement.

Nations Unies. Conseil des droits de l'homme. « Rapport de la Rapporteuse spéciale dans le domaine des droits culturels, Mme Farida Shaheed. Les processus mémoriels », 23 janvier 2014, http://www.ohchr.org/EN/HRBodies/HRC/RegularSessions/Session25/Pages/ListReports.aspx.

Nations Unies. Conseil économique et social. Instance permanente sur les questions autochtones. « Étude des effets de la doctrine de la découverte sur les peuples autochtones, y compris les mécanismes, procédures et instruments de réparation », treizième session, New York, 12–23 mai 2014, http://daccess-dds-ny.un.org/doc/UNDOC/GEN/N14/241/84/PDF/N1424184.pdf, (consulté le 14 mars 2015).

Nations Unies. Haut-Commissariat aux droits de l'homme. *Pacte international relatif aux droits civils et politiques*, article 27, http://www.ohchr.org/fr/professionalinterest/pages/ccpr.aspx.

Nations Unies. Instance permanente sur les questions autochtones. Déclaration commune de l'Assemblée des Premières Nations, des Chefs de l'Ontario, du Grand conseil des Cris (Eeyou Istchee), d'Amnistie Internationale, du Secours Quaker Canadien et de KAIROS : Initiatives œcuméniques canadiennes pour la justice à la 11e session de l'Instance permanente sur les questions autochtones, New York, 7–18 mai 2012. http://www.afn.ca/uploads/files/pfii_2012_-_doctrine_of_discovery_-_joint_statement_ff.pdf (consulté le 20 mars 2015).

Nations Unies. Instance permanente sur les questions autochtones. « Étude des effets de la doctrine de la découverte sur les peuples autochtones, y compris les mécanismes, procédures et instruments de réparation », New York, 20 février 2014. http://daccess-dds-ny.un.org/doc/UNDOC/GEN/N14/241/85/PDF/N1424185.pdf?OpenElement, (consulté le 14 mars 2015).

Nations Unies. Mission d'observation permanente du Saint-Siège auprès de l'Organisation des Nations Unies. Déclaration au Conseil économique et social, 9e session de l'Instance permanente sur les questions autochtones sur le point 7 à l'ordre du jour : Discussion sur les rapports « Conséquences pour les peuples autochtones de la construction juridique internationale connue sous le nom de Doctrine de la découverte des peuples autochtones, qui a servi de fondement à la violation de leurs droits fondamentaux » et « Indigenous Peoples and Boarding Schools: A Comparative Study », New York, 27 avril 2010, http://www.ailanyc.org/wp-content/uploads/2010/09/Holy-See.pdf, (consulté le 20 janvier 2015).

Pacte mondial des Nations Unies. « Guide de référence des entreprises : Déclaration des Nations Unies sur les droits des peuples autochtones », New York, Pacte mondial des Nations Unies, 2013. https://www.unglobalcompact.org/docs/issues_doc/human_rights/IndigenousPeoples/BusinessGuide_FR.pdf (consulté le 26 mars 2015).

Vatican. Communiqué du Bureau de presse du Saint-Siège, 29 avril 2009. http://www.vatican.va/resources/resources_canada-first-nations-apr2009_en.html, (consulté le 22 mars 2015).

Vatican. Lettre pastorale du Saint-Père Benoît XVI aux catholiques d'Irlande, le 19 mars 2010, http://w2.vatican.va/content/benedict-xvi/fr/letters/2010/documents/hf_ben-xvi_let_20100319_church-ireland.html, (consulté le 27 novembre 2014).

Sources secondaires

1. Livres et rapports publiés

Aboriginal Peoples' Television Network. *Annual Report*, 2013, http://aptn.ca/corporate/PDFs/APTN_2013_AnnualReport_ENG.pdf.

Ahenakew, Edward. *Voices of the Plains Cree*, sous la direction de Ruth M. Buck, Toronto : McClelland and Stewart, 1973.

Alfred, Gerald (Taiaiake). *Heeding the Voices of Our Ancestors: Kahnawake Mohawk Politics and the Rise of Native Nationalism*, Toronto : Oxford University Press, 1995.

Amagoalik, John. « Changing the Face of Canada: The Life Story of John Amagoalik », *Life Stories of Northern Leaders 2*, sous la direction de Louis McComber, Iqaluit : Collège de l'Arctique du Nunavut, 2007.

Anderson, Mark Cronlund, et Carmen L. Robertson. *Seeing Red: A History of Natives in Canadian Newspapers*, Winnipeg : University of Manitoba Press, 2011.

Archibald, Linda, Jonathan Dewar, Carrie Reid, et Vanessa Stevens. *La danse, le chant, la peinture et le savoir-dire de l'histoire de guérison : la guérison par les activités créatives*, Ottawa : Fondation autochtone de guérison, 2012.

Armitage, David. *The Ideological Origins of the British Empire*, Cambridge : Cambridge University Press, 2000.

Assemblée des Premières Nations. *Assemblée des Premières Nations – Rapport sur le plan de règlement des conflits du gouvernement du Canada qui vise à indemniser les victimes de sévices infligés dans les pensionnats indiens*, Ottawa : Assemblée des Premières Nations, 2004.

Assemblée des Premières Nations. *Breaking the Silence: An Interpretive Study of Residential School Impact and Healing as Illustrated by the Stories of First Nation Individuals*, Ottawa : Assemblée des Premières Nations, 1994.

Assemblée des Premières Nations. « IndigènACTION : première étape : rapport sur la table ronde », 2012, http://www.afn.ca/uploads/files/indigenaction/indigenactionroundtablereport-fr.pdf.

Assemblée des Premières Nations. Panel national sur l'éducation primaire et secondaire des Premières Nations pour les élèves dans les réserves. *Cultiver l'esprit d'apprentissage chez les élèves des Premières Nations*, Assemblée nationale des Premières Nations, 2012, https://www.aadnc-aandc.gc.ca/DAM/DAM-INTER-HQ-EDU/STAGING/texte-text/nat_panel_final_report_1373997803969_fra.pdf.

Assemblée des Premières nations. *Royal Commission Aboriginal Peoples at 10 Years: A Report Card*, Ottawa : Assemblée des Premières Nations, 2006.

Association des femmes autochtones du Canada. *Les voix de nos soeurs par l'esprit : un rapport aux familles et aux communautés*, 2ᵉ édition, mars 2009, http://epe.lac-bac.gc.ca/100/200/300/nwac-afac/voices_ofour_sisters-f/mars2009.pdf.

Association du barreau canadien. *Mémoire sur le projet de loi C-10, Loi sur la sécurité des rues et des communautés*, Ottawa : Association du barreau canadien, octobre 2011, http://www.cba.org/ABC/Memoires/pdf/11-45-fr.pdf.

Auger, Donald J. *Indian Residential Schools in Ontario*, Ontario : Nation nishnawbe aski, 2005.

Axtell, James. *The Invasion Within: The Contest of Cultures in Colonial North America*, New York : Oxford University Press, 1985.

Baker, Simon. *Khot-La-Cha: The Autobiography of Chief Simon Baker*, compilé et édité par Verna J. Kirkness, Vancouver : Douglas and McIntyre, 1994.

Barkan, Elazar et Alexander Karn, dir. *Taking Wrongs Seriously: Apologies and Reconciliation*, Stanford, Californie : Stanford University Press, 2006.

Barron, Laurie F. *Walking in Indian Moccasins: The Native Policies of Tommy Douglas and the CCF*, Vancouver : University of British Columbia Press, 1997.

Bartels, Dennis A., et Alice L. Bartels. *When the North was Red*, Montréal et Kingston : McGill-Queen's University Press, 1995.

Battiste, Marie. *Decolonizing Education: Nourishing the Learning Spirit*, Saskatoon : Purich Publishing, 2013.

Bayly, C. A. *The Birth of the Modern World: 1780–1914*, Oxford : Blackwell Publishing, 2004.

Blackstock, C., T. Prakash, J. Loxley, et F. Wien. *Wen : de: Nous voyons poindre la lumière du jour*, Ottawa : Société de soutien à l'enfance et à la famille des Premières Nations, 2005.

Bloch, Alexia. *Red Ties and Residential Schools: Indigenous Siberians in a Post-Soviet State*, Philadelphie : University of Pennsylvania Press, 2004.

Blue Quills First Nations College. *Pimohteskanaw, 1971–2001: Blue Quills First Nations College*, St. Paul, Alberta : Blue Quills First Nations College, 2002.

Bodnar, John. *Remaking America: Public Memory, Commemoration and Patriotism in the Twentieth Century*. Princeton : Princeton University Press, 1992.

Bolt, Clarence. *Thomas Crosby and the Tsimshian: Small Shoes for Feet Too Large*, Vancouver : University of British Columbia Press, 1992.

Booth, W. James. *Communities of Memory: On Witness, Identity, and Justice*, Ithaca, New York : Cornell University Press, 2006.

Borrows, John. *Canada's Indigenous Constitution*, Toronto : University of Toronto Press, 2010.

Borrows, John. *Recovering Canada: The Resurgence of Indigenous Law*, Toronto : University of Toronto Press, 2002.

Brass, Eleanor. *I Walk in Two Worlds*, Calgary : Glenbow Museum, 1987.

Bruno-Jofré, Rosa. *Les Missionnaires oblates : vision et mission*, Montréal et Kingston : McGill-Queen's University Press, 2008.

Bryce, P. H. *The Story of a National Crime: Being an Appeal for Justice to the Indians of Canada; the Wards of the Nation, Our Allies in the Revolutionary War, Our Brothers-in-Arms in the Great War*, Ottawa : James Hope and Sons, 1922.

Buck, Ruth Matheson. *The Doctor Rode Side-Saddle*, Toronto : McClelland and Stewart, 1974.

Bush, Peter. *Western Challenge: The Presbyterian Church in Canada's Mission on the Prairies and North, 1885–1925*, Winnipeg : Watson and Dwyer Publishing, 2000.

Butcher, Margaret. *The Letters of Margaret Butcher: Missionary-Imperialism on the North Pacific Coast*, sous la direction de Mary-Ellen Kelm, Calgary : University of Calgary Press, 2006.

Campbell, Sue. *Our Faithfulness to the Past: The Ethics and Politics of Memory*, sous la direction de Christine M. Koggel et Rockney Jacobsen. New York : Oxford University Press, 2014.

Canadien, Albert. *From Lishamie*, Penticton : Theytus Books, Limited, 2010.

Carter, Sarah. *Lost Harvests: Prairie Indian Reserve Farmers and Government Policy*, Montréal et Kingston : McGill-Queen's University Press, 1990.

CBC-Radio Canada. « À la conquête des sommets : rapport annuel 2013-2014 », http://www.cbc.radio-canada.ca/site/annual-reports/2013-2014/pdf/cbc-radio-canada-rapport-annuel-2013-2014.pdf.

Centre de collaboration nationale de la santé autochtone. À la recherche des Autochtones dans les mesures législatives et les politiques sur la santé, *1970 à 2008 : projet de synthèse politique,* Prince George : Centre de collaboration nationale de la santé autochtone, 2011.

Centre de collaboration nationale de la santé autochtone, *Services d'aide à l'enfance au Canada : Autochtone & généraux*, Prince George : Centre de collaboration nationale de la santé autochtone, 2009.

Centre des Premières Nations. First Nations Regional Longitudinal Health Survey (RHS) 2002-2003, Ottawa : Centre des Premières Nations, 2005.

Centre for Youth and Society. « Residential Schools Resistance Narratives: Strategies and Significance for Indigenous Youth », Université de Victoria, 27 mars 2012. Rapport préparé pour la Commission de vérité et de réconciliation du Canada.

Chamberlin, J. Edward. *If This is Your Land, Where are Your Stories? Finding Common Ground*, Toronto : Alfred A. Knopf Canada, 2003.

Chansonneuve, Deborah. *Comportements de dépendance chez les Autochtones au Canada*, Ottawa : Fondation autochtone de guérison, 2007.

Charrette on Energy, Environment and Aboriginal Issues, The. « Responsible Energy Resource Development in Canada: Summary of the Dialogue of the Charrette on Energy, Environment and Aboriginal Issues », décembre 2013, http://www.boldon.org/pdf/EnergyCharrette.pdf.

Chartrand, Larry N., Tricia E. Logan, et Judy D. Daniels. *Histoire et expériences des Métis et les pensionnats au Canada*, Ottawa : Fondation autochtone de guérison, 2006.

Choquette, Robert. *Canada's Religions: An Historical Introduction*, Ottawa : University of Ottawa Press, 2004.

Choquette, Robert. *The Oblate Assault on Canada's Northwest*, Ottawa : University of Ottawa Press, 1995.

Coates, Kenneth, et Dwight Newman. « The End is Not Nigh: Reason over Alarmism in Analysing the *Tsilhqot'in* Decision », Ottawa : MacDonald Laurier Institute, septembre 2014, http://www.macdonaldlaurier.ca/files/pdf/MLITheEndIsNotNigh.pdf.

Coates, Kenneth. *A Global History of Indigenous Peoples: Struggle and Survival*, Basingstoke, Angleterre : Palgrave Macmillan, 2004.

Coccola, Nicolas. *They Call Me Father: Memoirs of Father Nicolas Coccola*, sous la direction de Margaret Whitehead, Vancouver : University of British Columbia Press, 1988.

Cohen, Cynthia E., Roberto Gutiérrez Varea, et Polly O. Walker, éd. *Acting Together: Performance and the Creative Transformation of Conflict*, volumes 1 et 2, Oakland, Californie : New Village Press, 2011.

Cole, Douglas, et Ira Chaikin. *An Iron Hand Upon the People: The Law Against the Potlatch on the Northwest Coast*, Vancouver : Douglas & McIntyre, 1990.

Comité national sur la scolarisation des Inuits. *Les premiers Canadiens, Canadiens en premiers : Stratégie nationale sur la scolarisation des Inuits*, Comité national sur la scolarisation des Inuits, 2011, https://www.itk.ca/publication/national-strategy-inuit-education.

Conseil canadien du bien-être. *Indian Residential Schools: A Research Study of the Child Care Programs of Nine Residential Schools in Saskatchewan*, rapport à l'intention du ministère des Affaires indiennes et du Nord canadien, Ottawa : Conseil canadien du bien-être, 1967.

Conseil en éducation des Premières Nations. *Formule de financement des écoles des Premières Nations : l'instrument d'une politique de mise en échec*, 2009, http://www.cepn-fnec.com/pdf/etudes_documents/gestion_education.pdf.

Conseil en éducation des Premières Nations (CEPN), Nation Nishnawbe Ask du Québec, Federation of Saskatchewan Indian Nations (FSIN). *Rapport sur les mesures prioritaires visant à améliorer l'éducation des Premières Nations*, novembre 2011, http://www.cepn-fnec.com/PDF/accueil/Rapport%20sur%20les%20mesures%20prioritaires%20visant%20%C3%A0%20am%C3%A9liorer%20l'E2%80%99%C3%A9ducation%20des%20Premi%C3%A8res%20Nations%20-%20Novembre%202011_fra_version%20site%20web.pdf.

Cronin, Kay. *Cross in the Wilderness*, Vancouver : Mitchell Press, 1960.

Daschuk, James. *Clearing the Plains: Disease, Politics of Starvation and the Loss of Aboriginal Life*, Regina : University of Regina Press, 2013.

David, Jennifer. « Aboriginal Languages Broadcasting in Canada: An Overview and Recommendations to the Task Force on Aboriginal Languages and Cultures », rapport préparé pour le réseau Aboriginal Peoples Television, 2004, http://aptn.ca/corporate/PDFs/Aboriginal_Language_and_Broadcasting_2004.pdf.

Dewar, Jonathan, David Gaertner, Ayumi Goto, Ashok Mathur, et Sophie McCall. « Practicing Reconciliation: a collaborative study of Aboriginal art, resistance and cultural politics », rapport commandé par la Commission de vérité et de réconciliation sur les pensionnats indiens, 2013.

Diffie, Bailey W., et George D. Winius. *Foundations of the Portuguese Empire, 1415–1580*, Minneapolis : University of Minnesota Press, 1978.

Dion, Joseph F. *My Tribe the Cree*, sous la direction de Hugh Dempsey, également auteur de l'introduction, deuxième édition, Calgary : Glenbow Museum, 1996.

Duchaussois, R. P. *Les Sœurs grises dans l'Extrême-Nord : cinquante ans de missions*, Montréal : Librairie Beauchemin, 1920.

Église presbytérienne du Canada. *Acts and Proceedings of the 137th General Assembly of The Presbyterian Church in Canada*, 2011.

Elliott, John H. *Empires of the Atlantic World: Britain and Spain in America, 1492–1830*, New Haven, Connecticut : Yale University Press, 2007.

Erasmus, Peter. *Buffalo Days and Nights*, Calgary : Fifth House Publishers, 1999, ouvrage d'abord publié en 1976 par le Glenbow-Alberta Institute.

Fear-Segal, Jacqueline. *White Man's Club: Schools, Race, and the Struggle of Indian Acculturation*, Lincoln : University of Nebraska, 2007.

Fisher, Robin. *Contact and Conflict: Indian-European Relations in British Columbia, 1774–1890,* deuxième édition, Vancouver : University of British Columbia Press, 1992.

Fontaine, Theodore. *Broken Circle: The Dark Legacy of Indian Residential Schools,* Vancouver : Heritage House, 2010.

Forum des politiques publiques. *Forger d'authentiques partenariats : la participation des Autochtones dans les grands projets d'exploitation des ressources,* Ottawa : Forum des politiques publiques, 2012, http://www.ppforum.ca/sites/default/files/Aboriginal%20Participation%20in%20Major%20Resource%20Development_FR_1.pdf.

Fraternité des Indiens du Canada. *Indian Control of Indian Education: Policy Paper Presented to the Minister of Indian Affairs and Northern Development.* Ottawa : Fraternité des Indiens du Canada, 1972.

French, Alice. *Je m'appelle Masak.* Montréal, Cercle du livre de France, 1979.

Frichner, Tonya Gonnella. « Preliminary Study of the Impact on Indigenous Peoples of the International Legal Construct Known as the Doctrine of Discovery », New York : Nations Unies, Instance permanente sur les questions autochtones, 2010.

Gagan, Rosemary R. *A Sensitive Independence: Canadian Methodist Women Missionaries in Canada and the Orient, 1881–1925,* Montréal et Kingston : McGill-Queen's University Press, 1992.

Getty, A. L., et Antoine S. Lussier. *As Long as the Sun Shines and Water Flows: A Reader in Canadian Native Studies,* Vancouver : University of British Columbia Press, 1983.

Goodwill, Jean, et Norma Sluman. *John Tootoosis,* Winnipeg : Pemmican Publications, 1984.

Gordon, Mary. *Racines de l'empathie : changer le monde, un enfant à la fois,* Québec, Presses de l'Université Laval, 2014.

Graham, Elizabeth. *The Mush Hole: Life at Two Indian Residential Schools,* Waterloo : Heffle Publishing, 1997.

Hamilton, W. D. *The Federal Indian Day Schools of the Maritimes,* Fredericton, Nouveau-Brunswick : Micmac-Maliseet Institute, Université du Nouveau-Brunswick, 1986.

Head, Edmund Walker, Froome Talfourd, Thomas Worthington et Richard T. Pennefather, *Rapport des Commissaires spéciaux, nommés le 8 septembre 1856, pour s'enquérir des affaires des sauvages au Canada,* Toronto : Stewart Derbishire et George Desbarats, 1858.

Hobsbawm, E. J. *On Empire: America, War and Global Supremacy,* New York : Pantheon Books, 2008.

Hodgson-Smith, Kathy. *The State of Métis Nation Learning,* Conseil canadien sur l'apprentissage, 2005. http://www.ccl-cca.ca/pdfs/AbLKC/StateOfMetisNationLearning.pdf.

Howe, Stephen. *Empire: A Very Short Introduction,* Oxford : Oxford University Press, 2002.

Huel, Raymond J. A. *Proclaiming the Gospel to the Indians and Métis,* Edmonton : University of Alberta Press, 1996.

Hughes, Kenneth James, et Jackson Beardy. *Jackson Beardy, Life and Art,* Winnipeg : Canadian Dimension Publishers, 1979.

Hyam, Ronald. *Britain's Imperial Century, 1815–1914: A Study of Empire and Expansion,* troisième édition, Basingstoke, Angleterre : Palgrave Macmillan, 2002.

Indian Chiefs of Alberta. *Citizens Plus,* 1970, réimprimé dans *Aboriginal Policy Studies* 1, n° 2 (2011), p. 188–281.

Intervenant provincial en faveur des enfants et des jeunes (Ontario). *Les plumes de l'espoir : Un plan d'action pour les jeunes Autochtones,* 2014, http://digital.provincialadvocate.on.ca/t/114370-les-plumes-de-lespoir-un-plan-daction-pour-les-jeunes-autochtones.

Istvanffy, Jay. *Gladue Primer*. Vancouver : Legal Services Society, C.-B., 2001. http://resources.lss.bc.ca/pdfs/pubs/Gladue-Primer-eng.pdf.

Jaenen, Cornelius. *Friend and Foe Aspects of French-Amerindian Cultural Contact in the Sixteenth and Seventeenth Centuries*, Toronto : McClelland and Stewart, 1976.

Johnston, Sheila M. F. *Buckskin & Broadcloth: A Celebration of E. Pauline Johnson Tekahionwake, 1861-1913*, Toronto : Natural Heritage/Natural History, 1997.

Journalists for Human Rights. « Buried Voices: Media Coverage of Aboriginal Issues in Ontario – Media Monitoring Report, 2010-2013 », août 2013, http://www.documentcloud.org/documents/784473-media-coverage-of-aboriginal-issues.html#document/p1.

Kino-nda-niimi (collectif). *The Winter We Danced: Voices from the Past, the Future, and the Idle No More Movement*, Winnipeg : Arbeiter Ring Publishing, 2014.

Kirkness, Verna J. *Creating Space: My Life and Work in Indigenous Education*, Winnipeg : University of Manitoba Press, 2013.

Kirmayer, Laurence, Gregory Brass, Tara Holton, Ken Paul, Cori Simpson, et Caroline Tait. *Suicide chez les Autochtones au Canada,* Ottawa : Fondation autochtone de guérison, 2007.

LaViolette, Forrest. *The Struggle for Survival: Indian Cultures and the Protestant Ethic in British Columbia*, Toronto : University of Toronto Press, 1961.

Loxley, John, Linda DeRiviere, Tara Prakash, Cindy Blackstock, Fred Wien, et Shelley Thomas Prokop. *Wen:de: The Journey Continues*, Ottawa : Société de soutien à l'enfance et à la famille des Premières Nations du Canada, 2005.

Lux, Maureen K. *Medicine that Walks: Disease, Medicine and Canadian Plains Native People, 1880-1940*, Toronto : University of Toronto Press, 2001.

MacDonald, David, et Daniel Wilson. *Poverty or Prosperity: Indigenous Children in Canada*, Ottawa : Centre canadien de politiques alternatives, 2013.

MacGregor, Roy. *Chief: The Fearless Vision of Billy Diamond*, Toronto : Viking, 1989.

Magnuson, Roger. *Education in New France*, Montréal et Kingston : McGill-Queen's University Press, 1992.

Marks, Don. *They Call Me Chief: Warriors on Ice*, Winnipeg : J. Gordon Shillingford, 2008.

McCarthy, Martha. *From the Great River to the Ends of the Earth: Oblate Missions to the Dene, 1847-1921*, Edmonton : University of Alberta Press; Western Canadian Publishers, 1995.

McGregor, Heather E. *Inuit Education and Schools in the Eastern Arctic*, Vancouver : University of British Columbia Press, 2010.

McMillan, Alan D., et Eldon Yellowhorn. *First Peoples in Canada*, Vancouver et Toronto : Douglas & McIntyre, 2004.

McNally, Vincent J. *The Lord's Distant Vineyard: A History of the Oblates and the Catholic Community in British Columbia*, Edmonton : University of Alberta Press, 2000.

Miller, J. R. *Compact, Contract, Covenant: Aboriginal Treaty Making in Canada*, Toronto : University of Toronto Press, 2009.

Miller, J. R. *Lethal Legacy: Current Native Controversies in Canada,* Toronto : McClelland and Stewart, 2004.

Miller, J. R. *Skyscrapers Hide the Heavens: A History of Indian-White Relations in Canada*, deuxième édition, Toronto : University of Toronto Press, 2000.

Miller, Robert J. et coll. *Discovering Indigenous Lands: The Doctrine of Discovery in the English Colonies.* Oxford, New York : Oxford University Press, 2012.

Moine, Louise. *My Life in a Residential School*, Saskatchewan : Ordre impérial des filles de l'Empire, section provinciale, Saskatchewan, en collaboration avec la Bibliothèque provinciale de la Saskatchewan, 1975.

Montour, Enos. *Brown Tom's Schooldays*, sous la direction d'Elizabeth Graham, Waterloo, Ontario : The Author, 1985.

Moorhouse, Geoffrey. *The Missionaries,* Philadelphie et New York : J. B. Lippincott Company, 1973.

Moran, Bridget. *Stoney Creek Woman: The Story of Mary John*, Vancouver : Arsenal Pulp Press, 1997.

Morley, Alan. *Roar of the Breakers: A biography of Peter Kelly*, Toronto : Ryerson Press, 1967.

Morris, Alexander. *The treaties of Canada with the Indians of Manitoba and the North-West Territories, Including the Negotiations on which they were Based, and Other Information Relating thereto*, Saskatoon : Fifth House Publishers, 1991, publié pour la première fois par Toronto : Belfords, Clarke and Company, 1880.

Moseley, Christopher, dir. *Atlas des langues en danger dans le monde*, 2ᵉ édition, Paris : UNESCO, 2010.

Newcomb, Steven T. *Pagans in the Promised Land: Decoding the Doctrine of Christian Discovery*, Golden, Colorado : Fulcrum Publishing, 2008.

Newman, Dwight. *The Rule and Role of Law: The Duty to Consult, Aboriginal Communities, and the Canadian Natural Resource Sector*, Ottawa : MacDonald-Laurier Institute, mai 2014, http://www.macdonaldlaurier.ca/files/pdf/DutyToConsult-Final.pdf.

Newman, Morton. *Indians of the Saddle Lake Reserve*, Edmonton : Human Resources and Development Council, 1967.

Ngugi wa Thiong'o. *Dreams in a Time of War A Childhood Memoir,* Londres : Vintage Books, 2011.

Nobles, Melissa. *The Politics of Official Apologies*, Cambridge : Cambridge University Press, 2008.

Opp, James, et John C. Walsh. *Placing Memory and Remembering Place in Canada*, Vancouver : University of British Columbia Press, 2010.

Ospina, Maria, et Liz Dennett. *Systematic Review on the Prevalence of Fetal Alcohol Spectrum Disorders,* Edmonton : Institute of Health Economics, 2013.

Pagden, Anthony. *Peoples and Empires: A Short History of European Migration and Conquest from Greece to the Present*, New York : Modern Library, 2001.

Pagden, Anthony. *Spanish Imperialism and the Political Imagination: Studies in European and Spanish-American Social and Political Theory, 1513–1830*, New Haven, Connecticut : Yale University Press, 1990.

Pagden, Anthony. *The Lords of All the World: Ideologies of Empire in Spain, Britain and France c. 1500–c. 1800*, New Haven, Connecticut : Yale University Press, 1995.

Paquette, Jerry, et Gérald Fallon. *First Nations Education Policy in Canada: Progress or Gridlock*, Toronto : University of Toronto Press, 2010.

Parker, R. A. *Uprooted: The Shipment of Poor Children to Canada, 1867–1917*, Bristol, Royaume-Uni : Policy Press, 2010.

Peake, Frank A. *The Bishop Who Ate His Boots: A Biography of Isaac O. Stringer*, Toronto : Église anglicane du Canada, 1966.

Pertusati, Linda. *In Defense of Mohawk Land: Ethnopolitical Conflict in Native North America*. Albany, New York : SUNY Press, 1997.

Pettipas, Katherine. *Severing the Ties that Bind: Government Repression of Indigenous Ceremonies on the Prairies*, Winnipeg : University of Manitoba Press, 1994.

Prairie Women's Health Centre of Excellence. *Nitâpwewininân: Ongoing Effects of Residential Schools on Aboriginal Women—Towards Inter-Generational Reconciliation,* rapport final à la Commission de vérité et réconciliation du Canada, mars 2012.

Primrose, A. P. (5e comte de Rosebery). *Australian speechlets, 1883-84.*

Quassa, Paul. « We Need to Know Who We Are: The Life Story of Paul Quassa », sous la direction de Louis McComber, traduction de Letia Qiatsuk, volume 3, *Life Stories of Northern Leaders,* Iqaluit : Collège de l'Arctique du Nunavut, 2008.

Quiring, David M. *CCF Colonialism in Northern Saskatchewan: Battling Parish Priests, Bootleggers and Fur Sharks,* Vancouver : University of British Columbia Press, 2004.

Ray, Arthur J. *An Illustrated History of Canada's Native People: I have lived here since the world began,* Toronto : Key Porter, 2010.

Ray, Arthur J., Jim Miller, et Frank Tough. *Bounty and Benevolence: A History of Saskatchewan Treaties,* Montréal et Kingston : McGill-Queens University Press, 2000.

Regan, Paulette. *Unsettling the Settler Within: Indian Residential Schools, Truth Telling and Reconciliation in Canada,* Vancouver : University of British Columbia Press, 2010.

Richards, John, Jennifer Hove et Kemi Afolabi. *Understanding the Aboriginal/Non-Aboriginal Gap in Student Performance: Lessons from British Columbia,* Toronto : CD Howe Institute, 2008, http://www.cdhowe.org/pdf/commentary_276.pdf.

Rompkey, William. *The Story of Labrador,* Montréal et Kingston : McGill-Queen's University Press, 2003.

Schirch, Lisa. *Ritual and Symbol in Peacebuilding.* Bloomfield, Connecticut : Kumarian Press, 2005.

Seed, Patricia. *Ceremonies of Possession in Europe's Conquest of the New World, 1492-1640,* Cambridge, Massachusetts : Cambridge University Press, 1995.

Seixas, Peter, et Jill Colyer. « Un rapport sur la rencontre nationale du Projet de la pensée historique », 15-17 janvier 2013, http://penseehistorique.ca/sites/default/files/files/docs/HTP2013_Annual_Report_FR.pdf, (consulté le 15 avril 2015).

Shanahan, David F. *The Jesuit Residential School at Spanish: "More than Mere Talent",* Toronto : Canadian Institute of Jesuit Studies, 2004.

Sharpe, Andrew, Jean-François Arsenault, Simon Lapointe, et Fraser Cowan. *The Effect of Increasing Aboriginal Educational Attainment on the Labour Force, Output and the Fiscal Imbalance,* Ottawa : Centre d'études des niveaux de vie, 2009.

Shea, Goldie. *Les sévices infligés aux enfants placés en établissements au Canada : jurisprudence en matière criminelle,* Ottawa : Commission du droit du Canada, 1999.

Simpson, Leanne et Kiera L. Ladner, dir. *This is an Honour Song: Twenty Years Since the Blockades, an anthology of writing on the Oka crisis,* Winnipeg : Arbeiter Ring Publishing, 2010.

Simpson, Leanne. *Dancing on Our Turtle's Back: Stories of Nishnaabeg Re-Creation, Resurgence and a New Emergence,* Winnipeg : Arbeiter Ring Publishing, 2011.

Sinha, Vandna, et Nico Trocmé, Barbara Fallon, Bruce MacLaurin, Elizabeth Fast, Shelley Thomas Prokop, et coll. *Kiskisik Awasisak: Remember the Children: Understanding the Overrepresentation of First Nations Children in the Child Welfare System,* Ontario : Assemblée des Premières Nations, 2011.

Snow, John. *These Mountains are our Sacred Places: The Story of the Stoney Indians*, Toronto : Samuel Stevens, 1977.

Sport Canada. « Renouvellement de la Politique canadienne du sport, Table ronde sur le sport pour les Autochtones, Rapport de synthèse », 15 juillet 2011, https://sirc.ca/sites/default/files/content/docs/pdf/autochtones.pdf.

Sprague, D. N. *Canada's Treaties with Aboriginal People*, Winnipeg : Université du Manitoba, faculté de droit, projet sur l'histoire du droit canadien, 1991.

Standing Bear, Luther. *Souvenirs d'un chef Sioux*, Paris : Payot, 1980.

Stocken, H. W. Gibbon. *Among the Blackfoot and Sarcee*, introduction de Georgeen Barrass, Calgary : Glenbow Museum, 1976.

Sutherland, Neil. *Children in English-Canadian Society: Framing the Twentieth-Century Consensus*, Waterloo : Wilfrid Laurier University Press, 2000.

Tait, Caroline L. *Syndrome d'alcoolisation fœtale chez les peuples autochtones du Canada : examen et analyse des répercussions intergénérationnelles liées au régime des pensionnats*, Ottawa : Fondation autochtone de guérison, 2003.

Tavuchis, Nicholas. *Mea Culpa : A Sociology of Apology and Reconciliation*, Stanford : Stanford University Press, 1991.

Treaty 7 Tribal Council, Walter Hildebrandt, Sarah Carter, et Dorothy First Rider. *The True Spirit and Original Intent of Treaty 7*, Montréal et Kingston : McGill-Queens University Press, 1996.

Trudel, Marcel. *The Beginnings of New France: 1524-1663*, Toronto : McClelland and Stewart, 1973.

Usher, Jean. *William Duncan of Metlakatla: A Victorian Missionary in British Columbia*, Publications in History 9, Ottawa : Musées nationaux du Canada, 1974.

Vanderburgh, Rosamond M. *The Canadian Indian in Ontario's School Texts: A study of Social Studies textbooks, Grade 1 through 8*, Port Credit, Ontario : University Women's Club of Port Credit, groupe d'études sur les Indiens et les Esquimaux du Canada, 1968.

Venne, Sharon H., dir. *Indian Acts and Amendments 1868-1975, An Indexed Collection*, Saskatoon : Université de la Saskatchewan, Native Law Centre, 1981.

Waldram, James B. *The Way of the Pipe: Aboriginal Spirituality and Symbolic Healing in Canadian Prisons*, Peterborough (Ontario) : Broadview Press, 1997.

Waldram, James, D. Ann Herring, et T. Kue Young. *Aboriginal Health in Canada: Historical, Cultural, and Epidemiological Perspectives*, deuxième édition, Toronto : University of Toronto Press, 2006.Waldram,

Weaver, Sally M. *Making Canadian Indian Policy: The Hidden Agenda, 1968-70*, Toronto : University of Toronto Press, 1981.

Wherrett, George Jasper. *The Miracle of the Empty Beds: A History of Tuberculosis in Canada*, Toronto : University of Toronto Press, 1977.

Williams, Robert A. *Savage Anxieties: The Invention of Western Civilization*, New York : Palgrave MacMillan, 2012.

Williams, Robert A. *The American Indian in Western Legal Thought: The Discourses of Conquest*, Oxford : Oxford University Press, 1990.

Wilson, Daniel et David Macdonald. *The Income Gap Between Aboriginal Peoples and the Rest of Canada*, Ottawa : Centre canadien de politiques alternatives, 2010.

Wilson, E. F. *Missionary work among the Ojebway Indians*, London, 1886.

Wood, Ellen Meiksins. *L'empire du capital*, Montréal : Lux, 2011.

Wood, Ellen Meiksins. *L'origine du capitalisme : une étude approfondie*, Montréal : Lux, 2009.

2. Chapitres de livres et articles de périodiques

Adams, Ian. « The Indians: An Abandoned and Dispossessed People », *Weekend Magazine*, vol. 15, n° 31, (31 juillet 1965).

Alfred, Taiaiake, et Lana Lowe, « Warrior Societies in Contemporary Indigenous Communities », Mémoire de recherche pour la Commission d'enquête sur Ipperwash, 2007, http://www.attorneygeneral.jus.gov.on.ca/inquiries/ipperwash/policy_part/research/pdf/Alfred_and_Lowe.pdf, (consulté le 22 février 2015).

Anaya, S. James. « Le droit des peuples autochtones à l'autodétermination après l'adoption de la déclaration », dans *La Déclaration des droits des peuples autochtones : genèse, enjeux et perspectives de mise en œuvre*, sous la direction de Claire Charters et Rodolfo Stavenhagen, p. 186-200, Paris : L'Harmattan, 2013.

Association médicale canadienne. « Aboriginal health programming under siege, critics charge », *Journal de l'Association médicale canadienne = Canadian Medical Association Journal*, vol. 184, n 14, 2012.

Atwood, Barbara. « The Voice of the Indian Child: Strengthening the Indian Child Welfare Act Through Children's Participation », *Arizona Law Review* vol. 50, n° 1, 2008, p. 127-156.

Banner, Stuart. « Why Terra Nullius? Anthropology and Property Law in Early Australia », *Law and History Review*, vol. 23, n° 1 (printemps 2005), p. 95-132.

Barron, F. Laurie. « The Indian Pass System in the Canadian West, 1882-1935 », *Prairie Forum*, vol. 13, n° 1 (printemps 1988), p. 25-42.

Blondin-Andrew, Ethel. « New Ways of Looking for Leadership », *Leading in an Upside-Down World: New Canadian Perspectives on Leadership*, sous la direction de J. Patrick Boyer, p. 59-70, Toronto : Dundurn Press, 2003.

Boler, Megan, et Michalinos Zembylas. « Discomforting Truths: The Emotional Terrain of Understanding Difference », dans *Pedagogies of Difference: Rethinking Education for Social Change*, sous la direction de Peter Pericles Trifonas, p. 110-136, New York : Routledge Falmer, 2003.

Bolton, Stephanie. « Museums Taken to Task: Representing First Peoples at the McCord Museum of Canadian History », dans *First Nations, First Thoughts: The Impact of Indigenous Thought in Canada*, sous la direction d'Annis May Timpson, p. 145-169, Vancouver : University of British Columbia Press, 2009.

Bonta, J., Carol LaPrairie et S. Wallace-Capretta. « Risk Prediction and Re-offending: Aboriginal and non-Aboriginal Offenders », *Revue canadienne de criminologie = Canadian Journal of Criminology*, vol 39, n° 2, 1997, p. 127-144.

Borrows, John. « Wampum at Niagara: The Royal Proclamation, Canadian Legal History, and Self-Government », dans *Aboriginal and Treaty Rights in Canada: Essays on Law, Equality and Respect for Difference*, sous la direction de Michael Asch, p. 155-172. Vancouver : University of British Columbia Press, 1997.

Bougie, Evelyne et Sacha Senecal. « Registered Indian Children's School Success and Intergenerational Effects of Residential Schooling in Canada », *International Indigenous Policy Journal* vol. 1, n° 1, 2010, http://ir.lib.uwo.ca/iipj/vol1/iss1/5.

Boyer, Yvonne. « Aboriginal Health: A Constitutional Rights Analysis », *Discussion Paper Series in Aboriginal Health : Legal Issues: No. 1 Aboriginal Health: A Constitutional Rights Analysis*, Saskatoon : Native Law Centre, Ottawa, Ontario, Organisation nationale de la santé autochtone, 2003.

Brown, Judith. « Economic Organization and the Position of Women among the Iroquois », *Ethnohistory*, vol. 17 (1970), p. 151-167.

Buchanan, Rachel. « Decolonizing the Archives: The Work of New Zealand's Waitangi Tribunal », *Public History Review*, vol. 14, 2007, p. 44-63.

Bush, Peter. « How Have the Churches Lived Out Their Apologies », mémoire de recherche préparé pour la Commission de vérité et réconciliation du Canada, 2012.

Campbell, Sue. « Remembering for the Future: Memory as a Lens on the Indian Residential School Truth and Reconciliation Commission », document de travail préparé pour la Commission de vérité et réconciliation du Canada, avril 2008.

Carney, Robert. « The Grey Nuns and the Children of Holy Angels: Fort Chipewyan, 1874-1924 », *Proceedings of the Fort Chipewyan and Fort Vermilion Bicentennial Conference*, sous la direction de P. A. McCormack et R. Geoffrey Ironside, Edmonton : Boreal Institute for Northern Studies, Université de l'Alberta, 1990.

Castellano, Marlene Brant, Linda Archibald et Mike DeGagné. « Introduction : les Autochtones et la vérité sur les faits de l'histoire du Canada », dans *De la vérité à la réconciliation : transformer l'héritage des pensionnats*, sous la direction de Marlene Brant Castellano, Linda Archibald et Mike DeGagne, p. 1-10, Ottawa : Fondation autochtone de guérison, 2008.

Chartrand, Larry N. « La présence des Métis dans les pensionnats : analyse de la recherche », *Histoire et expériences des Métis et les pensionnats au Canada*, Larry N. Chartrand, Tricia E. Logan et Judy D. Daniels, p. 5-55, Ottawa : Fondation autochtone de guérison, 2006.

Clark, Penney. « Representations of Aboriginal People in English Canadian History Textbooks: Toward Reconciliation », dans *Teaching the Violent Past: History Education and Reconciliation*, sous la direction de Elizabeth A. Cole, Lanham (Maryland) : Rowman & Littlefield Publishers, Inc. 2007, p. 81-120.

Conseil en Éducation des Premières Nations. « Mémoire sur le financement de l'éducation des premières nations », Wendake (Québec) : Conseil en Éducation des Premières Nations, 2009.

Cook, Terry. « Evidence, memory, identity, and community: four shifting archival paradigms », *Archival Science: International Journal on Recorded Information*, vol. 13, n°s 2-3, 2013, p. 95-120.

Corntassel, Jeff, et coll., « Indigenous story-telling, truth-telling and community approaches to reconciliation », *ESC: English Studies in Canada*, 35.1, 2009, p. 137-159.

Côté, M. M. « *St. Albert, Cradle of the Catholic Church in Alberta* », *Canadian Catholic Historical Association Report*, vol. 32, 1965, p. 29-35.

Cradock, Gerald. « Les coûts extraordinaires et les conflits de compétence », dans *Wen : De : Nous voyons poindre la lumière du jour*, p. 193-224. Ottawa : Société de soutien à l'enfance et à la famille des Premières Nations du Canada, 2005.

Crutcher, Nicole, et Shelley Trevethan. « Étude sur les pavillons de ressourcement pour délinquants sous responsabilité fédérale au Canada », *Forum – Recherche sur l'actualité correctionnelle* 14, n° 3, 2002, p. 58-61.

Cuthand, Stan. « The Native Peoples of the Prairie Provinces in the 1920s and 1930s », *Sweet Promises: A Reader on Indian-White Relations in Canada*, sous la direction de J. R. Miller, p. 381-392, Toronto : University of Toronto Press, 1991.

De Greiff, Pablo. « The Role of Apologies in National Reconciliation Processes: On Making Trustworthy Institutions Trustworthy », dans *The Age of Apology: Facing Up to the Past*, sous la direction de Mark Gibney, Rhoda E. Howard-Hassmann, Jean-Marc Coicaud et Niklaus Steiner. Philadelphie : University of Pennsylvania Press, p. 120-136, 2008.

Driver, Felix. « Discipline Without Frontiers? Representations of the Mettray Reformatory Colony in Britain, 1840-1880 », *Journal of Historical Sociology*, vol. 3 (septembre 1990), p. 272-293.

Dumont, Alf et Roger Hutchinson. « United Church Mission Goals and First Nations Peoples », dans *The United Church of Canada: A History*, sous la direction de Don Schweitzer, p 221-238. Waterloo (Ontario) : Wilfred Laurier University Press, 2011.

Elias, Lillian. « Lillian Elias », *We Were So Far Away: The Inuit Experience of Residential Schools*, p. 47-62, Ottawa : Fondation autochtone de l'espoir, 2010.

Erickson, Lesley. « "Bury Our Sorrows in the Sacred Heart": Gender and the Métis Response to Colonialism—the Case of Sara and Louis Riel, 1848-83 », *Unsettled Pasts: Reconceiving the West through Women's History*, sous la direction de Sarah Carter, Lesley Erickson, Patricia Roome et Char Smith, p. 17-46, Calgary : University of Calgary Press, 2005.

Fingard, Judith. « The New England Company and the New Brunswick Indians, 1786-1826: A Comment on Colonial Perversion British Benevolence », *Acadiensis*, vol. 1, n° 2 (printemps 1972), p. 29-42.

Fiske, Jo-Anne. « Fishing Is Women's Business: Changing Economic Roles of Carrier Women and Men », *Native Peoples, Native Lands: Canadian Indians, Inuit and Metis*, sous la direction de Bruce Cox, p. 186-198, Ottawa : Carleton University Press, 1987.

Fletcher, Matthew. « The Origins of the Indian Child Welfare Act: A Survey of the Legislative History », *Indigenous Law & Policy Center Occasional Paper*. Michigan State University College of Law, 10 avril 2009.

Friesen, Jean. « Magnificent Gifts: The Treaties of Canada with the Indians of the Northwest 1869-1876 », *The Spirit of the Alberta Indian Treaties*, sous la direction de Richard T. Price, p. 203-213, Edmonton : University of Alberta Press, 1999.

Garneau, David. « Imaginary Spaces of Conciliation and Reconciliation », *West Coast Line*, vol. 74 (été 2012), p. 28-38.

Grant, John W. « Two-Thirds of the Revenue: Presbyterian Women and Native Indian Missions », *Changing Roles of Women within the Christian Church in Canada*, sous la direction de E. G. Muir et M. F. Whiteley, p. 99-116, Toronto : University of Toronto Press, 1995.

Gresko, Jacqueline. « Everyday Life at Qu'Appelle Industrial School », dans Études oblates de l'Ouest 2 = Western Oblate Studies 2, sous la direction de Raymond Huel, p. 71-94. Lewiston (New York) : Edwin Mellon Press, 1992.

Hare, Jan, et Barman, Jean. « Good Intentions Gone Awry: From Protection to Confinement in Emma Crosby's Home for Aboriginal Girls », *With Good Intentions: EuroCanadian and Aboriginal Relations in Colonial Canada*, sous la direction de D. Nock et C. Haig-Brown, p. 179-198, Vancouver : University of British Columbia Press, 2006.

Harris, Verne, « The Archival Sliver: Power, Memory, and Archives in South Africa », *Archival Science*, vol. 2, n°s 1-2, 2002, p. 63-86.

Hepburn, D. W. « Northern Education: Facade for Failure », *Variables: The Journal of the Sociology Club* (Université de l'Alberta), vol. 2, n° 1 (février 1963), p. 16-21.

Immordino-Yang, M.H. et Antonio Damasio. « We feel, therefore we learn: The relevance of affective and social neuroscience to education », *Mind, Brain, and Education*, vol 1, p. 3-10, 2007.

Jaenen, Cornelius J. « Education for Francization: The Case of New France in the Seventeenth Century », *Indian Education in Canada*, vol. 1, *The Legacy*, sous la direction de Jean Barman, Yvonne Hebert et Don McCaskill, Vancouver : University of British Columbia Press, 1986

James, Matt. « Wrestling with the Past: Apologies, Quasi-Apologies, and Non-Apologies in Canada », dans *The Age of Apology: Facing Up to the Past*, sous la direction de Mark Gibney, Rhoda E. Howard-Hassmann, Jean-Marc Coicaud et Niklaus Steiner, p. 137-153. Philadelphia : University of Pennsylvania Press, 2008.

Jimerson, Randall C. « Archives for All: Professional Responsibility and Social Justice », *American Archivist*, vol. 70, 2007, p. 252-281.

Johns, Robert. « A History of St Peter's Mission and of Education in Hay River, NWT Prior to 1950 », *Musk Ox*, n° 13 (1973), p. 22-32.

Johnston, Darlene. « Aboriginal Traditions of Tolerance and Reparation: Introducing Canadian Colonialism », *Le Devoir de mémoire et les politiques du pardon*, sous la direction de Micheline Labelle, Rachad Antoinius et Georges Leroux, p. 141-159, Québec : Presses de l'Université du Québec, 2005.

Kelly, Fred. « Confession d'un païen régénéré », *De la vérité à la réconciliation : transformer l'héritage des pensionnats*, sous la direction de Marlene Brant Castellano, Linda Archibald et Mike DeGagne, Ottawa : Fondation autochtone de guérison, 2008, p. 13-50.

Kelm, Mary-Ellen. « Introduction », *The Letters of Margaret Butcher: Missionary-Imperialism on the North Pacific Coast*, par Margaret Butcher, p. xi-xxxi, sous la direction de Mary-Ellen Kelm, Calgary : University of Calgary Press, 2006.

Klein, Laura. « Mother as Clanswoman: Rank and Gender in Tlingit Society », *Women and Power in Native North America*, sous la direction de Laura Klein et Lillian Ackerman, p. 28-45, Norman : University of Oklahoma Press, 1995

Krech, Shepard III. « Nutritional Evaluation of a Mission Residential School Diet: The Accuracy of Informant Recall », *Human Organization*, vol. 37 (1978), p. 186-190.

Kulchyski, Peter. « "A Considerable Unrest": F. O. Loft and the League of Indians », *Native Studies Review*, vol. 4, n°s 1 et 2 (1988), p. 95-117.

Lleweyn, Jennifer. « Dealing with the Legacy of Native Residential School Abuse in Canada: Litigation, ADR and Restorative Justice », *University of Toronto Law Journal*, vol. 52 (2002), p. 253-300.

MacKenzie, Ian. « Il y a une saison pour tout », dans *Réponse, responsabilité et renouveau : cheminement du Canada vers la vérité et la réconciliation,* sous la direction de Gregory Younging, Jonathan Dewar, et Mike DeGagne, p. 95-105, Ottawa : Fondation autochtone de guérison, 2009.

Mandryk, Murray. « Uneasy Neighbours: White-Aboriginal relations and agricultural decline », *Writing Off the Rural West: Globalization, Governments and the Transformation of Rural Communities*, sous la direction de Roger Epp et Dave Whitson, p. 205-221, Edmonton : University of Albert Press, en collaboration avec le Parkland Institute, 2001.

Mason, Courtney et Joshua Koehli. « Barriers to Physical Activity for Aboriginal Youth: Implications for Community Health, Policy and Culture », *Pimatisiwin: A Journal of Aboriginal and Indigenous Community Health* vol. 10, n° 1, 2012, p. 97-107.

McCue, Harvey. « First Nations 2nd and 3rd Level Education Services: A Discussion Paper for the Joint Working Group INAC-AFN », 2006, http://www.afn.ca/uploads/files/education/9._2006_april_harvey_mccue_first_nations_2nd_&_3rd_level_services_paper.pdf.

McKay, Stan. « Ouvrir le dialogue sur la vérité et la réconciliation — de façon positive », dans *De la vérité à la réconciliation : transformer l'héritage des pensionnats*, sous la direction de Marlene Brant Castellano, Linda Archibald et Mike DeGagne, p. 117-134, Ottawa : Fondation autochtone de guérison, 2008.

McKenzie, Brad et Pete Hudson. « Native Children, Child Welfare, and the Colonization of Native People », *The Challenge of Child Welfare*, sous la direction de Ken Levitt et Brian Wharf, p. 125-141, Vancouver : University of British Columbia Press, 1985.

Miller, John. « Ipperwash and the Media: a critical analysis of how the story was covered », rapport préparé pour les Aboriginal Legal Services of Toronto, octobre 2005, http://www.attorneygeneral.jus.gov.on.ca/inquiries/ipperwash/policy_part/projects/pdf/ALST_Ipperwash_and_media.pdf, (consulté le 28 février 2015).

Morse, Bradford W. « Indigenous human rights and knowledge in archives, museums and libraries: Some International Perspectives with specific reference to New Zealand and Canada », *Archival Science* vol. 12, n° 2, 2012, p. 113-140.

Nielson, Marianne O. « Canadian Aboriginal Healing Lodges: A Model for the United States? », *Prison Journal* vol. 83, n° 1, mars 2003, p. 67-89.

Penny, Chris. « Formal Educational Attainment of Inuit in Canada, 1981-2006 », dans *Aboriginal Education: Current Crisis and Future Alternatives*, sous la direction de Jerry P. White, et coll., p. 33-47. Toronto : Thompson Educational Publishing, 2009.

Perry, Adele. « Metropolitan Knowledge, Colonial Practice, and Indigenous Womenhood », *Contact Zones: Aboriginal and Settler Women in Canada's Colonial Past*, sous la direction de Myra Rutherdale et Katie Pickles, Vancouver : University of British Columbia Press, 2005.

Qwul'sih'yah'maht (Robina Anne Thomas). « Honouring the Oral Traditions of My Ancestors through Storytelling », dans *Research as Resistance: Critical, Indigenous, and Anti-Oppressive Approaches*, sous la direction de Leslie Brown et Susan Strega, Toronto : Canadian Scholars Press/Women's Press, 2005, p. 237-254.

Reid, Jennifer. « The Roman Catholic Foundations of Land Claims in Canada », *Historical Papers 2009: Canadian Society of Church History*, 2009, p. 5-19, http://pi.library.yorku.ca/ojs/index.php/historicalpapers/article/viewFile/39133/35490.

Renaud, André. « Indian education today », *Anthropologica*, 1958, p. 1-49.

Robertson, Kirsty. « Threads of Hope: The Living Healing Quilt Project », *ESC: English Studies in Canada* vol. 35, n° 1, mars 2009, p. 85-107.

Ruben, Abraham. « Abraham Ruben », dans *We Were So Far Away: The Inuit Experience of Residential Schools*, sous la direction de Heather L. Igloliorte. Ottawa : Legacy of Hope Foundation, 2010.

Ruiz-Casares, M., et coll. « Supervisory neglect and risk of harm. Evidence from the Canadian Child Welfare System », *Child Abuse and Neglect* vol. 36, n° 6, 2012, p. 471-480.

Sadowski, Edward G. « Preliminary report on the investigation into missing school files for the Shingwauk Indian Residential School », Collège universitaire Algoma, archive du projet Shingwauk, novembre 2006.

Schonert-Reichl, K. A. et S. Hymel. « Educating the heart as well as the mind: Social and emotional learning for school and life success », Éducation Canada = Education Canada, vol. 47, n° 2, 2007, p. 20-25.

Sheppard, Maia G. « Creating a Caring Classroom in which to Teach Difficult Histories », *The History Teacher,* vol. 43, n° 3, mai 2010, p. 411-426.

Simon, Roger. « Towards a Hopeful Practice of Worrying: The Problematics of Listening and the Educative Responsibilities of Canada's Truth and Reconciliation Commission », *Reconciling Canada: Critical Perspectives on the Culture of Redress,* sous la direction de Jennifer Henderson et Pauline Wakeham, Toronto : University of Toronto Press, 2013, p. 129-142.

Sinha, V., et A. Kozlowski. « The Structure of Aboriginal Child Welfare in Canada », *International Indigenous Policy Journal,* vol. 4, n° 2 (2013), article 2, http://ir.lib.uwo.ca/iipj/vol4/iss2/2.

Sison, Marites N. « Primate's Commission begins work », *Anglican Journal,* 2 mai 2014, http://www.anglicanjournal.com/articles/primate-s-commission-begins-work.

Sluman, Norma. « The Text Book Indian », *Toronto Education Quarterly,* vol. 5, n° 3 (1967).

Smylie, J. « A Review of Aboriginal Infant Mortality Rates in Canada: Striking and Persistent Aboriginal/Non-Aboriginal Inequities », *Revue canadienne de santé publique = Canadian Journal of Public Health,* vol. 101, n° 2 (2010), p. 143-148.

Stanley, George F. G. « Alberta's Half-Breed Reserve Saint-Paul-des Métis, 1896–1909 », *The Other Natives: The Metis,* vol. 2, sous la direction de A. S. Lussier et D. B. Sealey, p. 75–107, Winnipeg : Manitoba Metis Federation Press, 1978.

Stanton, Kim. « Canada's Truth and Reconciliation Commission: Settling the Past? », *International Indigenous Policy Journal* vol. 2, n° 3, 2011, p. 1 18. http://ir.lib.uwo.ca/cgi/viewcontent.cgi?article=1034&context=iipj.

Stevenson, Winona. « The Red River Indian Mission School and John West's "Little Charges" 1820-1833 », *Native Studies Review,* vol. 4, n°s 1 et 2 (1988), p. 129-165.

Stonechild, Blair. « The Indian View of the 1885 Uprising », *Sweet Promises: A reader on Indian-White Relations in Canada,* sous la direction de J. R. Miller, p. 259-276, Toronto : University of Toronto Press, 1991.

Taylor, J. Garth. « Northern Algonquians on the Frontiers of "New Ontario" 1890-1945 », *Aboriginal Ontario: Historical Perspectives on the First Nations,* sous la direction de Edward S. Rogers et Donald B. Smith, Toronto : Dundurn Press, 1994.

Taylor, John Leonard. « Canada's Northwest Indian Policy in the 1870s: Traditional Premises and Necessary Innovations », *The Spirit of the Alberta Indian Treaties,* sous la direction de Richard T. Price, p. 3-7, Edmonton : University of Alberta Press, 1999.

Te Hiwi, Braden P. « "What is the Spirit of this Gathering?" Indigenous Sport Policy-Makers and Self-Determination in Canada », *The International Indigenous Policy Journal,* vol. 5, n° 4, octobre 2014, p. 1-16.

Thomas, Robina Anne (Qwul'sih'yah'maht). « Honouring the Oral Traditions of My Ancestors through Storytelling », *Research as Resistance: Critical, Indigenous, and Anti-Oppressive Approaches,* sous la direction de Leslie Brown et Susan Strega, p. 237-254, Toronto : Canadian Scholars Press/Women's Press, 2005.

Tobias, John L. « Protection, Civilization, Assimilation: An outline History of Canada's Indian Policy », *Sweet Promises: a reader on Indian-white relations in Canada*, sous la direction de J. R. Miller, Toronto : University of Toronto Press, 1991.

Upton, L. F. S. « The Origins of Canadian Indian Policy », *Revue d'études canadiennes = Journal of Canadian Studies*, vol. 8, n° 4 (novembre 1973), p. 51-60.

Valaskakis, Gail Guthrie. « Rights and Warriors: Media Memories and Oka », dans *Indian Country: Essays on Contemporary Native Culture*, sous la direction de Gail Guthrie Valaskakis, p. 35-65, Waterloo : Wilfred Laurier University Press, 2005.

Van Camp, Rosa. « Bishop Paul Piché », *Arctic Profiles*, vol. 42, n° 2 (1989), p. 168-170.

Van Erven, Eugene et Kate Gardner. « Performing Cross-Cultural Conversations: Creating New Kinships through Community Theatre », dans *Acting Together: Performance and the Creative Transformation of Conflict. Vol. 2 : Building Just and Inclusive Communities*, sous la direction de Cynthia E. Cohen, Roberto Gutierrez Varea et Polly O. Walker, Oakland (Californie) : New Village Press, 2011, p. 9-41.

Wien, Fred, Cindy Blackstock, John Loxley et Nico Trocmè. « Keeping First Nations Children at Home: A Few Federal Policy Changes could make a Big Difference », *First Peoples Child and Family Review* vol. 3, n° 1, 2007, p. 10-14.

Wilk, Piotr, Jerry P. White et Éric Guimond. « Métis Educational Attainment », dans *Aboriginal Education: Current Crisis and Future Alternatives,* sous la direction de Jerry P. White et coll., p. 49-67, Toronto : Thompson Educational Publishing, 2009.

Wilson, Ian E. « Peace, Order and Good Government: Archives in Society », *Archival Science: International Journal on Recorded Information* vol. 12, n° 2, 2012, p. 235-244.

Wolfe, Patrick. « Settler Colonialism and the Elimination of the Native », *Journal of Genocide Research*, vol. 8, n° 4 (2006), p. 387-409.

3. Journaux et médias électroniques

Aboriginal Peoples' Television Network. « Cree Community Bans FNs Spirituality », 17 janvier 2011, http://aptn.ca/news/2011/01/17/crees-ban-sweat-lodges-fns-spirituality-from-community/.

Adams, Ian. « The Lonely Death of Charlie Wenjack », *Maclean's*, février 1967, p. 30-44.

BasicNews.ca. « Two-Row Wampum Centers Idle No More Toronto Rally, Not the Royal Proclamation », 9 octobre 2013, http://basicsnews.ca/2013/10/two-row-wampum-centers-idle-no-more-toronto-rally-not-the-royal-proclamation/.

Brantford Expositor. « Damages for Plaintiff in Miller vs. Ashton Case », 1er avril 1914.

Brean, Joseph. « "Reconciliation" with First Nations, Not the Charter of Rights & Freedoms, Will Define the Supreme Court in Coming years, Chief Justice Says », *National Post*, 13 mars 2014, http://news.nationalpost.com/2014/03/13/reconciliation-with-first-nations-not-the-charter-of-rights-freedoms-will-define-the-supreme-court-in-coming-years-chief-justice-says/.

Brent Jang. « Gas Exports from B.C. Seen as Key to Reviving Pipeline », *Globe and Mail*, 2 février 2014, http://www.theglobeandmail.com/report-on-business/industry-news/energy-and-resources/gas-exports-from-bc-said-key-to-reviving-pipeline/article16657138/.

CBC News, Manitoba. « Teacher Seeks Healing Through Truth Commission », 18 juin 2010, http://www.cbc.ca/news/canada/manitoba/story/2010/06/18/mb-truth-reconciliation-healing-teachers-winnipeg.html.

CBC News. « 6 Landmark Rulings on Native Rights », 8 janvier 2013, http://www.cbc.ca/news/canada/6-landmark-rulings-on-native-rights-1.1316961.

CBC News. « Civilization Museum Now the Canadian Museum of History » 12 décembre 2013, http://www.cbc.ca/news/canada/ottawa/civilization-museum-now-the-canadian-museum-of-history-1.2461738.

CBC News. « Ex-residential school worker convicted of abusing boys », 5 novembre 2013, http://www.cbc.ca/news/canada/saskatchewan/ex-residential-school-worker-convicted-of-abusing-boys-1.2415810.

CBC News. « Murdered and Missing Aboriginal Women Deserve Inquiry, Rights Group Says », 12 janvier 2015, http://www.cbc.ca/news/politics/murdered-and-missing-aboriginal-women-deserve-inquiry-rights-group-says-1.2897707.

CBC News. « Nun guilty in residential school assaults », 28 décembre 1998, http://www.cbc.ca/news/canada/nun-guilty-in-residential-school-assaults-1.166827.

CBC News. « Paul Leroux gets 3 years for residential school abuse », 12 décembre 2013, http://www.cbc.ca/news/canada/saskatoon/paul-leroux-gets-3-years-for-residential-school-abuse-1.2461629.

CBC News. « Pope Expresses 'Sorrow' for Abuse at Residential Schools », 29 avril 2009, http://www.cbc.ca/news/world/pope-expresses-sorrow-for-abuse-at-residential-schools-1.778019.

CBC News. « Residential School Day Scholars Launch Class-action Lawsuit », 16 août 2012, http://www.cbc.ca/news/canada/british-columbia/residential-school-day-scholars-launch-class-action-lawsuit-1.1146607.

CBC News. « Sixties Scoop Case Moves Forward as Class-action Lawsuit », 3 décembre 2014, http://www.cbc.ca/news/canada/thunder-bay/sixties-scoop-case-moves-forward-as-class-action-lawsuit-1.2859332.

CBC News. « Women's Memorial March in Vancouver Attracts Hundreds », 14 février 2015, http://www.cbc.ca/news/canada/british-columbia/womens-memorial-march-in-vancouver-attracts-hundreds-1.2957930.

Coates, Ken S. « Aboriginal Women Deserve Much More than an Inquiry », *National Post*, 16 février 2015, http://news.nationalpost.com/2015/02/16/ken-s-coates-aboriginal-women-deserve-much-more-than-an-inquiry/.

Daily News (Halifax). « Bernard's Lawsuit helped natives nationwide », 30 décembre 2007, http://www.canada.com/story_print.html?id=983a8b88-a8ac-4e09-9e5c-b2c0e207ac3d.

Edmiston, Jake. « Indian Residential Schools or Settler Colonial Genocide? Native Group Slams Human Rights Museum Over Exhibit Wording », *National Post*, 8 juin 2013, http://news.nationalpost.com/news/canada/indian-residential-schools-or-settler-colonial-genocide.

Edmonton Journal. « Deaths of Alberta Aboriginal Children in Care no «Fluke of Statistics» », 8 janvier 2014, http://www.edmontonjournal.com/life/Deaths+Alberta+aboriginal+children+care+fluke+statistics/9212384/story.html.

Edmonton Journal. « Demolition of former residential school called for to put bad memories to rest », 13 août 1998.

Edmonton Journal. « Indians will operate Blue Quills School », 1er août 1970.

Edmonton Journal. « Nun forced native students to eat their own vomit », 25 juin 1999.

Edwards, Peter. « "This is about reuniting a family, even in death" », *Toronto Star*, 4 mars 2011, http://www.thestar.com/news/gta/2011/03/04/this_is_about_reuniting_a_family_even_in_death.html.

Edwards, Peter. « Star gets action: Charlie Hunter headed home », *Toronto Star*, 24 mars 2011, http://www.thestar.com/news/gta/2011/03/24/star_gets_action_charlie_hunter_headed_home.html.

Gazette: Law Society of Upper Canada. « Law Society Throws Support Behind Reconciliation Initiatives », 11 décembre 2014, http://www.lawsocietygazette.ca/news/law-society-throws-support-behind-reconciliation-initiatives/.

Gleeson, Richard. « Four years for sex assault », Northern News Services, 8 août 1997, http://www.nnsl.com/frames/newspapers/1997-08/aug8_97jail.html.

Hale, Alan S. « Treaty 3 Holds Commemoration Ceremony for Survivors of District Residential School System », *Kenora Daily Miner and News*, 25 mars 2014.

Hunter, Carrie. « Education Centre set to re-open », *Prince Albert Herald*, 15 octobre 1997.

Indian Country Today Media Network. « Christian Crees Tear Down Sweat Lodge », 7 février 2011, http://indiancountrytodaymedianetwork.com/2011/02/07/christian-crees-tear-down-sweat-lodge-15500.

Kenora Miner and News. « 2 boys died from exposure », 18 décembre 1970.

Kenora Miner and News. « Inquest hears tragic tale of runaway boy », 18 novembre 1966.

Kinew, Wab. « It's the Same Great Spirit », *Winnipeg Free Press*, 22 octobre 2012, http://www.winnipegfreepress.com/local/its-the-same--great-spirit-175193351.html.

LaRose, Stephen. « Wrecker's ball claims White Calf Collegiate », *Saskatchewan Sage* vol. 3, n° 8, 1999, http://www.ammsa.com/publications/saskatchewan-sage/wreckers-ball-claims-white-calf-collegiate-0.

Lavoie, Judith. « Paintings Bear Witness to Residential Schools' Harsh Life », *Victoria Times-Colonist*, 31 mars 2013.

Lee, Jeff. « Tsilhqot'in Nation Strikes Conciliatory Note with Municipalities », *Vancouver Sun*, 24 septembre 2014.

Lewis, Jeff. « Northwest Territories Eyes Revival of Mackenzie Valley Pipeline Project », *Financial Post*, 11 juin 2013, http://business.financialpost.com/2013/06/11/northwest-territories-eyes-revival-of-mackenzie-valley-pipeline-project/?__lsa=c5d4-608a.

Lewis, Jeff. « TransCanada CEO Says Canada Needs to Resolve Conflicts over Pipelines », *Globe and Mail*, 4 février 2015, http://www.theglobeandmail.com/report-on-business/economy/transcanada-ceo-says-canada-needs-to-resolve-conflicts-over-pipelines/article22798276/.

MacDonald, Michael. « Shale Gas Conflict in New Brunswick Underscores Historical Grievances, Rights of First Nations », *Toronto Star*, 25 décembre 2013, http://www.thestar.com/news/canada/2013/12/25/shale_gas_conflict_in_new_brunswick_underscores_historic_grievances_rights_of_first_nations.html.

Mehta, Diana. « "Sixties Scoop" Class-action Lawsuit to Proceed », La Presse canadienne, 4 décembre 2014, http://www.ctvnews.ca/canada/60s-scoop-class-action-lawsuit-to-proceed-1.2132317.

Moore, Dene. « Federal Appeal Court Gives Ok on Hearing First Nations' Day-school Suit », La Presse canadienne, 4 mars 2014, http://www.ctvnews.ca/canada/federal-appeal-court-gives-ok-on-hearing-first-nations-day-school-suit-1.1713809.

Ostrem, Dawn. « Back to court: Paul Leroux challenges convictions, sentence », Northern News Services, 26 juin 1997, http://www.nnsl.com/frames/newspapers/2000-06/jun26_00back.html.

Pigott, Catherine. « The Leadership Factory: Grandin College never turned out a priest or a nun, but it produced an elite North of 60 », *National Post*, 4 décembre 1999.

Porter, Jody. « Remains Found Near Residential School Are «Non-human" », CBC News, 12 juillet 2012, http://www.cbc.ca/news/canada/thunder-bay/remains-found-near-residential-school-are-non-human-1.1249599.

Ratuski, Andrea. « Residential School Art Series Awarded to U of M », CBC News, 24 septembre 2013, http://www.cbc.ca/news/canada/manitoba/scene/residential-school-art-series-awarded-to-u-of-m-1.1865994.

Raven, Andrew. « Grollier Hall supervisor sentenced », Northern News Services, 20 août 2004, http://www.nnsl.com/frames/newspapers/2004-08/aug20_04crt.html.

Rees, Ann. « Priest's victims admit sexual abuse », *The Province* (Vancouver), 19 juillet 1989.

Rennie, Steve. « Idle No More Protestors Mark 25th Anniversary of Royal Proclamation », Canadian Press, 7 octobre 2013, http://www.thestar.com/news/canada/2013/10/07/idle_no_more_protesters_mark_250th_anniversary_of_royal_proclamation.html.

Salinas, Eva. « Four-year hunt ends in arrest », *Globe and Mail*, 3 août 2006. http://www.theglobeandmail.com/news/national/four-year-hunt-ends-in-arrest/article713735/.

Saskatoon Star-Phoenix. « Former Students File Suit Over Sexual, Physical Abuse », 26 novembre 1996.

Schwartz, Daniel, et Mark Gollom. « NB Fracking Protests and the Fight for Aboriginal Rights », CBC News, 19 octobre 2013, http://www.cbc.ca/news/canada/n-b-fracking-protests-and-the-fight-for-aboriginal-rights-1.2126515.

Steel, Debora. « Alberni Residential Students Reunited With Childhood Art », *Ha-Shilth-Sa*, 2 avril 2013. http://www.hashilthsa.com/news/2013-04-03/alberni-indian-residential-students-reunited-childhood-art.

Struzik, Ed. « Priest's sordid past shocks parish: Father Houston was declared dangerous sex offender, sent to prison in 1962 », *Edmonton Journal*, 6 juin 2002.

Taylor, Glenn. « Arrest in Grollier Hall sex case: Former boys supervisor faces 32 counts of sexual assault on his student », Northern News Services, 16 juin 1997, http://www.nnsl.com/frames/newspapers/1997-06/jun16_97sex.html.

Taylor, Glenn. « Grollier man pleads not guilty to sex offences », Northern News Services, 28 novembre 1997, http://www.nnsl.com/frames/newspapers/1997-11/nov28_97sex.html.

Thompson, Roxanna. « Dehcho Hall to close its doors », Northern News Services, 26 janvier 2009, http://www.nnsl.com/frames/newspapers/2009-01/jan26_09h.html.

Université de Winnipeg. « UWinnipeg Healing Quilt Gifted to TRC Commissioners », 17 juin 2010, http://www.uwinnipeg.ca/index/uw-news-action/story.364/title.uwinnipeg-healing-quilt-gifted-to-trc-commissioners-.

Université du Manitoba. « Historic Agreement Signed on National Aboriginal Day », 21 juin 2013, http://umanitoba.ca/news/blogs/blog/2013/06/21/historic-agreement-signed-on-national-aboriginal-day/.

Vancouver Province. « Historic Children's Paintings on Display at the BC National Event Learning Centre », 15 septembre 2013, http://www.theprovince.com/entertainment/Historic+children+paintings/8914210/story.html.

Vancouver Sun. « School sex assaults bring jail », 4 octobre 1996.

Victoria Times–Colonist. « Former employee of residential school jailed for sex abuses », 24 janvier 2004.

Windspeaker. « Man sentenced to five years for sexually assaulting Native girls », vol. 12, n° 20 (1995), http://www.ammsa.com/publications/windspeaker/man-sentenced-five-years-sexually-assaulting-native-girls.

Winnipeg Free Press. « Find Body of Indian Girl, Long Missing », 17 avril 1930.

Winnipeg Free Press. « Missing Birtle Girl Is Not Yet Found », 28 mars 1930.

4. Sources en ligne

Amnistie internationale Canada, et coll. « Le Canada profite de la Conférence mondiale pour continuer ses attaques injustifiables contre la Déclaration des Nations Unies sur les droits des peuples autochtones », 24 septembre 2014, http://www.fns.bc.ca/pdf/Joint_Public_Statement_re_Canada_attack_on_UNDRIP_Sept_24_2014.pdf, (consulté le 17 mars 2015).

Belcourt, Christi. Discours prononcé lors de la cérémonie de dévoilement du vitrail sur la Colline du Parlement, à Ottawa (Ontario), le 26 novembre 2012, https://www.aadnc-aandc.gc.ca/fra/1370613921985/1370613942308.

Centre international pour la justice transitionnelle. « Canada TRC Youth Retreat » (vidéo), http://vimeo.com/26397248, (consulté le 2 mars 2015).

Centre international pour la justice transitionnelle. « ICTJ Program Report: Children and Youth », 2 août 2013, http://www.ictj.org/news/ictj-program-report-children-and-youth.

Centre international pour la justice transitionnelle. « Our Legacy, Our Hope » (vidéo), 20 juin 2012, http://www.youtube.com/watch?v=Xz2SUV0vFCI.

Centre international pour la justice transitionnelle. « Strengthening Indigenous Rights through Truth Commissions: A Practitioner's Resource », 2012, https://www.ictj.org/sites/default/files/ICTJ-Truth-Seeking-Indigenous-Rights-2012-English.pdf.

Centre international pour la justice transitionnelle. « Youth Reporters Tell the Story of Residential Schools », 18 novembre 2011, http://ictj.org/news/youth-reporters-tell-story-residential-schools.

Conférence des évêques catholiques du Canada. « La justice comme un fleuve puissant : mémoire présenté à la Commission royale d'enquête sur les peuples autochtones », 8 novembre 1993, http://www.cccb.ca/site/images/stories/pdf/la_justice_comme_un_fleuve_puissant.pdf, (consulté le 22 mars 2015).

Conseil autochtone catholique du Canada. « Mandat », http://www.cccb.ca/site/frc/commissions-comites-et-conseil-autochtone/conseil-autochtone/conseil-autochtone-catholique-du-canada, (consulté le 22 mars 2015).

Conseil œcuménique des Églises. Déclaration sur la doctrine de la découverte et son incidence durable sur les peuples autochtones, Comité exécutif du COE, 14-17 février 2012, Bossey (Suisse), http://www.oikoumene.org/en/resources/documents/executive-committee/bossey-february-2012/statement-on-the-doctrine-of-discovery-and-its-enduring-impact-on-indigenous-peoples, (consulté le 20 mars 2015).

Église anglicane du Canada. « A Message to the Church Concerning the Primate's Commission on Discovery, Reconciliation and Justice », http://www.anglican.ca/primate/communications/commission-on-discovery-reconciliation-justice/, (consulté le 20 mars 2015).

Église anglicane du Canada. « A New Agape: Plan of Anglican work in support of a new partnership between Indigenous and non-Indigenous Anglicans », http://www.anglican.ca/about/ccc/acip/a-new-agape/, (consulté le 22 mars 2015).

Église anglicane du Canada. « Learning to call one another friends: The Primate's Commission on Discovery, Justice and Reconciliation, June 2014 », http://www.anglican.ca/primate/files/2014/06/PCDRJ_June2014_Update.pdf, (consulté le 20 mars 2015).

Église anglicane du Canada. Mission et relations de justice. « Truth and Reconciliation », http://www.anglican.ca/relationships/trc.

Église anglicane du Canada. Synode général 2008, « Bishop Horden Memorial School, Moose Factory Island, ON », http://www.anglican.ca/relationships/histories/bishop-horden, (consulté le 4 avril 2015).

Église anglicane du Canada. Synode général 2010. « Resolution A086 R1: Repudiate the Doctrine of Discovery », http://archive.anglican.ca/gs2010/resolutions/a086/, (consulté le 19 mars 2015).

Église presbytérienne du Canada. General Assembly Referral 2013. « Aboriginal Spirituality—A Theological Framework For », http://presbyterian.ca/?wpdmdl=779&&ind=16, (consulté le 22 mars 2015).

Église presbytérienne du Canada. « Indian Residential Schools. Photographs from The Presbyterian Church in Canada Archives », http://www.presbyterianarchives.ca/RS%20-%20Home%20Page.html.

Église presbytérienne du Canada. « Presbyterian Statement on Aboriginal Spiritual Practices », https://ecumenism.net/2015/01/presbyterian-statement-on-aboriginal-spiritual-practices.htm, (consulté le 17 mars 2015).

Église presbytérienne du Canada. *The Confession of the Presbyterian Church in Canada as Adopted by the General Assembly,* 9 juin 1994, http://presbyterian.ca/?wpdmdl=92&, (consulté le 27 octobre 2014).

Église Unie du Canada. « Affirming Other Spiritual Paths », http://www.united-church.ca/files/aboriginal/schools/affirming-other-spiritual-paths.pdf, (consulté le 17 mars 2015).

Église Unie du Canada. Direction du Conseil général, 24-26 mars 2012, « Addendum H : Covenanting for Life », http://www.united-church.ca/files/general-council/gc40/addenda_2012-03-2426_executive.pdf, (consulté le 22 mars 2015).

Église Unie du Canada. Direction du Conseil général, « Faits saillants de la réunion », 24-26 mars , http://www.united-church.ca/fr/files/general-council/gc40/gce_1203_highlights.pdf, (consulté le 20 mars 2015).

Église Unie du Canada. « Excuses aux anciens lèves des pensionnats amérindiens de l'Église Unie, à leurs familles et à leurs communautés », octobre 1998, http://www.united-church.ca/fr/beliefs/policies/1998/a623, (consulté le 27 octobre 2014).

Église Unie du Canada. « Living Faithfully in the Midst of Empire: Report to the 39th General Council 2006 », http://www.united-church.ca/files/economic/globalization/report.pdf,(consulté le 22 mars 2015).

Église Unie du Canada. Projet d'archives sur les pensionnats, « The Children Remembered », http://thechildrenremembered.ca/.

Église Unie du Canada. « Residential Schools Update », janvier 2012, http://develop.united-church.ca/files/communications/newsletters/residential-schools-update_120101.pdf, (consulté le 15 avril 2015).

Église Unie du Canada. « Reviewing Partnership in the Context of Empire », 2009, http://www.gc41, ca/sites/default/files/pcpmm_empire.pdf, (consulté le 22 mars 2015).

Fast, Vera K. « Amelia Le Sueur (Yeomans) », *Dictionnaire biographique du Canada* en ligne, http://www.biographi.ca/fr/bio.php?BioId=41653, (consulté le 26 mai 2013).

Gresko, Jacqueline. « Paul Durieu », *Dictionnaire biographique du Canada* en ligne, http://www.biographi.ca/fr/bio/durieu_paul_12E.html, (consulté le 31 août 2014).

Hiltz, Fred. « A Step Along the Path: Apology by Archbishop Fred Hiltz », 6 août 1993, http://www.anglican.ca/relationships/files/2011/06/Apology-French.pdf, (consulté le 27 octobre 2014).

Institute for Women's and Gender Studies, Université de Winnipeg. « TRC Quilting Project: Education and Art », http://www.iwgs.ca/projects-a-publications/projects/118-healing-quilt-project-winter-2010.

International Coalition of Sites of Conscience. http://www.sitesofconscience.org/fr/.

Littlechild, commissaire Wilton. Allocution prononcée lors de la cérémonie de dévoilement du vitrail à la Colline du Parlement, à Ottawa, le 26 novembre 2012, https://www.aadnc-aandc.gc.ca/fra/1370615213241/1370615618980.

Manitoba Historical Society. « Memorable Manitobans: Robert Alexander Hoey (1883-1965) », http://www.mhs.mb.ca/docs/people/hoey_ra.shtml, (consulté le 21 décembre 2013).

McCullough, Alan B. « Peyasiw-awasis » (Thunderchild, connu aussi sous le nom de Kapitikow, ce qui signifie « celui qui produit le son »), *Dictionnaire biographique du Canada* en ligne, (consulté le 19 février 2015), http://www.biographi.ca/fr/bio/peyasiw_awasis_15E.html.

Missionnaires oblats de Marie Immaculée. « An Apology to the First Nations of Canada by the Oblate Conference of Canada », 24 juillet 1991, http://www.cccb.ca/site/images/stories/pdf/oblate_apology_english.pdf, (consulté le 27 octobre 2014).

Mullin, rév. Margaret (Thundering Eagle Woman). « We are One in the Spirit », dans *The Presbyterian Church in Canada, We are One in the Spirit: Liturgical Resources*, p. 28, 2010, http://presbyterian.ca/healing/.

Musée canadien pour les droits de la personne. Président-directeur général Stuart Murray. Allocution prononcée à l'événement « 2017 débute maintenant », 3 mai 2013, https://droitsdelapersonne.ca/a-propos-du-musee/nouvelles/allocution-prononcee-par-president-directeur-general-stuart-murray, (consulté le 15 avril 2015).

Musée canadien pour les droits de la personne. Président-directeur général Stuart Murray. « Allocution prononcée au forum sur le Centre national de recherche de la Commission de vérité et réconciliation », Vancouver (C.-B.), 3 mars 2011, https://droitsdelapersonne.ca/a-propos-du-musee/nouvelles/allocution-prononcee-par-president-directeur-general-stuart-murray-au-4.

Musée canadien pour les droits de la personne. Président-directeur général Stuart Murray. « Utilisation du terme "génocide" pour décrire le traitement des peuples autochtones du Canada », 26 juillet 2013, https://droitsdelapersonne.ca/node/1274.

Nation Onondaga. « Oren Lyons Presents at U.N. 5/15/14 », http://www.onondaganation.org/news/2014/oren-lyons-presents-at-u-n-51514/, (consulté le 21 mars 2015).

Réconciliation Canada. Allocution de Bernice King à la Marche pour la réconciliation (vidéo), Archive du mois de septembre 2013, http://reconciliationcanada.ca/2013/09/.

Réconciliation Canada. « City of Vancouver Council Unanimously Support City of Reconciliation Framework », http://reconciliationcanada.ca/city-of-vancouver-council-unanimously-support-city-of-reconciliation-framework/.

Réconciliation Canada. « "Elders' Statement. A Shared Tomorrow », http://reconciliationcanada.ca/explore/elders-statement/.

Smith, rév. Robert. « Apology to First Nations People », 31e Conseil général de l'Église Unie du Canada, 1986, http://www.united-church.ca/beliefs/policies/1986/a651, (consulté le 23 octobre 2014).

Sœurs bénédictines de Mount Angel. « About Us: A Brief History of the Benedictine Sisters of Mt. Angel », http://www.benedictine-srs.org/history.html, (consulté le 12 juin 2014).

Sommet des Premières Nations. « Royal Proclamation still relevant on 250th Anniversary », 2013, http://www.fns.bc.ca/pdf/FNS_Op-ed_re_250th_anniver_of_Royal_Proclamation_10_07_13.pdf, (consulté le 5 décembre 2014).

Treaty Relations Commission of Manitoba. « Public Education/Learning Centre », http://www.trcm.ca/public-education/learning-centre/.

Wiebe, Rudy. « Mistahimaskwa », dans le *Dictionnaire biographique du Canada* en ligne, http://www.biographi.ca/fr/bio/mistahimaskwa_11E.html, (consulté le 14 juillet 2014).

Ville de Vancouver. « Framework for City of Reconciliation », rapport du gestionnaire municipal au conseil municipal de Vancouver, 18 septembre 2014, http://former.vancouver.ca/ctyclerk/cclerk/20141028/documents/rr1.pdf.

5. Thèses et mémoires

Brandak, George Michael. « A Study of Missionary Activity in the Diocese of Athabasca, 1884-1903 », mémoire de maîtrise, Université Waterloo Lutheran, 1972.

Braun, Connie. « Colonization, Destruction, and Renewal: Stories from Aboriginal Men at the Pe' Sakastew Centre », mémoire de maîtrise, Département de sociologie, Université de la Saskatchewan, 1998.

Callahan, Ann B. « On Our Way to Healing: Stories from the Oldest Living Generation of the File Hills Indian Residential School », mémoire de maîtrise, Université du Manitoba, 2002.

Carney, Robert. « Relations in Education Between the Federal and Territorial Governments and the Roman Catholic Church in the Mackenzie District, Northwest Territories, 1867-1961 », thèse de doctorat, Université de l'Alberta, 1971.

Cooper-Bolam, Trina. « Healing Heritage: New Approaches to Commemorating Canada's Indian Residential School System », mémoire de maîtrise, Université Carleton, 2014.

Foran, Timothy Paul. « "Les Gens de cette place": Oblates and the Evolving Concept of Métis at Île-à-la-Crosse, 1845-1898 », thèse de doctorat, Université d'Ottawa, 2011.

Gresko, Jacqueline Kennedy. « Gender and Mission: The Founding Generations of the Sisters of Saint Ann and the Oblates of Mary Immaculate in British Columbia 1858-1914 », thèse de doctorat, Université de la Colombie-Britannique, 1999.

Gull, Norman Andrew. « The "Indian Policy" of the Anglican Church of Canada from 1945 to the 1970s », mémoire de maîtrise, Université Trent, 1992.

Kennedy, Jacqueline. « Qu'Appelle Industrial School. White "Rites" for the Indians of the Old North-West », mémoire de maîtrise, Université Carleton, 1970.

Persson, Diane Iona. « Blue Quills: A Case Study of Indian Residential Schooling », thèse de doctorat, Université de l'Alberta, 1980.

Pettit, Jennifer Lorretta. « "To Christianize and Civilize": Native Industrial Schools in Canada », thèse de doctorat, Université de Calgary, 1997.

Wasylow, Walter Julian. « History of Battleford Industrial School for Indians », mémoire de maîtrise en éducation, Université de la Saskatchewan, 1972.

Notes

Introduction

1. Pour la coercition, voir : Ray, *Illustrated History*, p. 151-152. Pour la fraude, voir : Upton, « Origins of Canadian Indian Policy », p. 56. Pour l'absence de mise en œuvre des traités, voir : Sprague, *Canada's Treaties with Aboriginal People*, p. 13. Pour la saisie des terres sans traité, voir : Fisher, *Contact and Conflict*.
2. Pour des exemples survenus en Saskatchewan, voir : Miller, *Skyscrapers Hide the Heavens*, p. 222; Stonechild, « Indian View », p. 263; Wiebe, « Mistahimaskwa », http://www.biographi.ca/fr/bio/mistahimaskwa_11E.html (consulté le 14 juillet 2014).
3. Barron, « Indian Pass System ».
4. Pour un exemple, voir : *Acte pour amender et refondre les lois concernant les Sauvages*, Statuts du Canada 1880, chapitre 28, article 72, reproduit dans Venne, *Indian Acts*, p. 75.
5. Pour des exemples, voir Brown, « Economic Organization and the Position of Women »; Fiske, « Fishing Is Women's Business »; Klein, « Mother as Clanswoman ».
6. *Acte pourvoyant à l'émancipation graduelle des Sauvages*, Statuts du Canada 1869, chapitre 6, reproduit dans Venne, *Indian Acts*, p. 11.
7. Pour un exemple, voir : *Acte à l'effet de modifier de nouveau « l'Acte relatif aux Sauvages, 1880 »*, Statuts du Canada 1884, chapitre 27, article 3, reproduit dans Venne, *Indian Acts*, p. 93.
8. Canada, Débats de la Chambre des communes (9 mai 1883), p. 1175-1176.
9. Bibliothèque et Archives Canada, RG10, volume 6810, dossier 470-2-3, volume 7, Témoignage de D. C. Scott devant le Comité spécial de la Chambre des communes sur les modifications à la *Loi sur les Indiens* de 1920, (L-2)(N-3).
10. Canada, « La politique indienne du Gouvernement du Canada », p. 21-22 d'un document PDF de 26 pages.
11. Canada, Rapport annuel du ministère des Affaires indiennes, 1931, p. 60.
12. Convention de règlement relative aux pensionnats indiens – site Web officiel des tribunaux, http://www.residentialschoolsettlement.ca/french/french.html (consulté le 5 février 2015).
13. Premier ministre Stephen Harper, Présentation des excuses aux anciens élèves des pensionnats indiens, 11 juin 2008, http://www.aadnc-aandc.gc.ca/fra/1100100015644/1100100015649.
14. CVR, ARN, Bibliothèque et Archives Canada, RG10, volume 7936, dossier 32-104, J. W. House à G. H. Gooderham, 26 janvier 1942. [OLD-004156-0001]
15. Canada, Comité spécial mixte, 27 mai 1947, p. 36.
16. Canada, Comité spécial mixte, 29 mai 1947, p. 15.
17. CVR, ARN, Archives de l'Église presbytérienne au Canada, Toronto (Ontario), archive 1988-7004, boîte 46, dossier 1, pensionnat indien Cecilia Jeffrey, J. C. E. Andrews, 1953, p. 36. [NCA-009046]

18. CVR, ARN, AINC — Secteur de la résolution — Collection des dossiers historiques des pensionnats indiens — Ottawa, dossiers GRS, boîte 1A, dossier 43, Albert Southard, 8 mars 1957. [IRC-040039]
19. Renaud, « Indian Education Today », p. 30.
20. CVR, DAV, Alma Mann Scott, déclaration devant la Commission de vérité et réconciliation du Canada, Winnipeg (Manitoba), 17 juin 2010, numéro de déclaration : 02-MB-16JU10-016.
21. Pour en savoir plus sur ces questions, voir la section sur les séquelles ci-dessous.
22. La couverture médiatique pour qu'une enquête soit menée sur les femmes autochtones disparues et assassinées a été très importante. Voici quelques documents à ce sujet : « Women's Memorial March in Vancouver Attracts Hundreds », *CBC News*, 14 février 2015, http://www.cbc.ca/news/canada/british-columbia/womens-memorial-march-in-vancouver-attracts-hundreds-1.2957930; « Murdered and Missing Aboriginal Women Deserve Inquiry, Rights Group Says », *CBC News*, 12 janvier 2015, http://www.cbc.ca/news/politics/murdered-and-missing-aboriginal-women-deserve-inquiry-rights-group-says-1.2897707; Ken S. Coates, « Aboriginal Women Deserve Much More than an Inquiry », *National Post*, 16 février 2015, http://news.nationalpost.com/2015/02/16/ken-s-coates-aboriginal-women-deserve-much-more-than-an-inquiry/.

Pour plus de détails sur les répercussions économiques de la mise en valeur des terres et des ressources, voir, par exemple : Jeff Lewis, « TransCanada CEO Says Canada Needs to Resolve Conflicts over Pipelines », *Globe and Mail*, 4 février 2015, http://www.theglobeandmail.com/report-on-business/economy/transcanada-ceo-says-canada-needs-to-resolve-conflicts-over-pipelines/article22798276/; Daniel Schwartz et Mark Gollom, « NB Fracking Protests and the Fight for Aboriginal Rights », *CBC News Canada*, 19 octobre 2013, http://www.cbc.ca/news/canada/n-b-fracking-protests-and-the-fight-for-aboriginal-rights-1.2126515; Michael MacDonald, « Shale Gas Conflict in New Brunswick Underscores Historical Grievances, Rights of First Nations », *Toronto Star*, 25 décembre 2013, http://www.thestar.com/news/canada/2013/12/25/shale_gas_conflict_in_new_brunswick_underscores_historic_grievances_rights_of_first_nations.html.
23. Pour plus de détails sur le rôle des tribunaux dans les droits des peuples autochtones et la réconciliation, voir : Joseph Brean, «"Reconciliation" with First Nations, Not the Charter of Rights & Freedoms, Will Define the Supreme Court in Coming years, Chief Justice Says », *National Post*, 13 mars 2014, http://news.nationalpost.com/2014/03/13/reconciliation-with-first-nations-not-the-charter-of-rights-freedoms-will-define-the-supreme-court-in-coming-years-chief-justice-says/.

Pour plus de détails sur les causes portant sur les droits ancestraux, voir, par exemple : « 6 Landmark Rulings on Native Rights », *CBC News*, 8 janvier 2013, http://www.cbc.ca/news/canada/6-landmark-rulings-on-native-rights-1.1316961. Et en ce qui concerne les litiges portant sur les pensionnats indiens, voir, par exemple : « Residential School Day Scholars Launch Class-action Lawsuit », *CBC News*, 16 août 2012, http://www.cbc.ca/news/canada/british-columbia/residential-school-day-scholars-launch-class-action-lawsuit-1.1146607;

Dene Moore, « Federal Appeal Court Gives Ok on Hearing First Nations' Day-school Suit », *Presse canadienne*, 4 mars 2014, http://www.ctvnews.ca/canada/federal-appeal-court-gives-ok-on-hearing-first-nations-day-school-suit-1.1713809. Pour plus de détails sur la législation sur la Rafle des années soixante, voir, par exemple : « Sixties Scoop Case Moves Forward as Class-action Lawsuit », *CBC News*, 3 décembre 2014, http://www.cbc.ca/news/canada/thunder-bay/sixties-scoop-case-moves-forward-as-class-action-lawsuit-1.2859332; Diana Mehta,

« "Sixties Scoop" Class-action Lawsuit to Proceed », *Presse canadienne*, 4 décembre 2014, http://www.ctvnews.ca/canada/60s-scoop-class-action-lawsuit-to-proceed-1.2132317.

24. Miller, *Lethal Legacy*, p. vi.
25. CVR, DAV, Mary Deleary, déclaration devant la Commission de vérité et réconciliation du Canada, Winnipeg (Manitoba), 26 juin 2014, numéro de déclaration : SE049.
26. CVR, DAV, Archie Little, déclaration devant la Commission de vérité et réconciliation du Canada, Victoria (Colombie-Britannique), 13 avril 2012, numéro de déclaration : SP135.
27. McKay, Stan, « Ouvrir le dialogue sur la vérité et la réconciliation », p. 124-125. Stan McKay a également été le premier modérateur autochtone de l'Église Unie du Canada (entre 1992 et 1994).
28. CVR, DAV, Jessica Bolduc, déclaration devant la Commission de vérité et réconciliation du Canada, Edmonton (Alberta), 30 mars 2014, numéro de déclaration : ABNE401.
29. *Educating our Youth*, vidéo, Commission de vérité et réconciliation du Canada, 19 septembre 2013, http://www.trc.ca/websites/trcinstitution/index.php?p=3 (consulté le 10 février 2014).
30. CVR, DAV, Patsy George, déclaration devant la Commission de vérité et réconciliation du Canada, Vancouver (Colombie-Britannique), 21 septembre 2013, numéro de déclaration : BCNE404.
31. CVR, DAV, Dave Courchene, déclaration devant la Commission de vérité et réconciliation du Canada, Winnipeg (Manitoba), 25 juin 2014, numéro de déclaration : SE048.
32. Le mandat de la Commission de vérité et réconciliation du Canada est présenté à l'Annexe N de la Convention de règlement relative aux pensionnats indiens, http://www.residentialschoolsettlement.ca/french/index_french.html (consulté le 5 mars 2015). Conformément au mandat de la CVR, la Commission devait reconnaître « l'importance pour son activité des traditions orales et légales des Autochtones » tel qu'il est indiqué à alinéa 4*d*) de l'Annexe N. Elle devait de plus « assister aux événements de vérité et de réconciliation, au niveau national et communautaire, et appuyer, promouvoir et faciliter de tels événements », comme l'indique l'alinéa 1*c*) de l'Annexe N. Le terme *assister* « renvoie au principe autochtone de "témoignage" », Annexe N, alinéa 1*c*), note 1 de la Convention de règlement relative aux pensionnats indiens.

Les récits oraux, les traditions juridiques et le principe de témoignage ont tous de profondes racines historiques, en plus d'être pertinents en ce qui concerne la réconciliation. Le droit autochtone était utilisé pour résoudre les conflits dans les familles et les communautés, pour établir des traités entre les différentes nations autochtones et pour négocier des traités signés de « nation à nation » avec la Couronne. Pour connaître l'histoire complète des négociations de traités entre les Autochtones et la Couronne, du premier contact jusqu'à notre ère, voir : Miller, *Compact, Contract, Covenant*. Le terme *témoin* fait référence au principe autochtone du témoignage qui est variable au sein des Premières Nations, des Métis et des Inuits. De façon générale, les témoins sont appelés à être les gardiens de l'histoire lorsqu'un événement marquant se produit. Le témoignage permet de valider et de légitimer l'événement tenu ou les travaux entrepris. L'activité ne pourrait avoir lieu sans que des invités honorés et respectés soient invités en qualité de témoins. On demande à ces derniers d'assimiler et de se remémorer l'histoire qui leur est confiée et de la partager avec les leurs à leur retour dans leurs foyers. Pour les Autochtones, le fait d'assister à ces événements s'accompagne d'une grande responsabilité puisqu'ils doivent se souvenir de tous les détails et pouvoir les raconter lorsqu'ils rentrent chez eux. Voilà le fondement des traditions orales. Voir, à cet effet, Thomas,

« Honouring the Oral Traditions », p. 243-244.
33. CVR, DAV, Jim Dumont, déclaration devant la Commission de vérité et réconciliation du Canada, Winnipeg (Manitoba), 26 juin 2014, numéro de déclaration : SE049.
34. CVR, DAV, Wilfred Whitehawk, déclaration devant la Commission de vérité et réconciliation du Canada, Première Nation de Key (Saskatchewan), 21 janvier 2012, numéro de déclaration : SP039.
35. CVR, DAV, Vitaline Elsie Jenner, déclaration devant la Commission de vérité et réconciliation du Canada, Winnipeg (Manitoba), 16 juin 2010, numéro de déclaration : 02-MB-16JU10-131.
36. CVR, DAV, Daniel Elliot, déclaration devant la Commission de vérité et réconciliation du Canada, Victoria (Colombie-Britannique), 13 avril 2012, numéro de déclaration : SP135.
37. CVR, DAV, Clement Chartier, déclaration devant la Commission de vérité et réconciliation du Canada, Saskatoon (Saskatchewan), 22 juin 2013, numéro de déclaration : SNE202.
38. CVR, DAV, Steven Point, déclaration devant la Commission de vérité et réconciliation du Canada, Vancouver (Colombie-Britannique), 20 septembre 2013, numéro de déclaration : BCNE304.
39. CVR, DAV, Merle Nisley, déclaration devant la Commission de vérité et réconciliation du Canada, Thunder Bay (Ontario), 14 décembre 2011, numéro de déclaration : 2011-4199.
40. CVR, DAV, Tom Cavanaugh, déclaration devant la Commission de vérité et réconciliation du Canada, Victoria (Colombie-Britannique), 14 avril 2012, numéro de déclaration : SP137.
41. CVR, DAV, Ina Seitcher, déclaration devant la Commission de vérité et réconciliation du Canada, Victoria (Colombie-Britannique), 14 avril 2012, numéro de déclaration : SP136.
42. CVR, DAV, Evelyn Brockwood, déclaration devant la Commission de vérité et réconciliation du Canada, Winnipeg (Manitoba), 18 juin 2010, numéro de déclaration : SC110.
43. Convention de règlement relative aux pensionnats indiens, Annexe N, Principes, p. 1, http://www.residentialschoolsettlement.ca/French/settlement.html (consulté le 5 mars 2015).
44. Johnston, « Aboriginal Traditions », p. 141-159.
45. CVR, DAV, Barney Williams, déclaration devant la Commission de vérité et réconciliation du Canada, Winnipeg (Manitoba), 26 juin 2014, numéro de déclaration : SE049.
46. CVR, DAV, Stephen Augustine, déclaration devant la Commission de vérité et réconciliation du Canada, Winnipeg (Manitoba), 25 juin 2014, numéro de déclaration : SE048.
47. CVR, DAV, Reg Crowshoe, déclaration devant la Commission de vérité et réconciliation du Canada, Winnipeg (Manitoba), 26 juin 2014, numéro de déclaration : SE049.
48. CVR, DAV, Kirby Littletent, déclaration devant la Commission de vérité et réconciliation du Canada, Regina (Saskatchewan), 16 janvier 2012, numéro de déclaration : SP035.
49. CVR, DAV, Simone (nom de famille non divulgué), déclaration devant la Commission de vérité et réconciliation du Canada, Inuvik (Territoires du Nord-Ouest), 1er juillet 2011, numéro de déclaration : SC092.
50. CVR, DAV, Patrick Etherington, déclaration devant la Commission de vérité et réconciliation du Canada, Winnipeg (Manitoba), 17 juin 2010, numéro de déclaration : SC108.
51. CVR, DAV, Maxine Lacorne, déclaration devant la Commission de vérité et réconciliation du Canada, Inuvik (Territoires du Nord-Ouest), 29 juin 2011, numéro de déclaration : SC090.
52. CVR, DAV, Barney Williams, déclaration devant la Commission de vérité et réconciliation du Canada, Vancouver (Colombie-Britannique), 21 septembre 2013, numéro de déclaration : BCNE404.
53. CVR, DAV, hon. Chuck Strahl, déclaration devant la Commission de vérité et réconciliation du Canada, Winnipeg (Manitoba), 16 juin 2010, numéro de déclaration : SC093.

54. CVR, DAV, archevêque Fred Hiltz, déclaration devant la Commission de vérité et réconciliation du Canada, Inuvik (Territoires du Nord-Ouest), 1er juillet 2011, numéro de déclaration : NNE402.
55. CVR, DAV, anonyme, déclaration devant la Commission de vérité et réconciliation du Canada, Regina (Saskatchewan), 17 janvier 2012, numéro de déclaration : SP036.

Activités de la Commission

1. Dans ce contexte, « visite » s'entend d'une personne participant à une journée d'un événement national. La Commission a estimé le nombre de personnes présentes quotidiennement aux événements nationaux, sans toutefois tenter de faire le suivi des personnes ayant participé à plus d'une journée d'un même événement.
2. Aux termes de l'alinéa 1e) de l'Annexe N de la Convention de règlement, l'un des objectifs de la Commission consiste à « repérer les sources et créer un dossier historique le plus complet possible sur le système des pensionnats et ses séquelles ». De plus, conformément à l'article 11 de l'Annexe N, « le Canada et les organismes religieux fourniront tous les documents pertinents en leur possession ou sous leur contrôle à la commission de vérité et de réconciliation », et le Canada et les Églises sont tenus de « compiler tous les documents pertinents de façon organisée à des fins d'examen de la part de la Commission et de permettre l'accès à leurs archives afin que la Commission puisse remplir son mandat ».
3. *Fontaine c. Canada (procureur général)*, 2013 ONSC 684, par. 69.
4. *Fontaine c. Canada (procureur général)*, 2014 ONSC 283 (CanLII), par. 24-25.
5. *Fontaine c. Canada (procureur général)*, 2014 ONSC 283 (CanLII), par. 24-25.
6. *Fontaine c. Canada (procureur général)*, 2014 ONSC 283 (CanLII), par. 191.
7. *Fontaine c. Canada (procureur général)*, 2014 ONSC 283 (CanLII), par. 192.
8. *Fontaine c. Canada (procureur général)*, 2014 ONSC 4585 (CanLII), par. 19.
9. Les entités catholiques ont déposé des appels principaux, tandis que la Commission et le Centre national ont déposé des appels incidents. D'après les documents préliminaires présentés par les entités catholiques, il semble qu'elles aient l'intention d'avancer qu'aucune période de préavis ne devrait être ordonnée et que les documents du PEI ne peuvent pas être archivés sans le consentement des agresseurs présumés et des autres personnes d'intérêt. La Commission a l'intention de se présenter devant la Cour d'appel de l'Ontario pour affirmer que les documents du PEI ne peuvent pas être détruits sans avoir consulté les demandeurs du PEI.
10. L'engagement de la Commission envers les Nations Unies incluait la participation à l'Instance permanente sur les questions autochtones, le Mécanisme d'experts sur les droits des peuples autochtones, un Séminaire d'experts sur les commissions de vérité et l'accès à la justice et la Table ronde spéciale du Conseil des droits de l'homme sur l'éducation et l'enseignement de l'histoire.
11. La liste complète de projets financés se trouve sur le site Web d'Affaires autochtones et Développement du Nord Canada : http://www.aadnc-aandc.gc.ca/fra/1100100015635/1100100015636.

L'histoire

1. CVR, DAV, Frederick Ernest Koe, déclaration devant la Commission de vérité et réconciliation du Canada, Inuvik (Territoires du Nord-Ouest), 30 juin 2011, numéro de déclaration : SC091.
2. CVR, DAV, Marlene Kayseas, déclaration devant la Commission de vérité et réconciliation du Canada, Regina (Saskatchewan), 16 janvier 2012, numéro de déclaration : SP035.
3. CVR, DAV, Larry Beardy, déclaration devant la Commission de vérité et réconciliation du Canada, Thompson (Manitoba), 25 septembre 2012, numéro de déclaration : SP082.
4. CVR, DAV, Florence Horassi, déclaration devant la Commission de vérité et réconciliation du Canada, Tulita (Territoires du Nord-Ouest), 10 mai 2011, numéro de déclaration : 2011-0394.
5. CVR, DAV, Lily Bruce, déclaration devant la Commission de vérité et réconciliation du Canada, Alert Bay (Colombie-Britannique), 4 août 2011, numéro de déclaration : 2011-3285.
6. CVR, DAV, Vitaline Elsie Jenner, déclaration devant la Commission de vérité et réconciliation du Canada, Winnipeg (Manitoba), 16 juin 2010, numéro de déclaration : 02-MB-16JU10-131. (Mots traduits confirmés par le Bureau de la traduction, Travaux publics et Services gouvernementaux Canada [8817169_TG_Kinugus_EN_CP].)
7. CVR, DAV, Nellie Ningewance, déclaration devant la Commission de vérité et réconciliation du Canada, Sault Ste. Marie (Ontario), 1er juillet 2011, numéro de déclaration : 2011-0305.
8. CVR, DAV, Bernice Jacks, déclaration devant la Commission de vérité et réconciliation du Canada, Victoria (Colombie-Britannique), 13 avril 2012, numéro de déclaration : 2011-3971.
9. CVR, DAV, Marthe Basile-Coocoo, déclaration devant la Commission de vérité et réconciliation du Canada, Montréal (Québec), 26 avril 2013, numéro de déclaration : 2011-6103.
10. CVR, DAV, Pauline St-Onge, déclaration devant la Commission de vérité et réconciliation du Canada, Montréal (Québec), 25 avril 2013, numéro de déclaration : 2011-6134.
11. CVR, DAV, Campbell Papequash, déclaration devant la Commission de vérité et réconciliation du Canada, Première Nation de Key (Saskatchewan), 20 janvier 2012, numéro de déclaration : SP038.
12. CVR, DAV, Roy Denny, déclaration devant la Commission de vérité et réconciliation du Canada, Première Nation d'Eskasoni (Nouvelle-Écosse), 14 octobre 2011, numéro de déclaration : 2011-2678.
13. CVR, DAV, Calvin Myerion, déclaration devant la Commission de vérité et réconciliation du Canada, Winnipeg (Manitoba), 16 juin 2010, numéro de déclaration : 02-MB-16JU10-122.
14. CVR, DAV, Archie Hyacinthe, déclaration devant la Commission de vérité et réconciliation du Canada, Kenora (Ontario), 15 mars 2011, numéro de déclaration : 2011-0279.
15. CVR, DAV, Margo Wylde, déclaration devant la Commission de vérité et réconciliation du Canada, Val-d'Or (Québec), 5 février 2012, numéro de déclaration : SP100.
16. CVR, DAV, Murray Crowe, déclaration devant la Commission de vérité et réconciliation du Canada, Sault Ste. Marie (Ontario), 1er juillet 2011, numéro de déclaration : 2011-0306.
17. CVR, DAV, Wilbur Abrahams, déclaration devant la Commission de vérité et réconciliation du Canada, Terrace (Colombie-Britannique), 30 novembre 2011, numéro de déclaration : 2011-3301.
18. CVR, DAV, Martin Nicholas, déclaration devant la Commission de vérité et réconciliation du Canada, Grand Rapids (Manitoba), 24 février 2010, numéro de déclaration : 07-MB-24FB10-001.
19. CVR, DAV, Lorna Morgan, déclaration devant la Commission de vérité et réconciliation du Canada, Winnipeg (Manitoba), 17 juin 2010, numéro de déclaration : 02-MB-16JU10-041.

20. CVR, DAV, Gilles Petiquay, déclaration devant la Commission de vérité et réconciliation du Canada, La Tuque (Québec), 6 mars 2013, numéro de déclaration : 2011-6001.
21. CVR, DAV, Wilbur Abrahams, déclaration devant la Commission de vérité et réconciliation du Canada, Terrace (Colombie-Britannique), 30 novembre 2011, numéro de déclaration : 2011-3301.
22. CVR, DAV, Peter Ross, déclaration devant la Commission de vérité et réconciliation du Canada, Tsiigehtchic (Territoires du Nord-Ouest), 8 septembre 2011, numéro de déclaration : 2011-0340.
23. CVR, DAV, Daniel Nanooch, déclaration devant la Commission de vérité et réconciliation du Canada, High Level (Alberta), 4 juillet 2013, numéro de déclaration : 2011-1868.
24. CVR, DAV, Bernice Jacks, déclaration devant la Commission de vérité et réconciliation du Canada, Victoria (Colombie-Britannique), 13 avril 2012, numéro de déclaration : 2011-3971.
25. CVR, DAV, Helen Kakekayash, déclaration devant la Commission de vérité et réconciliation du Canada, Ottawa (Ontario), 5 février 2011, numéro de déclaration : 01-ON-05FE11-002.
26. CVR, DAV, Bernard Catcheway, déclaration devant la Commission de vérité et réconciliation du Canada, Première Nation de Skownan (Manitoba), 12 octobre 2011, numéro de déclaration : 2011-2510.
27. CVR, DAV, Julianna Alexander, déclaration devant la Commission de vérité et réconciliation du Canada, Enderby (Colombie-Britannique), 12 octobre 2011, numéro de déclaration : 2011-3286.
28. CVR, DAV, William Herney, déclaration devant la Commission de vérité et réconciliation du Canada, Halifax (Nouvelle-Écosse), 29 octobre 2011, numéro de déclaration : 2011-2923.
29. CVR, DAV, Raymond Cutknife, déclaration devant la Commission de vérité et réconciliation du Canada, Hobbema (Alberta), 25 juillet 2013, numéro de déclaration : SP125.
30. CVR, DAV, Timothy Henderson, déclaration devant la Commission de vérité et réconciliation du Canada, Winnipeg (Manitoba), 28 juin 2011, numéro de déclaration : 2011-0291.
31. CVR, DAV, Shirley Waskewitch, déclaration devant la Commission de vérité et réconciliation du Canada, Saskatoon (Saskatchewan), 24 juin 2012, numéro de déclaration : 2011-3521.
32. CVR, DAV, Patrick Bruyere, déclaration devant la Commission de vérité et réconciliation du Canada, Winnipeg (Manitoba), 16 juin 2010, numéro de déclaration : 02-MB-16JU10-157.
33. CVR, DAV, Ernest Barkman, déclaration devant la Commission de vérité et réconciliation du Canada, Première Nation de Garden Hill (Manitoba), 30 mars 2011, numéro de déclaration : 2011-0123. (Traduit de l'oji-cri à l'anglais par le Bureau de la traduction, Travaux publics et Services gouvernementaux Canada, 8956124).
34. CVR, DAV, Paul Dixon, déclaration devant la Commission de vérité et réconciliation du Canada, Val-d'Or (Québec), 6 février 2012, numéro de déclaration : SP101.
35. CVR, DAV, Betsy Annahatak, déclaration devant la Commission de vérité et réconciliation du Canada, Halifax (Nouvelle-Écosse), 28 octobre 2011, numéro de déclaration : 2011-2896.
36. CVR, DAV, Rick Gilbert, déclaration devant la Commission de vérité et réconciliation du Canada, Vancouver (Colombie-Britannique), 20 septembre 2013, numéro de déclaration : 2011-2389.
37. CVR, DAV, Nick Sibbeston, déclaration devant la Commission de vérité et réconciliation du Canada, Inuvik (Territoires du Nord-Ouest), 30 juin 2011, numéro de déclaration : NNE202.
38. CVR, DAV, [nom supprimé], déclaration devant la Commission de vérité et réconciliation du Canada, Prince Albert (Saskatchewan), 1er février 2012, numéro de déclaration : 2011-3879.

(Traduit du cri des bois à l'anglais par le Bureau de la traduction, Travaux publics et Services gouvernementaux Canada, 8956130.)
39. CVR, DAV, Jack Anawak, déclaration devant la Commission de vérité et réconciliation du Canada, Inuvik (Territoires du Nord-Ouest), 30 juin 2011, numéro de déclaration : NNE202.
40. CVR, DAV, Lydia Ross, déclaration devant la Commission de vérité et réconciliation du Canada, Winnipeg (Manitoba), 16 juin 2010, numéro de déclaration : 02-MB-16JU10-029.
41. CVR, DAV, Stephen Kakfwi, déclaration devant la Commission de vérité et réconciliation du Canada, Inuvik (Territoires du Nord-Ouest), 30 juin 2011, numéro de déclaration : NNE202.
42. CVR, DAV, Victoria McIntosh, déclaration devant la Commission de vérité et réconciliation du Canada, Winnipeg (Manitoba), 16 juin 2010, numéro de déclaration : 02-MB-16JU10-123.
43. CVR, DAV, Shirley Flowers, déclaration devant la Commission de vérité et réconciliation du Canada, Goose Bay (Terre-Neuve-et-Labrador), 20 septembre 2011, numéro de déclaration : SP025.
44. Howe, *Empire*, p. 21-22.
45. Howe, *Empire*, p. 57.
46. Au sujet de l'Afrique de l'Est, voir : Thiong'o, *Dreams in a Time of War*. Au sujet de l'Australie, voir : Australie, « "Bringing Them Home", National Inquiry », www.humanrights.gov.au/sites/default/files/content/pdf/social_justice/bringing_them_home_report.pdf [25]. Au sujet de la Sibérie, voir : Bartels et Bartels, *When the North Was Red*, p. 12; Bloch, *Red Ties*, p. 38.
47. Diffie et Winius, *Foundations*, p. 78-83; Pagden, *Peoples and Empires*, p. 56.
48. Howe, *Empire*, p. 62-63.
49. Hobsbawm, *On Empire*, p. 67.
50. Wood, *L'empire du capital*, p. 111-127.
51. Wolfe, « Settler Colonialism », p. 388.
52. Wolfe, « Settler Colonialism », p. 388, 391, 399.
53. Discours de C. C. Painter prononcé à la conférence du lac Mohonk de 1886, « Proceedings of the Lake Mohonk Conference » dans *Eighteenth Annual Report of the Board of Indian Commissioners, 1886*, p. 61-62.
54. Howe, *Empire*, p. 80-81.
55. Howe, *Empire*, p. 62.
56. Wood, *L'empire du capital*, p. 64-66.
57. Pour obtenir des exemples, voir : Diffie et Winius, *Foundations*, p. 65-66, 94-95; Pagden, *Peoples and Empires*, p. 54; Williams, *American Indian*, p. 72-73.
58. Elliott, *Empires of the Atlantic*, p. 11, 23; Pagden, *Spanish Imperialism*, p. 14.
59. Pagden, *Lords of All the World*, p. 47.
60. Elliott, *Empires of the Atlantic*, p. 11-12; Frichner, « Preliminary Study », p. 11; Seed, *Ceremonies of Possession*, p. 17-18.
61. H. Verelst, « Some Observations on the Right of the Crown of Great Britain to the North West Continent of America » PRC co 5/283, f. 5, cité dans Armitage, *Ideological Origins*, p. 192.
62. Banner, « Why Terra Nullius », p. 95. Affaire intitulée *Mabo v. Queensland (No. 2)*.
63. Wood, *L'origine du capitalisme*, p. 176.
64. Howe, *Empire*, p. 86-87.
65. Discours cité dans *Archibald Philip Primrose (5th earl of Rosebery) ... Australian speechlets, 1883-84 [by A. P. Primrose]*, http://books.google.ca/books?id=CncIAAAAQAAJ&printsec=frontcover&dq=Australian+speechlets,+1883-84+[by+A.P.+Primrose.].&hl=en&sa=X&ei=zN2IUuGdMOTA2gW0vIHYDA&ved=0CDkQ6AEwAA#v=onepage&q=Australian%20

speechlets%2C%201883-84%20[by%20A.P.%20Primrose.].&f=false (consulté le 17 novembre 2013).
66. Canada, Rapport annuel du ministère des Affaires indiennes, 1884, p. 156.
67. Usher, *William Duncan*, p. 41. Voir aussi Choquette, *Oblate Assault*; Huel, *Proclaiming the Gospel*; Hyam, *Britain's Imperial Century*.
68. Howe, *Empire*, p. 85.
69. Howe, *Empire*, p. 90; Perry, « Metropolitan Knowledge », p. 109-111.
70. Huel, *Proclaiming the Gospel*, p. 1-6; Choquette, *Oblate Assault*, p. 1-20; Choquette, *Canada's Religions*, p. 173-176.
71. Pour un exemple, voir : Usher, *William Duncan*, p. 8, 11.
72. Moorhouse, *Missionaries*, p. 274.
73. Moorhouse, *Missionaries*, p. 33; Rompkey, *Story of Labrador*, p. 34, 36-39.
74. Pour le Canada, voir par exemple : McMillan et Yellowhorn, *First Peoples*. Pour obtenir une perspective mondiale, voir : Coates, *A Global History*.
75. Jaenen, « Education for Francization », p. 54-55; Trudel, *Histoire de la Nouvelle-France*, volume II, p. 324-325.
76. Jaenen, *Friend and Foe Aspects*, p. 96, 163, 166.
77. Magnuson, *Education in New France*, p. 47-50; Trudel, *Histoire de la Nouvelle-France*, volume II, p. 430; Axtell, *Invasion Within*, p. 56-58; Jaenen, « Education for Francization », p. 56; Jaenen, *Friend and Foe Aspects*, p. 95, 168.
78. Hamilton, *Federal Indian Day Schools*, p. 4-5; Fingard, « New England Company », p. 30-32.
79. Stevenson, « Red River Indian Mission School », p. 141.
80. Graham, *Mush Hole*, p. 7.
81. CVR, ARN, Bibliothèque et Archives Canada, RG10, acquisition 1984-85/112, boîte 47, dossier 451/25-1, article de journal, « Mohawk Institute May Close after 139 Years », non daté; [TAY-001133] CVR, ARN, Archives du diocèse de Huron, Église anglicane du Canada, Collège universitaire Huron, London (Ontario), documents de Luxton, boîte 27, réserves indiennes, Richard Isaac, « Six Nations Council To Whom It May Concern », 13 mars 1970; [TAY-001432] CVR, ARN, AINC – Secteur de la résolution – Collection des dossiers historiques des pensionnats indiens – Ottawa, dossier 479/25-13-001, volume 3, G. D. Cromb au sous-ministre, 20 mars 1970. [TAY-003053-0001]
82. Ryerson, « Report on Industrial Schools », p. 76.
83. Ryerson, « Report on Industrial Schools », p. 73.
84. *Report of the Special Commissioners 1858*, s.l.
85. CVR, ARN, Bibliothèque et Archives Canada, RG10, volume 6210, dossier 468-10, partie 5, Samuel Devlin au ministère des Affaires indiennes, 20 mai 1946. [MER-003806-0001]
86. Gresko, « Paul Durieu », http://www.biographi.ca/fr/bio/durieu_paul_12E.html (consulté le 31 août 2014). McNally indique la date de 1862 pour l'ouverture : McNally, *Lord's Distant Vineyard*, p. 67.
87. McCarthy, *From the Great River*, p. 160; Carney, « Grey Nuns and Children », p. 291; Duchaussois, *Les Sœurs Grises*, p. 139.
88. Miller, *Compact, Contract, Covenant*, p. 156; Davin, *Report on Industrial Schools*, p. 10. Les données démographiques pour cette période ne sont que des approximations. James Miller dénombre 12 000 résidents métis en 1870 et, dans son rapport de 1879, Nicholas Flood Davin indique que 28 000 personnes sont visées par un traité. Miller, *Compact, Contract, Covenant*, p. 199; Davin, *Report on Industrial Schools*, p. 10.

89. Grande-Bretagne, *Terre de Rupert et Territoire du Nord-Ouest – Texte n° 3* (Annexe A), 23 juin 1870, http://www.justice.gc.ca/fra/pr-rp/sjc-csj/constitution/loireg-lawreg/p1t32.html.
90. Getty et Lussier, *Long as the Sun Shines*, p. 35.
91. Banner, *How Indians Lost Their Land*, p. 85.
92. Tobias, « Protection, Civilization, Assimilation », p. 128.
93. Miller, *Compact, Contract, Covenant*, p. 156.
94. Miller, *Compact, Contract, Covenant*, p. 154.
95. Friesen, « Magnificent Gifts », p. 205 et 212.
96. Erasmus, *Buffalo Days*, p. 250.
97. Ray, *Illustrated History*, p. 212; Taylor, « Canada's Northwest Indian Policy », p. 3.
98. Sprague, *Canada's Treaties with Aboriginal People*, p. 13.
99. Pour un exemple de demande d'inscription à un externat dans une réserve, voir : McCullough, « Peyasiw-awasis » http://www.biographi.ca/fr/bio/peyasiw_awasis_15E.html (consulté le 6 juin 2014).
100. Miller, *Compact, Contract, Covenant*, p. 164-165.
101. Morris, *Treaties of Canada*, p. 202.
102. Au Canada, la *Loi sur les Indiens* a été précédée en 1868 par l'*Acte pourvoyant à l'organisation du Département du Secrétaire d'État du Canada, ainsi qu'à l'administration des Terres des Sauvages et de l'Ordonnance,* et en 1869 par l'*Acte pourvoyant à l'émancipation graduelle des Sauvages.*
103. *Acte pour amender et refondre les lois concernant les Sauvages,* Statuts du Canada de 1876, chapitre 18.
104. Miller, *Skyscrapers Hide the Heavens*, p. 255.
105. Bibliothèque et Archives Canada, RG10, volume 6810, dossier 470-2-3, volume 7, comparution de D. C. Scott devant le Comité spécial de la Chambre des communes chargé d'examiner les modifications de 1920 de la *Loi sur les Indiens*, (L-2)(N-3).
106. Pour l'interdiction du potlatch, voir : LaViolette, *Struggle for Survival*, p. 41-42; Cole and Chaikin, *Iron Hand*, p. 16–17, p. 95. Pour l'interdiction de la danse de la Pluie, voir : Pettipas, *Severing the Ties*, p. 53-54, p. 95-96.
107. Pour des exemples, voir : LaViolette, *Struggle for Survival*, p. 41-42; Cole and Chaikin, *Iron Hand*, p. 16-17, p. 95; CVR, ARN, Bibliothèque et Archives Canada, RG10, volume 3825, dossier 60511-1, J. Hugonard au commissaire des Indiens, 23 novembre 1903. [RCA-011007-0001]
108. Canada, Documents de la Session, 1885, numéro 116. F., p. 96, J. S. Dennis à sir John A. Macdonald, 20 décembre 1878.
109. Davin, *Report on Industrial Schools*, p. 14.
110. Driver, « Discipline Without Frontiers? », p. 282.
111. Parker, *Uprooted*, p. 190.
112. Sutherland, *Children in English-Canadian Society*, p. 100.
113. Sutherland, *Children in English-Canadian Society*, p. 138.
114. Fear-Segal, *White Man's Club*, p. 186; Ours Debout, *Souvenirs d'un chef Sioux*, p. 144-154.
115. Canada, Rapport annuel du ministère des Affaires indiennes, 1884 (pour High River, p. 77-78; pour Battleford, p. 156; pour Qu'Appelle, p. 163).
116. Canada, Débats de la Chambre des communes (22 mai 1883), p. 1459.

117. Bibliothèque et Archives Canada, RG10, volume 3647, dossier 8128, Andsell Macrae, 18 décembre 1886.
118. Canada, Rapport annuel du ministère des Affaires indiennes, 1910, p. 277.
119. Canada, Rapport annuel du ministère des Affaires indiennes, 1883, p. 109-110.
120. Bibliothèque et Archives Canada, RG10, volume 3924, dossier 116823, L. Vankoughnet à sir John A. Macdonald, 15 mars 1886.
121. CVR, ARN, Bibliothèque et Archives Canada, RG10, volume 6001, dossier 1-1-1, partie 1, numéro de décret du Conseil privé 1888-1278, 7 juin 1888; [PLD-007312] Bibliothèque et Archives Canada, RG10, volume 3819, dossier 58418, J. Hugonnard à Hayter Reed, 11 mai 1889; [PLD-009475] Bibliothèque et Archives Canada, RG10, volume 3675, dossier 11422-4, J. Hugonnard à E. Dewdney, 5 mai 1891. [PLD-009435]
122. CVR, ARN, Bibliothèque et Archives Canada, RG10, volume 3879, dossier 91833, décret, 22 octobre 1892. [RIS-000354]
123. Concernant l'admission d'enfants atteints de maladies infectieuses, voir : CVR, ARN, Bibliothèque et Archives Canada, RG10, volume 4037, dossier 317021, T. Ferrier au rédacteur en chef, 23 novembre 1907. [RCA-000315]
124. Pour de plus amples renseignements, voir : Canada, Rapport annuel du ministère des Affaires indiennes, 1904, p. xxvii-xxix; CVR, ARN, Bibliothèque et Archives Canada, MG17, B2, classe « G » C.1/P.2, Société missionnaire de l'Église, « Resolutions Regarding the Administration of the North-West Canada Missions », 7 avril 1903; [PAR-003622] Blake, *Don't you hear;* CVR, ARN, Bibliothèque et Archives Canada, RG10, volume 3928, dossier 117004-1, « Report on Indian Missions and Schools », rapport présenté au Synode diocésain, diocèse de Calgary, J. W. Tims, août 1908; [OLD-008159] Archives de l'Église Unie du Canada, Toronto, numéro 1979.199C, boîte 5, dossier 68, « Report of the Synod's Commission on Indian Affairs », 5 décembre 1904; [RIS-000246] CVR, ARN, Bibliothèque et Archives Canada, RG10, volume 6039, dossier 160-1, partie 1, Frank Pedley à Révérend et chers messieurs, 21 mars 1908; [AEMR-120155] CVR, ARN, Église anglicane du Canada, Archives du Synode général, ACC-MSCC-GS 75-103, série 3:1, boîte 48, dossier 3, Frank Pedley à Norman Tucker, 26 mars 1909; [AAC-090228] Archives de la Saskatchewan, MacKay Papers, Frank Oliver, « Letter to S. H. Blake, 28 January, 1908 », lettre citée dans Wasylow, « History of Battleford Industrial School », p. 225-226; Église anglicane du Canada, Archives du Synode général, p. 75-103, série 2-14, Frank Oliver à A. G. G., 28 janvier 1908, cité dans Gull, « Indian Policy », p. 15; CVR, ARN, Église anglicane du Canada, Archives du Synode général, ACC-MSCC-GS 75-103, série 3:1, boîte 48, dossier 3, lettre signée par S. H. Blake, Andrew Baird, Hamilton Cassels, T. Ferrier, R. F. MacKay, 22 mai 1908; [AAC-090192] CVR, ARN, Bibliothèque et Archives Canada, RG10, volume 6039, dossier 160-1, partie 1, Frank Pedley à Frank Oliver, 9 avril 1908; [AEMR-120157] CVR, ARN, Église anglicane du Canada, Archives du Synode général, ACC-MSCC-GS 75-103, série 3:1, boîte 48, dossier 3, « Report of the Sub-Committee of the Advisory Board On Indian Education », sans date; [AAC-090231] CVR, ARN, Bibliothèque et Archives Canada, RG10, volume 3919, dossier 116751-1A, J. B. Magnan à D. Laird, 12 décembre 1902; [SBR-003409] CVR, ARN, Bibliothèque et Archives Canada, RG10, volume 3919, dossier 116751-1A, Clifford Sifton au gouverneur général en conseil, 23 décembre 1903; [FAR-000095] CVR, ARN, Bibliothèque et Archives Canada, RG10, volume 6039, dossier 160-1, partie 1, Frank Pedley à M. Oliver, 30 mai 1908; [120.00294] CVR, ARN, Bibliothèque et Archives Canada, RG10, volume 6327, dossier 660-1, partie 1, J. Hugonnard à Frank Oliver, 28 mars 1908; [PLD-007334] CVR, ARN, Bibliothèque et Archives

Canada, RG10, volume 6039, dossier 160-1, partie 1, surintendant général des Affaires indiennes à T. Ferrier, 18 juillet 1908; [AEMR-016328] CVR, ARN, Bibliothèque et Archives Canada, RG10, volume 6039, dossier 160-1, partie 1, Heron à Frank Oliver, 16 février 1909; [AEMR-120164] CVR, ARN, Bibliothèque et Archives Canada, RG10, volume 6039, dossier 160-4, partie 1, Association of Indian Workers à Frank Oliver, 19 février 1909; [AEMR-016332] CVR, ARN, Bibliothèque et Archives Canada, RG10, n° d'inst. de recherche 10-17, volume 6041, dossier 160-5, partie 1, 1905–1934, Emile Legal à Frank Pedley, 20 juillet 1908; [AEMR-254243] CVR, ARN, Église anglicane du Canada, Archives du Synode général, ACC-MSCC-GS 75-103, série 3:1, boîte 48, dossier 3, Arthur Barner à S. H. Blake, 16 février 1909. [AAC-090206]

125. Concernant les améliorations initiales, voir : CVR, ARN, Bibliothèque et Archives Canada, RG10, volume 6032, dossier 150-40A, partie 1, Administration centrale – Présence obligatoire des élèves – Pensionnats, 1904–1933, bobine de microfilm C-8149, n° d'inst. de recherche 10-17, « Re: Per Capita Grants at Indian Residential Schools », Russell Ferrier, 5 avril 1932. [120.18050] Pour un exemple des répercussions de l'inflation, voir : CVR, ARN, Bibliothèque et Archives Canada, RG10, volume 6468, dossier 890-1, partie 1, J. Welch à D. C. Scott, 28 juillet 1916. [MIS-001473] Pour les compressions imposées dans les années 1930, voir : CVR, ARN, Église anglicane du Canada, Archives du Synode général, ACC-MSCC-GS 75-103, série 2.15, boîte 27, dossier 1, « The Joint delegation and interview with the Prime Minister », 20 décembre 1934; [AAC-087280] CVR, ARN, Bibliothèque et Archives Canada, RG10, volume 7185, dossier 1/25-1-7-1, partie 1, Harold McGill aux responsables des Églises et aux directeurs des pensionnats indiens, 22 février 1933. [AEMR-255373]

126. CVR, ARN, Bibliothèque et Archives Canada, RG10, volume 7185, dossier 1/25-1-7-?, partie 1, R. A. Hoey au Dʳ McGill, 4 novembre 1938. [AEMR-120432]

127. Concernant la dotation en personnel, voir : Canada, Rapport annuel du ministère des Affaires indiennes, 1955, p. 53-54; Canada, Rapport annuel du ministère des Affaires indiennes, 1957, p. 59. En 1949, dans le cadre d'un projet pilote, le ministère des Affaires indiennes prend en charge l'embauche du personnel enseignant du pensionnat de Shubenacadie, de l'Institut Mohawk, et du pensionnat de Port Alberni. CVR, ARN, AC d'AINC, dossier 1/25-1-5-2, volume 1, 1952–1969, Laval Fortier à J. P. Mulvihill, 26 octobre 1953. [AEMR-120563] Concernant le régime alimentaire, voir : CVR, ARN, Bibliothèque et Archives Canada, RG55, n° d'inst. de recherche 55-19, volume 20784, présentation au Conseil du Trésor 559690, « Req. Authority for the Recommendation and Establishment of Domestic Staff », Laval Fortier au secrétaire du Conseil du Trésor, 22 janvier 1960. [120.04620]

128. CVR, ARN, Conseil canadien du bien-être et Caldwell, 1967, p. 89. [AEMR-019759]

129. CVR, ARN, Conseil canadien du bien-être et Caldwell, 1967, p. 92. [AEMR-019759]

130. CVR, ARN, Bibliothèque et Archives Canada, RG10, volume 6032, dossier 150-40A, partie 1, *Règlement relatif à l'éducation des enfants Sauvages*, Ottawa, Imprimerie du gouvernement canadien, 1894. [AGA-001516-0000]

131. Pour des exemples, voir : CVR, ARN, Bibliothèque et Archives Canada, RG10, volume 6374, dossier 764-10, partie 1, S. H. Middleton à J. E. Pugh, 26 avril 1940. [PUL-071183]

132. CVR, ARN, Bibliothèque et Archives Canada –Burnaby, RG10, n° d'inst. de recherche 10-136, volume 11466, 987/18-24, partie 1, « Truancy », 1952–1969, Archives nationales du Canada, Burnaby, R. Sedgewick au surintendant général adjoint intérimaire des Affaires indiennes, 11 octobre 1891; [SQU-001298-0001] RG10, volume 1575, C-14851, 1898–1899, Archives nationales du Canada, « Application for Admission », 30 novembre 1898. [BQL-008267-0001]

133. CVR, ARN, Bibliothèque et Archives Canada, RG10, n° d'inst. de recherche 10-379, 1999-01431-6, boîte 405, 987/25-1-018, partie 1, Éducation des Indiens - Résidence de Squamish, district de Fraser, 1950-1969, Archives nationales du Canada, Ottawa, P. Phelan à un conseiller juridique, 17 novembre 1952; [SQU-000595] Burnaby, RG10, n° d'inst. de recherche 10-136, volume 11466, 987/18-24, partie 1, « Truancy », 1952-1969, Archives nationales du Canada, Burnaby, P. Phelan à W. S. Arneil, 22 novembre 1952. [SQU-001297] Pour un exemple du recours fructueux d'un père devant les tribunaux pour reprendre la garde de ses enfants qu'il avait inscrits volontairement dans un pensionnat, voir : Bibliothèque et Archives Canada, RG10, volume 2552, dossier 112-220-1, Martin Benson au surintendant général adjoint des Affaires indiennes, 25 septembre 1903.
134. CVR, ARN, Bibliothèque et Archives Canada, RG10, volume 7184, dossier 1/25-1-5-7, partie 1, W. M. Graham au secrétaire, 19 février 1926. [NCA-014626]
135. Canada, Rapport annuel du ministère des Affaires indiennes, 1945, p. 181 et 197.
136. CVR, ARN, Bibliothèque et Archives Canada, RG10, volume 6039, dossier 160-1, partie 1, Martin Benson, note de service, 13, 15 juillet 1897. [100.00108]
137. Concernant la *Loi sur les Indiens*, voir : *Loi concernant les Indiens*, Statuts du Canada 1951, chapitre 29, articles 113-122, 169-172. Concernant les règlements, voir : CVR, ARN, AINC – Secteur de la résolution – Collection des dossiers historiques des pensionnats indiens – Ottawa, dossier 1/25-1-5-2, volume 1, « Regulations With Respect to Teaching, Education, Inspection, and Discipline for Indian Residential Schools, Made and Established for the Superintendent General of Indian Affairs Pursuant to Paragraph (a) of Section 114 of the Indian Act », 20 janvier 1953. [PAR-001203-0001]
138. La *Public Schools Act*, « Revised Statutes of Manitoba, 1954 », chapitre 215, p. 923-1 114.
139. *The Manitoba Gazette*, 9 avril 1955, p. 509-510.
140. CVR, ARN, Bibliothèque et Archives Canada, RG10, volume 6032, dossier 150-40A, partie 1, Administration centrale – Présence obligatoire des élèves – Pensionnats, 1904-1933, bobine de microfilm C-8149, n° d'inst. de recherche 10-17, agent des Indiens de Hagersville au secrétaire des Affaires indiennes, 20 février 1922; [AEMR-255312] *Loi modifiant la Loi des Sauvages*, Statuts du Canada 1919-1920, chapitre 50, article 1, modification des Statuts revisés du Canada, 1906, chapitre 81, article 10, reproduit dans Venne, *Indian Acts*, p. 178-179.
141. CVR, ARN, Bibliothèque et Archives Canada, RG10, volume 6309, dossier 654-1, partie 1, J. K. Irwin au ministère des Affaires indiennes, 22 octobre 1926. [GDC-006528]
142. CVR, ARN, Bibliothèque et Archives Canada, RG10, volume 6309, dossier 654-1, partie 1, J. D. McLean à J. K. Irwin, 29 octobre 1926. [GDC-006529]
143. CVR, ARN, AC d'AINC, dossier 1/25-1, volume 19, 1968, J. A. MacDonald au ministre, 9 octobre 1968. [AEMR-121636]
144. Canada, Rapport annuel du ministère des Affaires indiennes, 1956, p. 80-81; CVR, DASAG, ministère du Nord canadien et des Ressources nationales, Rapport annuel du ministère des Affaires indiennes, 1957-1958, p. 115. [AANDC-452773]
145. Canada, Rapport annuel du ministère des Affaires indiennes, 1931, p. 62.
146. CVR, ARN, Église anglicane du Canada, Archives du Synode général, ACC-MSCC-GS 75-103, série 3:2, boîte 55, dossier 6, S. Gould à D. C. Scott, Ottawa, 18 décembre 1931; [AAC-090271] CVR, ARN, Église anglicane du Canada, Archives du Synode général, « Triennial Report of the Board of Management to the Board of Missions », Société missionnaire de l'Église d'Angleterre du Canada 07/1934, Archive du Synode général 75-2A, Archibald [Fleming], évêque de l'Arctique, « The Arctic », dans S. Gould, secrétaire général, conseil de gestion,

Société missionnaire de l'Église d'Angleterre du Canada, « Triennial Report of the Board of Management, M.S.C.C. », 4 juillet 1934, p. 353. [AGS-000185]

147. CVR, ARN, Bibliothèque et Archives Canada, RG10, volume 6112, dossier 350-10, partie 1, W. L. Tyrer à Sutherland, 8 février 1934. [FGA-001100] Même si nous n'avons retrouvé aucune trace de la décision d'octroyer des fonds aux écoles catholiques en avril 1937 dans les archives, les oblats avaient commencé à soumettre des documents officiels au ministère des Affaires indiennes sur la population des élèves de St-Joseph. Voir, par exemple : CVR, ARN, Bibliothèque et Archives Canada, RG10, volume 6113, dossier 351-10, partie 1, D. Couture, « Application for Admission to the Ste. Theresa Fort George Catholic Residential School for Louise Jolly », 1er avril 1937. [FTG-003180-0000]

148. Pour l'incendie survenu à Carcross, au Yukon, voir : Canada, Rapport annuel du ministère des Affaires indiennes, 1940, p. 194-195. Pour l'incendie survenu à Ahousaht, en Colombie-Britannique, voir : Canada, Rapport annuel du ministère des Affaires indiennes, 1940, p. 194-195. Pour l'incendie survenu à Alberni, en Colombie-Britannique, voir : Canada, Rapport annuel du ministère des Affaires indiennes, 1941, p. 178-179. Pour l'incendie survenu à File Hills, en Saskatchewan, voir : CVR, ARN, Bibliothèque et Archives Canada, volume 6303, dossier 653-5, partie 6, E. S. Jones au secrétaire, Division des affaires indiennes, ministère des Mines et des Ressources, 10 avril 1943; [FHR-000252] Canada, Rapport annuel du ministère des Affaires indiennes, 1942, p. 143. Pour l'incendie survenu à Fort George, au Québec (école anglicane), voir : CVR, ARN, Bibliothèque et Archives Canada, RG10, volume 6112, dossier 350-5, partie 1, Thomas Orford au secrétaire, Affaires indiennes, 3 février 1943. [FGA-001026] Pour l'incendie survenu à Onion Lake, en Saskatchewan (école anglicane), voir : Canada, Rapport annuel du ministère des Affaires indiennes, 1944, p. 173. Pour l'incendie survenu à Wabasca, en Alberta, voir : CVR, ARN, Bibliothèque et Archives Canada, RG10, volume 6378, dossier 767-5, partie 3, H. A. Alderwood à R. A. Hoey, 3 janvier 1945; [JON-003675] Canada, Rapport annuel du ministère des Affaires indiennes, 1945, p. 182. Pour l'incendie survenu à Norway House, au Manitoba, voir : CVR, ARN, Bibliothèque et Archives Canada, RG10, volume 6268, dossier 581-1, partie 2, R. A. Hoey au sous-ministre par intérim, 29 mai 1946. [NHU-000117] Pour l'incendie survenu à Lac la Ronge, en Saskatchewan, voir : CVR, ARN, Archives provinciales de l'Alberta, fonds du diocèse anglican d'Athabasca, Edmonton (Alberta), acquisition PR1970.0387/1641, boîte 41, fonds du diocèse anglican d'Athabasca, dossier A320/572, Pensionnats – correspondance générale et officielle de l'évêque Sovereign, 1941-1947, rapport sur l'incendie du pensionnat All Saints, Lac la Ronge (Saskatchewan), 2 février 1947. [PAR-123539] Pour l'incendie survenu à Delmas, en Saskatchewan, voir : CVR, ARN, Bibliothèque et Archives Canada, RG10, volume 8756, dossier 671/25-1-010, J. P. B. Ostrander à la Division des affaires indiennes, 19 janvier 1948. [THR-000266-0001]

149. Voir, par exemple : CVR, ARN, Bibliothèque et Archives Canada, RG85, volume 229, dossier 630/158-9, partie 1, Foyer du gouvernement – Chesterfield Inlet, 1929-1953, extraits tirés du rapport de S. J. Bailey, patrouille de l'Est de l'Arctique, 27 juillet 1948. [CIU-000189]

150. Voir, par exemple : Davin, *Report on Industrial Schools*, p. 9.

151. Pour un exemple d'enfants métis inscrits dans un pensionnat confessionnel, voir : Erickson, « Bury Our Sorrows in the Sacred Heart », p. 34-35.

152. Pour un exemple de Métis considérés comme des « éléments dangereux », voir : Bibliothèque et Archives Canada, RG10, volume 6031, « Extract from a letter dated the 19th July, 1899, from the Re. Father Hugonard ».

153. Voir, par exemple : CVR, ARN, Bibliothèque et Archives Canada, R776-0-5 (RG55), volume 562, C.T. n° 252440, Clifford Sifton à M. Smart, 18 octobre 1899. [NPC-523981c]
154. Pour un exemple des premiers points de vue sur la question, voir : Canada, Documents de la Session 1885, numéro 116, p. 82, Mémoire : Hugh Richardson, 1er décembre 1879.
155. Voir, par exemple : Bibliothèque et Archives Canada, RG10, volume 6323, dossier 658-10, partie 3, W. M. Graham au secrétaire du ministère des Affaires indiennes, 5 décembre 1929.
156. À titre d'exemple, on estime en 1936 que 80 % des enfants métis de l'Alberta n'ont reçu aucune éducation. Chartrand, « La présence des Métis dans les pensionnats », p. 44.
157. Quiring, *CCF Colonialism in Northern Saskatchewan*; Barron, *Walking in Indian Moccasins*.
158. Pour de plus amples détails sur le traitement de la question, voir : Chartrand, Logan et Daniels, *Histoire et expériences des Métis et les pensionnats au Canada*.
159. Pour des exemples, voir : CVR, ARN, Centre de services régional de la région de la capitale nationale – Bibliothèque et Archives Canada – Ottawa, volume 2, dossier 600-1, balise n° 062-94, « Education of Eskimos (1949–1957) », ministère des Affaires du Nord et des Ressources nationales à la Division des régions septentrionale et des terres, 8 avril 1958; [NCA-016925] CVR, ARN, Bibliothèque et Archives Canada – Ottawa, RG85, volume 1506, dossier 600-1-1, partie 2A, J. G. Wright à M. Gibson, 19 novembre 1946. [NCA-005728]
160. Pour l'évaluation de l'état des immeubles en 1940, voir : CVR, ARN, Bibliothèque et Archives Canada, RG10, volume 6012, dossier 1-1-5A, partie 2, R. A. Hoey au Dr McGill, 31 mai 1940. [BIR-000248]
161. Canada, Comité spécial mixte, 1946, p. 3, 15.
162. Canada, Rapport annuel du ministère des Affaires indiennes, 1945, p. 181, 197; Canada, Rapport annuel du ministère des Affaires indiennes, 1955, p. 74, 80–82.
163. Canada, Rapport annuel du ministère des Affaires indiennes, 1949, p. 225.
164. *Loi concernant les Indiens,* Statuts du Canada 1951, chapitre 29, article 113, reproduit dans Venne, *Indian Acts*, p. 350.
165. Canada, Rapport annuel du ministère des Affaires indiennes, 1961, p. 61.
166. Canada, Rapport annuel du ministère des Affaires indiennes, 1961, p. 68.
167. Par exemple, voir : CVR, ARN, aucun emplacement de document, aucun dossier source de document, Conférence catholique canadienne, « A Brief to the Parliamentary Committee on Indian Affairs », mai 1960, p. 8. [GMA-001642-0000]
168. Newman, *Indians of the Saddle Lake Reserve*, p. 81–87.
169. Pour une analyse de la protection de l'enfance et des pensionnats indiens sous l'angle de la colonisation continue des Autochtones, voir : McKenzie et Hudson, « Native Children ».
170. Pour un exemple d'évaluation, voir : CVR, ARN, Conseil canadien du bien-être et Caldwell 1967, p. 89. [AEMR-019759]
171. Pour des exemples de liens entre la fermeture des pensionnats et la hausse du taux d'enfants pris en charge, voir : CVR, ARN, Bibliothèque et Archives Canada, RG10, boîte 98, acquisition 1999-01431-6, dossier 274/25-1-010, partie 1, P. L. McGillvray à la Division des affaires indiennes, 17 novembre 1964; [NCA-010544] CVR, ARN, AINC – Secteur de la résolution – Collection des dossiers historiques des pensionnats indiens – Ottawa, dossier 211/6-1-010, volume 6, R. F. Davey à Michael Kearney, 12 juin 1967; [SRS-000175] CVR, ARN, Bibliothèque et Archives Canada, RG10, acquisition 1984-85/112, boîte 47, dossier 451/25-1, article de journal, « Mohawk Institute May Close after 139 Years », sans date; [TAY-001133] CVR, ARN, Archives du diocèse de Huron, Église anglicane du Canada, Collège universitaire Huron, London (Ontario), documents de Luxton, boîte 27, réserves indiennes,

Richard Isaac, « Six Nations Council To Whom It May Concern », 13 mars 1970; [TAY-001432] AINC – Secteur de la résolution – Collection des dossiers historiques des pensionnats indiens – Ottawa, dossier 479/25-13-001, volume 3, G. D. Cromb au sous-ministre, 20 mars 1970; [TAY-003053-0001] CVR, ARN, Centre de services régional de la région de la capitale nationale – Bibliothèque et Archives Canada – Ottawa, dossier 671/6-2-025, volume 4, résolution du conseil de bande d'Onion Lake, 31 juillet 1974. [ORC-008733-0002]
172. McKenzie et Hudson, « Native Children », p. 126.
173. Par exemple, voir : CVR, ARN, AINC – Secteur de la résolution – Collection des dossiers historiques des pensionnats indiens – Ottawa, Commission royale sur les peuples autochtones [89-22], dossier E4974-2031, pensionnat St. Mary, région de la Colombie-Britannique, partie 1, 1981–1989, B, « Benefit to Children », notes non datées de 1982. [MIS-008062-0001]
174. CVR, ARN, MAINC, dossier 1/25-13, volume 13, R. F. Battle au sous-ministre, 2 février 1968; [AEMR-014646] CVR, ARN, AINC – Secteur de la résolution – Collection des dossiers historiques des pensionnats indiens – Ottawa, 1/25-13, 01/68–07/68, volume 13, R. F. Davey au surintendant régional des écoles, 13 juin 1968. [LOW-016591]
175. Canada, Rapport annuel du ministère des Affaires indiennes, 1969–1970, p. 140.
176. CVR, ARN, AC d'AINC, dossier 1/25-13-2, volume 2, 06/1968–03/1969, J. A. MacDonald à J. J. Carson, 8 novembre 1968. [AEMR-121640]
177. CVR, ARN, Gouvernement des Territoires du Nord-Ouest – Éducation, culture et emploi, rapports divers sur les foyers, n° 1209 dans le SGRC, boîte 9, « Student Residences (Hostels) », sans date. [RCN-007183]
178. Canada, Rapport annuel du ministère des Affaires indiennes, 1968–1969, p. 161; Canada, Rapport annuel du ministère des Affaires indiennes, 1970–1971, p. 19.
179. Canada, « La politique indienne du gouvernement du Canada », 1969, p. 8, 9, et 23-24 d'un document en format PDF de 26 pages.
180. Canada, « La politique indienne du gouvernement du Canada », 1969, p. 9 et 22 d'un document en format PDF de 26 pages.
181. Fraternité des Indiens du Canada, « Statement on the Proposed New Indian Policy », Ottawa, 26 juin 1969, cité dans Weaver, *Making Canadian Indian Policy,* p. 174.
182. Indian Chiefs of Alberta, 1970, p. 16 d'un document en format PDF de 95 pages.
183. Weaver, *Making Canadian Indian Policy,* p. 187.
184. Pour un exemple de mécontentement au sein d'une population locale, voir : CVR, ARN, aucun emplacement de document, aucun dossier source de document, Jos Houle à G.-M. Latour, 24 juillet 1966. [OGP-417032]
185. CVR, ARN, AINC – Secteur de la résolution – Collection des dossiers historiques des pensionnats indiens – Ottawa, dossier 779/25-2-009, volume 1 (n° de contrôle 55-4), Dennis Bell, « Indian School », PC [Presse canadienne], 15 septembre 1970. [NCA-007310-0001]
186. « Indians Will Operate Blue Quills School », *Edmonton Journal,* 1er août 1970.
187. CVR, ARN, Bibliothèque et Archives Canada – Burnaby, dossier 951/6-1-030, volume 9, nouveau pensionnat indien Christie, 1974–1977, n° d'inst. de recherche 10-138, acquisition V1985-86/397, boîte d'archives 2, R. C. Telford à L. E. Wight, 6 mai 1974; [CST-001710-0000] AINC – Bureau principal des documents – Ottawa 901/16-2, volume 5, rapports de vérification – bureau régional de la Colombie-Britannique, 07/1974–06/1978,

balise n° L362, AINC – Registre central d'Ottawa, [indéchiffrable] pour R. C. Pankhurst au directeur des Finances et de la gestion, 29 janvier 1975. [CST-009455]

188. Tous ces pensionnats se trouvaient en Saskatchewan. Le pensionnat de Beauval ferme en 1995, voir : CVR, ARN, AINC – Secteur de la résolution – Collection des dossiers historiques des pensionnats indiens – Ottawa, dossier E4965-2013, volume 3, pensionnat de Beauval, boîte 1, dossier 1-5, accord et protocole d'entente « Re: The Beauval Indian Education Centre », 6 juin 1995. [BVL-001306] Les pensionnats de Duck Lake et de Gordon ferment tous les deux en 1996, voir : CVR, ARN, AINC – Secteur de la résolution – Collection des dossiers historiques des pensionnats indiens – Ottawa, dossier E4974-10474, volume 2, Ray Gamracy à Dana Commercial Credit Canada, 6 juin 1996; [SMD-000651-0000] pensionnat de Gordon, pensionnats indiens et inuits de l'Église anglicane, Église anglicane du Canada, www.anglican.ca/relationships/histories/gordons-school-punnichy (consulté le 5 mai 2014). Les pensionnats de Lestock, de Marieval et de Prince Albert ferment en 1997, voir : CVR, ARN, AINC – Secteur de la résolution – Collection des dossiers historiques des pensionnats indiens – Ottawa, pensionnat de Muskowekwan, boîte 67, dossier 1, conseil de gestion du Muskowekwan Education Centre, procès-verbal du 16 juillet 1997; [MDD-007310-0001] CVR, ARN, AINC – Secteur de la résolution – Collection des dossiers historiques des pensionnats indiens – Ottawa, dossier E4971-361, volume 3, Myler Savill à Lionel Sparvier, 21 juillet 1997; [MRS-000002-0001] AINC – Secteur de la résolution – Collection des dossiers historiques des pensionnats indiens – Ottawa, dossier E4974-1355, volume 8, « Education Centre Set to Reopen », *Prince Albert Herald*, Carrie Hunter, 15 octobre 1997 [PAR-003103-0001]

189. Canada, Rapport annuel du ministère des Affaires indiennes, 1984–1985, p. 56.

190. Thompson, « Dehcho Hall to Close its Doors », *Northern News Services online*, 26 janvier 2009, http://www.nnsl.com/frames/newspapers/2009-01/jan26_09h.html.

191. CVR, ARN, aucun emplacement de document, aucun dossier source de document, B. Pusharenko, Inuvik (Territoires du Nord-Ouest), « Demolition of Former Residential School Called for to Put Bad Memories to Rest », *Edmonton Journal*, 13 août 1998. [GNN-000298-0026]

192. CVR, ARN, Bibliothèque et Archives Canada, RG10, volume 6040, dossier 160-4, partie 1, R. B. Heron au presbytère de Regina, avril 1923. [AEMR-016371]

193. Canada, Rapport annuel du ministère des Affaires indiennes, 1941, p. 202; Canada, Rapport annuel du ministère des Affaires indiennes, 1942, p. 162; Canada, Rapport annuel du ministère des Affaires indiennes, 1943, p. 184; Canada, Rapport annuel du ministère des Affaires indiennes, 1944, p. 196; Canada, Rapport annuel du ministère des Affaires indiennes, 1945, p. 204; Canada, Rapport annuel du ministère des Affaires indiennes, 1946, p. 253; Canada, Rapport annuel du ministère des Affaires indiennes, 1947, p. 258; Canada, Rapport annuel du ministère des Affaires indiennes, 1948, p. 278; Canada, Rapport annuel du ministère des Affaires indiennes, 1949, p. 242; Canada, Rapport annuel du ministère des Affaires indiennes, 1950, p. 88-89; Canada, Rapport annuel du ministère des Affaires indiennes, 1951, p. 34-35; Canada, Rapport annuel du ministère des Affaires indiennes, 1952, p. 78-79; Canada, Rapport annuel du ministère des Affaires indiennes, 1953, p. 88-89; Canada, Rapport annuel du ministère des Affaires indiennes, 1954, p. 90-91; Canada, Rapport annuel du ministère des Affaires indiennes, 1955, p. 82; Canada, Rapport annuel du ministère des Affaires indiennes, 1956, p. 80-81; Canada, Rapport annuel du ministère des Affaires indiennes, 1956-1957, p. 94-95; Canada, Rapport annuel du ministère des Affaires indiennes, 1958, p. 100-101; Canada, Rapport annuel du ministère des Affaires indiennes, 1959, p. 104;

Canada, Rapport annuel du ministère des Affaires indiennes, 1960, p. 102; Canada, Rapport annuel du ministère des Affaires indiennes, 1961, p. 113.

194. Canada, Rapport annuel du ministère des Affaires indiennes, 1942, p. 162; Canada, Rapport annuel du ministère des Affaires indiennes, 1943, p. 184; Canada, Rapport annuel du ministère des Affaires indiennes, 1944, p. 196; Canada, Rapport annuel du ministère des Affaires indiennes, 1945, p. 204; Canada, Rapport annuel du ministère des Affaires indiennes, 1946, p. 253; Canada, Rapport annuel du ministère des Affaires indiennes, 1947, p. 258; Canada, Rapport annuel du ministère des Affaires indiennes, 1948, p. 278; Canada, Rapport annuel du ministère des Affaires indiennes, 1949, p. 242; Canada, Rapport annuel du ministère des Affaires indiennes, 1950, p. 88-89; Canada, Rapport annuel du ministère des Affaires indiennes, 1951, p. 34-35; Canada, Rapport annuel du ministère des Affaires indiennes, 1952, p. 78-79; Canada, Rapport annuel du ministère des Affaires indiennes, 1953, p. 88-89; Canada, Rapport annuel du ministère des Affaires indiennes, 1954, p. 90-91; Canada, Rapport annuel du ministère des Affaires indiennes, 1955, p. 82; Canada, Rapport annuel du ministère des Affaires indiennes, 1956, p. 80-81; Canada, Rapport annuel du ministère des Affaires indiennes, 1956-1957, p. 94-95; Canada, Rapport annuel du ministère des Affaires indiennes, 1958, p. 101; Canada, Rapport annuel du ministère des Affaires indiennes, 1959, p. 104; Canada, Rapport annuel du ministère des Affaires indiennes, 1960, p. 102; Canada, Rapport annuel du ministère des Affaires indiennes, 1961, p. 112; Canada, Rapport annuel du ministère des Affaires indiennes, 1962, p. 77; Canada, Rapport annuel du ministère des Affaires indiennes, 1963, p. 66.

195. Canada, Rapport annuel du ministère des Affaires indiennes, 1883, p. 101.

196. CVR, ARN, Bibliothèque et Archives Canada, RG10, volume 6323, dossier 658-6, partie 1, rapport de l'inspecteur du ministère des Affaires indiennes, D. Hicks, concernant le pensionnat indien de St. Barnabas, 25 septembre 1928. [PAR-003233]

197. Bibliothèque et Archives Canada, RG10, volume 6205, dossier 468-1, partie 2, S. R. McVitty au secrétariat des Affaires indiennes, 30 janvier 1928.

198. CVR, ARN, Bibliothèque et Archives Canada, RG10, volume 6342, dossier 750-1, partie 1, bobine de microfilm C-8699, J. D. McLean au révérend E. Ruaux, 21 juin 1915. [MRY-001517]. Pour voir un rapport similaire sur le pensionnat de Battleford, en Saskatchewan, voir : Canada, Rapport annuel du ministère des Affaires indiennes, 1909, p. 359-360. Pour un rapport sur un pensionnat du Manitoba, voir : CVR, ARN, Bibliothèque et Archives Canada, RG10, volume 6267, dossier 580-5, partie 4, rapport d'inspection de Joseph Hamilton, non daté. [DRS-000570]

199. CVR, ARN, AINC – Secteur de la résolution – Collection des dossiers historiques des pensionnats indiens – Ottawa, dossier 673/23-5-038, volume 1, H. L. Winter aux Affaires indiennes, 9 septembre 1932. [MRS-000138-0001]

200. CVR, ARN, Bibliothèque et Archives Canada, RG10, volume 6327, dossier 660-1, partie 1, J. D. McLean au révérend J. Hugonard, 30 mai 1911. [PLD-007442]

201. CVR, ARN, Bibliothèque et Archives Canada, RG10, volume 6422, dossier 869-1, partie 2, R. H. Cairns, inspecteur, à l'intention de J. D. McLean, 5 janvier 1915. [COQ-000390]

202. CVR, ARN, Bibliothèque et Archives Canada, RG10, volume 6431, dossier 877-1, partie 2, Extrait du rapport de monsieur l'inspecteur Cairns daté des 5 et 6 septembre 1928 sur le pensionnat indien d'Alberni. [ABR-001591]

203. CVR, ARN, Bibliothèque et Archives Canada, RG10, volume 6001, dossier 1-1-1, partie 3, ministère des Affaires indiennes, Direction générale des écoles, 31 mars 1935. [SRS-000279]

204. Pour un exemple en Colombie-Britannique, voir : CVR, ARN, Bibliothèque et Archives Canada, RG10, volume 6431, dossier 877-1, partie 1, A. W. Neill à A. W. Vowell, 8 juillet 1909. [ABR-007011-0001]. Pour un exemple au Manitoba, voir : CVR, ARN, Bibliothèque et Archives Canada, RG10, volume 6262, dossier 578-1, partie 4, W. M. Graham au secrétaire, Affaires indiennes, 4 février 1922. [ELK-000299]

205. Par exemple, un document de l'Église Unie de 1936 sur la politique d'éducation des Premières Nations rapportait que le personnel de toutes les écoles de l'Église Unie devait être composé d'employés dotés d'une « motivation chrétienne, ou, en d'autres mots, d'une vocation missionnaire combinée à des compétences dans un domaine en particulier afin d'enseigner leur spécialité aux Indiens ». Les membres du personnel devaient en outre « être étroitement associés à l'œuvre de l'Église Unie la plus proche et manifester un vif intérêt envers celle-ci », en plus de connaître et de soutenir « le programme d'éducation religieuse de l'Église Unie ». Une fois ces exigences relativement précises établies, le document politique indiquait que « des compétences pédagogiques de base devraient être exigées des membres du personnel ». CVR, ARN, Archives de l'Église Unie, acquisition 83.050C, boîte 144-21, Déclaration de politique relative aux pensionnats indiens, juin 1936. [UCC-050004]

206. Pour un exemple du lien qui existe entre la faible rémunération et les enseignants non qualifiés, voir : CVR, ARN, Bibliothèque et Archives Canada, RG10, volume 6039, dossier 160-1, partie 1, Martin Benson, mémoire, 15 juillet 1897, p. 4, 25. [100.00108]

207. CVR, ARN, Bibliothèque et Archives Canada, RG10, volume 4041, dossier 334503, F. H. Paget à Frank Pedley, 25 novembre 1908, 55. [RCA-000298]

208. CVR, ARN, Bibliothèque et Archives Canada, RG10, volume 6431, dossier 877-1, partie 1, A. W. Vowell au secrétaire, Affaires indiennes, 14 juillet 1909. [ABR-007011-0000]

209. Canada, Rapport annuel du ministère des Affaires indiennes, 1955, p. 53-54.

210. CVR, ARN, AINC, dossier 1/25-1, volume 22, R. F. Davey à Bergevin, 15 septembre 1959, 3. [AEMR-019616]

211. Canada, Rapport annuel du ministère des Affaires indiennes, 1903, p. 346. Pour d'autres exemples de l'importance accordée à l'enseignement religieux dans les pensionnats, voir : Canada, Rapport annuel du ministère des Affaires indiennes, 1887, p. 26-28; Canada, Rapport annuel du ministère des Affaires indiennes, 1910, p. 444-445; Canada, Rapport annuel du ministère des Affaires indiennes, 1890, p. 119; Canada, Rapport annuel du ministère des Affaires indiennes, 1900, p. 312-313; Canada, Rapport annuel du ministère des Affaires indiennes, 1901, p. 321-322, 324-325.

212. Moine, *My Life in a Residential School*, s.l.

213. CVR, ARN, Archives de l'Église presbytérienne au Canada, Toronto, Ontario, dossier de Tyler Bjornson, Recherche presbytérienne, « Presbyterian Indian Residential School Staff Handbook », p. 1. [IRC-041206]

214. Pour en apprendre davantage au sujet de Kelly, voir : Morley, *Roar of the Breakers*, p. 57, 158; au sujet d'Ahenakew, voir : Ahenakew, *Voices of the Plains Cree*, p. 14-24; au sujet de Kennedy, voir : Canada, Rapport annuel du ministère des Affaires indiennes, 1902, p. 195-196; au sujet de Dion, voir : Dion, *My Tribe the Crees*, p. 156-163; au sujet de Johnson, voir : Johnston, *Buckskin & Broadcloth*, p. 46; et au sujet de Lickers, voir : « Norman Lickers First Ontario Indian Lawyer », *Brantford Expositor*, 18 novembre 1938, cité dans Briggs, *Legal Professionalism*, p. 2.

215. Canada, Comité spécial mixte, 6 août 1946, p. 5. [55f. mémoire d'Oliver Martin]

216. CVR, DAV, David Charleson, déclaration devant la Commission de vérité et réconciliation du Canada, Deroche (Colombie-Britannique), 20 janvier 2010, numéro de déclaration : 2011-5043.
217. CVR, DAV, Isabelle Whitford, déclaration devant la Commission de vérité et réconciliation du Canada, Première Nation de Keeseekoowenin (Manitoba), 28 mai 2010, numéro de déclaration : S-KFN-MB-01-004.
218. CVR, DAV, Betsy Olson, déclaration devant la Commission de vérité et réconciliation du Canada, Saskatoon (Saskatchewan), 21 juin 2012, numéro de déclaration : 2011-4378.
219. CVR, DAV, Leona Agawa, déclaration devant la Commission de vérité et réconciliation du Canada, Sault Ste. Marie (Ontario), 6 novembre 2010, numéro de déclaration : 01-ON-4-6NOV10-006.
220. Canada, Rapport annuel du ministère des Affaires indiennes, 1921, p. 28-29.
221. CVR, ARN, Bibliothèque et Archives Canada, RG10, volume 6014, dossier 1-1-6 MAN, partie 1, Duncan Campbell Scott à M. Meighen, 1er juin 1920. [NCA-002403]
222. Canada, Comité spécial mixte, *Procès-verbaux et témoignages*, D. F. Brown, président, 15 avril 1947, p. 17.
223. Canada, Comité spécial mixte, *Procès-verbaux et témoignages*, D. F. Brown, président, 17 avril 1947, p. 13.
224. CVR, ARN, Bibliothèque et Archives Canada, RG85, volume 1338, dossier 600-1-1, partie 19, D. W. Hepburn, « Northern Education: Facade for Failure », *Variables: the Journal of the Sociology Club* (Université de l'Alberta) vol. 2, n° 1 (février 1963), p. 16. [NCA-005960]
225. CVR, ARN, Bibliothèque et Archives Canada, RG85, volume 1338, dossier 600-1-1, partie 19, D. W. Hepburn, « Northern Education: Facade for Failure », *Variables: the Journal of the Sociology Club* (University of Alberta) vol. 2, n° 1 (février 1963), p. 17. [NCA-005960]
226. CVR, ARN, Bibliothèque et Archives Canada, RG85, volume 1338, dossier 600-1-1, partie 19, D. W. Hepburn, « Northern Education: Facade for Failure », *Variables: the Journal of the Sociology Club* (University of Alberta) vol. 2, n° 1 (février 1963), p. 18. [NCA-005960]
227. CVR, ARN, Bibliothèque et Archives Canada, RG10, volume 8760, dossier 901/25-1, partie 2, R. F. Davey au directeur, 14 mars 1956, p. 4. [AEMR-120651]
228. Voir, par exemple : CVR, ARN, AINC, dossier 1/25-1 (E.10), Rapport sur les manuels scolaires, p. 6-9; [AEMR-019193A] Commission Parent, *Rapport de la Commission royale d'enquête sur l'enseignement dans la province de Québec*, volume 3, *L'administration de l'enseignement*, partie B, « Diversité religieuse, culturelle, et unité de l'administration », http://classiques.uqac.ca/contemporains/quebec_commission_parent/rapport_parent_4/rapport_parent_vol_4.pdf, paragraphe 210 (consulté le 7 août 2012); CVR, ARN, AINC, dossier 1/25-1 (E.10), Rapport sur les manuels scolaires, p. 6-9; [AEMR-019193A] Vanderburgh, *The Canadian Indian*.
229. CVR, ARN, AINC, dossier 1/25-1 (E.10), Rapport sur les manuels scolaires, p. 1-6. [AEMR-019193A]
230. CVR, DAV, Mary Courchene, déclaration devant la Commission de vérité et réconciliation du Canada, Première Nation de Pine Creek (Manitoba), 28 novembre 2011, numéro de déclaration : 2011-2515.
231. CVR, DAV, Lorna Cochrane, déclaration devant la Commission de vérité et réconciliation du Canada, Winnipeg (Manitoba), 18 juin 2010, numéro de déclaration : SC110.
232. Elias, « Lillian Elias », p. 51.

233. Voir, par exemple : CVR, DAV, Victoria McIntosh, déclaration devant la Commission de vérité et réconciliation du Canada, Winnipeg (Manitoba), 16 juin 2010, numéro de déclaration : 02-MB-16JU10-123.
234. CVR, DAV, Walter Jones, déclaration devant la Commission de vérité et réconciliation du Canada, Victoria (Colombie-Britannique), 14 avril 2012, numéro de déclaration : 2011-4008.
235. Pigott, « The Leadership Factory », B3.
236. Blondin-Andrew, « New Ways of Looking for Leadership », p. 64.
237. John Amagoalik, cité dans McGregor, *Inuit Education*, p. 110.
238. Amagoalik, *Changing the Face of Canada*, p. 43-46.
239. CVR, DAV, David Simailak, déclaration devant la Commission de vérité et réconciliation du Canada, Baker Lake (Nunavut), 15 novembre 2011, numéro de déclaration : SP032.
240. CVR, DAV, Roddy Soosay, déclaration devant la Commission de vérité et réconciliation du Canada, Hobbema (Alberta), 25 juillet 2013, numéro de déclaration : 2011-2379.
241. CVR, DAV, Martha Loon, déclaration devant la Commission de vérité et réconciliation du Canada, Thunder Bay (Ontario), 25 novembre 2010, numéro de déclaration : 01-ON-24NOV10-021.
242. CVR, DAV, Frederick Ernest Koe, déclaration devant la Commission de vérité et réconciliation du Canada, Inuvik (Territoires du Nord-Ouest), 30 juin 2011, numéro de déclaration : SC091.
243. CVR, DAV, Madeleine Dion Stout, déclaration devant la Commission de vérité et réconciliation du Canada, Winnipeg (Manitoba), 18 juin 2010, numéro de déclaration : 02-MB-18JU10-059.
244. CVR, ARN, Bibliothèque et Archives Canada, RG10, volume 6191, dossier 462-1, partie 1, Russell T. Ferrier à George Prewer, 8 février 1922. [CRS-001015]
245. Canada, Rapport annuel du ministère des Affaires indiennes, 1887, p. 127.
246. Canada, Rapport annuel du ministère des Affaires indiennes, 1884, p. 157.
247. Canada, Rapport annuel du ministère des Affaires indiennes, 1886, p. 142.
248. Bibliothèque et Archives Canada, RG10, volume 3930, dossier 117377-1 A, H. Reed à l'évêque de la Terre de Rupert, 31 mai 1893.
249. Wasylow, « History of Battleford Industrial School », p. 467.
250. Elias, « Lillian Elias », p. 54-55.
251. Pour un exemple de blessure dans une buanderie, voir : CVR, ARN, Bibliothèque et Archives Canada, RG10, volume 6207, dossier 468-5, partie 6, S. R. McVitty au secrétaire des Affaires indiennes, 3 janvier 1929. [MER-000751] Pour un exemple de blessure dans une cuisine, voir : CVR, ARN, Bibliothèque et Archives Canada, RG10, volume 6058, dossier 265-13, partie 1, J. P. Mackey à A. F. MacKenzie, 20 mai 1930. [SRS-000252] Pour un exemple de blessure dans un atelier, voir : CVR, ARN, Bibliothèque et Archives Canada, RG10, volume 6219, dossier 471-13, partie 1, Russell T. Ferrier à J. Howitt, 13 juin 1932. [AGA-000069]
252. Pour un exemple, voir : CVR, ARN, Bibliothèque et Archives Canada, RG10, volume 6327, dossier 660-1, partie 3, A. F. MacKenzie à G. Leonard, 6 mai 1936. [PLD-006119]
253. CVR, ARN, Bibliothèque et Archives Canada, RG10, volume 6327, dossier 660-1, partie 3, A. F. MacKenzie à William Hall, 18 mai 1936. [PLD-000750]
254. CVR, ARN, Bibliothèque et Archives Canada, RG10, volume 6327, dossier 660-1, partie 3, William Hall aux Affaires indiennes, 30 avril 1936. [PLD-000746]
255. CVR, ARN, Bibliothèque et Archives Canada, RG10, volume 6255, dossier 576-1, partie 4, R. T. Chapin à A. G. Hamilton, 10 septembre 1941. [BRS-000461-0001] Pour l'âge du garçon,

voir : CVR, ARN, Bibliothèque et Archives Canada, RG10, volume 6258, dossier 576-10, partie 8, Demande d'admission, Kenneth Smith, 1er juillet 1938. [BRS-002184-0007]
256. CVR, ARN, Bibliothèque et Archives Canada, RG10, volume 6259, dossier 576-23, partie 1, G. C. Elwyn à la GRC, 20 avril 1949. [BRS-000332]
257. CVR, ARN, Bibliothèque et Archives Canada, RG10, volume 6352, dossier 753-23, partie 1, 1935-1944, bobine de microfilm C-8709, directeur intérimaire à J. T. Faunt, 18 décembre 1944. [EDM-003369]
258. CVR, ARN, Bibliothèque et Archives Canada, RG10, volume 6251, dossier 575-1, partie 3, R. A. Hoey à A. G. Smith, 24 septembre 1942. [BIR-000272]
259. Concernant la fin du système de demi-journée, voir : CVR, ARN, AINC – Secteur de la résolution – Collection des dossiers historiques des pensionnats indiens – Ottawa, dossier 1/25-1-5-2, volume 1, surintendant général d'AINC, « Regulations with respect to teaching, education, inspection, and discipline for Indian Residential Schools, Made and Established by the Superintendent General of Indian Affairs Pursuant to Paragraph (a) of Section 114 of the Indian Act », 20 janvier 1953; [PAR-001203-0001] H. M. Jones au sous-ministre. [PAR-001203-0000]
260. CVR, ARN, AINC – Secteur de la résolution – Collection des dossiers historiques des pensionnats indiens – Ottawa, dossier 128/25-2-575, volume 1, J. R. Bell à R. D. Ragan, 17 février 1959. [IRC-041312]
261. CVR, ARN, Bibliothèque et Archives Canada, RG10, volume 3674, dossier 11422, E. Dewdney à Thomas Clarke, 31 juillet 1883. [120.06668]
262. CVR, ARN, Bibliothèque et Archives Canada, RG10, volume 6452, dossier 884-1, partie 1, bobine de microfilm 8773, « Rules and Regulations, Kootenay Industrial School ». [AEMR-011621A]
263. Bibliothèque et Archives Canada, RG10, volume 3836, dossier 68557, H. Reed, suggestions pour le gouvernement concernant les pensionnats indiens, 27 janvier 1890.
264. Canada, Rapport annuel du ministère des Affaires indiennes, 1894, p. 248-249.
265. Canada, Rapport annuel du ministère des Affaires indiennes, 1887, p. 129.
266. Canada, Rapport annuel du ministère des Affaires indiennes, 1898, p. 345.
267. Canada, Rapport annuel du ministère des Affaires indiennes, 1898, p. 354.
268. Canada, Rapport annuel du ministère des Affaires indiennes, 1898, p. 302.
269. Canada, Rapport annuel du ministère des Affaires indiennes, 1903, p. 461.
270. CVR, ARN, Archives de St. Paul, actes de visite canonique, 1883-1966, réserves 2L, Acte Général de Visite des Missions Indiennes du Nord-Ouest Canadien par le T.R.P. Théodore Labouré, O.M.I., Supérieur Général, Rome Maison Générale, p. 45. [OMI-034614]
271. Wasylow, « History of Battleford Industrial School », p. 449.
272. Moran, *Stoney Creek Woman*, p. 58.
273. Callahan, « On Our Way to Healing », p. 68.
274. Graham, *Mush Hole*, p. 368.
275. Archives provinciales de la Colombie-Britannique, disque de transcription n° 182, Mary Englund, interviewée par Margaret Whitehead, 31 juillet 1980, APCB n° 3868.
276. Graham, *Mush Hole*, p. 449.
277. CVR, DAV, Arthur Ron McKay, déclaration devant la Commission de vérité et réconciliation du Canada, Winnipeg (Manitoba), 18 juin 2010, numéro de déclaration : 02-MB-18JU10-044.
278. CVR, DAV, Peter Nakogee, déclaration devant la Commission de vérité et réconciliation du Canada, Timmins (Ontario), 9 novembre 2010, numéro de déclaration :

01-ON-4-6NOV10-023. (Traduit du maskegon vers l'anglais par le Bureau de la traduction, Travaux publics et Services gouvernementaux Canada, 8961944_002.)
279. CVR, DAV, Meeka Alivaktuk (traduit de l'inuktitut), déclaration devant la Commission de vérité et réconciliation du Canada, Pangnirtung (Nunavut), 13 février 2012, numéro de déclaration : SP045.
280. CVR, DAV, Sam Kautainuk (traduit de l'inuktitut), déclaration devant la Commission de vérité et réconciliation du Canada, Pond Inlet (Nunavut), 7 février 2012, numéro de déclaration : SP044.
281. CVR, DAV, Greg Ranville, déclaration devant la Commission de vérité et réconciliation du Canada, Saskatoon (Saskatchewan), 22 juin 2012, numéro de déclaration : 2011-1752.
282. CVR, DAV, William Herney, déclaration devant la Commission de vérité et réconciliation du Canada, Halifax (Nouvelle-Écosse), 29 octobre 2011, numéro de déclaration : 2011-2923.
283. CVR, DAV, Alphonsine McNeely, déclaration devant la Commission de vérité et réconciliation du Canada, Fort Good Hope (Territoires du Nord-Ouest), 13 juillet 2010, numéro de déclaration : 01-NWT-JY10-002.
284. CVR, DAV, Pierrette Benjamin, déclaration devant la Commission de vérité et réconciliation du Canada, La Tuque (Québec), 6 mars 2013, numéro de déclaration : SP105.
285. CVR, DAV, John Kistabish, déclaration devant la Commission de vérité et réconciliation du Canada, Montréal (Québec), 26 avril 2013, numéro de déclaration : 2011-6135.
286. Snow, *These Mountains Are Our Sacred Places*, p. 110.
287. CVR, DAV, Andrew Bull Calf, déclaration devant la Commission de vérité et réconciliation du Canada, Lethbridge (Alberta), 10 octobre 2013, numéro de déclaration : 2011-0273.
288. CVR, DAV, Evelyn Kelman, déclaration devant la Commission de vérité et réconciliation du Canada, Lethbridge (Alberta), 10 octobre 2013, numéro de déclaration : SP128.
289. CVR, DAV, Marilyn Buffalo, déclaration devant la Commission de vérité et réconciliation du Canada, Hobbema (Alberta), 25 juillet 2013, numéro de déclaration : SP125.
290. CVR, DAV, Sarah McLeod, déclaration devant la Commission de vérité et réconciliation du Canada, Kamloops (Colombie-Britannique), 8 août 2009, numéro de déclaration : 2011-5009.
291. CVR, ARN, Bibliothèque et Archives Canada, RG10, volume 7936, dossier 32-104, J. W. House à G. H. Gooderham, 26 janvier 1942. [OLD-004156-0001]
292. CVR, ARN, Bibliothèque et Archives Canada, 875-1, partie 4, volume 6426, 1937-1947, Archives nationales du Canada, F. E. Anfield aux anciens élèves et diplômés de l'agence Kwawkewlth, 6 avril 1943. [MIK-002742-0001]
293. CVR, DAV, Thaddee Andre, déclaration devant la Commission de vérité et réconciliation du Canada, Montréal (Québec), 25 avril 2013, numéro de déclaration : 2011-6068.
294. Voir, par exemple, la présentation de la Conférence catholique canadienne au Comité spécial mixte du Sénat et de la Chambre des communes sur les Affaires indiennes en 1960. CVR, ARN, aucune source de document, aucun emplacement de document, « CCC Brief on Indian Welfare and Education », *Indian Record*, juin 1960, p. 3. [BVT-001818]
295. CVR, DAV, Alex Alikashuak, déclaration devant la Commission de vérité et réconciliation du Canada, Winnipeg (Manitoba), 16 juin 2010, numéro de déclaration : 02-MB-16JU10-137.
296. Conseil canadien du bien-être, Pensionnats indiens, p. 100.
297. CVR, ARN, Archives provinciales de l'Alberta, 71.220 B56 2429, J. Weitz, Rapport sur l'utilisation de la langue, de l'histoire et des coutumes des Indiens de la réserve des Gens-du-Sang dans les classes de niveau I pendant l'année scolaire 1968-1969, 30 juin 1969. [OGP-023347]

298. Pour un exemple de la Colombie-Britannique, voir : CVR, ARN, aucun emplacement de document, aucune source de document, 958/25-13, volume 3, J. A. Andrews à R. F. Davey, 28 juin 1966. [ABR-000402]
299. Canada, Rapport annuel du ministère des Affaires indiennes, 1974-1975, p. 32-33.
300. CVR, DAV, Rose Dorothy Charlie, déclaration devant la Commission de vérité et réconciliation du Canada, Whitehorse (Yukon), 27 mai 2011, numéro de déclaration : 2011-1134.
301. CVR, DAV, Joline Huskey, déclaration devant la Commission de vérité et réconciliation du Canada, Behchoko (Territoires du Nord-Ouest), 15 avril 2011, numéro de déclaration : 2011-0231.
302. CVR, DAV, Bruce R. Dumont, déclaration devant la Commission de vérité et réconciliation du Canada, Batoche (Saskatchewan), 23 juillet 2010, numéro de déclaration : 01-SK-18-25JY10-013.
303. Canada, Débats de la Chambre des communes (22 mai 1888), p. 1719.
304. Bibliothèque et Archives Canada, RG10, volume 6816, dossier 486-2-5, partie 1, H. Reed à J. Hugonnard, 13 juin 1890.
305. Canada, Rapport annuel du ministère des Affaires indiennes, 1896, p. xxxvii.
306. Voir, par exemple : Canada, Rapport annuel du ministère des Affaires indiennes, 1894, p. 155-156; Canada, Rapport annuel du ministère des Affaires indiennes, 1894, p. 200-201; Canada, Rapport annuel du ministère des Affaires indiennes, 1897, p. 292-293.
307. CVR, ARN, Bibliothèque et Archives Canada, RG10, volume 1347, bobine de microfilm C-13916, P. Claessen à W. R. Robertson, 17 août 1909. [KUP-004235]
308. Canada, Rapport annuel du ministère des Affaires indiennes, 1909, p. 432.
309. Bibliothèque et Archives Canada, RG10, volume 3881, dossier 934189, M. Begg à A. Forget, 23 février 1895.
310. CVR, ARN, Bibliothèque et Archives Canada, RG10, volume 6318, dossier 657-1, partie 1, A. E. Forget à l'agent des Indiens, Touchwood Hills, 31 janvier 1896. [MDD-000851]
311. CVR, ARN, Bibliothèque et Archives Canada, RG10, volume 6326, dossier 659-10, partie 1, J. E. Pratt à Philip Phelan, 15 juin 1936. [ORC-006021]
312. Bibliothèque et Archives Canada, RG10, volume 6816, dossier 486-2-5, partie 1, extrait, Presbytère de Winnipeg, Comité sur le travail des Indiens, R. J. MacPherson, 9 septembre 1922.
313. Montour, *Brown Tom's School Days*, p. 26.
314. Brass, *I Walk in Two Worlds*, p. 25.
315. Brass, *I Walk in Two Worlds*, p. 25-26.
316. Moran, *Stoney Creek Woman*, p. 53-54.
317. Cité dans Krech, « Nutritional Evaluation », p. 186.
318. Cité dans Krech, « Nutritional Evaluation », p. 186.
319. Canada, Rapport annuel du ministère des Affaires indiennes, 1895, p. 118.
320. CVR, ARN, Bibliothèque et Archives Canada, RG10, volume 3918, dossier 116659-1, John F. Smith au sous-ministre et secrétaire, Affaires indiennes, 29 mars 1918. [AEMR-255360]
321. CVR, ARN, Bibliothèque et Archives Canada, RG10, n° d'inst. de recherche 10-13, volume 3918, bobine de microfilm C-10161, dossier 116.659-1, 1892-1920, agence des revendications particulières de Kamloops : Correspondance générale concernant l'école industrielle de Kamloops, F. V. Agnew aux Affaires indiennes, 4 juin 1918. [KAM-009763]

322. CVR, ARN, Bibliothèque et Archives Canada, RG10, volume 6039, dossier 160-1, partie 1, Martin Benson à J. D. McLean, 15 juillet 1897. [100.00109]
323. CVR, ARN, Bibliothèque et Archives Canada, RG10, volume 6187, dossier 461-1, partie 3, Frank Edwards au secrétaire, Direction générale des affaires indiennes, 26 juin 1939. [IRC-048013]
324. Pour des exemples qui remontent seulement aux années 1920, voir : CVR, ARN, Bibliothèque et Archives Canada, RG10, volume 3933, dossier 117657-1, bobine de microfilm C-10164, W. M. Graham à Duncan C. Scott, 1er octobre 1914; [AEMR-013533] CVR, ARN, Bibliothèque et Archives Canada, RG10, volume 6348, dossier 752-1, partie 1, 1894-1936, bobine de microfilm 8705, extrait du rapport de l'infirmière Ramage, novembre 1921; [CFT-000156-0001] CVR, ARN, Bibliothèque et Archives Canada, RG10, volume 6348, dossier 752-1, partie 1, 1894-1936, bobine de microfilm 8705, extrait du rapport de G. H. Gooderham pour le mois d'octobre 1921; [CFT-000148] CVR, ARN, Bibliothèque et Archives Canada, RG10, volume 6337, dossier 663-1, partie 1, Russell T. Ferrier au révérend A. Watelle, 31 janvier 1922; [THR-000149] CVR, ARN, Bibliothèque et Archives Canada, RG10, volume 6337, dossier 663-1, partie 1, Russell T. Ferrier au révérend A. Watelle, 16 février 1922; [THR-000151] CVR, ARN, Bibliothèque et Archives Canada, RG10, volume 6327, dossier 660-1, partie 2, mémoire pour dossier, Russell T. Ferrier, 17 mars 1922; [PLD-007242] CVR, ARN, Bibliothèque et Archives Canada, RG10, volume 6444, dossier 881-5, partie 2, 1922-1924, bobine de microfilm C-8767, extrait du rapport de l'inspecteur sur le pensionnat de Fraser Lake daté des 23 et 24 avril 1923; [LEJ-003751] CVR, ARN, Bibliothèque et Archives Canada, RG10, volume 6443, dossier 881-1, partie 1, N. Coccola à J. D. McLean, 22 juin 1923; [LEJ-001012] CVR, ARN, Bibliothèque et Archives Canada, RG10, volume 6318, dossier 657-1, partie 1, A. F. MacKenzie à J. B. Hardinge, 21 septembre 1923; [MDD-000731] CVR, ARN, Bibliothèque et Archives Canada, RG10, volume 6324, dossier 659-5, partie 2, pensionnat catholique romain d'Onion Lake, 1926; [ORC-000346-0001] CVR, ARN, Bibliothèque et Archives Canada, RG10, volume 6252, dossier 575-5, partie 2, A. G. Hamilton à M. Graham, 23 juin 1927; [BIR-000079] CVR, ARN, Bibliothèque et Archives Canada, RG10, volume 6252, dossier 575-5, partie 2, W. Murison à W. Graham, 17 novembre 1927; [BIR-000093] CVR, ARN, Bibliothèque et Archives Canada, RG10, volume 6268, dossier 580-14, partie 1, A. F. MacKenzie à J. W. Waddy, 25 avril 1927; [DRS-000574] CVR, ARN, Bibliothèque et Archives Canada, volume 6268, dossier 580-14, partie 1, J. W. Waddy au sous-ministre et secrétaire, 6 mai 1927; [DRS-000575] CVR, ARN, Bibliothèque et Archives Canada, RG10, volume 6267, dossier 580-1, partie 2, J. Waddy aux Affaires indiennes, 24 novembre 1928; [DRS-000564] CVR, ARN, Bibliothèque et Archives Canada, RG10, volume 6267, dossier 580-1, partie 2, rapport d'inspection, 31 octobre 1929. [DRS-000566]
325. CVR, ARN, aucun emplacement de document, aucun dossier source de document, T. M. Kennedy au Révérend Père provincial, 2 décembre 1937. [OKM-000248]
326. CVR, ARN, Bibliothèque et Archives Canada, RG10, volume 6455, dossier 884-14, partie 1, bobine de microfilm C-8777, extrait du rapport de l'inspecteur Cairns, daté du 9 novembre 1922, sur l'école industrielle de l'île Kuper. [KUP-003836-0000]
327. CVR, ARN, Bibliothèque et Archives Canada, RG10, volume 6262, dossier 578-1, partie 4, W. Murison aux Affaires indiennes, 2 juin 1925. [ELK-000330]
328. Santé Canada, Aliments et nutrition, Les guides alimentaires canadiens, de 1942 à 1992, http://www.hc-sc.gc.ca/fn-an/food-guide-aliment/context/fg_history-histoire_ga-fra.php (consulté le 14 décembre 2013).

329. CVR, ARN, Bibliothèque et Archives Canada, RG10, volume 6306, dossier 652-5, partie 6, L. B. Pett à P. E. Moore, 8 décembre 1947. [SMD-001897-0000]
330. CVR, ARN, Bibliothèque et Archives Canada, RG10, 8796, dossier 1/25-13, partie 4, L. B. Pett à H. M. Jones, 21 mars 1958. [NPC-400776]
331. CVR, ARN, Administration centrale, 1/25-1-4-1, Éducation des Indiens – Barème alimentaire, Pensionnats, K. A. Feyrer, G. C. Butler, 22 décembre 1966. [LOW-002326-0004]
332. CVR, ARN, emplacement du document inconnu, dossier 901/25-13, Gerald Michaud, 1er avril 1969. [120.08100C]
333. CVR, ARN, Bibliothèque et Archives Canada, RG29, volume 2990, dossier 851-6-4, partie 5a, L. Leclerc au directeur régional intérimaire, région du Manitoba, 26 novembre 1970. [NPC-605542]
334. CVR, DAV, Daisy Diamond, déclaration devant la Commission de vérité et réconciliation du Canada, Winnipeg (Manitoba), 18 juin 2010, numéro de déclaration : SC110.
335. CVR, DAV, Dora Fraser, déclaration devant la Commission de vérité et réconciliation du Canada, Winnipeg (Manitoba), 19 juin 2010, numéro de déclaration : 02-MB-19JU10-012.
336. CVR, DAV, Ellen Okimaw, déclaration devant la Commission de vérité et réconciliation du Canada, Timmins (Ontario), 8 novembre 2010, numéro de déclaration : 01-ON-4-6NOV10-022.
337. CVR, DAV, Bernard Catcheway, déclaration devant la Commission de vérité et réconciliation du Canada, Première Nation de Skownan (Manitoba), 12 octobre 2011, numéro de déclaration : 2011-2510.
338. CVR, DAV, Bernard Sutherland, déclaration devant la Commission de vérité et réconciliation du Canada, Fort Albany (Ontario), 29 janvier 2013, numéro de déclaration : 2011-3180. (Traduit du cri vers l'anglais par le Bureau de la traduction, Travaux publics et Services gouvernementaux Canada, 8961944_003.)
339. « Nun Forced Native Students to Eat Their Own Vomit », *Edmonton Journal*, 25 juin 1999.
340. CVR, DAV, Simon Awashish, déclaration devant la Commission de vérité et réconciliation du Canada, La Tuque (Québec), 5 mars 2013, numéro de déclaration : SP104.
341. CVR, DAV, Woodie Elias, déclaration devant la Commission de vérité et réconciliation du Canada, Fort McPherson (Territoires du Nord-Ouest), 12 septembre 2012, numéro de déclaration : 2011-0343.
342. CVR, DAV, Dorothy Nolie, déclaration devant la Commission de vérité et réconciliation du Canada, Alert Bay (Colombie-Britannique), 20 octobre 2011, numéro de déclaration : 2011-3294.
343. CVR, DAV, Nellie Trapper, déclaration devant la Commission de vérité et réconciliation du Canada, Winnipeg (Manitoba), 18 juin 2010, numéro de déclaration : 02-MB-16JU10-086.
344. CVR, DAV, Inez Dieter, déclaration devant la Commission de vérité et réconciliation du Canada, Regina (Saskatchewan), 16 janvier 2012, numéro de déclaration : SP035.
345. CVR, DAV, Gladys Prince, déclaration devant la Commission de vérité et réconciliation du Canada, Brandon (Manitoba), 13 octobre 2011, numéro de déclaration : 2011-2498. (Traduit de l'otchipwe vers l'anglais par le Bureau de la traduction, Travaux publics et Services gouvernementaux Canada, 8956132.)
346. CVR, DAV, Frances Tait, déclaration devant la Commission de vérité et réconciliation du Canada, Victoria (Colombie-Britannique), 13 avril 2012, numéro de déclaration : 2011-3974.
347. CVR, DAV, Hazel Bitternose, déclaration devant la Commission de vérité et réconciliation du Canada, Regina (Saskatchewan), 17 janvier 2012, numéro de déclaration : SP036.

348. Sadowski, « Preliminary Report on the Investigation », p. 7-8.
349. CVR, DABAC, Bibliothèque et Archives Canada, Ottawa, RG29, fonds du ministère de la Santé, sous-fonds de la Direction générale des services médicaux, série de dossiers du Bureau central des documents de la Direction générale des services médicaux, dossiers administratifs de la sous-série des blocs 800 à 849, instrument de recherche 29-143, volume permanent 2622, dossier 800-4-9, volume 1, dates du dossier 09/1952 à 11/1976, nom du dossier « Records Retirement », *Indian and Northern Health Services Administrative Circular 57-66*, destruction et conservation des documents, P. E. Moore, 7 août 1957. [46a-c000301-d0008-001]
350. Pour un exemple, voir : Canada, Rapport annuel du ministère des Affaires indiennes, 1893, p. 91-97.
351. CVR, ARN, Bibliothèque et Archives Canada, RG10, volume 6016, dossier 1-1-23, partie 1, A. F. MacKenzie aux agents des Indiens et aux directeurs des pensionnats indiens, 17 avril 1935. [SBR-001147-0000] En vertu de cette politique, un directeur était tenu de signaler le décès d'un élève à un agent des Indiens. L'agent devait alors réunir et présider un comité d'enquête composé de trois personnes. Les deux autres membres devaient être le directeur du pensionnat et le médecin de l'élève. Le comité devait remplir le formulaire fourni par le ministère des Affaires indiennes, lequel demandait des renseignements sur les causes du décès et sur les soins portés à l'enfant. Informés de l'enquête, les parents avaient le droit d'y assister – ou de nommer un représentant pour y assister – afin de déposer une déclaration. Cependant, l'enquête ne pouvait pas être reportée de plus de 72 heures après le décès pour permettre aux parents d'y assister. CVR, ARN, Bibliothèque et Archives Canada, RG10, volume 6016, dossier 1-1-23, partie 1, note de service du ministère des Affaires indiennes, 17 avril 1935. [SBR-001147-0001]
352. Pour des exemples, voir : CVR, ARN, Église anglicane du Canada, Archives du synode général, Église anglicane du Canada, GS-75-103, B17, procès-verbal de la Commission esquimo-indienne tenue le mardi 11 janvier 1927, p. 11; [AAC-083001] Société historique de Saint-Boniface, Archives Deschâtelets, L 541 M27L 266, Brachet au père provincial, 20 octobre 1928.
353. CVR, ARN, Bibliothèque et Archives Canada, RG10, volume 6302, dossier 650-23, partie 2, inspecteur à la tête de la sous-division de Prince Albert à l'officier responsable, GRC, Regina (Saskatchewan), 10 septembre 1942. [BVL-000822]
354. Pour une analyse des conditions sanitaires dans la région des Prairies et du désengagement du gouvernement fédéral à l'égard des traités, voir : Carter, *Lost Harvests*; Daschuk, *Clearing the Plains*; et Lux, *Medicine that Walks*. Concernant l'alimentation et les traités, voir : Miller, *Skyscrapers Hide the Heavens*, p. 228-230.
355. CVR, ARN, Bibliothèque et Archives Canada, RG10, volume 6039, dossier 160-1, partie 1, Martin Benson à J. D. McLean, 15 juillet 1897. [100.00109]
356. Canada, Rapport annuel du ministère des Affaires indiennes, 1904, p. 207.
357. CVR, ARN, Bibliothèque et Archives Canada, RG10, volume 6012, dossier 1-1-5A, partie 2, R. A. Hoey au D^r McGill, 31 mai 1940. [BIR-000248] Concernant la date de la nomination de R. A. Hoey, voir : Manitoba Historical Society, Manitobains éminents : Robert Alexander Hoey (1883-1965), http://www.mhs.mb.ca/docs/people/hoey_ra.shtml (consulté le 21 décembre 2013).
358. CVR, ARN, AINC – Secteur de la résolution – Collection des dossiers historiques des pensionnats indiens – Ottawa, dossier 6-21-1, volume 4, n° de contrôle 25-2, mémoire de

l'association nationale des directeurs et des administrateurs de pensionnats indiens soumis au ministère des Affaires indiennes et du Nord canadien à la demande de M. E. A. Côté, sous-ministre, rédigé en 1967, présenté le 15 janvier 1968. [NCA-011495]

359. CVR, ARN, Bibliothèque et Archives Canada, RG10, volume 13033, dossier 401/25-13, volume 1, R. F. Davey à H. B. Rodine, 5 février 1968. [AEMR-014634]

360. Pour l'incendie du pensionnat de Beauval, voir : CVR, ARN, Bibliothèque et Archives Canada, RG10, volume 6300, dossier 650-1, partie 1, Louis Mederic Adam au ministère des Affaires indiennes, 22 septembre 1927. [BVL-000879] Pour l'incendie du pensionnat de Cross Lake, voir : CVR, ARN, Bibliothèque et Archives Canada, RG10, volume 6260, dossier 577-1, partie 1, J. L. Fuller à A. MacNamara, 8 mars 1930; [CLD-000933-0000] CVR, ARN, Bibliothèque et Archives Canada, RG10, volume 6260, dossier 577-1, partie 1, William Gordon au sous-ministre et au secrétaire du ministère des Affaires indiennes, 10 mars 1930. [CLD-000934]

361. Concernant les décès, voir : Stanley, « Alberta's Half-Breed Reserve », p. 96–98; Bibliothèque et Archives Canada, RG10, volume 6300, dossier 650-1, partie 1, O. Charlebois à Duncan Scott, 21 septembre 1927; [BVL-000874] Louis Mederic Adam au ministère des Affaires indiennes, 22 septembre 1927; [BVL-000879] CVR, ARN, Bibliothèque et Archives Canada, RG10, volume 6260, dossier 577-1, partie 1, J. L. Fuller à A. McNamara, 8 mars 1930; [CLD-000933-0000] William Gordon au sous-ministre et au secrétaire du ministère des Affaires indiennes, 10 mars 1930; [CLD-000934] CVR, ARN, AINC – Secteur de la résolution – Collection des dossiers historiques des pensionnats indiens – Ottawa, dossier 675/6-2-018, volume 2, D. Greyeyes au ministère des Affaires indiennes, 22 juin 1968. [GDC-005571]

362. Canada, Rapport annuel du ministère des Affaires indiennes, 1906, p. 272.

363. Bryce, *Report on the Indian Schools*, p. 18.

364. Bryce, *Report on the Indian Schools*, p. 17.

365. Bryce, *Report on the Indian Schools*, p. 18.

366. Pour des renseignements plus détaillés, voir : Canada, Rapport annuel du ministère des Affaires indiennes, 1904, p. xxvii–xxix; CVR, ARN, Bibliothèque et Archives Canada, MG17, B2, classe « G » C.1/P.2, Société missionnaire de l'Église, « Resolutions Regarding the Administration of the North-West Canada Missions », 7 avril 1903; [PAR-003622] Blake, *Don't you hear*; CVR, ARN, Bibliothèque et Archives Canada, RG10, volume 3928, dossier 117004-1, « Report on Indian Missions and Schools », document présenté au synode diocésain du diocèse de Calgary, J. W. Tims, août 1908; [OLD-008159] Archives de l'Église Unie du Canada, Toronto, numéro d'acquisition 1979.199C, boîte 5, dossier 68, « Report of the Synod's Commission on Indian Affairs », 5 décembre 1904; [RIS-000246] CVR, ARN, Bibliothèque et Archives Canada, RG10, volume 6039, dossier 160-1, partie 1, Frank Pedley à Révérend et chers messieurs, 21 mars 1908; [AEMR-120155] CVR, ARN, Église anglicane du Canada, Archives du Synode général, ACC-MSCC-GS 75-103, série 3:1, boîte 48, dossier 3, Frank Pedley à Norman Tucker, 26 mars 1909; [AAC-090228] Archives de la Saskatchewan, documents de MacKay, Frank Oliver, « Letter to S. H. Blake, 28 January, 1908 », cité dans Wasylow, *History of Battleford Industrial School*, p. 225-226; Église anglicane du Canada, Archives du synode général, p. 75-103, série 2-14, Frank Oliver à A. G. G., 28 janvier 1908, cité dans Gull, « Indian Policy », p. 15; CVR, ARN, Église anglicane du Canada, Archives du synode général, ACC-MSCC-GS 75-103, série 3:1, boîte 8, dossier 3, lettre signée par S. H. Blake, Andrew Baird, Hamilton Cassels, T. Ferrier, R. F. MacKay, 22 mai 1908; [AAC-090192] CVR, ARN, Bibliothèque et Archives Canada, RG10, volume 6039, dossier 160-1, partie 1, Frank Pedley à Frank Oliver, 9 avril 1908; [AEMR-120157] CVR, ARN, Église

anglicane du Canada, Archives du synode général, ACC-MSCC-GS 75-103, série 3:1, boîte 48, dossier 3, « Report of the Sub-Committee of the Advisory Board On Indian Education », sans date; [AAC-090231] CVR, ARN, Bibliothèque et Archives Canada, RG10, volume 3919, dossier 116751-1A, J. B. Magnan à D. Laird, 12 décembre 1902; [SBR-003409] CVR, ARN, Bibliothèque et Archives Canada, RG10, volume 3919, dossier 116751-1A, Clifford Sifton au gouverneur général en conseil, 23 décembre 1903; [FAR-000095] CVR, ARN, Bibliothèque et Archives Canada, RG10, volume 6039, dossier 160-1, partie 1, Frank Pedley à M. Oliver, 30 mai 1908; [120.00294] CVR, ARN, Bibliothèque et Archives Canada, RG10, volume 6327, dossier 660-1, partie 1, J. Hugonnard à Frank Oliver, 28 mars 1908; [PLD-007334] CVR, ARN, Bibliothèque et Archives Canada, RG10, volume 6039, dossier 160-1, partie 1, surintendant général des Affaires indiennes à T. Ferrier, 18 juillet 1908; [AEMR-016328] CVR, ARN, Bibliothèque et Archives Canada, RG10, volume 6039, dossier 160-1, partie 1, Heron à Frank Oliver, 16 février 1909; [AEMR-120164] CVR, ARN, Bibliothèque et Archives Canada, RG10, volume 6039, dossier 160-4, partie 1, l'Association of Indian Workers à Frank Oliver, 19 février 1909; [AEMR-016332] CVR, ARN, Bibliothèque et Archives Canada, RG10, n° d'inst. de recherche 10-17, volume 6041, dossier 160-5, partie 1, 1905–1934, Emile Legal à Frank Pedley, 20 juillet 1908; [AEMR-254243] CVR, ARN, Église anglicane du Canada, Archives du synode général, ACC-MSCC-GS 75-103, série 3:1, boîte 48, dossier 3, Arthur Barner à S. H. Blake, 16 février 1909. [AAC-090206]

367. Bibliothèque et Archives Canada, RG10, volume 6039, dossier 160-1, partie 1, *Correspondence and Agreement Relating to the Maintenance and Management of Indian Boarding Schools* (Ottawa : Imprimerie du gouvernement canadien, 1911). [AEMR-120208A]

368. Pour des exemples, voir : CVR, ARN, Bibliothèque et Archives Canada, RG10, volume 6113, dossier 350-23, partie 1, H. A. Alderwood à Percy Moore, 25 janvier 1946; [FGA-001121] CVR, ARN, aucun emplacement de document, aucun dossier source de document, 988/23-9, p. 2, 1947–48, R. H. Moore à la Division des affaires indiennes, 30 juin 1948; [KUP-001240] CVR, ARN, Bibliothèque et Archives Canada, RG10, volume 6279, dossier 584-10, partie 4, R. S. Davies au ministère des Affaires indiennes, 3 octobre 1951; [SBR-004545-0000] CVR, ARN, Bibliothèque et Archives Canada, RG10, volume 6445, dossier 881-10, partie 5, P. E. Moore au surintendant, Division du bien-être et de la formation, 23 décembre 1940. [LEJ-002117]

369. Canada, Rapport annuel du ministère des Affaires indiennes, 1893, p. 173.

370. Bibliothèque et Archives Canada, RG10, volume 3674, dossier 11422-5, H. Reed au surintendant général adjoint des Affaires indiennes, 13 mai 1891.

371. CVR, ARN, Bibliothèque et Archives Canada, RG10, volume 3920, dossier 116818, H. J. Denovan, 1er mai 1901. [EDM-009805]

372. Concernant le pensionnat de Regina : CVR, ARN, Bibliothèque et Archives Canada, RG10, volume 3927, dossier 116836-1A, J. A. Graham à J. A. Sinclair, 2 février 1904. [RIS-000075] Concernant le pensionnat d'Onion Lake, voir : CVR, ARN, Bibliothèque et Archives Canada, RG29, volume 2915, dossier 851-1-A671, partie 1a, Lang Turner au secrétaire des Affaires indiennes, 31 octobre 1921. [NPC-602633] Concernant le pensionnat de Mission : CVR, ARN, Bibliothèque et Archives Canada, RG10, volume 6470, dossier 890-5, partie 2, A. O'N. Daunt, 18 décembre 1924. [MIS-004992] Concernant le pensionnat de Muncey, voir : CVR, ARN, Bibliothèque et Archives Canada, RG10, volume 6207, dossier 468-5, partie 7, A. F. MacKenzie à K. J. Beaton, 9 juillet 1935. [MER-000845]

373. CVR, ARN, Bibliothèque et Archives Canada, RG10, volume 6305, dossier 652-1, partie 1, J. McArthur au secrétaire des Affaires indiennes, 5 juillet 1909; [SMD-001186] 6 juillet 1909. [SMD-001187]
374. CVR, ARN, Bibliothèque et Archives Canada, RG10, volume 3921, dossier 116818-1B, J. F. Woodsworth au secrétaire des Affaires indiennes, 25 novembre 1918. [EDM-000956]
375. CVR, ARN, Bibliothèque et Archives Canada, RG10, volume 6041, dossier 160-5, partie 1, « Memorandum of the Convention of the Catholic Principals of Indian Residential Schools held at Lebret, Saskatchewan, August 28 and 29, 1924 ». [200.4.00016]
376. Pour l'exemple du pensionnat de la réserve des Sarcis, voir : CVR, ARN, Bibliothèque et Archives Canada, RG29, volume 3403, dossier 823-1-A772, T. J. Fleetham au secrétaire des Affaires indiennes, 4 mars 1915. [NPC-604045a] Pour l'exemple du pensionnat de High River, voir : Archives provinciales de l'Alberta, oblats de Marie Immaculée, école Dunbow, boîte 80, n° 3381, *Journal quotidien de l'école Dunbow*, 18 janvier 1916, cité dans Pettit, « To Christianize and Civilize », p. 254.
377. Concernant les récriminations sur les infirmeries dans les années 1940, voir : CVR, ARN, Bibliothèque et Archives Canada, RG29, volume 2905, dossier 851-1-A486, partie 1, P. E. Moore à B. T. McGhie, 19 février 1942. [NPC-620532] Concernant les préoccupations relatives aux soins offerts dans les infirmeries des pensionnats de la Colombie-Britannique en 1960, voir : CVR, ARN, Bibliothèque et Archives Canada – Ottawa, RG10, volume 8697, dossier 957/6-1, partie 3, P. E. Moore à H. M. Jones, 22 juillet 1960. [MIS-000240]
378. Concernant les plaintes formulées par le pensionnat de Winnipeg, au Manitoba, voir : CVR, ARN, Bibliothèque et Archives Canada, RG10, volume 8797, dossier 1/25-13, partie 10, André Renaud à R. F. Davey, 10 août 1959. [NRD-300276] Concernant les plaintes formulées par le pensionnat catholique de Le Pas, au Manitoba, voir : CVR, ARN, Bibliothèque et Archives Canada, RG29, volume 2915, dossier 851-1-A578, partie 3, P. E. Moore au surintendant régional, région du Centre, Direction des services de santé des Indiens du Nord, 15 mai 1961. [NPC-602638] Concernant les plaintes formulées par le pensionnat de La Tuque, au Québec, voir : CVR, ARN, Centre de services régional du Québec – Bibliothèque et Archives Canada – Ville de Québec, acquisition 81-116, boîte 303441, dossier 377/17-1, J. E. DeWolf à R. L. Boulanger, 21 janvier 1965. [LTR-001513-0005] Concernant les plaintes formulées par le pensionnat catholique de Cardston, en Alberta, voir : CVR, ARN, Archives provinciales de l'Alberta, numéro 71.220 B161 2419, J. E. Y. Levaque à M. Tully, 19 novembre 1967. [OGP-023087]
379. Waldram, Herring, et Young, *Aboriginal Health in Canada*, p. 188–198; Wherrett, *Miracle of the Empty Beds*, p. 109–110.
380. Bibliothèque et Archives Canada, Association canadienne antituberculeuse, cité dans Wherrett, *Miracle of the Empty Beds*, p. 111.
381. Bibliothèque et Archives Canada, RG10, volume 3940, dossier 121698-13, résumé des interventions faites lors de la réunion en pièce jointe de la correspondance, H. R. Halpin au secrétaire, Affaires indiennes, 16 novembre 1897. Concernant le nom de Kah-pah-pah-mah-am-wa-ko-we-ko-chin et sa destitution, voir : Bibliothèque et Archives Canada, RG10, volume 3940, dossier 121698-13, extrait d'un rapport du Comité de l'honorable Conseil privé approuvé par Son Excellence le 20 septembre 1897.
382. Moine, *My Life in a Residential School*, sans lieu.
383. Dion, *My Tribe the Crees*, p. 129.
384. Baker, *Khot-La-Cha*, p. 46.

385. CVR, ARN, Ray Silver, déclaration devant la Commission de vérité et réconciliation du Canada, Mission (Colombie-Britannique), 17 mai 2011, numéro de déclaration : 2011-3467.
386. CVR, ARN, [nom supprimé], déclaration devant la Commission de vérité et réconciliation du Canada, Deline (Territoires du Nord-Ouest), 2 mars 2010, numéro de déclaration : 07-NWT-02MR1-002.
387. Canada, Rapport annuel du ministère des Affaires indiennes, 1888, p. xiii-xiv.
388. Fraser River Heritage Park, The OMI Cemetery, http://www.heritagepark-mission.ca/omicemetery.html (consulté le 4 novembre 2014).
389. Journal du père Allard, cité dans Cronin, *Cross in the Wilderness*, p. 219.
390. CVR, ARN, Bibliothèque et Archives Canada, RG10, volume 3921, dossier 116818-1B, J. F. Woodsworth au secrétaire des Affaires indiennes, 25 novembre 1918. [EDM-000956]
391. Shanahan, *Jesuit Residential School at Spanish*, p. 4.
392. CVR, ARN, Bibliothèque et Archives Canada, RG10, volume 6016, dossier 1-1-12, section 1, « Burial Expenses », J. D. McLean, sans date. [PAR-008816]
393. Pour voir des exemples de l'école de Spanish (Ontario), voir : Bibliothèque et Archives Canada, RG10, volume 6217, dossier 471-1, section 1, N. Dugas à Cher monsieur, 25 août 1913; Bibliothèque et Archives Canada, RG10, volume 6217, dossier 471-1, section 1, N. Dugas au secrétaire des Affaires indiennes, 2 septembre 1913.
394. Brass, *I Walk in Two Worlds*, p. 26.
395. CVR, DABAC, ministère des Affaires indiennes et du Nord canadien, Programme des affaires indiennes et inuites, 133619, Bureau régional du Yukon, acquisition 89-476 VFRC, boîte 7, volume 1, dossier 29-3, J. H. Gordon au surintendant général des Affaires indiennes, Yukon, 16 juillet 1958; [46b-c009024-d0015-001] CVR, DABAC, ministère des Affaires indiennes et du Nord canadien, Programme des affaires indiennes et inuites, 133619, Bureau régional du Yukon, acquisition 89-476 VFRC, boîte 7, volume 1, dossier 29-3, M. Matas à Gordon Harris, 16 avril 1958; [46a-c001040-d0010-005] CVR, DABAC, ministère des Affaires indiennes et du Nord canadien, Programme des affaires indiennes et inuites, 133619, Bureau régional du Yukon, cquisition 89-476 VFRC, boîte 7, volume 1, dossier 29-3, M. Matas à W. L. Falconer, 22 juillet 1958; [46a-c001040-d0010-002] CVR, DABAC, ministère des Affaires indiennes et du Nord canadien, Programme des affaires indiennes et inuites, 133619, Bureau régional du Yukon, acquisition 89-476 VFRC, boîte 7, volume 1, dossier 29-3, W. L. Falconer au directeur des Services de santé des Indiens et des populations du Nord, 24 juillet 1958; [46a-c001040-d0010-001] CVR, DABAC, ministère des Affaires indiennes et du Nord canadien, Programme des affaires indiennes et inuites, 133619, Bureau régional du Yukon, acquisition 89-476 VFRC, boîte 7, volume 1, dossier 29-3, M. G. Jutras au commissaire des Indiens de la Colombie-Britannique, 26 août 1958. [46b-c009024-d0010-001]
396. CVR, ARN, Archives de l'Église presbytérienne du Canada, Toronto (Ontario), acquisition 1988-7004, boîte 17, dossier 4, Colin Wasacase à Giollo Kelly, 17 novembre 1966. [CJC-007910] Pour avoir des renseignements sur l'âge de Wenjack, voir : Adam, « The Lonely Death of Charlie Wenjack », p. 30.
397. CVR, ARN, Centre de service régional de la région de la capitale nationale – BAC – Ottawa, dossier 486/18-2, volume 2, boîte V-24-83, 06/26/1946 – 09/23/1975, M. J. Pierce au ministère des Affaires indiennes, 23 octobre 1974; [FTA-001096] Edwards, « This Is about Reuniting a Family, Even in Death », *Toronto Star*, 4 mars 2011, http://www.thestar.com/news/gta/2011/03/04/this_is_about_reuniting_a_family_even_in_death.html; Edwards, « Star Gets

Action: Charlie Hunter Headed Home », *Toronto Star*, 24 mars 2011, http://www.thestar.com/news/gta/2011/03/24/star_gets_action_charlie_hunter_headed_home.html.
398. Wasylow, « History of Battleford Industrial School », p. 268.
399. CVR, ARN, Bibliothèque et Archives Canada, RG10, volume 3920, dossier 116818, D. L. Clink au commissaire des Indiens, 4 juin 1895. [EDM-003380]
400. CVR, ARN, Bibliothèque et Archives Canada, RG10, volume 3920, dossier 116818, H. Reed au sous-commissaire, 28 juin 1895. [EDM-003376]
401. CVR, ARN, Bibliothèque et Archives Canada, RG10, volume 6358, dossier 758-1, section 1, Révérend Canon Gould à Duncan Campbell Scott, 26 janvier 1920. [IRC-041334]
402. CVR, ARN, Bibliothèque et Archives Canada, RG10, volume 8542, dossier 51/25-1, section 2, Philip Phelan, 14 avril 1953. [FAR-000067]
403. Bibliothèque et Archives Canada, RG10, volume 3558, dossier 64, section 39, David Laird au surintendant général des Affaires indiennes, 13 mars 1899.
404. CVR, ARN, Bibliothèque et Archives Canada, RG10, volume 1346, bobine de microfilm C-13916, G. Donckele à W. H. Lomas, 29 décembre 1896. [KUP-004264]
405. Audette, « Report on the Commission », p. 2-7.
406. Bibliothèque et Archives Canada, RG10, volume 3880, dossier 92499, Memorandum, Hayter Reed, sans date; T. Clarke, « Report of Discharged Pupils », au Canada, Documents parlementaires 1894, document 13, p. 103.
407. CVR, ARN, Bibliothèque et Archives Canada, RG10 (Rouge), volume 2771, dossier 154845, section 1, J. G. Ramsden à J. D. McLean, 23 décembre 1907. [TAY-003542]
408. « Damages for Plaintiff in Miller Vs. Ashton Case », *Brantford Expositor*, 1er avril 1914.
409. CVR, ARN, Église anglicane du Canada, Archives du synode général, acquisition GS 75-403, série 2:15[a], boîte 16, [Indéchiffrable] Président de la Commission esquimo-indienne, Westgate, T. B. R., secrétaire régional, Commission esquimo-indienne, « Minutes of the Meeting of the Indian Residential School Commission held on March 18th, 1921 ». [AGS-000014]
410. CVR, ARN, Bibliothèque et Archives Canada, RG10, dossiers scolaires, volume 6358, dossier 758-1, section 1, 20 août 1919 [OLD-000497]; CVR, ARN, Bibliothèque et Archives Canada, RG10, volume 6358, dossier 758-1, section 1, « Statement taken by Constable Wright, RNWMP, 27 novembre 1919 »; [IRC-041330] CVR, ARN, Bibliothèque et Archives Canada, RG10, dossiers scolaires, volume 6358, dossier 758-1, section 1, 20 août 1919; [OLD-000497] CVR, ARN, Bibliothèque et Archives Canada, RG10, volume 6358, dossier 758-1, section 1, Thomas Graham à W. M. Graham, 1er décembre 1919; [IRC-041328] CVR, ARN, Bibliothèque et Archives Canada, RG10, volume 6358, dossier 758-1, section 1, P. H. Gentleman à Canon Gould, 12 janvier 1920. [IRC-041335]
411. CVR, ARN, Bibliothèque et Archives Canada, RG10, volume 6436, dossier 878-1, section 1, bobine de microfilm C-8762, 1890–1912, déclaration de Johnny Sticks, 28 février 1902. [JOE-060004]
412. CVR, ARN, Bibliothèque et Archives Canada, RG10, volume 6267, dossier 580-1, section 2, J. W. Waddy à W. M. Graham, 5 octobre 1925. [DRS-000543-0001]
413. CVR, DAV, Isabelle Whitford, déclaration devant la Commission de vérité et réconciliation du Canada, Première Nation de Keeseekoowenin (Manitoba), 28 mai 2010, numéro de déclaration : S-KFN-MB-01-004.

414. CVR, DAV, Rachel Chakasim, déclaration devant la Commission de vérité et réconciliation du Canada, Timmins (Ontario), 9 novembre 2010, numéro de déclaration : 01-ON-4-6NOV10-019.
415. CVR, DAV, Fred Brass, déclaration devant la Commission de vérité et réconciliation du Canada, Première Nation de Key (Saskatchewan), 21 janvier 2012, numéro de déclaration : SP039.
416. CVR, DAV, Geraldine Bob, déclaration devant la Commission de vérité et réconciliation du Canada, Fort Simpson (Territoires du Nord-Ouest), 23 novembre 2011, numéro de déclaration : 2011-2685.
417. CVR, DAV, William Antoine, déclaration devant la Commission de vérité et réconciliation du Canada, Little Current (Ontario), 12 mai 2011, numéro de déclaration : 2011-2002.
418. CVR, DAV, Eva Simpson, déclaration devant la Commission de vérité et réconciliation du Canada, Première Nation de Norway House (Manitoba), 10 mai 2011, numéro de déclaration : 2011-0290.
419. CVR, DAV, Dorothy Ross, déclaration devant la Commission de vérité et réconciliation du Canada, Thunder Bay (Ontario), 25 novembre 2010, numéro de déclaration : 01-ON-24NOV10-014.
420. CVR, DAV, Archie Hyacinthe, déclaration devant la Commission de vérité et réconciliation du Canada, Kenora (Ontario), 15 mars 2011, numéro de déclaration : 2011-0279.
421. CVR, DAV, Jonas Grandjambe, déclaration devant la Commission de vérité et réconciliation du Canada, Fort Good Hope (Territoires du Nord-Ouest), 15 juillet 2010, numéro de déclaration : 01-NWT-JY10-024.
422. CVR, DAV, Delores Adolph, déclaration devant la Commission de vérité et réconciliation du Canada, Mission (Colombie-Britannique), 19 mai 2011, numéro de déclaration : 2011-3458.
423. CVR, DAV, Joseph Wabano, déclaration devant la Commission de vérité et réconciliation du Canada, Fort Albany (Ontario), 29 janvier 2013, numéro de déclaration : SP099.
424. CVR, DAV, Noel Starblanket, déclaration devant la Commission de vérité et réconciliation du Canada, Regina (Saskatchewan), 16 janvier 2012, numéro de déclaration : 2011-3314.
425. CVR, DAV, Mervin Mirasty, déclaration devant la Commission de vérité et réconciliation du Canada, Saskatoon (Saskatchewan), 21 juin 2012, numéro de déclaration : 2011-4391.
426. CVR, DAV, Nellie Trapper, déclaration devant la Commission de vérité et réconciliation du Canada, Winnipeg (Manitoba), 18 juin 2010, numéro de déclaration : 02-MB-16JU10-086.
427. CVR, DAV, Wendy Lafond, déclaration devant la Commission de vérité et réconciliation du Canada, Batoche (Saskatchewan), 24 juillet 2010, numéro de déclaration : 01-SK-18-25JY10-015.
428. CVR, DAV, Don Willie, déclaration devant la Commission de vérité et réconciliation du Canada, Alert Bay (Colombie-Britannique), 3 août 2011, numéro de déclaration : 2011-3284.
429. Adams, « The Indians ».
430. CVR, ARN, Bibliothèque et Archives Canada, « Native Mission School Shut Down over Discipline Controversy », par Margaret Loewen Reimer, *Mennonite Reporter*, volume 19, numéro 22, 13 novembre 1989. [PHD-000143]
431. CVR, ARN, AINC – Secteur de la résolution – Collection des dossiers historiques des pensionnats indiens – Ottawa, dossier 372/25-13-024, volume 1, C. T. Blouin et L. Poulin à A. R. Jolicoeur, 13 octobre 1970. [LTR-001178-0001]

432. CVR, ARN, AINC – Secteur de la résolution – Collection des dossiers historiques des pensionnats indiens – Ottawa, dossiers GRS, boîte R2, [nom supprimé], Ronald J. Pratt et Herman Blind à [nom supprimé], 8 décembre 1993. [IRC-047202-0002]
433. Bibliothèque et Archives Canada, documents de Hayter Reed, MG29, E 106, volume 18, Personnel H-L, J. W. Tims au commissaire des Indiens, 27 octobre 1891.
434. Bibliothèque et Archives Canada, documents de Hayter Reed, MG29, E 106, volume 18, Personnel H-L, L. Vankoughnet à H. Reed, 7 décembre 1891.
435. Par exemple, voir : Bibliothèque et Archives Canada, documents de Sifton, volume 19, 12129-39; 12123, J. H. Fairlie à A. Forget, 23 août 1897; A. Forget à Sifton, 30 octobre 1897; CVR, ARN, Bibliothèque et Archives Canada, RG10, volume 6211, dossier 469-1, partie 3, Duncan C. Scott à B. P. Fuller, 16 novembre 1916. [SWK-001406]
436. CVR, ARN, Bibliothèque et Archives Canada, RG10, volume 13356, « Investigation – Kuper Island School 1939, Police report regarding runaways from Kuper Island School » 10 janvier 1939; [IRC-040001] CVR, ARN, Bibliothèque et Archives Canada, RG10, volume 13356, « Investigation – Kuper Island School 1939 », D. M. MacKay au secrétaire, Division des affaires indiennes, Ottawa, 12 janvier 1939; [IRC-040007-0001] CVR, ARN, Bibliothèque et Archives Canada, RG10, volume 13356, « Investigation – Kuper Island School 1939 », Cpl S. Service, 13 janvier 1939; [IRC-040003] CVR, ARN, Bibliothèque et Archives Canada, RG10, volume 13356, « Investigation – Kuper Island School 1939, Confidential Notes », Gerald H. Barry, 13 janvier 1939. [IRC-040010]
437. CVR, ARN, Bibliothèque et Archives Canada, RG10, volume 13356, « Investigation – Kuper Island School 1939 », G. H. Barry au major D. M. MacKay, 17 janvier 1939; [IRC-040014] CVR, ARN, Bibliothèque et Archives Canada, RG10, volume 13356, « Investigation – Kuper Island School 1939 », Harold McGill au major D. M. MacKay, 27 janvier 1939. [IRC-040021]
438. Par exemple, voir : CVR, ARN, AINC — Sous-section des archives — Ottawa, dossier 772/3-1, volume 2, 10/11–05/66, C. Pant Schmidt à Harold McGill, 17 août 1944; [IRC-047003] T. R. L. MacInnes au directeur, Affaires indiennes, 25 août 1944; [IRC-047005] Sarah Elizabeth Brown, « Ex-residential School Student Files Suit », *Whitehorse Star*, 21 avril 2003; Elizabeth Asp, Jackie McLaren, Jim Sheldon, Michelle Tochacek, Ruby Van Bibber, « Bishop's comments invalided any apology », lettre au rédacteur en chef, *Whitehorse Star*, 11 août 1999.
439. CVR, ARN, Bibliothèque et Archives Canada, RG10, volume 6309, dossier 645-1, partie 3, R. S. Davis, extrait du rapport trimestriel pour la période prenant fin en mars 1945 sur l'Agence de Touchwood. [IRC-047128]
440. CRV, ARN, AINC — Secteur de la résolution —Collection des dossiers historiques des pensionnats indiens — Ottawa, dossiers GRS, boîte 1A, dossier 22, enseignant en chef [illisible] à monseigneur l'évêque, 10 janvier 1956. [IRC-040120]
441. Pour consulter des exemples, voir : CRV, ARN, Bibliothèque et Archives Canada, 709/25-1-001, 1951–1961, partie 2, L. C. Hunter à R. F. Davey, 30 novembre 1960; [IRC-040054] CRV, ARN, Archives de l'Église Unie du Canada et de l'Université de Victoria, numéro d'acquisition 8[Illisible].050C, boîte 112, dossier 17, Pensionnat indien d'Edmonton – Correspondance 1958-60/UCC Docs Toronto, Dwight Powell à E. E. M. Joblin, 25 novembre 1960. [UCA-080215] Ce n'est pas avant 1968 que les Affaires indiennes commencent à demander aux surintendants des pensionnats de soumettre le nom de tous les membres du personnel qui ont été renvoyés pour avoir « causé des problèmes ». CRV, ARN, Archives nationales du Canada, numéro d'acquisition E1996-97/312, volume 2,

dossier 672/25-1, R.F. Davey à tous les surintendants des pensionnats, 7 mai 1968; [120.07885] CRV, ARN, Bibliothèque et Archives Canada – Burnaby, volume 11500, dossier 901/1-13, partie 1, établissement scolaire, 1968-1972, n° d'inst. de recherche 10-138, A.H. Friesen à tous les surintendants des pensionnats du district, 1er juin 1968. [120.07891]

442. CRV, ARN, Bibliothèque et Archives Canada – Burnaby, volume 11500, dossier 901/1-13, partie 1, établissement scolaire, 1968-1972, n° d'inst. de recherche 10-138, A.H. Friesen à tous les surintendants des pensionnats du district, 1er juin 1968. [120.07891]

443. Les détails de ces condamnations seront décrits dans un rapport de la CVR à venir.

444. Secrétariat d'adjudication des pensionnats indiens, Statistiques du Secrétariat d'adjudication, du 19 septembre 2007 au 31 janvier 2015, http://iap-pei.ca/information/stats-fra.php (consulté le 20 février 2015).

445. Joseph Jean Louis Comeau a travaillé dans cette école de 1958 à 1965, *R. c. Comeau*, 1988 CanLII 3839 (AB QB). Martin Houston a travaillé dans cette école de 1960 à 1962, CVR, DASAG, Affaires autochtones et Développement du Nord Canada, Walter Rudnicki au directeur, Affaires indiennes, 17 août 1962; [AANDC-234696] Affaires autochtones et Développement du Nord Canada, rapport de la Gendarmerie royale du Canada, Division de l'Arctique Ouest, numéro de dossier de la Division 628-626-1, code 0559, au sujet de Martin Houston, 29 août 1962. [AANDC-234684] George Maczynski a travaillé dans ce pensionnat de 1966 à 1967, CVR, ARN, Archives du conseil scolaire de Beaufort-Delta, Inuvik, Territoires du Nord-Ouest, liste de paie, de 1959 à 1966 [boîte 1], M. Ruyant au ministre du Nord canadien et des Ressources nationales, liste de paie des employés de la résidence pour septembre 1966, septembre 1966; [GHU-002427] Archives du conseil scolaire de Beaufort-Delta, Inuvik, Territoires du Nord-Ouest, liste de paie, de 1967 à 1970 [boîte 1], ministère du Nord canadien et des Ressources nationales, Direction des régions septentrionales : liste de paie – résidence, mai 1967. [GHU-002435] Paul Leroux a travaillé dans cette école de 1967 à 1979, CVR, DASAG, Glenn Taylor, « Grollier Man Pleads Not Guilty to Sex Offences », Northern News Services, 28 novembre 1997, http://www.nnsl.com/frames/newspapers/1997-11/nov28_97sex.html.

446. Mandryk, « Uneasy Neighbours », p. 210.

447. CVR, ANR, Bibliothèque et Archives Canada, RG10, volume 8798, dossier 371/25-13-019, partie 2, R. F. Davey à William Starr, 19 juillet 1962; [FGA-001179] CVR, ARN, Archives du Synode général, Église anglicane du Canada, ACC-MSCC-GS 75-103, série 2:15, boîte 24, dossier 3, extrait du rapport sur la visite du major-général G. R. Turner au pensionnat anglican St. Paul de Cardston, en Alberta, p. 6–8, 1958. [AAC-090593]

448. Mandryk, « Uneasy Neighbours », p. 210.

449. *R. c. Plint*, [1995] B.C.J. No. 3060 (B.C. S.C.); « Former Employee of Residential School Jailed for Sex Abuses », *Times–Colonist* de Victoria, 24 janvier 2004.

450. CVR, DAV, Jean Pierre Bellemare, déclaration devant la Commission de vérité et réconciliation du Canada, La Tuque (Québec), 5 mars 2013, numéro de déclaration : SP104.

451. CVR, DAV, Andrew Yellowback, déclaration devant la Commission de vérité et réconciliation du Canada, Kamloops (Colombie-Britannique), 9 août 2009, numéro de déclaration : 2011-5015.

452. Voir, par exemple : CVR, DAV, [nom supprimé], déclaration devant la Commission de vérité et réconciliation du Canada, Winnipeg (Manitoba), 18 juin 2010, numéro de déclaration : 02-MB-18JU10-055; CVR, DAV, Myrna Kaminawaish, déclaration devant la Commission de vérité et réconciliation du Canada, Thunder Bay (Ontario), 7 janvier 2011, numéro de

déclaration : 01-ON-06JA11-004; CVR, DAV, Percy Tuesday, déclaration devant la Commission de vérité et réconciliation du Canada, Winnipeg (Manitoba), 18 juin 2010, numéro de déclaration : 02-MB-18JU10-083; CVR, DAV, Isaac Daniels, déclaration devant la Commission de vérité et réconciliation du Canada, Saskatoon (Saskatchewan), 22 juin 2012, numéro de déclaration : 2011-1779.

453. CVR, DAV, Marlene Kayseas, déclaration devant la Commission de vérité et réconciliation du Canada, Regina (Saskatchewan), 16 janvier 2012, numéro de déclaration : SP035. Au sujet des friandises, voir : CVR, DAV, Elaine Durocher, déclaration devant la Commission de vérité et réconciliation du Canada, Winnipeg (Manitoba), 16 juin 2010, numéro de déclaration : 02-MB-16JU10-059; CVR, DAV, John B. Custer, déclaration devant la Commission de vérité et réconciliation du Canada, Winnipeg (Manitoba), 19 juin 2010, numéro de déclaration : 02-MB-19JU10-057; CVR, DAV, Louise Large, déclaration devant la Commission de vérité et réconciliation du Canada, St. Paul (Alberta), 7 janvier 2011, numéro de déclaration : 01-AB-06JA11-012. Au sujet des sorties scolaires : CVR, DAV, Ben Pratt, déclaration devant la Commission de vérité et réconciliation du Canada, Regina (Saskatchewan), 18 janvier 2012, numéro de déclaration : 2011-3318.

454. Voir par exemple : CVR, DAV, [nom supprimé], déclaration devant la Commission de vérité et réconciliation du Canada, Winnipeg (Manitoba), 18 juin 2010, numéro de déclaration : 02-MB-18JU10-055; CVR, DAV, Leona Bird, déclaration devant la Commission de vérité et réconciliation du Canada, Saskatoon (Saskatchewan), 21 juin 2012, numéro de déclaration : 2011-4415; CVR, DAV, Barbara Ann Pahpasay Skead, déclaration devant la Commission de vérité et réconciliation du Canada, Winnipeg (Manitoba), 17 juin 2010, numéro de déclaration : 02-MB-16JU10-159.

455. CVR, DAV, Josephine Sutherland, déclaration devant la Commission de vérité et réconciliation du Canada, Timmins (Ontario), 8 novembre 2010, numéro de déclaration : 01-ON4-6NOV10-013.

456. CVR, DAV, Marie Therese Kistabish, déclaration devant la Commission de vérité et réconciliation du Canada, Val-d'Or (Québec), 6 février 2012, numéro de déclaration : SP101.

457. CVR, DAV, Richard Morrison, déclaration devant la Commission de vérité et réconciliation du Canada, Winnipeg (Manitoba), 17 juin 2010, numéro de déclaration : 02-MB-17JU10-080.

458. Au sujet des douches, voir : CVR, DAV, Leonard Peter Alexcee, déclaration devant la Commission de vérité et réconciliation du Canada, Vancouver (Colombie-Britannique), 18 septembre 2013, numéro de déclaration : 2011-3228. Au sujet de la gamelle, voir : CVR, DAV, Mervin Mirasty, déclaration devant la Commission de vérité et réconciliation du Canada, Saskatoon (Saskatchewan), 21 juin 2012, numéro de déclaration : 2011-4391.

459. CVR, DAV, Donna Antoine, déclaration devant la Commission de vérité et réconciliation du Canada, Enderby (Colombie-Britannique), 13 octobre 2011, numéro de déclaration : 2011-3287.

460. CVR, DAV, Helen Harry, déclaration devant la Commission de vérité et réconciliation du Canada, Vancouver (Colombie-Britannique), 20 septembre 2013, numéro de déclaration : 2011-3203.

461. CVR, DAV, Bernard Catcheway, déclaration devant la Commission de vérité et réconciliation du Canada, Première Nation de Skownan (Manitoba), 12 octobre 2011, numéro de déclaration : 2011-2510; CVR, DAV, Doris Judy McKay, déclaration devant la Commission de vérité et réconciliation du Canada, Première Nation de Rolling River (Manitoba), 23 novembre 2011, numéro de déclaration : 2011-2514.

462. CVR, DAV, Timothy Henderson, déclaration devant la Commission de vérité et réconciliation du Canada, Winnipeg (Manitoba), 28 juin 2011, numéro de déclaration : 2011-0291.
463. CVR, DAV, Nellie Ningewance, déclaration devant la Commission de vérité et réconciliation du Canada, Sault Ste. Marie (Ontario), 1er juillet 2011, numéro de déclaration : 2011-0305.
464. CVR, DAV, Flora Northwest, déclaration devant la Commission de vérité et réconciliation du Canada, Hobbema (Alberta), 24 juillet 2013, numéro de déclaration : SP124.
465. Pour consulter des exemples, voir : CVR, DAV, Hazel Mary Anderson, déclaration devant la Commission de vérité et réconciliation du Canada, Winnipeg (Manitoba), 18 juin 2010, numéro de déclaration : 02-MB-18JU10-034; CVR, DAV, Peter Ross, déclaration devant la Commission de vérité et réconciliation du Canada, Tsiigehtchic (Territoires du Nord-Ouest), 8 septembre 2011, numéro de déclaration : 2011-0340.
466. CVR, DAV, Eric Robinson, déclaration devant la Commission de vérité et réconciliation du Canada, Winnipeg (Manitoba), 16 juin 2010, numéro de déclaration : SC093.
467. CVR, DAV, Lynda Pahpasay McDonald, déclaration devant la Commission de vérité et réconciliation du Canada, Winnipeg (Manitoba), 16 juin 2010, numéro de déclaration : 02-MB-16JU10-130.
468. Pour consulter des exemples, voir : CVR, DAV, Larry Roger Listener, déclaration devant la Commission de vérité et réconciliation du Canada, Hobbema (Alberta), 25 juillet 2013, numéro de déclaration : SP125; CVR, DAV, Mary Vivier, déclaration devant la Commission de vérité et réconciliation du Canada, Winnipeg (Manitoba), 18 juin 2010, numéro de déclaration : SC110.
469. CVR, DAV, Louisa Papatie, déclaration devant la Commission de vérité et réconciliation du Canada, Val-d'Or (Québec), 6 février 2012, numéro de déclaration : SP101. Pour un exemple d'abus qui prennent fin lorsque les élèves deviennent plus âgés, voir : Fontaine, *Broken Circle*, p. 18–19.
470. Pour consulter des exemples, voir : CVR, DAV, Ken A. Littledeer, déclaration devant la Commission de vérité et réconciliation du Canada, Thunder Bay (Ontario), 26 novembre 2010, numéro de déclaration : 01-ON-24 NOV10-028; CVR, DAV, Sphenia Jones, déclaration devant la Commission de vérité et réconciliation du Canada, Terrace (Colombie-Britannique), 29 novembre 2011, numéro de déclaration : 2011-3300.
471. CVR, DAV, Lawrence Waquan, déclaration devant la Commission de vérité et réconciliation du Canada, Winnipeg (Manitoba), 18 juin 2010, numéro de déclaration : SC111.
472. CVR, DAV, Hazel Mary Anderson, déclaration devant la Commission de vérité et réconciliation du Canada, Winnipeg (Manitoba), 18 juin 2010, numéro de déclaration : 02-MB-18JU10-034.
473. CVR, DAV, Wayne Reindeer, déclaration devant la Commission de vérité et réconciliation du Canada, Hobbema (Alberta), 25 juillet 2013, numéro de déclaration : SP125.
474. CVR, DAV, Michael Muskego, déclaration devant la Commission de vérité et réconciliation du Canada, Winnipeg (Manitoba), 18 juin 2010, numéro de déclaration : 02-MB-18JU10-045.
475. CVR, DAV, Josephine Sutherland, déclaration devant la Commission de vérité et réconciliation du Canada, Timmins (Ontario), 8 novembre 2010, numéro de déclaration : 01-ON4-6NOV10-013.
476. CVR, DAV, Norman Courchene, déclaration devant la Commission de vérité et réconciliation du Canada, Winnipeg (Manitoba), 16 juin 2010, numéro de déclaration : 02-MB-16JU10-065.
477. Pour consulter des exemples, voir : CVR, DAV, Ben Pratt, déclaration devant la Commission de vérité et réconciliation du Canada, Regina (Saskatchewan), 18 janvier 2012, numéro

de déclaration : 2011-3318; CVR, DAV, Amelia Galligos-Thomas, déclaration devant la Commission de vérité et réconciliation du Canada, Victoria (Colombie-Britannique), 13 avril 2012, numéro de déclaration : 2011-3975.

478. CVR, DAV, Violet Rupp Cook, déclaration devant la Commission de vérité et réconciliation du Canada, Première Nation de Bloodvein (Manitoba), 25 janvier 2012, numéro de déclaration : 2011-2565.

479. Pour consulter des exemples, voir : CVR, DAV, Ivan George, déclaration devant la Commission de vérité et réconciliation du Canada, Mission (Colombie-Britannique), 18 mai 2011, numéro de déclaration : 2011-3472; CVR, DAV, Dorothy Jane Beaulieu, déclaration devant la Commission de vérité et réconciliation du Canada, Fort Resolution (Territoires du Nord-Ouest), 28 avril 2011, numéro de déclaration : 2011-0379; CVR, DAV, Lorna Morgan, déclaration devant la Commission de vérité et réconciliation du Canada, Winnipeg (Manitoba), 17 juin 2010, numéro de déclaration : 02-MB-16JU10-041.

480. Ruben, « Abraham Ruben », p. 136.

481. Pour consulter des exemples, voir : CVR, DAV, Stella Marie Tookate, déclaration devant la Commission de vérité et réconciliation du Canada, Timmins (Ontario), 9 novembre 2010, numéro de déclaration : 01-ON-8-10NOV10-003; CVR, DAV, Richard Hall, déclaration devant la Commission de vérité et réconciliation du Canada, Vancouver (Colombie-Britannique), 18 septembre 2013, numéro de déclaration : 2011-1852.

482. CVR, DAV, William Garson, déclaration devant la Commission de vérité et réconciliation du Canada, Première Nation de Split Lake (Manitoba), 24 mars 2011, numéro de déclaration : 2011-0122.

483. CVR, DAV, Percy Thompson, déclaration devant la Commission de vérité et réconciliation du Canada, Hobbema (Alberta), 25 juillet 2013, numéro de déclaration : SP125.

484. CVR, DAV, Alice Ruperthouse, déclaration devant la Commission de vérité et réconciliation du Canada, Val-d'Or (Québec), 5 février 2012, numéro de déclaration : SP100.

485. CVR, DAV, Albert Elias, déclaration devant la Commission de vérité et réconciliation du Canada, Inuvik (Territoires du Nord-Ouest), 1er juillet 2011, numéro de déclaration : SC092.

486. CVR, DAV, Denis Morrison, déclaration devant la Commission de vérité et réconciliation du Canada, Winnipeg (Manitoba), 17 juin 2010, numéro de déclaration : 02-MB-17JU10-028.

487. CVR, DAV, Bob Baxter, déclaration devant la Commission de vérité et réconciliation du Canada, Thunder Bay (Ontario), 24 novembre 2010, numéro de déclaration : 01-ON-24NOV10-012.

488. CVR, DAV, Clara Quisess, déclaration devant la Commission de vérité et réconciliation du Canada, Winnipeg (Manitoba), 17 juin 2010, numéro de déclaration : 02-MB-17JU10-032.

489. CVR, DAV, Louisa Birote, déclaration devant la Commission de vérité et réconciliation du Canada, La Tuque (Québec), 5 mars 2013, numéro de déclaration : SP104.

490. Voir, par exemple : CVR, DAV, Ruth Chapman, déclaration devant la Commission de vérité et réconciliation du Canada, Winnipeg (Manitoba), 16 juin 2010, numéro de déclaration : 02-MB-16JU10-118; CVR, DAV, Gordon James Pemmican, déclaration devant la Commission de vérité et réconciliation du Canada, Winnipeg (Manitoba), 18 juin 2010, numéro de déclaration : 02-MB-18JU10-0069; CVR, DAV, Mary Vivier, déclaration devant la Commission de vérité et réconciliation du Canada, Winnipeg (Manitoba), 18 juin 2010, numéro de déclaration : 02-MB-18JU10-082; CVR, DAV, Roy Johnson, déclaration devant la Commission de vérité et réconciliation du Canada, Dawson City (Yukon), 24 mai 2011, numéro de déclaration : 2011-0203; CVR, DAV, Ken Lacquette, déclaration devant la Commission

de vérité et réconciliation du Canada, Winnipeg (Manitoba), 18 juin 2010, numéro de déclaration : 02-MB-18JU10-052.
491. CVR, DAV, Agnes Moses, déclaration devant la Commission de vérité et réconciliation du Canada, Inuvik (Territoires du Nord-Ouest), 29 juin 2011, numéro de déclaration : SC090.
492. CVR, DAV, Don Willie, déclaration devant la Commission de vérité et réconciliation du Canada, Alert Bay (Colombie-Britannique), 3 août 2011, numéro de déclaration : 2011-3284.
493. CVR, DAV, Christina Kimball, déclaration devant la Commission de vérité et réconciliation du Canada, Winnipeg (Manitoba), 17 janvier 2011, numéro de déclaration : 03-001-10-020.
494. CVR, DAV, Noel Starblanket, déclaration devant la Commission de vérité et réconciliation du Canada, Regina (Saskatchewan), 16 janvier 2012, numéro de déclaration : 2011-3314.
495. CVR, DAV, Geraldine Shingoose, déclaration devant la Commission de vérité et réconciliation du Canada, Winnipeg (Manitoba), 19 juin 2010, numéro de déclaration : 02-MB-19JU10-033.
496. CVR, DAV, Paul Andrew, déclaration devant la Commission de vérité et réconciliation du Canada, Inuvik (Territoires du Nord-Ouest), 30 juin 2011, numéro de déclaration : NNE202.
497. CVR, ARN, Archives nationales du Canada – Burnaby, n° d'inst. de recherche 10-138, 07/1956, volume permanent 13528, C. G. Brown, G. J. Buck, B. O. Filteau, « Report of the Educational Survey Commission on the Educational Facilities and Requirements of the Indians of Canada », juillet 1956, p. 10. [120.18398]
498. CVR, ARN, Archives nationales du Canada – Ottawa, RG10, volume 8703, dossier 962/6-1, partie 7, ANC – Ottawa, L. K. Poupore à H. M. Jones, 14 octobre 1957. [JOE-063234]
499. CVR, ARN, AINC – Bibliothèque du ministère – Ottawa, « St. Michael's Indian School Wins Service Club Trophy », *The Indian Record*, avril 1946. [SMD-002822]
500. CVR, ARN, Archives nationales du Canada, RG10, volume 8610, dossier 652/1-13, partie 1, George Roussel à B. F. Neary, 25 mars 1949. [SMD-001575-0001]
501. CVR, ARN, Archives nationales du Canada, RG10, volume 8610, dossier 652/1-13, partie 1, Geo.-L. Roussel à B. F. Neary, 25 mars 1949. [SMD-001575-0001]
502. Marks, *They Call Me Chief*, p. 31. Sasakamoose a joué avec les Blackhawks de Chicago au cours de la saison 1952–1953. Il est né en 1933 sur la réserve de Sandy Lake, en Saskatchewan. CRV, ARN, AINC – Bibliothèque du ministère – Ottawa, « Saskatchewan Midget Hockey Champions », *Indian Record*, volume 12, numéro 5, mai 1949. [SMD-002829]
503. CVR, ARN, Archives nationales du Canada, RG29, volume 792, dossier 344, Pratt, Gerry. « Little Indians Are Big Fighters », dans le supplément du *Vancouver Sun*, 31 mars 1951. [NPC-600625]
504. CVR, ARN, AINC – Bibliothèque du ministère – Ottawa, « First Winner of the Tom Longboat Trophy », *The Indian Missionary Record*, volume 15, numéro 3, mars 1952, p. 3. [IMR-000400]
505. Hughes, *Jackson Beardy*, p. 6–7.
506. MacGregor, *Chief*, p. 34–35.
507. Canadien, *From Lishamie*, p. 253–254.
508. Canadien, *From Lishamie*, p. 264–265.
509. Pour un exemple provenant du pensionnat presbytérien de Shoal Lake, voir : CVR, ARN, Bibliothèque et Archives Canada, RG10, volume 6187, dossier 461-1, partie 1, « Report of Inspector Semmens on the Cecilia Jaffrey [sic] Boarding School », 22 janvier 1917. [IRC-048048]
510. Bibliothèque et Archives Canada, RG10, volume 4041, dossier 334503, Duncan Campbell Scott à Frank Pedley, 19 février 1912, cité dans Wasylow, « History of

Battleford Industrial School for Indians », p. 261-263. En ce qui concerne la capacité d'accueil de Battleford, voir : Canada, Rapport annuel du ministère des Affaires indiennes, 1907, p. 357.
511. Canada, Rapport annuel du ministère des Affaires indiennes, 1915, p. xxiv.
512. Canada, Rapport annuel du ministère des Affaires indiennes, 1898, p. 297; Canada, Rapport annuel du ministère des Affaires indiennes, 1910, p. 488; CVR, ARN, Archives provinciales de l'Alberta, APA 71.220 B16 668, lettre non signée adressée à J. T. McNally, 22 février 1922. [OGP-090011]
513. Canada, Rapport annuel du ministère des Affaires indiennes, 1906, p. 190-191; Canada, Rapport annuel du ministère des Affaires indiennes, 1907, p. xxxii.
514. Concernant la fermeture du pensionnat de Saint-Boniface, voir : Canada, Rapport annuel du ministère des Affaires indiennes, 1905, p. xxxi; Canada, Rapport annuel du ministère des Affaires indiennes, 1906, p. 190-191. Concernant les difficultés à recruter des élèves, voir : Canada, Rapport annuel du ministère des Affaires indiennes, 1896, p. 375-376. Concernant la fermeture du pensionnat de Calgary, voir : Canada, Rapport annuel du ministère des Affaires indiennes, 1908, p. 188. Concernant les problèmes de recrutement de l'établissement de Calgary, voir : Canada, Rapport annuel du ministère des Affaires indiennes, 1904, p. 382-383. Concernant la fermeture du pensionnat de Regina, voir : Canada, Rapport annuel du ministère des Affaires indiennes, 1910, p. 370. Pour des preuves de l'insatisfaction du ministère des Affaires indiennes à l'égard de la gestion du pensionnat de Regina, voir : CVR, ARN, Bibliothèque et Archives Canada, RG10, volume 6332, dossier 661-1, partie 1, W. M. Graham au secrétaire des Affaires indiennes, 17 novembre 1910. [RLS-000027] En ce qui concerne le pensionnat d'Elkhorn, voir : CVR, ARN, Bibliothèque et Archives Canada, RG10, volume 3925, dossier 116823-1A, greffier du Conseil privé au surintendant général des Affaires indiennes, 18 février 1918. [ELK-000248] En ce qui concerne le pensionnat de Red Deer, voir : CVR, ARN, Bibliothèque et Archives Canada, RG10, volume 6350, dossier 753-1, partie 1, J. F. Woodsworth à James Endicott, 5 juin 1919. [EDM-000242]
515. Le gouvernement a effectivement fermé les externats pour tenter d'obliger les parents à envoyer leurs enfants dans les pensionnats indiens. Canada, Rapport annuel du ministère des Affaires indiennes, 1895, p. xviii–xix.
516. Pour des exemples de cas où les rations ont été refusées, voir : CVR, ARN, Bibliothèque et Archives Canada, RG10, volume 1629, A. J. McNeill à D. Laird, 10 décembre 1901; [SAR-000404] CVR, ARN, Bibliothèque et Archives Canada, RG10, volume 6320, dossier 658-1, partie 1, David Laird au secrétaire des Affaires indiennes, 3 avril 1906; [PAR-000980-0000] CVR, ARN, Bibliothèque et Archives Canada, RG10, volume 6320, dossier 658-1, partie 1, bobine de microfilm C-9802, M. Benson au surintendant général adjoint des Affaires indiennes, 21 février 1907. [120.00284]
517. CVR, ARN, Bibliothèque et Archives Canada, RG10, volume 6475, dossier 918-1, partie 1, [illisible], Bureau du surintendant général des missions catholiques des oblats auprès des Indiens à Philip Phelan, 21 octobre 1941. [FPU-000133]
518. CVR, ARN, Bibliothèque et Archives Canada, RG10, dossiers scolaires, volume 6352, dossier 753-10, partie 1, bobine de microfilm C-8708, P. Phelan à J. F. Woodsworth, 22 janvier 1941. [EDM-003580]
519. CVR, ARN, Bibliothèque et Archives Canada, RG10, volume 1346, bobine de microfilm C-13916, G. Donckele à W. R. Robertson, 23 juillet 1906. [KUP-004276]
520. CVR, ARN, résumé en anglais des chroniques de Fort Resolution, volume 1, 1903-1942, p. 3. [GNN-000077-0001]

521. CVR, ARN, Bibliothèque et Archives Canada, RG10, volume permanent 6451, dossier 883-1, partie 1, Agence Bella Coola – pensionnat de Kitamaat – administration générale, 1906-1932, n° d'inst. de recherche 10-17, bobine de microfilm C-8773; [KMT-095676-0001] CVR, ARN, Bibliothèque et Archives Canada, « Royal Canadian Mounted Police Report, Re: Kitimat Indian Reserve, Re: Hanna Grant, Deceased, 15 June 1922 », I. Fougner au secrétaire des Affaires indiennes, 15 juin 1922. [KMT-095674]
522. CVR, ARN, AINC – Secteur de la résolution – Collection des dossiers historiques des pensionnats indiens – Ottawa, 773/25-1-003, 05/36-09/70, volume 1, CRPA, R. D. Ragan, « Extract from minutes of Blood Indian Council Meeting March 15, 1948. » [MRY-000302] Pour les initiales du père Charron, voir : CVR, ARN, Archives nationales du Canada, RG29, volume 974, dossier 388-6-4, partie 1, 02/1948–07/1949, B. F. Neary à P. A. Charron, 21 juillet 1948. [120.03363]
523. CVR, ARN, Bibliothèque et Archives Canada, RG10, volume 6262, dossier 578-1, partie 4, A. Ogletree au sous-secrétaire des Affaires indiennes, 23 juillet 1926. [ELK-000331]
524. CVR, ARN, Bibliothèque et Archives Canada, RG10, volume 6371, dossier 764-1, partie 1, M. Christianson à W. M. Graham, 28 octobre 1927. [PUL-001008]
525. CVR, ARN, Bibliothèque et Archives Canada, RG10, volume 6445, dossier 881-10, partie 5, « Agent's Report on Stuart Lake Agency for September », Robert Howe, 2 octobre 1940. [LEJ-002079]
526. Pour des exemples de telles interventions en Colombie-Britannique, voir : CVR, ARN, Bibliothèque et Archives Canada, RG10, volume 6445, dossier 881-10, partie 6, rapport du caporal L. F. Fielder, 14 octobre 1943; [LEJ-001389] CVR, ARN, Bibliothèque et Archives Canada – Ottawa, RG10, volume 6443, dossier 881-1, partie 2, R. Howe à la Division des affaires indiennes, 12 septembre 1946; [LEJ-000855] CVR, ARN, Bibliothèque et Archives Canada, RG10, volume 6445, dossier 881-10, partie 7, R. Howe au ministère des Affaires indiennes, 7 octobre 1946. [LEJ-001830] Pour des exemples de telles interventions au Manitoba, voir : CVR, ARN, Bibliothèque et Archives Canada, AINC – Secteur de la résolution – Collection des dossiers historiques des pensionnats indiens – Ottawa, dossier 501/25-1-076, volume 1, A. G. Hamilton au ministère des Affaires indiennes, 4 novembre 1943. [SBR-000408] Pour des exemples de telles interventions en Saskatchewan, voir : CVR, ARN, Bibliothèque et Archives Canada, RG10, volume 6302, dossier 650-10, partie 3, R. A. Hoey à J. P. B. Ostrander, 11 septembre 1942; [BVL-000433] CVR, ARN, Bibliothèque et Archives Canada, RG10, volume 9148, dossier 309-11 ACE, John Baptiste, Peter King et Alex Sapp à l'agent des Indiens, Battleford, 31 août 1945. [PAR-000897-0002] Pour des exemples de telles interventions en Alberta, voir : CVR, ARN, Centre de services régional de la région de la capitale nationale – Bibliothèque et Archives Canada – Ottawa, dossier 1/18-24, volume 1 (balise n° X-46-4), révérend L. C. Schmidt à Harold McGill, 2 juillet 1943; [NCA-014258] CVR, ARN, Bibliothèque et Archives Canada, RG10, volume 6374, dossier 764-10, partie 2, Dépôt central des archives publiques, H. A. R. Gagnon au directeur de la Division des affaires indiennes, 12 octobre 1945; [PUL-009517-0000] CVR, ARN, Bibliothèque et Archives Canada, RG10, volume 6355, dossier 757-1, partie 2, 1928-1948, John E. Pugh au ministère des Affaires indiennes, 8 octobre 1947; [MOR-005548] CVR, ARN, Archives provinciales de l'Alberta, PAA 71.220 B94 3972, directeur du pensionnat indien d'Ermineskin à la Division des affaires indiennes, 31 mars 1948; [OGP-032546] CVR, ARN, Bibliothèque et Archives Canada, RG10, volume 6374, dossier 764-10, partie 2, Dépôt central des archives publiques, J. E. Pugh à la Division des affaires indiennes, 7 mars 1946; [PUL-009511] CVR, ARN, Bibliothèque

et Archives Canada – Edmonton, 103/6-1-764, volume 1, 09/44–12/54, C. A. F. Clark au surintendant de l'éducation, 9 novembre 1949; [IRC-048180] CVR, ARN, AINC – Secteur de la résolution – Collection des dossiers historiques des pensionnats indiens – Ottawa, dossier 773/25-1-003, volume 1, 10/36–09/70, « Minutes of the Blood Band Council Held in The Indian Agency Office », 22 novembre 1949, annoté par C. A. F. Clark. [IRC-041373]

527. CVR, ARN, Bibliothèque et Archives Canada, RG10, volume 6467, dossier 889-1, partie 1, 12/1894–11/1933, agence de Vancouver – pensionnat de Squamish – administration générale, n° d'inst. de recherche 10-17, bobine de microfilm C-8785, ANC, Ottawa, A. W. Vowell au secrétaire des Affaires indiennes, 5 avril 1905. [SQU-000423]

528. CVR, ARN, Bibliothèque et Archives Canada, RG10, volume 6270, dossier 582-1, partie 1, « Extract from report on meeting Chief of Pine Creek Band », A. Ogletree, agent des Indiens, 16 juin 1917. [PCR-010082]

529. Pour un exemple provenant de Morley, en Alberta, voir : CVR, ARN, Bibliothèque et Archives Canada, ANC – Ottawa, 772/3-6, volume 1, dates 1940-1954, « Minutes from the council meeting for the Stony Indian Agency », 15 octobre 1946, p. 3. [MOR-006118] Pour un exemple provenant de Lestock, en Saskatchewan, voir : CVR, ARN, Bibliothèque et Archives Canada, RG10, volume 8756, dossier 673/25-1-003, 25 août 1949. [MRS-046113-0001]

530. CVR, ARN, Bibliothèque et Archives Canada, RG10, volume 8756, dossier 673/25-1-003, J. P. B. Ostrander à Neary, 24 janvier 1950. [MRS-046113-0005]

531. Pour un exemple provenant du pensionnat presbytérien de Shoal Lake, en Ontario, voir : CVR, ARN, Bibliothèque et Archives Canada, RG10, volume 6187, dossier 461-1, partie 1, chef Kesik, chef Redsky et trois autres chefs à McKenzie, 28 mars 1917. [CJC-000006-0002]

532. CVR, ARN, Bibliothèque et Archives Canada, RG10, volume 6187, dossier 461, partie 1, « Report of the Commission of Presbytery appointed to investigate conditions at "Cecilia Jeffries [sic] Boarding School" », 26 février 1918. [CJC-000847-0001]

533. CVR, ARN, Bibliothèque et Archives Canada, RG10, volume 6187, dossier 461-1, partie 1, « Report of the Commission of Presbytery appointed to investigate conditions at "Cecilia Jeffries [sic] Boarding School" », 26 février 1918. [CJC-000847-0001]

534. CVR, ARN, Bibliothèque et Archives Canada, volume 6332, dossier 661-1, partie 2, pétition présentée par les parents à l'agence de Crooked Lake, 25 juillet 1949. [IRC-041159] Bien que J. P. B. Ostrander, responsable des Affaires indiennes, ait refusé que l'on remplace l'enseignante, il a indiqué que celle-ci garde une courroie bien en vue dans sa classe. Il affirme que « si elle ne l'utilise pas pour punir les élèves, elle la garde du moins bien en vue comme une menace de punition, ce qui ne favorise pas l'harmonie dans la classe ». CVR, ARN, Bibliothèque et Archives Canada, volume 6332, dossier 661-1, partie 2, J. P. B. Ostrander à la Division des affaires indiennes, ministère des Mines et des Ressources, 12 août 1949. [RLS-000512-0000]

535. CVR, ARN, Bibliothèque et Archives Canada, RG10, volume 6187, dossier 461-1, partie 2, M. Paget à M. Ferrier, 21 août 1928. [CJC-001354]

536. CVR, ARN, Bibliothèque et Archives Canada, RG10, volume 6254, dossier 575-10, partie 1, A. G. Smith au secrétaire des Affaires indiennes, 29 décembre 1936. [BIR-002631]

537. Pour un exemple d'une demande d'enquête relative à un décès, voir : CVR, ARN, Bibliothèque et Archives Canada, RG10, volume 6332, dossier 661-1, partie 2, Garnet Neff à T. G. Murphy, 26 janvier 1935; [RLS-000366-0001] CVR, ARN, Bibliothèque et Archives Canada, RG29, volume 2917, dossier 851-1-A673, partie 1, mémoire présenté à M. McLean, 13 janvier 1914. [NPC-603178] Pour un exemple d'une plainte concernant la discipline, voir :

CVR, ARN, Bibliothèque et Archives Canada, RG10, volume 6200, dossier 466-1, partie 3, H. H. Craig à H. A. Snell, 29 juillet 1937. [MSC-000080-0001] Pour un exemple d'un avocat qui travaille au nom d'un élève blessé, voir : CVR, ARN, Bibliothèque et Archives Canada, RG10, volume 6327, dossier 660-1, partie 3, William Hall au ministère des Affaires indiennes, 30 avril 1936. [PLD-000746] Pour un exemple d'un cas où l'on tente d'obtenir la libération d'un élève, voir : CVR, ARN, Bibliothèque et Archives Canada, volume 12333, boîte 19, partie 1, 1936-1939, ANC, J. D. Caldwell à [non supprimé], 16 mars 1939. [KUP-004496]

538. CVR, ARN, Bibliothèque et Archives Canada – Ottawa, RG85, volume 1505, dossier 600-1-1, partie 1, Territoires du Nord-Ouest – Dossier de politique générale – Éducation et écoles, 1905-1944, extrait de la loi, « Sgt. G. T. Makinson's Report-Resolution », Territoires du Nord-Ouest, 3 juillet 1937. [FRU-010059]

539. Cuthand, « Native Peoples », p. 382-383; Kulchyski, « Considerable Unrest », p. 100.

540. Goodwill et Sluman, *John Tootoosis*, p. 155.

541. Goodwill et Sluman, *John Tootoosis*, p. 156.

542. Des élèves sont à l'origine des incendies survenus aux pensionnats de Saint-Paul-des-Métis, en Alberta, et de Cross Lake, au Manitoba, en 1905 et en 1930, respectivement. L'incendie de Saint-Paul fait 1 mort, alors que celui de Cross Lake en fait 13. En ce qui concerne l'incendie du pensionnat de Saint-Paul, voir : Stanley, « Alberta's Half-Breed Reserve », p. 96-98. En ce qui concerne l'incendie du pensionnat de Cross Lake, voir : CVR, ARN, Bibliothèque et Archives Canada, RG10, volume 6260, dossier 577-1, partie 1, J. L. Fuller à A. McNamara, 8 mars 1930; [CLD-000933-0000] William Gordon au sous-ministre adjoint et au secrétaire des Affaires indiennes, 10 mars 1930. [CLD-000934]

543. Wilson, *Missionary work*, p. 167-170.

544. CVR, ARN, Bibliothèque et Archives Canada, RG10, volume 6032, dossier 150-40A, partie 1, *Règlement relatif à l'éducation des enfants Sauvages*, (Ottawa : Imprimerie du gouvernement canadien, 1894). [AGA-001516-0000]

545. Pour des exemples, voir : Canada, Rapport annuel du ministère des Affaires indiennes, 1893, p. 104; Canada, Rapport annuel du ministère des Affaires indiennes, 1902, p. 423.

546. Pour des exemples, voir : CVR, ARN, Bibliothèque et Archives Canada, RG10, volume 6258, dossier 576-10, partie 9, « Royal Canadian Mounted Police Report, Re: Thomas "Tommy" Linklater et al. », 23 septembre 1936; [BRS-000240-0006] CVR, ARN, Bibliothèque et Archives Canada, RG10, volume 6258, dossier 576-10, partie 9, « Royal Canadian Mounted Police Report Re: Thomas "Tommy" Linklater et al. », 20 octobre 1936; [BRS-000240-0005] CVR, ARN, Bibliothèque et Archives Canada, RG10, volume 6209, dossier 468-10, partie 2, « Royal Canadian Mounted Police Report, Re: Abner Elliott and Leonard Beeswax, truants », 13 octobre 1938. [MER-001043-0001] CVR, ARN, Bibliothèque et Archives Canada, RG10, volume 6209, dossier 468-10, partie 2, « Royal Canadian Mounted Police Report, Re: Abner Elliott and Leonard Beeswax, truants », 11 janvier 1939. [MER-001048-0001]

547. Concernant le cas de Duncan Sticks, voir : CVR, ARN, Bibliothèque et Archives Canada, RG10, volume 6436, dossier 878-1, partie 1, déclaration du révérend Henry Boening, 3 mars 1902; [IRC-047093] déclaration de Joseph Fahey, 3 mars 1903; [IRC-047092] CVR, ARN, Bibliothèque et Archives Canada, RG10, volume 6436, dossier 878-1, partie 1, déclaration d'Antonio Boitano, 1er mars 1902. [IRC-047086] Concernant le cas de William Cardinal, voir : CVR, ARN, Bibliothèque et Archives Canada, RG10, volume 3921, dossier 116818-1B, J. F. Woodsworth au secrétaire des Affaires indiennes, 25 novembre 1918. [EDM-000956] Concernant le garçon du pensionnat de Le Pas, au Manitoba, dont le nom n'a pas été

divulgué, voir : CVR, ARN, Église anglicane du Canada, Archives du Synode général, Église anglicane du Canada GS 75-103, B17, « Minutes of meeting of Indian and Eskimo Commission, M.S.C.C., Held on Tuesday, January 11th, 1927 », p. 11. [AAC-083001] Concernant les trois garçons du pensionnat de Fort Alexander, au Manitoba, dont les noms n'ont pas été divulgués, voir : Société historique de Saint-Boniface, Archives Deschâtelets, L 541 M27L 266, Brachet au Père provincial, 20 octobre 1928. Concernant le cas d'Agnes Ben, voir : « Find Body of Indian Girl, Long Missing », *Winnipeg Free Press*, 17 avril 1930. Concernant le cas de Percy Ochapowace, voir : CVR, ARN, Bibliothèque et Archives Canada, RG10, volume 6332, dossier 661-1, partie 2, rapport de la Gendarmerie, « Re: Percy Ochapowace – Death of, Ochapowace Indian Reserve, Saskatchewan », H. S. Casswell, 19 janvier 1935; [RLS-000365-0003] J. P. B. Ostrander au secrétaire des Affaires indiennes, 19 janvier 1935. [RLS-000365-0001] Concernant le cas d'Allen Patrick, d'Andrew Paul, de Justa Maurice et de John Jack, voir : CVR, ARN, Bibliothèque et Archives Canada, RG10, volume 6446, dossier 881-23, partie 1, R. H. Moore au secrétaire des Affaires indiennes, 6 janvier 1937. [LEJ-004083-0000] Concernant le cas d'Andrew Gordon, voir : CVR, ARN, Bibliothèque et Archives Canada, RG10, volume 9151, dossier 312-11 ACE, « Royal Mounted Police Report, Re Andrew Gordon (Juvenile), Deceased », 16 mars 1939. [GDC-009280-0001] Concernant le cas de John Kioki, de Michael Sutherland et de Michael Matinas, voir : CVR, ARN, Bibliothèque et Archives Canada, RG10, volume 6186, dossier 460-23, partie 1, Paul Langlois au gendarme Dexter, 14 juin 1941. [FTA-000105-0001] Concernant le cas de Leonard Major, d'Ambrose Alexander et d'Alec Francis, voir : CVR, ARN, Bibliothèque et Archives Canada – Ottawa, dossier 882-2, partie 8, agence de Kamloops – pensionnat de Kamloops – relevés trimestriels, 1947-1952, n° d'inst. de recherche 10-17, volume 6447, bobine de microfilm C-8770, Bibliothèque et Archives Canada – Ottawa, relevés trimestriels des pensionnats indiens pour le pensionnat de Kamloops, 30 septembre 1947, p. 8, 9 et 10 d'un fichier PDF de 20 pages; [KAM-002274] CVR, DASAG, RCMP-564517, Gendarmerie royale du Canada, rapport final du groupe de travail des pensionnats indiens de la division E, M. W. Pacholuk, « Final Report of the Native Indian Residential School Task Force, Project E-NIRS », Gendarmerie royale du Canada, p. 49. [AGCA-564517] Concernant le cas d'Albert Nepinak, voir : CVR, ARN, Bibliothèque et Archives Canada, RG10, volume 6272, dossier 582-23, partie 1, rapport de la Gendarmerie royale du Canada, 9 avril 1951. [PCR-000190] Concernant le cas de Tom et de Charles Ombash, voir : CVR, ARN, Centre de services régional de la région de la capitale nationale – BAC – Ottawa, dossier 494/3-3-3, volume 1, « Provincial Police Report », G. A. McMonagle, 19 décembre 1956. [PLK-001205-0001] Concernant le cas de Beverly Joseph et de Patricia Joseph, voir : CVR, ARN, AINC – Secteur de la résolution – Collection des dossiers historiques des pensionnats indiens – Ottawa, dossier 961/25-2, volume 15, admissions et renvois – pensionnat de l'île Kuper, agence de Cowichan, C.-B., 01/08/1958–02/07/1966, n° de contrôle 34-15 de RQPIC – dossiers historiques, J. V. Boys au commissaire des Indiens pour la C.-B., 29 janvier 1959. [KUP-200601] Concernant le cas de Mabel Crane Bear et de Belinda Raw Eater, voir : CVR, ARN, Bibliothèque et Archives Canada – Edmonton, 772/25-1, volume 1, 04/60–06/70, N. Goater à A. H. Murray, 10 mars 1962. [OLD-007287-0005] Concernant le cas d'Alfred Whitehawk, voir : CVR, ARN, Bibliothèque et Archives Canada – Edmonton, RG10, acquisition E1996-97/415, boîte 36, dossier 25-2-662, 1964-1966, E. Turenne à K. Kerr, 6 juin 1965. [SPR-006307] Concernant le cas de Charles Wenjack, voir : CVR, ARN, Archives de l'Église presbytérienne au Canada, Toronto (Ontario), acquisition 1988-7004, boîte 17, dossier 4,

« Inquest Hears Tragic Tale of Runaway Boy », *Kenora Miner and News*, 18 novembre 1966; déclaration du coroner lors de la délivrance d'un mandat pour la tenue d'une enquête dans l'affaire de Charles Wenjack, R. Glenn Davidson, 4 novembre 1966; compte rendu de l'examen post mortem, A-258, Charles Wenjack, 23 octobre 1966, Dr Peter Pan; Adams, « The Lonely Death », p. 30-44. [CJC-007909] Concernant le cas de Joseph Commanda, voir : CVR, ARN, AINC – Secteur de la résolution – Collection des dossiers historiques des pensionnats indiens – Ottawa, dossier 451/25-2-004, volume 2, « Report on the Death of Joseph Commanda », H. B. Rodine, 6 septembre 1968. [TAY-001114-0001] Concernant le cas de Philip Swain et de Roderick Keesick, voir : CVR, ARN, AINC, dossier 487/18-2, volume 1, « 2 Boys Died from Exposure », *Kenora Miner and News*, 18 décembre 1970; [KNR-003158-0002] P. J. Hare au ministère des Affaires indiennes, 7 décembre 1970. [KNR-003168] Concernant le cas de Jack Elanik et de Dennis Dick, voir : CVR, ARN, Église anglicane du Canada, diocèse de l'Arctique, Archives du Synode général, dossier 110-09, Stringer Hall, acquisition M96-7, série 2:1, avis de disparition des garçons, 1972; [AGS-000341] CVR, ARN, archives confidentielles du gouvernement des Territoires du Nord-Ouest, foyers, 1971-1974, boîte 8-24, acquisition G1995-004, Leonard Holman à J. Coady, 14 juillet 1972. [SHU-000486]

548. Pour des exemples de cas où des critiques sont formulées à l'endroit des responsables des pensionnats concernant leur façon d'intervenir lorsque des élèves prennent la fuite, incluant des cas qui se sont soldés par un décès, voir : CVR, ARN, Bibliothèque et Archives Canada, RG10, volume 6436, dossier 878-1, partie 1, déclaration du révérend Henry Boening, 3 mars 1902; [IRC-047093] CVR, ARN, Bibliothèque et Archives Canada, RG10, volume 6436, dossier 878-1, partie 1, déclaration du révérend Henry Boening, déclaration de Joseph Fahey, 3 mars 1903; [IRC-047092] CVR, ARN, Bibliothèque et Archives Canada, RG10, volume 6267, dossier 580-1, partie 2, W. G. Tweddell à W. M. Graham, 6 mai 1931; [DRS-000588] CVR, ARN, Bibliothèque et Archives Canada, RG10, volume 6332, dossier 661-1, partie 2, rapport de la Gendarmerie, « Re: Percy Ochapowace – Death of, Ochapowace Indian Reserve, Saskatchewan », H. S. Casswell, 19 janvier 1935; [RLS-000365-0003] CVR, ARN, Bibliothèque et Archives Canada, RG10, volume 6332, dossier 661-1, partie 2, J. P. B. Ostrander au secrétaire des Affaires indiennes, 19 janvier 1935; [RLS-000365-0001] CVR, ARN, Bibliothèque et Archives Canada, RG10, volume 6446, dossier 881-23, partie 1, R. H. Moore au secrétaire des Affaires indiennes, 6 janvier 1937; [LEJ-004083-0000] CVR, ARN, Bibliothèque et Archives Canada, RG10, volume 6309, dossier 654-1, partie 2, « Memorandum of an inquiry into the cause and circumstances of the death of Andrew Gordon », R. W. Frayling, 11 mars 1939; [GDC-028479] CVR, ARN, Bibliothèque et Archives Canada, RG10, volume 11553, dossier 312-11, « Indian Boy Frozen on Bush Trail », *Regina Leader-Post*, 16 mars 1939; [GDC-009281] CVR, ARN, Bibliothèque et Archives Canada, RG10, volume 9151, dossier 312-11 ACE, « Royal Mounted Police Report, Re Andrew Gordon (Juvenile), Deceased », 16 mars 1939; [GDC-009280-0001] CVR, ARN, Bibliothèque et Archives Canada, RG10, volume 6278, dossier 584-10, partie 2, rapport de police, G. N. McRae, 23 avril 1940; [SBR-110686-0001] CVR, ARN, Bibliothèque et Archives Canada, RG10, volume 6278, dossier 584-10, partie 2, rapport de police, G. L. Tisdale, 30 avril 1940; [SBR-110686-0002] CVR, ARN, Bibliothèque et Archives Canada, RG10, volume 6186, dossier 460-23, partie 1, Paul Langlois au gendarme Dexter, 14 juin 1941; [FTA-000105-0001] CVR, ARN, Bibliothèque et Archives Canada, RG10, volume 6186, dossier 460-23, partie 1, « Statement of Charles Kioki », 22 juin 1942; [FTA-000116-0013] CVR, ARN, Bibliothèque et Archives Canada, RG10, volume 6320, dossier 657-10, partie 2, rapport de la Gendarmerie royale, J. P. Douglas, 7 octobre 1944; [MDD-001704]

CVR, ARN, Bibliothèque et Archives Canada, RG10, volume 6320, dossier 657-10, partie 2, rapport de la Gendarmerie, T. H. Playford, 10 octobre 1944; [MDD-002258] CVR, ARN, Bibliothèque et Archives Canada, RG10, volume 6272, dossier 582-23, partie 1, rapport de la Gendarmerie royale, 9 avril 1951; [PCR-000190] CVR, ARN, Centre de services régional de la région de la capitale nationale – BAC – Ottawa, dossier 487/18-24, volume 1, L. A. Marshall au ministère des Affaires indiennes, 20 décembre 1954; [KNR-001380-0003] CVR, ARN, AINC – Secteur de la résolution – Collection des dossiers historiques des pensionnats indiens – Ottawa, dossier 961/25-2, volume 15, admissions et renvois – pensionnat de l'île Kuper, agence de Cowichan, C.-B., 01/08/1958–02/07/1966, n° de contrôle 34-15 de RQPIC – dossiers historiques, J. V. Boys au commissaire des Indiens pour la C.-B., 29 janvier 1959; [KUP-200601] CVR, ARN, Bibliothèque et Archives Canada – Edmonton, 772/25-1, volume 1, 04/60–06/70, N. Goater à A. H. Murray, 10 mars 1962; [OLD-007287-0005] CVR, ARN, AINC, dossier 487/18-2, volume 1, « 2 Boys Died from Exposure », *Kenora Miner and News*, 18 décembre 1970; [KNR-003158-0002] CVR, ARN, AINC, dossier 487/18-2, volume 1, P. J. Hare au ministère des Affaires indiennes, 7 décembre 1970. [KNR-003168]

549. Pour le signalement transmis à la Police provinciale de l'Ontario, voir : CVR, ARN, Centre de services régional de la région de la capitale nationale – BAC – Ottawa, dossier 494/3-3-3, volume 1, « Provincial Police Report », G. A. McMonagle, 19 décembre 1956. [PLK-001205-0001] Pour le signalement transmis au ministère des Affaires indiennes, voir : CVR, ARN, Bibliothèque et Archives Canada, RG10, volume 8275, dossier 494/6-1-014, partie 5, R. F. Davey à G. Swartman, 13 novembre 1956. [PLK-000488]

550. Porter, « Remains Found Near Residential School Are "Non-human" », *CBC News*, 12 juillet 2012, http://www.cbc.ca/news/canada/thunder-bay/remains-found-near-residential-school-are-non-human-1.1249599.

551. CVR, ARN, AINC – Secteur de la résolution – Collection des dossiers historiques des pensionnats indiens – Ottawa, dossier 1/25-1-5-2, volume 1, « Regulations With Respect to Teaching, Education, Inspection, and Discipline for Indian Residential Schools, Made and Established for the Superintendent General of Indian Affairs Pursuant to Paragraph (a) of Section 114 of the Indian Act », 20 janvier 1953.

552. CVR, ARN, AINC – Secteur de la résolution – Collection des dossiers historiques des pensionnats indiens – Ottawa, dossier 901/25-13, volume 4 (balise 156-2), J. B. Bergevin à H. B. Cotnam, 1er mars 1971. [NCA-012545-0000]

553. Pour un exemple provenant de Chilliwack, en Colombie-Britannique, voir : CVR, ARN, Bibliothèque et Archives Canada, RG10, volume 6422, dossier 869-1, partie 1, bobine de microfilm C-8754, J. Hall à F. Devlin, 19 janvier 1900. [COQ-000345]

554. CVR, ARN, Bibliothèque et Archives Canada, RG10, volume 6308, dossier 653-10, partie 1, « Royal Canadian Mounted Police Report Re: Douglas Shingoose and Donald Stevenson », 23 février 1935. [FHR-001050-0001]

555. Pour des exemples, voir : Rapport du commissaire de la Police à cheval du Nord-Ouest, 1894, p. 55; CVR, ARN, Bibliothèque et Archives Canada, RG10, volume 3920, dossier 116818, C. E. Somerset au commissaire des Indiens, 6 octobre 1896; [EDM-009788] CVR, ARN, Bibliothèque et Archives Canada, RG10, volume 2771, dossier 154845, partie 1, Institut Mohawk à Hayter Reed, 18 mars 1896; [TAY-003510] CVR, ARN, Bibliothèque et Archives Canada, RG10, volume 6278, dossier 584-10, partie 1, « RCMP Report regarding [nom supprimé] », 16 octobre 1933. [SBR-110565-0001]

556. Sutherland, *Children in English-Canadian Society*, p. 122. Pour des exemples de poursuites, voir : CVR, ARN, Bibliothèque et Archives Canada, RG10, volume 6278, dossier 584-10, partie 1, A. H. L. Mellor au surintendant général adjoint des Affaires indiennes, 19 septembre 1935; [SBR-110607-0000] CVR, ARN, Bibliothèque et Archives Canada, RG10, volume 6209, dossier 468-10, partie 1, « Royal Canadian Mounted Police report, Re: [noms supprimés] », 21 novembre 1937; [MER-000580-0001] CVR, ARN, Bibliothèque et Archives Canada, RG10, volume 6193, dossier 462-10, partie 3, A. D. Moore au secrétaire des Affaires indiennes, 16 septembre 1940. [CRS-000507-0000]

557. Pour des exemples de cas où la Gendarmerie royale du Canada a été appelée à intervenir pour ramener les élèves à l'école, voir : CVR, ARN, Bibliothèque et Archives Canada, RG10, volume 6330, dossier 660-10, partie 1, R. W. Greatwood au ministère des Affaires indiennes, 11 avril 1930; [PLD-003278-0001] CVR, ARN, Bibliothèque et Archives Canada, RG10, volume 6330, dossier 660-10, partie 2, H. E. P. Mann au commissaire de la Gendarmerie, 6 février 1934; [PLD-003316-0001] CVR, ARN, Bibliothèque et Archives Canada, RG10, volume 6193, dossier 462-10, partie 1, page 1/1, « Royal Canadian Mounted Police Report », 11 février 1935, C. Graham; [CRS-001237-0001] CVR, ARN, Bibliothèque et Archives Canada, RG10, volume 6275, dossier 583-10, partie 1, « Royal Canadian Mounted Police Report, Re: Frank Puckina or Edwards », 15 septembre 1939; [PLP-000374] CVR, ARN, Bibliothèque et Archives Canada, RG10, volume 6304, dossier 651-10, partie 1, gendarme G. J. Mitchell, 9 septembre 1931. [MRS-045402-0001]

558. CVR, ARN, document sans titre, apparemment « Chronologie Dépuis Leur Foundations, École Blue Quills » (journal quotidien de la fondation des Sœurs Grises, au pensionnat de Blue Quills) 1931-1936, inscription datée du 1er mai 1932. [GNA-000404]

559. CVR, ARN, Bibliothèque et Archives Canada, RG10, volume 6278, dossier 584-10, partie 1, « RCMP's Report on Truant », gendarme R. D. Toews, 23 octobre 1936; [SBR-110630-0001] CVR, ARN, Bibliothèque et Archives Canada, RG10, volume 6278, dossier 584-10, partie 1, gendarme R. D. Toews, 8 mai 1937. [SBR-110645-0001]

560. CVR, ARN, Bibliothèque et Archives Canada, RG10, volume 6258, dossier 576-10, partie 9, « Royal Canadian Mounted Police Report Re: Wallace Hahawahi, Delinquent », 28 octobre 1936. [BRS-000240-0004]

561. CVR, ARN, Bibliothèque et Archives Canada, RG10, volume 6258, dossier 576-10, partie 9, « Royal Canadian Mounted Police Report Re: Kenneth Thompson, Runaway Boy », 28 octobre 1936. [BRS-000240-0001]

562. CVR, ARN, Bibliothèque et Archives Canada, RG10, volume 6258, dossier 576-10, partie 9, « Royal Canadian Mounted Police Report Re: Peter Ryder Runaway Boy », 28 octobre 1936. [BRS-000240-0002]

563. CVR, ARN, Bibliothèque et Archives Canada, RG10, volume 6267, dossier 580-1, partie 2, J. Waddy, 24 novembre 1928. [DRS-000564]

564. CVR, ARN, Bibliothèque et Archives Canada, RG10, volume 6253, dossier 575-5, partie 5, A. G. Hamilton au ministère des Affaires indiennes, 4 novembre 1935. [BIR-000208]

565. CVR, ARN, Bibliothèque et Archives Canada, RG10, volume 6057, dossier 265-10, partie 1, J. P. Mackey au secrétaire des Affaires indiennes, 16 juillet 1937; [SRS-006077] J. P. Mackey au secrétaire des Affaires indiennes, 27 juillet 1937. [SRS-006079]

566. CVR, ARN, Bibliothèque et Archives Canada, RG10, volume 6057, dossier 265-10, partie 2, « Royal Canadian Mounted Police Report Re: Steven LaBobe », 15 octobre 1938. [SRS-006090-0001]

567. CVR, ARN, Bibliothèque et Archives Canada, RG10, volume 6053, dossier 260-10, partie 1, J. P. Mackey à W. J. Cameron, 21 mars 1939; [SRS-007977] CVR, ARN, Bibliothèque et Archives Canada, RG10, volume 6053, dossier 260-10, partie 1, J. P. Mackey au secrétaire des Affaires indiennes, 14 avril 1939. [SRS-007980]
568. CVR, DAV, Ken Lacquette, déclaration devant la Commission de vérité et réconciliation du Canada, Winnipeg (Manitoba), 18 juin 2010, numéro de déclaration : 02-MB-18JU10-052.
569. CVR, DAV, Anthony Wilson, déclaration devant la Commission de vérité et réconciliation du Canada, Terrace (Colombie-Britannique), 30 novembre 2011, numéro de déclaration : 2011-3303.
570. CVR, DAV, Arthur Ron McKay, déclaration devant la Commission de vérité et réconciliation du Canada, Winnipeg (Manitoba), 18 juin 2010, numéro de déclaration : 02-MB-18JU10-044.
571. CVR, DAV, Ivan George, déclaration devant la Commission de vérité et réconciliation du Canada, Mission (Colombie-Britannique), 18 mai 2011, numéro de déclaration : 2011-3472.
572. CVR, DAV, Muriel Morrisseau, déclaration devant la Commission de vérité et réconciliation du Canada, Winnipeg (Manitoba), 18 juin 2010, numéro de déclaration : 02-MB-18JU10-057.
573. CVR, DAV, Isaac Daniels, déclaration devant la Commission de vérité et réconciliation du Canada, Saskatoon (Saskatchewan), 22 juin 2012, numéro de déclaration : 2011-1779.
574. CVR, DAV, Dora Necan, déclaration devant la Commission de vérité et réconciliation du Canada, Ignace (Ontario), 3 juin 2011, numéro de déclaration : 2011-1503.
575. CVR, DAV, Nellie Cournoyea, déclaration devant la Commission de vérité et réconciliation du Canada, Inuvik (Territoires du Nord-Ouest), 28 juin 2011, numéro de déclaration : NNE105. Des années plus tard, Cournoyea prend en charge la négociation de la première entente globale sur les droits fonciers intervenue dans les Territoires du Nord-Ouest pour le peuple inuvialuit et devient ensuite la première femme autochtone au Canada à occuper le poste de première ministre.
576. CVR, DAV, Lawrence Waquan, déclaration devant la Commission de vérité et réconciliation du Canada, Winnipeg (Manitoba), 18 juin 2010, numéro de déclaration : SC111.
577. CVR, DAV, Beverley Anne Machelle, déclaration devant la Commission de vérité et réconciliation du Canada, Whitehorse (Yukon), 27 mai 2011, numéro de déclaration : 2011-1133.
578. CVR, ARN, AINC, dossier 494/18-28, volume 1, G. Swartman à la Division des affaires indiennes, 12 mai 1955. [PLK-002025]
579. CVR, DAV, Mel H. Buffalo, déclaration devant la Commission de vérité et réconciliation du Canada, Hobbema (Alberta), 24 juillet 2013, numéro de déclaration : SP124.
580. Canada, Rapport annuel du ministère des Affaires indiennes, 1907, p. 198.
581. Archives de l'Église Unie du Canada, Toronto, information sur l'acquisition des documents d'archive : Fonds, 3282 : Fonds John Chantler McDougall, 1986.291C, boîte 1, dossier 8, Mme J. McDougall, « Founding of the McDougall Orphanage and Training School », bref historique, sans date.
582. Coccola, *They Call Me Father,* p. 89.
583. Stocken, *Among the Blackfoot,* p. 1–2.
584. Kelm, « Introduction » de Butcher, *Letters of Margaret Butcher,* p. xi, xxvi.
585. Butcher, *Letters of Margaret Butcher,* p. 5.
586. CVR, DAV, Lorraine Arbez, déclaration devant la Commission de vérité et réconciliation du Canada, Winnipeg (Manitoba), 18 juin 2010, numéro de déclaration : 02-MB-18JU10-007.

587. CVR, DAV, Noreen Fischbuch, déclaration devant la Commission de vérité et réconciliation du Canada, Beaver Mines (Alberta), 3 août 2011, numéro de déclaration : 2011-1692.
588. CVR, DAV, George Takashima, déclaration devant la Commission de vérité et réconciliation du Canada, Lethbridge (Alberta), 3 août 2011, numéro de déclaration : 2011-1700.
589. CVR, ARN, Bibliothèque et Archives Canada, RG10, volume 3938, dossier 121607, surintendant général adjoint des Affaires indiennes à A. E. Forget, commissaire adjoint des Indiens (Territoires du Nord-Ouest), 18 janvier 1895. [RIS-000385-0000]
590. Bibliothèque et Archives Canada, RG10, volume 2100, dossier 17960, partie 2, A. Sutherland au surintendant général des Affaires indiennes, 31 mars 1887.
591. CVR, ARN, Bibliothèque et Archives Canada, RG10, volume 8843, dossier 709/16-2-001, partie 1, C. H. Birdsall au Dr Dorey, 2 juin 1948. [EDM-000371]
592. CVR, ARN, aucun emplacement de document, aucun dossier source de document, H. F. Dunlop à P. Phelan, 4 novembre 1948. [SEC-000063]
593. CVR, ARN, aucun emplacement de document, aucun dossier source de document, A. Noonan à L. K. Poupore, 27 novembre 1960. [CIS-000553]
594. CVR, ARN, Bibliothèque et Archives Canada, dossier 883-1, partie 1, agence de Bella Coola – pensionnat de Kitamaat –Administration générale, 1906–1932, n° d'inst. de recherche 10-17, volume permanent 6451, bobine de microfilm C-8773, Bibliothèque et Archives Canada, L. Spotton à C. G. Young, 28 février 1930. [KMT-095721]
595. CVR, ARN, Bibliothèque et Archives Canada, RG10, volume 6377, dossier 767-1, partie 1, M. Christianson à H. W. McGill, 2 août 1933. [JON-000073]
596. Fast, « Amelia Le Sueur (Yeomans) », http://www.biographi.ca/fr/bio.php?BioId=41653 (consulté le 26 mai 2013); Canada, Rapport annuel du ministère des Affaires indiennes, 1900, p. 106; Canada, Rapport annuel du ministère des Affaires indiennes, 1901, p, 80. (Charlotte Amelia est nommée Annie par erreur dans le rapport annuel.)
597. CVR, DAV, Theresa Reid, déclaration devant la Commission de vérité et réconciliation du Canada, Powell River (Colombie-Britannique), 28 septembre 2011, numéro de déclaration : 2011-0263.
598. CVR, DAV, George Takashima, déclaration devant la Commission de vérité et réconciliation du Canada, Lethbridge (Alberta) 3 août 2011, numéro de déclaration : 2011-1700.
599. CVR, DAV, Olive Saunders, déclaration devant la Commission de vérité et réconciliation du Canada, Thunder Bay (Ontario), 7 et 8 mars 2011, numéro de déclaration : 2011-0042.
600. CVR, ARN, Archives provinciales de l'Alberta, PAA 71.220 B161 2357, E. O. Drouin au chef Shot on Both Sides et conseil de bande des Gens-du-Sang, agence indienne, Cardston, 27 décembre 1966. [OGP-022362]
601. Directeur du pensionnat de Regina A. J. McLeod (1900), CVR, ARN, Archives de l'Église Unie du Canada, Toronto, numéro d'acquisition 1979.199C, boîte 2, dossier 20, Alex Skene à M. McKay, 1er décembre 1900; [RIS-000436] directeur du pensionnat de Muncey (Ontario) W. W. Shepherd (décédé des suites d'un accident de calèche en 1903), CVR, ARN, Bibliothèque et Archives Canada, RG10, volume 6205, dossier 468-1, partie 1, R. G. Howes au surintendant général adjoint, 25 mai 1903; [MER-000331] directeur du pensionnat de Regina J. A. Sinclair (1905), CVR, ARN, Bibliothèque et Archives Canada, RG10, volume 3927, dossier 116836-1A, Frank Pedley à W. M. Graham, 16 janvier 1905; [RIS-000090] Mission (Colombie-Britannique), directeur Charles Marchal (diphtérie, 1906), CVR, ARN, Bibliothèque et Archives Canada, RG10, volume 6468, dossier 890-1, partie 1, bobine de microfilm C-8786, A. W. Vowell au secrétaire, Affaires indiennes, 10 octobre 1906; [MIS-

004766] directeur du pensionnat anglican d'Onion Lake (Saskatchewan) John Matheson (1916), CVR, ARN, Bibliothèque et Archives Canada, RG10, volume 6320, dossier 658-1, partie 1, W. Sibbald au secrétaire, Affaires indiennes, 28 août 1916; [PAR-003569] directeur du pensionnat de Qu'Appelle (Saskatchewan) Joseph Hugonnard (1917), RG10, volume 6327, dossier 660-1, partie 1, M. Kalmes à Duncan C. Scott, 13 février 1917; [PLD-000005] directeur du pensionnat de Shoal Lake (Ontario) M. Mathews (influenza, 1918), CVR, ARN, RG10, volume 6187, dossier 461-1, partie 1, R. S. McKenzie au sous-ministre adjoint et secrétaire, 23 octobre 1918; [CJC-000870] High River (Alberta), directeur George Nordmann (influenza, 1918), Bibliothèque et Archives Canada, RG10, volume 3933, dossier 117657-1, A. Naessens au secrétaire, Affaires indiennes, 7 janvier 1919; directeur du pensionnat de Gordon (Saskatchewan) H. W. Atwater (1925), CVR, ARN, AINC – Secteur de la résolution – Collection des dossiers historiques des pensionnats indiens – Ottawa, dossier E4974-02016, volume 4, T. J. Davies à M. Moore, 25 novembre 1925; [GDC-002528] directeur du pensionnat de Beauval (Saskatchewan) Mederic Adam (fièvre typhoïde, 1930), CVR, ARN, Bibliothèque et Archives Canada, RG10, volume 6300, dossier 650-1, partie 1, O. Charlebois à Duncan Scott, 28 octobre 1930; [BVL-000005] directeur du pensionnat de Grayson (Saskatchewan) J. Carriere (1933), CVR, ARN, Bibliothèque et Archives Canada, RG10, volume 6303, dossier 651-1, partie 1, A. F. MacKenzie à J. P. B. Ostrander, 3 juillet 1933; [MRS-001401] directeur du pensionnat de Kamsack (Saskatchewan) C. Brouillet (1935), CVR, ARN, Bibliothèque et Archives Canada, RG10, volume 6334, dossier 662-1, partie 2, A. F. MacKenzie à W. Murison, 14 février 1935. [SPR-000465]
602. CVR, ARN, Bibliothèque et Archives Canada, RG10, volume 1346, bobine de microfilm C-13916, G. Donckele à W. R. Robertson, 1er janvier 1907; [KUP-004280] RG10, n° d'inst. de recherche 10-1, volume 1346, bobine de microfilm C-13916, agence de Cowichan – correspondance reçue au sujet de l'école industrielle de l'île Kuper, 1891–1907, P. Claessen à W. R. Robertson, 5 juin 1907. [KUP-022198] Pour les initiales d'A. J. McLeod, voir : Canada, Rapport annuel du ministère des Affaires indiennes, 1900, p. 372-373.
603. CVR, ARN, Archives de l'Église anglicane du Canada, diocèse de l'Arctique, M96-7, boîte 188, « File 8, Collected Material – Bessie Quirt, Articles written by Bessie re: Shingle Point and Fort George » « RE: First Eskimo Residential School (Anglican) — Shingle Point. Story One — Fifty Years Ago – August 1929–1979 »; Bibliothèque et Archives Canada, RG919-10, partie 1, agence de Fort Norman — pensionnat anglican d'Aklavik — Admissions et départs, 1936–1946, n° d'inst. de recherché 10-17, volume permanent 6477, bobine de microfilm C-8792, H. S. Shepherd à Philip Phelan, 30 mars 1939; [ASU-001138] RG29, volume 2906, dossier 851-1-A486, partie 3, H. S. Shepherd à P. E. Moore, 14 janvier 1948; [NPC-603247] RG10, volume 10728, dossier 484/25-2-467, partie 1, H. S. Shepherd à J. L. Whitey, 17 novembre 1952; [MFI-001074] Église anglicane du Canada, Archives du Synode général, ACC-MSCC-GS 75-103, série 2.15, boîte 22, dossier 2, « Minutes of a Meeting of the Sub-Executive Committee MSCC », 8 septembre 1954; [AAC-090761] Église anglicane du Canada, Archives du Synode général GS 75-103, série 2-15, boîte 22, « Report of the Superintendent, Indian School Administration, to the M.S.C.C. Board of Management, Toronto, november 16th, 1954. » [GDC-007201]
604. CVR, ARN, Bibliothèque et Archives Canada, RG10, volume 6430, dossier 876-1, partie 1, agence de la côte Ouest — pensionnat d'Ahousaht — Administration générale, 1901–1931, n° d'inst. de recherche 10-17, bobine de microfilm C-8759, W. R. Woods au Dr Young, 5 novembre 1929. [AST-200068-0001]

605. Église méthodiste du Canada, conférence de la Colombie-Britannique, district de Port Simpson, réunions ministérielles, 1893, p. 188, cité dans Bolt, *Thomas Crosby*, p. 63.
606. CVR, ARN, Bibliothèque et Archives Canada – Ottawa, RG10, volume 8803, dossier 959/25-13, partie 2, Henry Cook à Frank Howard, 29 mars 1960. [MIK-002122]
607. CVR, ARN, Maison des Oblats de Marie-Immaculée – Vancouver, boîte 39, Fort St. John – services d'aide à la famille de Kakawis, dossier 20, correspondance des Kakawis 1942-1979, série un plus les descriptions des repères, communauté locale de C.-B./Yukon des Oblats de Marie-Immaculée, province de Lacombe, Canada [auparavant la province de St. Paul], Mary Gemma à M. Kearney, 3 février 1958. [CST-800117] Pour en savoir davantage sur les sœurs bénédictines de Mount Angel, voir : The Benedictine Sisters of Mount Angel, « About Us, A Brief History of the Benedictine Sisters of Mt. Angel » http://www.benedictine-srs.org/history.html (consulté le 12 juin 2014).
608. CVR, ARN, Bibliothèques et Archives Canada, RG55, n° d'inst. de recherche 55-22, numéro d'acquisition 1980-81/069, boîte 118, dossier 1105, partie 2, taux de rémunération et conditions d'emploi des enseignants, 1964-1965, R. F. Davey à Peter Fillipoff, 25 mai 1965. [AEMR-150636]
609. Bruno-Jofre, *Les missionnaires oblates*, p. 4-12, p. 132-139; Choquette, *Canada's Religions*, p. 83-84, 201; McCarthy, *From the Great River*, p. 156; Gresko, « Gender and Mission » p. 9; Huel, *Proclaiming the Gospel*, p. 165-166, 171; Shanahan, *Jesuit Residential School*, p. 5; CVR, ARN, Archives provinciales de l'Alberta, numéro d'acquisition 78.204/5, Vital Grandin à la mère Ste. Marie, 27 septembre 1890; [ORC-000775] aucun emplacement de document, aucun dossier source de document, Victor Rassier à Gerald Murphy, 15 septembre 1930; [BVT-000239] aucun emplacement de document, aucun dossier source de document, M. Agatha à Gerald Murray, 26 mai 1931; [BVT-000260] CVR, ARN, Bibliothèques et Archives Canada, RG10, volume 6276, dossier 584-3, partie 1, H. B. Rayner à W. M. Graham, 26 août 1931. [SBR-000879-0001]
610. CVR, DAE, Archives de l'Église Unie, Église presbytérienne du Canada, Comité des missions étrangères, Dossiers relatifs aux missions auprès des peuples autochtones du Manitoba et du Nord-Ouest, 79.199C, boîte 3, dossier 29, (C0990), Austin McKitrick au Dr R. P. MacKay, 30 septembre 1901, cité dans Hildebrand, « Staff Perspectives », p. 170. [13d-c000990-d0017-001]
611. Gagan, *Sensitive Independence*, p. 201.
612. Canada, Rapport annuel du ministère des Affaires indiennes, 1906, p. 2:52-56.
613. Grant, « Two-Thirds of the Revenue », p. 108-109.
614. Pour voir un exemple, consulter : Canada, Rapport annuel du ministère des Affaires indiennes, 1893, p. 172.
615. CVR, ARN, Bibliothèques et Archives Canada, dossier 886-24, partie 1, agence de Skeena River – pensionnat pour filles Crosby [Port Simpson] – rapports de vérification 1935-1948, n° d'inst. de recherche 10-17, volume permanent 6458, bobine de microfilm C-8779; Bibliothèque et Archives Canada – Ottawa, « Crosby Girls' Home, United Church of Canada, Cost of Operations for Fiscal Year 1934–35 ». [PSM-200049-0003]
616. CVR, ARN, Bibliothèque et Archives Canada, RG10, volume 8845, dossier 963/16-2, partie 1, 3 juillet 1936, au sujet du pensionnat catholique romain de Kamloops [KAM-002000]
617. CVR, ARN, Archives du diocèse anglican de Cariboo, section 205, pensionnat indien de St. George, carte D.C. 2C11, pensionnat de Lytton-St.-George, n° 88.44, « All Saints Indian

Residential School Staff Manual 2nd Revision, 1967, Mr. A. W. Harding, Vice-Principal », p. 26–27. [AEMR-177341]
618. Canada, Rapport annuel du ministère des Affaires indiennes, 1896, p. 380.
619. CVR, ARN, Église anglicane du Canada, Archives du Synode général, ACC-MSCC-GS 75-103, série 9:08, boîte 131, dossier 5-3, « The Indian Residential School Commission of the Mission Society of the Church of England in Canada, An Outline of the Duties of Those Who Occupy Positions on the Staff at the Society's Indian Residential Schools, No. III, The Teacher ». [AAC-090142]
620. CVR, ARN, Bibliothèque et Archives Canada, RG10, volume 6462, dossier 888-1, partie 1, H, EGN-007951, F. J. C. Ball à D. C. Scott, 5 mai 1921. [GRG-022150-0000]
621. CVR, ARN, Bibliothèque et Archives Canada, RG10, volume 6028, dossier 118-7-1, partie 1, E. B. Glass au Dr Sutherland, 4 septembre 1896. [WFL-000648-0002]
622. Hare et Barman, « Good Intentions », p. 168, 205, 206, 216.
623. Buck, *Doctor Rode Side-Saddle,* p. 114, 133.
624. Buck, *Doctor Rode Side-Saddle,* p. 92.
625. T. Ferrier, directeur du pensionnat de Brandon (Manitoba) en 1903; S. R. McVitty, directeur du pensionnat Mount Elgin (Ontario) en 1913 et W. Lemmens, directeur du pensionnat de l'île Kuper, en Colombie-Britannique en 1915 ont tous utilisé le mot « maléfique » pour décrire les tendances observées dans la culture autochtone. Canada, Rapport annuel du ministère des Affaires indiennes, 1903, p. 345-347; CVR, ARN, Bibliothèque et Archives Canada, RG10, volume 6205, dossier 468-1, partie 1, Archives publiques du Canada, S. R. McVitty, « Helping the Indian: How it Is Done at Mount Elgin Industrial Institute », *The Christian Guardian,* 31 mai 1913; [MER-0376] RG10, volume 1347, bobine de microfilm C-13916, W. Lemmens à W. R. Robertson, 10 février 1915. [KUP-004240]
626. Voir par exemple, *Algoma Missionary News* (avril 1877) : 14, cité dans Wilson, « Note on Shingwauk Industrial Home », p. 69; Butcher, *Letters of Margaret Butcher,* p. 26.
627. CVR, ARN, Bibliothèque et Archives Canada, RG10, volume 6057, dossier 265-10, partie 1, J. P. Mackey au père MacNeil, 5 octobre 1936. [SRS-000280-0003]
628. Bush, *Western Challenge,* p. 27.
629. Fisher, *Contact and Conflict,* p. 185–188; Usher, *William Duncan,* p. 126.
630. CVR, ARN, Église anglicane du Canada, Archives du Synode général, MSCC, GS 75-103, série 2-15, boîte 29, dossier 10, document anglican n° 52.63, Victoria Ketcheson et Patricia Watson, 29 novembre 1952. [PAR-001992]
631. CVR, ARN, emplacement du document à déterminer, Hance/Aleck/Michell – Liste de documents de l'Église anglicane du Canada et de l'Église anglicane de Cariboo, Helen Clafton à l'évêque Dean, 5 mars 1957. [ANG-063238]
632. Canada, Rapport annuel du ministère des Affaires indiennes, 1930, p. 18.
633. CVR, ARN, Bibliothèque et Archives Canada, RG10, volume 6200, dossier 466-1, partie 2, « Successful Graduates ». [TAY-004294-0002]
634. CVR, ARN, Bibliothèque et Archives Canada, RG10, volume 2006, dossier 7825-1A, « Report on the Mohawk Institute and Six Nations Board School », 30 août 1895, p. 43. [TAY-003821-0000]
635. CVR, ARN, Bibliothèque et Archives Canada, RG10, volume 6200, dossier 466-1, partie 2, A. F. MacKenzie à H. W. Snell, 7 mai 1936. [TAY-003085-0002]
636. Canada, Rapport annuel du ministère des Affaires indiennes, 1903, p. 405-506.

637. CVR, ARN, Archives de l'Église Unie du Canada, n° d'acquisition 1979.199C, boîte 5, dossier 60, J. A. Sinclair à R. P. MacKay, 26 avril 1904. [RIS-000306]
638. CVR, ARN, Bibliothèque et Archives Canada, RG10, volume 6255, dossier 576-1, partie 2, J. Doyle au secrétaire, Affaires indiennes, 14 septembre 1932. [BRS-000234]
639. Canada, Rapport annuel du ministère des Affaires indiennes, 1960, p. 56.
640. CVR, DAV, Stanley McKay, déclaration devant la Commission de vérité et réconciliation du Canada, Winnipeg (Manitoba), 13 juillet 2011, numéro de déclaration : 2011-0269.
641. Kirkness, *Creating Space*, p. 3-12, 29-40.
642. Kirkness, *Creating Space*, p. 29-30.
643. CVR, ARN, Bibliothèque et Archives Canada, RG10, dossier 494/1-13-014, volume 1, T. B. Jones à R. F. Davey, 21 juin 1963. [PLK-001867] Au sujet de Spence alors qu'il était pensionnaire, voir : Canada, Comité spécial mixte, 9 mai 1947, p. 64.
644. CVR, ARN, AINC — Secteur de la résolution — Collection des dossiers historiques des pensionnats indiens — Ottawa, dossier 494/25-1-014, volume 2, « The Anglican Indian Residential School, Sioux Lookout, Ontario », 10 juin 1965. [PLK-000304-0001]
645. CVR, ARN, AINC — Secteur de la résolution — Collection des dossiers historiques des pensionnats indiens — Ottawa, dossier 487/25-1-014, R. F. Davey à Giollo Kelly, 10 juin 1966. [CJC-000308]
646. CVR, ARN, Archives de l'Église presbytérienne du Canada, Toronto (Ontario), acquisition 1988-7004, boîte 43, dossier 4, Giollo Kelly à Mme Colin Wasacase, 8 juillet 1966. [NCA-009161-0002]
647. Au sujet de Mission, voir : CVR, ARN, « Historic Transfer of Authority » *Fraser Valley Record*, 5 septembre 1973. [OMS-000307] Au sujet de Kamloops, voir : CVR, ARN, Bibliothèque et Archives Canada – Burnaby, RG10, n° d'inst. de recherche 10-138, acquisition v85-86/353, dossier 963/1-13, volume permanent 6 [502372], partie 1, résidence des élèves, 1969-78, ANC – Burnaby, A. H. Friesen à A. H. Noonan, 18 avril 1973. [KAM-008144] Au sujet de Blue Quills (Alberta), voir : CVR, ARN, AINC – Secteur de la résolution — Collection des dossiers historiques des pensionnats indiens — Ottawa, dossier 779/25-2-009, volume 1 (n° de contrôle 55-4), « Confidential: Notes: Re Blue Quills », sans date. [NCA-007302] Au sujet de Prince Albert, voir : CVR, ARN, AINC – Secteur de la résolution — Collection des dossiers historiques des pensionnats indiens — Ottawa, dossier 601/25-13-1, J. B. Freeman à James A. Roberts, 2 avril 1973. [PAR-019374] Au sujet de Duck Lake, voir : CVR, ARN, AINC – Secteur de la résolution — Collection des dossiers historiques des pensionnats indiens — Ottawa, dossiers GRS, boîte 8A, dossier 15, D. Seesequasis à H. Kolakowski, 3 février 1982. [GDC-014654-0004] Au sujet de Qu'Appelle, voir : LaRose, « Wrecker's ball Claims White Calf Collegiate » http://www.ammsa.com/publications/saskatchewan-sage/wreckers-ball-claims-white-calf-collegiate-0. Au sujet de Fort George, voir : CVR, ARN, AINC – Secteur de la résolution — Collection des dossiers historiques des pensionnats indiens — Ottawa, dossier 371/25-1-019, volume 2, Très révérend James A. Watton à A. Gill, 7 septembre 1971. [FGA-000225-0001] CVR, ARN, AINC – Secteur de la résolution — Collection des dossiers historiques des pensionnats indiens — Ottawa, NCR-E4974-1 (p. j. 1), volume 3, (n° de contrôle 446-19), région de la Saskatchewan, « Student Residences: An Issue Management Discussion Paper », 8 février 1994. [NCA-016023-0002]
648. CVR, ARN, AINC – Secteur de la résolution — Collection des dossiers historiques des pensionnats indiens — Ottawa, NCR-E4974-1 (p. j. 1), volume 3, (n° de contrôle 446-19),

région de la Saskatchewan, « Student Residences: An Issue Management Discussion Paper », 8 février 1994. [NCA-016023-0002]
649. CVR, ARN, Église anglicane du Canada, Archives du Synode général, dossier 1, comptes rendus de visite du surintendant 02/54–12/54, p. 004126-004227, acquisition GS 75-103, série 2:15, boîte 24, visite du surintendant au pensionnat de Chooutla, à Carcross (Yukon), du 3 au 6 décembre 1954. [DYK-201620]
650. CVR, DAE, Église anglicane du Canada, Archives du Synode général, information sur l'acquisition des documents d'archive : Administration des pensionnats indiens de la Société missionnaire de l'Église d'Angleterre du Canada, comptes rendus de visite, 1954–1962, dossier 2 (1955–1956), « Superintendent's Visit to St. John's Residential School, Wabasca, Alberta, 26th August, 1956. » [13a-c000034-d0002-022]
651. Église anglicane du Canada, Archives du Synode général, Société missionnaire de l'Église d'Angleterre du Canada, Administration des pensionnats indiens – comptes rendus de visite, comités, dossiers textuels, 1903–1968, Administration des pensionnats indiens et esquimaux et des écoles indiennes, 1921–1977, GS75-103, boîte 23, dossier 10, « Superintendent's Visit to St. Philip's School, Fort George – march 24–25 », 1953. [13a-c000032-d0025-001]
652. CVR, DAE, Église anglicane du Canada, Archives du Synode général, ACC-MSCC-GS 75-103, série 2:15, boîte 24, dossier 2, visite du surintendant au pensionnat St. Philip's de Fort George (Québec), 16 et 17 janvier 1956. [13a-c000034-d0002-004]
653. CVR, DAV, Jeanne Rioux, déclaration devant la Commission de vérité et réconciliation du Canada, Vancouver (Colombie-Britannique), 18 septembre 2013, numéro de déclaration : 2011-3207.
654. CVR, DAV, Mary Chapman, déclaration devant la Commission de vérité et réconciliation du Canada, Vancouver (Colombie-Britannique), 4 octobre 2011, numéro de déclaration : 2011-1529.
655. Vitaline Elsie Jenner, déclaration devant la Commission de vérité et réconciliation du Canada, Winnipeg (Manitoba), 16 juin 2010, numéro de déclaration : 02-MB-16JU10-131.
656. Coates, *A Global History of Indigenous Peoples*, p. 244–245.
657. Nations Unies, *Déclaration des Nations Unies sur les droits des peuples autochtones*; Coates, *A Global History of Indigenous Peoples*, p. 244–245.
658. Smith, *Excuses aux peuples des Premières Nations* (consulté le 23 octobre 2014) http://www.united-church.ca/fr/beliefs/policies/1986/a651.
659. Les Missionnaires Oblats de Marie Immaculée, *Présentation des excuses de la Conférence oblate du Canada aux Premières Nations du Canada* (consulté le 27 octobre 2014) http://www.cccb.ca/site/images/stories/pdf/excuses_oblates_francais.pdf.
660. Pour les excuses des anglicans, voir : Hiltz, *A Step Along the Path: Apology by Archbishop Fred Hiltz* (consulté le 27 octobre 2014) http://www.anglican.ca/relationships/files/2011/06/Apology-French.pdf. Pour les excuses des presbytériens, voir : Église presbytérienne au Canada, *The Confession of the Presbyterian Church in Canada as Adopted by the General Assembly* (consulté le 27 octobre 2014) http://presbyterian.ca/?wpdmdl=92&; Église Unie du Canada, *Excuses aux anciens élèves des pensionnats amérindiens de l'Église Unie, à leurs familles et à leurs communautés* (consulté le 27 octobre 2014) http://www.united-church.ca/fr/beliefs/policies/1998/a623.
661. « Bernard's Lawsuit Helped Natives Nationwide », *The Daily News*, http://www.canada.com/story_print.html?id=983a8b88-a8ac-4e09-9e5c-b2c0e207ac3d.

662. Société Radio-Canada, *The Journal*, entrevue de Barbara Frum avec Phil Fontaine, 30 octobre 1990, http://archives.cbc.ca/society/education/clips//11177.
663. Lleweyn, « Dealing with the Legacy », p. 253 à 261.
664. Assemblée des Premières Nations, *Rapport sur le plan de règlement des conflits du gouvernement du Canada qui vise à indemniser les victimes de sévices infligés dans les pensionnats indiens*, p. 11.
665. *Cloud c. Canada (Procureur général)* 2004 CanLII 45444 (ON CA).
666. Canada, Débats de la Chambre des communes (11 juin 2008), p. 6850.
667. Canada, Débats de la Chambre des communes (11 juin 2008), p. 6851.
668. Canada, Débats de la Chambre des communes (11 juin 2008), p. 6852.
669. Canada, Débats de la Chambre des communes (11 juin 2008), p. 6854.
670. Canada, Débats de la Chambre des communes (11 juin 2008), p. 6854.
671. Canada, Débats de la Chambre des communes (11 juin 2008), p. 6855.
672. Canada, Débats de la Chambre des communes (11 juin 2008), p. 6855.
673. Canada, Débats de la Chambre des communes (11 juin 2008), p. 6856.
674. Canada, Débats de la Chambre des communes (11 juin 2008), p. 6856.

Les séquelles

1. CVR, DAV, Johanne Coutu-Autut, déclaration devant la Commission de vérité et réconciliation du Canada, Rankin Inlet (Nunavut), 21 mars 2011, numéro de déclaration : 2011-0160.
2. CVR, DAV, Joseph Martin Larocque, déclaration devant la Commission de vérité et réconciliation du Canada, Saskatoon (Saskatchewan), 21 juin 2012, numéro de déclaration : 2011-4386.
3. CVR, DAV, Mervin Mirasty, déclaration devant la Commission de vérité et réconciliation du Canada, Saskatoon (Saskatchewan), 21 juin 2012, numéro de déclaration : 2011-4391.
4. CVR, DAV, Genine Paul-Dimitracopoulos, déclaration devant la Commission de vérité et réconciliation du Canada, Halifax (Nouvelle-Écosse), 27 octobre 2011, numéro de déclaration : 2011-2862.
5. CVR, DAV, Alma Scott, déclaration devant la Commission de vérité et réconciliation du Canada, Winnipeg (Manitoba), 17 juin 2010, numéro de déclaration : 02-MB-16JU10-016.
6. Canada, Commission de vérité et réconciliation du Canada, *Rapport intérimaire*, recommandation 15, p. 31.
7. Canada, Affaires autochtones et Développement du Nord Canada, *Énoncé du Canada appuyant la Déclaration des Nations Unies sur les droits des peuples autochtones*, http://www.aadnc-aandc.gc.ca/fra/1309374239861/1309374546142.
8. CVR, ARN, AINC – Secteur de la résolution – Collection des dossiers historiques des pensionnats indiens – Ottawa, dossier 6-21-1, volume 2 (n° de contrôle 27-6), H. M. Jones au sous-ministre, 13 décembre 1956. [NCA-001989-0001]
9. Pour une analyse de la protection de l'enfance et des pensionnats indiens sous l'angle de la colonisation continue des Autochtones, voir : McKenzie et Hudson, « Native Children ».
10. Commission royale sur les peuples autochtones, tel que cité dans Sinha et Kozlowski, « Structure of Aboriginal Child Welfare », p. 4.

11. Canada, Statistique Canada, *Les peuples autochtones au Canada*, p. 19-20.
12. CVR, DAV, Norma Kassi, déclaration devant la Commission de vérité et réconciliation du Canada, Inuvik (Territoires du Nord-Ouest), 29 juin 2011, numéro de déclaration : NNE203.
13. Nations Unies, Convention relative aux droits de l'enfant, *Observations finales*, p. 12-13.
14. Nations Unies, Convention relative aux droits de l'enfant, *Observations finales*, p. 8.
15. Vandna et coll., *Kiskisik Awasisak*, p. x-xi.
16. Vandna et coll., *Kiskisik Awasisak*, p. xi. Les auteurs ont conclu qu'il n'y avait pas suffisamment de données sur les enfants métis et inuits et les ont exclus de l'étude. Vandna et coll., *Kiskisik Awasisak*, p. ix.
17. Vandna et coll., *Kiskisik Awasisak*, p. 83-87.
18. Vandna et coll., *Kiskisik Awasisak*, p. xviii.
19. Vandna et coll., *Kiskisik Awasisak*, p. xii.
20. Ruiz-Casares et coll., « Supervisory Neglect », p. 478.
21. CVR, DAV, [nom supprimé], déclaration devant la Commission de vérité et réconciliation du Canada, Winnipeg (Manitoba), 19 juin 2010, numéro de déclaration : 02-MB-19JU10-048.
22. CVR, DAV, Linda Clarke, déclaration devant la Commission de vérité et réconciliation du Canada, St. Albert (Alberta), 12 juin 2011, numéro de déclaration : 2011-0013.
23. Des renseignements sur les origines ethniques étaient disponibles pour 94 des 145 enfants décédés en foyer d'accueil depuis 1999. De ce nombre, 74 étaient Autochtones. « Deaths of Alberta Aboriginal Children in Care No "Fluke of Statistics" », *Edmonton Journal*, 8 janvier 2014, http://www.edmontonjournal.com/life/Deaths+Alberta+aboriginal+children+care+fluke+statistics/9212384/story.html (consulté le 18 février 2014).
24. Sinha et Kozlowski, « Structure of Aboriginal Child Welfare », p. 3; « Deaths of Alberta Aboriginal Children in Care No "Fluke of Statistics" », *Edmonton Journal*, 8 janvier 2014, http://www.edmontonjournal.com/life/Deaths+Alberta+aboriginal+children+care+fluke+statistics/9212384/story.html (consulté le 18 février 2014).
25. Sinha et Kozlowski, « Structure of Aboriginal Child Welfare », p. 4.
26. Canada, Affaires autochtones et Développement du Nord Canada, Dépenses du Programme/Statistiques, Statistiques sur le Programme des services à l'enfance et à la famille des Premières Nations – Les enfants des Premières Nations qui résident normalement dans les réserves et qui sont pris en charge, https://www.aadnc-aandc.gc.ca/fra/1382549135936/1382549233428 (consulté le 1er mai 2015).
27. Centre de collaboration nationale de la santé autochtone , *Santé des enfants et adolescents*, p. 3.
28. Wien et coll., « Keeping First Nations Children at Home », p. 13.
29. Blackstock et coll., *Wen: de: We Are Coming*, 38.
30. Blackstock et coll., *Wen: de: We Are Coming*, p. 89-90.
31. Cradock, « Extraordinary Costs », p. 179.
32. Canada, Affaires autochtones et Développement du Nord Canada, « Le principe de Jordan », http://www.aadnc-aandc.gc.ca/fra/1334329827982/1334329861879 (consulté le 3 janvier 2014).
33. *Conseil de la bande de Pictou Landing c. Canada (Procureur général)*, 2013 CF 342 (CanLII), paragraphe 82.

34. *Conseil de la bande de Pictou Landing c. Canada (Procureur général)*, 2013 CF 342 (CanLII), paragraphe 82.
35. Fletcher, « Origins of the Indian Child Welfare Act », p. 1 et 4.
36. Atwood, « Voice of the Indian Child », p. 128.
37. CVR, DAV, Doris Young, déclaration devant la Commission de vérité et réconciliation du Canada, Saskatoon (Saskatchewan), 22 juin 2012, numéro de déclaration : 2011-3517.
38. Canada, Rapport annuel du ministère des Affaires indiennes, 1942, p. 162; Canada, Rapport annuel du ministère des Affaires indiennes, 1943, p. 184 ; Canada, Rapport annuel du ministère des Affaires indiennes, 1944, p. 196 ; Canada, Rapport annuel du ministère des Affaires indiennes, 1945, p. 204; Canada, Rapport annuel du ministère des Affaires indiennes, 1946, p. 253; Canada, Rapport annuel du ministère des Affaires indiennes, 1947, p. 258; Canada, Rapport annuel du ministère des Affaires indiennes, 1948, p. 278; Canada, Rapport annuel du ministère des Affaires indiennes, 1949, p. 242; Canada, Rapport annuel du ministère des Affaires indiennes, 1950, p. 88–89 ; Canada, Rapport annuel du ministère des Affaires indiennes, 1951, p. 70-71; Canada, Rapport annuel du ministère des Affaires indiennes, 1952, p. 78-79; Canada, Rapport annuel du ministère des Affaires indiennes, 1953, p. 88–89; Canada, Rapport annuel du ministère des Affaires indiennes, 1954, p. 90–91; Canada, Rapport annuel du ministère des Affaires indiennes, 1955, p. 82; Canada, Rapport annuel du ministère des Affaires indiennes, 1956, p. 80–81 ; Canada, Rapport annuel du ministère des Affaires indiennes, 1956-1957, p. 94–95; Canada, Rapport annuel du ministère des Affaires indiennes, 1958, p. 101; Canada, Rapport annuel du ministère des Affaires indiennes, 1959, p. 104; Canada, Rapport annuel du ministère des Affaires indiennes, 1960, p. 102; Canada, Rapport annuel du ministère des Affaires indiennes, 1961, p. 112; Canada, Rapport annuel du ministère des Affaires indiennes, 1962, p. 77; Canada, Rapport annuel du ministère des Affaires indiennes, 1963, p. 66.
39. Nations Unies, *Déclaration des Nations Unies sur les droits des peuples autochtones*, article 14:1, http://www.un.org/esa/socdev/unpfii/documents/DRIPS_fr.pdf.
40. Bougie et Senecal, « Registered Indian Children's School Success », p. 21.
41. Bougie et Senecal, « Registered Indian Children's School Success », p. 21.
42. Canada, Statistique Canada, Portrait de la scolarité au Canada, Recensement de 2006, p. 6 et 20.
43. Canada, Statistique Canada, Fiche d'information, *Enquête nationale auprès des ménages de 2011, données démographiques des Autochtones*, https://www.aadnc-aandc.gc.ca/fra/1376329205785/1376329233875.
44. Comité national sur la scolarisation des Inuits, *Les premiers Canadiens, Canadiens en premier*, https://www.google.ca/url?url=https://www.itk.ca/system/files_force Strategie-Nationale-sur-la-Scholarisation-des-Inuits.pdf%3Fdownload%3D1&rct=j frm=1&q=&esrc=s&sa=U&ei=8a5MVb6aO4qdyQTK84G4Bw&ved=0CB\ MQFjAA&usg=AFQjCNHkhIXLi1DOf4f6E3Qy9c5rnED7sg; Penny, *Formal Educational Attainment*, p. 33; Canada, Statistique Canada, *Le niveau de scolarité des peuples autochtones au Canada*, http://www12.statcan.gc.ca/nhs-enm/2011/as-sa/99-012-x/99-012 x2011003_3-fra.pdf.
45. Richards et coll., *Understanding the Aboriginal/Non-Aboriginal Gap*, p. 1; Wilk et coll., « Métis Educational Attainment », p. 51-52.
46. Commission canadienne des droits de la personne, *Rapport sur les droits à l'égalité*, p. 3, 13, 32.

47. Canada, Statistique Canada, *Les Autochtones vivant hors réserve*, p. 15.
48. Canada, Statistique Canada, « Tableaux inuits du recensement de 2006 : 89-636-X », http://www.statcan.gc.ca/pub/89-636-x/89-636-x2008001-fra.htm.
49. Joe Friesen, « Ottawa Failing to Include First Nations in Key Employment Data », *The Globe and Mail*, 23 janvier 2015, http://www.theglobeandmail.com/news/politics/unemployment-stats-missing-in-areas-where-job-training-is-a-priority/article22598523 (consulté le 1er mai 2015).
50. Wilson et Macdonald, *Income Gap*, p. 8.
51. Wilson et Macdonald, *Income Gap*, p. 4.
52. MacDonald et Wilson, *Poverty or Prosperity*, p. 6.
53. Wilson et Macdonald, *Income Gap*, p. 14.
54. Commission canadienne des droits de la personne, *Rapport sur les droits à l'égalité des Autochtones*, p. 18. Le seuil de pauvreté est mesuré en fonction du seuil de faible revenu (SFR) de l'Enquête sur la dynamique du travail et du revenu (EDTR) de 2009.
55. Commission canadienne des droits de la personne, *Rapport sur les droits à l'égalité des Autochtones*, p. 19-20.
56. Comité sénatorial permanent des peuples autochtones, *La réforme de l'éducation chez les Premières Nations*, p. 9.
57. Canada, ministère des Affaires indiennes et du Nord canadien, « Étude sur l'éducation des Indiens : phase 1 », 1982, citée dans Paquette et Fallon, *First Nations Education Policy*, p. 80.
58. Canada, Comité sénatorial permanent des peuples autochtones, *La réforme de l'éducation chez les Premières Nations*, p. 59.
59. McCue, *First Nations 2nd and 3rd Level Education Services*, p. 52, http://www.afn.ca/uploads/files/education/9._2006_april_harvey_mccue_first_nations_2nd_&_3rd_level_services_paper.pdf.
60. Canada, Comité sénatorial permanent des peuples autochtones, *La réforme de l'éducation chez les Premières Nations*, p. 12; Conseil en éducation des Premières Nations, *Formule de financement des écoles des Premières Nations*, http://www.cepn-fnec.com/pdf/etudes_documents/gestion_education.pdf.
61. Canada, Comité sénatorial permanent des peuples autochtones, *La réforme de l'éducation chez les Premières Nations*, p. 12, 32-33.
62. Conseil en éducation des Premières Nations, *Formule de financement des écoles des Premières Nations*, p. 1, http://www.cepn-fnec.com/pdf/etudes_documents/gestion_education.pdf.
63. Canada, Comité sénatorial permanent des peuples autochtones, *La réforme de l'éducation chez les Premières Nations*, p. 36-37.
64. Canada, Comité sénatorial permanent des peuples autochtones, *La réforme de l'éducation chez les Premières Nations*; Assemblée des Premières Nations, Panel national sur l'éducation primaire et secondaire des Premières Nations pour les élèves dans les réserves, *Cultiver l'esprit d'apprentissage*, https://www.aadnc-aandc.gc.ca/DAM/DAM-INTER-HQ-EDU/STAGING/texte-text/nat_panel_final_report_1373997803969_fra.pdf; Conseil en éducation des Premières Nations et coll., *Rapport sur les mesures prioritaires*, http://www.cepn-fnec.com/PDF/accueil/Rapport%20sur%20les%20mesures%20prioritaires%20visant%20à%20améliorer%20l'éducation%20des%20Premières%20Nations%20-%20Novembre%202011_fra_version%20site%20web.pdf.

65. CVR, DAV, Albert Marshall, déclaration devant la Commission de vérité et réconciliation du Canada, Winnipeg (Manitoba), 17 juin 2010, numéro de déclaration : 02-MB-17JU10-050.
66. Assemblée des Premières Nations, Panel national sur l'éducation primaire et secondaire des Premières Nations pour les élèves dans les réserves, *Cultiver l'esprit d'apprentissage*, p. 14-15, https://www.aadnc-aandc.gc.ca/DAM/DAM-INTER-HQ-EDU/STAGING/texte-text/nat_panel_final_report_1373997803969_fra.pdf.
67. Hodgson-Smith, *State of Métis Nation Learning*, p. 4, 26, http://www.ccl-cca.ca/pdfs/AbLKC/StateOfMetisNationLearning.pdf.
68. Hodgson-Smith, *State of Métis Nation Learning*, p. 4, 17, 82, http://www.ccl-cca.ca/pdfs/AbLKC/StateOfMetisNationLearning.pdf.
69. Comité national sur la scolarisation des Inuits, *Les premiers Canadiens, Canadiens en premier*, p. 7-9, 26-30.
70. Comité national sur la scolarisation des Inuits, *Les premiers Canadiens, Canadiens en premier*, p. 31.
71. Canada, Statistique Canada, *Le niveau de scolarité des peuples autochtones*, tableau 2, https://www12.statcan.gc.ca/nhs-enm/2011/as-sa/99-012-x/99-012-x2011003_3-fra.cfm.
72. Canada, Vérificateur général du Canada, *Le Point*, p. 18, http://www.oag-bvg.gc.ca/internet/docs/parl_oag_201106_04_f.pdf.
73. CVR, DAV, Geraldine Bob, déclaration devant la Commission de vérité et réconciliation du Canada, Fort Simpson (Territoires du Nord-Ouest), 23 novembre 2011, numéro de déclaration : 2011-2685.
74. Assemblée des Premières Nations, « Financial Support for First Nation Students in College and University: The Cost of Implementing the Recommendations of the Standing Committee of the House of Commons on Aboriginal Affairs and Northern Development », cité dans le document du Conseil en éducation des Premières Nations intitulé *Mémoire sur le financement de l'éducation des Premières Nations*, p. 36.
75. Assemblée des Premières Nations, Assemblée des Chefs sur l'éducation, *Éducation de la petite enfance*, http://www.afn.ca/uploads/files/6_-_early_childhood_education_in_first_nations_communities_kc_fr.pdf.
76. Assemblée des Premières Nations, *Breaking the Silence*, p. 25-26.
77. Commission royale sur les peuples autochtones, *Vers un ressourcement*, volume 3, p. 695-696.
78. CVR, DAV, Michael Sillett, déclaration devant la Commission de vérité et réconciliation du Canada, Halifax (Nouvelle-Écosse), 27 octobre 2011, numéro de déclaration : 2011-2870.
79. CVR, ARN, AINC – Secteur de la résolution – Collection des dossiers historiques des pensionnats indiens – Ottawa, dossier 81/25-1 (n° de contrôle 240-13), R. Morris aux chefs, région de Petahbun [Pehtabun], le 9 février 1979, p. 2–3. [NCA-001721]
80. CVR, DAV, Conrad Burns, déclaration devant la Commission de vérité et réconciliation du Canada, Regina (Saskatchewan), 17 janvier 2012, numéro de déclaration : SP036.
81. Nations Unies, *Pacte international*, article 27.
82. Nations Unies, *Déclaration des Nations Unies sur les droits des peuples autochtones*, articles 8, 13, 14 et 16.
83. CVR, DAV, Agnes Mills, déclaration devant la Commission de vérité et réconciliation du Canada, Inuvik (Territoires du Nord-Ouest), 29 juin 2011, numéro de déclaration : SC090.

84. CVR, DAV, Mary Courchene, déclaration devant la Commission de vérité et réconciliation du Canada, Première Nation de Pine Creek (Manitoba), 28 novembre 2011, numéro de déclaration : 2011-2515.
85. Canada, Statistique Canada, *Les peuples autochtones et la langue*, http://www12.statcan.gc.ca/nhs-enm/2011/as-sa/99-011-x/99-011-x2011003_1-fra.cfm.
86. Canada, Statistique Canada, *Les peuples autochtones et la langue*, http://www12.statcan.gc.ca/nhs-enm/2011/as-sa/99-011-x/99-011-x2011003_1-fra.cfm; Canada, Statistique Canada, *Population ayant déclaré une identité autochtone*, http://www.statcan.gc.ca/tables-tableaux/sum-som/l02/cst01/demo38a-fra.htm; Canada, Statistique Canada, *Langues autochtones au Canada.* http://www.statcan.gc.ca/pub/11-008-x/2007001/9628-fra.htm.
87. Moseley et Nicolas, *Atlas des langues en danger dans le monde*, p. 128.
88. *R. c. Van der Peet*, 1996 CanLII 216 (CSC).
89. Assemblée des Premières Nations, *Les dix ans de la Commission royale sur les peuples autochtones*, p. 21-22.
90. Canada, Débats de la Chambre des communes (2 novembre 2006), p. 1010.
91. CVR, DAV, Michael Sillett, déclaration devant la Commission de vérité et réconciliation du Canada, Halifax (Nouvelle-Écosse), 27 octobre 2011, numéro de déclaration : 2011-2870.
92. Courriel provenant de Glenn Morrisson, gestionnaire responsable de politiques de la Direction des affaires autochtones de la Direction générale de la participation des citoyens, envoyé à la Commission de vérité et réconciliation (9 juillet 2012).
93. Canada, ministère du Patrimoine canadien, *Rapport sur les plans et les priorités 2012-2013*, p. 28-29.
94. Canada, Comité sénatorial permanent des affaires juridiques et constitutionnelles, *Les droits linguistiques dans le Grand Nord canadien,* p. 20-22.
95. CVR, DAV, Sabrina Williams, déclaration devant la Commission de vérité et réconciliation du Canada, Victoria (Colombie-Britannique), 13 avril 2012, numéro de déclaration : 2011-3982.
96. French, *Je m'appelle Masak*, p. 34.
97. Gresko, « Everyday Life at Qu'Appelle Industrial School », p. 80.
98. CVR, DAV, Ruby Firth, déclaration devant la Commission de vérité et réconciliation du Canada, Inuvik (Territoires du Nord-Ouest), 22 juillet 2011, numéro de déclaration : 2011-0326.
99. CVR, DAV, Sonia Wuttunee-Byrd, déclaration devant la Commission de vérité et réconciliation du Canada, Winnipeg (Manitoba), 16 juin 2010, numéro de déclaration : SC093.
100. CVR, DAV, Katherine Copenace, déclaration devant la Commission de vérité et réconciliation du Canada, Winnipeg (Manitoba), 16 juin 2010, numéro de déclaration : 02-MB-16JU10-129.
101. Nations Unies, *Déclaration des Nations Unies sur les droits des peuples autochtones*, articles 7, 21, 22 et 24.
102. Nations Unies, *Déclaration des Nations Unies sur les droits des peuples autochtones*, article 23.
103. Nations Unies, *Déclaration des Nations Unies sur les droits des peuples autochtones*, articles 24 et 31.
104. Centre de collaboration nationale de la santé autochtone, *À la recherche des Autochtones*, p. 47-54.

105. Canada, Rapport d'un groupe de travail interministériel présenté au Comité des sous-ministres sur la justice et les questions juridiques, Rapports fiduciaires entre la Couronne et les peuples autochtones : questions de mise en application et de gestion pour gestionnaires (Ottawa, 1995), p. 13, tel que cité dans Boyer, *No. 1 Aboriginal Health*, p. 5, 20-21.
106. Boyer, *No. 1 Aboriginal Health*, p. 19-21, 23.
107. Boyer, *No. 1 Aboriginal Health*, p. 19.
108. Smylie, « Review of Aboriginal Infant Mortality Rates », p. 147.
109. Canada, Statistique Canada, *Taux de mortalité chez les enfants et les adolescents,* http://www.statcan.gc.ca/pub/82-003-x/2012003/article/11695-fra.htm.
110. Canada, Statistique Canada, *Certains indicateurs de la santé des membres des Premières Nations,* http://www.statcan.gc.ca/daily-quotidien/130129/dq130129b-fra.htm.
111. Centre des Premières Nations, *First Nations Regional Longitudinal Health Survey*, p. 114.
112. Kirmayer et coll., *Suicide chez les Autochtones*, p. xv, 25.
113. Australie, Département du Premier ministre et du Cabinet, *Closing the Gap,* http://www.dpmc.gov.au/pmc-indigenous-affairs/publication/closing-gap-prime-ministers-report-2015.
114. Association médicale canadienne, « Aboriginal Health Programming under Siege », p. E740.
115. CVR, DAV, Trudy King, déclaration devant la Commission de vérité et réconciliation du Canada, Fort Resolution (Territoires du Nord-Ouest), 28 avril 2011, numéro de déclaration : 2011-0381.
116. CVR, DAV, M. R. E. Linklater, déclaration devant la Commission de vérité et reconciliation du Canada, Winnipeg (Manitoba), 18 juin 2010, Numéro de déclaration : 02-MB-18JU10-055.
117. Chansonneuve, *Comportements de dépendance,* p. 50-56.
118. CVR, DASAG, Gendarmerie royale du Canada, M. W. Pacholuk, « Final Report of the Native Indian Residential School Task Force, Project E NIRS », Gendarmerie royale du Canada, sans date, p. 20, 21, 28, 45. [RCMP-564517]
119. CVR, DASAG, Stephen N. S. Thatcher, Affidavit destiné à la Cour suprême de la Colombie-Britannique, sans date, p. 25-35. [RCMP-564327]
120. CVR, DASAG, Gendarmerie royale du Canada, M. W. Pacholuk, « Final Report of the Native Indian Residential School Task Force, Project E-NIRS », Gendarmerie royale du Canada, sans date, p. 27, 32, 45. [RCMP-564517]
121. CVR, DASAG, Gendarmerie royale du Canada, M. W. Pacholuk, « Final Report of the Native Indian Residential School Task Force, Project E-NIRS », Gendarmerie royale du Canada, sans date, p. 40. [RCMP-564517]
122. *Code criminel*, L.R.C. (1985), ch. C-46, article 274.
123. Canada, Secrétariat d'adjudication des pensionnats indiens, Statistiques du Secrétariat d'adjudication, du 19 septembre 2007 au 31 janvier 2015, http://iap-pei.ca/information/stats-fra.php (consulté le 20 février 2015).
124. CVR, DASAG, Gendarmerie royale du Canada, M. W. Pacholuk, « Final Report of the Native Indian Residential School Task Force, Project E-NIRS », Gendarmerie royale du Canada, non daté, p. 45. [RCMP-564517]
125. Canada, Commission du droit du Canada, *La dignité retrouvée,* p. 163, 192.

126. Convention de règlement relative aux pensionnats indiens, http://www.residentialschoolsettlement.ca/french/IRS%20Settlement%20Agreement%20-%20FRENCH%20VERSION.pdf.
127. CVR, DAV, Bernard Catcheway, déclaration devant la Commission de vérité et réconciliation du Canada, Première Nation de Skownan (Manitoba), 12 octobre 2011, numéro de déclaration : 2011-2510.
128. CVR, DAV, Amelia Galligos-Thomas, déclaration devant la Commission de vérité et réconciliation du Canada, Victoria (Colombie-Britannique), 14 avril 2012, numéro de déclaration : 2011-3975.
129. Canada, Statistique Canada, *Les services correctionnels pour adultes au Canada, 1995–1996*, http://www5.statcan.gc.ca/access_acces/archive.action?loc=/pub/85-002-x/85-002-x1997004-fra.pdf&archive=1; Canada, Statistique Canada, *Les admissions dans les services correctionnels pour adultes au Canada, 2011–2012*, http://www.statcan.gc.ca/pub/85-002-x/2014001/article/11918-fra.htm#a5.
130. Canada, Statistique Canada, *Les admissions dans les services correctionnels pour adultes au Canada, 2011–2012*, http://www.statcan.gc.ca/pub/85-002-x/2014001/article/11918-fra.htm#a5.
131. Canada, Statistique Canada, *Les services correctionnels pour adultes au Canada, 2011–2012*, http://www.statcan.gc.ca/pub/85-002-x/2014001/article/11918-fra.htm#a5.
132. CVR, DAV, [Nom supprimé], déclaration devant la Commission de vérité et réconciliation du Canada, Première Nation de Long Plain (Manitoba), 27 juillet 2010, numéro de déclaration : 01-MB-26JY10-011.
133. CVR, DAV, Daniel Andre, déclaration devant la Commission de vérité et réconciliation du Canada, Whitehorse (Yukon), 23 mai 2011, numéro de déclaration : 2011-0202.
134. CVR, DAV, Grace Campbell, déclaration devant la Commission de vérité et réconciliation du Canada, Winnipeg (Manitoba), 16 juin 2010, numéro de déclaration : 02-MB-16JU10-136.
135. *Code criminel,* 1985, chapitre C-46, alinéa 718.2e).
136. *R. c. Gladue,* 1999 CanLII 679 (CSC), paragraphes 58 à 65.
137. *R. c. Gladue,* 1999 CanLII 679 (CSC), paragraphe 64.
138. Pour obtenir une description du processus de préparation des rapports Gladue, consulter : Istvanffy, *Gladue Primer*.
139. *R. c. Ipeelee,* 2012 CSC 13 (CanLII), paragraphes 81 et 84.
140. *Loi sur la sécurité des rues et des communautés,* 2012, chapitre 1.
141. Récemment, dans certains cas, les tribunaux ont décidé de déroger à l'imposition de peines minimales obligatoires. À tire d'exemple, consulter le document suivant : *R. c. Smickle,* 2012, Cour supérieure de justice de l'Ontario, p. 602 (CanLII).
142. Canada, Sécurité publique Canada, *L'ensemble des troubles causés par l'alcoolisation fœtale,* p. 5, http://www.publicsafety.gc.ca/cnt/rsrcs/pblctns/ftl-lchl-spctrm/ftl-lchl-spctrm-fra.pdf.
143. Tait, *Syndrome d'alcoolisation fœtale*.
144. Tait, *Syndrome d'alcoolisation foetaleetal*, p. xiii.
145. Ospina and Dennett, *Systematic Review,* p. iii.
146. Canada, Service correctionnel du Canada, *L'ensemble des troubles causés par l'alcoolisation fœtale (ETCAF),* p. v, http://www.publicsafety.gc.ca/cnt/rsrcs/pblctns/ftl-lchl-spctrm/ftl-lchl-spctrm-fra.pdf.

147. *R. c. Harris*, 2002 Cour d'appel de la Colombie-Britannique , p. 152 (CanLII), paragraphes 18 à 20.
148. Mitten, « Fetal Alcohol Spectrum Disorders », http://www.justicereformcomm.sk.ca/volume2/12section9.pdf.
149. Pour une étude comprenant des entrevues avec des détenus dans un établissement à sécurité minimale spécialement conçu pour les détenus autochtones, voir : Braun, *Colonization, Destruction, and Renewal*. Voir aussi : Waldram, *The Way of the Pipe*, p. 129-150; Crutcher et Trevethan, *Étude sur les pavillons de ressourcement*, p. 58.
150. Nielson, « Canadian Aboriginal Healing Lodges ».
151. Colombie-Britannique, ministère de la Justice, Direction des affaires correctionnelles, Programmes de relations avec les Autochtones, *Inclusivity*, http://www.pssg.gov.bc.ca/corrections/docs/AboriginalStratPlan.pdf.
152. CVR, DAV, Chris Gargan, déclaration devant la Commission de vérité et réconciliation du Canada, Yellowknife (Territoires du Nord-Ouest), 30 octobre 2012, numéro de déclaration : 2011-0430.
153. *Loi sur le système correctionnel et la mise en liberté sous condition*, Service correctionnel, 1992, chapitre 20, http://canlii.ca/t/52db0.
154. Bonta et coll., « Risk Prediction », p. 127.
155. Canada, Statistique Canada, *Les admissions dans les services correctionnels pour les jeunes au Canada, 2011-2012,* http://www.statcan.gc.ca/pub/85-002-x/2014001/article/11917-fra.htm#a5; Canada, ministère de la Justice, Recherche sur la justice pour les jeunes, « Profil instantané d'une journée », p. 3. Ces données n'incluent pas la Saskatchewan, qui enregistre un taux élevé d'incarcération chez les jeunes autochtones.
156. *Loi sur le système de justice pénale pour les adolescents*, L.C. 2002, chapitre 1, paragraphe 38(1).
157. Canada, Statistique Canada, « Statistiques sur les tribunaux de la jeunesse, 2011-2012 », http://www.statcan.gc.ca/daily-quotidien/130613/dq130613d-fra.pdf; Canada, Statistique Canada, *Statistiques sur les services correctionnels pour les jeunes au Canada, 2010-2011*; Association du Barreau canadien, *Mémoire sur le projet de loi C-10*, p. 9, http://www.cba.org/abc/Memoires/pdf/11-45-fr.pdf. Les provinces et les territoires n'ont pas tous observé une diminution du nombre d'adolescents au sein des services correctionnels. En fait, depuis 2005-2006, les taux enregistrés au Manitoba, au Yukon et en Alberta ont augmenté. Canada, Statistique Canada, *Statistiques sur les services correctionnels pour les jeunes au Canada, 2010-2011*, p. 5.
158. Canada, Statistique Canada, Statistiques sur les services correctionnels pour les jeunes au Canada, 2010-2011, p. 7.
159. Colombie-Britannique, Office of the Provincial Health Officer, « Health, Crime and Doing Time », http://www.health.gov.bc.ca/pho/pdf/health-crime-2013.pdf.
160. Canada, Secrétariat d'adjudication des pensionnats indiens, Statistiques du Secrétariat d'adjudication, du 19 septembre 2007 au 31 janvier 2015, http://iap-pei.ca/information/stats-fra.php (consulté le 20 février 2015).
161. CVR, DAV, Ruby Firth, déclaration devant la Commission de vérité et réconciliation du Canada, Inuvik (Territoires du Nord-Ouest), 22 juillet 2011, numéro de déclaration : 2011-0326.
162. Canada, Statistique Canada, *La victimisation avec violence chez les Autochtones*, http://www.statcan.gc.ca/pub/85-002-x/2011001/article/11415-fra.pdf.

163. Canada, Statistique Canada, *La victimisation avec violence chez les femmes autochtones*, http://www.statcan.gc.ca/pub/85-002-x/2011001/article/11439-fra.pdf.
164. Canada, Statistique Canada, *La victimisation avec violence chez les Autochtones*, p. 16-17, http://www.statcan.gc.ca/pub/85-002-x/2011001/article/11415-fra.pdf; Canada, Statistique Canada, *Mesure de la violence faite aux femmes*, p. 74-75; Association des femmes autochtones du Canada, *Les voix de nos sœurs par l'esprit*, p. 6-7, http://www.nwac.ca/files/reports/Les%20voix%20de%20nos%20soeurs%20par%20l%27esprit_AFAC_mars%202009_0.pdf.
165. Canada, Statistique Canada, *La victimisation et la criminalité*, http://www.statcan.gc.ca/pub/85-002-x/85-002-x2006003-fra.pdf.
166. Canada, Statistique Canada, *Mesure de la violence faite aux femmes*, p. 9, 20; Association des femmes autochtones du Canada, *Les voix de nos sœurs par l'esprit*, p. 105-107, http://www.nwac.ca/files/reports/Les%20voix%20de%20nos%20soeurs%20par%20l'esprit_AFAC_mars%202009_0.pdf.
167. CVR, DAV, Velma Jackson, déclaration devant la Commission de vérité et réconciliation du Canada, St. Paul (Alberta), 6 janvier 2011, numéro de déclaration : 01-AB-06JA11-003.
168. Gendarmerie royale du Canada, *Les femmes autochtones disparues et assassinées*, p. 3, http://www.rcmp-grc.gc.ca/pubs/mmaw-faapd-fra.pdf.

Le défi de la réconciliation

1. CVR, DAV, Ian Campbell, déclaration devant la Commission de vérité et réconciliation du Canada, Winnipeg (Manitoba), 25 juin 2014, numéro de déclaration : SE048.
2. Canada, Débats du Sénat, deuxième session de la quarantième législature (11 juin 2009), volume 146, numéro 45.
3. Miller, *Lethal Legacy*, p. 165.
4. Pour des perspectives variées sur les événements d'Oka, voir, par exemple : Alfred, *Heeding the Voices*; Pertusati, *In Defense of Mohawk Land*; Miller, *Lethal Legacy*; Simpson et Ladner, *This is an Honour Song*.
5. Sur la place des médias pour façonner l'opinion populaire sur le rôle des guerriers dans les conflits avec l'État, voir : Valaskakis, *Indian Country*. Sur les guerriers et les sociétés des guerriers dans les communautés autochtones contemporaines, voir : Alfred et Lowe, *Warrior Societies*.
6. Lettres du premier ministre Brian Mulroney à Tony Penikett, chef du gouvernement, gouvernement du territoire du Yukon, 15 novembre 1990, et à Dennis Patterson, chef du gouvernement, gouvernement des Territoires du Nord-Ouest, 15 novembre 1990, PCO 2150-1, n° d'identification 34788, numéro de document de la CVR TRC3379.
7. Canada, Commission royale sur les peuples autochtones, *Rapport*, volume 1, p. 741-765.
8. Organisation des Nations Unies, *Déclaration sur les droits des peuples autochtones*, article 43, http://www.un.org/esa/socdev/unpfii/documents/DRIPS_fr.pdf.
9. Anaya, « Rights of indigenous People », p. 196.
10. Canada, Affaires autochtones et Développement du Nord Canada, « Le Canada appuie la déclaration des Nations Unies », https://web.archive.org/web/20150322034943/http://www.aadnc-aandc.gc.ca/fra/1309374807748/1309374897928 (consulté le 15 mars 2015).

11. Canada, Affaires autochtones et Développement du Nord Canada, « Appui du Canada », https://web.archive.org/web/20150322034943/http://www.aadnc-aandc.gc.ca/fra/1309374807748/1309374897928 (consulté le 15 mars 2015).
12. Assemblée générale des Nations Unies, « Document final », A/RES/69/2, 22 septembre 2014, http://www.un.org/fr/ga/search/view_doc.asp?symbol=A/RES/69/2.
13. Canada, Mission permanente du Canada auprès de l'Organisation des Nations Unies, « Énoncé du Canada concernant la Conférence mondiale », http://www.canadainternational.gc.ca/prmny-mponu/canada_un-canada_onu/statements-declarations/other-autres/2014-09-22_WCIPD-PADD.aspx?lang=fra.
14. Amnistie Internationale Canada et coll., « Le Canada se sert de la Conférence mondiale », http://www.fns.bc.ca/pdf/Énoncé public_conjoint_re_Attaque du Canada contre la déclaration des Nations Unies_24 septembre 2014.pdf.
15. John, « Survival, Dignity, Well-Being », p. 58. Le grand chef John, un membre exécutif du Groupe de travail du Sommet des Premières Nations en Colombie-Britannique, a participé à l'élaboration de la Déclaration. Il a été coprésident du Caucus des peuples autochtones d'Amérique du Nord et il agira comme représentant de l'Amérique du Nord au Forum permanent des Nations Unies sur les questions autochtones jusqu'en 2016. Voir : Sommet des Premières Nations, http://www.fns.bc.ca/about/e_john.htm.
16. *Nation Tsilhqot'in c. Colombie-Britannique,* 2014 CanLII 44 (CSC), paragr. 73.
17. *Nation Tsilhqot'in c. Colombie-Britannique,* 2014 CanLII 44 (CSC), paragr. 97.
18. CVR, DAV, Sol Sanderson, déclaration devant la Commission de vérité et réconciliation du Canada, Winnipeg (Manitoba), 17 juin 2010, numéro de déclaration : SC108.
19. Reid, « Roman Catholic Foundations », p. 5.
20. La Mission d'observation permanente du Saint-Siège explique ainsi son rôle et sa fonction aux Nations Unies : « Le Saint-Siège [...] est le gouvernement central de l'Église catholique romaine. Le Saint-Siège est donc une institution qui, en vertu du droit international et de la pratique, a une personnalité juridique qui lui permet de conclure des traités en tant qu'égal juridique d'un État. [...] Le Saint-Siège entretient des relations diplomatiques complètes avec cent soixante-dix-sept (177) pays des cent quatre-vingt-treize (193) pays membres des Nations Unies. [...] Le Saint-Siège conserve, *par son propre choix,* le statut d'observateur permanent aux Nations Unies plutôt que celui d'un membre complet. Cela découle principalement de la volonté du Saint-Siège de conserver une neutralité absolue dans certains problèmes politiques spécifiques. » Consultez : Mission d'observation permanente du Saint-Siège auprès de l'ONU, « A Short History », http://www.holyseemission.org/about/history-of-diplomacy-of-the-holy-see.aspx (consulté le 19 février 2015).
21. Mission d'observation permanente du Saint-Siège auprès de l'ONU, Déclaration au Conseil économique et social, Discussion sur les rapports, « Impact on Indigenous Peoples », http://www.ailanyc.org/wp-content/uploads/2010/09/Holy-See.pdf (consulté le 20 janvier 2015).
22. Ainsi, dans une étude sur la façon dont la doctrine a été utilisée pour justifier la colonisation, le juriste universitaire américain Robert A. Williams Jr. a noté que la décision de la Cour suprême des États-Unis rendue par le juge John Marshall en 1823 dans l'affaire *Johnson v. McIntosh* 21 U.S. 543 (1823), « représentait l'avis juridique le plus influent à propos des droits de la personne des Autochtones à avoir été rendu par une cour de droit dans le monde occidental. Tous les grands États colonisateurs de langue anglaise ont adopté la façon de voir du juge Marshall à propos de la doctrine de la découverte et de son principe selon lequel le premier explorateur européen à avoir découvert les terres occupées par des tribus sauvages

non chrétiennes pouvait revendiquer un droit supérieur à l'égard de ces terres en vertu du droit européen des gens. Le Canada, l'Australie et la Nouvelle-Zélande ont tous utilisé l'avis émis par le juge Marshall comme précédent pour leurs lois nationales sur les droits inférieurs des Autochtones à la propriété et au contrôle de leurs terres ancestrales. » Voir : Williams, *Savage Anxieties*, p. 224. Voir également : Williams, *American Indian*; Miller et coll., *Discovering Indigenous Lands*; Newcomb, *Pagans in the Promised Land*, 2008.

23. Nations Unies, Conseil économique et social, Instance permanente sur les questions autochtones des Nations Unies, « Étude des effets de la doctrine de la découverte sur les peuples autochtones, y compris les mécanismes, procédures et instruments de réparation », http://daccess-dds-ny.un.org/doc/UNDOC/GEN/N14/241/85/PDF/N1424185.pdf?OpenElement.

24. Église anglicane du Canada, Synode général 2010, Résolution A086 R1, http://archive.anglican.ca/gs2010/resolutions/a086/.

25. Sison, « Primate's Commission ». Consultez également : Église anglicane du Canada, « Message to the Church », http://www.anglican.ca/primate/communications/commission-on-discovery-reconciliation-justice. Consultez également : Église anglicane du Canada, « Learning to Call One Another Friends », http://www.anglican.ca/primate/files/2014/06/PCDRJ_June2014_Update.pdf.

26. Conseil œcuménique des Églises, *Qu'est-ce que le Conseil œcuménique des Églises?*, http://www.oikoumene.org/fr/about-us/about?set_language=fr (consulté le 15 avril 2015). Certains signataires de la Convention de règlement, soit l'Église anglicane du Canada, l'Église presbytérienne au Canada et l'Église Unie du Canada, sont membres du COE.

27. Conseil œcuménique des Églises, *Statement on the doctrine of discovery*, http://www.oikoumene.org/en/resources/documents/executive-committee/bossey-february-2012/statement-on-the-doctrine-of-discovery-and-its-enduring-impact-on-indigenous-peoples (consulté le 20 mars 2015).

28. Réunion du comité exécutif du conseil général de l'Église Unie du Canada, *Meeting Summary, March 24-26, 2013*, http://www.united-church.ca/files/general-council/gc40/gce_1203_highlights.pdf (consulté le 20 mars 2015).

29. Instance permanente des Nations Unies sur les questions autochtones, « Déclaration commune », http://www.afn.ca/uploads/files/pfii_2012_-_doctrine_of_discovery_-_joint_statement_ff.pdf (consulté le 20 mars 2015).

30. Instance permanente des Nations Unies sur les questions autochtones, « Étude préliminaire des conséquences pour les peuples autochtones de la construction juridique internationale connue sous le nom de doctrine de la découverte », paragr. 13, http://daccess-dds-ny.un.org/doc/UNDOC/GEN/N10/231/03/PDF/N1023103.pdf?OpenElement (consulté le 14 mars 2015). Pour les points de vue de la Cour sur la nécessité de la réconciliation, John cité Nation haïda c. Colombie-Britannique (Ministre des Forêts), 2004 SCC 73 (CanLII), paragr. 20. Cité dans Instance permanente sur les questions autochtones des Nations Unies, « Étude des effets de la doctrine », paragr. 13, http://daccess-dds-ny.un.org/doc/UNDOC/GEN/N10/231/03/PDF/N1023103.pdf?OpenElement (consulté le 14 mars 2015). Pour l'avis judiciaire sur le colonialisme, John cité R. c. Ipeelee, 2012 CSC 13 (CanLII), paragr. 60. Cité dans Instance permanente sur les questions autochtones des Nations Unies « Étude des effets de la doctrine», paragr. 13, http://daccess-dds-ny.un.org/doc/UNDOC/GEN/N10/231/03/PDF/N1023103.pdf?OpenElement (consulté le 14 mars 2015).

31. Nation Onondaga, « Oren Lyons Presents », http://www.onondaganation.org/news/2014/oren-lyons-presents-at-u-n-51514/ (consulté le 21 mars 2015). Le paragraphe 2 de l'article 7 de la Déclaration précise que « Les peuples autochtones ont le droit, à titre collectif, de vivre dans la liberté, la paix et la sécurité en tant que peuples distincts et ne font l'objet d'aucun acte de génocide ou autre acte de violence, y compris le transfert forcé d'enfants autochtones d'un groupe à un autre. »
32. Kelly, « Confession d'un païen régénéré », p. 26-27.
33. Consultez, par exemple : Treaty 7 Tribal Council et coll., *True Spirit and Original Intent*; Miller, *Compact, Contract, Covenant*; Ray, Miller et Tough, *Bounty and Benevolence*.
34. Les commissions des traités de l'Ontario, de la Saskatchewan et du Manitoba ont élaboré des documents et des programmes de sensibilisation du public pour enseigner aux Canadiens, tout particulièrement aux enfants et aux jeunes, ce que sont les traités. Voir, par exemple : Commission des relations découlant des traités au Manitoba, Public Education/Learning Centre, http://www.trcm.ca/public-education/learning-centre/ (consulté le 15 avril 2015).
35. Borrows, « Wampum at Niagara », p. 160-161.
36. Miller, *Compact, Contract, Covenant*, p. 72.
37. Capitaine Thomas G. Anderson, « Rapport sur les affaires des Indiens du Canada, Section III », Appendice n° 95 dans l'Appt T de *Journaux de l'Assemblée législative de la province du Canada*, vol. 6 (1818), cité dans Borrows, « Wampum at Niagara », p. 166.
38. Capitaine Thomas G. Anderson, « Rapport sur les affaires des Indiens du Canada, Section III », Appendice n° 95 dans l'Appt T de *Journaux de l'Assemblée législative de la province du Canada*, vol. 6 (1818), cité dans Borrows, « Wampum at Niagara », p. 167-168.
39. Le gouverneur général du Canada, Son Excellence le très honorable David Johnston, discours prononcé au Colloque en l'honneur du 250e anniversaire de la Proclamation royale de 1763, Gatineau (Québec) le 7 octobre 2013, http://www.gg.ca/document.aspx?id=15345&lan=fra.
40. Sommet des Premières Nations, « Royal Proclamation Still Relevant », http://www.fns.bc.ca/pdf/FNS_Op-ed_re_250th_anniver_of_Royal_Proclamation 10 07 13.pdf (consulté le 5 décembre 2014).
41. Steve Rennie, « Idle No More Protestors Mark 25th Anniversary of Royal Proclamation », *La Presse canadienne*, 7 octobre 2013, http://www.thestar.com/news/canada/2013/10/07/idle_no_more_protesters_mark_250th_anniversary_of_royal_proclamation.html. Pour de plus amples renseignements sur le mouvement Idle No More, voir : The Kino-nda-niimi Collective, *The Winter We Danced*.
42. Le juriste Robert A. Williams fils explique que le Gus-Wen-Tah, ou la ceinture wampum à deux rangs, est « une ceinture de traité sacrée [...] formée d'un lit de perles de coquillages de wampum blanches symbolisant le caractère sacré et la pureté de l'accord de traité entre les deux parties. Deux rangées parallèles de coquillages de wampum pourpres qui se prolongent jusqu'à l'extrémité de la ceinture représentent les trajets séparés empruntés par les deux parties sur la même rivière. Chaque partie voyage sur son propre vaisseau : les Indiens dans un canot d'écorce, représentant leurs lois, leurs coutumes et leur façon de vivre, et les Blancs sur un navire, représentant leurs lois, leurs coutumes et leur façon de vivre. » Voir : Williams fils, *Linking Arms Together*, p. 12-13.
43. « Two-Row Wampum Centers Idle No More Toronto Rally, Not the Royal Proclamation », 9 octobre 2013, *BasicNews.ca*, http://basicsnews.ca/two-row-wampum-centers-idle-no-more-toronto-rally-not-the-royal-proclamation/.

44. Nations Unies, *Déclaration des Nations Unies sur les droits des peuples autochtones,* article 40, http://www.un.org/esa/socdev/unpfii/documents/DRIPS_fr.pdf.
45. Assemblée générale des Nations Unies, Conseil des droits de l'homme, Mécanisme d'experts sur les droits des peuples autochtones des Nations Unies, « L'accès à la justice », p. 26, http://www.ohchr.org/Documents/Issues/IPeoples/EMRIP/Session6/A-HRC-EMRIP-2013-2_fr.pdf.
46. Assemblée générale des Nations Unies, Conseil des droits de l'homme, Mécanisme d'experts sur les droits des peuples autochtones des Nations Unies, « L'accès à la justice », p. 6, 8, 25-27, http://www.ohchr.org/Documents/Issues/IPeoples/EMRIP/Session6/A-HRC-EMRIP-2013-2_fr.pdf.
47. Assemblée générale des Nations Unies, « Rapport du Rapporteur spécial », p. 13, 20.
48. Voir, en outre : Borrows, *Canada's Indigenous Constitution.*
49. Canada, Commission royale sur les peuples autochtones, *Points saillants du rapport de la Commission royale sur les peuples autochtones,* http://www.aadnc-aandc.gc.ca/fra/1100100014597/1100100014637.
50. CVR, DAV, Stephen Augustine, déclaration devant la Commission de vérité et réconciliation du Canada, Winnipeg (Manitoba), 26 juin 2014, numéro de déclaration : SE049.
51. Friedland, « IBA Accessing Justice and Reconciliation », p. 18, citant le chef White, Première Nation Snuneymuxw, 16 novembre 2012, http://indigenousbar.ca/indigenouslaw/wp-content/uploads/2013/04/iba_ajr_final_report.pdf (consulté le 15 avril 2015). Le financement pour le projet AJR a été fourni par la Fondation du droit de l'Ontario. Le directeur universitaire du projet était le professeur Val Napoleon, professeur de droit de la Fondation du droit de l'Ontario sur la justice et la gouvernance autochtones, Faculté de droit de l'Université Victoria. Le coordonnateur du projet était Hadley Friedland, aspirant au doctorat, boursier Vanier, Faculté de droit de l'Université de l'Alberta.
52. Pour l'importance de reconnaître que les victimes de violence ont aussi des droits, voir de Greiff, « Rapport du Rapporteur spécial, 2012, p. 10, paragr. 29, http://www.ohchr.org/Documents/HRBodies/HRCouncil/RegularSession/Session21/A.HRC.21.46_fr.pdf.
53. Simpson, *Dancing on Our Turtle's Back,* p. 22.
54. CVR, DAV, Steven Point, déclaration devant la Commission de vérité et réconciliation du Canada, Vancouver (Colombie-Britannique), 20 septembre 2013, numéro de déclaration : BCNE304.
55. Stanton, « Canada's Truth and Reconciliation Commission », p. 4.
56. Castellano, Archibald, et DeGagné, « Introduction », dans Castellano, Archibald, et DeGagné, *De la vérité à la réconciliation,* p. 2-3.
57. De Greiff, « Rapport du Rapporteur spécial », 2012, p. 10-12, http://www.ohchr.org/Documents/HRBodies/HRCouncil/RegularSession/Session21/A.HRC.21.46_fr.pdf.
58. Kinew, Wab, « It's the Same Great Spirit », *Winnipeg Free Press,* 22 octobre 2012.
59. CVR, DAV, Shawn A-in-chut Atleo, déclaration devant la Commission de vérité et réconciliation du Canada, Saskatoon (Saskatchewan), 22 juin 2012, numéro de déclaration : SNE202.
60. Canada, Commission royale sur les peuples autochtones, *Rapport,* vol. 1, p. 40.
61. *R. c. Sparrow,* 1990 CanLII 104 (CSC). Voir également : *Guérin c. R.,* 1984 CanLII 25 (CSC); *Delgamuukw c. C.-B.,* 1997, CanLII 302 (CSC); *Nation haïda c. Colombie-Britannique (Ministre des Forêts),* 2004, CSC 73 (CanLII).
62. *Manitoba Métis Federation Inc. c. Canada (Procureur général),* 2013, CSC 14 (CanLII), mémoire des appelants, paragr. 94, citant la décision de la Cour d'appel du Manitoba dans

l'affaire *Manitoba Métis Federations Inc. c. Canada (Procureur général) et al.*, 2010, MBCA 71, paragr. 533, 534.

63. On peut trouver les opinions du procureur sur les questions amérindiennes à l'adresse http://www.doi.gov/solicitor/opinions.html (consulté le 25 mars 2015).
64. Au sujet du fardeau injuste de la preuve sur les peuples autochtones et de la nécessité de placer le fardeau de la preuve sur la Couronne, voir par exemple : Borrows, *Recovering Canada*, p. 101.
65. Canada, Commission royale sur les peuples autochtones, *Rapport*, vol. 1, p. 8. La Commission adopte la définition de la « confiance civique » qui est proposée par le spécialiste de la justice Pablo de Greiff en ce qui concerne le rôle des excuses dans les processus de réconciliation : « La confiance suppose une attente [...] d'engagement envers les normes et les valeurs que nous partageons [...] pas la forme étroite de confiance caractéristique des relations entre intimes, mais plutôt la confiance « civique » [...] qui peut se développer chez les citoyens qui sont étrangers les uns aux autres, mais qui sont membres de la même communauté politique. La confiance en une institution revient alors à connaître que ses règles, valeurs et normes constitutives sont partagées par les participants et qu'ils les considèrent comme contraignantes [...] La réconciliation est, au minimum, une condition permettant aux citoyens de se faire encore confiance les uns les autres en tant que citoyens (ou à nouveau) [...] Cela suppose que les institutions et les personnes pourront devenir *dignes de confiance*, et ce n'est pas quelque chose qui est simplement accordé, mais qui se *mérite*. » Voir : de Greiff, « Role of Apologies », p. 125-127.
66. CVR, DAV, Eugene Arcand, déclaration devant la Commission de vérité et réconciliation du Canada, Saskatoon (Saskatchewan), 22 juin 2012, numéro de déclaration : SNE202.
67. Au sujet du rôle des excuses officielles dans les réparations et la réconciliation, voir par exemple : Barkan et Karn, *Taking Wrongs Seriously*; de Greiff, « Role of Apologies »; James, « Wrestling with the Past »; Nobles, *Politics of Official Apologies*; Tavuchis, *Mea Culpa*.
68. Canada, Débats du Sénat, 40ᵉ Législature, 2ᵉ session (11 juin 2009), volume 146, numéro 45. Ont également pris la parole Mary Simon, présidente nationale, Inuit Tapiriit Kanatami, Clément Chartier, président, Ralliement national des Métis et Kevin Daniels, chef national par intérim, Congrès des peuples autochtones.
69. CVR, DAV, Théodore Fontaine, déclaration devant la Commission de vérité et réconciliation du Canada, Edmonton (Alberta), 28 mars 2014, numéro de déclaration : SP203.
70. CVR, DAV, Noel Starblanket, déclaration devant la Commission de vérité et réconciliation du Canada, Regina (Saskatchewan), 16 janvier 2012, numéro de déclaration : SP035.
71. Vatican, Communiqué du Bureau de presse du Saint-Siège, 29 avril 2009, http://www.vatican.va/resources/resources_canada-first-nations-apr2009_en.html.
72. « Pope Expresses "Sorrow" for Abuse at Residential Schools », *CBC News*, 29 avril 2009, http://www.cbc.ca/news/world/pope-expresses-sorrow-for-abuse-at-residential-schools-1.778019.
73. Lettre pastorale du Saint-Père Benoît XVI aux catholiques d'Irlande, 19 mars 2010, http://w2.vatican.va/content/benedict-xvi/fr/letters/2010/documents/hf_ben-xvi_let_20100319_church-ireland.html.
74. Lettre pastorale du Saint-Père Benoît XVI aux catholiques d'Irlande, 19 mars 2010, http://w2.vatican.va/content/benedict-xvi/fr/letters/2010/documents/hf_ben-xvi_let_20100319_church-ireland.html.
75. CVR, DAV, commissaire Wilton Littlechild, allocution devant l'assemblée des Oblats de Marie Immaculée à St. Albert (Alberta), 2 mai 2011, numéro de déclaration : SC012.

76. Aux aires d'apprentissage des événements nationaux se trouvaient des affiches d'information sur les écoles de la région, une exposition de la Fondation autochtone de l'espoir, un kiosque d'information sur le Projet des enfants disparus, des cartes interactives et un mur où écrire ses propres pensées. À chaque événement, à l'aire d'apprentissage ou à proximité, les Églises parties à la Convention de règlement ont également organisé une aire d'écoute. L'intention était d'offrir la possibilité aux survivants qui le souhaitaient de s'entretenir personnellement avec un représentant des autorités religieuses au sujet de leur expérience dans un pensionnat. À la demande du survivant, le représentant pouvait présenter ses excuses.
77. CVR, DAV, Alvin Dixon, déclaration devant la Commission de vérité et réconciliation du Canada, Inuvik (Territoires du Nord-Ouest), 30 juin 2011, numéro de déclaration : NNE302.
78. CVR, DAV, anonyme, déclaration devant la Commission de vérité et réconciliation du Canada, Winnipeg (Manitoba), 18 juin 2010, numéro de déclaration : 02-MB-18JU10-055.
79. Kelly, « Confession d'un païen régénéré », p. 24, 47.
80. CVR, DAV, Jennie Blackbird, déclaration devant la Commission de vérité et réconciliation du Canada, Muncey (Ontario), 16 septembre 2011, numéro de déclaration : 2011-4188.
81. Le droit des peuples autochtones d'observer des pratiques spirituelles traditionnelles est entériné par l'Organisation des Nations Unies. D'après l'article 12:1 de la Déclaration des Nations Unies sur les droits des peuples autochtones : « Les peuples autochtones ont le droit de manifester, de pratiquer, de promouvoir et d'enseigner leurs traditions, coutumes et rites religieux et spirituels; le droit d'entretenir et de protéger leurs sites religieux et culturels et d'y avoir accès en privé; le droit d'utiliser leurs objets rituels et d'en disposer; et le droit au rapatriement de leurs restes humains. » Voir : *Déclaration des Nations Unies sur les droits des peuples autochtones*, http://www.un.org/esa/socdev/unpfii/documents/DRIPS_fr.pdf.
82. On peut voir, par exemple, le cas d'une communauté chrétienne crie qui a adopté une résolution refusant à certains membres le droit de construire une hutte de sudation et d'apprendre aux jeunes la spiritualité crie : http://aptn.ca/news/2011/01/17/crees-ban-sweat-lodges-fns-spirituality-from-community; http://indiancountrytodaymedianetwork.com/2011/02/07/christian-crees-tear-down-sweat-lodge-15500.
83. CVR, DAV, Jim Dumont, déclaration devant la Commission de vérité et réconciliation du Canada, Winnipeg (Manitoba), 26 juin 2014, numéro de déclaration : SE049.
84. Dumont et Hutchinson, « United Church Mission Goals », p. 226-227.
85. Mullin (Thundering Eagle Woman), « We Are One in the Spirit », p. 28, http://presbyterian.ca/healing/ (consulté le 22 mars 2015).
86. Église presbytérienne au Canada, renvoi de l'assemblée générale de 2013, *Aboriginal Spirituality*, p. 2, 6, http://presbyterian.ca/gao/2013referrals/ (consulté le 22 mars 2015).
87. Église anglicane du Canada, « A New Agape », http://www.anglican.ca/about/ccc/acip/a-new-agape/ (consulté le 22 mars 2015).
88. Église Unie du Canada, « Living Faithfully », p. 2, http://www.united-church.ca/files/economic/globalization/report.pdf (consulté le 22 mars 2015).
89. Église Unie du Canada, « Reviewing Partnership », p. 26, http://www.gc41.ca/sites/default/files/pcpmm_empire.pdf (consulté le 22 mars 2015).
90. Église Unie du Canada, Exécutif du conseil général, les 24 et 26 mars 2012, *Addendum H: Covenanting for Life*, http://www.united-church.ca/files/general-council/gc40/addenda_2012-03-2426_executive.pdf (consulté le 22 mars 2015).

91. Église presbytérienne au Canada, « Presbyterian Statement », https://ecumenism.net/2015/01/presbyterian-statement-on-aboriginal-spiritual-practices.htm (consulté le 17 mars 2015).
92. Église Unie du Canada, « Affirming Other Spiritual Paths », http://www.united-church.ca/files/aboriginal/schools/affirming-other-spiritual-paths.pdf (consulté le 17 mars 2015).
93. Conférence des évêques catholiques du Canada, « La justice comme un fleuve puissant », p. 24-25, http://www.cccb.ca/site/images/stories/pdf/la_justice_comme_un_fleuve_puissant.pdf (consulté le 22 mars 2015).
94. Conseil autochtone catholique du Canada, Mandat, http://www.cccb.ca/site/frc/commissions-comites-et-conseil-autochtone/conseil-autochtone/conseil-autochtone-catholique-du-canada (consulté le 22 mars 2015).
95. CVR, DAV, Alan L. Hayes, déclaration devant la Commission de vérité et réconciliation du Canada, Toronto (Ontario), 2 juin 2012, numéro de déclaration : SE020.
96. MacKenzie, « For Everything There Is a Season », p. 89.
97. « Toronto Urban Native Ministry », extrait de Bush, « How Have the Churches Lived out Their Apologies », p. 16.
98. Église presbytérienne au Canada, *Acts and Proceedings of the 137th General Assembly*, p. 368.
99. Fonds de guérison, Église anglicane, 2008, extrait de Bush, « How Have the Churches Lived out Their Apologies », p. 24, 25.
100. Fonds de guérison, Église anglicane, 2008, extrait de Bush, « How Have the Churches Lived out Their Apologies », p. 24, 25.
101. Fonds de guérison, Église anglicane, 2000, extrait de Bush, « How Have the Churches Lived out Their Apologies », p. 19.
102. Bush, « How Have the Churches Lived out Their Apologies », p. 18.
103. La Fondation autochtone de guérison (FAG) avait comme mandat de fournir des fonds et un soutien aux projets de guérison de la communauté autochtone. Pour en savoir plus sur l'histoire de la FAG et les circonstances de sa fermeture, consulter l'ouvrage de Spear intitulé « Full Circle » à l'adresse suivante : http://www.ahf.ca/downloads/full-circle-2.pdf (consulté le 28 avril 2015).
104. CVR, DAV, Allan Sutherland, déclaration devant la Commission de vérité et réconciliation du Canada, Winnipeg (Manitoba), 16 juin 2010, numéro de déclaration : 02-MB-16JU10-067.
105. CVR, DAV, Esther Lachinette-Diabo, déclaration devant la Commission de vérité et réconciliation du Canada, Thunder Bay (Ontario), 24 novembre 2010, numéro de déclaration : 01-ON-24Nov10-020.
106. CVR, DAV, Charlotte Marten, déclaration devant la Commission de vérité et réconciliation du Canada, Lethbridge (Alberta), 9 octobre 2013, numéro de déclaration : SP127.
107. Dans son étude, Penney Clark, chercheure dans le domaine de l'éducation, montre comment les Autochtones ont été dépeints dans les manuels d'histoire du Canada et en quoi ces lacunes dans l'histoire influent sur les élèves. Voir : Clark, « Representations of Aboriginal People », p. 96-98 et 103-111.
108. Conseil des ministres de l'Éducation, « Developments on Indian Residential Schools by Jurisdiction », juillet 2014, correspondance par courriel de Christy Bressette, coordonnatrice, Éducation des Autochtones, Conseil des ministres de l'Éducation (Canada) à la Commission de vérité et réconciliation du Canada, 18 juillet 2014, numéro de document de la CVR : TRC3353.

109. Conseil des ministres de l'Éducation, « Les ministres de l'Éducation indiquent que la transformation est primordiale pour l'avenir », http://cmec.ca/277/Communiques-de-presse/Les-ministres-de-l'Education-indiquent-que-la-transformation-est-primordiale-pour-l'avenir.html?id_article=829.
110. Le liberté de conscience et de religion est protégée en vertu de l'article 2 de la *Charte canadienne des droits et libertés* et de l'article 3 de la *Charte des droits et libertés de la personne du Québec*.
111. *S. L. c. Commission scolaire des Chênes*, 2012 CSC 7 (CanLII), p. 237.
112. Les travaux de l'éducatrice Marie Battiste – spécialiste de l'enseignement – sur la décolonisation et la transformation du système d'éducation étayent la réflexion de la Commission sur la question. Voir : Battiste, *Decolonizing Education*, p. 175-191.
113. Les spécialistes de l'enseignement Megan Boler et Michalinas Zembylas désignent cette façon d'enseigner comme la « pédagogie de l'inconfort », qui exige aussi bien de la part des enseignants que des élèves de « sortir de leurs zones de confort » de manière constructive apte à « changer radicalement leur vision du monde ». Voir : Boler et Zembylas, « Discomforting Truths », p. 111. Voir aussi : Sheppard, « Creating a Caring Classroom ».
114. Voir, par exemple, les études de spécialistes en enseignement : Immordino-Yang et Domasio, *We Feel, Therefore We Learn*; Schonert-Reichl et Hymel, *Educating the Heart*. Voir aussi : l'initiative *Racines de l'empathie* de Mary Gordon, « un programme d'enseignement scolaire fondé sur les résultats de recherches scientifiques, qui permet de réduire considérablement l'agressivité chez les élèves tout en développant leurs compétences sociales et affectives et en cultivant l'empathie », http://www.rootsofempathy.org/ (consulté le 15 avril 2015). Voir aussi : Gordon, *Racines de l'empathie*.
115. CVR, DAV, Samantha Crowe, déclaration devant la Commission de vérité et réconciliation du Canada, Edmonton (Alberta), 30 mars 2014, numéro de déclaration : ABNE401. Pour en savoir plus sur le projet, voir : Bureau de l'intervenant provincial en faveur des enfants et des jeunes, *Les plumes de l'espoir : Un plan d'action pour les jeunes Autochtones*, 2014, http://digital.provincialadvocate.on.ca/t/114370-les-plumes-de-lespoir-un-plan-daction-pour-les-jeunes-autochtones (consulté le 15 avril 2015).
116. C'est ce que soutient le théoricien culturel Roger Simon dans un essai sur la pratique pédagogique de l'histoire publique dans le contexte du mandat d'information du public de la Commission. Voir : Simon, « Towards a Hopeful Practice », p. 135-136.
117. On retrouve cette opinion dans le rapport annuel 2013 du projet de la pensée historique, où les auteurs soutiennent que le système d'éducation doit produire des citoyens lettrés sur le plan historique. Voir : Seixas et Colyer, « Un rapport sur la rencontre nationale du Projet de la pensée historique », p. 3, http://penseehistorique.ca/sites/default/files/files/docs/HTP2013_Annual_Report_FR.pdf (consulté le 15 avril 2015). L'objectif de ce projet est de fournir des ressources d'enseignement de l'histoire aux enseignants pour former les élèves à la pensée critique efficace dans ce domaine. Voir : Seixas et Colyer, « Un rapport sur la rencontre nationale du Projet de la pensée historique », p. 2, http://penseehistorique.ca/sites/default/files/files/docs/HTP2013_Annual_Report_FR.pdf (consulté le 15 avril 2015).
118. Centre for Youth & Society, « Residential Schools Resistance Narratives », vidéos, http://youth.society.uvic.ca/TRC (consulté le 15 avril 2015).
119. Prairie Women's Health Centre of Excellence, « Nitâpwewininân », p. 3-7.
120. Prairie Women's Health Centre of Excellence, « Nitâpwewininân », p. 14-16.

121. Brooklyn Rae, événement national de la Saskatchewan, journée éducative, Saskatoon (Saskatchewan), 23 juin 2013, vidéo, numéro de déclaration : SNE502, https://vimeo.com/48143907.
122. Barney Williams, événement national de la Saskatchewan, journée éducative, Saskatoon (Saskatchewan), 23 juin 2013, vidéo, numéro de déclaration : SNE502, https://vimeo.com/48143907.
123. Retraite de la CVR pour les jeunes, ICTJ/Canada, http://vimeo.com/26397248.
124. Retraite de la CVR pour les jeunes, ICTJ/Canada, http://vimeo.com/26128253.
125. Centre international pour la justice transitionnelle, « ICTJ Program Report: Children and Youth », http://www.ictj.org/news/ictj-program-report-children-and-youth.
126. Centre international pour la justice transitionnelle, « Youth Reporters Tell the Story of Residential Schools », http://ictj.org/news/youth-reporters-tell-story-residential-schools.
127. Centre international pour la justice transitionnelle, « Our Legacy, Our Hope », communiqué de presse, 20 juin 2012. *Our Legacy, Our Hope*, vidéo, http://www.youtube.com/watch?v=Xz2SUV0vFCI.
128. Centre international pour la justice transitionnelle, « ICTJ Program Report: Children and Youth », http://www.ictj.org/news/ictj-program-report-children-and-youth.
129. CVR, DAV, Centre for Global Citizenship Education and Research, déclaration devant la Commission de vérité et réconciliation du Canada, Edmonton (Alberta), 27 mars 2014, numéro de déclaration : ABNE102.
130. Bolton, « Museums Taken to Task », p. 146-147.
131. Buchanan, « Decolonizing the Archives », p. 44.
132. Morse, « Indigenous Human Rights », p. 2, 10.
133. La jurisprudence affirme que « le droit de la preuve doit être adapté afin que ce type de preuve puisse être placé sur un pied d'égalité avec les différents types d'éléments de preuve historique familiers aux tribunaux, le plus souvent des documents historiques ». Voir *Delgamuukw c. Colombie-Britannique*, 1997 CanLII 302 (CSC), paragr. 87. Sur le principe de l'honneur de la Couronne, voir notamment : *R. c. Sparrow*, 1990 CanLII 104 (CSC); *Nation haïda c. Colombie-Britannique (Ministre des Forêts)*, 2004 CSC 73 (CanLII); et *Delgamuukw c. Colombie-Britannique*, 1997 CanLII 302 (CSC).
134. Un point défendu par le professeur de droit Bradford W. Morse. Voir Morse, « Indigenous Human Rights », p. 12, 26.
135. Canada, Commission royale sur les peuples autochtones, *Rapport*, vol. 5, p. 232-233.
136. En accord avec leur mandat, tel que défini par la loi. La *Loi sur les musées* du Canada (1990) fournit le cadre législatif des musées. Voir *Loi sur les musées*, chapitre 3, article 3, http://laws-lois.justice.gc.ca/PDF/M-13.4.pdf. La *Loi* a été modifiée en 2008 pour y inclure le Musée canadien pour les droits de la personne.
137. Bolton, « Museums Taken to Task », p. 151.
138. Le 12 décembre 2013, le projet de loi C-7, *Loi modifiant la Loi sur les musées afin de constituer le Musée canadien de l'histoire*, a reçu la sanction royale, établissant de ce fait officiellement le pouvoir de rebaptiser le Musée canadien des civilisations. Ni cette loi ni la *Loi sur les musées* ne font spécifiquement référence aux peuples autochtones. Voir : http://www.parl.gc.ca/LegisInfo/BillDetails.aspx?Mode=1&billId=6263562&View=3&Language=F. Voir également « Civilization museum now the Canadian Museum of History », *CBC News*, 12 décembre 2013, http://www.cbc.ca/news/canada/ottawa/civilization-museum-now-the-canadian-museum-of-history-1.2461738.

139. Comité permanent du patrimoine canadien de la Chambre des communes, 41e législature, 1re session, 5 juin 2013, http://www.parl.gc.ca/HousePublications/Publication.aspx?DocId=6209352&Mode=1&Parl=41&Ses=1&Language=F (consulté le 12 janvier 2014).
140. Musée canadien de l'histoire et Musée canadien de la guerre, Stratégie de recherche, 15 juillet 2013, p. 7, http://www.museedelhistoire.ca/recherche-et-collections/files/2013/07/strategie-de-recherche.pdf.
141. Musée canadien de l'histoire et Musée canadien de la guerre, Stratégie de recherche, 15 juillet 2013, p. 8-9, http://www.museedelhistoire.ca/recherche-et-collections/files/2013/07/strategie-de-recherche.pdf.
142. Musée canadien de l'histoire et Musée canadien de la guerre, Stratégie de recherche, 15 juillet 2013, p. 10, http://www.museedelhistoire.ca/recherche-et-collections/files/2013/07/strategie-de-recherche.pdf.
143. Musée canadien pour les droits de la personne, https://droitsdelapersonne.ca/a-propos-du-musee (consulté le 15 avril 2015).
144. Allocution prononcée par le président-directeur général Stuart Murray au forum sur le Centre national de recherche de la Commission de vérité et réconciliation, le 3 mars 2011, Vancouver, C.-B., https://droitsdelapersonne.ca/a-propos-du-musee/nouvelles/allocution-prononcee-par-president-directeur-general-stuart-murray-au-4. (consulté le 15 avril 2015).
145. Jake Edmiston, « Indian Residential Schools or Settler Colonial Genocide? Native Group Slams Human Rights Museum over Exhibit Wording », *National Post*, 8 juin 2013, http://news.nationalpost.com/news/canada/indian-residential-schools-or-settler-colonial-genocide.
146. Musée canadien pour les droits de la personne, « Déclaration du président-directeur général : Utilisation du terme «génocide» pour décrire le traitement des peuples autochtones du Canada », 26 juillet 2013, https://droitsdelapersonne.ca/node/1274.
147. Musée canadien pour les droits de la personne, Allocution prononcée par le président-directeur général Stuart Murray à l'évènement « 2017 débute maintenant » à Winnipeg, 3 mai 2013, https://droitsdelapersonne.ca/a-propos-du-musee/nouvelles/allocution-prononcee-par-president-directeur-general-stuart-murray.
148. Bibliothèque et Archives Canada, « Cadre de travail du développement de la collection », 30 mars 2005, p. 14, www.collectionscanada.gc.ca/obj/003024/f2/003024-f.pdf.
149. Bibliothèque et Archives Canada, « Patrimoine autochtone », http://www.bac-lac.gc.ca/fra/decouvrez/patrimoine-autochtone/Pages/introduction.aspx.
150. Bibliothèque et Archives Canada, « Pensionnats autochtones au Canada », http://www.collectionscanada.gc.ca/pensionnats-autochtones/index-f.html (consulté le 15 avril 2015).
151. Wilson, « Peace, Order and Good Government », p. 239.
152. « Bibliothèque et Archives Canada lance une nouvelle exposition sur l'expérience déterminante des Inuits dans les pensionnats », communiqué de presse, le 4 mars 2009, http://www.collectionscanada.gc.ca/013/013-380-f.html. Voir aussi : Fondation autochtone de l'espoir, http://lesenfantsdevenus.ca/fr; Fondation autochtone de l'espoir, http://nousetionssiloin.ca (consulté le 15 avril 2015).
153. Bibliothèque et Archives Canada, « Les séquelles du régime de pensionnats au Canada : une bibliographie sélective », http://www.bac-lac.gc.ca/fra/archives/archived-fr/patrimoine-autochtone/Pages/pensionnats-autochtones-bibliographie-2009.aspx (consulté le 15 avril 2015).
154. Bibliothèque et Archives Canada, « Faire une recherche sur les pensionnats », http://www.collectionscanada.gc.ca/obj/020008/f2/020008-2000-f.pdf (consulté le 15 avril 2015).

155. Convention de règlement relative aux pensionnats indiens, Commission de vérité et réconciliation du Canada, Annexe N, Mandat, p. 11, http://www.trc.ca/websites/trcinstitution/File/pdfs/SCHEDULE_N_FR.pdf.
156. *Fontaine c. Canada (Procureur général)*, 2013 ONSC 684 (CanLII).
157. Le professeur Terry Cook, Université du Manitoba, archiviste de longue date aux Archives nationales, membre de l'Association canadienne des archivistes et membre de la Société royale du Canada, présente cet argument. Voir : Cook, « Evidence, Memory, Identity », p. 111.
158. Commission des droits de l'homme des Nations Unies, Sous-Commission de la lutte contre les mesures discriminatoires et de la protection des minorités, *L'administration de la justice et les droits de l'homme des détenus : Question de l'impunité des auteurs des violations des droits de l'homme (civils et politiques)* (rapport final révisé établi par M.L. Joinet en application de la décision 1996/119 de la Sous-Commission), Doc ONU. E/CN.4/Sub,2/1997/20/Rev.1, 1997-10-02; mis à jour par Doc. ONU E/CN.4/2005/102 (18 février 2005) et Doc ONU E/CN.4/2005/102/Add.1 (8 février 2005), cité dans l'affaire *Fontaine c. Canada (Procureur général)*, 2013 ONSC 684 (CanLII), mémoire de l'Université du Manitoba, argument écrit. 13 décembre 2012, note 35, p. 14, http://chrr.info/images/stories/Materials_filed_by_UM_2_.pdf.
159. De Greiff, « Rapport du Rapporteur spécial », 2013, p. 24-25, http://daccess-dds-ny.un.org/doc/UNDOC/GEN/G13/165/05/PDF/G1316505.pdf?OpenElement (consulté le 28 avril 2015).
160. De Greiff, « Rapport du Rapporteur spécial », 2013, p. 25-26, http://daccess-dds-ny.un.org/doc/UNDOC/GEN/G13/165/05/PDF/G1316505.pdf?OpenElement (consulté le 28 avril 2015).
161. De Greiff, « Rapport du Rapporteur spécial », 2013, p. 32, http://daccess-dds-ny.un.org/doc/UNDOC/GEN/G13/165/05/PDF/G1316505.pdf?OpenElement (consulté le 28 avril 2015).
162. Plusieurs éminents archivistes ont noté cette tendance. Voir, par exemple : Cook, « Evidence, Memory, Identity »; Wilson, « Peace, Order and Good Government »; Harris, « Archival Sliver »; Jimerson, « Archives for All ».
163. CVR, DAV, Peter Cunningham, déclaration devant la Commission de vérité et réconciliation du Canada, Edmonton (Alberta) 28 mars 2014, numéro de déclaration : ABNE201.
164. La révérende Fausak est également membre du Conseil général responsable de la liaison, Justice et pensionnats autochtones de l'Église Unie du Canada.
165. CVR, DAV, Remembering the Children Society, déclaration devant la Commission de vérité et réconciliation du Canada, Edmonton (Alberta), 29 mars 2014, numéro de déclaration : ABNE302. Fort de son expérience, le personnel de l'Église Unie du Canada, en collaboration avec la Remembering the Children Society, a créé une ressource didactique contenant des lignes directrices pour les autres communautés qui souhaitent créer leur propre projet de commémoration pour les cimetières de pensionnat et les tombes anonymes. Voir le document suivant : Église Unie du Canada, Residential Schools Update, janvier 2012, http://develop.united-church.ca/files/communications/newsletters/residential-schools-update_120101.pdf (consulté le 16 avril 2015).
166. Les ressources en ligne de l'Église Unie du Canada sont disponibles à l'adresse suivante : http://thechildrenremembered.ca/. Les ressources en ligne et l'histoire des écoles de l'Église anglicane du Canada sont disponibles à l'adresse suivante : http://www.anglican.ca/relationships/trc. Les ressources en ligne de l'Église presbytérienne du Canada sont disponibles à l'adresse suivante : http://www.presbyterianarchives.ca/RS%20-%20Home%20Page.html (consulté le 15 avril 2015).

167. Église Unie du Canada, Projet des archives des pensionnats « The Children Remembered », http://thechildrenremembered.ca/about/ (consulté le 15 avril 2015).
168. Argument d'Ian Wilson. Voir : Wilson, « Peace, Order and Good Government », p. 238.
169. Cette approche s'appuie sur le concept et la philosophie des « lieux de conscience », tel que les décrit l'International Coalition of Sites of Conscience, qui est un « un réseau mondial de sites historiques, musées, et des initiatives de mémoire reliant luttes passées à des mouvements d'aujourd'hui pour les droits humains et la justice sociale ». Voir : International Coalition of Sites of Conscience, http://www.sitesofconscience.org/fr/ (consulté le 15 avril 2015).
170. Commission de vérité et réconciliation du Canada, « Sharing Truth: Creating a National Research Centre on Residential Schools », forum, Vancouver (Colombie-Britannique), du 1er au 4 mars 2011. On peut consulter des vidéos du forum à l'adresse suivante : http://www.trc.ca/websites/trcinstitution/index.php?p=513.
171. Georges Erasmus, Commission de vérité et réconciliation du Canada, « Sharing Truth: Creating a National Research Centre on Residential Schools », forum, Vancouver (Colombie-Britannique), 2 mars 2011, https://vimeo.com/207788339.
172. Entente administrative du Centre national pour la vérité et réconciliation, clauses 9 c) et d) et 11 a) et e), http://chrr.info/images/stories/Centre_For_Truth_and_Reconciliation_Administrative_Agreement.pdf.
173. Au mois d'avril 2015, les partenaires étaient les suivants : Association nationale des centres d'amitié, Fondation autochtone de l'espoir, Musée canadien pour les droits de la personne, Université de la Colombie-Britannique, Université de Lakehead, Collège universitaire du Nord, Université de Winnipeg, Collège Red River, Archives du Manitoba, Université de Saint-Boniface, Collège St. John, Collège St. Paul, Musée du Manitoba, Centre autochtone des ressources environnementales et Centre spirituel Sandy-Saulteaux. On s'attend à ce que d'autres partenariats soient formés à mesure qu'évolue le Centre. Voir la page « Nos partenaires » du site du Centre national pour la vérité et réconciliation, http://umanitoba.ca/centres/cnvr/partenaires.html (consulté le 15 avril 2015).
174. *Fontaine c. Canada (Procureur général)*, 2013 ONSC 684 (CanLII), dossier de l'Université du Manitoba, argumentation écrite, 13 décembre 2012, p. 6-7, http://chrr.info/images/stories/Materials_filed_by_UM_2_.pdf.
175. Sue McKemmish, Shannon Faulkhead et Lynette Russell, « Distrust in the Archive: Reconciling Records », *Archival Science,* vol. 11 (2011), p. 212, document cité dans le cas *Fontaine c. le Canada (Procureur général),* 2013 ONSC 684 (CanLII), dossier de l'Université du Manitoba, argumentation écrite, 13 décembre 2011, p. 11, http://chrr.info/images/stories/Materials_filed_by_UM_2_.pdf.
176. *Fontaine c. Canada (Procureur général)*, 2013 ONSC 684 (CanLII), dossier de l'Université du Manitoba, argumentation écrite, 13 décembre 2012, p. 11-12, http://chrr.info/images/stories/Materials_filed_by_UM_2_.pdf.
177. *Fontaine c. le Canada (Procureur général)*, 2013 ONSC 684 (CanLII), dossier de l'Université du Manitoba, argumentation écrite, 13 décembre 2012, p. 12-13, http://chrr.info/images/stories/Materials_filed_by_UM_2_.pdf.
178. Université du Manitoba, « Historic Agreement Signed on National Aboriginal Day », 21 juin 2013, http://umanitoba.ca/news/blogs/blog/2013/06/21/historic-agreement-signed-on-national-aboriginal-day/.

179. Cet accès sera « assujetti au droit relatif au respect de la vie privée et aux protocoles culturellement adaptés », Commission de vérité et réconciliation du Canada et Université du Manitoba, Acte de fiducie du Centre pour la vérité et réconciliation, 21 juin 2013, p. 3-4, http://umanitoba.ca/admin/indigenous_connect/media/IND-00-013-NRCAS-TrustDeed.pdf.
180. Centre pour la vérité et réconciliation, http://umanitoba.ca/centres/CVRC/reconciliation.html (page consulté le 16 avril 2015). Voir aussi : Entente administrative du Centre national pour la vérité et réconciliation, http://chrr.info/images/stories/Centre_For_Truth_and_Reconciliation_Administrative_Agreement.pdf.
181. CVR, DAV, Jessica Bolduc, déclaration devant la Commission de vérité et réconciliation du Canada, Edmonton (Alberta), 30 mars 2014, numéro de déclaration : ABNE401.
182. La définition que la Commission donne à l'expression « mémoire collective » est fondée sur le travail d'historiens qui étudient le sujet. Par exemple, James Opp et John C. Walsh définissent la « mémoire collective » comme l'ensemble des « souvenirs créés, vécus et diffusés dans l'espace public et destinés à être communiqués et partagés ». Voir : Opp et Walsh, *Placing Memory*, p. 9. John Bodnar estime quant à lui que la « mémoire collective » est « un ensemble de croyances et d'idées sur le passé qui aide un public ou une société à comprendre son passé, son présent et, par extension, son avenir ». Voir : Bodnar, *Remaking America*, p. 15.
183. Dans son étude, l'historien W. James Booth soulève un important argument sur les modalités d'établissement, d'entretien ou de perturbation de la communauté de mémoire sous l'effet des habitudes et des pratiques quotidiennes. Voir : Booth, *Communities of Memory*, p. 45.
184. Dans son rapport « Strengthening Indigenous Rights through Truth Commissions: A Practitioner's Resource », le Centre international pour la justice transitionnelle propose quatre thèmes aux commissions pour remettre en question les suppositions les plus répandues dans le domaine de la justice de transition, afin de les aider à se montrer plus réactives aux droits des autochtones, à savoir : a) éviter les démarches centrées sur l'État; b) éviter les analyses fondées sur l'individu; c) ne pas se limiter aux torts récents; d) éviter de trop se fier aux sources écrites et aux archives. Voir : le Centre international pour la justice transitionnelle, *Strengthening Indigenous Rights through Truth Commissions: A Practitioner's Resource*, p. 3-5, https://www.ictj.org/sites/default/files/ICTJ-Truth-Seeking-Indigenous-Rights-2012-English.pdf.
185. Chamberlin, *If This Is Your Land*, p. 238-239.
186. Schirch, *Ritual and Symbol in Peacebuilding*, p.1-2.
187. Commission de vérité et réconciliation du Canada, document de conception de l'événement national de l'Atlantique, p. 4, http://www.myrobust.com/websites/atlantic/File/Concept%20Paper%20atlantic%20august%2010%20km_cp%20_3_.pdf.
188. En 2015, elle fera l'objet d'un prêt temporaire au Musée canadien pour les droits de la personne, dans le cadre d'une exposition publique.
189. Campbell, « Remembering for the Future », p. 30. Voir aussi : *Our Faithfulness to the Past*.
190. Qwul'sih'yah'maht (Thomas), « Honouring the Oral Traditions », p. 253.
191. CVR, DAV, Charles Cardinal, déclaration devant la Commission de vérité et réconciliation du Canada, St. Paul (Alberta), 7 janvier 2011, numéro de déclaration : 01-AB-06JA11-005.
192. CVR, DAV, Laurie McDonald, déclaration devant la Commission de vérité et réconciliation du Canada, Beauséjour (Manitoba), 4 septembre 2010, numéro de déclaration : 01-MB-3-6SE10-005.

193. CVR, DAV, Victoria Grant-Boucher, déclaration devant la Commission de vérité et réconciliation du Canada, Ottawa (Ontario), 25 février 2011, numéro de déclaration : 01-ON-05-FE11-004.
194. CVR, DAV, Desarae Eashappie, déclaration devant la Commission de vérité et réconciliation du Canada, Winnipeg (Manitoba), 19 juin 2010, numéro de déclaration : SC112.
195. Regan, *Unsettling the Settler Within*, p. 13.
196. CVR, DAV, Florence Kaefer, déclaration devant la Commission de vérité et réconciliation du Canada, Winnipeg (Manitoba), 18 juin 2010, numéro de déclaration : SC111.
197. « Teacher Seeks Healing through Truth Commission », *CBC News, Manitoba*, 18 juin 2010, http://www.cbc.ca/news/canada/manitoba/story/2010/06/18/mb-truth-reconciliation-healing-teachers-winnipeg.html.
198. CVR, DAV, Jack Lee, déclaration devant la Commission de vérité et réconciliation du Canada, Winnipeg (Manitoba), 18 juin 2010, numéro de déclaration : SC111.
199. CVR, DAV, Mark DeWolf, déclaration devant la Commission de vérité et réconciliation du Canada, Halifax (Nouvelle-Écosse), 28 octobre 2011, numéro de déclaration : SC075.
200. CVR, DAV, Tina Keeper, déclaration devant la Commission de vérité et réconciliation du Canada, Saskatoon (Saskatchewan), 24 juin 2013, numéro de déclaration : SNE403.
201. CVR, DAV, le très honorable Paul Martin, déclaration devant la Commission de vérité et réconciliation du Canada, Montréal (Québec), 26 avril 2013, numéro de déclaration : QNE303.
202. CVR, DAV, le très honorable Joe Clark, déclaration devant la Commission de vérité et réconciliation du Canada, Saskatoon (Saskatchewan), 23 juin 2012, numéro de déclaration : SNE301.
203. CVR, DAV, Andy Scott, déclaration devant la Commission de vérité et réconciliation du Canada, Saskatoon (Saskatchewan), 22 juin 2012, numéro de déclaration : SNE203.
204. CVR, DAV, Thérèse Boullard, déclaration devant la Commission de vérité et réconciliation du Canada, Inuvik (Territoires du Nord-Ouest), 28 juin 2011, numéro de déclaration : NNE103.
205. CVR, DAV, Ginelle Giacomin, déclaration devant la Commission de vérité et réconciliation du Canada, Winnipeg (Manitoba), 19 juin 2010, numéro de déclaration : SC112.
206. Voir, par exemple : Cohen, Varea et Walker, *Acting Together*.
207. Van Erven et Gardner, « Performing Cross-Cultural Conversations » p. 41. Citation de François Matarraso tirée de sa correspondance avec van Erven, 19 mars 2008.
208. David Garneau, artiste, écrivain, conservateur et professeur d'arts visuels, élabore ce point de vue crucial. Voir : Garneau, « Imaginary Spaces », p. 38.
209. Garneau, « Imaginary Spaces », p. 33-34.
210. Archibald et coll., *Dancing, Singing, Painting*, p. 18.
211. Andrea Ratuski, « Residential School Art Series Awarded to U of M », *CBC News*, 24 septembre 2013, http://www.cbc.ca/news/canada/manitoba/scene/residential-school-art-series-awarded-to-u-of-m-1.1865994.
212. Galerie d'art Morris and Helen Belkin, http://www.belkin.ubc.ca/past/witnesses (consulté le 16 avril 2015); Musée d'anthropologie, Université de la Colombie-Britannique, http://moa.ubc.ca/portfolio_page/speaking-to-memory/ (consulté le 16 avril 2015).
213. Robertson, « Threads of Hope », p. 87, 99-101.
214. Université de Winnipeg, « UWinnipeg Healing Quilt Gifted to TRC Commissioners », 17 juin 2010, http://www.uwinnipeg.ca/index/uw-news-action/story.364/title.uwinnipeg-healing-quilt-gifted-to-trc-commissioner.
215. Dewar et coll., « Practicing Reconciliation », p. 5-6.

216. La définition détaillée des projets commémoratifs 2011-2012 se trouve en ligne à l'adresse : http://www.aadnc-aandc.gc.ca/fra/1370974213551/1370974338097 (consulté le 15 avril 2015). Pour les projets commémoratifs 2012-2013, voir : http://www.aadnc-aandc.gc.ca/fra/1370974253896/1370974471675 (consulté le 15 avril 2015).
217. Hague définit le lieu comme « un espace géographique défini par les sens, les sentiments et les récits, plutôt que par des coordonnées ». Voir : Cliff Hague, « Planning and Place Identity », dans Cliff Hague et Paul Jenkins, dir., *Place Identity, Participation and Planning* (New York, 2005), p. 4, cité dans Opp et Walsh, *Placing Memory*, p. 5.
218. Alan S. Hale, « Treaty 3 Holds Commemoration Ceremony for Survivors of District Residential School System », *Kenora Daily Miner and News*, 25 mars 2014, http://www.kenoradailyminerandnews.com/2014/03/25/treaty-3-holds-commemoration-ceremony-for-survivors-of-district-residential-school-system.
219. Debora Steel, « Alberni Residential Students Reunited with Childhood Art », *Ha-Shilth-Sa*, 2 avril 2013, http://www.hashilthsa.com/news/2013-04-03/alberni-indian-residential-students-reunited-childhood-art.
220. Judith Lavoie, « Paintings Bear Witness to B.C. Residential Schools' Harsh Life », *Victoria Times-Colonist*, 31 mars 2013, http://www.timescolonist.com/news/local/paintings-bear-witness-to-b-c-residential-schools-harsh-life-1.101179.
221. Canada, Affaires autochtones et Développement du Nord Canada, « Se souvenir du passé », http://www.aadnc-aandc.gc.ca/fra/1332859355145/1332859433503.
222. Christi Belcourt, discours de la cérémonie de dévoilement du vitrail sur la Colline du Parlement, 26 novembre 2012, Ottawa, Ontario, Canada, Affaires autochtones et Développement du Nord Canada, https://www.aadnc-aandc.gc.ca/fra/1370613921985/1370613942308. Une description détaillée du vitrail se trouve à : Canada, Affaires autochtones et Développement du Nord Canada, https://www.aadnc-aandc.gc.ca/fra/1353338933878/1353338974873 (consulté le 30 mars 2015).
223. Commissaire Wilton Littlechild, discours de la cérémonie de dévoilement du vitrail sur la Colline du Parlement, 26 novembre 2012, Ottawa, Ontario, Canada, Affaires autochtones et Développement du Nord Canada, https://www.aadnc-aandc.gc.ca/fra/1370615213241/1370615618980.
224. Opp et Walsh, *Placing Memory*, p. 15–16.
225. *Loi sur les lieux et monuments historiques,* Lois révisées du Canada 1985, chapitre H-4, http://laws-lois.justice.gc.ca/PDF/H-4.pdf (consulté le 15 avril 2015).
226. Parcs Canada, Commission des lieux et monuments historiques du Canada, http://www.pc.gc.ca/fra/clmhc-hsmbc/comm-board/Transparence-Transparency.aspx (consulté le 15 avril 2015).
227. Parcs Canada, Commission des lieux et monuments historiques du Canada, Programme national de commémoration historique, http://www.pc.gc.ca/fra/clmhc-hsmbc/ncp-pcn.aspx (consulté le 15 avril 2015).
228. *Principes Joinet/Orentlicher*, cités dans Conseil des droits de l'homme des Nations Unies, « Rapport de la Rapporteuse spéciale », p. 8, http://www.ohchr.org/EN/HRBodies/HRC/RegularSessions/Session25/Pages/ListReports.aspx.
229. Conseil des droits de l'homme des Nations Unies, « Rapport de la Rapporteuse spéciale », p. 14, http://www.ohchr.org/EN/HRBodies/HRC/RegularSessions/Session25/Pages/ListReports.aspx.

230. Conseil des droits de l'homme des Nations Unies, « Rapport de la Rapporteuse spéciale », p. 20, http://www.ohchr.org/EN/HRBodies/HRC/RegularSessions/Session25/Pages/ListReports.aspx. La rapporteuse spéciale dresse la liste des projets de commémoration entrepris dans le cadre de la Convention de règlement.
231. Conseil des droits de l'homme des Nations Unies, « Rapport de la Rapporteuse spéciale », p. 20-21, http://www.ohchr.org/EN/HRBodies/HRC/RegularSessions/Session25/Pages/ListReports.aspx.
232. Conseil des droits de l'homme des Nations Unies, « Rapport de la Rapporteuse spéciale », p. 22-23, http://www.ohchr.org/EN/HRBodies/HRC/RegularSessions/Session25/Pages/ListReports.aspx.
233. Conseil des droits de l'homme des Nations Unies, « Rapport de la Rapporteuse spéciale », p. 23, http://www.ohchr.org/EN/HRBodies/HRC/RegularSessions/Session25/Pages/ListReports.aspx.
234. L'étude s'appuie sur des recherches qu'a effectuées Trina Cooper-Bolam et, en partie, sur son expérience en tant que directrice générale de la Fondation autochtone de l'espoir, son travail auprès de la Fondation autochtone de guérison et son rôle en tant que chef de projet de la commémoration nationale organisée par l'Assemblée des Premières Nations et la Fondation autochtone de guérison. Voir : Cooper-Bolam, « Healing Heritage », p. 8-9 et 106-107.
235. Cooper-Bolam, « Healing Heritage », p. 108-109.
236. Cooper-Bolam, « Healing Heritage », p. 109.
237. Cooper-Bolam, « Healing Heritage », p. 61-63.
238. Jeff Corntassel et coll., « Indigenous Story-telling, Truth-telling and Community Approaches to Reconciliation », *English Studies in Canada*, vol. 35, n° 1 (2009), p. 143, cité dans Cooper-Bolam, « Healing Heritage », p. 98.
239. Cooper-Bolam, « Healing Heritage », p. 97-99.
240. Cooper-Bolam, « Healing Heritage », p. ii.
241. *Loi sur la radiodiffusion* (1991), dernière modification en 2014, http://laws-lois.justice.gc.ca/PDF/B-9.01.pdf.
242. David, « Aboriginal Languages Broadcasting in Canada », p. 14, http://aptn.ca/corporate/PDFs/Aboriginal_Language_and_Broadcasting_2004.pdf.
243. CBC/Radio-Canada, « Going the Distance », p. 48. Ce rapport annuel fournit aussi de l'information sur les programmes et la couverture médiatique de Radio-Canada en langue autochtone. Voir : http://www.cbc.radio-canada.ca/_files/cbcrc/documents/annual-report/2013-2014/cbc-radio-canada-annual-report-2013-2014.pdf. En 2013, Statistique Canada a publié ces données dans le document faisant état de l'Enquête nationale auprès des ménages effectuée en 2011. Voir : Statistique Canada, *Les peuples autochtones au Canada, 2011*, p. 4, http://www12.statcan.gc.ca/nhs-enm/2011/as-sa/99-011-x/99-011-x2011001-fra.pdf.
244. Réseau de télévision des peuples autochtones, Rapport annuel, 2013, http://aptn.ca/au-sujet-d-APTN/PDFs/APTN_2013_AnnualReport_FRE.pdf.
245. Réseau de télévision des peuples autochtones, Fiche de renseignements, http://aptn.ca/au-sujet-d-APTN/fiche-de-renseignements.php (consulté le 18 mars 2015).
246. Canada, Commission royale sur les peuples autochtones, *Rapport*, vol. 5, p. 117.
247. Canada, Commission royale sur les peuples autochtones, *Rapport*, vol. 2, p. 685.
248. Voir, par exemple : Anderson et Robertson, *Seeing Red*.

249. Journalistes pour les droits de la personne est un organisme de développement des médias qui fournit un service éducatif et des ressources afin « d'aider les journalistes à accroître leur capacité de rapporter de façon éthique et efficace les problèmes touchant aux droits de la personne et à la gouvernance dans leurs collectivités ». Voir : http://www.jhr.ca/en/aboutjhr_learnabout.php (consulté le 15 avril 2015).
250. Journalistes pour les droits de la personne, « *Buried Voices,* » août 2013, p. 18-19, http://www.documentcloud.org/documents/784473-media-coverage-of-aboriginal-issues.html#document/p1 (consulté le 15 avril 2015).
251. Journalistes pour les droits de la personne, « *Buried Voices,* » p. 5-6, http://www.documentcloud.org/documents/784473-media-coverage-of-aboriginal-issues.html#document/p1 (consulté le 15 avril 2015).
252. Journalistes pour les droits de la personne, « *Buried Voices,* », p. 16, http://www.documentcloud.org/documents/784473-media-coverage-of-aboriginal-issues.html#document/p1 (consulté le 15 avril 2015).
253. Journalistes pour les droits de la personne, « *Buried Voices,* » p. 19, http://www.documentcloud.org/documents/784473-media-coverage-of-aboriginal-issues.html#document/p1.
254. Miller, *Lethal Legacy*, p. vi.
255. Miller, « *Ipperwash and the Media,* » p. 11, 14.
256. Miller, « *Ipperwash and the Media* », p. 19-20, 22-23.
257. CVR, DAV, Theodore Fontaine, déclaration devant la Commission de vérité et réconciliation du Canada, Edmonton (Alberta), 28 mars 2014, numéro de déclaration : AB202.
258. CVR, DAV, Laura Robinson, déclaration devant la Commission de vérité et réconciliation du Canada, Edmonton (Alberta), 28 mars 2014, numéro de déclaration : ABNE202.
259. « Le Barreau apporte son soutien aux initiatives de réconciliation », *Gazette : Barreau du Haut-Canada*, 11 décembre 2014, http://www.lawsocietygazette.ca/news/law-society-throws-support-behind-reconciliation-initiatives/.
260. Mason et Koehli, « Barriers to Physical Activity », p. 103-105.
261. *Loi favorisant l'activité physique et le sport,* http://laws-lois.justice.gc.ca/fra/lois/p-13.4/page-1.html?texthighlight=under-represented#s-5.
262. IndigènACTION, « Rapport de la table ronde », Annexe 2, p. 20-21, http://www.afn.ca/uploads/files/indigenaction/indigenactionroundtablereport-fr.pdf.
263. Te Hiwi, « What Is the Spirit », p. 3.
264. Sport Canada, Renouvellement de la politique, « Rapport de synthèse », 15 juillet 2011, p. 5, http://sirc.ca/sites/default/files/content/docs/pdf/autochtones.pdf.
265. *Politique canadienne du sport,* http://canadiansporttourism.com/sites/default/files/docs/csp2012_fr lr.pdf (consulté le 15 avril 2015).
266. CVR, DAV, David Courchene fils, déclaration devant la Commission de vérité et réconciliation du Canada, Winnipeg (Manitoba), 25 juin 2014, numéro de déclaration : SE048.
267. CVR, DAV, Ian Campbell, déclaration devant la Commission de vérité et réconciliation du Canada, Winnipeg (Manitoba), 25 juin 2014, numéro de déclaration : SE048.
268. Jeff Lee, « Tsilhqot'in Nation Strikes Conciliatory Note with Municipalities », *Vancouver Sun*, 24 septembre 2014, p. A6.
269. Canada, *Le Nord, terre lointaine, terre ancestrale,* vol. 1, p. 1, 88-89. À compter des années 1980, de nombreux accords sur des revendications territoriales ont été signés dans les territoires du Nord, y compris la Convention définitive des Inuvialuits (1984), l'Entente

sur la revendication territoriale globale des Gwich'in (1992), l'Entente sur la revendication territoriale globale des Dénés et Métis du Sahtu (1994), et l'Accord avec les Tlichos (2005) dans les Territoires du Nord-Ouest. Bien qu'il y ait eu des tentatives de revitalisation du projet de pipeline dans la vallée du Mackenzie avec la participation d'une coalition de partenaires autochtones, en 2014 il était toujours impossible de savoir si le projet verrait le jour. Voir : Brent Jang, « Gas Exports from B.C. Seen as Key to Reviving Pipeline », *Globe and Mail*, 2 février 2014, http://www.theglobeandmail.com/report-on-business/industry-news/energy-and-resources/gas-exports-from-bc-said-key-to-reviving-pipeline/article16657138/; Jeff Lewis, « Northwest Territories Eyes Revival of Mackenzie Valley Pipeline Project », *Financial Post*, 11 juin 2013, http://business.financialpost.com/2013/06/11/northwest-territories-eyes-revival-of-mackenzie-valley-pipeline-project/?__lsa=c5d4-608a.
270. Canada, Commission royale sur les peuples autochtones, *Rapport*, vol. 1, p. 508-551.
271. Voir, par exemple : *Delgamuukw c. Colombie-Britannique*, 1997 CanLII 302 (CSC); *Nation haïda c. Colombie-Britannique (Ministre des Forêts)*, 2004 CSC 73 (CanLII); *Première Nation crie Mikisew c. Canada (Ministre du Patrimoine canadien)*, 2005 CSC 69 (CanLII); *Rio Tinto Alcan Inc. c. Conseil tribal Carrier Sekani*, 2010 CSC 43; *Nation Tsilhqot'in c. Colombie-Britannique*, 2014 CSC 44; *Première Nation de Grassy Narrows c. Ontario (Ressources naturelles)*, 2014 CSC 48.
272. *Delgamuukw c. Colombie-Britannique*, 1997 CanLII 302 CSC, paragr. 165.
273. *Nation haïda c. Colombie-Britannique (Ministre des forêts)*, 2004 CSC 73 (CanLII), paragr. 53, cité dans Newman, *Rule and Role of Law*, p. 10, http://www.macdonaldlaurier.ca/files/pdf/DutyToConsult-Final.pdf.
274. Newman, *Rule and Role of Law*, p. 13, http://www.macdonaldlaurier.ca/files/pdf/DutyToConsult-Final.pdf.
275. Forum des politiques publiques, « Forger des partenariats authentiques », p. 7.
276. Forum des politiques publiques, « Forger des partenariats authentiques », p. 6.
277. Eyford, « Créer des partenariats », p. 3, 7, http://www.nrcan.gc.ca/sites/www.nrcan.gc.ca/files/www/pdf/publications/ForgPart-Online-fr.pdf.
278. Lettre de transmission de Douglas R. Eyford au premier ministre, 29 novembre 2013, dans Eyford, « Créer des partenariats », p. 1, http://www.nrcan.gc.ca/sites/www.nrcan.gc.ca/files/www/pdf/publications/ForgPart-Online-fr.pdf.
279. Charrette sur l'énergie, l'environnement et les questions autochtones, « Développement responsable des ressources énergétiques », p. 2.
280. Charrette sur l'énergie, l'environnement et les questions autochtones, « Développement responsable des ressources énergétiques ».
281. Charrette sur l'énergie, l'environnement et les questions autochtones, « Développement responsable des ressources énergétiques », p. 8-14.
282. Coates et Newman, *End Is Not Nigh*, p. 21.
283. Pacte mondial des Nations Unies, *Guide de référence des entreprises*.
284. CVR, DAV, Wab Kinew, déclaration devant la Commission de vérité et réconciliation du Canada, Edmonton (Alberta), 28 mars 2014, numéro de déclaration : ABNE401.
285. CVR, DAV, Victoria Wells, déclaration devant la Commission de vérité et réconciliation du Canada, Victoria (Colombie-Britannique), 13 avril 2012, numéro de déclaration : SP016.
286. CVR, DAV, Lynne Phillips, déclaration devant la Commission de vérité et réconciliation du Canada, Victoria (Colombie-Britannique), 5 décembre 2010, numéro de déclaration : 01-BC-03DE10-007.

287. CVR, DAV, Roger Epp, déclaration devant la Commission de vérité et réconciliation du Canada, Hobbema (Alberta), 25 juillet 2013, numéro de déclaration : SP125.
288. CVR, DAV, Bill Elliot, déclaration devant la Commission de vérité et réconciliation du Canada, Hobbema (Alberta), 25 juillet 2013, numéro de déclaration : SP125.
289. CVR, DAV, Bill Elliot, déclaration devant la Commission de vérité et réconciliation du Canada, Edmonton (Alberta), 29 mars 2014, numéro de déclaration : ABNE301.
290. Réconciliation Canada, « City of Vancouver Council Unanimously Support », http://reconciliationcanada.ca/city-of-vancouver-council-unanimously-support-city-of-reconciliation-framework/. Voir aussi le rapport du directeur municipal au conseil municipal de Vancouver intitulé « Framework for City of Reconciliation », http://former.vancouver.ca/ctyclerk/cclerk/20141028/documents/rr1.pdf.
291. CVR, DAV, Gregor Robertson, déclaration devant la Commission de vérité et réconciliation du Canada, Vancouver (Colombie-Britannique), 18 septembre 2013, numéro de déclaration : BCNE102.
292. Kim Harvey, *Be the Change: Young People Healing the Past and Building the Future*, Vancouver (Colombie-Britannique), 18 septembre 2013, numéro de déclaration : BCNE105, https://vimeo.com/78638476.
293. Kevin Takahide Lee, *Be the Change: Young People Healing the Past and Building the Future*, Vancouver (Colombie-Britannique), 18 septembre 2013, numéro de déclaration : BCNE105, https://vimeo.com/78638476.
294. Caroline Wong, *Be the Change: Young People Healing the Past and Building the Future*, Vancouver (Colombie-Britannique), 18 septembre 2013, numéro de déclaration : BCNE105, https://vimeo.com/78638476.
295. Danny Richmond, *Be the Change: Young People Healing the Past and Building the Future*, Vancouver (Colombie-Britannique), 18 septembre 2013, numéro de déclaration : BCNE105, https://vimeo.com/78638476.
296. CVR, DAV, Akua Benjamin, déclaration devant la Commission de vérité et réconciliation du Canada, Toronto (Ontario), 12 novembre 2013, numéro de déclaration : SE036B.
297. CVR, DAV, Ali Kazimi, déclaration devant la Commission de vérité et réconciliation du Canada, Toronto (Ontario), 12 novembre 2013, numéro de déclaration : SE036B.
298. CVR, DAV, Winnie Ng, déclaration devant la Commission de vérité et réconciliation du Canada, Toronto (Ontario), 12 novembre 2013, numéro de déclaration : SE036B.
299. Canada, ministre de Citoyenneté et Immigration Canada, *Découvrir le Canada*, http://www.cic.gc.ca/francais/ressources/publications/decouvrir/index.asp (consulté le 15 avril 2015).
300. Canada, ministre de Citoyenneté et Immigration Canada, *Découvrir le Canada*, http://www.cic.gc.ca/francais/ressources/publications/decouvrir/index.asp (consulté le 15 avril 2015).
301. Les enregistrements vidéo de la Marche pour la réconciliation sont disponibles à : Réconciliation Canada, http://reconciliationcanada.ca/2013/09/ (consulté le 15 avril 2015).
302. Déclaration des aînés, « A Shared Tomorrow ». La déclaration et l'enregistrement vidéo du Cercle des aînés sont disponibles à l'adresse : Réconciliation Canada, http://reconciliationcanada.ca/explore/elders-statement/ (consulté 15 avril 2015).

Annexe 1 : Le mandat de la Commission de vérité et réconciliation du Canada

1. Ce terme renvoie au principe autochtone de « témoignage ».
2. Le gouvernement du Canada s'engage à assurer une diffusion plus large du rapport, conformément aux recommandations des commissaires.
3. La Commission peut formuler des recommandations en vue de l'adoption des autres mesures qu'elle estime nécessaires pour satisfaire au mandat et aux objectifs de vérité et de réconciliation.

Annexe 2 : Les pensionnats au Canada

1. Affaires autochtones et Développement du Nord Canada, La liste d'institutions reconnues, https://www.aadnc-aandc.gc.ca/fra/1100100015606/1100100015611 (consulté le 3 mars 2015).
2. CVR, ARN, Archives Deschâtelets, Oblats de Marie-Immaculée, Ottawa, HR 6796.C73R 2, Oblats de Marie-Immaculée aux Affaires indiennes, 15 novembre 1923. [SPR-000436]
3. CVR, ARN, administration centrale (AC), 775/25-1-006, 01/39–08/72, volume 2, AC, Calgary, L. Beuglet à G. H. Gooderham, 1er février 1951. [AMP-006646]
4. CVR, ARN, AINC – Secteur de la résolution – Collection des dossiers historiques des pensionnats indiens – Ottawa, 775/6-1-GHC, volume 1, 05/1973–06/1975, Commission royale sur les peuples autochtones (CRPA), E. W. Robinson à Don McBride, 27 avril 1973. [AMP-010378]
5. CVR, ARN, Bibliothèque et Archives Canada – Ottawa, RG10, volume 3834, dossier 65138, partie 4, E. M. Legal au commissaire des Indiens, Regina, 30 mars 1887. [SAC-000211-0001]
6. CVR, ARN, Archives Deschâtelets, Ottawa, HR 6103.C73R 4, Rapport du ministère des Affaires indiennes pour l'année se terminant le 31 mars 1962, p. 33. [OMI-030380]
7. Canada, Rapport annuel du ministère des Affaires indiennes, 1891, p. 65.
8. CVR, ARN, Archives Deschâtelets, Ottawa, HR 6103.C73R 4, Rapport du ministère des Affaires indiennes pour l'année se terminant le 31 mars 1962, p. 33. [OMI-030380]
9. Canada, Rapport annuel du ministère des Affaires indiennes, 1908, p. xxxiv.
10. CVR, ARN, Archives Deschâtelets, Ottawa, HR 6103.C73R 4, Rapport du ministère des Affaires indiennes pour l'année se terminant le 31 mars 1962, p. 33-34. [OMI-030380]
11. Canada, Rapport annuel du ministère des Affaires indiennes, 1898, p. 444.
12. CVR, ARN, Bibliothèque et Archives Canada – Edmonton, 4700-10-435, volume 1, 9/87–12/88, ANC, Edmonton, Sheila Carr-Stewart à Jim Twigg, 14 janvier 1988. [MRY-008208]
13. Canada, Rapport annuel du ministère des Affaires indiennes, 1890, p. 82; Canada, Rapport annuel du ministère des Affaires indiennes, 1891, p. 190.
14. CVR, ARN, AINC – Secteur de la résolution – Collection des dossiers historiques des pensionnats indiens – Ottawa, 773/6-1-, 04/66–07/75, volume 3, CRPA, E. J. Dosdall au conseiller régional, Génie et architecture, 3 juillet 1975. [PUL-002529]
15. Canada, Rapport annuel du ministère des Affaires indiennes, 1900, p. 343-344.
16. CVR, ARN, Bibliothèque et Archives Canada, ANC, dossier 772/6-1-001, 01/67–10/69, « Cluny Indian School Closing », par Don Peacock [*Calgary Albertan*], 20 décembre 1969. [CFT-002237]

17. Pensionnats indiens inclus dans la Convention de règlement relative aux pensionnats indiens 2011, Graphiques scolaires des pensionnats indiens – AINC 2011, document fourni à la CVR par Affaires autochtones et Développement du Nord Canada, 29 septembre 2011. Les Affaires indiennes ont commencé à financer l'école en 1902. Canada, Rapport annuel du ministère des Affaires indiennes, 1903, p. 244-391.
18. CVR, ARN, AINC – Secteur de la résolution – Collection des dossiers historiques des pensionnats indiens – Ottawa, 775/6-1, 03/72–08/76, volume 3, CRPA, E. J. Dosdall à G. K. Gooderham, 26 juin 1973. [MAR-001983]
19. Canada, Rapport annuel du ministère des Affaires indiennes, 1924, p. 13.
20. CVR, ARN, AINC – Bureau des dossiers régionaux de l'Alberta – Edmonton, 774/1-13, volume 2, 07/1968–07/1975, CR – ALB, [illisible] pour W. Evan Armstrong à Churchman, 21 mai 1968. [EDM-009699]
21. McCarthy, *From the Great River*, p. 160; Carney, « Grey Nuns and Children », p. 291; Duchaussois, *Les soeurs grises*, p. 139.
22. CVR, ARN, AINC – Bureau principal des documents – Ottawa, 701/25-20-1, 1965–1975, volume 1, CR AC, E. J. Dosdall au chef des Services des résidences des élèves, Ottawa, 6 mars 1974. [RCA001185]
23. CVR, ARN, Bibliothèque et Archives Canada – Ottawa, RG10, volume 3952, dossier 134858, Affaires indiennes, Public Archives – Archives publiques Canada, Affaires indiennes, « Procès-verbal », 5 août 1900. [AGL-000570]
24. CVR, ARN, AINC – Bureau principal des documents – Ottawa, 775/6-1-005, janvier 1964-février 1973, volume 5, AINC, service central des dossiers – AC, R. F. Davey à Henri Routhier, 23 août 1968. [FTV-006722-0000]
25. Canada, Rapport annuel du ministère des Affaires indiennes, 1887, p. 179-180.
26. CVR, ARN, AINC – Bureau principal des documents – Ottawa, 772/16-2-002, 1966–1971, volume 2, CR-AC, H. W. Allen à M. D. P. Nigra, 20 avril 1971. [OLD-000209]
27. Brandak, « A Study of Missionary Activity », p. 108.
28. Pensionnats indiens inclus dans la Convention de règlement relative aux pensionnats indiens 2011, Graphiques scolaires des pensionnats indiens – AINC 2011, document fourni à la CVR par Affaires autochtones et Développement du Nord Canada, 29 septembre 2011.
29. Canada, Rapport annuel du ministère des Affaires indiennes, 1884, p. 77.
30. CVR, ARN, Archives provinciales de l'Alberta, PAA 71.220 B92 3866, W. M. Graham au directeur du pensionnat catholique d'Ermineskin, 28 octobre 1922. [OGP-030045]
31. Canada, Rapport annuel du ministère des Affaires indiennes, 1895, p. 135.
32. CVR, ARN, AINC – Secteur de la résolution – Collection des dossiers historiques des pensionnats indiens – Ottawa, E4974-2021, 1975–1980, volume 2, CRPA, K. W. Johnson à D. W. Simpson, 4 septembre 1975. [ERM-002507-0000]
33. CVR, ARN, Administration centrale, 777/25-1-007, 02/13–03/65, volume 1, AC, D. C. Scott à Frank Pedley, 9 avril 1913. [GRU-002710]
34. Canada, Rapport annuel du ministère des Affaires indiennes, 1969–1970, p. 140.
35. Persson, « Blue Quills », p. 50.
36. Persson, « Blue Quills », p. 51.
37. Brandak, « A Study of Missionary Activity », p. 37.
38. CVR, ARN, Bibliothèque et Archives Canada, RG10, volume 6380, dossier 769-1, partie 1, A. F. MacKenzie à T. B. R. Westgate, 8 août 1932. [WFL-000246]

39. CVR, ARN, Bibliothèque et Archives Canada – Ottawa, 757-1, partie 1, volume 6355, 1886–1927, ANC, J. D. McLean à E. H. Yeomans, 28 décembre 1922. [MOR-004751-0001]
40. Canada, Rapport annuel du ministère des Affaires indiennes, 1969–1970, p. 140.
41. Canada, Rapport annuel du ministère des Affaires indiennes, 1894, p. 92.
42. CVR, ARN, Bibliothèque et Archives Canada, RG10, volume 6350, dossier 753-1, partie 1, J. F. Woodsworth à James Endicott, 5 juin 1919. [EDM-000242]
43. CVR, ARN, Bibliothèque et Archives Canada, RG10, volume 6345, dossier 751-5, partie 1, 1896-1902, bobine de microfilm C-8701, Liste de matériaux pour la construction d'un pensionnat indien, 1er août 1898; [BQL-007304] CVR, ARN, Bibliothèque et Archives Canada, RG10, volume 6345, dossier 751-5, partie 1, 1896–1902, bobine de microfilm C-8701, H. Leduc à A. E. Forget, 4 septembre 1898. [BQL-007314]
44. Pensionnats indiens inclus dans la Convention de règlement relative aux pensionnats indiens 2011, Graphiques scolaires des pensionnats indiens – AINC 2011, document fourni à la CVR par Affaires autochtones et Développement du Nord Canada, 29 septembre 2011. En 1987, les Affaires indiennes ont informé les administrateurs de l'école de Blue Quills que le programme d'études secondaires ne serait plus financé après juin 1988. Cette décision a été prise, du moins en partie, parce que d'autres Premières Nations locales avaient exprimé le souhait d'élaborer leurs propres programmes d'études secondaires. Les Affaires indiennes ont continué à financer les programmes postsecondaires à Blue Quills. Le programme d'études secondaires a pris fin en juin 1988, et le foyer qui s'y trouvait a fermé ses portes. Cette année-là, soixante-seize élèves de douzième année ont obtenu leur diplôme de l'école : cette classe comportait le nombre de finissants le plus élevé des douze années de l'histoire de l'école secondaire. CVR, ARN, AINC – Secteur de la résolution – Collection des dossiers historiques des pensionnats indiens – Ottawa, dossier E4974-2020, volume 3 (numéro de contrôle 7-7), D. Wattie à G. P. Kerr, 17 mars 1988; [NCA-007261-0000] « Blue Quills First Nations College », *Pimohteskanaw,* p. 14.
45. La mission St. Albert a été fondée en 1861. Choquette, *The Oblate Assault,* p. 86. Les Sœurs grises sont arrivées en 1853 et ont établi une école cette année-là. Côté, « St. Albert », p. 33.
46. CVR, ARN, Bibliothèque et Archives Canada – Ottawa, RG10, volume 6364, dossier 760-1, partie 2, 1936–1948, bobine de microfilm C-8717 PAC, R. A. Hoey au sous-ministre, 3 septembre 1948. [SAL-000283]
47. Lieux patrimoniaux du Canada, St. Augustine's Roman Catholic Mission, http://www.historicplaces.ca/fr/rep-reg/place-lieu.aspx?id=11611 (consulté le 23 février 2015).
48. L'école de Smoky River figure sur la liste des pensionnats de l'Alberta, contenue dans le rapport annuel du ministère des Affaires indiennes de 1908 (Canada, Rapport annuel du ministère des Affaires indiennes, 1908, vol. 2, p. 56), mais elle ne figure pas dans le rapport de 1909 (Canada, Rapport annuel du ministère des Affaires indiennes, 1909, vol. 2, p. 20).
49. Canada, Rapport annuel du ministère des Affaires indiennes, 1893, p. 292-293.
50. Canada, Rapport annuel du ministère des Affaires indiennes, 1922, p. 19-20.
51. Brandak, « A Study of Missionary Activity », p. 37.
52. CVR, ARN, AINC – Bureau principal des documents – Ottawa, 777/16-2-009, 1966–1967, volume 2, CR-AC, L. E. Wrag pour R. F. Davey au délégué en chef du Trésor, 15 mars 1966. [JON-001035]
53. Brandak, « A Study of Missionary Activity », p. 83.
54. CVR, ARN, AINC – Bureau des dossiers régionaux de l'Alberta – Edmonton, 777/6-1-769, 01/05–09/50, CR-AB, [illisible], directeur à L. A. Dixon, 10 juin 1950. [WFL-000753]

55. Canada, Rapport annuel du ministère des Affaires indiennes, 1905, p. 253-255.
56. Canada, Rapport annuel du ministère des Affaires indiennes, 1940, p. 194.
57. Canada, Rapport annuel du ministère des Affaires indiennes, 1894, p. 163.
58. CVR, ARN, AINC – Secteur de la résolution – Collection des dossiers historiques des pensionnats indiens – Ottawa, 978/25-13, volume 1, Résidences pour les élèves – Administration générale, 10/05/1973 – 11/15/1979, numéro de contrôle 449-80, Résolution des questions des pensionnats indiens Canada (RQPIC) – dossiers historiques, Larry Wight au superviseur de district, 2 octobre 1974. [MIK-008346-0005]
59. Pensionnats indiens inclus dans la Convention de règlement relative aux pensionnats indiens 2011, Graphiques scolaires des pensionnats indiens – AINC 2011, document fourni à la CVR par Affaires autochtones et Développement du Nord Canada, 29 septembre 2011.
60. CVR, ARN, Bibliothèque et Archives Canada – Burnaby, RG10, n° d'inst. de recherche 10-147, V1985-86/476, boîte 16 [18], dossier 989/25-8, volume 6, Éducation des Indiens – Assistant en éducation – Administration générale, [dates illisibles] 1976–1977, ANC, Burnaby, Smith à Cahoose, 19 juillet 1977. [JOE-014593]
61. Canada, Rapport annuel du ministère des Affaires indiennes, 1894, p. 210.
62. Canada, Rapport annuel du ministère des Affaires indiennes, 1941, p. 163.
63. Canada, Rapport annuel du ministère des Affaires indiennes, 1890, p. xi.
64. CVR, ARN, Bibliothèque et Archives Canada – Burnaby, RG10, n° d'inst. de recherche 10-138, volume 13464, dossier 964/25-1, partie 1, Éducation – Administration générale, 05/1969–12/1970, ANC, Burnaby, R. M. Hall à G. D. Cromb, 21 mai 1970; [EGN-002451] CVR, ARN, Bibliothèque et Archives Canada – Burnaby, RG10, n° d'inst. de recherche 10-189, acquisition v96-97/816, dossier 6-1, boîte 4, documents de contrat, 1972 [pensionnat indien de Kamloops], ANC – Burnaby, G. D. Cromb à W. L. Fraser, 26 mai 1970. [EGN011708]
65. Canada, Rapport annuel du ministère des Affaires indiennes, 1922, p. 19-20.
66. CVR, ARN, Bibliothèque et Archives Canada – Burnaby, dossier 965/6-1-012, partie 22, pensionnat indien de Lejac, 1973–1976, n° d'inst. de recherche 10-138, acquisition V1985-86/397, boîte 2 [502381], Archives nationales du Canada – Burnaby, Friesen à E. Korchinski, 9 juillet 1976. [LEJ-009413]
67. Canada, Rapport annuel du ministère des Affaires indiennes, 1890, p. xi.
68. CVR, ARN, Bibliothèque et Archives Canada – Burnaby, RG10, n° d'inst. de recherche 10-145, acquisition v85-86/496, dossier 963/25-1, volume permanent 1, Éducation 1974–1978, ANC – Burnaby, R. G. Lyon à K. W. Manuel, 4 juillet 1978. [KAM-009590]
69. Canada, Rapport annuel du ministère des Affaires indiennes, 1906, p. 472.
70. CVR, ARN, Bibliothèque et Archives Canada – Ottawa, dossier 883-1, partie 2, Agence Bella Coola – pensionnat indien de Kitamaat – Administration générale, 1933–1950, n° d'inst. de recherche 10-17, volume permanent 6451, bobine de microfilm C-8773, Bibliothèque et Archives Canada – Ottawa, George Dorey à Harold W. McGill, 21 avril 1941. [KMT-095750]
71. Canada, Rapport annuel du ministère des Affaires indiennes, 1890, p. xi.
72. CVR, ARN, Bibliothèque et Archives Canada, Division des archives gouvernementales et de la disposition des documents (DAGDD), V1985-86/397, 901/25-13-1, boîte 502381, volume 1, 1973-1975, R. Evans au superviseur régional, 7 juillet 1975. [SLT-002387]
73. CVR, ARN, Bibliothèque et Archives Canada, dossier 942-5, partie 4, 1950–1951, volume 6482, bobine de microfilm C-8796, A. H. Fleury à B. H. Neary, 22 janvier 1951. [LOW-000506]

74. CVR, ARN, Bibliothèque et Archives Canada, RG10, boîte 66, acquisition 1988-1989/057, Correspondance générale, résidence des élèves de Lower Post, 1965–1978, G. K. Gooderham au Secrétariat du Ministère, 2 mai 1975. [LOW-041388]
75. Canada, Rapport annuel du ministère des Affaires indiennes, 1903, p. 441-442.
76. CVR, ARN, emplacement du document à déterminer, E-4974-2030 V.1, I. R. Shand à J. Epp, 23 août 1979. [GRG-022833]
77. Canada, Rapport annuel du ministère des Affaires indiennes, 1900, p. 272.
78. CVR, ARN, Archives de la Colombie-Britannique – Victoria, dossiers conservés dans des classeurs verticaux – pensionnat indien de Christie, bobine de microfilm 28, image 1988, Archives de la Colombie-Britannique, George Nicholson, « Indian Children Give up Their School in the Forest », *Vancouver Sun*, 15 juin 1971. [CST-800006]
79. Gresko, « Paul Durieu », http://www.biographi.ca/fr/bio/durieu_paul_12E.html (consulté le 31 août 2014). McNally indique 1862 comme date d'ouverture : McNally, *Lord's Distant Vineyard*, p. 67; CVR, ARN, *The British Columbian*, 11 mai 1865, p. 3; [OMS-000291] CVR, ARN, archives communautaires de Mission, dossier 660.6, L. Fouquet à J. Douglas, 23 mai 1867. [MIS-005038]
80. CVR, ARN, AINC – Bureau des dossiers régionaux de la Colombie-Britannique – Vancouver BC-CR, V87-395, boîte 87-09-D40/42-009, E4974-2031, volume 3, 04/83–07/84, C. E. Van Alstyne à Joe Aleck, 25 juin 1984. [MIS-000494]
81. Canada, Rapport annuel du ministère des Affaires indiennes, 1900, p. 409.
82. CVR, ARN, Bibliothèque et Archives Canada – Ottawa, RG10, n° d'inst. de recherche 10-379, 1999-01431-6, boîte 405, 987/25-1-013, partie 1, Éducation des Indiens – District de Fraser – École St. Paul's, 1959–1968, ANC – Ottawa, W. S. Arneil à R. F. Davey, 16 février 1959. [SQU-000672]
83. Canada, Rapport annuel du ministère des Affaires indiennes, 1894, p. 170-171.
84. CVR, ARN, AINC – Secteur de la résolution – Collection des dossiers historiques des pensionnats indiens – Ottawa, 6-1-2032, pensionnat indien d'Alberni, numéro de contrôle 303-13, 11/1970–12/1978, dossiers historiques des pensionnats indiens, W. R. Cooke au directeur régional, 9 août 1973. [ABR-021977-0000]
85. Bolt, *Thomas Crosby and the Tsimshian*, p. 63.
86. CVR, ARN, Bibliothèque et Archives Canada, dossier 886-1, partie 3, Agence de Skeena River – Pensionnat indien pour les filles de Port Simpson, 1894–1950, n° d'inst. de recherche 10-17, volume permanent 6458, Eva Middleton au surintendant de l'éducation des Indiens, 27 septembre 1948. [PSM-200706]
87. Canada, Rapport annuel du ministère des Affaires indiennes, 1905, p. 220.
88. CVR, ARN, Bibliothèque et Archives Canada – Burnaby, RG10, n° d'inst. de recherche 10-137 v86-87/243, volume 4 [501374], 987/25-13-1 Fermeture d'écoles – Sechelt, partie 1, 1975–1977, ANC – Burnaby, J. M. Neely à B. Banner, 7 juillet 1975. [MIS-007429]
89. Canada, Rapport annuel du ministère des Affaires indiennes, 1890, p. 248.
90. CVR, ARN, Agness Jack, « New Use for St. Joseph's Mission: Now Adult Education Centre », *Williams Lake Tribune*, 10 septembre 1981. [WLM-000627]
91. Canada, Rapport annuel du ministère des Affaires indiennes, 1888, p. xii.
92. CVR, ARN, AINC – Secteur de la résolution – Collection des dossiers historiques des pensionnats indiens – Ottawa, dossier 1/25-1-7-3, volume 2 (numéro de contrôle 14-21), J. B. Bergevin à Mme Gordon Long, 2 juillet 1970. [NCA-001847]
93. Canada, Rapport annuel du ministère des Affaires indiennes, 1895, p. 208.

94. CVR, ARN, Bibliothèque et Archives Canada – Winnipeg, RG10, acquisition 2001-01035-4, boîte 015, dossier 501/25-13-082G, volume 1, Soulodre, J. P. à la Société de téléphone du Manitoba, 7 juin 1972. [BRS-006834]
95. CVR, ARN, Bibliothèque et Archives Canada, R776-0-5 (RG55), volume 290, C.T. n° 626127, 14 mai 1964, ministère du Nord canadien et des Ressources nationales (1966) au Conseil du Trésor, « Details of request to the Honourable the Treasury Board », 20 avril 1964. [120.10656A]
96. CVR, ARN, Bibliothèque et Archives Canada, dossier 380/6-2-007, volume 1, C. L'Heureux à W. J. McGuire, 22 mars 1972; [PHQ-005693] AINC – Sous-section des archives – Ottawa, dossier 5150/C6-1, volume 1, D. Davidson au secrétaire-trésorier, « Junior High School – Hearne Hall », 27 mars 1973. [CVC-000615-0000]
97. Canada, Rapport annuel du ministère des Affaires indiennes, 1912, p. 357-358.
98. Canada, Rapport annuel du ministère des Affaires indiennes, 1969-1970, p. 140.
99. CVR, ARN, Bibliothèque et Archives Canada, RG10, acquisition 88-89/57, dossier 501/25-2, volume 1, R. D. Ragan à AINC, 20 juin 1957. [DRS-122339-0003]
100. CVR, ARN, AINC – Secteur de la résolution – Collection des dossiers historiques des pensionnats indiens – Ottawa, dossier E4974-2012, volume 3, G. R. Maxwell à W. Wright, 25 septembre 1987. [DRS-000170]
101. Canada, Rapport annuel du ministère des Affaires indiennes, 1889, p. 59.
102. CVR, ARN, Bibliothèque et Archives Canada, RG10, volume 3925, dossier 116, 823-1A, Martin Benson à D. C. Scott, 4 mars 1918. [ELK-000250]
103. Canada, Rapport annuel du ministère des Affaires indiennes, 1924, p. 13.
104. CVR, ARN, Bibliothèque et Archives Canada, RG10, volume 6263, dossier 578-9, partie 2, D. M. MacKay au sous-ministre, 9 août 1949. [ELK-000162]
105. Canada, Rapport annuel du ministère des Affaires indiennes, 1899, p. xxiii.
106. Canada, Rapport annuel du ministère des Affaires indiennes, 1969-1970, p. 140.
107. Canada, Rapport annuel du ministère des Affaires indiennes, 1890, volume 1, p. 94.
108. Canada, Rapport annuel du ministère des Affaires indiennes, 1969-1970, p. 140.
109. Canada, Rapport annuel du ministère des Affaires indiennes, 1906, p. xxxi-xxxii.
110. CVR, ARN, AINC – Secteur de la résolution – Collection des dossiers historiques des pensionnats indiens – Ottawa, dossier 1/25-13, volume 15, R. F. Davey au sous-ministre adjoint, Affaires indiennes et esquimaudes, 18 août 1969. [NCA-011279]
111. Canada, Rapport annuel du ministère des Affaires indiennes, 1891, p. 105.
112. CVR, ARN, Bibliothèque et Archives Canada, Winnipeg, RG10, acquisition W86-87/083, boîte 001, dossier 501/25-1, volume 2A, J. Malcolm à chers amis, 25 mai 1975. [PLP-100300]
113. Canada, Rapport annuel du ministère des Affaires indiennes, 1906, p. xxxi-xxxii.
114. CVR, ARN, AINC – Secteur de la résolution – Collection des dossiers historiques des pensionnats indiens – Ottawa, dossier 1/25-13, volume 15, R. F. Davey au sous-ministre adjoint, Affaires indiennes et esquimaudes, 18 août 1969. [NCA-011279]
115. Canada, Rapport annuel du ministère des Affaires indiennes, 1915, p. xxiv.
116. CVR, ARN, Bibliothèque et Archives Canada, RG10, volume 6267, dossier 580-1, partie 2, A. F. MacKenzie au révérend T. B. R. Westgate, 24 avril 1933. [DRS-000616]
117. CVR, ARN, Bibliothèque et Archives Canada, RG10, volume 8638, dossier 511/6-1-038, partie 1, R. S. Davis au ministère des Affaires indiennes, 15 décembre 1952. [GUY-000164]

118. CVR, ARN, AINC – Secteur de la résolution – Collection des dossiers historiques des pensionnats indiens – Ottawa, dossier E4974-2011, volume 1, Jake Epp à Henry Wilson, 30 août 1979. [GUY-000606]
119. Ville de Winnipeg, Comités des édifices historiques, « 611 Academy – Former Julia Clark School », août 1997, 1-3, 9-10; CVR, ARN, AINC – Secteur de la résolution – Collection des dossiers historiques des pensionnats indiens – Ottawa, dossier 6-21-7, volume 1 (numéro de contrôle 25-7), H. M. Jones au sous-ministre, 4 juillet 1958. [NCA-011600-0000]
120. CVR, ARN, AINC – Secteur de la résolution – Collection des dossiers historiques des pensionnats indiens – Ottawa, dossier 1/25-13, volume 20, D. Hueston à A. Akehurst, 4 juillet 1973. [PLK-001019]
121. Canada, Rapport annuel du ministère des Affaires indiennes, 1927, p. 14-15.
122. Canada, Rapport annuel du ministère des Affaires indiennes, 1958-1959, p. 106; Canada, Rapport annuel du ministère des Affaires indiennes, 1958-1959, p. 104.
123. Canada, Rapport annuel du ministère des Affaires indiennes, 1937, p. 224.
124. Canada, Rapport annuel du ministère des Affaires indiennes, 1958-1959, p. 106; Canada, Rapport annuel du ministère des Affaires indiennes, 1958-1959, p. 104.
125. CVR, ARN, Bibliothèque et Archives Canada – Ottawa, RG85, dossier 632-108-1, volume 1, boîte 22, Rapport trimestriel des présences, Fort Franklin – T.N.-O., 09/1967–12/1968, Rapports trimestriels sur les résidences des élèves, Fort Franklin, 30 septembre 1967. [FFS-000001-0001]
126. CVR, ARN, Gouvernement des Territoires du Nord-Ouest – Éducation, culture et emploi, dossier 73-600-303, volume 2, Services scolaires – Fort Franklin, 01/72–09/73, numéro de transfert 0330, boîte 9, J. A. Coady à N. Macpherson, 22 mars 1973. [FFS-000018]
127. Canada, Rapport annuel du ministère des Affaires indiennes, 1958-1959, p. 106.
128. CVR, ARN, Gouvernement des Territoires du Nord-Ouest – Éducation, culture et emploi, dossier 73-500-402, volume 2, Foyer anglican de Fort McPherson – Rapports trimestriels [Fort McPherson], 01/7–12/76, numéro de transfert 0330, boîte 8-21, N. J. Macpherson à un membre du comité de la direction pour l'éducation, 21 avril 1976. [FHU-002403]
129. McCarthy, *From the Great River,* p. 159.
130. CVR, ARN, Archives du gouvernement des Territoires du Nord-Ouest, dossier 600-1-1, partie 4, Politique scolaire [et des foyers], 1959–1961, boîte d'archives 202-1, acquisition G-1979-003, ministère du Nord canadien et des Ressources nationales, « Historic Names for Northern Schools and Residences », communiqué, 2 mars 1961. [RCN-010612-0002]
131. Carney, « Relations in Education », p. 60.
132. CVR, ARN, AINC – Bibliothèque ministérielle – Ottawa, « Farewell to St. Joseph's School, Fort Resolution, T.N.-O. », *Indian Record,* volume XX, numéro 5, mai 1957. [IMR-000160]
133. CVR, ARN, Archives du gouvernement des Territoires du Nord-Ouest, dossier 602, Écoles provinciales et systèmes d'éducation, 1960–1961, boîte d'archives 211-1, acquisition G-1979-003, administrateur du diocèse de Mackenzie au directeur, 12 décembre 1960. [FNU-001695]
134. CVR, ARN, Gouvernement des Territoires du Nord-Ouest – Éducation, culture et emploi, Rapports divers sur les foyers, SGIR, n° 1209, boîte 9, Inscription des élèves dans les foyers, 1967–1975. [RCN-007181]
135. CVR, ARN, Archives du gouvernement des Territoires du Nord-Ouest, dossier 602, Écoles provinciales et systèmes d'éducation, 1960–1961, boîte d'archives 211-1, acquisition G-1979-003, administrateur du diocèse de Mackenzie au directeur, 12 décembre 1960. [FNU-001695]

136. CVR, ARN, Gouvernement des Territoires du Nord-Ouest – Éducation, culture et emploi, rapports divers sur les foyers, SGIR, n° 1209, boîte 9, Inscription des élèves dans les foyers, 1967-1975. [RCN007181]
137. CVR, ARN, Archives du gouvernement des Territoires du Nord-Ouest, Résidences des élèves – Administration générale, 1973-1978, boîte d'archives 4-2, acquisition G1995-004, R. L. Julyan à R. W. Halifax, 28 décembre 1977. [LHU-000685-0001]
138. Roxanna Thompson, « Dehcho Hall to Close its Doors », *Northern News Services* on line, 26 janvier 2009, http://www.nnsl.com/frames/newspapers/2009-01/jan26_09h.html.
139. Canada, Rapport annuel du ministère des Affaires indiennes, 1958-1959, p. 106.
140. CVR, ARN, Gouvernement des Territoires du Nord-Ouest – Éducation, culture et emploi, rapports divers sur les foyers, SGIR, n° 1209, boîte 9, Inscription des élèves dans les foyers, 1967-1975. [RCN007181]
141. CVR, ARN, Archives du gouvernement des Territoires du Nord-Ouest, dossier 600-1-1, partie 1A, Éducation, écoles – Politique générale, 1962-1969, boîte d'archives 202-4, acquisition G-1979-003, P. Piché à R. J. Orange, 27 mai 1964. [GCU-000178]
142. CVR, ARN, Diocèse de Mackenzie – Yellowknife, T.N.-O., Collège Grandin – Fichiers administratifs, documents divers, Lettre envoyée au nom de l'évêque P. Piché et de son conseil diocésain, 4 juin 1985. [GCU-800247]
143. CVR, ARN, Archives du Synode général de l'Église anglicane du Canada, ACC-MSCC-GS 75-103, série 2.15, boîte 27, dossier 8, Pensionnat indien de St. Peter, Hay River, diocèse de Mackenzie River, histoire de la paroisse, sans date; [AAC-087477] diapositives de Hay River, Alf. J. Vale, sans date [AAC-087480]
144. Le pensionnat de Hay River figure sur la liste des pensionnats contenue dans le rapport annuel du ministère des Affaires indiennes de 1937-1938 (Canada, Rapport annuel du ministère des Affaires indiennes, 1938, p. 247), mais il ne figure pas dans le rapport de 1938-1939 (Canada, Rapport annuel du ministère des Affaires indiennes, 1939, p. 285).
145. Canada, Rapport annuel du ministère des Affaires indiennes, 1958-1959, p. 106; Canada, Rapport annuel du ministère des Affaires indiennes, 1958-1959, p. 104.
146. CVR, ARN, aucun emplacement de dossier, aucun dossier source de document, B. Pusharenko, Inuvik, T.N.-O., « Demolition of Former Residential School Called for to Put Bad Memories at Rest », *Edmonton Journal*, 13 août 1998. [GNN-000298-0026]
147. Canada, Rapport annuel du ministère des Affaires indiennes, 1958-1959, p. 106; Canada, Rapport annuel du ministère des Affaires indiennes, 1958-1959, p. 104.
148. CVR, ARN, Gouvernement des Territoires du Nord-Ouest – Éducation, culture et emploi, ECE [02330-6, 004508], Gouvernement des Territoires du Nord-Ouest, Yellowknife, T.N.-O., Peter L. McKlusky au vérificateur territorial, 17 décembre 1975. [SHU-000074-0000]
149. Canada, Rapport annuel du ministère des Affaires indiennes, 1958-1959, p. 106.
150. CVR, ARN, Gouvernement des Territoires du Nord-Ouest – Éducation, culture et emploi, correspondance générale, 1991-1994, numéro de transfert 1531, boîte 5, C. McLean à J. Stad, 24 juin 1994. [AHU-004085]
151. CVR, ARN, Bibliothèque et Archives Canada, RG10, volume 6054, dossier 265-1, partie 1, Chas Stewart à A. E. MacLean, 22 mai 1930. [SRS-000300]
152. CVR, ARN, AINC – Secteur de la résolution – Collection des dossiers historiques des pensionnats indiens – Ottawa, dossier 211/6-1-010, volume 6, R. F. Davey à Michael Kearney, 12 juin 1967. [SRS000175]

153. CVR, ARN, Archives du gouvernement des Territoires du Nord-Ouest, dossier A-630/153-11, partie 1, Établissements d'enseignement – Petits foyers pour les écoles – Eskimo Point, 1961–1966, boîte d'archives 247-12, acquisition G-1979-003, Rapports trimestriels sur les résidences des élèves, foyer d'Eskimo Point, 31 mars 1962. [EPS-000343]
154. Pensionnats indiens inclus dans la Convention de règlement relative aux pensionnats indiens 2011, Graphiques scolaires des pensionnats indiens – AINC 2011, document fourni à la CVR par Affaires autochtones et Développement du Nord Canada, 29 septembre 2011.
155. CVR, ARN, Archives du gouvernement des Territoires du Nord-Ouest, dossier 630-150/12-1,2,3, Foyer fédéral de Cambridge Bay, Rapports, 1963–1964, boîte d'archives 247-10, acquisition G-1979-003, Rapports trimestriels sur les résidences des élèves, Foyer fédéral de Cambridge Bay, 31 mars 1964. [CBS-000002-0001]
156. CVR, ARN, Entrepôt des dossiers de la Catholic Guardian Society, Iqaluit, Gouvernement du Nunavut, Résidence – Correspondance – Kitikmeot, 1991–1992, région de Kitikmeot [Kugluktuk] – boîte 102, Entrepôt des dossiers de la Catholic Guardian Society, Iqaluit, Gouvernement du Nunavut, liste au conseil scolaire de la division de Kitikmeot, renseignements sur les résidences des élèves – 30 septembre 1996, 18 octobre 1996. [CPU-001700-0002]
157. CVR, ARN, Bibliothèque et Archives Canada, RG85, volume 711, dossier 630/158-1, partie 5, École publique – Chesterfield Inlet, T.N.-O., 1956–1957, « Boarding Schools for Eskimos – Chesterfield Inlet », 8 août 1958. [CIU-000485]
158. CVR, ARN, Archives du gouvernement des Territoires du Nord-Ouest, numéro de contrôle 71-602-000, Résidences des élèves – Administration générale, 04/1968–12/71, boîte d'archives 266, acquisition G1999-046, G. Devitt au directeur de l'Éducation, 5 décembre 1969. [CIU-001807]
159. CVR, ARN, Archives du gouvernement des Territoires du Nord-Ouest, dossier 630-145/22-2, Rapports, pensionnat de Coppermine, 1954–1956, boîte d'archives 247-3, acquisition G-1979-003, « Report on the Coppermine Experimental Tent Hostel », David S. Wilson, 18 octobre 1954. [CPU-001206-0002]
160. CVR, ARN, Bibliothèque et Archives Canada – Ottawa, RG85, volume permanent 644, dossier 630/145-2, partie 7, Écoles anglicanes – Coppermine, T.N.-O. [y compris Tent Hostel] novembre 1957–décembre 1959, n° d'inst. de recherche 85-1, directeur à l'administrateur du diocèse de Mackenzie, Fort Smith, T.N.-O., 26 septembre 1959. [CPU-000436]
161. CVR, ARN, Archives du gouvernement des Territoires du Nord-Ouest, dossier A-600-1-6-1, partie 2, Petits foyers, T.N.-O., 1962–1965, boîte d'archives 205-4, acquisition G-1979-003, [illisible] directeur à l'administrateur de l'Arctique, 10 janvier 1962. [IGS-000239]
162. Pensionnats indiens inclus dans la Convention de règlement relative aux pensionnats indiens 2011, Graphiques scolaires des pensionnats indiens – AINC 2011, document fourni à la CVR par Affaires autochtones et Développement du Nord Canada, 29 septembre 2011.
163. CVR, ARN, Gouvernement des Territoires du Nord-Ouest – Éducation, culture et emploi, Registres des écoles et formulaires des foyers 1961–1974 [foyer d'Ukkivik], numéro de transfert 0274, boîte 423, Rapports trimestriels sur les résidences des élèves, septembre 1971. [FBS-000001]
164. CVR, ARN, aucun emplacement de document, aucun dossier source de document, B. Pusharenko, Inuvik, T.N.-O., « Demolition of Former Residential School Called for to Put Bad Memories at Rest », *Edmonton Journal*, 13 août 1998. [GNN-000298-0026]

165. Pensionnats indiens inclus dans la Convention de règlement relative aux pensionnats indiens 2011, Graphiques scolaires des pensionnats indiens – AINC 2011, document fourni à la CVR par Affaires autochtones et Développement du Nord Canada, 29 septembre 2011.
166. Pensionnats indiens inclus dans la Convention de règlement relative aux pensionnats indiens 2011, Graphiques scolaires des pensionnats indiens – AINC 2011, document fourni à la CVR par Affaires autochtones et Développement du Nord Canada, 29 septembre 2011.
167. Pensionnats indiens inclus dans la Convention de règlement relative aux pensionnats indiens 2011, Graphiques scolaires des pensionnats indiens – AINC 2011, document fourni à la CVR par Affaires autochtones et Développement du Nord Canada, 29 septembre 2011.
168. Pensionnats indiens inclus dans la Convention de règlement relative aux pensionnats indiens 2011, Graphiques scolaires des pensionnats indiens – AINC 2011, document fourni à la CVR par Affaires autochtones et Développement du Nord Canada, 29 septembre 2011.
169. Pensionnats indiens inclus dans la Convention de règlement relative aux pensionnats indiens 2011, Graphiques scolaires des pensionnats indiens – AINC 2011, document fourni à la CVR par Affaires autochtones et Développement du Nord Canada, 29 septembre 2011.
170. Pensionnats indiens inclus dans la Convention de règlement relative aux pensionnats indiens 2011, Graphiques scolaires des pensionnats indiens – AINC 2011, document fourni à la CVR par Affaires autochtones et Développement du Nord Canada, 29 septembre 2011.
171. CVR, ARN, Archives du gouvernement des Territoires du Nord-Ouest, dossier A-630/170-1, partie 1, Établissements scolaires – Écoles – Pangnirtung, T.N.-O., 1959–1966, boîte d'archives 24-910, acquisition G1979-003, R. L. Kennedy à l'administrateur régional, 14 juillet 1964. [PAS-000083]
172. Pensionnats indiens inclus dans la Convention de règlement relative aux pensionnats indiens 2011, Graphiques scolaires des pensionnats indiens – AINC 2011, document fourni à la CVR par Affaires autochtones et Développement du Nord Canada, 29 septembre 2011.
173. CVR, ARN, Archives du gouvernement des Territoires du Nord-Ouest, dossier A-630/159-1, partie 1, Établissements scolaires – Petits foyers pour les écoles – Baker Lake, 1961–1966, boîte d'archives 248-8, acquisition G-1979-003, M. E. Gordon au ministère du Nord canadien et des Ressources nationales, 21 janvier 1961. [BLS-000320]
174. CVR, ARN, AINC – Secteur de la résolution – Collection des dossiers historiques des pensionnats indiens – Ottawa, dossier 600-1-6, volume 10, Gestion des foyers – T.N.-O. [Politique générale], août 1967–septembre 1968, W. Ivan Mouat à J. B. Gunn et à l'administrateur régional de l'Arctique, 30 janvier 1968. [RCN-002847]
175. CVR, ARN, Archives du gouvernement des Territoires du Nord-Ouest, dossier A-630/1023-11, volume 1, Petits foyers de Broughton Island, 1962–1966, boîte d'archives 251-12, acquisition G-1979-003, Rapports trimestriels du Foyer fédéral de Broughton Island, 31 décembre 1962. [BIS-000001]
176. CVR, ARN, Archives du gouvernement des Territoires du Nord-Ouest, dossier A-630/1023-11, partie 1, Petits foyers de Broughton Island, 1962–1966, boîte d'archives 251-12, acquisition G-1979-003, Entente de service de la Mère du foyer, Ada Atagoojuk, Foyer de Broughton Island 1er avril 1966. [BIS-000097]
177. CVR, ARN, Archives du gouvernement des Territoires du Nord-Ouest, dossier AQR 630/174-11, volume 1, Établissements d'enseignement – Petits foyers – Îles Belcher, 1963–1968, boîte d'archives 250-4, acquisition G-1979-003, Peter H. Zacharias à la Direction de régions septentrionales, 31 mars 1964. [BES-000002]

178. CVR, ARN, Archives du gouvernement des Territoires du Nord-Ouest, dossier AQR 630/174-1, partie 1, Établissements d'enseignement – École des îles Belcher, 1960–1969, boîte d'archives 250-3, acquisition G1979-003, H. Helbecque à l'administrateur du Nord, Great Whale River, 24 novembre 1964. [BES-000036]
179. Graham, *Mush Hole*, p. 7.
180. CVR, ARN, Bibliothèque et Archives Canada, RG10, acquisition 1984-85/112, boîte 47, dossier 451/25-1, article de journal intitulé « Mohawk Institut May Close after 139 Years », sans date; [TAY-001133] CVR, ARN, Archives du diocèse Huron, Église anglicane du Canada, Collège universitaire Huron, London (Ontario), documents Luxton, boîte 27, réserves indiennes, Richard Isaac, conseil des Six Nations à qui de droit, 13 mars 1970; [TAY-001432] CVR, ARN, AINC – Secteur de la résolution – Collection des dossiers historiques des pensionnats indiens – Ottawa, dossier 479/25-13-001, volume 3, G. D. Cromb au sous-ministre, 20 mars 1970. [TAY-003053-0001]
181. Canada, Rapport annuel du ministère des Affaires indiennes, 1908, p. 281.
182. CVR, ARN, Bibliothèque et Archives Canada, RG10, volume 11091, dossier Shannon, 1948, lettres au ministère des Affaires indiennes, J. L. Whitney à Philip Phelan, 31 juillet 1948. [CRS-002092]
183. CVR, DASAG, Affaires autochtones et Développement du Nord Canada, lettre reçue le 27 juillet 1976. [AANDC-01471]
184. Auger, *Indian Residential Schools in Ontario*, p. 193.
185. Taylor, « Northern Algonquians », p. 350.
186. CVR, ARN, AINC – Secteur de la résolution – Collection des dossiers historiques des pensionnats indiens – Ottawa, dossier 486/25-13-1, H. B. Rodine à tous les chefs de programmes et de sections et au superviseur de district, 8 avril 1976. [FTA-000510-0000]
187. Canada, Rapport annuel du ministère des Affaires indiennes, 1906, p. xxxi-xxxii.
188. CVR, ARN, AINC – Secteur de la résolution – Collection des dossiers historiques des pensionnats indiens – Ottawa, dossier 1/1-8, volume 3 (numéro de contrôle 123-AC-7), M. Rehaluk à G. K. Gooderham, 11 mars 1974. [NCA-016551-0000]
189. CVR, ARN, Bibliothèque et Archives Canada, RG10, volume 6196, dossier 464-1, partie 1, rapport intitulé « Fort William Orphanage », mars 1899. [SJS-000153]
190. CVR, ARN, Bibliothèque et Archives Canada, RG10, volume 11630, dossier 492/25-2, M. Ouimet à A. F. McWhinnie, 6 août 1968. [SJS-001351]
191. CVR, ARN, Bibliothèque et Archives Canada – Ottawa, RG10, volume 6468, dossier 890-1, partie 1, bobine de microfilm C-8786, A. W. Vowell au superintendant adjoint général des Affaires indiennes, 5 juillet 1897. [MIS-004738]
192. CVR, ARN, AINC – Secteur de la résolution – Collection des dossiers historiques des pensionnats indiens – Ottawa, dossier 487/1-18, volume 1, W. McKim à A. Lacerte, 22, sans date. [KNR-000214]
193. Canada, Rapport annuel du ministère des Affaires indiennes, 1902, p. 103.
194. CVR, ARN, AINC – Secteur de la résolution – Collection des dossiers historiques des pensionnats indiens – Ottawa, dossier 486/25-13-1, H. aux chefs des programmes et des sections, 8 avril 1976, [chefs des programmes et des sections]; CVR, ARN, Centre de services régional de l'Ontario – Bibliothèque et Archives Canada – Toronto, dossier 487/25-1, volume 3, Fred Kelly à Erik Weigeldt, 18 novembre 1976. [CJC-001887]
195. Canada, Rapport annuel du ministère des Affaires indiennes, 1926, p. 17.
196. Canada, Rapport annuel du ministère des Affaires indiennes, 1969–1970, p. 140.

197. Synode général de l'Église anglicane du Canada, « Bishop Horden Memorial School ».
198. CVR, ARN, AINC – Secteur de la résolution – Collection des dossiers historiques des pensionnats indiens – Ottawa, dossier 486/25-13-1, H. B. Rodine à tous les chefs de programmes et de sections et au superviseur de district, 8 avril 1976. [FTA-000510-0000]
199. *Report of the Special Commissioners 1858*, sans lieu.
200. CVR, ARN, Bibliothèque et Archives Canada, RG10, volume 6205, dossier 468-1, partie 3, R. A. Hoey à M. McGill, 9 novembre 1942; [MER-000498] CVR, ARN, Bibliothèque et Archives Canada, RG10, volume 6205, dossier 468-1, partie 1, M. Benson au surintendant adjoint général des Affaires indiennes, 28 novembre 1902; [MER-000328] CVR, ARN, Bibliothèque et Archives Canada, RG10, volume 6205, dossier 468-1, partie 3, R. A. Hoey à M. McGill, 9 novembre 1942; [MER-000498] CVR, ARN, Bibliothèque et Archives Canada, RG10, volume 6205, dossier 468-1, partie 3, R. A. Hoey à George Dorey, 16 juin 1944; [MER-000532] CVR, ARN, Bibliothèque et Archives Canada, RG10, dossier 468-1, volume 6205, partie 3, R. A. Hoey à George Dorey, 12 juin 1943; [IRC-041082] CVR, ARN, Bibliothèque et Archives Canada, RG10, dossier 468-1, volume 6205, partie 3, George Dorey à R. A. Hoey, 10 juin 1943; [MER-000505] CVR, ARN, Bibliothèque et Archives Canada, RG10, volume 6210, dossier 468-10, partie 5, Samuel Devlin aux Affaires indiennes, 20 mai 1946; [MER-003806-0001] Canada, Rapport annuel du ministère des Affaires indiennes, 1969–1970, p. 140.
201. CVR, ARN, Bibliothèque et Archives Canada, RG10, volume 11447, dossier 494/25-2, partie 1, Irwin Schantz à D. B. MacBeth, 29 août 1962. [PHD-000451-0000]
202. CVR, ARN, Bibliothèque et Archives Canada, Margaret Reimer, « Native Mission School Shut Down over Discipline Controversy », *Mennonite Reporter*, volume 19, numéro 22, 13 novembre 1989. [PHD-000143]
203. Wilson, *Missionary work*, p. 129, 130–131.
204. CVR, ARN, Bibliothèque et Archives Canada, RG10, acquisition 86-87/347, dossier 411/25-2, volume 1, A. F. McWhinnie au surintendant de l'éducation pour le district, agence de Sudbury, 8 juin 1970. [SWK-007859]
205. Wilson, *Missionary work*, p. 215.
206. À partir de 1895, les Affaires indiennes ont cessé de fournir des rapports distincts sur l'école de Wawanosh. Les statistiques de l'ancienne école étaient désormais comprises dans le rapport de l'école de Shingwauk. Le même directeur était responsable des deux écoles anglicanes situées à Sault Ste. Marie, Canada, Rapport annuel du ministère des Affaires indiennes, 1895, p. 20 et 342.
207. Canada, Rapport annuel du ministère des Affaires indiennes, 1927, p. 19.
208. CVR, ARN, AINC – Secteur de la résolution – Collection des dossiers historiques des pensionnats indiens – Ottawa, dossier E-4974-2008, volume 1, V. Gran à J. R. Wright, 29 août 1978. [PLK-000315-0000]
209. Canada, Rapport annuel du ministère des Affaires indiennes, 1914, p. xxiii.
210. CVR, ARN, Bibliothèque et Archives Canada, RG10, volume 11359, dossier 13/25-2-471, partie 3, révérend Wm. Kearns aux parents et aux tuteurs, 4 juillet 1958; [NCA-013327] CVR, ARN, Archives des Pères Jésuites du Haut-Canada, Collège Regis, Toronto (Ontario), Archives des Pères Jésuites du Haut-Canada, « Parish Announcement », père E. Dowling, 6 juillet 1958. [AGA-000812]
211. Canada, Rapport annuel du ministère des Affaires indiennes, 1914, p. xxiii.
212. CVR, ARN, Bibliothèque et Archives Canada, RG10, acquisition 84-85/112, boîte 51, dossier 471/25-2, F. L. Hall au superviseur régional, 21 juin 1962. [AGA-004741] CVR, ARN,

Archives de l'Église Unie du Canada et de l'Université de Victoria, acquisition 83.050C, boîte 111, dossier 2, Pensionnat indien de Morley – Correspondance 1961–1962, documents de l'Église Unie du Canada, Toronto, R. F. Davey, révérend E. E. M. Joblin, 17 août 1962. [UCA-081423]

213. CVR, ARN, Bibliothèque et Archives Canada, RG10, acquisition 1984-85/112, boîte 101, dossier 494/25-1, partie 3, I. L. Howes au directeur régional adjoint, 10 janvier 1973. [PHD-000215]

214. *Fontaine c. Canada (Procureur général)*, 2011 CanLII 4938 (ON SC), p. 6.

215. CVR, ARN, Bibliothèque et Archives Canada, RG10, volume 7187, dossier 371/25-1-021, H. M. Jones au sous-ministre, 22 septembre 1955. [NCA-005273]

216. CVR, ARN, AINC – Secteur de la résolution – Collection des dossiers historiques des pensionnats indiens – Ottawa, dossier 1/25-13, volume 20, D. Hueston à A. Akehurst, 4 juillet 1973. [PLK-001019]

217. CVR, ARN, Archives du Synode général de l'Église anglicane du Canada, Rapport triennal du conseil d'administration au conseil des missions, M.S.C.C. 07/1934, acquisition GS 75-2A, Archibald [Fleming], Évêque des régions arctiques, « The Arctic », dans S. Gould, secrétaire général du conseil d'administration, M.S.C.C., « Triennial Report of the Board of Management, M.S.C.C. », 4 juillet 1934, p. 353. [AGS-000185]

218. CVR, ARN, AINC – Secteur de la résolution – Collection des dossiers historiques des pensionnats indiens – Ottawa, dossier 371/6-1-019, G. K. Gooderham à E. T. Parker, 27 février 1975. [HFG000035-0008]

219. CVR, ARN, Archives du Synode général de l'Église anglicane du Canada, ACC-MSCC-GS 75-103, série 3:2, boîte 55, dossier 6, S. Gould à D. C. Scott, 18 décembre 1931. [AAC-090271]

220. CVR, ARN, AINC – Secteur de la résolution – Collection des dossiers historiques des pensionnats indiens – Ottawa, dossier 372/25-13-019, volume 1, Laurent Faucher, directeur, Services financiers et équipement, Commission scolaire crie de Jean-Marie St. Jacques, directeur adjoint des finances, ministère de l'Éducation, 2 août 1978. [FTG-000171]

221. Affaires autochtones et Développement du Nord Canada, La liste d'institutions reconnues, https://www.aadnc-aandc.gc.ca/fra/1100100015606/1100100015611 (consulté le 3 mars 2015).

222. Affaires autochtones et Développement du Nord Canada, La liste d'institutions reconnues, https://www.aadnc-aandc.gc.ca/fra/1100100015606/1100100015611 (consulté le 3 mars 2015).

223. CVR, ARN, AINC – Secteur de la résolution – Collection des dossiers historiques des pensionnats indiens – Ottawa, dossier 630/304-11, volume 2, T. B. Golding à AINC, 11 janvier 1960. [PHQ-005752]

224. CVR, ARN, Bibliothèque et Archives Canada, dossier 380/6-2-007, volume 1, C. L'Heureux à W. J. McGuire, 22 mars 1970. [PHQ-005693]

225. CVR, ARN, Bibliothèque et Archives Canada – Ottawa, RG85, volume permanent 1435, dossier 600-14, partie 1, Écoles saisonnières, T.N.-O. - Administration générale, 1959–1964, n° d'inst. de recherche 85-4, Note d'information de l'évêque, R. A., chef adjoint, Division de l'éducation, Direction de régions septentrionales, ministère du Nord canadien et des Ressources nationales, Ottawa, au directeur, 9 février 1960. [FGR-000012]

226. CVR, ARN, Bibliothèque et Archives Canada, RG10, 2003-0196-4, boîte 19, dossier AQR-630/314-1, « George River Seasonal School Report », novembre 1960. [FGR-000015-0001]

227. CVR, ARN, Bibliothèque et Archives Canada, RG10, acquisition 2003-00196-4, dossier AQR630/313-1, boîte 19, volume 1, W. G. Devitt à l'administrateur des régions arctiques, Section de l'ingénierie, 21 juin 1960. [PBH-000107]
228. CVR, ARN, Bibliothèque et Archives Canada, RG10, acquisition 2003-00196-4, boîte 19, dossier AQR630/313-11, volume 1, page 3 sur 3, Formulaire d'inscription de Meldrum au surintendant régional des écoles, Ministère du Nord canadien et des Ressources nationales, 1er avril 1962. [PBH-000121]
229. CVR, ARN, Bibliothèque et Archives Canada, RG85, volume 1290, dossier 303/302, partie 2, « Great Whale Housing », 21 septembre 1960. [GWR-000068]
230. CVR, ARN, Bibliothèque et Archives Canada, RG10, acquisition 2003-00196-4, boîte 12, dossier AQR, R. G. Armstrong à Y. Gosselin, 22 décembre 1970. [GWR-000251]
231. CVR, ARN, AINC – Secteur de la résolution – Collection des dossiers historiques des pensionnats indiens – Ottawa, dossier 21/6-1-355, volume 2, révérend J. E. DeWolf à C. E. Reynolds, 27 mars 1963. [LTR-000338-0002]
232. CVR, ARN, Bibliothèque et Archives Canada, RG55, acquisition 1989-90/143, boîte 74, dossier 7878-01, partie 1, État des pensionnats fermés à compter de juin 1977. [HFG-000024-0002]
233. Fontaine c. Canada (Procureur général), 2013 CanLII 1293 (QC CS) 500-06-000293-056_LarryFontainecPGC_ConsentOrder-MERGED
234. Fontaine c. Canada (Procureur général), 2013 CanLII 1293 (QC CS) 500-06-000293-056_LarryFontainecPGC_ConsentOrder-MERGED
235. CVR, ARN, AINC – Secteur de la résolution – Collection des dossiers historiques des pensionnats indiens – Ottawa, dossier 21/25-1-354, agence indienne de Pointe Bleue, « Confirmation de l'appel téléphonique à Monsieur Jolicoeur du 7 octobre 1960 date de l'ouverture des classes », 12 octobre 1960. [PTB-000301]
236. CVR, ARN, AINC – Secteur de la résolution – Collection des dossiers historiques des pensionnats indiens – Ottawa, dossier E-4974/076, volume NC 3, Rene Carriere à Rejean Perron, 22 avril 1991. [BAX-000905-0001]
237. CVR, ARN, AINC – Secteur de la résolution – Collection des dossiers historiques des pensionnats indiens – Ottawa, dossier 321/25-1-352 (numéro de contrôle 407-Q-195), Philip Phelan à J. D'Astous, 16 juillet 1952; [NPC-400716] CVR, ARN, Bibliothèque et Archives Canada, RG10, acquisition 1999-01431-6, boîte 125, dossier 379/16-2-009, partie 1, K. A. Cameron à W. Lauchlan, 6 septembre 1952. [SIR-000504-0000]
238. CVR, ARN, AINC – Secteur de la résolution – Collection des dossiers historiques des pensionnats indiens – Ottawa, dossier 379/25-1-009, volume 2 (numéro de contrôle 14-25), G. Cromb au directeur régional, 10 mars 1971; [NCA-015502] CVR, ARN, Bibliothèque et Archives Canada, RG55, acquisition 1989-90/143, boîte 74, dossier 7878-01, partie 1, État des résidences fermées en date de juin 1977; [HFG-000024-0002] CVR, ARN, AINC – Secteur de la résolution – Collection des dossiers historiques des pensionnats indiens – Ottawa, dossier 379/25-1-009, volume 2, A. Gill à G. Cromb, 23 juin 1971. [NCA-001483]
239. Canada, Rapport annuel du ministère des Affaires indiennes, 1889, p. 60-61.
240. CVR, ARN, Bibliothèque et Archives Canada, RG10, volume 6307, dossier 653-1, partie 2, directeur [au sous-ministre], 22 juin 1949. [FHR-000356]
241. Canada, Rapport annuel du ministère des Affaires indiennes, 1884, p. 156.
242. Canada, Rapport annuel du ministère des Affaires indiennes, 1915, p. xxiv.
243. Foran, « Les Gens de cette place », p. 59.

244. CVR, ARN, AINC – Secteur de la résolution – Collection des dossiers historiques des pensionnats indiens – Ottawa, dossier E4965-2013, volume 3, Pensionnat indien de Beauval, boîte 1, dossier 1-5, Protocole d'entente et accord concernant le centre éducatif indien de Beauval, 6 juin 1995. [BVL-001306]
245. Canada, Rapport annuel du ministère des Affaires indiennes, 1901, p. xxx.
246. CVR, ARN, Bibliothèque et Archives Canada, RG10, volume 8756, dossier 671/25-1-010, « The Fire at the Thunderchild Residential School », J. B. Cabana, janvier 1948. [THR-000266-0003]
247. Canada, Rapport annuel du ministère des Affaires indiennes, 1894, p. 76-77.
248. CVR, ARN, AINC – Secteur de la résolution – Collection des dossiers historiques des pensionnats indiens – Ottawa, dossier E4974-10474, volume 2, Ray Gamracy à Dana Commercial Credit Canada, 6 juin 1996. [SMD-000651-0000]
249. Canada, Rapport annuel du ministère des Affaires indiennes, 1888, p. xii.
250. École de Gordon, pensionnats indiens et esquimaux anglicans, Église anglicane du Canada, www.anglican.ca/relationships/histories/gordons-school-punnichy, http://www.anglican.ca/relationships/histories/gordons-school-punnichy (consulté le 5 mai 2014).
251. Canada, Rapport annuel du ministère des Affaires indiennes, 1899, p. 318-319.
252. CVR, ARN, AINC – Secteur de la résolution – Collection des dossiers historiques des pensionnats indiens – Ottawa, dossier E4971-361, volume 3, Myler Savill à Lionel Sparvier, 21 juillet 1997. [MRS-000002-0001]
253. CVR, ARN, Bibliothèque et Archives Canada, RG10, volume 6281, dossier 604-1, partie 1, W. McWhinney à E. A. W. R. McKenzie, 10 octobre 1928. [CTS-000418-0001]
254. CVR, ARN, Bibliothèque et Archives Canada, RG10, volume 6282, dossier 604-5, partie 7, Philip Phelan à L. J. Bryant, 6 septembre 1940. [CTS-000474]
255. Canada, Rapport annuel du ministère des Affaires indiennes, 1889, p. 258.
256. CVR, ARN, Bibliothèque et Archives Canada – Ottawa, RG10, volume 6281, dossier 604-1, partie 1, révérend W. McWhinney au secrétaire, 27 juillet 1915. [CRW-000208]
257. Canada, Rapport annuel du ministère des Affaires indiennes, 1928, p. 18.
258. Canada, Rapport annuel du ministère des Affaires indiennes, 1969–1970, p. 140.
259. Canada, Rapport annuel du ministère des Affaires indiennes, 1907, p. 124.
260. CVR, ARN, Archives provinciales de l'Alberta, Fonds du diocèse anglican d'Athabasca, Edmonton, Alberta, acquisition PR1970.0387/1641, boîte 41, Fonds du diocèse anglican d'Athabasca, dossier A320/572, Pensionnats indiens – Administration générale, Correspondance officielle de l'évêque souverain, 1941–1947, Rapport d'incendie de l'école All Saints, Lac la Ronge, Saskatchewan, 2 février 1947; [PAR-123539] CVR, ARN, Bibliothèque et Archives Canada, RG10, volume 6317, dossier 656-5, partie 8, R. A. Hoey à C. G. Brault, 29 août 1947. [PAR-003667]
261. Canada, Rapport annuel du ministère des Affaires indiennes, 1884, p. 163.
262. CVR, ARN, AINC – Secteur de la résolution – Collection des dossiers historiques des pensionnats indiens – Ottawa, dossier E4974-6-02017, Irvin Starblanket à Roy Bird, 1er octobre 1997; [PLD-009978-0002] LaRose, « Wrecker's ball Claims White Calf Collegiate »; CVR, ARN, Points de discussion pour les médias au sujet de la fermeture du collège White Calf à Lebret, en Saskatchewan, Andrew Bemister aux médias, 26 juin 1998; [PLD-014223] CVR, ARN, AINC – Secteur de la résolution – Collection des dossiers historiques des pensionnats indiens – Ottawa, dossier E4974-6-02017, volume 1, Huck Andrews à AINC – Secteur de la résolution – Collection des dossiers historiques des pensionnats indiens – Ottawa, dossier E4974-6-02017, volume 1, 23 juillet 1998. [PLD-009201-0001]

263. Canada, Rapport annuel du ministère des Affaires indiennes, 1889, p. 260.
264. CVR, ARN, AINC – Secteur de la résolution – Collection des dossiers historiques des pensionnats indiens – Ottawa, Pensionnat indien de Muskowekwan, boîte 67, dossier 1, Conseil d'administration du centre éducatif de Muskowekwan, procès-verbal du 16 juillet 1997. [MDD-007310-0001]
265. Canada, Rapport annuel du ministère des Affaires indiennes, 1893, p. 76.
266. Canada, Rapport annuel du ministère des Affaires indiennes, 1944, p. 173.
267. Canada, Rapport annuel du ministère des Affaires indiennes, 1893, p. 76.
268. CVR, ARN, Centre de services régional de la région de la capitale nationale – Bibliothèque et Archives Canada – Ottawa, dossier 671/6-2-025, volume 4, Résolution du conseil de bande d'Onion Lake, 31 juillet 1974. [ORC-008733-0002]
269. CVR, ARN, Bibliothèque et Archives Canada, RG10, volume 8645, dossier 651/6-1, partie 2, Note au sous-ministre, directeur [des Affaires indiennes], 22 août 1951. [PAR-017615-0000]
270. CVR, ARN, AINC – Secteur de la résolution – Collection des dossiers historiques des pensionnats indiens – Ottawa, dossier E4974-1355, volume 8, « Education Centre Set to Reopen », *Prince Albert Herald*, Carrie Hunter, 15 octobre 1997. [PAR-003103-0001]
271. Canada, Rapport annuel du ministère des Affaires indiennes, 1944, p. 173.
272. CVR, ARN, Bibliothèque et Archives Canada, RG10, volume 8645, dossier 651/6-1, partie 2, Note au sous-ministre, directeur [des Affaires indiennes], 22 août 1951. [PAR-017615-0000]
273. Canada, Rapport annuel du ministère des Affaires indiennes, 1888, p. xii.
274. Canada, Rapport annuel du ministère des Affaires indiennes, 1911, p. xxix.
275. Canada, Rapport annuel du ministère des Affaires indiennes, 1893, p. 248.
276. CVR, ARN, Bibliothèque et Archives Canada, RG10, volume 11539, dossier 677/25-2, James D. Ormiston à l'agent des Indiens, Kamsack, 31 août 1950. [RLS-001087]
277. Canada, Rapport annuel du ministère des Affaires indiennes, 1927, p. 14-15.
278. CVR, ARN, Bibliothèque et Archives Canada, RG10, volume 8638, dossier 511/6-1-038, partie 1, E. S. Jones à J. P. B. Ostrander, 6 septembre 1952. [GUY-000148]
279. CVR, ARN, Bibliothèque et Archives Canada – Ottawa, RG10, volume 6479, dossier 940-1, partie 1, « The Chooutla Indian School », *Northern Lights*, volume XV, numéro 1, février 1927. [CAR-011225]
280. Canada, Rapport annuel du ministère des Affaires indiennes, 1969-1970, p. 140.
281. Peake, *Bishop Who Ate His Boots*, p. 108; CVR, ARN, Archives du Synode général de l'Église anglicane du Canada, Northern Lights, Église anglicane du Canada, Bulletin intitulé « St. Paul's Hostel Dawson », p. 8, novembre 1920. [DYK-201331]
282. CVR, ARN, Bibliothèque et Archives Canada, RG10, volume 8762, dossier 906/25-1-001, R. J. Meek au ministère des Affaires indiennes, 4 février 1954. [YKS-000750]
283. Johns, « A History of St Peter's Mission », p. 22; CVR, ARN, Archives du Synode général de l'Église anglicane du Canada, Northern Lights, août 1929, « Eskimo Residential School », p. 16. [DYK-201365]
284. CVR, ARN, Bibliothèque et Archives Canada – Ottawa, RG85, volume permanent 1881, dossier 630/119-2, partie 1, pensionnat indien de la région d'Aklavik, septembre 1936–avril 1943, n° d'inst. de recherche 85-8, secrétaire régional à R. A. Gibson, 11 août 1936. [RCN-004646-0001]
285. CVR, ARN, AINC – Secteur de la résolution – Collection des dossiers historiques des pensionnats indiens – Ottawa, dossier 853/25-1, volume 2 (numéro de contrôle 49-5), rapport intitulé « Report to the Chief of the Education Division, Indian Affairs Branch, On the

Experiment With Integration of Indian Students (R.C.) Into Whitehorse Schools, 1960–1961 »,
E. Cullinane, 1961. [NCA-009389-0001]
286. CVR, ARN, Bibliothèque et Archives Canada, volume 2, 04/71–02/80, Résidence des élèves, PARC, I. P. Kirkby à G. D. Cromb, 24 novembre 1971. [YKS-002862, 25-13]
287. CVR, ARN, Bibliothèque et Archives Canada – Ottawa, dossier 921-1, partie 1, Agence du Yukon – Externat de Whitehorse – Administration générale, 1911–1949, n° d'inst. de recherche 10-17, volume 6477, bobine de microfilm C-8793, R. J. Meek à personne inconnue, 14 octobre 1946; [BAP-000307-0001] M. Hackett à P. E. Moore, 24 janvier 1947. [BAP-000315]
288. CVR, ARN, Centre de services régional de la région de la capitale nationale – Bibliothèque et Archives Canada – Ottawa, dossier 1/25-1, volume 15 (numéro de l'emplacement H4-77), Yukon, G. R. Cameron à E. A. Côté, 26 mai 1966. [NCA-001030]
289. CVR, ARN, AINC – Secteur de la résolution – Collection des dossiers historiques des pensionnats indiens – Ottawa, 853/25-1, 1956–1968, volume 2, H. M. Jones à l'attention du sous-ministre, 18 août 1960. [YHU-090021-0001]
290. Canada, Rapport annuel du ministère des Affaires indiennes, 1984–1985, p. 56; CVR, ARN, AINC – Secteur de la résolution – Collection des dossiers historiques des pensionnats indiens – Ottawa, E4974-1, volume 1, 10/1979–10/1987, W. F. Lamont au directeur, 6 juin 1985. [YKS-005140]

Annexe 3 : Personnes reconnues coupables d'avoir commis des sévices envers des pensionnaires

1. CVR, ARN, Document sans emplacement, dossier de documentation sans source, Alberta Justice, Greffier de la cour provinciale de l'Alberta, Déclaration de culpabilité, 28 septembre 1960. [EDM-003354]
2. CVR, DASAG, R. G. Pooley à R. F. Davey, 23 novembre 1963; [AADNC-261608] CVR, DASAG, M. Brodhead au surintendant régional des écoles : Alberta, 3 janvier 1964; [AADNC-261599] « Jail Teacher for One Year », Winnipeg Free Press, 26 septembre 1963.
3. CVR, ARN, Bibliothèque et Archives Canada, 978/2, volume 1209, 05/1965–06/1971, ANC, V. A. Stephens à H. B. Robinson, 29 mai 1970. [ABR-094456]
4. EvaSalinas, « Four-year Hunt Ends in Arrest », Globe and Mail, *3 août 2006.* http://www.theglobeandmail.com/news/national/four-year-hunt-ends-in-arrest/article713735/. -
5. Shea, *Les sévices infligés aux enfants placés en établissements au Canada, p. 2.*
6. Shea, *Les sévices infligés aux enfants placés en établissements au Canada, p. 2.*
7. LeBeuf, *Le rôle de la Gendarmerie royale du Canada,* p. 531.
8. R. contre *Maczynski, 1997 CanLII 2491* (Cour d'appel de la Colombie-Britannique) [appel contre la peine]; CVR, ARN, Document sans emplacement, dossier de documentation sans source, E. Morriset à R. B. Kohls, 28 octobre 1974. [OBG-002922]
9. « Former Students File Suit Over Sexual, Physical Abuse », StarPhoenix de Saskatoon, 26 novembre 1996; Caroline Murray, « Abuse Victims Recall Atrocities », Daily Star de Whitehorse. 25 novembre 1996; Shea, *Les sévices infligés aux enfants placés en établissements au Canada, p. 2.*

10. Richard Gleeson, « Four Years for Sex Assault », Northern News *Services, 8 août 1997,* http://www.nnsl.com/frames/newspapers/1997-08/aug8_97jail.html; Shea, L*es sévices infligés aux enfants placés en établissements au Canada, p. 9.*
11. Il convient de noter que sur les 8 chefs de sodomie, 5 sont des infractions qui ont été commises au pensionnat de Lytton, et les 3 autres ont été commises au Central City Mission, un établissement privé qui n'est pas un pensionnat.
12. LeBeuf, *Le rôle de la Gendarmerie royale du Canada, p. 531;* « *Sch*ool Sex Assaults Bring Jail » Vancouver Sun, 4 *octo*bre 1996; Shea, *Les sévices infligés aux enfants placés en établissements au Canada, p. 2.*
13. LeBeuf, Le rôle de la Gendarmerie royale du Canada, p. *531;* « *Sch*ool Sex Assaults Bring Jail », Vancouver Sun, 4 *octobre 1996.*
14. La Presse canadienne, « Former Employee of Residential School Jailed for Sex Abuses » Times-Colonist de Victoria, 24 janvier 2004; Archives de l'Église Unie du Canada, Projet d'archives du pensionnat, « The Children Remembered, Alberni Residential School », http://thechildrenremembered.ca/schools-history/alberni/ (consulté le 6 novembre 2013).
15. R. contre Plint, [1995], jugement de la Colombie-Britannique. No 3060 (Cour suprême de la Colombie-Britannique); La Presse canadienne, « Former Employee of Residential School Jailed for Sex Abuses », Times-Colonist de Victoria, 24 *janvier 2004.*
16. R. contre Plint, [1995], jugement de la Colombie-Britannique. No 3060 (Cour suprême de la ColombieBritannique); La Presse canadienne, « Former Employee of Residential School Jailed for Sex Abuses », Times-Colonist de Victoria, 24 *janvier 2004.*
17. CVR, ARN, R. contre Harold Daniel McIntee, Motifs du jugement, Juge C. C. Marnett, Cour provinciale de la Colombie-Britannique, 1er juin 1989; [BKM-000204] Ann Rees, « Priest's Victims Admit Sexual Abuse », The Province (Vancouver), 19 juillet 1989; Shea, *Les sévices infligés aux enfants placés en établissements au Canada, p. 2-3.*
18. R. contre Constant (28 septembre 2005), Cour du Banc de la Reine (centre de Dauphin), acte d'accusation (5 mai 2003), et décision (26 septembre 2005), no 03-05-00069, documents obtenus de la Cour du Banc de la Reine (centre de Dauphin) du Manitoba, située à Dauphin, au Manitoba, le 28 janvier 2014.
19. CVR, ARN, dossier 630-118/10-1, 2, 3, partie 1A, rapports de Fort McPherson, général et fournitures, 19631967, boîte d'archives 239-1, numéro d'acquisition aux archives G-1979-003, O. G. Tucker à H. Darkes, 26 mars 1963. [FHU-001914]
20. CVR, ARN, Bibliothèque et Archives Canada : Ottawa, RG22, volume permanent 1074, dossier 250-26-17, partie 2, École de Fort McPherson, 1959, FA 22-3, David Searle à D. M. Christie, 23 avril 1964. [FHU-001380-0001]
21. R. contre Comeau, [1998], jugements des Territoires du Nord-Ouest. No 34 (Cour suprême des Territoires du Nord-Ouest); Shea, *Les sévices infligés aux enfants placés en établissements au Canada,* p. 9.
22. Ed Struzik, « Priest's Sordid Past Shocks Parish: Father Houston Was Declared Dangerous Sex Offender, Sent to Prison in 1962 », Edmonton Journal, 6 juin 2002.
23. Andrew Raven, « Grollier Hall Supervisor Sentenced », Northern News *Services, 20 août 2004,* http://www.nnsl.com/frames/newspapers/2004-08/aug20_04crt.html.
24. Justice J. Vertes, « In the Supreme Court of the Northwest Territories, Between Her Majesty the Queen and Paul Leroux », 10 août 1998; Glenn Taylor, « Arrest in Grollier Hall Sex Case: Former Boys Supervisor Faces 32 Counts of Sexual Assault on His Student », Northern News

Services, 16 juin 1997, http://www.nnsl.com/frames/newspapers/1997-06/jun16_97sex.html. †
25. Dawn Ostrem, « Back to Court: Paul Leroux Challenges Convictions, Sentence », Northern News Services, 26 juin 1997, http://www.nnsl.com/frames/newspapers/2000-06/jun26_00back.html.
26. « Ex-residential School Worker Convicted of Abusing Boys », CBC News, 5 novembre 2013, http://www.cbc.ca/news/canada/saskatchewan/ex-residential-school-worker-convicted-of-abusing-boys-1.2415810; « Paul Leroux Gets 3 Years for Residential School Abuse », CBC News, 12 décembre 2013, http://www.cbc.ca/news/canada/saskatoon/paul-leroux-gets-3-years-for-residential-school-abuse-1.2461629.
27. « Nun Guilty in Residential School Assaults », CBC News, 28 décembre 1998, http://www.cbc.ca/news/canada/nun-guilty-in-residential-school-assaults-1.166827.
28. Shea, *Les sévices infligés aux enfants placés en établissements au Canada*, p. 10. Shea ne fait remarquer que la peine ne comprenait pas la peine d'emprisonnement.
29. Shea, *Les sévices infligés aux enfants placés en établissements au Canada*, p. 12.
30. Shea, *Les sévices infligés aux enfants placés en établissements au Canada*, p. 14 et 15.
31. « Nun Forced Native Students to Eat Their Own Vomit », Edmonton Journal, 25 juin 1999. Shea 1999, 15-16.
32. R. contre Hands, [1996], jugements de l'Ontario. No 264; LeBeuf, *Le rôle de la Gendarmerie royale du Canda*, p. 522-523; Shea, *Les sévices infligés aux enfants placés en établissements au Canada*, p. 11.
33. CVR, ARN, Bibliothèque et Archives Canada, RG10, volume 8754, dossier 654/25-1, volume 1, Henry G. Cook à R. F. Davey, 2 décembre 1955. [IRC-047015]
34. LeBeuf, *Le rôle de la Gendarmerie royale du Canada*, p. 524-525.
35. Dans certains documents, le nom de famille d'Ewald Holfeld's a été écrit Schofield ou Holdfeld.
36. CVR, ARN, Bibliothèque et Archives Canada, RG10, volume 6309, dossier 645-1, partie 3, R. S. Davis, extrait du rapport trimestriel sur l'Agence de Touchwood se terminant en mars 1945. [IRC-047128]
37. CVR, ARN, Bibliothèque et Archives Canada, RG10, volume 6309, dossier 645-1, partie 3, Gendarmerie royale du Canada, gendarme A. Zimmerman, 28 juillet 1945. [GDC-010369-0001]
38. CVR, ARN, Bibliothèque et Archives Canada, RG10, volume 6309, dossier 645-1, partie 3, R. S. Davis au ministère des Affaires indiennes, 13 février 1947. [GDC-010362-0001]
39. CVR, ARN, Bibliothèque et Archives Canada, RG10, volume 8754, dossier 654-1/25-1, document 1, Henry G. Cook à R. F. Davey, 2 décembre 1955. [IRC-047015]
40. Mandryk, « Uneasy Neighbours », p. 210.
41. LeBeuf, *Le rôle de la Gendarmerie royale du Canada*, p. 525-526.
42. « Man sentenced to five years for sexually assaulting Native girls », membres du personnel du périodique Windspeaker, Prince Albert, Saskatchewan, Windspeaker, Canada's National Aboriginal News Source, volume 12, numéro 20, 1995, http://www.ammsa.com/publications/windspeaker/man-sentenced-five-years-sexually-assaulting-native-girls, consulté le 8 novembre 2013.
43. R. contre Frappier, [1990], Jugement du Yukon. No 163 (Cour territoriale) [QuickLaw]; Shea, *Les sévices infligés aux enfants placés en établissements au Canada : jurisprudence en matière criminelle*, p. 17.

Annexe 4 : Excuses

1. United Church Social Policy Positions, Apology to Former Students of United Church Indian Residential Schools, and to their Families and Communities (1998) at http://www.united-church.ca/beliefs/policies/1998/a623